| 西南财经大学中国金融研究中心金融安全研究系列专著 |



# 量化投资四维逻辑

何诚颖 等◎著

DISCUSSION ON FOUR ASPECTS OF

QUANTITATIVE INVESTMENT

中国财经出版传媒集团
中国财政经济出版社

**图书在版编目（CIP）数据**

量化投资四维逻辑／何诚颖等著．—北京：中国财政经济出版社，2018.10
（西南财经大学中国金融研究中心金融安全研究系列专著）
ISBN 978－7－5095－8534－4

Ⅰ.①量…　Ⅱ.①何…　Ⅲ.①投资－研究　Ⅳ.①F830.59

中国版本图书馆CIP数据核字（2018）第216428号

责任编辑：郁东敏　　　　　　责任校对：胡永立
封面设计：田　晗

中国财政经济出版社出版
**URL**：http：//www.cfeph.cn
E－mail：cfeph@cfeph.cn

社址：北京市海淀区阜成路甲28号　邮政编码：100142
营销中心电话：010－88191537　北京财经书店电话：64033436　84041336
北京财经印刷厂印刷　各地新华书店经销
787×1092毫米　16开　31.5印张　555 000字
2018年10月第1版　2018年10月北京第1次印刷
定价：88.00元
ISBN 978－7－5095－8534－4
（图书出现印装问题，本社负责调换）
本社质量投诉电话：010－88190744
**打击盗版举报热线：010－88191661　QQ：2242791300**

# 序：量化投资四维逻辑

## 一

2011 年，我在沃顿商学院访问的时候，量化投资在美国的发展已经到了相当成熟的阶段。量化投资给美国股市带来的变化是深刻的。量化交易利用公开数据，借助数学、统计学、信息技术的量化投资方法来管理投资组合，其组合构建注重的是对宏观数据、市场行为、企业财务数据、交易数据进行分析，利用数据挖掘技术、统计技术、计算方法等处理数据，得到最优的投资组合和投资机会。从方法论来看，量化投资大大降低了投资者对市场的人为干预。当时我就强烈感觉到，作为一种能够摆脱人性弱点并且相当稳定的投资方法，量化投资在 A 股也将会大有所为。回国后，我马上组织了一批具有丰富市场经验的博士后研究人员开展关于量化投资的研究，对量化投资这个舶来品的本土化率先做出了尝试，并出版了《解读量化投资之秘》一书。可以说，这是一本国内较早系统研究量化投资的专业书籍，一定程度上填补了本土量化投资策略开发研究的空白。

从国外量化投资整体发展来看，大概可以划分为三个阶段：第一阶段从 1970 年至 1977 年，1971 年巴克莱国际投资管理公司发行了世界上第一只被动量化基金，标志着量化投资的开始，这一阶段量化投资处于崛起阶段。第二阶段从 1977 年到 1995 年，由于数据和计算机技术等的限制，量化投资进入一个缓慢的发展阶段，但在行业调整过程中华尔街已开始对此模式极为重视。第三阶段从 1995 年至今，计算机技术的高速发展，特别是网络技术的突飞猛进，使得大量即时金融数据能够有效供给，量化投资进入高速发展时代。

国内量化投资的起步比美国市场晚了30多年。由于中、美两国投资者结构和市场环境、监管政策的差异，简单对美国策略进行套用和模仿并不可行。几年来，我带领的团队一直在从事量化投资方面的研究，最大的感受是：在量化投资这个领域，做得好的人往往守口如瓶，做得不太好的人却到处高谈阔论。这给新入行的量化投资人带来极大的困扰。其实，中国的量化投资人不应亦步亦趋，而是应该以成熟的美国量化投资策略为基础，结合中国股票市场的投资者结构和市场特征进行本土化改造。于是，我希望率先作出尝试，通过择时、选股、机器学习和资产配置四大维度，构建本土化的量化投资策略，为广大量化投资人建立一个全新的分析框架。

## 二

近年来，量化投资在美国的发展可谓蒸蒸日上，市场规模和份额不断扩大。2013年，美国市场量化交易占美股总交易量的14%，2017年这一比率就上升到了27%。[①] 2017年第一季度美国市场量化策略对冲基金的管理规模为9 320亿美元，占全部对冲基金管理规模的30%。反观中国市场，2017年第一季度股票量化基金1 600亿元人民币，占基金总量的1.7%，占所有股票基金总量的5.7%。可见，中国市场上量化基金占比较低。这恰恰说明量化投资在中国的投资体系中还不是主流，也预示着中国量化投资未来发展潜力可期。

为什么量化投资在海外如此受欢迎呢？一方面，在过去的很长时间里，量化投资持续稳定的收益能力得到了投资者的认可；另一方面，海外投资者的投资理念更为成熟。为了分散风险和投资组合多元化，即使是在量化投资表现不好的年份，他们依然愿意使用。但是量化投资在中国市场的表现就远不如美国。在中国，量化基金还是比较边缘化的产品。私募基金的主流依然是主动管理的纯股票多头产品。2017年以来，量化

① 《量化投资：华尔街爆款到中国为何不红了?》，《中国基金报》，2017年9月5日。

基金资金募集困难，赚钱的效应也在下降，一些小型的量化私募基金面临挑战。很多人疑惑，量化投资作为一种新兴的投资策略，在中国这个新兴的资本市场上是否会水土不服？

量化投资在国内市场不太受欢迎的主要原因有三点：一是国内市场历史有限，可以用来提供的数据不充足，行业数据的整理也不是很完善，质量也不够高，所以对于量化投资来说缺少足够的支持。二是国内投资者对量化投资的认识不到位，一些相关法律法规也不利于量化投资在我国的发展。三是美国市场的投资以机构为主，对于机构的博弈，量化、系统化的方法持续性更强，先进的 IT 技术、数据挖掘技术会不断应用于全球市场。

即使目前量化投资在国内表现不佳，但不可否认的是，量化投资的优势是十分明显的。量化投资把人的情绪排除于投资进程之外，使得整个投资进程完全按照预先设定的程序进行操作，这是量化投资极具吸引力的一个本质原因。同时，量化投资打破了传统投资在范围上的局限，信息爆炸式的接收和处理信息速度成为量化投资的优势；同时，其借助计算机技术提高效率，加快了策略更新。此外，由于策略无上限，投资基金就可以凭借量化投资管理更大规模的资金。

国内的量化投资人对量化投资的态度整体上也是乐观的。首先，国内资本市场一直推出新的衍生品；其次，市场上新的业态也逐渐增多，比如智能投顾公司、数据公司和金融科技公司等，这些都是量化投资的有机组成部分；最后，中国市场并不缺乏勇于承担风险和尝试量化策略的资金，只是大部分投资者对于量化投资的认识还有待加深。

## 三

进入新时代，随着供给侧改革的逐步推进，A 股市场也正在发生深刻变化。并且，随着人工智能、金融科技、深度学习等新技术的出现和发展，量化投资又被赋予了新的内涵。从市场环境的变化来看，A 股的市场化进程逐步加快，具体包括 IPO 常态化、投资者机构化、严格监管持续化、内外投资一体化。A 股的深刻变化要求量化投资也要随之改变。市场结构及供需关系的变化，改变了超额收益的来源，过去市值因子、动量反转、波动率、换手率等长期有效的因子未来不一定继续有效。我们认为，随着中国量化市场的成熟，传统基本面因子的有效性将越来越高，这一趋势是与 A 股的市场化进程一致的。可以说，量化投资的中国化，是量化与基本面紧密结合的一个过程。

传统的基本面投资者和量化投资者的分析和投资方法有着明显区别。基本面投资者是筛选公司后进行深入研究，少而精，偏艺术。量化投资者是挖掘市场规律、有广度，偏科学。但是在 2008 年全球金融危机之后，各国金融监管越来越多，纯量化策略仅仅在数理金融的抽象理论上深入是不够的，更需要结合现实业务和宏观环境。基于此量化基金把量化和基本面分析有效结合起来，创造出一个跨界的新流派——量化基本面分析法（Quantamental）。这种流派包含了基本面投资人自下而上的选股技巧，同时借助计算机技术和大数据系统完善模型。

与市场面因子相比，基本面量化最大的差异是聚焦于企业的长期收入和利润。在基本面量化价值的判断里，首先要看清行业的发展趋势，建立一个宏观与行业的分析框架；其次是分析行业内公司的竞争格局。量化投资的竞争将由目前模型的竞争转变为对基本面的分析竞争。对此，建立基本面的研究框架，需要对公司盈利进行预测，进而对公司的内在价值进行判断，方能构造量化基本面策略。另外，对基本面的研究不能过于关注短期，而要构造基于基本面信息的“中长”持有期的选股策略，要善于在行业发展的高潮和低谷的时候做反向判断，做逆向投资。

大数据的发展使得价值投资的核心理念可以进行量化分析。近年来，在社会科学领域尤其是投资领域，人们产生、搜集和整理数据的类型和数量呈现出几何级数增长，研究人员建立数学模型发现规律的能力大大提升。过去，基金经理如果要调研一家公司的运营情况，常用做法是到这家公司门口观察每天卡车的进出量，通过计算卡车的进出量来评估公司的经营活跃度。而现在可使用低轨卫星监测工厂门口的卡车进出量的大数据推测出公司的营运状况。如果这个季度该公司的卡车量上升很多、活跃度很高，我们就可以预测公司这个季度业绩比较好，从而预测了它的基本面。

格雷厄姆曾说：“市场短期是投票器，长期是称重机。”在中国价值投资理念已经开始起步、市场格局向机构主导的成熟转型过程中，经过市场检验、契合市场风格的量化价值产品正生逢其时。

## 四

随着金融科技（Fintech）时代的到来，中国金融业正经历着一场新的变革，并且这场变革不断升级。中国的金融科技行业由原来注重流量和模式的1.0时代，升级为以人工智能技术为主导、以数据为驱动力的2.0时代。量化投资借力人工智能技术，运用现代统计学和数学的方法，从大量的历史数据中寻找并搭建获得超额收益的投资策略，服务于个人投资者和机构，也成为金融科技新时代的领军者。

金融科技的迅猛发展赋予量化投资新的技术，量化投资中国化需要与金融科技深入结合，将大数据、云计算、人工智能等前沿技术运用到量化投资中来，开创量化投资研究新范式。我们已认识到这种发展趋势，尝试进行基于大数据的人工智能量化策略研究，希望从三个方面进行突破。

第一，利用人工智能，将非结构化大数据运用到量化投资策略上。非结构化式数据蕴含的信息非常丰富，比如文本的、图像的、声音的等等，以往受限于技术，很难或者需要花费巨大成本变成结构化数据，而人工智能的方法目前允许低成本非结构化数据处理成结构化数据来进行交易。

第二，借助人工智能的算法突破线性建模的限制。以往简单的线性关系建模已经不能准确刻画数据间的关系，但受制于算法，人们常常作线性假设。随着人工智能中非线性算法的不断完善，使用非线性人工智能算法构建量化策略已经成为现实，并且更有价值。

第三，加强对强化学习算法的研究。人工智能自主强化学习能力如阿尔法元算法为量化策略提供了无限可能。人工智能算法的一项重要突破是在没有任何先验知识的前提下，通过完全的自学达到超越人类的境地。阿尔法元算法无须对数据标注，通过自动化地处理数据产生认知进行决策，既能突破人类自身能力的局限，避开策略局部收敛问题，又能够解决大数据中的信息噪声问题。

## 五

中国A股市场相对于海外成熟市场还比较年轻，在量化投资所必需的一些基础设施上还有所欠缺。比如中国市场的金融衍生品不太发达，而量化投资需要有很多金融衍生品去对冲这些风险。此外，中国股市起步较晚，又经历了几次重大变革，可借鉴的数据非常有限。成熟量化交易模型往往需要在长期稳定的历史数据基础上进行归纳验证，但国内证券市场可供借鉴的历史数据十分有限。对中国量化投资而言，相比于纯粹的数据挖掘，建立模型更需要根据基本面和投资者行为搭建逻辑性框架，建立针对国内市场的多领域、多策略的投研体系；对每个策略的收益和风险系数进行把控，来权衡各类资产配比，然后根据市场变化产生的数据进行模型调整，从而开发出有中国特色的量化策略。

必须强调的是，中国量化投资的发展一定要加大力度培养相关人才。量化投研团队除了要有量化建模的能力之外，还要在经济金融、投资理论方面都有较深造诣，将社会科学和自然科学技术进行深刻理解，充分掌握两门学科并有机结合，并实现综合运用。国内量化投资行业从业人员相对年轻，对宏观经济、计算机中较复杂的技术、灵活运用量化产品上，还需要进一步提高。国外量化投资研究者多为数学、物理、计算机专业博士，他们缺乏金融专业知识。因此，我国量化投资本土化团队不仅要有研究经济金融和投资理论的人才，也要有自然科学方面的专业人才，从而实现团队本土化。

当务之急是将从美国引进来的量化投资中国化，找到中国化的量化投资策略，提高回报率，解决投资界面临的现实难题，才是我们应该探索的。多年前我们就从股市资金流入手，希望结合大数据技术和方法改进量化投资策略，顺着择股、择时、机器学习和资产配置的投资逻辑，构建独特的四维投资之道，从而找到突破口，探寻一条符合中国特色的量化投资之路。

本书是对量化投资中国化的又一次尝试，希望可以起到抛砖引玉的作用，引领中国量化投资的发展进入一个新阶段。

**何诚颖**

2018 年 9 月于深圳

# 目　录

## 第一篇　量化选股策略篇

## 第二篇 量化择时策略篇



## 第三篇 机器学习量化策略

## 第四篇 资产配置篇

第一篇

# 量化选股策略篇

# 1.
# 量化选股策略概述

## 1.1　量化选股的收益来源

市场并不是充分有效的，但却是激烈竞争的。市场及其投资者在数据和自身经验中吸取知识，使得过去的市场异象变成当前的随机噪音。利益驱动的市场机制使得投资者不断寻找下一个信号和模型来战胜市场。一旦新的信号和模型被证明有用，其收益最终都将会被套走，市场将变得越来越有效。因此，对于量化管理者而言，永远站在研究的第一线是唯一能持续获得超额收益率的方法。

真正的 alpha 收益很稀缺，持续战胜市场也很困难。市场可能并不有效，但绝对是充分竞争的。传统的因子不再能增加持续的 alpha 收益。如果一个因子确实能产生持续的超额收益，那么越来越多的投资者会投资这一信号直到其失去预测能力。这一点同样适用于模型技术与数据源，可以通过寻找新的指标和因子的构建技巧、收益风险模型与投资组合技术来获取超额收益。

比如预测股票收益的多因子模型，提高其效果的途径并不多，最好的方法是选择一些新的、使用较少的数据源，但毕竟这样的数据源有限。因此，在使用传统数据方法上有更深入的研究。传统的数据与因子不大可能产生持续的 alpha 收益。但如果从不同的角度考察现有的因子，则有可能产生更好、相关性更小的因子。此外，模型构建技术也是 alpha 收益的一个重要来源，但并没有受到同等的重视。等权

（或主观）配置所有因子、因子空间的均值方差优化和 Fama – MacBeth 回归时最常用的几个方法。但在统计和计量领域，许多线性或非线性回归和优化技术有待开发。

## 1.2 量化选股策略的框架

量化选股的超额收益来源包括：新的指标或因子的构建处理、新的因子加权或择时方法、新的风险预测技术、新的投资组合构建技巧。另外，对策略收益的绩效归因还能深入分析策略的收益来源，并基于此对策略进行调整。因此，构建的量化选股策略框架主要包括五大部分：

第一，单指标策略。除探讨传统的指标和因子外，还将研究一些新的指标和因子及其相关的构建处理技巧，比如选择一些新的、使用较少的数据源来构建指标；或者对现有指标或因子进行重构，以期得到一些更为优良的指标。

第二，多因子模型及策略。这部分主要解决因子的选择、因子的加权和择时问题。通过单指标策略分析，可能会发现多个指标或因子都具有超额收益，但指标或因子之间可能存在相关性，那么最终选择哪些指标或因子来选股，这些指标或因子的权重如何设定，将是本部分研究讨论的重点。

第三，投资组合构建。通过单指标策略和多因子模型的分析，得到样本标的的预期收益，那么如何根据标的的预期收益来构建投资组合呢？这就是本部分研究讨论的重点。除了传统的平均加权或者流通市值加权以外，还将考虑其他一些新的投资组合构建技术。

第四，风险模型及其应用。这部分主要解决如何预测样本标的风险的问题，主要基于目前成熟的商业风险模型构建方法，来构建基于中国 A 股市场的风险模型，并将其应用于投资组合的构建。

第五，绩效归因与评价。这部分主要解决策略收益的拆分问题，给出策略的风险暴露、收益的主要来源和策略各部分收益的评价。

# 2.
# 单指标策略

## 2.1 单指标/因子策略方法概述

### 2.1.1 指标构建与处理方法

指标和因子的构建需要对原始数据进行清理与合并，以保证高水平数据质量与数据弹性。个股交易数据的实时性是有保证的。对于财务数据，利用财务报告的公布日期数据将交易数据与最新的财务数据匹配，也可以做到数据的实时性和可用性。存活偏差也是需要注意的问题。在回测过程中，曾经在股市中但目前摘牌的公司也必须在考虑范围内。

构造的指标或因子主要来源于国外的学术文献与商业化的风险模型，还有一部分来源于业界的研究报告和与业内人士的交流。比如 Fama 和 French （1993）[①] 的三因子模型、Jegadeesh 和 Titman （1993）[②] 在价格动量方面的研究。国外学术文献是

① Fama, EF, KR French, 1993, "Common Risk Factors in the Returns on Stocks and Bonds," *Journal of Financial Economics*: 33, 3 -56.

② Jegadeesh, N, S Titman, 1993, "Returns to Buying Winners and Selling Losers: Implications for Stock Market Efficiency", *Journal of Finance*: 65 -91.

获取及时信息的好方法，最新的有：Beta 指标（Frazzini et al.，2014①）、毛利润（Novy - Marx，2013②）和质量因子（Asness et al.，2013③）。

目前使用的数据库为 Wind 数据库，主要使用了交易数据库和财务报表数据库（包括年、中、季报公布日期），这是量化研究使用的最重要的两个数据库。其他数据库则可以深入挖掘，比如大宗交易、财务报表附注、分析师预测、增发配股、红利分配、股东研究、治理结构、并购重组、关联交易和高频数据库等。

比如，利用分析师预测数据，可以考虑分析师盈利预测的分散程度这个指标的预测能力。Diether 等（2002）④ 指出，在其他特征类似的情况下，盈利预测的分歧越大，股票的收益率越低；这一效应在小股票和近一年表现较差的股票中表现更为明显。其背后的原理是，股票的价格更多地反映市场的乐观看法，而悲观的投资者由于做空的高成本或限制，对价格的影响较小。

利用这些使用较少的数据源，借鉴国外近期文献中的做法，在经济金融原理的指引下，可以构建许多使用较少甚至新的指标，在证实其有预测能力之后，将其加入多因子模型，可提高模型的有效性。

#### 2.1.1.1 指标构建方法的改进

同样的指标，不同的构建方法，效果可能截然不同。Frazzini 等（2014）的 Beta（$\beta$）指标就是一例。Fama 和 French（1992）⑤ 曾指出，$\beta$ 并没有溢价能力，他们采用的是 CAPM 模型回归估计的方法，而 Frazzini 等（2014）的实证研究表明，美国市场高 $\beta$ 的股票收益率很低，股票收益率随 $\beta$ 值反向变动。与 Fama 和 French（1992）对 $\beta$ 值的估计方法不同，Frazzini 等利用 CAPM 模型回归估计所蕴含的原理（$\hat{\beta}_i^{TS} = \hat{\rho}\dfrac{\hat{\sigma}_i}{\hat{\sigma}_m}$），通过分别估计相关系数 $\rho$ 和波动 $\sigma_i$、$\sigma_m$ 来构造 $\beta$ 指标。Frazzini 等采用 1 年滚动标准差估计波动而采用 5 年数据估计相关系数，以反映相关系数的变化

---

① Frazzini, Andrea, Lasse Heje Pedersen, 2014, "Betting Against Beta", *Journal of Financial Economics*, 111: 1 -25.

② Novy - Marx, Robert, 2013, "The Other Side of Value: The Gross Profitability Premium", *Journal of Financial Economics*, 108: 1 -28.

③ Asness, Cliff, Andrea Frazzini, Lasse H Pedersen, 2013, "Quality Minus Junk", Available at SSRN.

④ Diether, Karl B, Christopher J Malloy, Anna Scherbina, 2002, "Differences of Opinion and the Cross Section of Stock Returns", *The Journal of Finance*, 57: 2113 -2141.

⑤ Fama, EF, KR French, 1992, "The Cross - section of Expected Stock Returns", *Journal of Finance*: 427 -465.

相对于波动的变化缓慢的事实。另外，Frazzini 等采用日对数收益率数据来估计波动，采用重叠的 3 日累计对数收益率来估计相关系数，以控制非同步交易的影响。可见，指标构建方法的改进有可能改变指标的预测能力。

另外，指标的大小可能预测能力很低，利用它在截面排序可能更实用。Frazzini 等（2014）在利用 $\beta$ 构造投资组合时考虑的就是 $\beta$ 的截面排序。Asness 等（2013）质量因子的构造也是利用各指标的截面排序。

#### 2.1.1.2 指标合成因子

单个指标可能没有预测能力，将其合成一个因子则可能显著地提高其效果。Asness 等（2013）提出的质量因子就是一例。他们基于 Gordon 成长模型定义了一个综合质量因子，综合考虑股票的盈利（Profitability）、成长（Growth）、安全（Safey）和分红（Payout），将它们平均加权而得。而对于这 4 个方面的衡量，则分别采用一些指标合成构造，比如衡量盈利方面，他们考虑了毛利润/资产（GPOA）、净资产收益率（ROE）、总资产收益率（ROA）、现金流/资产（CFOA）、毛利率（GMAR）和盈利中的现金占比（ACC）。假设 z 函数为标准化后的指标排序值，那么盈利 $Profitability = z(z_{gpoa} + z_{roe} + z_{roa} + z_{cfoa} + z_{gmar} + z_{acc})$。

值得一提的是，Frazzini 等（2013）[①] 的研究指出，巴菲特（Buffett）的 alpha 收益，可利用规模、价值和动量因子，结合上述的 $\beta$ 因子和质量因子进行复制。可见，指标的合成对于提高其预测效果很有帮助，同时也是解决同类指标多重共线问题的好方法。

Asness 等（2013）的指标合成因子考虑是平均加权，实际上还可以考虑不同权重的加权，利用优化算法最大化模型的拟合优度、AIC 或 BIC 准则等来确定权重。

#### 2.1.1.3 指标的调整

比如对价值指标进行行业或历史的差异调整。行业内的调整是因为某些行业（比如信息技术）的股票相对行业的股票（公共事业）要更贵，若不对行业之间的差异进行调整，前者行业股票的价值指标总会低于后者。同样，周期性行业股票的估值指标在不同经济周期变化很大，简单的估值指标无法反映周期情况。

---

① Frazzini, Andrea, David Kabiller, Lasse H Pedersen, 2013, "Buffett's Alpha", National Bureau of Economic Research.

Asness 等（2000）[①] 就曾指出，采用行业调整的指标能获取更为精确的溢价估计。Novy - Marx（2013）使用毛利率指标时也进行了行业调整。

在使用传统数据时，如果从不同的角度考察现有的因子，则有可能产生更好、相关性更小的因子，这涉及指标的调整。Gerakos 和 Linnainmaa（2012）[②] 发现，价值因子包含一个定价和一个未定价的风险组成部分，后者并不产生溢价，但与价值因子高度相关，这使得一些与未定价的风险组成部分负相关的指标具有较高的三因子风险调整后的收益，而与其正相关的 E/P 和 CF/P 指标则被三因子模型解释，通过调整 E/P 和 CF/P 指标使其不与价值因子的未定价部分高度相关，这些指标仍然具有显著的溢价能力。

在处理指标多重共线的问题时也涉及指标的调整，比如对相关性很高的指标进行了差分或者回归处理，比如最近 3 个月的成交额与最近 1 个月的成交额高度相关，用最近 3 个月的成交额减去最近 1 个月的成交额得到成交额的变化量指标；又比如非线性规模指标，为对数总市值的立方，由于其与对数总市值高度相关，将对数总市值的立方对对数总市值进行回归，将其残差作为非线性规模指标。

#### 2.1.1.4 指标和因子的处理

指标构建完后，需要对指标进行处理。数据一般不会是正态分布，数据的离群值能显著地影响模型的估计参数。因此，在构建模型之前，离群值的处理与标准化是非常重要的步骤。标准化数据的方法有很多，最常用的是 z - score 方法，通过减去数据的均值再除以其标准差。对于正数据，对数化或开平方根也是常用的手段。

对于严重非正态化数据，z - scores 并不能够对数据做出足够多的调整。Box - Cox 转换则是另一常用的方法。Box - Cox 转换属于幂转换，引入一个非负参数 $\lambda$，对数化、开平方根和乘法逆是其特殊情况。为了系统地使用这一转换，可以利用统计检验估计参数 $\lambda$，从而选择其最合适的转换形式，由于幂转换也包括单位转换（$\lambda = 1$ 的情况），这一方法也可用于检验数据是否需要转换后使用。

即使数据经过转换后，仍然有可能出现离群值，因此可以先对数据进行截尾（winsor）或断尾（trim）后再进行标准化处理。比如对于超过指定范围的数据，可将其设为缺失（断尾）或截尾至指定范围的边界上。对于数据截尾或断尾的处理，

① Asness，Clifford S，R Burt Porter，Ross L Stevens，2000，"Predicting Stock Returns Using Industry - relative Firm Characteristics"，Available at SSRN 213872.

② Gerakos Joseph，Juhani T Linnainmaa，2012，"Decomposing Value"，Working paper，University of Chicago.

也有多种方法。最常用的是 $3\sigma$ 方法，如果 $|X-\mu|>3s$（$\mu$ 为均值，$s$ 为标准差），则可以将 X 认定为离群值（outliers），但在有限样本情况下，均值 $\mu$ 和标准差 $s$ 的计算可能会失效，因此，一个更好的方法是，如果 $|X-M|>3MAD/0.6745$［其中 $MAD=median(|X-M|)$，$M=median(X)$，在正态分布下，$MAD/0.6745$ 为标准误 $\sigma$ 的估计值］，则将 X 定为离群值。另一种识别离群值的方法 Boxplot[①]，假设 $F_U$ 和 $F_L$ 为 $X$ 的上下四分位，如果 $X>F_U+1.5(F_U-F_L)$ 或者 $X<F_L-1.5(F_U-F_L)$，则将 $X$ 定为离群值。在一些学术论文中（Stephan et al.，2000[②]；Jeng et al.，2006[③]）还提到一种处理离群值的方法——Skipped Huber Method，其处理方法与上述第二种方法类似，为 $|X-M|>5.1MAD$，只是处理时所设定的参数不同。另外，Fama 和 French（1992）在 FM 估计过程中对最小或最大 0.5% 的数据进行缩尾处理。另外，在股票量化研究方法中将数据按分位数分组很常用，因此也可以用分位数转换将连续数据离散化来处理离群值，但这一方法会损失数据的信息。

Boxplot 方法相对于 Skipped Huber 方法考虑到了数据具有的不对称性，这两种方法在处理性质良好的数据时不会像 Fama 和 French 的百分比方法那样进行强制缩尾。在应用时需要设定一个合理的参数，在处理掉离群值的同时也能尽可能保持数据的尾部特征。

某些指标的离群值还可以考虑贝叶斯缩减的调整方法，比如 Frazzini 等（2014）的 Beta 指标，他们将时间序列计算的 Beta 值收缩至其截面均值。具体而言：

$$\hat{\beta}_i=w_i\hat{\beta}_i^{TS}+(1-w_i)\hat{\beta}^{XS}$$

其中：$\hat{\beta}_i^{TS}$ 为间序列计算的 Beta 值，$\hat{\beta}^{XS}$ 为其截面均值，$w_i=1-\sigma_{i,TS}^2/(\sigma_{i,TS}^2+\sigma_{XS}^2)$ 为调整权重，受到股票 $i$ 的 $\hat{\beta}_i^{TS}$ 的时间序列标准差（$\sigma_{i,TS}^2$）和截面标准差（$\sigma_{XS}^2$）的影响。

对于非离群值而言，历史时间序列估计值变化不大，而截面估计值相差很大时，这种调整将权重更多地放在历史时间序列估计值上；而离群值正好相反，该方法对离群值则有较大调整。

---

① Wilcox, Rand R, 2010, "Fundamentals of Modern Statistical Methods: Substantially Improving Power and Accuracy", Springer.

② Stephan, Thomas G, Raimond Maurer, Martin Dürr, 2000, "A Multiple Factor Model for European Stocks".

③ Jeng, Yi, WH Ton, Kon - jung Lee, HM Chuang, 2006, "Taiwan Multi - factor Model Construction: Equity Market Neutral Strategies Application", *Managerial Finance*, 32: 915 - 947.

对于数据缺失的指标，采用一套数据替代算法进行生成。一个简单的方法是将其设为市场均值或行业均值，一个更好的方法是利用有数据缺失的指标与没有数据缺失的指标和行业指标的相互关系来填补缺失数据。具体而言，假设估值指标缺失，而市值、波动和行业指标是不缺失的，利用没有缺失的数据，将估值指标对市值、波动和行业指标回归，再利用回归系数对有数据缺失的指标值进行估计。更进一步地，对于某个有数据缺失的指标，利用回归方法在没有数据缺失的指标中寻找对该指标有显著相关关系的指标，再利用上述方法生成缺失数据的指标值。

### 2.1.2 因子的划分

大多数分析师和投资者将时间主要花费在寻找因子（指标）上，这意味着因子的选择比因子权重更为重要。

因子可分为收益（alpha）因子和风险（risk）因子。传统的定义是：如果一个因子能解释股票截面收益率，那么它是一个备选因子。若这一备选因子收益率序列的波动显著，它可称得上是一个潜在的风险因子。alpha 因子进一步要求因子收益率的表现具有一致性。也就是说，风险因子仅要求因子收益率的无条件方差显著，而 alpha 因子还要求因子收益率有显著的无条件均值。

对因子并没有进行这样的拆分，这一差别在近些年来已经模糊，大多数传统 alpha 因子的表现由于套利都大大下降了，市场变得越来越有效。另外，当考虑因子择时进行模型构建时，也无须进行上述拆分的必要。

传统数据构建的指标大都可以分为六类。

#### 2.1.2.1 价值

长期以来，价值股溢价现象受到学术界的关注。Basu（1977）[①] 发现，低 PE 股票易于获得高收益。Fama 和 French（1992）建议采用账面市值比指标来衡量价值。一方面，PE 指标在收益为 0 或负时无法应用，从而导致该指标一定程度的缺失，负收益实际上也包含公司估值的重要信息，在 PE 指标中浪费了；另一方面，账面市值比在收益率为正、为零、为负时都能计算，同时账面市值比与收益率的相关程度更高。

---

① Basu, Sanjoy, 1977, "Investment Performance of Common Stocks in Relation to Their Price – earnings Ratios: A Test of the Efficient Market Hypothesis", *The Journal of Finance*, 32: 663 – 682.

尽管学术界与实业界都认为价值股的收益更高，但他们对其原因的看法并不一致。Fama 和 French（1992，1996）[①] 认为价值股溢价主要补偿其更高的破产风险。Lakonishok 等（1994）[②] 则用行为因素解释。价值和动量长期以来是量化投资的两大基石。

价值指标的构建还可以采用其他维度来衡量，比如红利、净利润、现金流、息税前利润、税息折旧及摊销前利润和营业收入（销售额）等，也可以对这些价值指标进行修正，比如行业或历史的差异调整。

关于价值指标的一个常见误解是，前瞻性（forward - looking）指标比后顾性（backward - looking）指标的预测能力更强，特别是基本面投资者，认为卖方分析师对股票未来利润、现金流等的预测要好于简单的历史数据预测。但有研究[③]指出后顾性估值指标是更好的 alpha 信号。

#### 2.1.2.2　成长

价值和成长是两大传统的投资风格。成长因子试图衡量企业的增长潜力。成长因子也有后顾性（历史增长率）和前瞻性（预测增长率）的。成长指标也可以分为短期成长指标（比如最近季度、最近年度、未来 1 个季度、未来 1 个年度）和长期成长指标（历史 5 年、未来 5 年）。盈利预期（earning surprise）也可以算作成长指标的一种。

#### 2.1.2.3　动量与反转

动量是除价值投资之外的又一大量化投资的基石。研究者发现，大部分国家几乎全部资产都具有动量效应。Jegadeesh 和 Titman（1993）首次证明在 1965 年至 1989 年的美国市场，历史赢家（最近历史累计收益率高的股票）在未来 2 至 12 个月内能打败历史输家。除了中期价格动量外，学者们还发现了短期反转效应，其中中期动量效应的解释主要归于人的行为偏差。反转效应比中期动量效应要更强，但其换手率非常高，这也正是该溢价无法被套利掉的原因，而中期动量的溢价近年来

---

① Fama, EF, KR French, 1996, "Multifactor Explanations of Asset Pricing Anomalies", *Journal of Finance*: 55 - 84.

② Lakonishok, J, A Shleifer, RW Vishny, 1994, "Contrarian Investment, Extrapolation, and Risk", *Journal of Finance*: 1541 - 1578.

③ Yin Luo, Rochester Cahan, Javed Jussa, Miguel Alvarez, 2010, "QCD Model DB Quant Hand Book", Deutsche Bank.

大大下降了。

与行为相关的“彩票式”指标目前也受到大量关注，其原理是投资者过度在意一只股票的新信息，从而在短时间内提高股票价格，最终由于基本面无法兑现而导致股价回落。可以定义该指标为最近 1 个月中最高的日收益率或者日收益率最高的 5 日收益率的平均值，该指标在长期内与短期反转指标的表现相似，同时换手率要远远低于短期反转指标。

#### 2.1.2.4 质量

价值和质量都源于基本面研究。Sloan (1996)[①] 的文章是深入研究财务知识提高投资收益的一个最好的实例。投资者对质量可能有不同的定义，无外乎涉及盈利、财务风险、收益质量、稳定性、红利支付的持续性、资本利用率等。盈利可用毛利率、净资本收益率、净资产收益率等指标衡量。财务风险可用负债/资本比衡量。稳定性指标衡量企业历史净收入（或销售、现金流、红利）的波动性，越稳定的历史收入，股票的收益率会更高，特别是在不平稳时期。资本利用率则与外部融资和代理问题相关。

#### 2.1.2.5 规模与流动性

规模因子可用对数形式的流通市值、总市值、交易额、总资产等指标衡量。流动性因子一般用换手率来衡量，可分为短期、中期、长期，但它们之间的相关性比较大，因此可以考虑中期与短期换手率的变动等指标。此外，股价、Pastor 和 Stambaugh 的流动性指标[②]和 Amihud 的非流动性指标[③]及其换手率形式[④]也在考虑范围之内。

#### 2.1.2.6 波动

波动因子包括与市场相关的波动和特质波动（idiosyncratic volatility）。与市场相

---

① Sloan, RG, 1996, “Do Stock Prices Fully Reflect Information in Accruals and Cash Flows about Future earnings?”, *The Accounting Review*, 71: 289 – 315.

② Pastor, Lubos, Robert F Stambaugh, 2003, “Liquidity Risk and Expected Stock Returns”, *Journal of Political Economy*: 111.

③ Amihud, Yakov, 2002, “Illiquidity and Stock Returns: Cross – section and Time – series Effects”, *Journal of Financial Markets*, 5: 31 – 56.

④ Brennan, Michael, Sahn – Wook Huh, Avanidhar Subrahmanyam, 2013, “An Analysis of the Amihud Illiquidity Premium”, *Review of Asset Pricing Studies*, 3: 133 – 176.

关的波动用 Beta 来衡量，既考虑传统构造方法[①]，也可考虑改进的方法，同时还可以考虑不同市场状态下的 Beta 值及其它们之间的差别。

特质波动目前受到广泛关注，Ang 等（2004）[②] 指出，高特质波动的股票的未来收益率更低。除此之外，Barra 模型中 CAPM 的 sigma 指标和日收益率的标准差也可用来衡量特质波动。

## 2.1.3 因子回测方法

一旦构建出一个指标，就需要检验其预测能力和有效性，但更为重要的是指标的经济学含义。很多指标都比较容易通过统计性检验，但可能是数据挖掘的结果，一个好的回测结果并不意味着该指标能继续获得 alpha 收益。

指标预测能力和有效性的检验一般有以下五种方法。

### 2.1.3.1 对冲组合

最为传统也是广泛采用的回测方法就是对冲组合，比如 Fama 和 French（1993）将股票根据指标大小分成 10 组，各组股票收益率采用平均加权或市值加权的方法计算，对冲组合则为指标最高组与最低组的收益率之差。但该方法也有缺陷，首先它浪费了中间各组的收益率信息，只有最高组和最低组的股票才能进入对冲组合，如果中间各组的收益率更高，那么该对冲组合无法反映这一特征。另外，该投资组合构建方法容易导致股票在某些其他特征（比如规模因子）上过度集中。

### 2.1.3.2 Pearson 信息系数

Kahn（1999）利用信息比率（Information Ratio，IR）衡量投资经理的技能，它与用来衡量因子表现的信息系数（Information Coefficient，IC）密切相关。具体为：IR = IC × sqrt（Breadth）。IC 为当期因子得分与下一期股票收益率的截面相关系数。Breadth 为潜在投资范围的股票数量。

---

① D. J. Orr, Igor Mashtaler, Adam Nagy, 2012, "MSCI The Barra China Equity Model（CNE5）Empirical Notes".

② Ang, Andrew, Robert J Hodrick, Yuhang Xing, Xiaoyan Zhang, 2006, "The Cross – section of Volatility and Expected Returns", *The Journal of Finance*, 61: 259 – 299.

Pearson 信息系数是一个简单相关系数，因此，在 -100% 至 100% 之间。信息系数越高，因子预测未来一期收益率的能力越强。在实际应用中，月平均 IC 在 5% ~ 6% 的因子都被认为预测能力非常强。

由于大多数量化模型都是线性的，IC 能够捕捉整个样本股票的范围，而对冲组合只能捕捉极端组合，因此，IC 相对于对冲组合方法能更好地衡量识别因子。

#### 2.1.3.3 Spearman 秩相关

Pearson IC 对离群值敏感。由于原始 alpha 因子只有在用于股票选择模型时才进行标准化，离群值才会被断尾或截尾，因此在识别因子时 Pearson IC 并不是一个理想的方法。一个类似而又稳健的识别因子的方法是 Spearman 秩相关系数。该 IC 是因子得分的排名与未来一期收益率的排名的 Pearson 相关系数。

IC 的平均值是一个重要指标，但最终决定因子表现的是 IC 的一致性，即 IC 平均值与 IC 标准差的比例。

#### 2.1.3.4 行业调整的 IC

不同行业的股票表现会很不同，因此需要调整行业之间的差异，但更为重要的是，大多数因子的选股能力都强于行业选择。另外，很多量化组合受到行业中性的约束。因此在应用 IC 时应该采用行业中性的 IC，有很多方法计算行业中性的 IC，比如调整行业收益率的方法。

除了考虑行业调整外，还可以考虑风险因子进行调整，比如将因子得分对行业虚拟变量、风险因子进行回归，得到因子的残差，即为风险调整过的因子。

#### 2.1.3.5 因子换手率

在因子回测中，另一个需要考虑的是因子换手率。有些因子能够获得有吸引力的收益率，但在实际过程中无法实现，那可能是因为换手率过高所致。

因子换手率可用因子得分的当期分组与未来一期分组的变化来表示，一个更为稳健的衡量因子换手率的方法是因子得分在当期与未来一期的相关系数。对于换手率非常高的因子来说，该相关系数接近于 0。

# 2.2 资金流向策略

## 2.2.1 基于小户资金流向的投资策略研究

### 2.2.1.1 研究背景

巴菲特曾说："在别人贪婪时恐惧，在别人恐惧时贪婪。"巴菲特此处的"别人"指的是大部分其他人，而他与其他人的做法不同。对比牛市和熊市时可知，股票价格在熊市时是远低于牛市时。如果按照"在别人贪婪时恐惧，在别人恐惧时贪婪"这句话所指做长期投资，在熊市时买入股票，持有至牛市卖出，也可以获得不菲的收益。

A股市场交易量在牛市中远远高于熊市。也就是大部分人在牛市中"贪婪"，而在熊市中"恐慌"。中国A股市场大部分的交易是由个人投资者完成的。然而，个人投资者却较少获利。坊间也曾流传"一赚二平七亏"的话语。也就是投资者大部分是亏损的。因此，本书认为，个人投资者的交易行为可以作为反向指标来指导投资，并考虑以个人投资者的交易作为反向指标来构造投资策略，以期望获得一定的回报。

中国A股市场的股票价格总是在低位和高位之间来回波动，也有少数股票持续上涨。这主要是因为中国A股市场上市条件严格，通常容易上市的周期股在盈利高点上市了，但是后劲不足，也难以挣脱周期的命运，最终许多股票就在低位和高位之间循环往复，导致A股市场股票价格的变化与资金的进出相关性显著。综合来看，本部分以小户资金流向构造反向指标来进行投资策略研究。

### 2.2.1.2 资金流向与股票收益的实证关系

(1) 指标定义。为了刻画小户的买入积极程度，本部分定义投资者买入比：

投资者买入比 = 投资者买入额/（投资者买入额 + 投资者卖出额）

如果投资者是小户，投资者买入比就是小户买入比。小户买入比数值越大，表明小户买入该股票的积极性更高。小户通常资金规模较小，其买入能力有限。通常其买入一只股票之后，难以继续加仓。因此，要想小户买入比继续增大，就需要有更多的小户入场买入。于是可以设想，当小户买入比已经很高了，那么后续入场的小户就很可能会较少了，其数值很可能将会下降。反之，如果小户买入比已经很低了，那么后续入场的小户数量很可能会增加，小户买入比则很可能增大。

（2）指标期限的影响。Wind 数据是按照单的大小来划分投资者类型，这将会导致统计的偏差。投资者可以将交易的大单拆分成小单。例如，机构投资者将买入的大单拆分成小单，那么以此来统计的机构买入金额就会偏小，进而造成机构投资者买入比值低估，并最终错误估计机构投资者买入比与股票未来收益之间的关系。同样，机构投资者将买入或者卖出的大单拆分成则可能会导致中单或者小单的增加或者减少，进而导致小户买入比增大或者减小。

由于股市的交易量主要是由小型个人投资者完成的，那么在一段较长时间内即使存在大单拆分的情况，其对小户买入比的影响也会相对小一些，而不会像大单那样变化剧烈。因此，如果指标计算的时间越长，机构投资者的拆单行为对小户买入比的影响可能会越小。

（3）小户资金流向与股票收益。为了利用资金流向进行股票投资，从统计的角度检验资金流向对股票的收益是否具有预测作用。本部分首先采用分组分析小户的资金流向与股票收益的关系。

图 2－1 是最近 1 日、最近 5 日、最近 10 日和最近 20 日小户买入比与股票未来一日收益率之间的关系。四组图都呈现较好的单调关系。最低组（第 1 组）的平均收益更高，依次递减。

#### 2.2.1.3 指标相关统计量

接下来，分别考察有无交易成本时的相关统计量。表 2－1 是不考虑交易成本时，小户买入比的相关统计量。首先，从年化收益率来看。最近 1 日和最近 5 日的最高组比最低的表现要好，而最近 10 日和最近 20 日的最低组比最高组的表现要好。

对于小户而言，通常资金规模较小，其买入能力有限。于是当其买入一只股票之后，难以继续加仓。因此，要想小户买入比继续增大，就需要有更多的小户入场买入。于是可以设想，当小户买入比已经很高了，那么后续入场的小户就很可能会

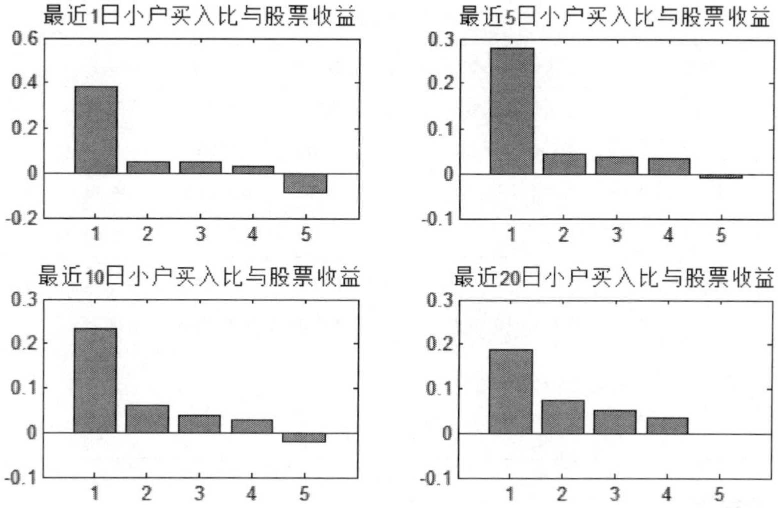


图 2-1　小户买入比与股票未来收益的关系

较少了，其数值很可能将会下降。反之，如果小户买入比已经很低了，那么后续入场的小户数量很可能会增加，小户买入比则很可能增大。而指标的观察期越长，这种情况越明显。

当观察期为 1 时，自相关系数为 0.25。这表明相邻两期指标之间相关性较低，也就是当期小户买入比值高，而下一期高的可能性较低，但也不会下降很多。其次，这也意味着股票的换手率会相对大一些。当观察期增大到 5 时，指标自相关系数增大到 0.85。这意味着股票的换手率会降低。如果平均每次换股的收益较小时，过高的换手率可能带来较高的交易成本。表 2-2 是考虑有交易成本时的情况，显示最近 1 日小户买入比的收益都变成了负的，说明频繁换股带来的收益无法覆盖交易成本。表 2-2 中收益最好的是最近 20 日小户买入比，虽然相对于不考虑成本时有所下降，但仍有 11% 的年化收益率。

#### 2.2.1.4　策略的实证研究

策略思路：因为小户买入金额比是在交易结束之后才可以获得，所以在下一个交易日之前可以获得的小户买入金额比时之前的数据。本部分采用前一交易日的小户买入金额比作为选股指标。首先，不考虑交易成本时的策略表现。其次，考察有交易成本时的策略表现。

表 2-1　　指标相关统计量

| | High | 2 | 3 | 4 | Low | H-L | t 统计量 | rankic | ic | 自相关 |
|---|---|---|---|---|---|---|---|---|---|---|
| 小户买入比 1 | 0.14 | 0.16 | 0.11 | 0.02 | 0.02 | 0.12 | 3.23 | -0.10 | -0.02 | 0.25 |
| 小户买入比 5 | 0.12 | 0.12 | 0.10 | 0.05 | 0.08 | 0.04 | 1.05 | -0.10 | -0.01 | 0.85 |
| 小户买入比 10 | 0.04 | 0.08 | 0.08 | 0.10 | 0.15 | -0.11 | -2.83 | -0.09 | -0.03 | 0.92 |
| 小户买入比 20 | 0.04 | 0.07 | 0.09 | 0.11 | 0.15 | -0.11 | -2.86 | -0.05 | -0.01 | 0.94 |

注：（1）将指标分成五组，其中“High”表示指标最高组，“2”表示第二高组，“Low”表示最低组。

（2）本部分小户买入金额比数据是 2010 年 1 月 5 日至 2017 年 6 月 23 日的日数据。

数据来源：Wind 资讯。

表 2-2　　指标相关统计量 2

| | High | 2 | 3 | 4 | Low | H-L | t 统计量 | rankic | ic | 自相关 |
|---|---|---|---|---|---|---|---|---|---|---|
| 小户买入比 1 | -0.11 | -0.12 | -0.16 | -0.24 | -0.21 | 0.11 | 2.99 | -0.10 | -0.02 | 0.25 |
| 小户买入比 5 | 0.01 | -0.07 | -0.11 | -0.14 | -0.02 | 0.03 | 0.83 | -0.10 | -0.01 | 0.85 |
| 小户买入比 10 | -0.03 | -0.07 | -0.08 | -0.04 | 0.09 | -0.12 | -2.99 | -0.09 | -0.03 | 0.92 |
| 小户买入比 20 | -0.01 | -0.04 | -0.03 | 0.01 | 0.11 | -0.12 | -2.99 | -0.05 | -0.01 | 0.94 |

注：（1）将指标分成五组，其中“High”表示指标最高组，“2”表示第二高组，“Low”表示最低组。

（2）本部分小户买入金额比数据是 2010 年 1 月 5 日至 2017 年 6 月 23 日的日数据。

数据来源：Wind 资讯。

代理变量：小户买入金额比。本部分利用小户买入和卖出金额的每日数据构造小户买入金额比：

小户买入金额比 = 小户买入金额/（小户买入金额 + 小户卖出金额）

小户买入金额比值介于 0 和 1 之间。

当小户买入金额比 = 0 时，表示小户买入金额为 0。

当小户买入金额比 = 1 时，表示小户卖出金额为 0。

当小户买入金额比大于 0.5 时，小户净买入金额为正，小户整体是买入的。

当小户买入金额比小于 0.5 时，小户净买入金额为负，小户整体是卖出的。

本部分以沪深 300 指数为例来比较。对于上述策略中有两个参数需要设定：指标分组和指标期限。这两个参数会对策略的表现产生影响。首先，好的指标对于股票的收益率具有明显单调性，因此，不同组的收益率会有所不同。其次，小户买入金额比期限可以是最近 1 日，也可以是最近 N 日的，随着期限的不同，指标所反映的信息也不同，进而导致策略表现不同。因此，指标分组和指标期限都会对策略表现产生影响。本部分将指标从高到低分为五组，指标期限分别为 1 日、5 日、10 日和 20 日。因此，本部分的持股数量为当期可交易股票的 1/5。

（1）无交易成本时策略表现。图 2－2 至图 2－5 是不考虑交易成本时的策略表现。首先，所有的策略都能够跑赢沪深 300。其次，对于最近 1 日小户买入比策略和最近 5 日小户买入比策略，高指标的组比低指标的组表现要好。而对于最近 10 日小户买入比策略和最近 20 日小户买入比策略，低指标的组比高指标的组表现要好。因为小户资金规模较小，难以持续加仓。因此，要想小户买入比继续增大，就需要有更多的小户入场买入。当指标期限较长时，如果小户买入比已经很高了，那么后续入场的小户就很可能会较少了，其数值很可能会下降。反之，如果小户买入比已经很低了，那么后续入场的小户数量很可能会增加，小户买入比则很可能增大。当指标期限较短时，如果小户买入比已经很高，那么接下来后续入场的小户不会马上减少，其数值可能不会大幅下降。反之，如果小户买入比已经很低了，那么后续入场的小户数量也不会马上增加，小户买入比增大的幅度也有限。

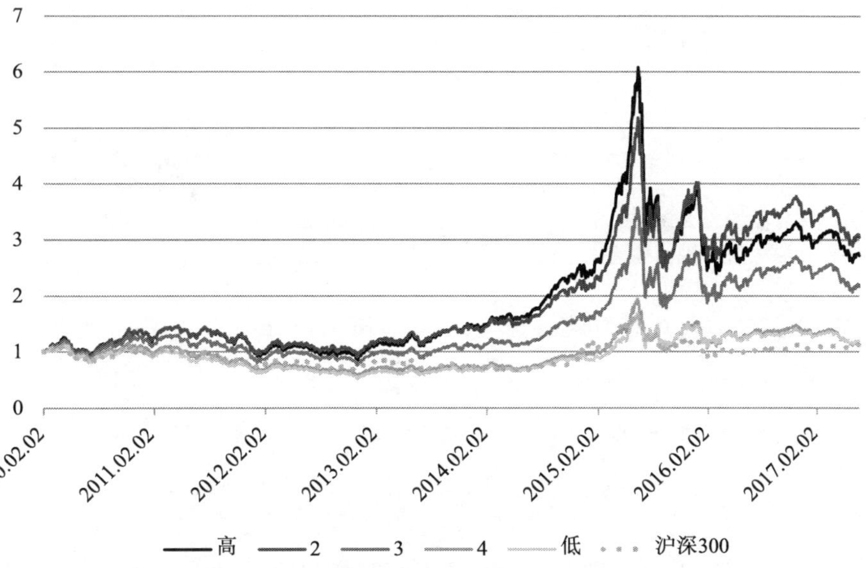


图 2－2　无交易成本时滞后 1 日策略累计收益率

（2）有交易成本时策略表现。交易成本是实际交易中需要重视的。因为有很多机会可能收益较小而无法覆盖交易成本，那么最好的策略就是不执行这样的交易。图 2－6 至图 2－9 是有交易成本时的策略表现。

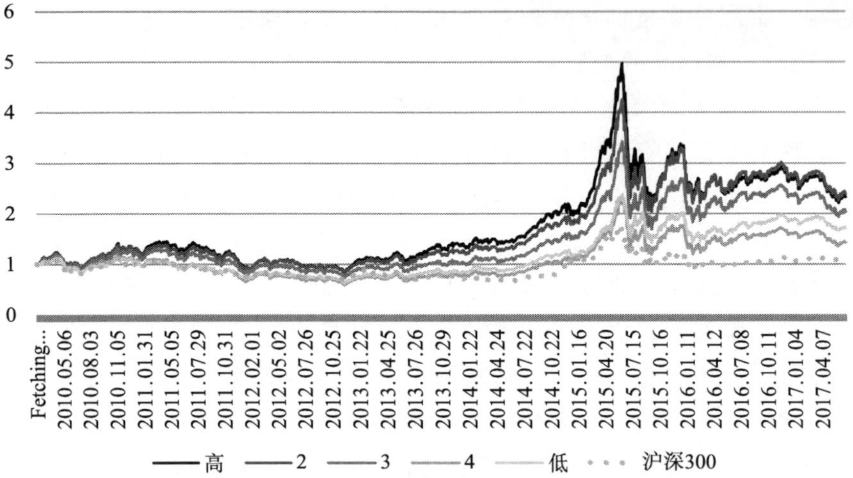


图 2-3　无交易成本时滞后 5 日策略累计收益率

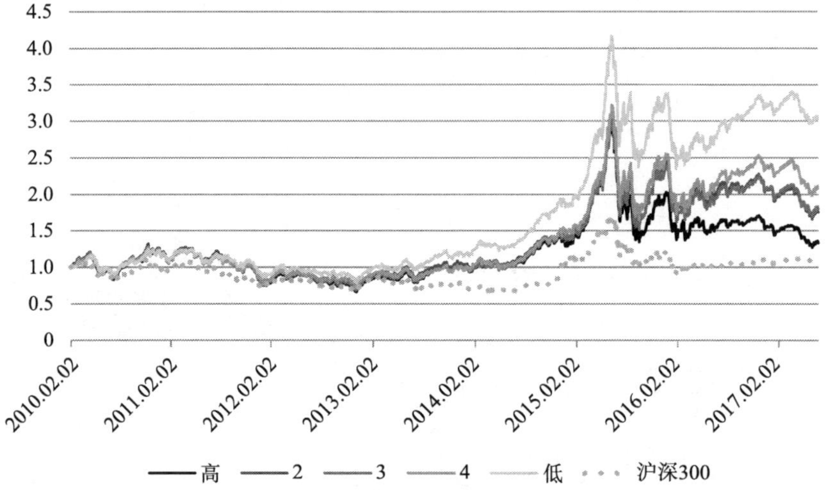


图 2-4　无交易成本时滞后 10 日策略累计收益率

图 2-6 是滞后 1 日的指标从高到低五组策略和沪深 300 指数的累计收益率。图 2-6 显示，以滞后 1 日的小户买入比作为指标进行选股时，其收益率不但是亏损状态，而且跑不赢沪深 300。因此，滞后 1 日策略没有执行的价值。

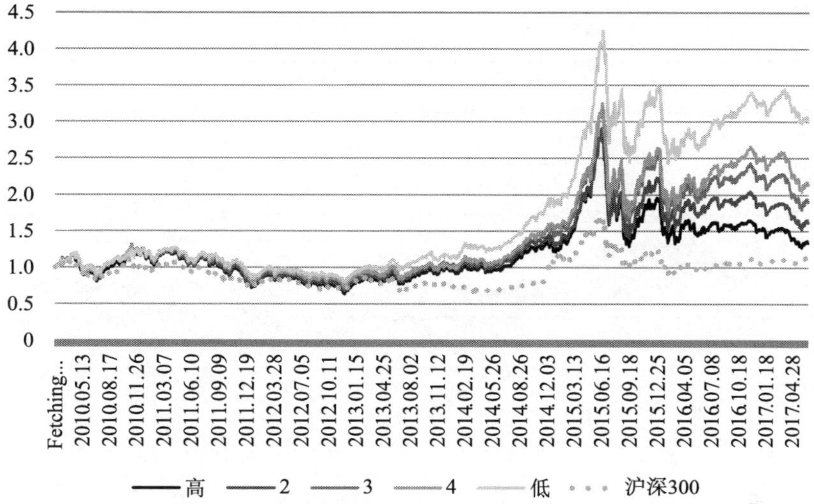


图 2－5　无交易成本时滞后 20 日策略累计收益率

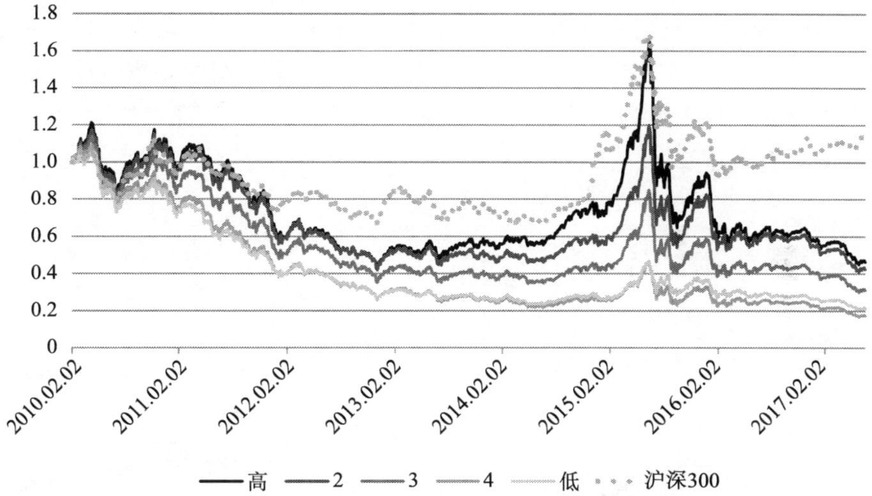


图 2－6　有交易成本时滞后 1 日策略累计收益率

注："高" 表示策略选取当期小户买入比前 1/5 的股票，"2" 表示策略选取当期小户买入比在 1/5 和 2/5 之间的股票。下同。

当以滞后 5 日小户买入比为选股指标时，策略表现如图 2－7 所示。以滞后 5 日的小户买入比作为指标进行选股时，其收益率不但是亏损状态，而且跑不赢沪深 300。因此，滞后 5 日策略也没有执行的价值。

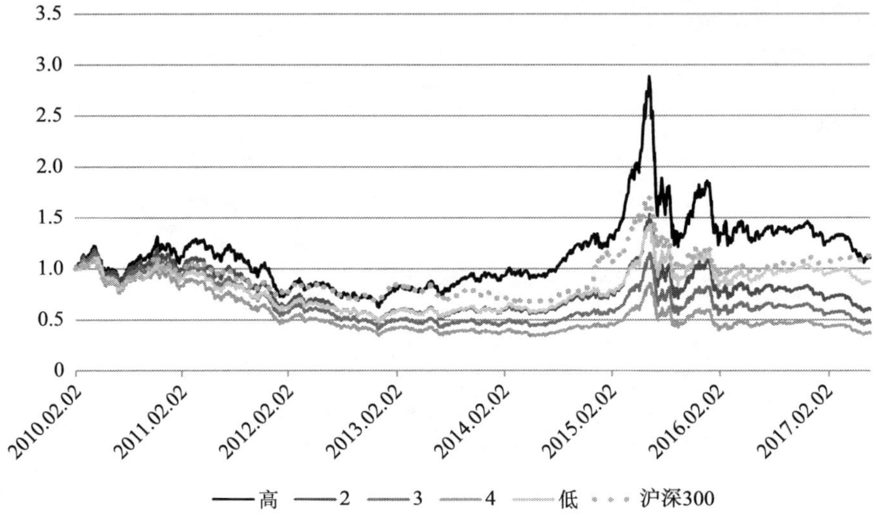


图 2-7　有交易成本时滞后 5 日策略累计收益率

当以滞后 10 日小户买入比为选股指标时，策略表现如策略表现如图 2-8 所示。以滞后 10 日的小户买入比作为指标进行选股时，只有最低组策略累计收益率可以跑赢沪深 300 指数，其余组的累计收益率都跑不赢沪深 300。因此，滞后 10 日策略只有最低组策略表现良好。

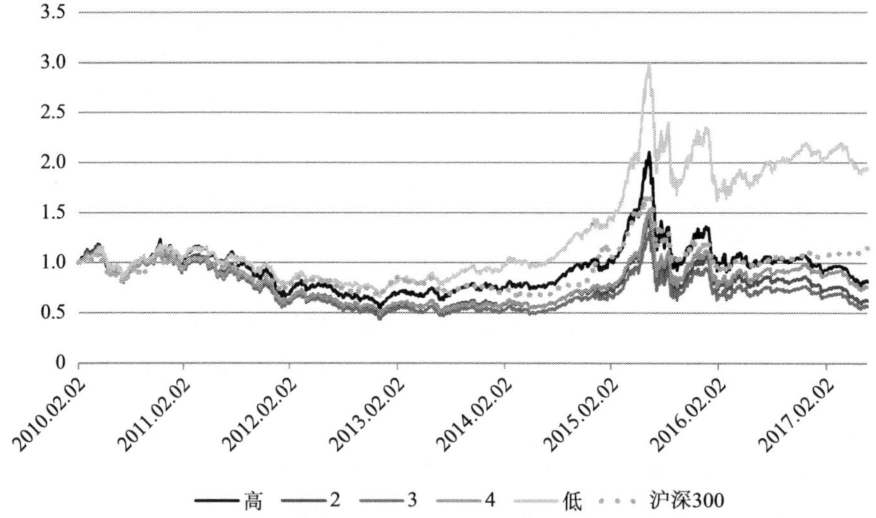


图 2-8　有交易成本时滞后 10 日策略累计收益率

最后，当以滞后20日小户买入比为选股指标时，策略表现如图2－9所示。以滞后20日的小户买入比作为指标进行选股时，只有最低组策略累计收益率可以跑赢沪深300指数，其余组的累计收益率都跑不赢沪深300。因此，滞后20日策略只有最低组策略表现良好。

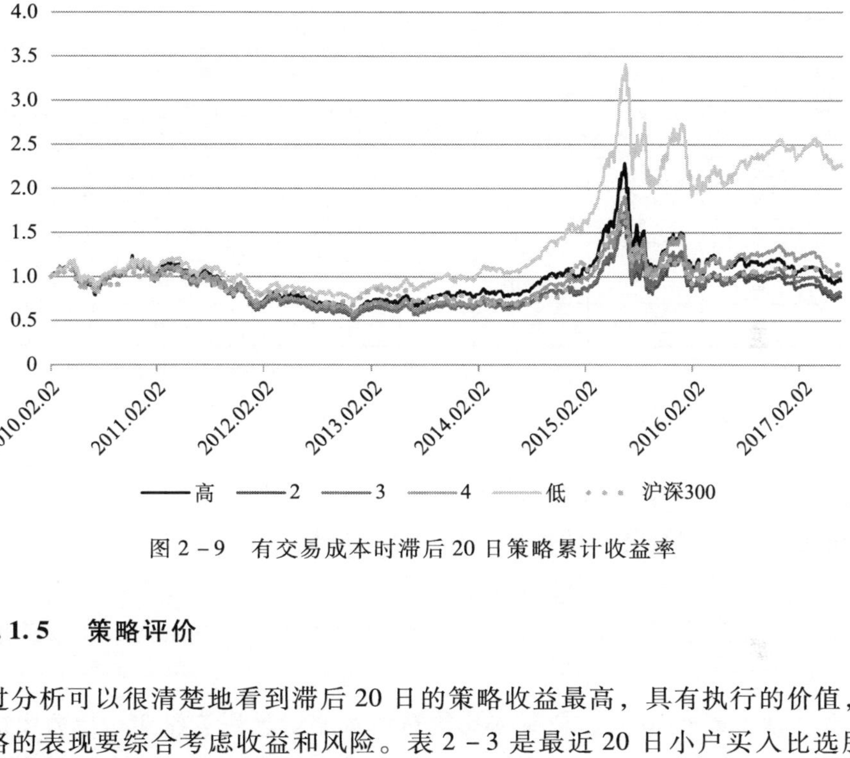


图2－9　有交易成本时滞后20日策略累计收益率

#### 2.2.1.5　策略评价

通过分析可以很清楚地看到滞后20日的策略收益最高，具有执行的价值，但是评价策略的表现要综合考虑收益和风险。表2－3是最近20日小户买入比选股指标的策略表现评价情况，指标包括年化收益率、夏普比率和最大回撤率，相对基准（沪深300和中证500）的胜率和超额收益率。

第一，年化收益率。表2－3显示，年化收益率最高的是最低组，其他组年化收益率太差。

第二，夏普比率。夏普比率值越大，说明策略的收益风险比越好。夏普比率最高的也是最低组策略，但是只有0.44。

第三，最大回撤率。最大回撤率越小，表明策略的风险越低。最低组策略的最大回撤率最小为44%。

第四，相对基准的胜率和超额收益，当胜率越高且超额收益越大时，在采取多头策略的时候，同时对冲股指期货就能获得更加稳健的收益。首先，以超额收益来看，相对于沪深 300 和中证 500，只有最低组策略获得了正的超额收益。其次，以胜率来看，最低组策略的胜率分别为 56% 和 52%。

综上可知，从综合风险与收益率来看，选择最近 20 日小户买入比最低组策略最好。但是由于夏普比率较低，该策略的价值并不大。

表 2－3　有成本时策略表现评价

| 指标滞后期 | 分组 | 年化收益率 | 夏普比率 | 最大回撤率 | 胜率（沪深 300） | 超额收益率（沪深 300） | 胜率（中证 500） | 超额收益率（中证 500） |
|---|---|---|---|---|---|---|---|---|
| 20 | 高 | －0.01 | －0.03 | 0.60 | 0.55 | －0.03 | 0.50 | －0.05 |
| | 2 | －0.04 | －0.14 | 0.58 | 0.56 | －0.06 | 0.48 | －0.08 |
| | 3 | －0.03 | －0.11 | 0.57 | 0.56 | －0.05 | 0.48 | －0.08 |
| | 4 | 0.01 | 0.01 | 0.54 | 0.56 | －0.01 | 0.48 | －0.04 |
| | 低 | 0.11 | 0.44 | 0.44 | 0.56 | 0.10 | 0.52 | 0.07 |

#### 2.2.1.6　结论

巴菲特曾说：“在别人贪婪时恐惧，在别人恐惧时贪婪。”而中国个人投资者明显特征是在牛市中“贪婪”的进行交易，而在熊市中“恐惧”交易。最终结果是大部分个人投资者处于亏损状态。因此，个人投资者的交易行为可以作为反向指标来指导投资，于是，本部分以小户买入比来刻画投资者的主观偏向，并以此来构造投资策略。研究发现：

首先，基于最近 20 日小户买入比构造的策略表现比沪深 300 指数要好。2010 年 1 月 5 日至 2017 年 6 月 23 日，选股指标为最近 20 日小户买入比最低组策略的累计收益率和胜率均胜过沪深 300 指数。

其次，综合收益和风险来考虑，选股指标为最近 20 日小户买入比最低组策略更好。策略的年化收益率达到 11%，夏普比率达到 0.44，最大回撤率为 44%。

### 2.2.2　主力资金流向投资策略——基于投保基金数据的研究

#### 2.2.2.1　研究背景

在现实世界中，股票价格时刻处于波动状态。由于卖空的限制，国内股票投资者为了获利，致力于抓住股票上涨的阶段，避开股票下降的阶段。因此，如果能够把握股价变化的运动趋势，那么就能够在股票投资中获利。

现代资产定价理论（CAPM 等），均利用一些因子来对股票价格进行定价。然而，这些金融理论在股价的确定上显得缺乏说服力。即便这些金融理论具有解释力，但也只是静态状态。索罗斯指出，现实中，股票价格时刻在波动，基本没有什么均衡点。他认为，可以将股票价格的运动趋势看作是“基本趋势”和“主流偏向”的合成。

股票市场由股票和投资者组成。股票价格受投资者行为和其他因素的影响。为了简化分析，索罗斯将影响股票价格的其他因素简化为“基本因素”，并使用“基本趋势”来表示“基本因素”的变化。索罗斯认为，市场总是表现出某种偏向。市场中存在众多的参与者，他们的观点各不相同，其中许多偏向彼此相互抵消，剩下的就是“主流偏向”。在其他条件都一样时，正的主流偏向导致股价上涨，负的主流偏向导致股价下跌。进一步地，如果能够捕捉到主流偏向，那么就能够把握股价的运动趋势，进而在股票投资中获利。

索罗斯指出，股票价格变动存在一个自我加强/自我消减的过程。当基本因素没有变化时，主流偏向可能会迅速得到矫正，股价变动较小。而当基本因素受到影响时，主流偏向会引起股价进入一个自我加强/自我消减的过程。例如，当“基本趋势”向上时，主流偏向也会是向上的，此时股价会小幅上升，而股价的上升又会反作用于主流偏向，使得主流偏向进一步强化，主流偏向的强化推动股价快速上涨……如此反复加强直到股价远离现实失去支撑，市场无法维持这一趋势，股价暴跌开始。因此，识别股票价格变动的自我加强/自我消减过程是股票投资制胜的关键。

按投资者类型，可以将中国股市投资者分为机构投资者和个人投资者。一般，相对于个人投资者而言，机构投资者的资金规模更大，因此，股价更容易受到机构投资者买卖行为的影响。一般而言，没有机构投资者大量买入或者卖出时，股价不会涨停或者跌停。因此，机构投资者的买卖行为反映了股价运动中的主流偏向。据此，本部分以机构投资者的资金流向来刻画投资者的主流偏向，并构造投资策略。

#### 2.2.2.2 指标说明及分析框架

（1）代理变量。首先是机构买入金额比。本部分利用机构买入和卖出金额的每日数据构造机构买入金额比：

机构买入金额比 = 机构买入金额/（机构买入金额 + 机构卖出金额）

此处剔除了机构无交易的情况。机构买入金额比值介于0和1之间。

当机构买入金额比=0时，表示机构买入金额为0。

当机构买入金额比=1时，表示机构卖出金额为0。

当机构买入金额比大于0.5时，机构净买入金额为正，机构整体是买入的；反之，当机构买入金额比小于0.5时，机构净买入金额为负，机构整体是卖出的。

（2）数据说明。本部分机构买入金额比数据是2015年1月初至2016年11月底季度的日数据。数据来源于投资者保护基金，其余数据来自Wind资讯。

（3）策略思路。因为机构买入金额比在交易结束之后才可以获得，所以在下一个交易日之前可以获得的机构买入金额比是之前的数据。本文采用前一交易日的机构买入金额比作为选股指标。首先，剔除无机构交易的数据（没有机构关注的股票其实也是缺乏上升动力的股票）。其次，选择机构买入金额比排名靠前的100只股票持有，然后每个交易日循环判断。最后，分别限制持有期限不超过5日、10日和20日时，考察策略的表现。

#### 2.2.2.3 策略的实证研究

这里以沪深300指数为例来进行比较，时间样本从2015年1月6日至2016年11月30日。对于上述策略中有两个参数需要设定：持股数量和指标期限。这两个参数会对策略的表现产生影响。首先，选股数量增加一方面可以分散风险，但是也会增加业绩较低的股票，进而降低收益。其次，机构买入金额比期限可以是最近1日，也可以是最近N日的，随着期限的不同，指标所反映的信息也不同，进而导致策略表现不同。因此，持股数量和持股时间都会对策略表现产生影响。本文考察的持股数量固定为100，指标期限分别为1日、5日、10日和20日。此外，还考察了不同持股期限的策略表现。

（1）不限制持股期限的策略表现。本部分始终固定持股数量为100，再分别考察指标为1日、5日、10日和20日的累计机构买入比的策略效果。图2-10是指标为1日、5日、10日和20日的策略和沪深300指数的累计收益率。

整体而言，图2-10显示：

第一，1日和5日策略明显比10日和20日策略要好。首先，在2015年牛市中，1日和5日策略比10日和20日策略上涨的幅度更高；其次，2015年熊市之后的反弹，1日和5日策略比10日和20日策略上涨的幅度更高。这表明指标期限过长会降低策略累计收益。

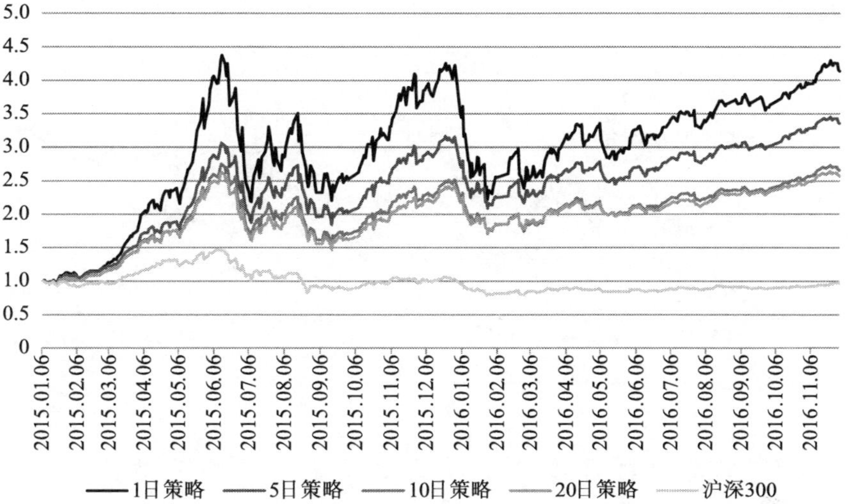


图 2－10　不限制持股期限的投资者资金流向策略累计收益率

注：N 日策略表示选股指标为最近 N 日的机构累计买入比 =（N 日累计买入金额/ N 日累计买入金额 + N 日累计卖出金额）的策略。

第二，所有策略均比沪深 300 指数表现要好。当沪深 300 指数上行时，本部分策略累计收益率增加更快；当沪深 300 指数盘整时，本部分策略的累计收益率仍能缓慢增长；当沪深 300 指数下行时，本部分策略累计收益率跌幅较大。整体而言，在回测期间，策略累计收益率远高于沪深 300。

（2）持股期限为 5 日的策略表现。以上是持股数量为 100 时，不限制持有期限的策略表现。平均而言，股票价格在上涨过程中应该有一个快速上涨期限。超过这个期限，股价接下来涨幅就会下降了。因此，接下来，本部分限制持股期限来进行回测。当持股期限为 5 日时，策略表现如图 2－11 所示。

图 2－11 显示，首先，当持股期限为 5 日时，1 日、5 日、10 日和 20 日策略的累计收益率走势与不限制持股期限时基本一致；其次，相对于不限制持股期限时，持股期限为 5 日时的 1 日、5 日、10 日和 20 日策略的累计收益率会降低很多。例如 5 日策略的最终累计收益从 3.36 降低到 2.52。因此，可以认为可能存在一个最优的持股期限来优化策略收益。接下来，分别考察持股期限为 10 日和 20 日的情况。

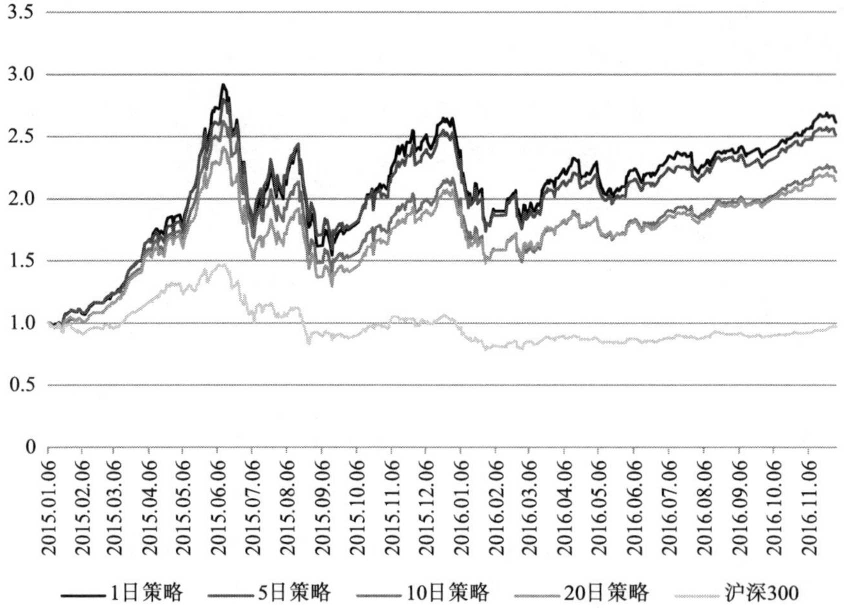


图 2－11　持股期限为 5 日的投资者资金流向策略累计收益率

（3）持股期限为 10 日和 20 日的策略表现。当持股期限设置为 10 日时，策略表现如图 2－12 所示。

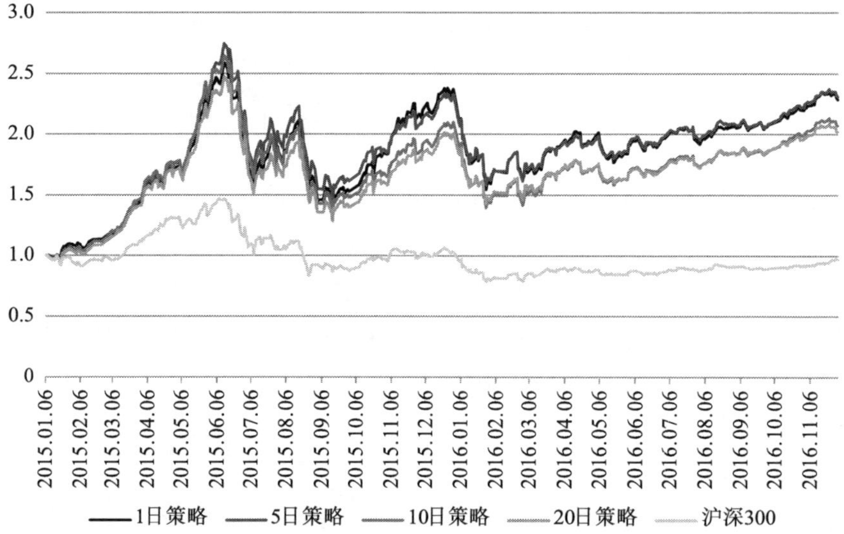


图 2－12　持股期限为 10 日的投资者资金流向策略累计收益率

图2－12显示：首先，当持股期限设置为10日时，1日、5日、10日和20日策略的累计收益率走势与不限制持股期限时基本一致；其次，相对于持股期限为5日时，持股期限为10日的策略累计收益率有所下降。例如，持股期限为10日时，5日策略的累计收益率为2.31。而持股期限为5日时，5日策略的最终累计收益为2.52。这表明，持股期限为5日时的策略收益更好。

最后，当持股期限设置为20日时，策略表现如图2－13所示。1日、5日、10日和20日策略的累计收益率走势与不限制持股期限时基本一致，但是，策略收益仍然不及持股期限为10日时。

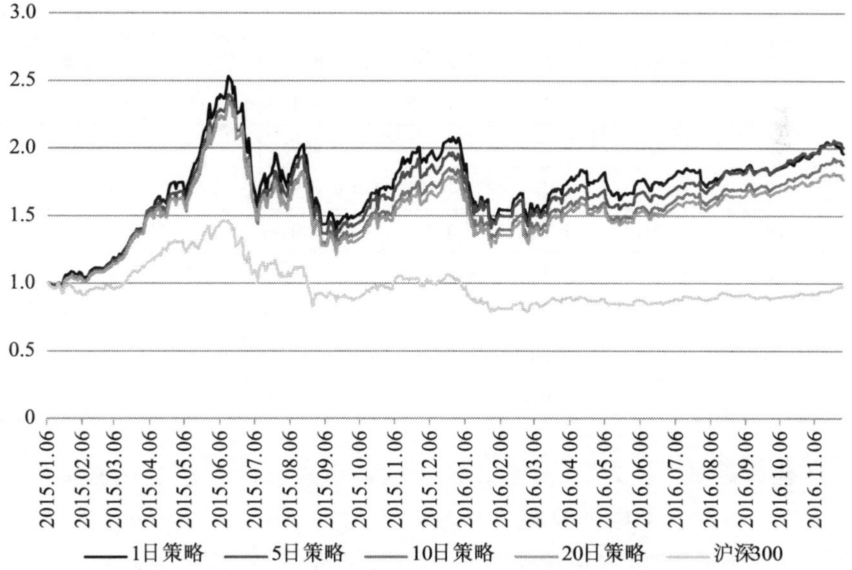


图2－13　持股期限为20日的投资者资金流向策略累计收益率

### 2.2.2.4　策略评价

评价策略的表现要综合考虑收益和风险。因此，为了比较不同持股数量的策略表现，需要更加精确的指标。表2－4是不同选股指标（最近累计1日/5日/10日/20日机构买入比），不同持股期限（无限制、5日、10日和20日）的策略表现评价情况，指标包括年化收益率、夏普比率和最大回撤率，相对基准（沪深300和中证500）的胜率和超额收益率。

表 2-4　　不同持股期限和指标策略表现评价

| 持股期限 | 指标滞后期 | 年化收益率 | 夏普比率 | 最大回撤率 | 胜率（沪深300） | 超额收益率（沪深300） | 胜率（中证500） | 超额收益率（中证500） |
|---|---|---|---|---|---|---|---|---|
| 无 | 1 | 1.145 | 1.817 | 0.500 | 0.638 | 0.789 | 0.655 | 0.611 |
| | 5 | 0.918 | 2.063 | 0.398 | 0.657 | 0.671 | 0.657 | 0.543 |
| | 10 | 0.692 | 1.643 | 0.441 | 0.666 | 0.544 | 0.666 | 0.423 |
| | 20 | 0.662 | 1.717 | 0.441 | 0.653 | 0.525 | 0.672 | 0.414 |
| 5 | 1 | 0.676 | 1.627 | 0.471 | 0.649 | 0.533 | 0.651 | 0.416 |
| | 5 | 0.642 | 1.578 | 0.429 | 0.636 | 0.513 | 0.619 | 0.397 |
| | 10 | 0.533 | 1.341 | 0.467 | 0.651 | 0.444 | 0.631 | 0.331 |
| | 20 | 0.505 | 1.334 | 0.465 | 0.638 | 0.425 | 0.640 | 0.317 |
| 10 | 1 | 0.560 | 1.416 | 0.463 | 0.638 | 0.461 | 0.619 | 0.349 |
| | 5 | 0.570 | 1.450 | 0.471 | 0.640 | 0.468 | 0.642 | 0.355 |
| | 10 | 0.481 | 1.214 | 0.493 | 0.649 | 0.409 | 0.647 | 0.296 |
| | 20 | 0.460 | 1.223 | 0.482 | 0.642 | 0.394 | 0.629 | 0.287 |
| 20 | 1 | 0.436 | 1.199 | 0.456 | 0.634 | 0.376 | 0.593 | 0.274 |
| | 5 | 0.453 | 1.233 | 0.458 | 0.631 | 0.389 | 0.623 | 0.284 |
| | 10 | 0.403 | 1.088 | 0.474 | 0.644 | 0.354 | 0.606 | 0.248 |
| | 20 | 0.360 | 0.974 | 0.483 | 0.631 | 0.323 | 0.595 | 0.218 |

（1）年化收益率。表 2-4 显示，年化收益率最高的策略是选股指标为最近 1 日机构买入比，无持股期限的策略年化收益率达到了 114.5%。年化收益率最低的策略是选股指标为最近 20 日机构买入比，持股期限为 20 日的策略年化收益率仅为 36%。分期限看：

第一，当无持股期限时，1 日策略的年化收益率 >5 日策略的年化收益率 >10 日策略的年化收益率 >20 日策略的年化收益率；

第二，当持股期限为 5 日时，1 日策略的年化收益率 >5 日策略的年化收益率 >10 日策略的年化收益率 >20 日策略的年化收益率；

第三，当持股期限为 10 日时，5 日策略的年化收益率 >1 日策略的年化收益率 >10 日策略的年化收益率 >20 日策略的年化收益率；

第四，当持股期限为 20 日时，5 日策略的年化收益率 >1 日策略的年化收益率 >10 日策略的年化收益率 >20 日策略的年化收益率。

因此，不论持股期限为多少，10 日策略和 20 日策略的年化收益率都是排在最后面的。而随着持股期限的上升，5 日策略的年化收益率比 1 日策略的年化收益率高。这表明，持股期限的确会对策略收益率产生影响。

（2）夏普比率。夏普比率值越大，说明策略的收益风险比越好。夏普比率最大的是选股指标为最近 5 日机构买入比，无持股期限的策略夏普比率达到了 2.063。分期限看：

第一，当无持股期限时，5 日策略的夏普比率值 >1 日的策略的夏普比率值 >20 日的策略的夏普比率值 >10 日的策略的夏普比率值；

第二，当持股期限为 5 日时，1 日策略的夏普比率值 >5 日的策略的夏普比率值 >10 日的策略的夏普比率值 >20 日的策略的夏普比率值；

第三，当持股期限为 10 日时，5 日策略的夏普比率值 >1 日的策略的夏普比率值 >20 日的策略的夏普比率值 >10 日的策略的夏普比率值；

第四，当持股期限为 20 日时，5 日策略的夏普比率值 >1 日的策略的夏普比率值 >10 日的策略的夏普比率值 >20 日的策略的夏普比率值；因此，5 日策略的夏普比率更好。

（3）最大回撤率。最大回撤率越小，表明策略的风险越低。整体而言，最大回撤率最小的也是选股指标为最近 5 日机构买入比，无持股期限的策略，其最大回撤率为 0.398。分期限看：

第一，当无持股期限时，1 日策略的最大回撤率 >10 日策略的最大回撤率 =10 日策略的最大回撤率 >5 日策略的最大回撤率；

第二，当持股期限为 5 日时，1 日策略的最大回撤率 >10 日策略的最大回撤率 >20 日策略的最大回撤率 >5 日策略的最大回撤率；

第三，当持股期限为 10 日时，10 日策略的最大回撤率 >20 日策略的最大回撤率 >5 日策略的最大回撤率 >1 日策略的最大回撤率；

第四，当持股期限为 20 日时，20 日策略的最大回撤率 >10 日策略的最大回撤率 >5 日策略的最大回撤率 >1 日策略的最大回撤率。因此，当持股期限增加到 10 日和 20 日时，1 日策略的最大回撤率最小，其他情况下 5 日策略的最大回撤率最小。

（4）相对基准的胜率和超额收益。当胜率越高且超额收益越大时，在采取多头策略的时候，同时对冲股指期货就能获得更加稳健的收益。

首先，以胜率来看：

第一，相对于沪深300指数而言，胜率介于0.631和0.666之间，胜率最高的是选股指标为最近1日机构买入比，无持股期限的策略。

第二，相对于中证500指数而言，胜率介于0.595和0.672之间，胜率最高的是选股指标为最近20日机构买入比，无持股期限的策略。因此，整体来看，策略胜率都比较高。

其次，以超额收益来看：

第一，相对于沪深300指数而言，超额收益率介于0.323和0.789之间，超额收益率最高的是选股指标为最近1日机构买入比，无持股期限的策略。

第二，相对于中证500指数而言，超额收益率介于0.218和0.611之间，超额收益率最高的是选股指标为最近1日机构买入比，无持股期限的策略。

综上可知，从综合风险与收益率来看，选股指标为最近5日机构买入比，无持股期限的策略表现最好，其胜率和超额收益也排名第二。在此基础上，可以通过对冲沪深300来降低风险。

#### 2.2.2.5 结论

索罗斯认为，当投资者的主观偏向为正时，股价会上涨。进一步地，当投资者的主观偏向与股价相互作用并产生一个自我加强的过程时，股价会大幅上涨。因此，可以通过捕捉投资者的主观偏向来进行股票投资。本部分以机构买入比来刻画投资者的主观偏向，并以此来构造投资策略。通过资金流向来构造机构买入比，研究发现：

首先，基于资金流向构造的策略表现比沪深300指数要好。2015年1月6日至2016年11月30日，本研究的所有策略的累计收益率和胜率均胜过沪深300指数。特别的，相对于沪深300指数而言，选股指标为最近5日机构买入比，持股期限为5日的策略胜率为64.9%，超额收益率为85.8%。在此基础上，可以通过对冲沪深300来降低风险。

其次，综合收益和风险来考虑，选股指标为最近5日机构买入比，无持股期限的策略表现最好。年化收益率达到91.8%，夏普比率为2.063，最大回撤率为0.398。其胜率和超额收益也排名第二。在此基础上，可以通过对冲沪深300来降低风险。

## 2.2.3 交易成本对主力资金流向投资策略的影响

### 2.2.3.1 研究背景

目前研究认为资金流向对收益率的影响主要有两种观点：一种认为资金流向存在着动量效应，即资金流向对未来收益率存在正向推动作用；另一种则认为资金流向存在着反转效应。基于此，本部分以资金流向来构建投资策略。在不考虑交易成本的情况下，基于资金流向的投资策略通常能取得非常高的收益，特别是对于短期资金流向指标而言。然而，股票的资金流向指标在时间序列上的自相关性非常低，特别是短期资金流向指标，从而导致基于资金流向的投资策略的交易频率非常高，这时交易成本对投资策略的收益将造成较大影响甚至可能侵蚀几乎所有利润。因此，本部分将考虑交易成本对资金流向投资策略的影响，探讨不同周期资金流向指标和不同持有期限投资策略在考虑交易成本的情况下的绩效表现。

目前，进行股票交易时的成本包含交易佣金和印花税。具体而言，在买入股票时，最少需要向证券公司支付万分之二点五的佣金，而在卖出股票时不但要支付万分之二点五的佣金，还要缴纳1‰的印花税。这里将考察交易成本对不同策略收益和风险的影响。

以机构买入比为选股指标构建投资策略，策略中有两个参数需要设定：持股期限和指标期限。这两个参数会对策略的表现产生影响。首先，持股期限对换仓的频率会产生影响，进而影响交易成本，最终对投资收益产生影响。其次，机构买入金额比期限可以是最近 1 日，也可以是最近 N 日的，随着期限的不同，指标所反映的信息也不同，进而导致策略表现不同。不同期限的指标会对换仓的频率产生影响，进而影响交易成本，最终对投资收益产生影响。因此，持股期限和指标都会对策略的交易成本产生影响，进而对策略的收益产生影响。本文考察的持股期限分别为 1 日、3 日、5 日、10 日和 20 日，指标期限分别为 1 日、5 日、10 日和 20 日。

### 2.2.3.2 策略的实证研究

本部分以沪深 300 指数为例来进行比较，时间样本从 2015 年 1 月 6 日至 2016 年 11 月 30 日。本部分始终固定持股数量为 100，再分别考察不同持股期限和不同指标期限下，交易成本对策略表现的影响。

图 2－14 是无交易成本时，至少持股 1 日的策略表现。图 2－15 是有交易成本时，至少持股 1 日的策略表现。这里始终固定持股数量为 100，再分别考察指标为 1 日、5 日、10 日和 20 日的累计机构买入比的策略效果。

首先，考察持股期限至少为 1 日时，交易成本对不同策略表现的影响。图 2－15 是指标为 1 日、5 日、10 日和 20 日的策略和沪深 300 指数的累计收益率。对比图 2－14 和图 2－15 发现：

第一，交易成本对 1 日策略的影响最大。当无交易成本时，1 日策略的累计收益最高，达到了 4.13；当有交易成本时，1 日策略的累计收益率则下降到 2.48，降幅达到 39.95%。其次，交易成本对 5 日策略的影响也较大。当有交易成本时，5 日策略的累计收益率最高，达到了 2.74；当无交易成本时，5 日策略的累计收益率为 3.37，降幅为 18.69%。最后，交易成本对 10 日策略和 20 日策略的累计收益影响最小，降幅分别为 11.4% 和 7.1%。因此，交易成本对策略的影响顺序为：1 日策略 >5 日策略 >10 日策略 >20 日策略。考虑到交易成本的影响，5 日策略的累计收益比 1 日策略的累计收益更高。

第二，增加交易成本后，策略表现仍然好于沪深 300 指数。这表明本策略仍然是能够获利的。

其次，考察持股期限为至少持有 3 日、5 日、10 日和 20 日时，结果基本一致。因此，考虑到交易成本的影响，5 日策略的累计收益率更高。

此外，当交易佣金率从万分之二点五增加到万分之五时，交易成本对 1 日策略收益的影响进一步增强了，1 日策略的累计收益率则下降到 2.10，降幅达到 49.15%，但是对 5 日、10 日和 20 日策略的影响较小（见图 2－16）。

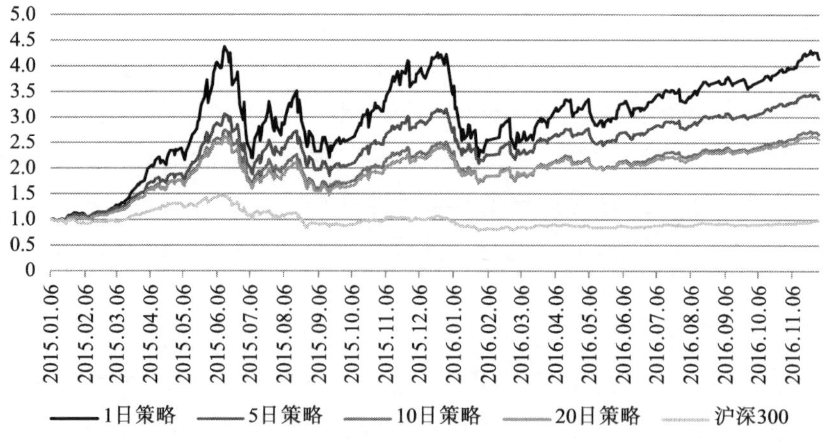


图 2－14　无交易成本的策略表现

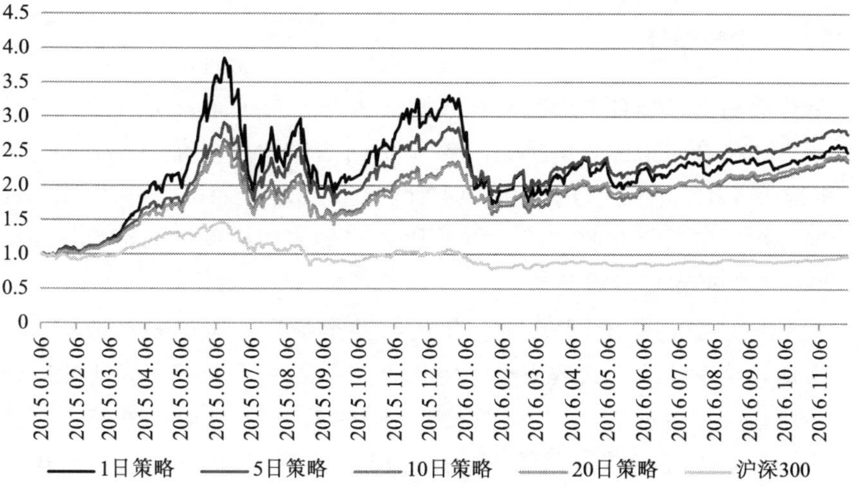


图 2－15　有交易成本的策略表现

注：N 日策略表示选股指标为最近 N 日的机构累计买入比 = （N 日累计买入金额/ N 日累计买入金额 + N 日累计卖出金额）的策略。

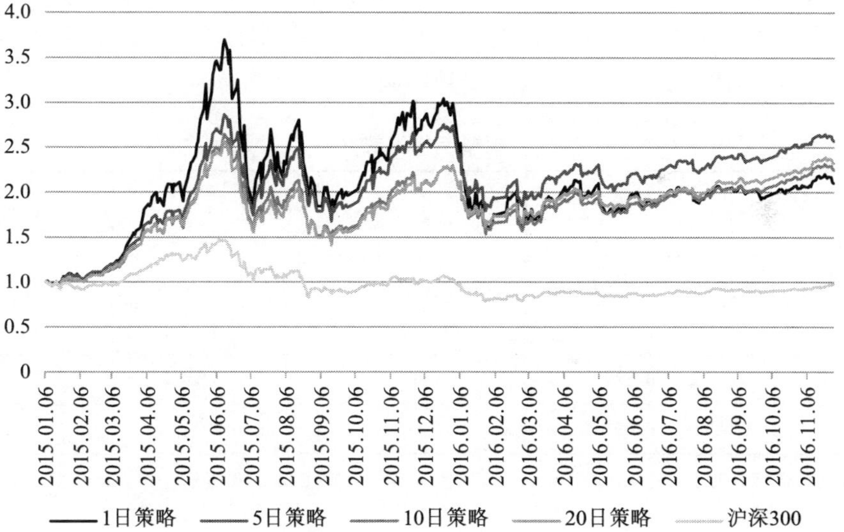


图 2－16　有交易成本的策略表现二

注：本图是佣金率为万分之五时的策略表现。

#### 2.2.3.3 策略评价

评价策略的表现要综合考虑收益和风险。因此，为了比较不同持股数量的策略表现，需要更加精确的指标。本部分考察了不同选股指标（最近累计 1 日/5 日/10 日/20 日机构买入比），不同持股期限（1 日、3 日、5 日、10 日和 20 日）的策略表现评价情况，指标包括年化收益率、夏普比率和最大回撤率，相对基准（沪深 300 和中证 500）的胜率和超额收益率。

（1）年化收益率。表 2-5 显示，年化收益率最高的策略是选股指标为最近 5 日机构买入比、至少持股 1 日的策略，年化收益率达到了 72.2%；年化收益率最低的策略是选股指标为最近 20 日机构买入比、持股期限为 20 日的策略，年化收益率仅为 33.5%。此外，不论持股期限为多少，10 日策略和 20 日策略的年化收益率都是排在最后面的。只有当至少持股 5 日时，1 日策略的年化收益率才比 5 日策略的年化收益率高。综合来看，5 日策略收益率表现更好。表 2-6 显示，相对沪深 300 指数的年化超额收益率，最大的是选股指标为最近 5 日机构买入比、至少持股 1 日的策略，年化收益率 57.4%。表 2-7 显示，策略相对中证 500 指数的年化超额收益率最大的是选股指标为最近 1 日机构买入比、至少持股 1 日的策略，年化超额收益率为 47.4%。因此，5 日策略的收益表现不错。

**表 2-5　　策略年化收益率**

| J \ K | 1 | 5 | 10 | 20 |
|---|---|---|---|---|
| 1 | 0.632 | 0.571 | 0.505 | 0.409 |
| 5 | 0.722 | 0.545 | 0.516 | 0.425 |
| 10 | 0.582 | 0.462 | 0.432 | 0.376 |
| 20 | 0.597 | 0.456 | 0.421 | 0.335 |

注：J 表示指标为机构最近 J 日的买入比，J 取值为 1、5、10 和 20；K 表示至少持股天数，分别取值 1、3、5、10 和 20。下同。

（2）夏普比率。夏普比率值越大，说明策略的收益风险比越好。表 2-8 显示，夏普比率最大的是选股指标为最近 5 日机构买入比、至少持股 1 日的策略，夏普比率达到了 1.627。分期限看，5 日策略的夏普比率更好。

表 2 – 6　　相对沪深 300 指数的年化超额收益率

| J \ K | 1 | 5 | 10 | 20 |
|---|---|---|---|---|
| 1 | 0.568 | 0.470 | 0.421 | 0.346 |
| 5 | 0.574 | 0.454 | 0.432 | 0.362 |
| 10 | 0.484 | 0.397 | 0.375 | 0.329 |
| 20 | 0.483 | 0.388 | 0.363 | 0.298 |

表 2 – 7　　相对中证 500 指数的年化超额收益率

| J \ K | 1 | 5 | 10 | 20 |
|---|---|---|---|---|
| 1 | 0.474 | 0.357 | 0.307 | 0.228 |
| 5 | 0.461 | 0.338 | 0.314 | 0.242 |
| 10 | 0.368 | 0.279 | 0.257 | 0.208 |
| 20 | 0.363 | 0.267 | 0.243 | 0.177 |

表 2 – 8　　策略夏普比率

| J \ K | 1 | 5 | 10 | 20 |
|---|---|---|---|---|
| 1 | 1.010 | 1.378 | 1.278 | 1.123 |
| 5 | 1.627 | 1.342 | 1.314 | 1.157 |
| 10 | 1.383 | 1.163 | 1.091 | 1.015 |
| 20 | 1.549 | 1.205 | 1.120 | 0.906 |

表 2 – 9 显示，对冲沪深 300 指数后，策略的夏普比率有所增加，夏普比率最大的是选股指标为最近 20 日机构买入比，至少持股 1 日的策略，夏普比率为 2.31。

表 2 – 9　　对冲沪深 300 指数后策略的夏普比率

| J \ K | 1 | 5 | 10 | 20 |
|---|---|---|---|---|
| 1 | 1.397 | 1.924 | 1.785 | 1.532 |
| 5 | 2.304 | 1.966 | 1.990 | 1.751 |
| 10 | 2.120 | 1.822 | 1.701 | 1.597 |
| 20 | 2.310 | 1.859 | 1.748 | 1.456 |

表2－10显示，对冲中证500指数后，策略的夏普比率增加更多，夏普比率最大的是选股指标为最近20日机构买入比，至少持股1日的策略，夏普比率达到了4.032。

**表2－10　　对冲中证500指数后策略的夏普比率**

| J \ K | 1 | 5 | 10 | 20 |
| --- | --- | --- | --- | --- |
| 1 | 1.685 | 3.367 | 3.017 | 2.109 |
| 5 | 3.987 | 3.363 | 3.456 | 2.606 |
| 10 | 3.723 | 2.938 | 2.666 | 2.175 |
| 20 | 4.032 | 2.820 | 2.529 | 1.831 |

因此，在使用策略的同时，对冲中证500指数，可以获得更加稳健的收益。

（3）最大回撤率。最大回撤率越小，表明策略的风险越低。表2－11显示，策略最大回撤率最小的是选股指标为最近5日机构买入比、至少持股5日的策略，其最大回撤率为0.411。5日策略的最大回撤率较小。以上策略回撤都比较大，需要利用沪深300指数或者中证500指数进行对冲。

**表2－11　　策略最大回撤率**

| J \ K | 1 | 5 | 10 | 20 |
| --- | --- | --- | --- | --- |
| 1 | 0.563 | 0.479 | 0.468 | 0.459 |
| 5 | 0.411 | 0.437 | 0.476 | 0.461 |
| 10 | 0.450 | 0.473 | 0.498 | 0.477 |
| 20 | 0.448 | 0.471 | 0.486 | 0.486 |

表2－12显示，对冲沪深300指数后，最大回撤率下降很多，最大回撤率最小的是选股指标为最近20日机构买入比、至少持股1日的策略，最大回撤率为0.171。

**表2－12　　对冲沪深300指数后策略的最大回撤率**

| J \ K | 1 | 5 | 10 | 20 |
| --- | --- | --- | --- | --- |
| 1 | 0.317 | 0.208 | 0.196 | 0.201 |
| 5 | 0.174 | 0.179 | 0.177 | 0.188 |
| 10 | 0.195 | 0.174 | 0.172 | 0.173 |
| 20 | 0.171 | 0.176 | 0.180 | 0.194 |

表 2－13 显示，对冲中证 500 指数后，最大回撤率下降更多，最大回撤率最小的是选股指标为最近 10 日机构买入比、至少持股 1 日的策略，最大回撤率为 0.047。

**表 2－13　对冲中证 500 指数后策略的最大回撤率**

| J \ K | 1 | 5 | 10 | 20 |
|---|---|---|---|---|
| 1 | 0.218 | 0.071 | 0.063 | 0.071 |
| 5 | 0.067 | 0.050 | 0.074 | 0.070 |
| 10 | 0.047 | 0.077 | 0.089 | 0.087 |
| 20 | 0.074 | 0.083 | 0.089 | 0.098 |

因此，在股票投资中，使用策略的同时对冲中证 500 可以增强策略的稳定性。

（4）胜率。绝对胜率表示策略所有交易日中获得正的收益的比率。绝对胜率越高，策略越好。表 2－14 显示，策略的绝对胜率介于 59.7% 和 62.1% 之间，绝对胜率最高的是选股指标为最近 10 日机构买入比，至少持有 1 日的策略。对冲沪深 300 指数后，策略的胜率有所提高。

**表 2－14　绝对胜率**

| J \ K | 1 | 5 | 10 | 20 |
|---|---|---|---|---|
| 1 | 0.601 | 0.606 | 0.603 | 0.606 |
| 5 | 0.597 | 0.591 | 0.610 | 0.608 |
| 10 | 0.621 | 0.610 | 0.601 | 0.606 |
| 20 | 0.610 | 0.597 | 0.599 | 0.597 |

表 2－15 显示，胜率介于 61.2% 和 65.5% 之间，相对沪深 300 指数的胜率最高的是选股指标为最近 10 日机构买入比、至少持有 1 日的策略。对冲中证 500 指数后，策略的胜率也有所提高。

**表 2－15　策略相对沪深 300 指数的胜率**

| J \ K | 1 | 3 | 5 | 10 | 20 |
|---|---|---|---|---|---|
| 1 | 0.612 | 0.612 | 0.634 | 0.634 | 0.634 |
| 5 | 0.642 | 0.657 | 0.631 | 0.634 | 0.629 |
| 10 | 0.655 | 0.638 | 0.642 | 0.642 | 0.640 |
| 20 | 0.642 | 0.647 | 0.634 | 0.638 | 0.629 |

表2－16显示，胜率介于58%和64.9%之间，胜率最高的是选股指标为最近20日机构买入比、至少持有1日的策略。

**表2－16　　策略相对中证500指数的胜率**

| J \ K | 1 | 3 | 5 | 10 | 20 |
|---|---|---|---|---|---|
| 1 | 0.629 | 0.629 | 0.634 | 0.606 | 0.580 |
| 5 | 0.623 | 0.625 | 0.610 | 0.631 | 0.612 |
| 10 | 0.644 | 0.601 | 0.621 | 0.638 | 0.599 |
| 20 | 0.649 | 0.627 | 0.629 | 0.627 | 0.588 |

因此，整体来看，策略胜率都比较高。

综上可知，从综合风险与收益率来看，尽管，选股指标为最近5日机构买入比，至少持有1日策略的年化收益率达到72.2%，夏普比率为1.627，但是其最大回撤率较高，达到了0.411。而通过对冲中证500指数后，最大回撤率最小的是股指标为最近10日机构买入比、至少持有1日的策略，最大回撤率仅为0.047。其夏普比率也高大3.723。

### 2.2.3.4　结论

目前研究认为资金流向对收益率的影响主要有两种观点：一种认为资金流向存在着动量效应，即资金流向对未来收益率存在正向推动作用；另一种则认为资金流向存在着反转效应。基于此，本部分以资金流向来构建投资策略。本部分以沪深300指数为例来进行比较，时间样本从2015年1月6日至2016年11月30日。本部分始终固定持股数量为100，再分别考察不同持股期限和不同指标期限下，交易成本对策略表现的影响。研究发现：

首先，交易成本对策略累计收益有较大影响。其中，1日策略的影响最大，当交易成本为万分之二点五时，1日策略的累计收益率下降39.95%；当交易佣金率为万分之五时，1日策略的累计收益率下降到49.15%。而5日、10日和20日策略的影响则较小。第二，增加交易成本后，策略表现仍然好于沪深300指数。这表明本策略仍然是能够获利的。

其次，综合收益和风险来考虑，尽管选股指标为最近5日机构买入比、至少持有1日策略的年化收益率达到72.2%，夏普比率为1.627，但是其最大回撤率过高，达到了 0.411。而相对中证 500 指数的超额收益率，其最大回撤率最小的是选股指标为最近 10 日机构买入比、至少持有 1 日的策略，最大回撤率仅为 0.047。其夏普比率也高达 3.723。因此，在股票投资中可以采用策略的同时，对冲中证 500 指数。

### 2.2.4 基于非主力资金流向的选股策略研究

#### 2.2.4.1 研究背景

股票价格的运动趋势可以看作是“基本趋势”和“主流偏向”的合成。“基本趋势”反映“基本因素”的变化，而“主流偏向”则是众多投资者参与市场产生的，他们的观点各不相同，其中许多偏向彼此相互抵消，剩下的就是“主流偏向”。索罗斯认为市场总是表现出某种偏向，在其他条件都一样时，正的主流偏向导致股价上涨，负的主流偏向导致股价下跌。当基本因素没有变化时，主流偏向可能会迅速得到矫正；而当基本因素受到影响时，主流偏向会引起股价进入一个自我加强/自我消减的过程。因此，识别股票价格变动的自我加强/自我消减过程至关重要，如果能够捕捉到主流偏向，那么就能够把握股价的运动趋势，进而在股票投资中获利。

如何捕捉到主流偏向？已有研究利用机构投资者的买卖行为来反映，基于机构投资者的资金流向来刻画“主流偏向”。由于主力的净买入等于非主力的净卖出，因此，本部分尝试采用非主力资金流向来捕捉“主流偏向”，将其作为反向指标，测试的时间区间从 2016 年第 2 季度至 2017 年第 2 季度。

#### 2.2.4.2 方法

这里用来反向捕捉“主流偏向”的指标为个人买入金额占比，等于个人买入金额/（个人买入金额 + 个人卖出金额），考虑最近 1 个、3 个、5 个、10 个、20 个交易日（观察期）的个人买入金额占比指标，并考察其对股票未来 1 个、3 个、5 个、10 个、20 个交易日（持有期）收益率的预测能力。

如何检验该指标的预测能力，考虑如下几种方法：

第一，指标的 IC 值与自相关。前者是指标与未来股票收益率的相关系数，该相关系数越高，表明预测能力越强；后者则是当期指标与前一期指标的相关关系，该相关系数越高，表明指标的持续性越强。

第二，基于指标分组的各投资组合的策略表现，若指标的 IC 值为正（负），那么各投资组合的收益将随指标递增（减）。指标的 IC 值主要反映其与股票截面收益的线性相关，而通过指标分组的各投资组合则还可以考察指标与股票截面收益是否存在非线性相关关系。

考察指标分组各投资组合的策略表现，一般是指定换仓时点进行换仓操作，比如策略的持有期为 20 个交易日，那么指标分组的投资策略是每隔 20 个交易日进行换仓，而在其他时点都不进行换仓操作。另外，全部样本股形成的投资组合可以作为各分组投资者组合的比较基准。

第三，基于指标构建投资策略的业绩表现。若预期指标与未来收益率正相关，则投资策略的构建可以考虑指标值排名前 N 的股票构建投资组合，N 一般在 50 以上，通常也应该小于指标分组的投资组合的股票数量，比如样本股 2 500 只，分 10 组，每组大约 250 只，那么这里构建投资组合的股票数量应该小于 250 只，从而可以考察不同股票数量对投资策略的影响。

更为重要的是，这里构建投资组合可以不用在指定换仓时点换仓。比如持有期为 K 个交易日，虽然股票的持有期不足 K 个交易日，但是如果股票当期的指标值相较于换仓时的指标值已出现巨大变化时，可以考虑提前换仓。另外，若加入止损策略，则当股票浮亏超过指定幅度时，也可以进行换仓，而不用考虑其持有期是否达到 K 个交易日。

这里构建投资组合，可以以市场常用的指数作为基准进行比较，比如沪深 300 或者中证 500，用于这些基准指数均有股指期货，因此，这里的策略可以通过对冲来减少投资组合的波动和回撤。

#### 2.2.4.3 实证

这里将根据上述方法来实证检验指标的预测能力。由于预期个人买入金额占比指标与股票未来收益率负相关，因此，这里主要探讨如何几个问题：

第一，该指标的 IC 值是否显著为负，稳定性或者持续性如何？

第二，指标分组的各投资组合的收益是否随指标递减，低指标值的投资组合相对于其他组或者基准组是否拥有更高的收益？

第三，指标值最低的前 N 只股票构建的投资组合是否能跑赢沪深 300 或者中证 500 指数？其风险和收益如何？

（1）指标的 IC 值分析。表 2 - 17 给出了个人买入金额占比指标的平均 IC 值，列出了不同观察期的指标值在不同持有期下的平均 IC 值，同时还考虑了 IC 值的不同计算方法。第一种是计算指标值与股票未来收益率的 Pearson（普通）相关系数；第二种就是计算它们的 Spearman（秩）相关系数，相当于它们排序值的普通相关系数，不会受到极端值的影响，而且由于构造指标分组策略或者投资组合策略时也主要是考察指标的排名，因此，秩相关系数可能更为可靠。另外，考察了指标值与剔除未来第 1 天开盘涨跌幅的股票未来收益率的相关系数，这主要是因为的投资策略构建主要以次日开盘价成交，剔除次日开盘涨跌幅的股票未来收益率才是策略所能获得的真实收益率，特别是对于持有期非常短的策略。

**表 2 - 17　　个人买入金额占比指标的平均 IC 值**　　（单位：%）

| | 持有期 | | | | | 持有期 | | | | |
|---|---|---|---|---|---|---|---|---|---|---|
| | 1 | 3 | 5 | 10 | 20 | 1 | 3 | 5 | 10 | 20 |
| 观察期 | 相关系数 | | | | | 秩相关系数 | | | | |
| 1 | -1.64 | -1.53 | -1.38 | -1.57 | -1.48 | -1.30 | -1.40 | -1.35 | -1.68 | -1.63 |
| 3 | -1.53 | -1.47 | -1.42 | -1.74 | -1.74 | -1.32 | -1.48 | -1.57 | -2.15 | -2.03 |
| 5 | -1.33 | -1.40 | -1.53 | -1.97 | -1.85 | -1.21 | -1.57 | -1.89 | -2.55 | -2.29 |
| 10 | -1.19 | -1.40 | -1.67 | -2.21 | -2.06 | -1.18 | -1.73 | -2.13 | -2.88 | -2.58 |
| 20 | -1.16 | -1.44 | -1.55 | -2.00 | -2.01 | -1.29 | -1.84 | -2.16 | -2.79 | -2.60 |
| | 剔除次日开盘涨跌幅 | | | | | | | | | |
| 1 | -0.81 | -1.04 | -1.01 | -1.30 | -1.29 | -0.84 | -1.09 | -1.08 | -1.48 | -1.48 |
| 3 | -0.90 | -1.10 | -1.13 | -1.54 | -1.60 | -0.89 | -1.18 | -1.32 | -1.99 | -1.90 |
| 5 | -0.89 | -1.13 | -1.33 | -1.83 | -1.75 | -0.93 | -1.36 | -1.72 | -2.43 | -2.19 |
| 10 | -0.92 | -1.24 | -1.54 | -2.12 | -2.00 | -1.04 | -1.60 | -2.03 | -2.79 | -2.52 |
| 20 | -1.01 | -1.34 | -1.48 | -1.95 | -1.97 | -1.17 | -1.74 | -2.10 | -2.75 | -2.56 |

基于表 2 - 17，发现：

第一，剔除次日开盘涨跌幅的平均 IC 值要更大，指标与未来收益率的负相关程度有所降低，当降低幅度并不是很大，特别是对于持有期较长的策略，观察期较长的策略亦是如此。

第二，秩相关系数计算出来的平均 IC 值普遍要更小，因此，用秩相关系数来反映的负相关程度会更大，但相差也不是很大。只有当观察期和持有期都较小时且不剔除次日开盘涨跌幅时，秩相关系数所反映的负相关程度要略小。

第三，负相关程度随观察期或持有期递增，但持有期特别短的 IC 值或者未剔除开盘涨跌幅的、以普通相关系数反映的 IC 值则并没有这样的规律。

综上所述，个人买入金额占比指标的平均IC值均为负，表明该指标确实是一个反向指标，同时该指标的IC值有随观察期或持有期递增的特征，当观察期或持有期超过10日时，递增趋势消失。

那么个人买入金额占比指标的平均IC值是否显著为负，将通过表2－18的t统计来检验。从表2－18中看到，不同观察期指标的不同持有期IC值都是显著的（t统计量的绝对值大于2）。另外，还发现与表2－17有以下类似的规律：

第一，剔除次日开盘涨跌幅的统计显著性都有所下降。

第二，观察期和持有期较大时，秩相关系数计算的统计显著性普遍更高。

第三，IC值的统计显著性有随观察期或持有期递增的特征。

**表2－18　　　　个人买入金额占比指标IC值的t统计**

| | 持有期 | | | | | 持有期 | | | | |
|---|---|---|---|---|---|---|---|---|---|---|
| | 1 | 3 | 5 | 10 | 20 | 1 | 3 | 5 | 10 | 20 |
| 观察期 | 相关系数 | | | | | 秩相关系数 | | | | |
| 1 | -9.39 | -8.73 | -8.59 | -9.91 | -9.62 | -6.42 | -7.00 | -7.16 | -9.33 | -9.95 |
| 3 | -8.03 | -8.19 | -8.02 | -9.89 | -10.11 | -5.91 | -7.13 | -7.75 | -10.40 | -10.84 |
| 5 | -6.59 | -7.02 | -7.48 | -9.85 | -9.83 | -4.98 | -6.89 | -8.09 | -10.79 | -10.97 |
| 10 | -5.29 | -6.19 | -7.22 | -10.40 | -9.97 | -4.41 | -6.72 | -7.99 | -11.59 | -10.65 |
| 20 | -4.89 | -5.88 | -6.30 | -8.29 | -8.76 | -4.62 | -6.61 | -7.76 | -10.06 | -9.22 |
| | 剔除开盘涨跌幅 | | | | | | | | | |
| 1 | -4.86 | -6.07 | -6.35 | -8.35 | -8.44 | -4.46 | -5.66 | -5.91 | -8.40 | -9.08 |
| 3 | -4.67 | -6.00 | -6.34 | -8.68 | -9.23 | -4.10 | -5.67 | -6.47 | -9.55 | -10.14 |
| 5 | -4.36 | -5.61 | -6.44 | -9.05 | -9.23 | -3.91 | -5.95 | -7.31 | -10.23 | -10.46 |
| 10 | -4.16 | -5.40 | -6.65 | -9.93 | -9.64 | -4.06 | -6.26 | -7.64 | -11.26 | -10.40 |
| 20 | -4.26 | -5.43 | -5.94 | -7.99 | -8.53 | -4.27 | -6.22 | -7.52 | -9.83 | -9.06 |

指标IC值的走势如何？图2－17给出了观察期和持有期分别为5天、10天、20天IC值（剔除开盘涨跌幅的秩相关系数）的走势图，发现大部分时间段指标IC值是小于0的。表2－19的统计显示，上述三个策略的IC值小于0的比例都在70%左右。表中大多数策略的IC值有60%以上都小于0，持有期更长的策略的该比例要更大。

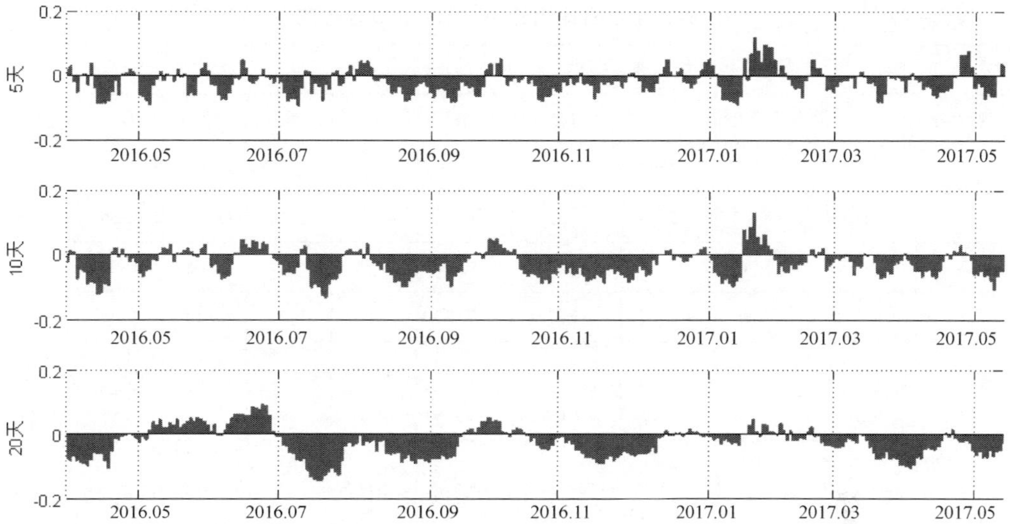


图 2－17　个人买入金额占比指标 IC 值的走势

**表 2－19　　　　　　个人买入金额占比指标 IC 值小于 0 的比例**

| | 持有期 | | | | |
|---|---|---|---|---|---|
| 观察期 | 1 | 3 | 5 | 10 | 20 |
| 1 | 61. 76 | 62. 13 | 66. 54 | 71. 69 | 72. 06 |
| 3 | 59. 93 | 66. 18 | 68. 38 | 72. 79 | 74. 26 |
| 5 | 64. 34 | 68. 01 | 69. 49 | 75. 00 | 74. 63 |
| 10 | 62. 50 | 64. 71 | 65. 81 | 70. 96 | 70. 96 |
| 20 | 60. 29 | 68. 01 | 69. 12 | 72. 43 | 71. 69 |

因此，指标至少有 30% 以上的时间并非有效，比如观察期和持有期为 20 天的策略，从 2016 年 5 月初到 2016 年 6 月底长达 2 个月的时间内，利用该指标反向选股都是失效的。

第二，指标的 IC 值普遍在 －10% 到 5% 以内。从表 2－20 的统计可以看出，以上三个策略 90% 的 IC 值在 －7. 87% ～5. 13%、－8. 88% ～3. 41% 和 －9. 48% ～5. 06%之间。

**表 2－20　　个人买入金额占比指标 IC 值的主要分布范围**

| | 持有期 | | | | | 持有期 | | | | |
|---|---|---|---|---|---|---|---|---|---|---|
| 观察期 | 1 | 3 | 5 | 10 | 20 | 1 | 3 | 5 | 10 | 20 |
| | 5% 分位数 | | | | | 95% 分位数 | | | | |
| 1 | －6.46 | －6.22 | －5.69 | －6.13 | －6.24 | 4.21 | 4.45 | 3.86 | 3.06 | 2.95 |
| 3 | －6.92 | －6.45 | －6.41 | －6.71 | －6.96 | 4.85 | 4.81 | 4.65 | 3.50 | 3.34 |
| 5 | －7.25 | －7.80 | －7.87 | －8.27 | －7.85 | 5.63 | 5.21 | 5.13 | 3.49 | 3.44 |
| 10 | －7.97 | －8.66 | －8.80 | －8.88 | －9.07 | 6.18 | 5.75 | 4.73 | 3.41 | 4.31 |
| 20 | －8.68 | －8.98 | －9.35 | －10.66 | －9.48 | 6.72 | 5.99 | 5.07 | 4.55 | 5.06 |

（2）指标的自相关性。这里主要分析指标的自相关程度，若指标的自相关度较低，那么换仓将非常频繁，对于持有期较短的策略来说，即使指标 IC 值（绝对值）高，最终策略的收益也不会高。

表 2－21 给出了 IC 值的自相关系数（秩相关）。从表中可以看出，表中上三角矩阵的数据都接近于 0，这表示观察期为 J 期的指标值与其滞后 K≥J 期的指标值的相关系数为 0，预示着换手率将非常高。假设样本股票数量为 N，构造的投资组合的数量为 M，那么第 t 期选出的每只股票在第 t＋J 期仍能被选中的概率只有 M/N，也就是说将有"（1－M）/N"比例的股票换仓。假设样本股票为 2 000 只，投资组合的股票数量为 100 只，那么大约有 95 只股票要换仓。高的换手率，将大大降低持有期非常短的策略表现。

**表 2－21　　个人买入金额占比指标 IC 值的自相关系数**　　（单位：%）

| | 持有期 | | | | |
|---|---|---|---|---|---|
| 观察期 | 1 | 3 | 5 | 10 | 20 |
| 1 | 0.70 | 1.81 | 1.03 | 0.62 | 0.38 |
| 3 | 62.48 | 2.11 | 2.10 | 1.24 | 0.32 |
| 5 | 76.20 | 37.62 | 2.14 | 1.45 | 0.17 |
| 10 | 87.21 | 65.67 | 46.09 | 0.92 | －0.09 |
| 20 | 93.10 | 81.17 | 70.11 | 44.82 | －1.52 |

在观察期为 J 的指标值与其滞后 K≥J 期的指标值的相关系数为 0 的情况下，可以推算出指标值与其滞后 K < J 期的指标值的相关系数为 1 - K/J，进而可以推算换仓比例。当投资组合的股票数量占样本股的 5% 时，自相关系数分别为 0.95 和 0.8 时，其换仓比例大约为 25% 和 50%。可见，当投资组合的股票数量占样本股比例较少时，即使指标的自相关系数特别高，其换仓比例也不低。

（3）指标分组策略。这里主要分析指标分组中各投资组合收益与指标值的变化关系，是否低指标值的投资组合相对于其他组或者基准组拥有更高的收益？

图 2 - 18 给出了指标分组投资组合的净值曲线图，发现：

第一，各投资组合的净值走势与基准组合（线点）的走势大体一致，即投资组合的 Beta 值大都接近于 1，各投资组合的净值变化与基准组合的净值变化正相关，基准组合的净值增长时，各投资组合的净值大都也在增长，而当基准组合的净值大幅下降时，各投资组合的净值下降幅度也不低。

第二，指标值最低的投资组合（实线）的业绩表现最好，其次是指标值最低的投资组合（虚线）业绩表现大都与基准组合相当，指标值居中的投资组合的业绩表现最差。可见，指标与未来收益率并非单调关系，而存在着非线性关系。这在图 2 - 19 指标分组投资组合的累计年化收益图中展现得更明显。

第三，加权组合虽然在 2016 年表现不如等权组合（见图 2 - 20），但是 2017 年的表现则明显劣于加权组合。从全样本来看，加权组合的业绩表现更优。这主要是 2017 年第 2 季度的市场风格转换，使得之前表现相对更好的小规模股票出现逆转，从而小规模股票的整体表现劣于大规模股票。

表 2 - 22 进一步给出了周期为 20 天的指标分组各投资组合的各种绩效评价指标。从原始收益率序列的评价来看，发现：

第一，除加权组合的日胜率低于等权组合外，其他业绩评价指标都强于等权组合。

第二，投资组合的正向评价指标与个人买入金额占比指标值呈倒“U”形关系，而反向评价指标则与其呈“U”形关系，也就是个人买入金额占比指标值居中的投资组合表现最差。

第三，个人买入金额占比指标值最低的投资组合的绩效表现要强于指标值最高的投资组合。

从超额收益率序列的评价来看，加权组合和等权组合的绩效表现相差不大，正向评价指标与个人买入金额占比指标值呈倒“U”形关系的规律。另外，由于超

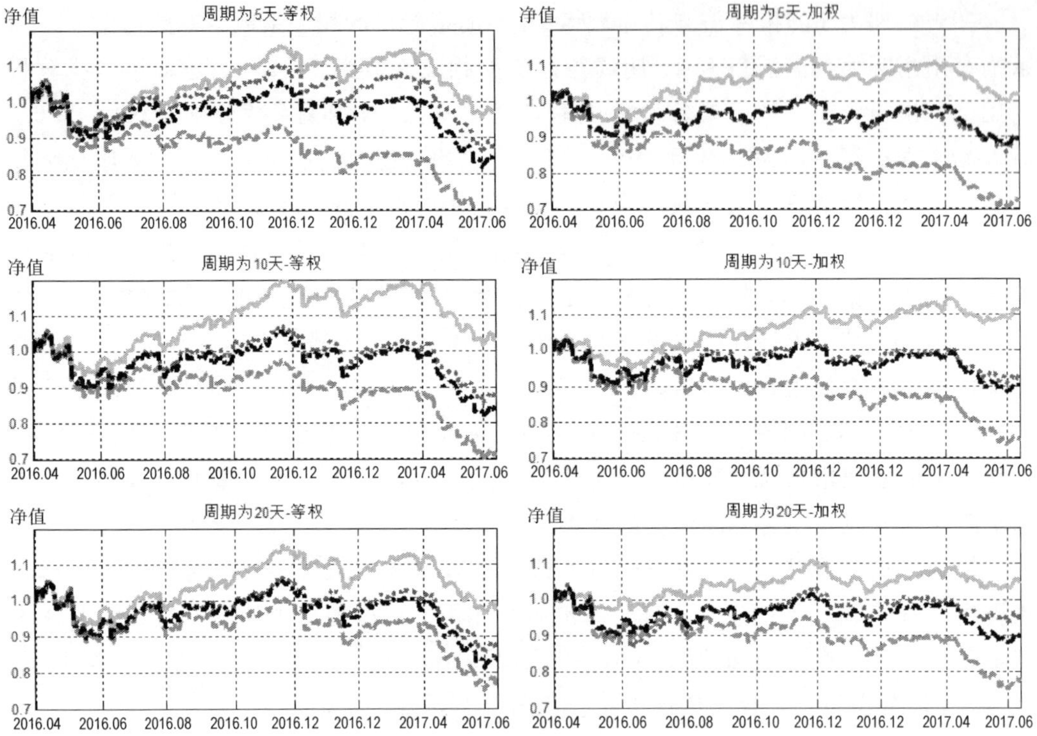


图 2－18　指标分组投资组合的净值图

注：图中展示观察期和持有期分别为 5 天、10 天、20 天的指标分组的投资组合净值图。根据指标将样本股分成 10 组，其中实线给出是指标值最低的投资组合的净值走势，虚线给出的是指标值最高的投资组合的净值走势，点线给出的是指标值居中的 2 组投资组合平均净值的走势，线点则给出的是基准组合的走势。在换仓时点对可以调整仓位的股票根据股票自由流通市值进行加权配置或等权配置。

额收益率为原始收益率减去基准收益率，因此，上述结论“个人买入金额占比指标值最低的投资组合的绩效表现更优”在超额收益率序列中仍然存在。

为了分析其他观察期和持有期策略的绩效表现，仅列出等权组合超额收益率序列的几个业绩评价指标。

第一，超额收益率才是体现指标的选股能力，即能从样本股中选出表现相对更好的股票。

第二，由于超额收益率的绩效表现在等权组合和加权组合上基本相同，同时在对指标选股能力的评价中，不同股票的权重是相同的，比如 IC 值，因此，等权组合更能体现指标选股能力。

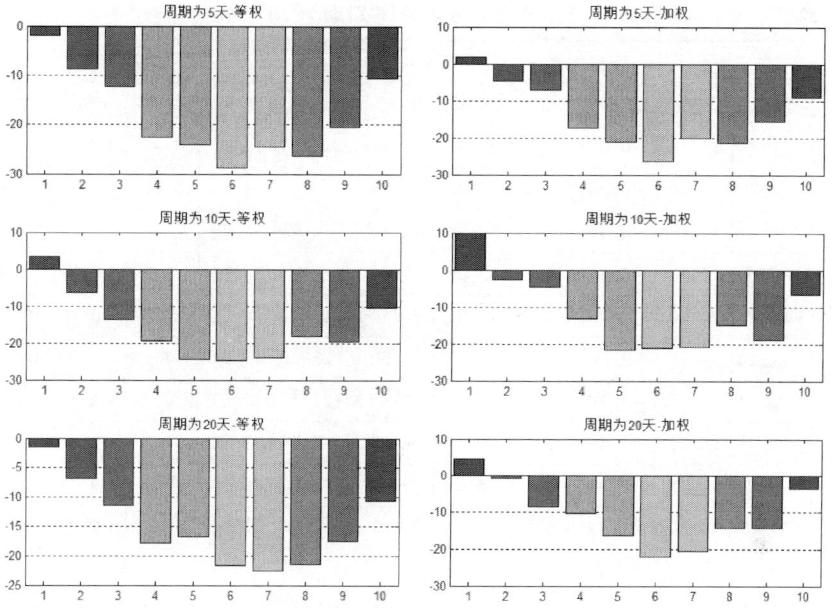


图 2－19　指标分组投资组合的累计年化收益图

注：投资组合的指标值依次递增，组合 1 是指标值最低组，组合 10 是指标值最高组。

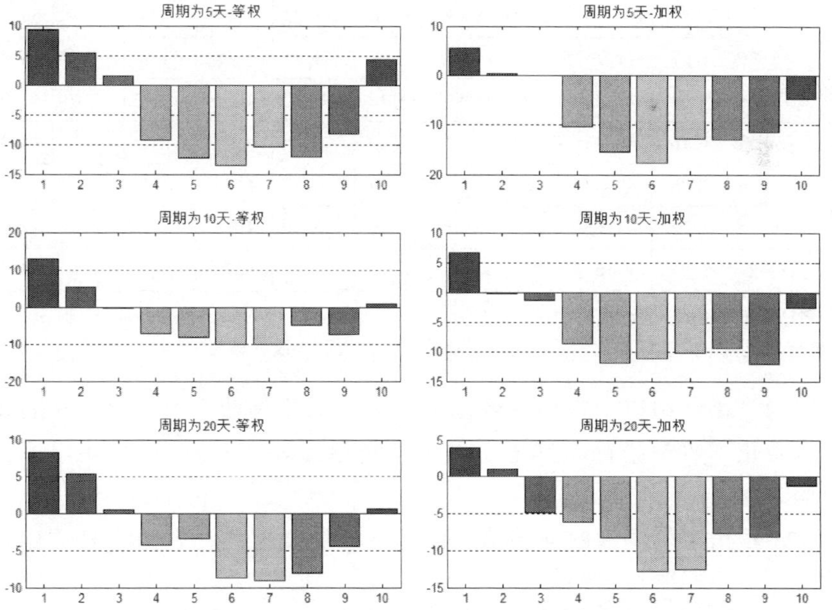


图 2－20　指标分组投资组合的 2016 年累计年化收益图

注：投资组合的指标值依次递增，组合 1 是指标值最低组，组合 10 是指标值最高组。

**表 2-22　　指标分组投资组合绩效评价（周期为 20 天的策略）**

| | | 等权组合 | | | | | | 加权组合 | | | | | |
|---|---|---|---|---|---|---|---|---|---|---|---|---|---|
| | 组 | 收益 | 波动 | 夏普 | t 值 | 胜率 | 回撤 | 收益 | 波动 | 夏普 | t 值 | 胜率 | 回撤 |
| 原始收益率 | 1 | -0.09 | 16.44 | -0.01 | -0.01 | 54.64 | 16.52 | 5.09 | 11.24 | 0.45 | 0.49 | 52.23 | 8.20 |
| | 2 | -5.43 | 17.90 | -0.30 | -0.33 | 53.95 | 20.53 | 0.25 | 14.39 | 0.02 | 0.02 | 54.64 | 11.86 |
| | 3 | -10.27 | 18.79 | -0.55 | -0.59 | 52.58 | 21.52 | -7.76 | 15.75 | -0.49 | -0.53 | 51.20 | 15.32 |
| | 4 | -17.64 | 19.94 | -0.88 | -0.95 | 53.26 | 27.85 | -9.51 | 16.15 | -0.59 | -0.63 | 50.86 | 18.95 |
| | 5 | -16.25 | 20.60 | -0.79 | -0.85 | 53.95 | 26.64 | -16.07 | 18.11 | -0.89 | -0.96 | 50.86 | 23.96 |
| | 6 | -22.24 | 20.90 | -1.06 | -1.15 | 50.17 | 31.50 | -23.20 | 17.92 | -1.29 | -1.40 | 48.45 | 30.87 |
| | 7 | -23.51 | 20.61 | -1.14 | -1.23 | 50.86 | 32.47 | -21.57 | 17.83 | -1.21 | -1.31 | 49.48 | 29.34 |
| | 8 | -22.15 | 20.21 | -1.10 | -1.18 | 50.17 | 30.45 | -13.95 | 17.62 | -0.79 | -0.85 | 49.14 | 21.41 |
| | 9 | -17.43 | 19.18 | -0.91 | -0.98 | 53.26 | 27.48 | -14.21 | 16.20 | -0.88 | -0.95 | 49.48 | 22.82 |
| | 10 | -9.47 | 18.17 | -0.52 | -0.56 | 53.26 | 20.01 | -2.40 | 14.92 | -0.16 | -0.17 | 49.83 | 16.72 |
| | | 等权组合 | | | | | | 加权组合 | | | | | |
| 超额收益率 | 1 | 12.90 | 4.25 | 3.03 | 3.27 | 55.33 | 2.10 | 12.71 | 7.02 | 1.81 | 1.95 | 53.61 | 3.57 |
| | 2 | 7.55 | 2.83 | 2.67 | 2.88 | 55.67 | 1.24 | 7.87 | 3.59 | 2.19 | 2.37 | 57.73 | 1.26 |
| | 3 | 2.72 | 2.35 | 1.16 | 1.25 | 51.55 | 1.97 | -0.14 | 3.55 | -0.04 | -0.04 | 50.17 | 4.36 |
| | 4 | -4.65 | 2.45 | -1.89 | -2.04 | 45.02 | 8.11 | -1.89 | 3.90 | -0.48 | -0.52 | 50.17 | 7.01 |
| | 5 | -3.26 | 2.87 | -1.13 | -1.22 | 47.77 | 5.73 | -8.46 | 4.68 | -1.81 | -1.95 | 48.80 | 11.42 |
| | 6 | -9.25 | 3.09 | -2.99 | -3.22 | 43.99 | 11.18 | -15.58 | 4.54 | -3.43 | -3.70 | 43.99 | 18.28 |
| | 7 | -10.52 | 3.16 | -3.33 | -3.59 | 40.55 | 12.53 | -13.96 | 4.90 | -2.85 | -3.07 | 44.33 | 16.57 |
| | 8 | -9.16 | 2.75 | -3.33 | -3.60 | 44.33 | 10.87 | -6.33 | 4.55 | -1.39 | -1.50 | 48.11 | 7.60 |
| | 9 | -4.44 | 2.72 | -1.63 | -1.76 | 47.08 | 6.18 | -6.59 | 4.12 | -1.60 | -1.73 | 49.14 | 9.23 |
| | 10 | 3.52 | 3.04 | 1.16 | 1.25 | 52.92 | 3.69 | 5.22 | 4.70 | 1.11 | 1.20 | 54.64 | 5.29 |

注：收益为年化日均收益率，波动为收益率的年化日标准差，夏普为收益除以波动，t 值为收益率时间序列的 t 值，胜率为收益率大于 0 的比例，回撤为净值曲线中最大的净值下降幅度。

第三，仅列出各组以及指标值最低组减去最高组的收益和 t 值。从表 2-22 的分析中可以看出，收益指标与其他正向评价指标的表现是一致的，t 值主要反映差异是否显著。

图 2-21 给出了不同观察期和持有期的指标最低组的投资组合日均年化超额收

益，除了观察期和持有期均为 1 天的投资组合由于频繁换仓[①]日均年化收益为负（-10.15%）外，其他所有策略的指标值最低组都取得了显著正收益。[②] 另外，对于持有期为 1 天的投资组合，观察期越长的指标由于指标自相关性越强、换仓比例越低，获取的超额收益越高。

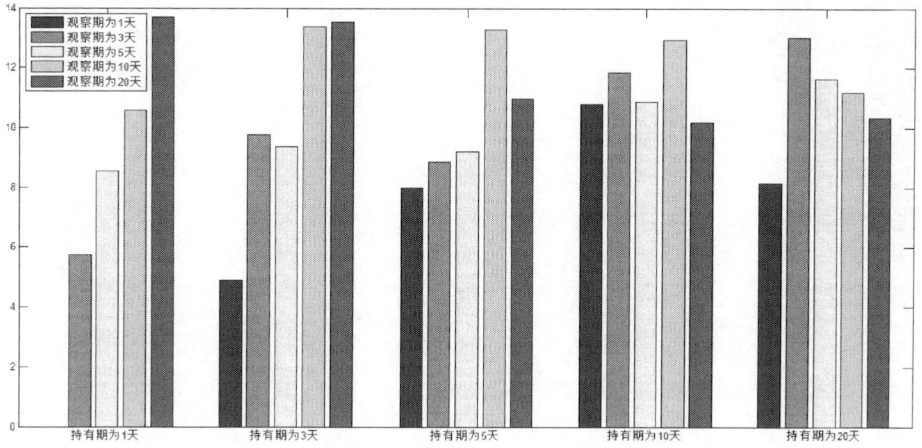


图 2-21　低指标组投资组合的日均年化超额收益图

注：样本股按照指标值大小分成 5 组，此图为指标值最小组的投资组合的日均年化收益，观察期和持有期均为 1 天的投资组合的年化日均收益率为 -10.15%，在图中未展现。

图 2-22 给出了指标值居中的投资组合的日均年化收益，所有组合的超额收益都显著为负，持有期越短的组合超额收益越低。持有期为 1 天和 3 天的组合，其超额收益率随观察期递增，与图 2-21 中持有期为 1 天的组合的表现特征一致，这主要是由于换仓成本所致。

图 2-23 给出了高指标投资组合的日均年化收益，对于持有期较短的 1 天、3 天、5 天的投资组合，其超额收益均为负，只有当持有期较长时才能取得正收益，观察期较短的指标正超额收益率似乎较大。

① 设定买入成本为 0.025%，卖出成本为 0.125%（含 0.1% 的印花税），并以次日开盘价成交，若开盘涨跌幅接近涨跌停板，涨跌幅超过 9.5%，该股票不纳入投资组合。

② 表 2-23 给出不同观察期和持有期的指标分组投资组合的 t 值，指标值最低组的投资组合的 t 值都超过 2。

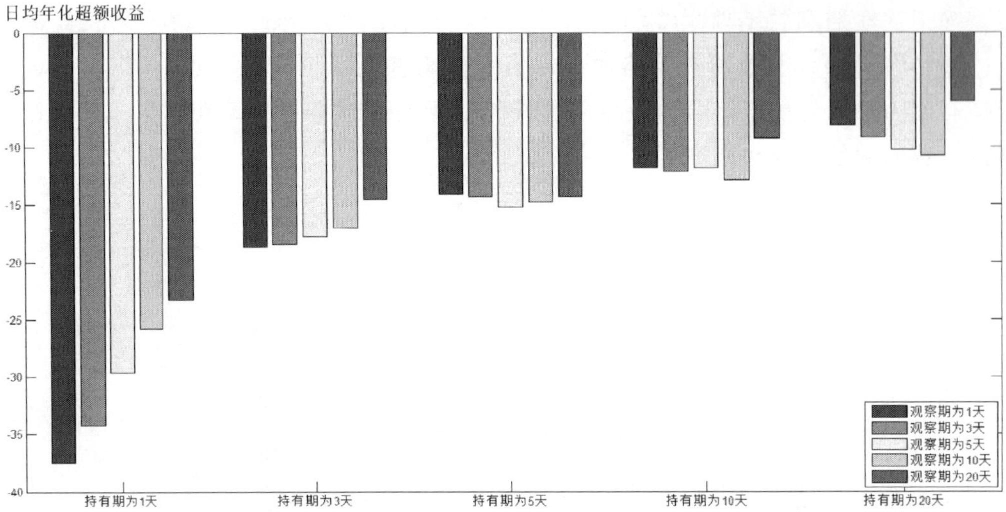


图 2－22　指标值居中投资组合的日均年化超额收益图

注：样本股按照指标值大小分成 5 组，此图为指标值第 3 组的投资组合的日均年化收益。

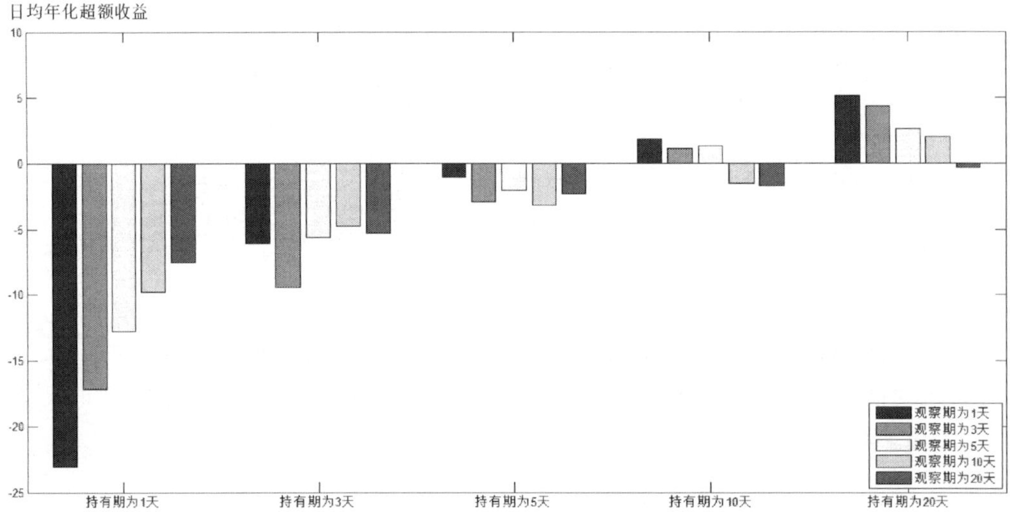


图 2－23　高指标组投资组合的日均年化超额收益图

注：样本股按照指标值大小分成 5 组，此图为指标值最高组的投资组合的日均年化收益。

综上所述，指标分组的各投资组合收益与指标值的变化关系并非单调，而是倒“U”形，指标值居中的投资组合收益率最低。低指标值的投资组合相对于其他组或者基准组明显拥有更高的收益。

（4）投资策略分析。投资组合由选取的指标值最低的前 N 只股票构成。想要考察的是，这样构造的投资组合是否能有超越沪深 300 或者中证 500 指数的收益，以及超额收益率的风险表现如何。

考虑到比较基准为沪深 300 和中证 500，而这些指标均是以自由流通市值加权的，因此，也使用加权组合，并与高指标值策略进行比较。

图 2－24 给出了观察期和持有期均分别为 5 日、10 日、20 日的投资组合。周期为 5 天时，低指标值策略明显由于高指标值策略，前者表现优于中证 500，劣于沪深 300。周期为 10 天的低指标值策略与高指标值策略相当，表现均略低于中证 500。而周期为 20 天的低指标值策略与沪深 300 指数相当，优于高指标值策略和中证 500。从图 2－24 中可以看到，低指标值策略不劣于高指标值策略以及不优于沪深 300 的结论比较稳健，但低指标值策略是否优于中证 500 指数则与参数有关。

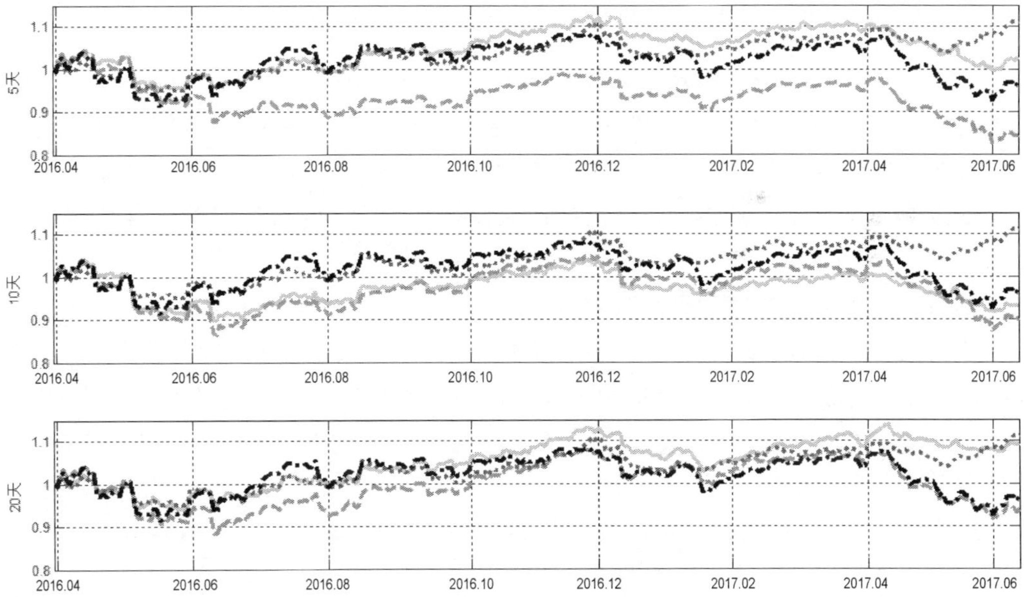


图 2－24 投资策略净值曲线图

注：实线（虚线）为指标值最低（高）的 100 只股票构成的投资组合的净线曲线。点线和线点分别为沪深 300 和中证 500 指数走势。

图 2－25 给出了不同持有期、观察期的高或低指标值策略。高指标值策略收益率均为负，而低指标值策略仅在使用观察期为 10 天的指标时为负。①

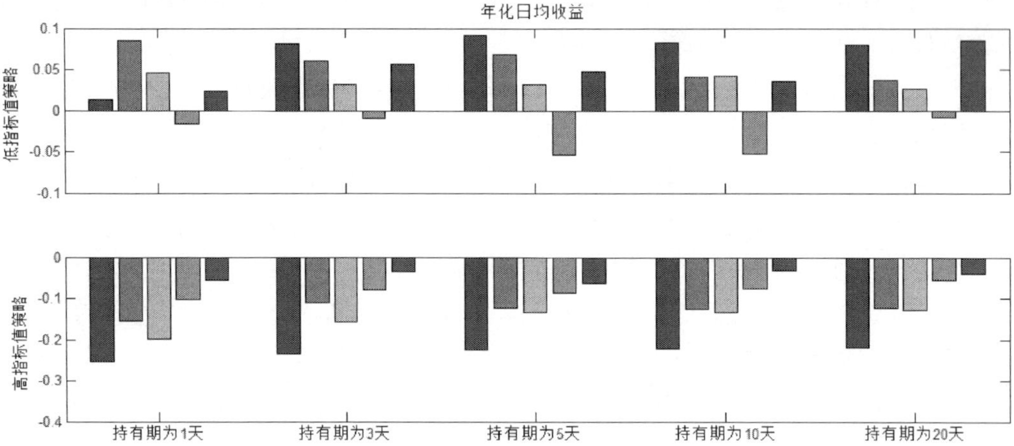


图 2－25 投资策略年化日均收益

注：策略的观察期依次为 1 天、3 天、5 天、10 天、20 天。

除持有期为 1 天的策略外，观察期从 1 天到 10 天的各策略收益率呈递减趋势。观察期从 1 天的策略通常能取得最高的收益，只有在持有期为 20 天时，观察期为 20 天的策略收益最高。②

从策略回撤来看，低指标值策略的回撤在 15% 以下，大多数只有 10% 左右。通常收益率越高的策略回撤也相对更低（见图 2－26）。

图 2－27 给出了策略的超指数收益。除了持有期为 10 天的策略外，其他策略都能超越中证 500，但所有策略均不及沪深 300 指数收益。不过在 2016 年，除了持有期为 10 天的策略外，其他策略均能超越沪深 300（见图 2－28）。这可能与 2017 年风格出现明显转换有关，沪深 300 所代表的大股票自 2017 年 4 月 14 日起下跌至

① 注意，在指标 IC 值的探讨中发现，观察期为 10 天的指标 IC 值相对更高，但这里的策略确实使用观察期为 10 天的指标时效果最低，似乎 IC 值的高低与策略收益的大小不一致。实际上，在分组策略中，观察期为 10 天的低指标值策略通常能获得相对更高的收益，与 IC 值的高低是一致的，那么这里产生的不一致就是股票数量之间的差别。这里的股票数量是 100 只，而在分组策略中，低指标值策略的股票数量是（中证全指）样本股的 1/5，即 500 只左右。可见，不一致的差别在于股票数量，指标值最低的少数股票构造的投资组合，其收益并不一定能够反映指标值的预测能力。

② 这一点与分组策略中的结论并不一致，在分组策略中，观察期为 1 天的低指标值组合的收益率通常最低。

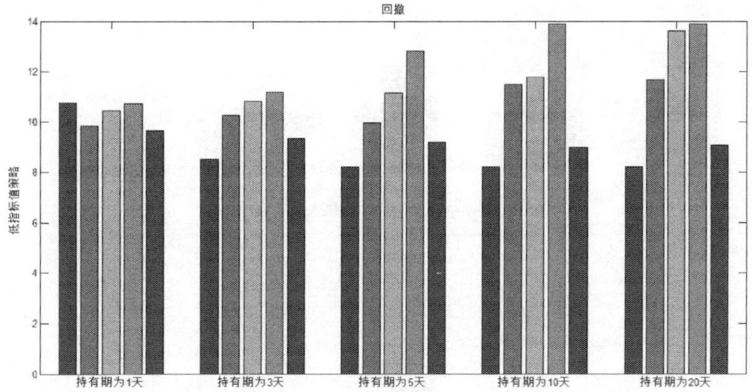


图 2－26　投资策略回撤

注：策略的观察期依次为 1 天、3 天、5 天、10 天、20 天。

5 月 10 日后一路走强，而中证 500 所代表的中小股票则一直下跌至 6 月 1 日才止跌回升。在这短短的 2 个月内，沪深 300 与中证 500 的收益率相差 10%。样本股是中证全指 2 500 只左右可交易的股票，沪深 300 仅占 12%，中证 500 也只占 20%，其他 68% 的股票比中证 500 的成分股还小。因此，投资组合的走势会更接近于代表中小股票的中证 500 指数，而不是沪深 300。从图 2－24 的策略净值曲线图中，也能够清楚地看到，净值在 2017 年 4 月中旬下滑至 6 月初，与中证 500 非常接近，这就是导致全样本下的收益无法超越沪深 300。

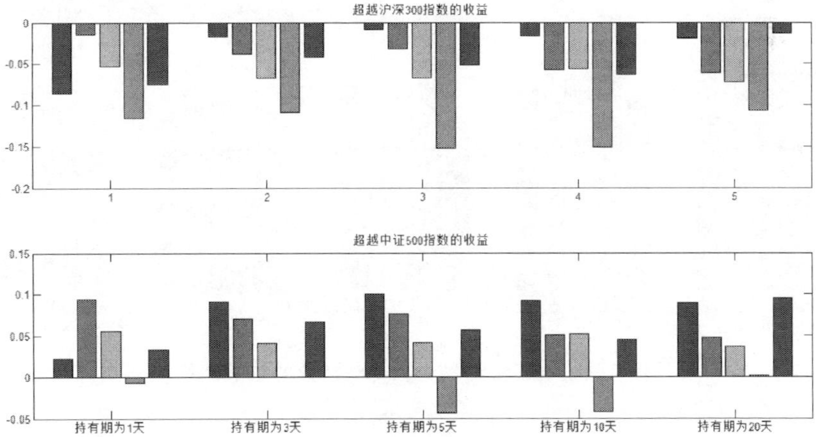


图 2－27　投资策略年化日均收益

注：策略的观察期依次为 1 天、3 天、5 天、10 天、20 天。

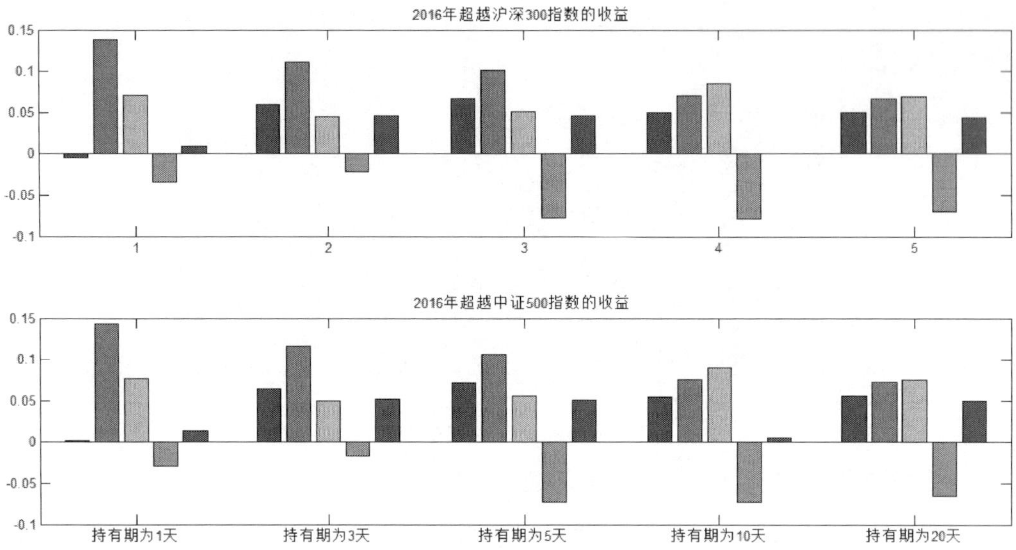


图 2－28　2016 年投资策略年化日均收益

注：策略的观察期依次为 1 天、3 天、5 天、10 天、20 天。

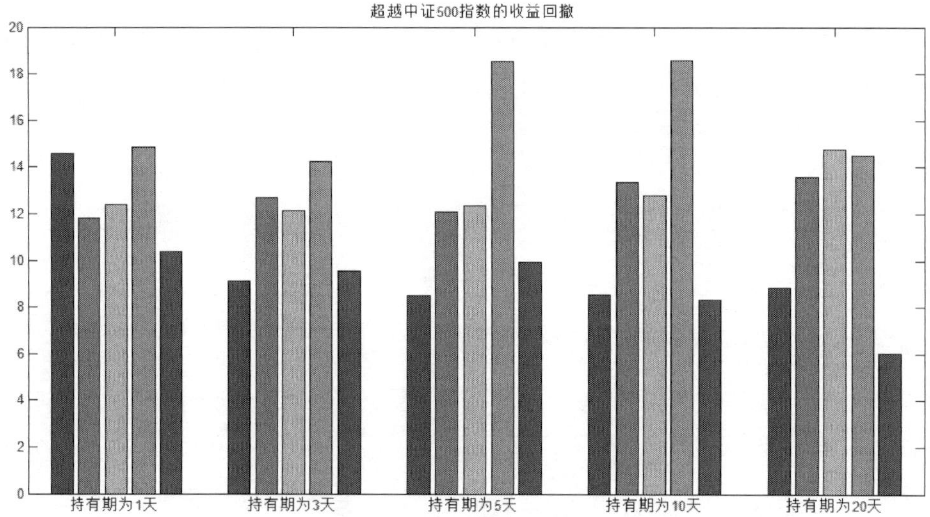


图 2－29　策略超越中证 500 指数的收益回撤

注：策略的观察期依次为 1 天、3 天、5 天、10 天、20 天。

另外，策略的超中证 500 指数收益的回撤也不小。从图 2－29 中可以看出，超额收益率的回撤在 10% 左右，与原收益率的回撤基本相同，因此，直接采用中证

500 指数对冲，也无法明显降低回撤。究其原因，还是与样本股为中证全指有关，由于样本股中 68% 的股票比指数成分股还要小，因此，策略选出的股票与指数成分股差异较大，即使采用中证 500 指数，也很难起到对冲效果。

#### 2.2.4.4 结论

这里以非主力资金流向作为反向指标进行选股，从指标的 IC 值、自相关性、基于指标分组的各投资组合和选股策略的表现来论证非主力资金流向作为反向指标的有效性，基于 2016 年第 2 季度到 2017 年第 2 季度的实证结果表明：

第一，非主力资金流向的 IC 值显著为负，有随观察期或持有期递增的特征，表明该指标与股票未来收益率负相关是显著的，且指标的观察期越长、股票的持有期越高，指标与股票未来收益率的负相关越强。

这里考虑了各种 IC 值的计算方法，发现不同算法之间存在着一定差别。若在构造策略时考虑以次日开盘价成交，那么应该选择指标与剔除次日涨跌幅的未来收益率的秩相关系数作为评价标准。当指标的观察期和股票的持有期较小时，上述 IC 值算法与其他算法存在的差别明显。

第二，本文采用的非主力资金流向指标“个人买入金额占比”，自相关系数接近于 0，即观察期为 J 的指标值在第 t 期与第 t－K（K≥J）期的截面相关性为 0，与第 t－K（K＜J）期的截面相关性约为 1－K/J。这表明，基于该指标构造投资策略将会有非常高的换手率。对于自相关系数为 0 的指标来说，每一期不调仓的股票占比等于投资组合股票数量占样本股的比例，对于中证全指大约 2 500 只样本股票来说，若投资组合的股票数量为 100 只，那么每一期将有 96 只股票调入调出。因此，在构造策略时需要考虑交易成本，或设置其他机制限制股票频繁换仓。

第三，基于非主力资金流向指标分组的各投资组合的收益与指标值呈倒“U”形关系，而非单调递减关系，指标值居中的投资组合收益最差，指标值最低的投资组合收益明显高于其他组合。

第四，基于指标值最低的 100 只股票构建投资组合，能超越中证 500 指数，但不及沪深 300 指数收益，不过在 2016 年则能跑赢沪深 300。同时，策略相对于中证 500 指数的超额收益的回撤仍在 10% 左右，与策略本身收益率的回撤基本相同，因此，采用中证 500 指数期货无法实现对冲效果。究其原因，这主要与 2017 年市场风格出现明显转换有关，沪深 300 所代表的大股票自 2017 年 4 月 14 日起下跌至 5 月 10 日后一路走强，而中证 500 所代表的中小股票则一直下跌至 6 月 1 日才止跌回升，在这短短的2个月内，沪深300与中证500的收益率相差10%。而股票池是中证全指2 500只左右可交易的股票，其中沪深300指数成分股仅占12%，从2 500只股票中选取100只股票所构建的投资组合，与沪深300指数成分股的差别较大，在市场风格突发转换的情况下，策略收益率难以继续超越沪深300。另外，中证500指数成分股也只占股票池的20%，其他68%的股票比中证500指数成分股的规模还要小，因此，策略选出的股票与指数成分股差异较大，采用中证500指数期货很难起到对冲效果。

#### 2.2.4.5 附录（见表2-23和表2-24）

表2-23　　不同观察期和持有期的指标分组投资组合的均值与t值

| | | 年化日均收益率 | | | | | | 日超额收益率序列的t值 | | | | | |
|---|---|---|---|---|---|---|---|---|---|---|---|---|---|
| 观察期 | 持有期 | L | 2 | 3 | 4 | H | H-L | L | 2 | 3 | 4 | H | H-L |
| 1 | 1 | -10.15 | -25.14 | -37.47 | -34.79 | -23.03 | 14.99 | -4.62 | -15.56 | -19.47 | -18.52 | -12.65 | 5.28 |
| 3 | 1 | 5.75 | -20.66 | -34.23 | -31.92 | -17.18 | 26.42 | 2.10 | -12.99 | -16.37 | -17.55 | -9.24 | 7.66 |
| 5 | 1 | 8.55 | -16.41 | -29.59 | -33.90 | -12.75 | 24.96 | 3.02 | -11.55 | -12.49 | -17.57 | -6.67 | 7.70 |
| 10 | 1 | 10.58 | -11.63 | -25.76 | -29.16 | -9.78 | 22.21 | 3.40 | -7.48 | -11.77 | -13.49 | -4.97 | 6.61 |
| 20 | 1 | 13.69 | -8.71 | -23.30 | -23.91 | -7.53 | 22.40 | 4.22 | -5.67 | -10.02 | -11.15 | -3.91 | 6.31 |
| 1 | 3 | 4.91 | -7.84 | -18.65 | -15.36 | -6.10 | 12.75 | 2.17 | -4.68 | -8.73 | -7.29 | -3.22 | 4.48 |
| 3 | 3 | 9.75 | -8.07 | -18.49 | -17.19 | -9.44 | 17.83 | 3.75 | -4.64 | -8.10 | -8.75 | -4.62 | 5.59 |
| 5 | 3 | 9.36 | -5.26 | -17.80 | -18.82 | -5.60 | 14.62 | 3.36 | -3.24 | -7.42 | -8.89 | -2.72 | 4.56 |
| 10 | 3 | 13.39 | -3.93 | -17.03 | -19.06 | -4.73 | 17.32 | 4.39 | -2.33 | -7.49 | -8.74 | -2.38 | 5.06 |
| 20 | 3 | 13.55 | -2.86 | -14.55 | -16.08 | -5.28 | 16.41 | 4.34 | -1.72 | -6.20 | -7.34 | -2.72 | 4.79 |
| 1 | 5 | 8.00 | -7.26 | -14.08 | -11.58 | -1.03 | 15.26 | 3.48 | -4.18 | -7.05 | -5.96 | -0.56 | 5.04 |
| 3 | 5 | 8.85 | -4.20 | -14.29 | -13.92 | -2.88 | 13.05 | 3.32 | -2.52 | -6.15 | -6.81 | -1.50 | 4.17 |
| 5 | 5 | 9.20 | -4.20 | -15.24 | -14.04 | -2.04 | 13.40 | 3.25 | -2.63 | -6.58 | -6.96 | -1.00 | 4.20 |
| 10 | 5 | 13.27 | -3.97 | -14.75 | -13.25 | -3.18 | 17.24 | 4.35 | -2.22 | -6.24 | -6.17 | -1.75 | 5.19 |
| 20 | 5 | 10.97 | 0.59 | -14.33 | -12.88 | -2.30 | 10.38 | 3.60 | 0.34 | -6.40 | -5.75 | -1.21 | 3.11 |
| 1 | 10 | 10.78 | -4.59 | -11.83 | -9.13 | 1.88 | 15.37 | 4.71 | -2.86 | -6.38 | -4.44 | 1.07 | 5.13 |
| 3 | 10 | 11.86 | -3.70 | -12.14 | -10.28 | 1.15 | 15.56 | 4.67 | -2.35 | -5.46 | -5.32 | 0.66 | 5.08 |
| 5 | 10 | 10.86 | -2.13 | -11.79 | -11.53 | 1.30 | 13.00 | 4.12 | -1.44 | -5.22 | -5.52 | 0.70 | 4.35 |
| 10 | 10 | 12.94 | -3.13 | -12.90 | -8.35 | -1.54 | 16.07 | 4.59 | -1.76 | -5.89 | -4.05 | -0.87 | 4.75 |
| 20 | 10 | 10.18 | 0.42 | -9.22 | -10.51 | -1.73 | 9.76 | 3.26 | 0.26 | -3.78 | -4.81 | -0.87 | 2.72 |

续表

| | | 年化日均收益率 | | | | | | 日超额收益率序列的 t 值 | | | | | |
|---|---|---|---|---|---|---|---|---|---|---|---|---|---|
| 观察期 | 持有期 | L | 2 | 3 | 4 | H | H - L | L | 2 | 3 | 4 | H | H - L |
| 1 | 20 | 8.15 | -4.77 | -8.10 | -6.55 | 5.15 | 12.92 | 4.24 | -3.28 | -4.44 | -3.26 | 2.90 | 5.00 |
| 3 | 20 | 13.00 | -4.66 | -9.16 | -9.89 | 4.34 | 17.66 | 5.35 | -2.86 | -4.26 | -5.14 | 2.50 | 5.51 |
| 5 | 20 | 11.65 | -2.36 | -10.21 | -8.07 | 2.61 | 14.01 | 4.94 | -1.55 | -4.76 | -4.22 | 1.47 | 4.68 |
| 10 | 20 | 11.18 | -2.65 | -10.77 | -6.25 | 2.03 | 13.83 | 4.03 | -1.60 | -4.55 | -3.07 | 1.10 | 4.06 |
| 20 | 20 | 10.35 | -0.80 | -6.03 | -9.69 | -0.33 | 11.14 | 3.62 | -0.53 | -2.68 | -4.78 | -0.17 | 3.40 |

注：L 为指标最低组，H 为最高组，L - H 为最低组减去最高组。

**表 2-24　　不同观察期和持有期的指标分组投资组合的均值与 t 值**

| | | 低指标值策略 | | | | | | 高指标值策略 | | | | | |
|---|---|---|---|---|---|---|---|---|---|---|---|---|---|
| | | 原始收益 | | 超沪深 300 | | 超中证 500 | | 原始收益 | | 超沪深 300 | | 超中证 500 | |
| 观察期 | 持有期 | 收益 | 回撤 | 收益 | 回撤 | 收益 | 回撤 | 收益 | 回撤 | 收益 | 回撤 | 收益 | 回撤 |
| 1 | 1 | 1.33 | 10.74 | -8.58 | 14.56 | 2.27 | 14.56 | -25.28 | 31.27 | -35.19 | 36.27 | -24.34 | 36.27 |
| 3 | 1 | 8.47 | 9.85 | -1.44 | 11.83 | 9.41 | 11.83 | -15.46 | 22.28 | -25.37 | 28.70 | -14.51 | 28.70 |
| 5 | 1 | 4.62 | 10.44 | -5.29 | 12.40 | 5.56 | 12.40 | -19.89 | 25.98 | -29.80 | 31.98 | -18.95 | 31.98 |
| 10 | 1 | -1.68 | 10.73 | -11.59 | 14.84 | -0.74 | 14.84 | -10.25 | 17.47 | -20.16 | 23.01 | -9.31 | 23.01 |
| 20 | 1 | 2.39 | 9.66 | -7.52 | 10.37 | 3.33 | 10.37 | -5.48 | 16.78 | -15.39 | 19.67 | -4.54 | 19.67 |
| 1 | 3 | 8.18 | 8.53 | -1.73 | 9.11 | 9.12 | 9.11 | -23.47 | 30.25 | -33.38 | 34.88 | -22.53 | 34.88 |
| 3 | 3 | 6.10 | 10.27 | -3.81 | 12.71 | 7.04 | 12.71 | -11.06 | 18.57 | -20.97 | 24.94 | -10.11 | 24.94 |
| 5 | 3 | 3.20 | 10.80 | -6.71 | 12.11 | 4.14 | 12.11 | -15.81 | 22.95 | -25.72 | 28.44 | -14.87 | 28.44 |
| 10 | 3 | -0.97 | 11.19 | -10.88 | 14.21 | -0.03 | 14.21 | -7.84 | 17.73 | -17.75 | 21.12 | -6.89 | 21.12 |
| 20 | 3 | 5.71 | 9.35 | -4.20 | 9.56 | 6.65 | 9.56 | -3.43 | 15.99 | -13.34 | 17.64 | -2.49 | 17.64 |
| 1 | 5 | 9.12 | 8.23 | -0.79 | 8.49 | 10.06 | 8.49 | -22.48 | 29.55 | -32.39 | 34.20 | -21.53 | 34.20 |
| 3 | 5 | 6.75 | 9.96 | -3.16 | 12.07 | 7.70 | 12.07 | -12.24 | 19.91 | -22.15 | 26.06 | -11.30 | 26.06 |
| 5 | 5 | 3.12 | 11.15 | -6.79 | 12.37 | 4.07 | 12.37 | -13.48 | 20.87 | -23.39 | 26.62 | -12.54 | 26.62 |
| 10 | 5 | -5.33 | 12.82 | -15.24 | 18.52 | -4.39 | 18.52 | -8.75 | 16.74 | -18.66 | 21.79 | -7.81 | 21.79 |
| 20 | 5 | 4.73 | 9.21 | -5.18 | 9.93 | 5.67 | 9.93 | -6.45 | 18.29 | -16.36 | 20.45 | -5.51 | 20.45 |
| 1 | 10 | 8.27 | 8.22 | -1.64 | 8.55 | 9.21 | 8.55 | -22.09 | 29.17 | -32.00 | 33.85 | -21.14 | 33.85 |
| 3 | 10 | 4.15 | 11.49 | -5.76 | 13.37 | 5.10 | 13.37 | -12.56 | 20.28 | -22.47 | 26.44 | -11.61 | 26.44 |
| 5 | 10 | 4.23 | 11.79 | -5.68 | 12.78 | 5.17 | 12.78 | -13.41 | 20.95 | -23.32 | 26.48 | -12.46 | 26.48 |
| 10 | 10 | -5.20 | 13.90 | -15.11 | 18.58 | -4.26 | 18.58 | -7.56 | 16.56 | -17.47 | 21.08 | -6.61 | 21.08 |

续表

| | | 低指标值策略 | | | | | | 高指标值策略 | | | | | |
|---|---|---|---|---|---|---|---|---|---|---|---|---|---|
| | | 原始收益 | | 超沪深 300 | | 超中证 500 | | 原始收益 | | 超沪深 300 | | 超中证 500 | |
| 观察期 | 持有期 | 收益 | 回撤 | 收益 | 回撤 | 收益 | 回撤 | 收益 | 回撤 | 收益 | 回撤 | 收益 | 回撤 |
| 20 | 10 | 3.57 | 8.98 | -6.34 | 8.29 | 4.52 | 8.29 | -3.20 | 16.18 | -13.11 | 17.56 | -2.26 | 17.56 |
| 1 | 20 | 8.02 | 8.21 | -1.89 | 8.82 | 8.96 | 8.82 | -22.01 | 29.10 | -31.92 | 33.78 | -21.07 | 33.78 |
| 3 | 20 | 3.72 | 11.66 | -6.19 | 13.58 | 4.67 | 13.58 | -12.42 | 20.13 | -22.33 | 26.32 | -11.48 | 26.32 |
| 5 | 20 | 2.68 | 13.62 | -7.23 | 14.74 | 3.62 | 14.74 | -12.94 | 20.72 | -22.85 | 26.10 | -11.99 | 26.10 |
| 10 | 20 | -0.80 | 13.89 | -10.71 | 14.51 | 0.14 | 14.51 | -5.57 | 16.53 | -15.48 | 19.53 | -4.63 | 19.53 |
| 20 | 20 | 8.55 | 9.08 | -1.36 | 6.01 | 9.50 | 6.01 | -4.02 | 15.11 | -13.93 | 18.46 | -3.08 | 18.46 |

### 2.2.5　不同股票池下非主力资金流向策略表现

#### 2.2.5.1　研究背景

基于个人投资者的资金流向可以用来反向捕捉“主流偏向”，基于中证全指成分股的测试表明：股票未来截面收益率个人投资者的资金流向呈倒“U”形关系，个人投资者资金流向最低的投资组合收益明显高于其他组合。不过基于指标值最低的 100 只股票构建投资组合，策略收益在 2016 年第 2 季度到 2017 年第 2 季度不及沪深 300，同时该策略的超指数收益仍有较大回撤，难以对冲。

究其原因，认为这与 2017 年市场风格出现明显转换有关，沪深 300 所代表的大盘股与中证 500 所代表的中小盘股在 2017 年 4 月、5 月收益率相差 10%。而股票池是中证全指 2 700 只左右可交易的股票，其中沪深 300 指数成分股仅占 11.1%，从 2 700 只股票中选取 100 只股票所构建的投资组合，与沪深 300 指数成分股的差别较大，在市场风格突发转换的情况下，策略收益率难以超越沪深 300。同时，中证 500 指数成分股也只占股票池的 9.3%，因此，策略超中证 500 指数的回撤也大。

基于此，考虑缩小样本股票池，除考虑中证全指成分股股票池外，还考虑中证 1000 + 中证 800、中证 800 和沪深 300 成分股股票池。上述 4 个股票池，其股票数量是逐步缩减，股票的平均规模是逐渐增大，股票池整体收益也是逐渐接近沪深 300。测试不同股票池下非主力资金流向策略是否仍然有效，所构建的投资组合是否能超越沪深 300 指数，同时策略回撤或超额收益率的回撤是否能控制在合理水平。

#### 2.2.5.2 方法

考虑不同观察期和不同持有期下“个人买入金额占比”指标的预测能力，即最近 J = 1 个、3 个、5 个、10 个、20 个交易日（观察期）的个人买入金额占比指标对股票未来 K = 1 个、3 个、5 个、10 个、20 个交易日（持有期）收益率的预测能力。

对指标预测能力的考察主要考虑以下三方面的内容：

第一，指标的 IC 值，即指标与未来股票收益率的相关系数。相关系数越高表明指标的预测能力越强，不过这需要基于股票未来截面收益率与股票指标之间存在着单调变化关系的假设。

第二，基于指标分组的各投资组合的策略表现。这里可以分析股票未来截面收益率与股票指标之间的非线性变化关系。若是线性变化关系，那么会发现随着股票指标值的增加，各投资组合的收益率呈现出递增或者递减的变化。

第三，基于指标构建投资策略的业绩表现。这里构建的投资组合与基于指标分组构建投资组合有所不同：①基于指标分组构建投资组合通常是构建 5 个或 10 个投资组合，每个投资组合的股票数量是股票池全部股票数量的 1/5 或 1/10；而这里构建策略只关注指标值最低或最高的前 N 只股票构建的投资组合，通常投资股票的数量会明显小于股票池全部股票数量的 1/10。②基于指标分组构建投资组合，通常指定换仓时点换仓；而构建策略时可以考虑加入其他条件来优化策略，而无须在指定换仓时点换仓。比如策略设定股票的持有期为 K 个交易日，但是如果股票发生巨大变化，指标值明显恶化或者浮亏超过一定幅度，可以考虑提前换仓。

另外，基于指标分组构建投资组合，其比较基准通常是股票池内所有股票形成的投资组合。比如根据指标大小将股票池内所有股票分成 10 组，每一组内股票等权配置，那么对应的基准则是股票池内所有股票等权配置的组合。而策略构建比较基准主要是沪深 300 或者中证 500，这些基准指数均有股指期货。因此，通过考察策略的超指数收益的波动和回撤，可以反映出策略采用对冲后的效果。

#### 2.2.5.3 实证

这里将根据上述方法来实证检验指标的预测能力。由于预期个人买入金额占比指标与股票未来收益率负相关，主要探讨的问题归纳如下：

第一，不同股票池下，“个人买入金额占比”指标的 IC 值是否显著为负？

第二，不同股票池下，指标分组的各投资组合收益是否随指标递减，低指标值的投资组合相对于其他组或者基准组是否拥有更高的收益?

第三,不同股票池下,指标值最低的前 N 只股票构建的投资组合是否能跑赢沪深 300 或者中证 500 指数?其风险和收益如何?

(1)指标的 IC 值分析。这里计算的 IC 值与以往的研究有所不同:

第一,考虑到的策略是以次日开盘价成交,因此,在计算平均 IC 值(指标值与收益率的相关系数)时,未来 N 天收益率中剔除次日开盘涨跌幅,同时加上未来 N + 1 天开盘涨跌幅。这对于持有期特别短的策略来说有较大影响。

第二,以往研究只是计算指标值与未来收益率的 Pearson(普通)相关系数和 Spearman(秩)相关系数,后者相当于它们排名的普通相关系数,能够避免受到极端值的影响。虽然构造策略时是基于指标的排名,但策略获取的未来收益率不是基于收益率的排名,而是未来实际的收益率,因此,这里计算 IC 值时考虑指标值排名与未来收益率的相关系数,使得指标 IC 值的大小与后续策略表现的优劣更为一致,表 2-23 给出了普通相关系数、秩相关系数。

图 2-30 给出了持有期为 20 天的不同股票池下个人买入金额占比指标的平均 IC 值。观察期仅为 1 天的指标平均 IC 值为 -1% ~1%,绝对值比较小。同时,指标 IC 值在不同股票池中的方向存在不一致,在沪深 300 指数成分股中样本中为正,与在其他股票池中的方向不同。

其他指标平均 IC 值绝对值都在 2% 以上,且股票池越小,平均 IC 值绝对值越大。另外,平均 IC 值绝对值有随观察期递增的特征。

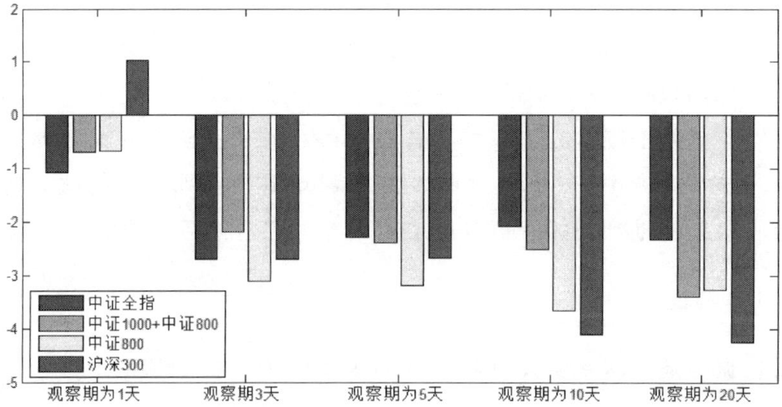


图 2-30 不同观察期指标与未来 20 天收益率的平均相关系数

图 2－31 进一步给出了其他持有期情况下指标的平均 IC 值，发现：

第一，股票池减少，指标的平均 IC 值一般都会有所增加。

第二，指标的平均 IC 值有随持有期或观察期递增的特征。

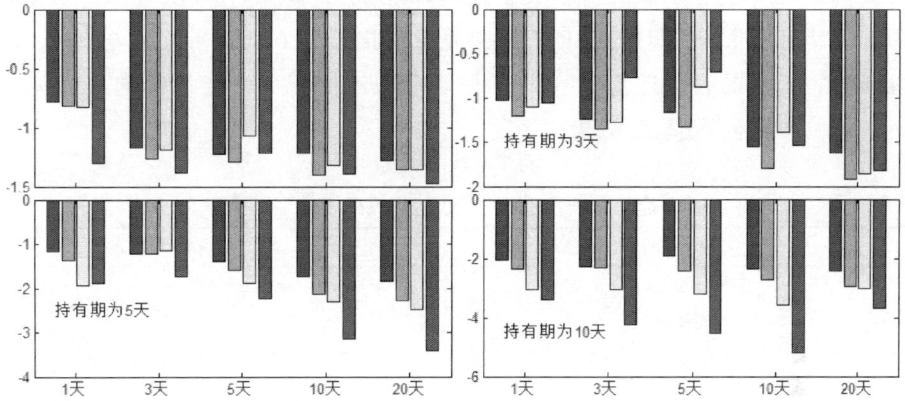


图 2－31 不同观察期指标的平均相关系数

综上所述，以 IC 值来衡量指标的预测有效性，个人买入金额占比指标在股票池越小的大盘股中效果更强。

图 2－32 给出了不同股票池下观察期和持有期均为 20 天的指标 IC 值的走势。从图中可以看出，IC 值在大多数月份为负，同时 IC 值为负的幅度要明显高于其为正时的幅度。这表明，利用该指标选股时，能获取稳定的超额收益，同时超额部分的收益是可观的。

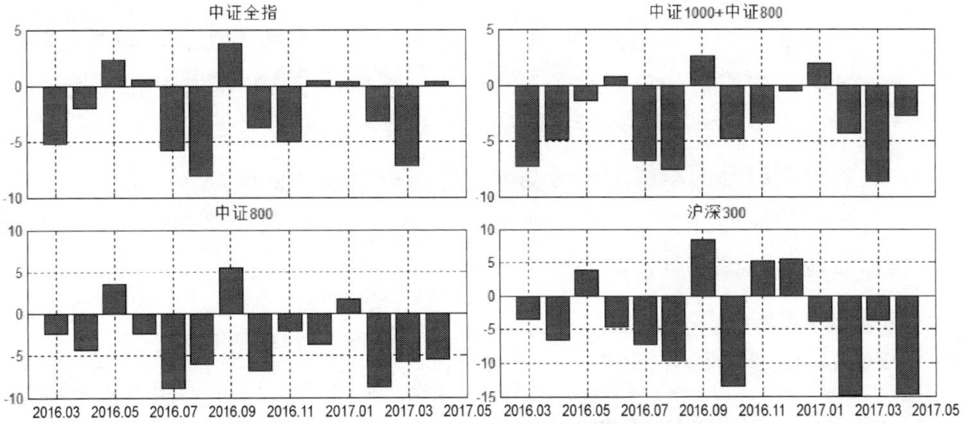


图 2－32 个人买入金额占比指标 IC 值的走势

（2）指标的自相关性。指标值的自相关系数与换仓成本有关。若指标的自相关度较低，那么换仓比例较高；若不限制换仓周期，那么换仓会非常频繁。对于换仓周期较短的策略来说，策略收益会很低。

表 2－25 给出了指标值的自相关系数（秩相关）。从表中可以看出，观察期为 $J$ 的指标值与其滞后 $K \geqslant J$ 期的指标值的相关系数接近于 0，而指标值与其滞后 $K < J$ 期的指标值的相关系数接近为 $1 - K/J$。随着股票池的减少，指标值的自相关系有所增加，将进一步降低换仓成本。①

**表 2－25　　个人买入金额占比指标的自相关系数（%）**

| | 持有期为 3 天 | | | | 持有期为 5 天 | | | |
|---|---|---|---|---|---|---|---|---|
| 观察期 | 中证全指 | 中证 1000＋中证 800 | 中证 800 | 沪深 300 | 中证全指 | 中证 1000＋中证 800 | 中证 800 | 沪深 300 |
| 1 | 1.81 | 2.23 | 3.53 | 5.35 | 1.03 | 1.14 | 1.62 | 3.22 |
| 3 | 2.11 | 2.86 | 5.71 | 10.39 | 2.10 | 2.46 | 4.05 | 6.74 |
| 5 | 37.62 | 38.18 | 40.21 | 43.44 | 2.14 | 2.75 | 5.33 | 9.87 |
| 10 | 65.68 | 66.21 | 67.72 | 70.39 | 46.09 | 46.85 | 48.57 | 51.89 |
| 20 | 81.17 | 81.63 | 82.67 | 84.20 | 70.11 | 70.74 | 71.94 | 73.85 |
| | 持有期为 10 天 | | | | 持有期为 20 天 | | | |
| 1 | 0.62 | 0.68 | 0.58 | 2.22 | 0.38 | 0.42 | 0.66 | 0.76 |
| 3 | 1.24 | 1.60 | 2.14 | 4.49 | 0.32 | 0.36 | 0.15 | 0.45 |
| 5 | 1.45 | 2.15 | 3.01 | 6.16 | 0.17 | 0.35 | 0.31 | 0.71 |
| 10 | 0.92 | 2.22 | 4.47 | 9.70 | －0.09 | 0.47 | 0.60 | 2.16 |
| 20 | 44.82 | 45.84 | 46.95 | 49.66 | －1.52 | －0.10 | 1.07 | 5.23 |

（3）指标分组策略。分组策略主要分析指标分组的各投资组合收益与指标值变化的关系，是否低指标值的投资组合相对于其他组或者基准组拥有更高的收益？

图 2－33 给出了指标分组投资组合的净值曲线图，发现：

第一，各投资组合的净值走势与基准组合的走势大体一致。

第二，指标值最低的投资组合的业绩表现最好，指标值居中的投资组合的表现最差，指标值最高的投资组合与基准组合的表现相当。

---

① 股票池的减少本身就可以降低换仓比例。对于自相关系数为 0 的指标，换仓比例＝1－投资组合股票数量/样本股票数量。因此，对于固定股票数量的投资组合来说，样本股票数量的减少将降低换仓比例。比如投资组合股票数量为 100，假设指标的自相关系数为 0，那么对于平均样本股票数量为 2 500 的中证全指来说，换仓比例为 96%；而对于沪深 300 来说，换仓比例就只有 67%。

可见，个人买入金额占比指标与未来收益率的关系在不同股票池中仍表现为非线性。这在图 2－34 指标分组投资组合的累计年化收益图中展现得更明显，股票未来收益率与指标值呈倒“U”形关系，在股票数量较多的股票池（中证全指或中证1000＋中证 800）中非常明显。个人买入金额占比指标值最低、甚至次低的投资组合的绩效表现要强于指标值最高的投资组合。

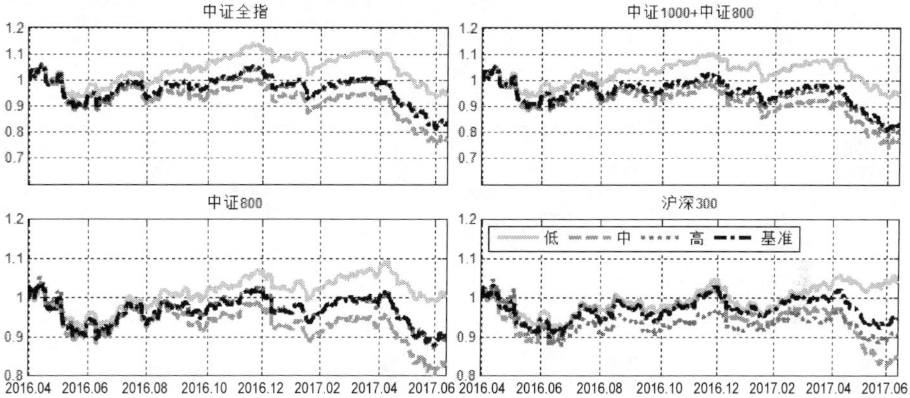


图 2－33　指标分组投资组合的净值图

注：图中给出观察期和持有期均为 20 天的指标分组策略的净值图。实线给出是指标值最低的投资组合的净值走势，虚线给出的是指标值居中的投资组合的净值走势，点线给出的是指标值最高投资组合的净值走势，线点则给出的是基准组合的净值走势。

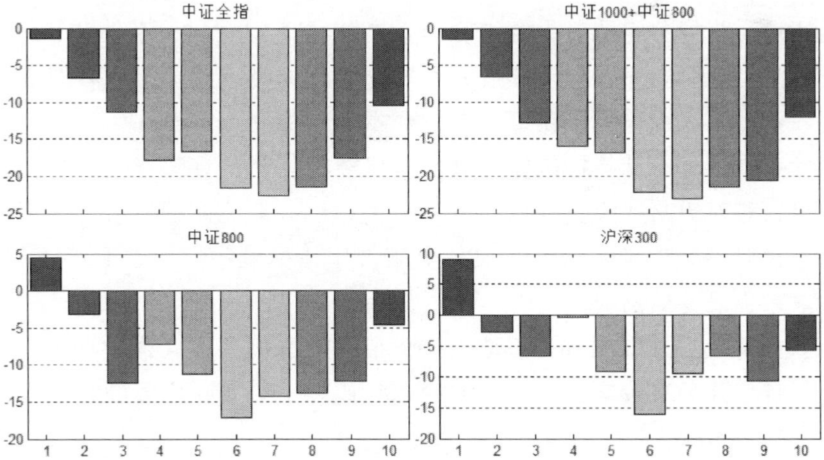


图 2－34　周期为 20 天的指标分组投资组合年化累计收益图

注：投资组合的指标值依次递增，组合 1 是指标值最低组，组合 10 是指标值最高组。

其他投资周期的指标分组策略的年化超额累计收益见图 2-35。[①] 与图 2-34 的结论一致，其他投资周期的指标分组与指标值也呈倒“U”形关系，只有指标值最低的投资组合有超越基准的绩效表现，指标值最高的投资组合都不及基准。

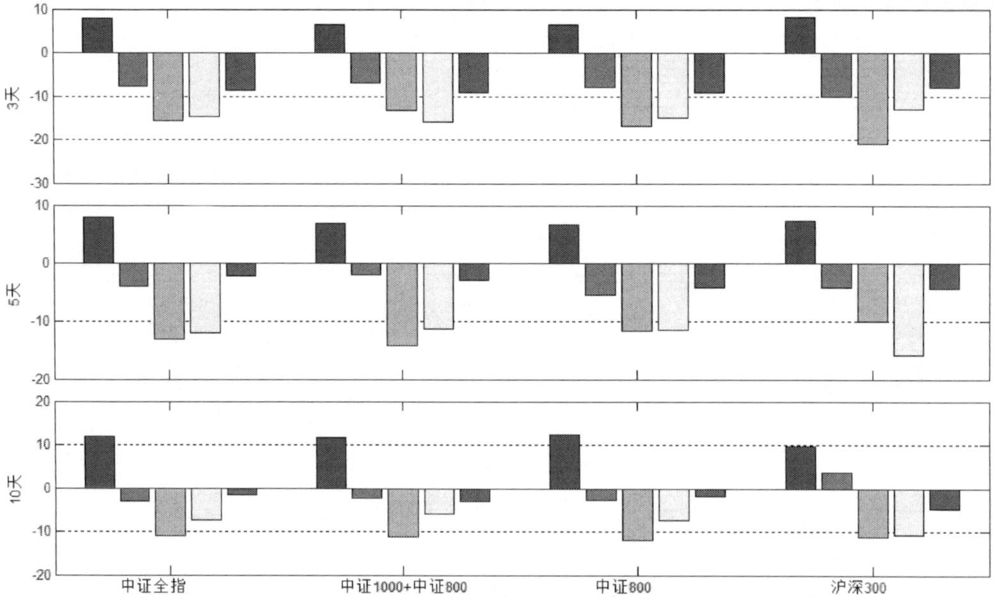


图 2-35　其他投资周期的指标分组投资组合年化累计收益图

综上所述，指标分组的各投资组合收益与指标值的变化关系倒“U”形，指标值居中的投资组合收益率最低，低指标值投资组合相对于其他组或者基准组明显拥有更高的收益。上述规律不仅在中证全指样本股中成立，甚至在沪深 300 指数成分股中也仍然存在，同时低指标值投资组合的超额收益并没有随着股票池的减少而有着明显下降，相对于某些投资周期的策略来说，还有着更高的收益。这表明，随着股票池中小盘股不断被剔除，个人买入金额占比指标值的反向选股能力仍然存在，同时选股效果也没有被削弱。

（4）投资策略分析。本部分选取指标值最低的前 N 只股票构建自由流通市值加权的投资组合，并考察策略能否超越沪深 300 或者中证 500 指数的收益，同时超额收益率的波动是否较小。

① 投资周期为 1 天（观察期和持有期均为 1 天）的投资组合由于频繁换仓，所有指标分组的投资组合的超额收益均为负，不过收益与指标值仍表现出倒“U”形关系。

图 2－36 给出了观察期和持有期均分别为 5 日、10 日、20 日的投资组合。不同股票池下投资策略净值曲线都比较接近，只有投资周期为 20 天的策略中，样本股为中证全指的投资策略净值在 2016 年 9 月至 2017 年 1 月明显高于其他策略。不过这一策略随后表现明显差于其他策略，最终净值甚至低于某些策略。

在 2016 年 4 月至 2017 年 6 月 13 日这段区间内，沪深 300 指数上涨 11. 317%，而中证 500 指数下跌 2. 855%，这里大部分策略能够跑赢中证 500，但跑赢沪深 300 的策略不多，只有样本股为中证 800 指数成分股中的某些策略能够略微跑赢沪深 300。

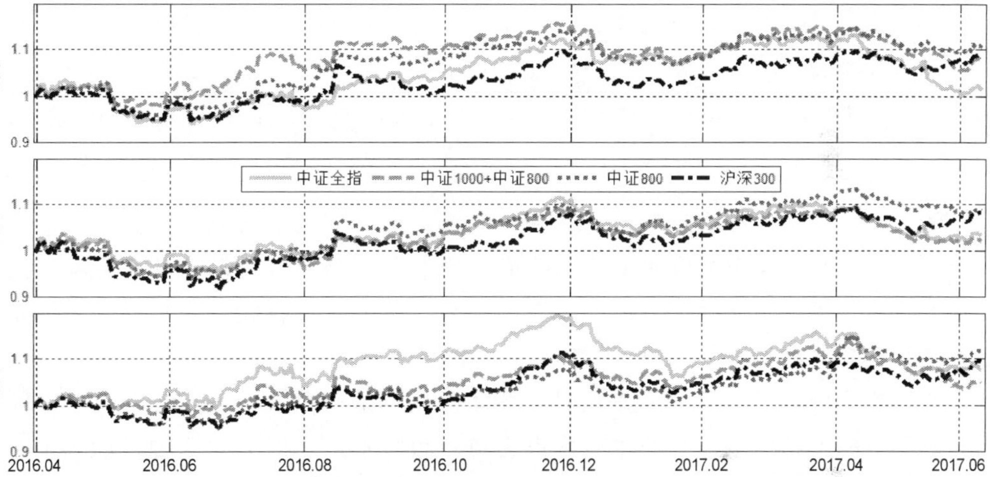


图 2－36　投资策略净值曲线图

注：投资组合的股票数量为 50 只，换仓条件为股票持有时间超过设定周期同时股票指标值排名低于 100，或者股票指标值排名低于样本数量的 1/2。

表 2－26 给出了上述策略在不同时间区间的年化累计收益和回撤。股票池为中证全指投资周期为 20 天的策略，在 2016 年 4 月至 2016 年 11 月有年化收益率为 30%，而在 2016 年 4 月至 2017 年 6 月（13 日）的年化收益率为－16. 69%，回撤为 10. 78%，导致整个时间区间的年化收益率仅为 6. 7%。可见，这一在 2016 年最为有效的策略到 2017 年后完败。

在 2016 年 4 月至 2017 年 6 月这段时间区间内，沪深 300 指数上涨 1. 251%（年化 2. 46%），而中证 500 指数下跌 9. 195%（年化－17. 17%）。除股票池为中证 1000＋中证 800 的策略外，其他策略都能跑赢中证 500，但只有少数策略能够跑赢沪深 300，与全样本相同。

表 2 - 26　投资策略不同时间区间的年化累计收益与回撤　（单位：%）

| | | 周期为 5 天 | | | 周期为 10 天 | | | 周期为 20 天 | | |
|---|---|---|---|---|---|---|---|---|---|---|
| | 时间区间 | $S_0$ | $S_1$ | $S_2$ | $S_0$ | $S_1$ | $S_2$ | $S_0$ | $S_1$ | $S_2$ |
| 年化累计收益 | 中证全指 | 1.80 | 16.92 | -14.66 | 2.91 | 16.15 | -11.79 | 6.70 | 29.58 | -16.69 |
| | 中证 1000 + 中证 800 | -8.49 | 6.05 | -24.15 | -4.75 | 17.30 | -26.93 | -6.71 | 17.59 | -30.52 |
| | 中证 800 | 8.77 | 20.85 | -4.89 | 7.32 | 13.80 | -0.40 | 9.99 | 10.79 | 8.99 |
| | 沪深 300 | 8.13 | 13.83 | 1.30 | 7.13 | 11.53 | 1.77 | 8.01 | 16.74 | -2.16 |
| 回撤 | 中证全指 | 11.60 | 9.12 | 11.60 | 8.54 | 8.32 | 8.26 | 11.21 | 4.29 | 10.78 |
| | 中证 1000 + 中证 800 | 17.05 | 15.90 | 15.78 | 19.27 | 12.03 | 18.04 | 20.61 | 9.55 | 19.86 |
| | 中证 800 | 6.83 | 6.83 | 6.51 | 8.79 | 8.79 | 5.70 | 6.83 | 6.77 | 6.81 |
| | 沪深 300 | 7.42 | 7.42 | 6.77 | 10.72 | 10.72 | 6.58 | 8.05 | 6.75 | 8.05 |

注：$S_0$ 为 2016 年 4 月至 2017 年 6 月（13 日），$S_1$ 为 2016 年 4 月至 2016 年 11 月，$S_2$ 为 2016 年 12 月至 2017 年 6 月。

图 2 - 37 给出了不同观察期、持有期的投资策略年化日均收益率。从图中可以看出，股票池为沪深 300 或者中证 800 成分股的策略都能取得较高的正收益，这与其基准收益本身较高有关。不过，基于中证 800 成分股策略收益率更高则表明指标具有较强的预测能力。

股票池为中证 1000 + 中证 800 的投资策略则均取得负收益率，这与图 2 - 34 中相同股票池的低指标值组合的收益率也为负一致。不过在图 2 - 34 中，股票池为中证全指的低指标值组合的收益率也为负，但在这里，选取指标值最低的前 50 只股票则能取得正收益，说明指标在中证全指中规模较小的股票①中的预测能力也较强，而在中证 1000 成分股中的预测能力相对较差。

从图 2 - 38 策略回撤来看，除股票池为中证 1000 + 中证 800 的投资策略回撤比较大以外，其他策略回撤在 10% 左右。对比，图 2 - 37 的策略收益与图 2 - 38 的策略回撤，发现策略收益与回撤负相关，即通常回撤较小的选股策略的收益率更高，比如股票池为中证 800 的观察期为 1 天、持有期为 3 天的策略，收益为 13.6%，回撤约 6%。

① 中证全指平均 2 700 只股票中除去中证 1000 和中证 800 成分股后剩下的 900 只规模最小的股票。

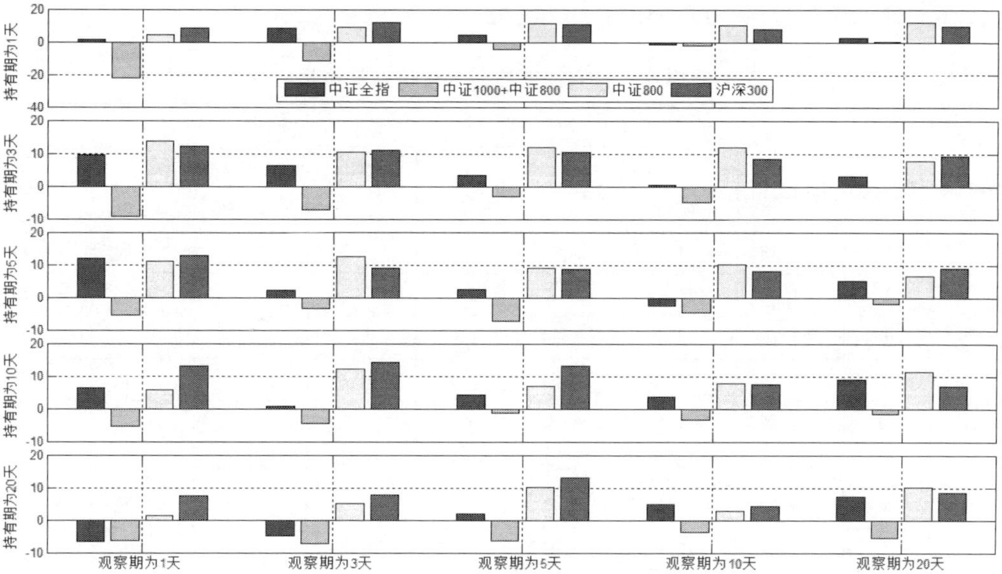


图 2-37　投资策略年化日均收益

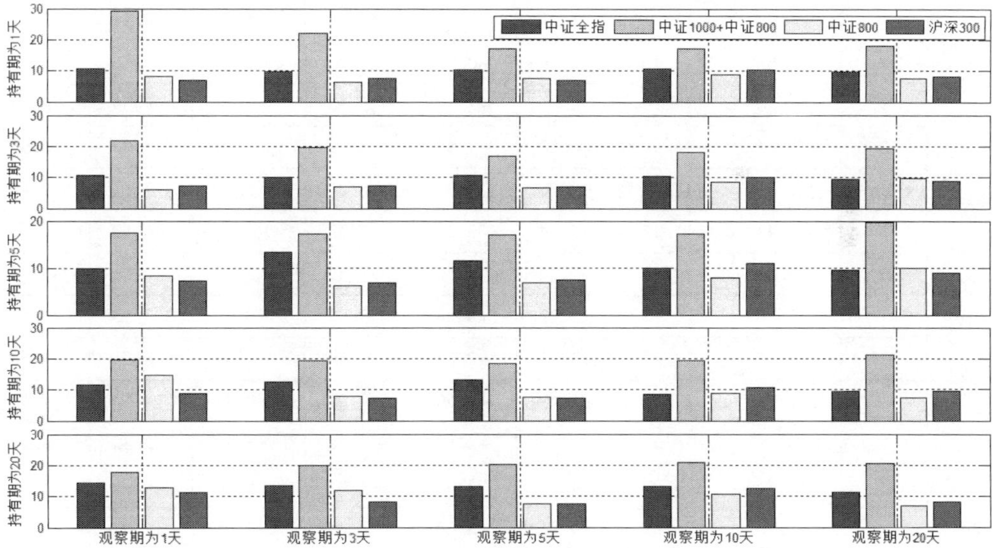


图 2-38　投资策略回撤

表 2-27 给出了策略的超指数年化日均收益率。只有当股票池限定在中证 800 甚至沪深 300 成分股时，该类策略才能比较大概率地战胜沪深 300 指数。要战胜中证 500 指数收益，股票池也可以是中证全指。股票池为中证 1000 + 中证 800 的股票

时，基本难以战胜沪深 300 或中证 500 指数。

表 2-27　　不同观察期、持有期策略的年化超额日均收益率

| | | 超沪深 300 收益率 | | | | 超中证 500 收益率 | | | |
|---|---|---|---|---|---|---|---|---|---|
| 持有期 | 观察期 | 中证全指 | 中证 1000 + 中证 800 | 中证 800 | 沪深 300 | 中证全指 | 中证 1000 + 中证 800 | 中证 800 | 沪深 300 |
| 1 | 1 | -8.58 | -31.73 | -5.68 | -1.43 | 2.27 | -20.87 | 5.18 | 9.42 |
| | 3 | -1.44 | -21.14 | -1.00 | 1.93 | 9.41 | -10.28 | 9.85 | 12.78 |
| | 5 | -5.29 | -14.19 | 1.34 | 1.08 | 5.56 | -3.34 | 12.19 | 11.93 |
| | 10 | -11.59 | -11.82 | 0.64 | -2.12 | -0.74 | -0.97 | 11.49 | 8.73 |
| | 20 | -7.52 | -9.64 | 2.02 | -0.04 | 3.33 | 1.22 | 12.88 | 10.81 |
| 3 | 1 | -0.35 | -19.10 | 3.66 | 2.18 | 10.50 | -8.24 | 14.51 | 13.04 |
| | 3 | -3.72 | -17.09 | 0.41 | 1.20 | 7.13 | -6.23 | 11.26 | 12.06 |
| | 5 | -6.62 | -12.99 | 2.09 | 0.57 | 4.23 | -2.14 | 12.94 | 11.43 |
| | 10 | -9.47 | -14.67 | 2.11 | -1.55 | 1.38 | -3.82 | 12.96 | 9.31 |
| | 20 | -6.78 | -9.98 | -2.05 | -0.64 | 4.07 | 0.87 | 8.80 | 10.21 |
| 5 | 1 | 1.92 | -15.27 | 1.21 | 3.03 | 12.78 | -4.41 | 12.06 | 13.88 |
| | 3 | -7.62 | -13.40 | 2.70 | -0.88 | 3.23 | -2.55 | 13.56 | 9.98 |
| | 5 | -7.30 | -17.19 | -0.86 | -1.37 | 3.55 | -6.34 | 9.99 | 9.48 |
| | 10 | -12.54 | -14.34 | 0.18 | -1.92 | -1.69 | -3.48 | 11.03 | 8.93 |
| | 20 | -4.65 | -11.97 | -3.20 | -0.91 | 6.20 | -1.11 | 7.65 | 9.94 |
| 10 | 1 | -3.47 | -15.39 | -4.24 | 3.31 | 7.38 | -4.54 | 6.62 | 14.16 |
| | 3 | -9.26 | -14.50 | 2.21 | 4.50 | 1.59 | -3.64 | 13.06 | 15.35 |
| | 5 | -5.78 | -11.14 | -2.92 | 3.28 | 5.08 | -0.29 | 7.93 | 14.14 |
| | 10 | -6.35 | -13.23 | -2.11 | -2.27 | 4.50 | -2.37 | 8.75 | 8.58 |
| | 20 | -1.04 | -11.57 | 1.49 | -2.90 | 9.81 | -0.72 | 12.34 | 7.95 |
| 20 | 1 | -16.54 | -16.09 | -8.64 | -2.50 | -5.68 | -5.23 | 2.22 | 8.35 |
| | 3 | -14.86 | -16.99 | -4.72 | -2.05 | -4.01 | -6.14 | 6.13 | 8.80 |
| | 5 | -7.96 | -16.21 | 0.22 | 3.07 | 2.89 | -5.35 | 11.07 | 13.92 |
| | 10 | -5.00 | -13.51 | -7.26 | -5.63 | 5.85 | -2.65 | 3.59 | 5.22 |
| | 20 | -2.68 | -15.33 | 0.34 | -1.53 | 8.17 | -4.48 | 11.19 | 9.32 |

表 2-28 给出了不同观察期、持有期策略的相对回撤（超额收益率的回撤）与绝对回撤（策略本身的回撤）的比较，数值为正表明相对回撤相对于绝对回撤有所

降低。当股票池为中证全指或者中证 1000 + 中证 800 时，策略超沪深 300 的收益率回撤相对于本身回撤更高，但超中证 500 的收益率回撤则更低；而当股票池为中证 800 或者沪深 300 时，策略超沪深 300 的收益率回撤有明显降低，但超中证 500 的收益率回撤变化不大。

上述结果表明，对于股票池为中证 800 或沪深 300 的策略，沪深 300 指数期货可能可以起到较好的对冲作用，中证 500 指数期货的对冲效果则可能不明显。而当股票池较大时，只有采用中证 500 指数期货才可能起到一定的对冲效果。

**表 2－28　不同观察期、持有期策略的相对回撤与绝对回撤的比较**

| | | 沪深 300 | | | | 中证 500 | | | |
|---|---|---|---|---|---|---|---|---|---|
| 持有期 | 观察期 | 中证全指 | 中证 1000 + 中证 800 | 中证 800 | 沪深 300 | 中证全指 | 中证 1000 + 中证 800 | 中证 800 | 沪深 300 |
| 1 | 1 | －3.82 | －5.26 | －1.22 | 2.57 | 0.17 | 5.08 | －1.71 | －2.91 |
| | 3 | －1.98 | －4.00 | －1.74 | 3.88 | 1.90 | 8.97 | －1.90 | －1.83 |
| | 5 | －1.96 | －2.56 | 1.85 | 4.06 | 2.62 | 8.79 | －0.64 | －1.29 |
| | 10 | －4.11 | －1.86 | 4.31 | 5.11 | 1.15 | 9.88 | 0.10 | 1.10 |
| | 20 | －0.71 | －2.04 | 2.53 | 5.35 | 0.96 | 9.75 | －0.93 | 0.17 |
| 3 | 1 | 2.12 | －3.06 | 0.05 | 3.03 | 0.83 | 9.28 | －2.94 | －2.00 |
| | 3 | －2.72 | －2.51 | －0.63 | 3.88 | 3.18 | 9.59 | －0.62 | －2.16 |
| | 5 | －1.13 | －2.53 | 0.15 | 3.53 | 2.11 | 9.00 | －1.19 | －2.26 |
| | 10 | －3.58 | －2.75 | 3.62 | 5.21 | 1.18 | 9.64 | －0.38 | 1.18 |
| | 20 | －1.16 | －1.50 | 4.24 | 5.01 | 2.60 | 10.22 | 0.55 | 0.49 |
| 5 | 1 | －2.25 | －3.43 | 1.69 | 3.28 | 5.14 | 9.24 | －0.10 | －1.69 |
| | 3 | －2.46 | －2.52 | 0.52 | 2.54 | 6.12 | 10.11 | －2.17 | －1.76 |
| | 5 | －1.68 | －4.77 | －1.44 | 3.16 | 2.02 | 8.42 | －1.23 | －2.37 |
| | 10 | －6.55 | －3.32 | 2.41 | 5.23 | －1.01 | 8.94 | －1.43 | 1.40 |
| | 20 | －0.43 | －1.41 | 4.37 | 5.42 | 2.17 | 10.08 | －0.51 | 0.79 |
| 10 | 1 | －2.04 | －2.09 | 3.59 | 4.52 | 4.83 | 9.58 | 1.02 | 0.04 |
| | 3 | －2.80 | －1.08 | 2.42 | 3.48 | 3.98 | 10.81 | －0.98 | －1.85 |
| | 5 | －1.56 | －1.25 | 1.03 | 4.11 | 6.11 | 10.23 | －1.81 | －1.37 |
| | 10 | －2.46 | －2.05 | 1.78 | 5.18 | －1.17 | 10.29 | －1.04 | 1.16 |
| | 20 | 1.72 | －1.29 | 2.75 | 5.42 | －2.53 | 10.19 | －2.80 | 0.67 |

续表

| | | 沪深 300 | | | | 中证 500 | | | |
|---|---|---|---|---|---|---|---|---|---|
| 持有期 | 观察期 | 中证全指 | 中证 1000 + 中证 800 | 中证 800 | 沪深 300 | 中证全指 | 中证 1000 + 中证 800 | 中证 800 | 沪深 300 |
| 20 | 1 | -6.23 | -4.86 | 1.37 | 5.26 | 3.06 | 8.97 | 2.09 | 0.49 |
| | 3 | -5.31 | -2.82 | 4.35 | 3.13 | 2.17 | 9.85 | 0.88 | -1.77 |
| | 5 | -2.07 | -2.24 | 0.25 | 4.54 | 6.33 | 10.60 | 0.43 | -1.43 |
| | 10 | -1.21 | -2.00 | 1.06 | 5.20 | 6.54 | 9.80 | 1.62 | 2.76 |
| | 20 | -1.28 | -3.61 | 1.59 | 4.38 | 3.58 | 9.50 | -3.69 | -2.49 |

#### 2.2.5.4 结论

这里以非主力资金流向作为反向指标进行选股，进一步论证了非主力资金流向作为反向指标在不同股票池下的有效性，实证结果表明：

第一，非主力资金流向的 IC 值显著为负、随观察期或持有期递增的特征在不同股票池中依然存在，且随着股票池内小规模股票的不断剔除，指标 IC 值的绝对值不断变大。这表明在大规模股票的样本中，该指标的预测能力越强。

第二，不同股票池内，指标分组中各投资组合的收益与指标值均呈倒“U”形关系，指标值最低的投资组合收益最高。

第三，基于指标值前 50 只股票构造的投资组合，基于中证 800 成分股的策略的收益率最高，其次是沪深 300，最差的是中证 1000 + 中证 800，表明该指标在中证 500 成分股中效果最好，而在中证 1000 成分股中效果最差。除股票池为中证 1000 + 中证 800 的投资策略外，其他策略的回撤大都在 10% 左右，回撤较小的选股策略通常收益率更高。

从超额收益率的大小来看，股票池为中证 1000 + 中证 800 的策略基本难以战胜沪深 300 或中证 500 指数，而其他股票池下则基本都能战胜中证 500 指数收益。只有当股票池限定在中证 800 甚至沪深 300 成分股时，该类策略才能比较大概率的战胜沪深 300 指数。

从超额收益的回撤来看，对于股票池为中证 800 或沪深 300 的策略，沪深 300 指数期货可能会起到较好的对冲作用，中证 500 指数期货的对冲效果则不明显；而当股票池较大时，只有中证 500 指数期货才可能起到一定的对冲效果。

### 2.2.5.5 附录（见表 2-29 和表 2-30）

**表 2-29　不同观察期指标值与不同预测期未来收益率的平均相关系数**

| | | 指标值与收益率的相关系数 | | | | 指标值排名与收益率排名的相关系数 | | | | 指标值排名与收益率的相关系数 | | | |
|---|---|---|---|---|---|---|---|---|---|---|---|---|---|
| 预测期 | 观察期 | 中证全指 | 中证1000+中证800 | 中证800 | 沪深300 | 中证全指 | 中证1000+中证800 | 中证800 | 沪深300 | 中证全指 | 中证1000+中证800 | 中证800 | 沪深300 |
| 1 | 1 | -0.74 | -0.81 | -0.82 | -1.16 | -0.74 | -0.51 | -0.23 | -0.63 | -0.78 | -0.82 | -0.83 | -1.30 |
| | 3 | -1.07 | -1.18 | -1.14 | -1.30 | -0.75 | -0.61 | -0.40 | -0.41 | -1.18 | -1.26 | -1.19 | -1.38 |
| | 5 | -1.04 | -1.14 | -1.07 | -1.28 | -0.75 | -0.49 | -0.06 | -0.11 | -1.23 | -1.29 | -1.07 | -1.22 |
| | 10 | -0.98 | -1.21 | -1.15 | -1.27 | -0.83 | -0.62 | -0.29 | -0.22 | -1.21 | -1.40 | -1.32 | -1.40 |
| | 20 | -1.03 | -1.20 | -1.20 | -1.23 | -0.93 | -0.83 | -0.64 | -0.52 | -1.28 | -1.36 | -1.36 | -1.48 |
| 3 | 1 | -1.00 | -1.16 | -1.08 | -1.11 | -0.99 | -0.90 | -0.60 | -0.86 | -1.03 | -1.20 | -1.11 | -1.06 |
| | 3 | -1.13 | -1.22 | -1.27 | -0.80 | -1.13 | -0.97 | -0.65 | -0.31 | -1.25 | -1.35 | -1.28 | -0.77 |
| | 5 | -0.98 | -1.16 | -0.95 | -0.84 | -1.21 | -1.01 | -0.25 | 0.24 | -1.17 | -1.33 | -0.89 | -0.70 |
| | 10 | -1.21 | -1.60 | -1.23 | -1.17 | -1.48 | -1.31 | -0.61 | -0.46 | -1.55 | -1.80 | -1.39 | -1.54 |
| | 20 | -1.22 | -1.68 | -1.58 | -1.44 | -1.50 | -1.47 | -1.06 | -0.56 | -1.63 | -1.92 | -1.86 | -1.82 |
| 5 | 1 | -1.18 | -1.38 | -1.95 | -2.09 | -1.08 | -1.35 | -1.88 | -1.18 | -1.17 | -1.37 | -1.94 | -1.88 |
| | 3 | -1.07 | -1.11 | -1.13 | -1.89 | -1.48 | -1.30 | -1.14 | -0.85 | -1.23 | -1.22 | -1.15 | -1.73 |
| | 5 | -1.17 | -1.50 | -1.92 | -2.55 | -1.74 | -1.72 | -1.93 | -1.40 | -1.39 | -1.59 | -1.88 | -2.23 |
| | 10 | -1.43 | -1.91 | -2.10 | -2.70 | -2.08 | -2.27 | -2.28 | -2.39 | -1.74 | -2.13 | -2.31 | -3.15 |
| | 20 | -1.47 | -2.00 | -2.18 | -2.93 | -2.24 | -2.59 | -2.74 | -2.93 | -1.85 | -2.28 | -2.49 | -3.42 |
| 10 | 1 | -2.02 | -2.32 | -2.96 | -3.28 | -2.17 | -2.60 | -3.48 | -3.66 | -2.05 | -2.36 | -3.04 | -3.40 |
| | 3 | -2.01 | -2.05 | -2.65 | -3.91 | -2.52 | -2.74 | -3.66 | -4.31 | -2.28 | -2.32 | -3.05 | -4.26 |
| | 5 | -1.74 | -2.33 | -3.15 | -4.59 | -2.36 | -3.05 | -3.89 | -4.76 | -1.90 | -2.42 | -3.20 | -4.52 |
| | 10 | -2.07 | -2.50 | -2.96 | -4.27 | -2.80 | -3.22 | -3.97 | -5.17 | -2.33 | -2.71 | -3.59 | -5.19 |
| | 20 | -2.12 | -2.68 | -2.65 | -3.40 | -2.71 | -3.19 | -3.38 | -3.37 | -2.41 | -2.94 | -3.03 | -3.69 |
| 20 | 1 | -1.22 | -0.98 | -0.82 | 0.77 | -0.95 | -0.96 | -0.71 | -0.13 | -1.08 | -0.69 | -0.67 | 1.03 |
| | 3 | -2.51 | -2.09 | -2.95 | -2.16 | -2.66 | -2.30 | -3.17 | -3.29 | -2.70 | -2.19 | -3.11 | -2.71 |
| | 5 | -2.06 | -2.43 | -3.60 | -3.21 | -2.13 | -2.39 | -3.14 | -3.42 | -2.30 | -2.40 | -3.18 | -2.67 |
| | 10 | -1.93 | -2.28 | -3.41 | -3.99 | -2.39 | -2.87 | -3.78 | -4.86 | -2.08 | -2.52 | -3.66 | -4.11 |
| | 20 | -2.06 | -3.03 | -3.30 | -4.45 | -2.68 | -3.71 | -3.80 | -5.56 | -2.34 | -3.40 | -3.28 | -4.25 |

注：股票池越小，指标平均IC绝对值越大，这可能意味着指标在越小的股票池预测效果更好，又或者平均IC值绝对值本身与样本数量就有着递减规律。但在同一股票池下，可以确定地利用IC值大小来比较不同观察期指标的预测能力。比如对于预测期为10天的各指标中，观察期为10天的指标平均IC值绝对值最大，表明观察期为10天指标预测能力越强。同样，也可以比较同一股票池下同一观察期指标在不同预测周期下的预测能力。

**表 2-30　　不同观察期、持有期策略的超年化超额日均收益率**

| | 股票池为中证 800 | | | | | 股票池为沪深 300 | | | | |
|---|---|---|---|---|---|---|---|---|---|---|
| 观察期 | 1 | 3 | 5 | 10 | 20 | 1 | 3 | 5 | 10 | 20 |
| 1 | -5.68 | 3.66 | 1.21 | -4.24 | -8.64 | -1.43 | 2.18 | 3.03 | 3.31 | -2.50 |
| 3 | -1.00 | 0.41 | 2.70 | 2.21 | -4.72 | 1.93 | 1.20 | -0.88 | 4.50 | -2.05 |
| 5 | 1.34 | 2.09 | -0.86 | -2.92 | 0.22 | 1.08 | 0.57 | -1.37 | 3.28 | 3.07 |
| 10 | 0.64 | 2.11 | 0.18 | -2.11 | -7.26 | -2.12 | -1.55 | -1.92 | -2.27 | -5.63 |
| 20 | 2.02 | -2.05 | -3.20 | 1.49 | 0.34 | -0.04 | -0.64 | -0.91 | -2.90 | -1.53 |

注：当股票池限定在中证 800 时，策略战胜沪深 300 指数的概率要更大。若股票池限定在沪深 300 成分股中，观察期为 10 天和 20 天的策略均无法战胜沪深 300。

# 2.3　动量与反转策略

## 2.3.1　简单动量策略研究

### 2.3.1.1　研究背景

股票的历史回报率是否能够预测未来的回报率一直以来都是理论界和实务界共同关心的话题。大量经验证据显示，股票的历史回报率序列能够预测股票未来回报率的信息。在短期和长期内，股票回报率表现为负相关，称为反转效应；在中期内，股票回报率表现为正相关，称为动量效应。基于此种特性，投资者可以根据历史回报率来构造投资策略获得显著的超额收益，其中一种投资策略是利用股票回报率中期内的动量效应，称为动量策略（Momentum Strategy），即根据股票过去一段时期的收益率大小进行排序，通过购买赢者（这段时期累计收益率高的股票）而卖空输者（这段时期累计收益率低的股票）来获得超额收益；另一种投资策略是利用股票回报率短期或长期内的反转效应，称为反转策略（Contrarian Strategy，又称价值投资策略），是动量策略的反向操作，即通过购买输者而卖空赢者来获得超额收益。比较而言，股票回报率的中期动量效应（动量策略）受到较多关注。

动量策略最具代表性的研究莫过于 Jegadeesh 和 Titman（1993），他们对 1965 年到 1989 年 NYSE 和 AMEX 的股票回报率进行了研究，把股票按照过去 3 个月、6 个月、9 个月和 12 个月（排序期）的回报率进行排序，对应于每一个排序，将回报率前 10% 的股票称为赢家组合，将回报率后 10% 的股票称为输家组合，通过考察买入赢家组合而卖空输家组合的零成本投资组合在持有期分别为 3 个月、6 个月、9 个月和 12 个月的回报率情况，发现除了 3×3 的投资策略正回报率不显著外，其他投资策略的回报率都显著为正，其中排序期和持有期均为 6 个月的动量投资策略会产生每月大约 1% 的回报率。通过 6×6 的投资组合策略研究发现，回报率不能用系统风险或股票对公共信息的价格反应滞后来解释，他们认为这很可能是由于股票对与公司私有信息的价格反应滞后造成的。Chan 等（1996）将 Jegadeesh 和 Titman（1993）的收益率动量策略扩展到盈余动量策略，即根据股票近期的盈余变动（past earnings surprise）排序，通过对 1977 年到 1993 年 NYSE、AMEX 和 NASDAQ 的数据进行分析，发现 6×6 收入动量策略的回报率更高，但显著性和持久性不及收益率动量策略。Conrad 和 Kaul（1998）则研究了 1926 年到 1989 年 NYSE 和 AMEX 的股票，考察的投资期限为 1 周、3 个月、6 个月、9 个月、12 个月、18 个月、24 个月和 36 个月，发现这 64 种投资策略中有一半的策略能取得显著的正收益，正显著的动量收益获取主要集中在 3～12 个月的投资期限策略里。Fama 和 French（1996）考察了多种因素（包括市值、账面市值比、长期收益发转和中期收益动量等）对股票平均收益率的解释，其研究样本为 1963 年 7 月到 1993 年 12 月 NYSE、AMEX 和 NASDAQ 的股票，发现除了收益动量外，其他因素的解释力在 FF 三因素模型中都消失了，他们建议就其他各国的数据以动量投资策略进行检验，以验证动量效应是否只适应于美国。

实际上，除了美国市场之外，一些研究者也在其他国家或地区的股票市场中发现了动量效应。Rouwenhorst（1998）将 Jegadeesh 和 Titman（1993）的方法用于欧洲 12 个国家（澳大利亚、比利时、德国、法国、丹麦、意大利、荷兰、挪威、西班牙、瑞典、瑞士与英国）的股票市场，考察了 1980 年到 1995 年投资期限为 3 个月、6 个月、9 个月和 12 个月的动量投资策略，发现与美国市场基本一致的动量效应。Liu 等（1999）考察了 1977 年 1 月到 1998 年 6 月英国股票市场这样一个较大样本，用两种方法（Lehmann，1990；Jegadeesh 和 Titman，1993）对动量投资策略进行全面分析，发现动量投资策略的正回报率仍然显著；同时他们还发现市值、股票价格、账面与市值比和收入价格比等因素对英国股票的回报率有解释力，但这些因素不能解释动量投资策略的回报率，他们认为这种现象可能是由于股票对行业信息或公司自身特有信息的价格反应滞后造成的。绝大多数成熟股票市场中，动量效应都存在；新兴股票市场中，除了个别国家股票市场中动量交易策略无利可图外，一些新兴市场也显示出动量效应。另外，国际股票市场指数变化中也显示存在动量效应的经验证据（Chan 等，2000）。

动量效应除了广泛存在于世界各股票市场外，也表现出较长时期的持续性。Jegadeesh 和 Titman（2001）以 1990～1998 年在 NYSE、AMEX 和 NASDAQ 上市交易的所有股价不低于 5 美元的股票为样本，重复了他们在 1993 年的研究，发现动量投资策略仍可以获得显著的正回报率。

在对动量效应的进一步分析中，学者们还发现如下一些动量效应的特点：

①动量效应是一个非 1 月季节效应。Jegadeesh 和 Titman（2001）的研究发现，在 1 月动量策略收益为 -1.55%，其他月都是正收益，平均为 1.48%。这一现象与规模效应和长期收益反转效应不同，规模效应和长期收益反转效应的绝大多数收益主要集中在 1 月。

②动量效应的大小依赖于市场状态。Cooper 等（2004）用美国的数据发现牛市中动量策略的回报率显著高于熊市中动量策略的回报率。1929～1995 年，牛市动量策略的平均回报率为每月 0.98%，而熊市则为 -0.37%。而 Siganos 和 Chelley - Steeley（2006）用英国的数据则发现截然相反的结论，在熊市中动量策略具有较高的回报率，这种回报主要来源于对输者的卖空。

③不同特征的股票表现出不同程度的动量效应。比如，Jegadeesh 和 Titman（1993）等许多研究都发现小规模公司股票价格具有较大的动量效应。Lesmond 等（2004）发现股价越低，动量效应越大。George 和 Hwang（2004）发现 52 周高价或低价能够解释动量效应中的一大部分，而且基于 52 周高价或低价的动量收益高于基于固定区间（如过去 6 个月）的动量收益，指出股票价格水平比股票过去价格变化对动量效应的影响更重要。Daniel 和 Titman（1999）发现，成长型股票比价值型股票具有较高的动量效应，他们认为这是由于成长型股票的价值较难估计，其高动量效应可能是由投资者的过度自信造成的。Lee 和 Swaminathan（2000）发现，具有较高换手率的股票的动量效应也较大，其解释是高换手率源于因估价困难而产生的投资建议分歧较大，或者是高换手率吸引较多交易者的关注，引起正反馈交易，从而产生较大的动量效应。

对于中国股票市场是否存在动量效应，学者们也进行了卓有成效的研究，但结论存在差异。一部分学者持肯定态度。Kang 等（2002）研究了 1993 年 1 月至 2000 年 1 月 268 家上市公司的周收益率数据，考察的投资期限有为 1 周、2 周、4 周、8 周、12 周、16 周、20 周、26 周，发现交叉搭配形成的 64 种投资组合策略中，短期（形成期为 1～12 周）反转策略和部分中期（形成期为 12～26 周）动量策略存在显著正回报。周琳杰（2002）研究了 1995 年 1 月至 2000 年 12 月深、沪两市所有上市公司的数据，发现期限为 1 个月的动量策略超额收益明显好于其他期限的策略。吴世农和吴超鹏（2003）研究了 1997～2002 年上海证券交易所 342 家上市公司，发现样本股票存在短期的动量效应。朱战宇等（2003）研究了 1995 年 1 月至 2001 年 12 月的股票，发现动量效用存在于形成期和持有期在 4 周以内的策略中。林秀梅和方毅（2004）研究了 1997 年 2 月至 2001 年 7 月均有交易的 444 家上市公司，发现投资期限为 9 周或 13 周的策略有显著的正收益。朱战宇等（2004）研究了 1994～2001 年 A 股，发现低成交量的股票存在动量效应。徐信忠和郑纯毅（2006）研究了 1995～2001 年深、沪两市 A 股，样本股票在大约半年的时间内都存在动量效应。王志强等（2006）研究了 1991～2005 年的股票，发现大盘、高价和低换手率的股票具有较高的动量效应。肖峻等（2006）研究了 1995 年 4 月至 2004 年 6 月的 A 股，以规模、益本比率及净市值比率进行风格划分，发现国内股市存在显著的中期风格动量。柯军和卢二坡（2011）研究了 1998 年 1 月至 2007 年 12 月深圳证券交易所的所有 A 股，也发现动量效应的存在。另一小部分学者则持否定态度。王永宏和赵学军（2001）研究了 1993 年之前上市的全部 A 股，研究的时间区间为 1993～2000 年，发现各种期限组合的动量投资策略的回报率几乎全部为负。马超群和张浩（2005）研究了 1995 年 1 月～2001 年 12 月沪、深两市全部 A 股股票，也未发现有显著的动量效应。

之所以造成研究成果各异，选取的时间区间不同是关键原因，之所以选取的时间区间各有不同，除了由于当时研究者所能获得的数据受到时间限制外，还有可能是因为研究者为支持其观点而选取最符合其观点的时间区间样本。郑纯毅（2004）在其博士论文中就指出，最初他试图利用尽可能长的时间区间进行动量效应的研究，但在实证分析中发现当把 1995 年以前的数据考虑进来的时候（如时间区间取 1994 年到 2000 年），动量现象就不明显了，因此，最终将时间区间定为 1995 年到 2001 年，利用这 7 年的股票交易数据和财务数据对中国股票市场的动量效应进行研究。

其他原因还可能有：

①筛选股票样本的标准不同。有些研究要求公司在研究的时间区间段之前就上

市；有些研究删除被 PT 或者曾经被 PT 过的公司；有些研究为了考察动量效应与公司财务特征的关系，需要删除金融类股票和财务数据缺失的时间样本等。这些个体样本选择的偏差会导致结论的不一致。

②在构造赢家组合和输家组合时分组比例不同。部分学者分别采用 20% 或 30% 作为赢家组合和输家组合的分组比例，而国内外大多数研究还是以 10% 为分组标准的惯例。由于中国股市波动的特点，不同的分组比例也可能会影响结果。

③投资组合平均收益率的计算方法不同。部分学者采用几何平均方法计算出形成期和持有期的累积收益率，在各期收益率波动较大的情况下，采用算术平均方法会导致长期收益率的高估，中国股市比成熟股票市场的波动更大，因此，当考虑的投资期限（形成期和持有期）较长时，采用几何平均方法计算累积收益率作为排序指标和动量收益指标比较合理。但是，几何平均方法计算的累积收益率与因素暴露的估计误差之间不独立，如果是研究短期内动量收益的因素暴露，用算术平均方法计算平均收益率是更合理的选择。

为了利用尽可能长的时间区间和尽可能多的股票进行动量效应的研究，本文不研究不同财务特征的股票之间动量效应是否存在差异的问题，仅利用股票价格收益数据库进行研究。另外，还可以考察不同市场状态下的动量收益率的特征等问题。

#### 2.3.1.2 数据与方法

这里所有的数据均来源为 CCER 中国经济金融数据库资本市场交易数据的股票价格收益数据库。本文同时考虑 Jegadeesh 和 Titman（1993）的重叠法（overlapping method）和 Liu 等（1999）的非重叠法的动量策略。

假设考虑的样本时间区间跨度为 T 期，形成期为 J，持有期为 K，那么在时期 t 初（$J<t\leq T$），根据每只股票在过去 J 个时期（形成期）的平均收益率进行排序，平均收益率最小的 10% 股票形成输者组合，平均收益率最大的 10% 股票形成赢者组合，购买赢者组合而卖出输者组合，并持有这样的投资组合头寸 K 个时期。

对于时期 $t$ 初（$J<t\leq T-K+1$）构造的投资组合，将在时期 $t$ 至时期 $t+K-1$ 这 $K$ 个时期期末获得它的收益，将收益率序列记为 $\{\overline{R}_{t,s}\}_{t=J+1,\cdots,T-K+1}^{s=t,\cdots,t+K-1}$；对于最后 $K-1$个时期（$t>T-K+1$）构造的投资组合，将在时期 $t$ 至时期 $T$ 这 $T-t+1$ 个时期期末获得它的收益，将收益率序列记为 $\{\overline{R}_{t,s}\}_{t=T-K+2,\cdots,T}^{s=t,\cdots,T}$。

对于重叠法，在每个时期 $t$ 初（$J<t\leq T$）将持有一系列的投资组合。在前 $K-1$ 个时期期初（$J<t<J+K$），持有投资组合为时期 $J+1$ 至时期 $t$ 这 $t-J$ 个时期期

初构造的投资组合，那么时期 $t$ 末获得的收益率为这些投资组合的平均收益率 $\frac{\sum_{s=J+1}^{t}\overline{R}_{s,t}}{t-J}$，其中 $t=J+1,\cdots,J+K-1$；在之后的各个时期期初（$t\geqslant J+K$），持有的投资组合为时期 $t-K+1$ 至时期 $t$ 这 $K$ 个时期期初构造的投资组合，那么时期 $t$ 末获得的收益率为 $\frac{\sum_{s=t-K+1}^{t}\overline{R}_{s,t}}{K}$，其中 $t=J+K,\cdots,T$。

对于非重叠法，是每 $K$ 个时期构造一个投资组合。在时期 $J+1$ 初，构造一个投资组合，并持有 $K$ 个时期，在持有期中不再构造投资组合，即在时期 $J+2$ 至时期 $J+K$ 这 $K-1$ 个时期期初不再构造投资组合，而在时期 $J+K+1$ 初，由于前一个投资组合已到期，再重新构造投资组合，并将其持有 $K$ 个时期，依此类推。也就是说，每个时期 $t$ 初始终持有一个投资组合，投资组合的构造时期为时期 $J+1$ 初，时期 $J+K+1$ 初，时期 $J+2K+1$ 初直到时期 $\tilde{T}=J+\text{int}[\frac{T-J-1}{K}]\cdot K+1$ 初，那么非重叠法每个时期 $t$ 末获得的收益率为：

$$\{\overline{R}_{J+1,J+1},\cdots,\overline{R}_{J+1,J+K},\overline{R}_{J+K+1},\cdots,\overline{R}_{J+2K},\cdots,\overline{R}_{\tilde{T},\tilde{T}},\cdots,\overline{R}_{\tilde{T},T}\}$$

上述投资组合收益率序列 $\{\overline{R}_{t.s}\}$ 的具体计算如下：

假设样本中有 N 只股票。记股票 i 在时刻 t 的收益率为 Rit，形成矩阵 $[R_{it}]$ 为：

$$\begin{bmatrix} R_{11} & R_{12} & \cdots & R_{1T} \\ R_{21} & R_{22} & \cdots & R_{2T} \\ \vdots & \vdots & \ddots & \vdots \\ R_{N1} & R_{N2} & \cdots & R_{NN} \end{bmatrix}$$

在时期 $t$ 初，计算股票 $i$ 在过去 $J$ 个时期（形成期）的平均收益率 $\overline{R}_{J,it}$：

$$\overline{R}_{J,it}=\sqrt[J]{\prod_{s=t-J}^{t-1}(1+R_{is})}-1$$

对序列 $\{\overline{R}_{J,it}\}_{i=1,\cdots,N}$ 进行排列，将 $\overline{R}_{J,it}$ 最小的 10% 的股票形成输者组合，可计算该输者组合在持有期 s［$t\leqslant s\leqslant \min(t+K-1,T)$］的（等权）平均收益率 $\overline{R}_{t,s}^{L}$，将 $\overline{R}_{J,it}$ 最大的 10% 股票形成赢者组合，可计算该赢者组合在持有期 s 的（等权）平均收益率 $\overline{R}_{t,s}^{W}$，那么时刻 t 的动量收益 $\overline{R}_{t.s}$，即构造的零成本投资组合的收益率等于

$\overline{R}_{t,s}^{W}-\overline{R}_{t,s}^{L}$。标准的 t 检验用于检验投资组合的月平均收益率是否显著为正或为负。

### 2.3.1.3 实证分析

对于中国 A 股市场动量效应的实证分析，绝大多数研究所使用的样本区间不早于 1993 年 1 月。表 2－31 列出了 1990 年 12 月至 1994 年 12 月沪、深股市上市公司的数量。从表中可以看出，1993 年 6 月前的股票数量太少，若考虑这部分数据，在构造投资组合时，以 10% 作为分组比例的话，每个投资组合的股票个数不超过 10 个，这会使构造的组合承担太多不必要的个股风险。为此，本研究以 1993 年 7 月作为样本时间区间的起始点。另外，由于早期的股市还处于不规范的初期发展阶段，股市经常处于大起大落的状态，股市收益率序列中这些不规范数据对分析整个股市的特征会造成扭曲。为此，本文通过删除早期的一些样本来考察动量效应。

**表 2－31　　上市公司数**

| 时间 | 1990.12 | 1991.06 | 1991.12 | 1992.06 | 1992.12 | 1993.06 | 1993.12 | 1994.06 | 1994.12 |
|---|---|---|---|---|---|---|---|---|---|
| 沪市 | 6 | 7 | 7 | 13 | 29 | 64 | 101 | 164 | 169 |
| 沪深两市 | 6 | 7 | 13 | 31 | 52 | 98 | 176 | 269 | 287 |

（1）全样本分析。表 2－32 列出了 $J=1$、3、6、12 和 $K=1$、3、6、12 时重叠法和非重叠法这 32 个动量策略的输家组合、赢家组合和赢家减输家的零成本组合的平均收益率和对应的 t 值（括号内）。从表中可以看出，绝大多数投资策略的零成本组合平均收益率都没有显著为正或为负，只有当形成期和持有期较短时，零成本组合的平均收益率才显著为负（见表中左上阴影部分），其中形成期为 1 个月或 3 个月，持有期为 1 个月的零成本组合平均收益率在 10% 的显著性水平上为负，而形成期为 1 个月、持有期为 3 个月的零成本组合平均收益率在 5% 的显著性水平上为负。这说明，中国 A 股市场可能存在短期内的反转效应，但反转效应并不明显。表 2－32 并没有发现动量效应存在的迹象。

要想在上述几个投资策略显著的负收益中获利，需要卖空零成本组合，实际上就是买进输家组合而卖空赢家组合，而这种收益主要来源于对赢家组合的卖空。从输家组合和赢家组合的平均收益率和 t 值可以看出，输家组合的平均收益率有正有负，而且大多不显著，而绝大多数赢家组合的平均收益率都为负，而且存在一部分的策略的平均收益率显著为负。对于买进输家卖空赢家的投资策略，其月平均收益率不足 1%，在卖空成本较高的中国 A 股市场，很难从该策略中获利。

表 2-32　　动量策略的收益率（1993.07—2011.09）

| | | 重叠法 | | | | 非重叠法 | | | |
|---|---|---|---|---|---|---|---|---|---|
| J | K | 1 | 3 | 6 | 12 | 1 | 3 | 6 | 12 |
| 1 | 输家组合 | 0.0019 | 0.0016 | -0.0005 | -0.0010 | 0.0019 | 0.0004 | 0.0000 | 0.0007 |
| | | (0.5979) | (0.8571) | (-0.3951) | (-1.0084) | (0.5979) | (0.1271) | (-0.0069) | (0.2283) |
| 1 | 赢家组合 | -0.0077 | -0.0050 | -0.0034 | -0.0021 | -0.0077 | -0.0026 | -0.0028 | -0.0034 |
| | | (-1.946) | (-1.9647) | (-1.9929) | (-1.9091) | (-1.946) | (-0.6421) | (-0.71) | (-0.8814) |
| 1 | 零成本组合 | -0.0096 | -0.0066 | -0.0029 | -0.0011 | -0.0096 | -0.0030 | -0.0028 | -0.0040 |
| | | (-1.455) | (-1.6959) | (-1.2668) | (-0.8142) | (-1.455) | (-0.4448) | (-0.4277) | (-0.631) |
| 3 | 输家组合 | 0.0044 | -0.0003 | -0.0026 | -0.0018 | 0.0044 | 0.0009 | -0.0053 | -0.0014 |
| | | (1.389) | (-0.1263) | (-1.8655) | (-1.4465) | (1.389) | (0.3541) | (-2.0323) | (-0.7077) |
| 3 | 赢家组合 | -0.0048 | -0.0034 | -0.0016 | -0.0004 | -0.0048 | -0.0034 | 0.0007 | -0.0013 |
| | | (-1.2139) | (-1.1289) | (-0.728) | (-0.2198) | (-1.2139) | (-1.0314) | (0.2563) | (-0.5771) |
| 3 | 零成本组合 | -0.0092 | -0.0031 | 0.0011 | 0.0013 | -0.0092 | -0.0043 | 0.0059 | 0.0001 |
| | | (-1.4219) | (-0.6884) | (0.3571) | (0.5514) | (-1.4219) | (-0.8349) | (1.3611) | (0.0296) |
| 6 | 输家组合 | 0.0016 | -0.0015 | -0.0029 | -0.0007 | 0.0016 | -0.0023 | -0.0034 | -0.0022 |
| | | (0.5196) | (-0.6765) | (-1.614) | (-0.3998) | (0.5196) | (-1.0496) | (-1.6053) | (-0.9069) |
| 6 | 赢家组合 | -0.0055 | -0.0029 | -0.0013 | -0.0014 | -0.0055 | -0.0025 | -0.0023 | 0.0004 |
| | | (-1.5777) | (-1.0676) | (-0.5208) | (-0.6309) | (-1.5777) | (-0.9141) | (-0.8617) | (0.1082) |
| 6 | 零成本组合 | -0.0072 | -0.0014 | 0.0016 | -0.0008 | -0.0072 | -0.0003 | 0.0010 | 0.0026 |
| | | (-1.1796) | (-0.3284) | (0.4601) | (-0.2434) | (-1.1796) | (-0.0646) | (0.2541) | (0.6605) |
| 12 | 输家组合 | 0.0007 | -0.0018 | -0.0004 | 0.0023 | 0.0007 | -0.0021 | -0.0026 | -0.0005 |
| | | (0.2628) | (-0.739) | (-0.1648) | (0.9743) | (0.2628) | (-0.9047) | (-1.0711) | (-0.2109) |
| 12 | 赢家组合 | -0.0012 | -0.0013 | -0.0021 | -0.0033 | -0.0012 | -0.0008 | -0.0021 | -0.0037 |
| | | (-0.3458) | (-0.376) | (-0.6291) | (-1.0627) | (-0.3458) | (-0.205) | (-0.5636) | (-1.0491) |
| 12 | 零成本组合 | -0.0019 | 0.0005 | -0.0017 | -0.0055 | -0.0019 | 0.0014 | 0.0005 | -0.0032 |
| | | (-0.3613) | (0.0971) | (-0.3548) | (-1.2252) | (-0.3613) | (0.2577) | (0.0946) | (-0.6506) |

需要注意的是，如果动量策略的零成本组合收益率中存在异常值，那么表中给出的零成本组合的平均收益率及其对应的 t 值可能会受到该异常值的影响，使得结论的可信度降低。为此，图 2-39 给出了形成期和持有期相同时的重叠法动量策略的零成本组合收益率的时间序列数据，非重叠法的零成本组合收益率的时间序列数据与此图类似，不再给出。

从图中可以看出，在1995年前，投资期限为1个月和3个月的零成本组合收益率时间序列中存在异常值，实际上投资期限为6个月和12个月的投资策略也会受到这种影响，只是由于其持有期较长，其平均收益率为6个或12个投资组合的平均收益率，所以该异常值对其影响不大。为了避免该异常值对动量策略结果的影响，剔除1993年7月至1994年12月的数据。从表2－31中上市公司数可以看出，1994年底沪、深两市的上市公司数已经比较多，达到287家；而上海证券交易所的上市公司数也不少，达到169家。

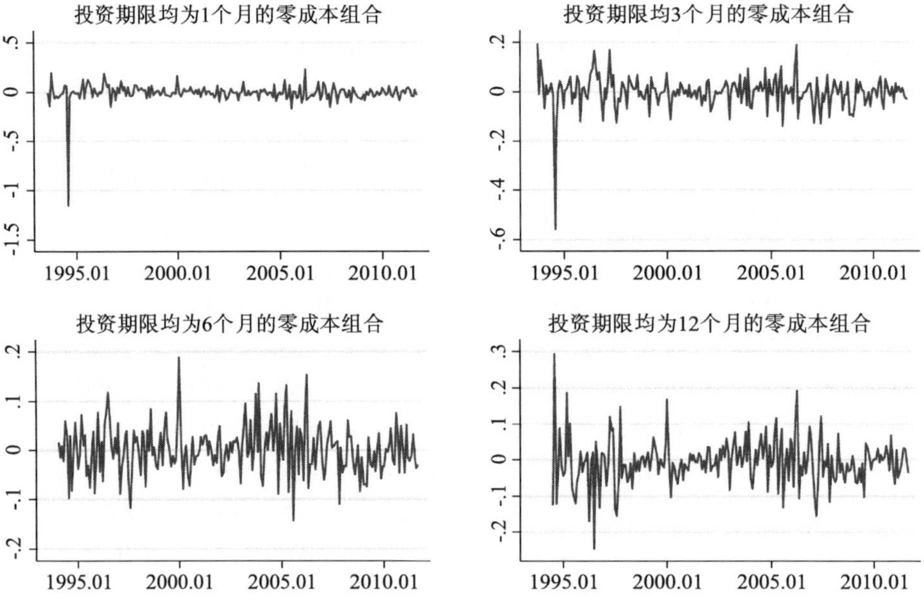


图2－39　重叠法动量策略的收益率时间序列

表2－33给出了1995年1月作为样本时间区间起始点的动量策略零成本组合平均收益率和对应的$t$值。表中只有形成期为1个月、持有期为3个月的零成本组合的平均收益率显著（为负），但只在10%的水平上显著。该显著的负收益主要来源于买进赢家组合。因此，要通过反向操作获得显著的正收益，即需要卖空赢家组合。由于其月平均收益都不足0.5%，很难在中国A股市场获利。

通过该表发现，大多数输家组合平均收益率为负，而赢家组合平均收益率均为负，在这些组合中有一部分还是显著为负，这些结论与表2－32得出结论一致，进一步支持赢家组合的平均收益率为负的结论。另外，表2－34给出了分组比例为

20%的动量策略的平均收益率，其结果与上述结论是一致的。可见，在股票数量较多的情况下，不同的分组比例对结论影响不大。

就整个样本时间区间，并没有发现动量效应存在的迹象，而且短期内的反转效应也并不明显。由于非重叠法和重叠法动量策略的结论基本一致，以后的分析中均以重叠法为例进行阐述。

**表 2－33　　动量策略的平均收益率（1995.01～2011.09）**

| | | 重叠法 | | | | 非重叠法 | | | |
|---|---|---|---|---|---|---|---|---|---|
| J | K | 1 | 3 | 6 | 12 | 1 | 3 | 6 | 12 |
| 1 | 输家组合 | －0.0012 | 0.0004 | －0.0013 | －0.0015 | －0.0012 | －0.0011 | －0.0031 | －0.0030 |
| | | (－0.5439) | (0.2571) | (－1.1393) | (－1.6096) | (－0.5439) | (－0.5000) | (－1.4634) | (－1.4479) |
| 1 | 赢家组合 | －0.0055 | －0.0036 | －0.0025 | －0.0020 | －0.0055 | －0.0002 | 0.0007 | －0.0024 |
| | | (－2.0741) | (－1.9675) | (－1.8055) | (－1.8275) | (－2.0741) | (－0.0538) | (0.2607) | (－1.2381) |
| 1 | 零成本组合 | －0.0043 | －0.0040 | －0.0012 | －0.0004 | －0.0043 | 0.0010 | 0.0037 | 0.0005 |
| | | (－1.0419) | (－1.5067) | (－0.6653) | (－0.3226) | (－1.0419) | (0.2199) | (0.98) | (0.1697) |
| 3 | 输家组合 | 0.0015 | －0.0020 | －0.0038 | －0.0026 | 0.0015 | －0.0002 | －0.0042 | －0.0035 |
| | | (0.5469) | (－0.9611) | (－2.5371) | (－2.0906) | (0.5469) | (－0.0746) | (－1.9238) | (－1.4874) |
| 3 | 赢家组合 | －0.0039 | －0.0033 | －0.0024 | －0.0022 | －0.0039 | －0.0033 | －0.0010 | －0.0005 |
| | | (－1.358) | (－1.3593) | (－1.213) | (－1.4049) | (－1.358) | (－1.2901) | (－0.4215) | (－0.2379) |
| 3 | 零成本组合 | －0.0054 | －0.0013 | 0.0014 | 0.0004 | －0.0054 | －0.0031 | 0.0032 | 0.0030 |
| | | (－1.1219) | (－0.3286) | (0.4897) | (0.1762) | (－1.1219) | (－0.7433) | (0.8649) | (0.8813) |
| 6 | 输家组合 | －0.0020 | －0.0040 | －0.0043 | －0.0019 | －0.0020 | －0.0039 | －0.0048 | －0.0004 |
| | | (－0.8332) | (－2.0017) | (－2.4807) | (－1.2321) | (－0.8332) | (－1.7804) | (－2.398) | (－0.1851) |
| 6 | 赢家组合 | －0.0039 | －0.0025 | －0.0018 | －0.0025 | －0.0039 | －0.0027 | －0.0025 | －0.0036 |
| | | (－1.2554) | (－0.9175) | (－0.77) | (－1.2363) | (－1.2554) | (－0.9421) | (－0.9204) | (－1.453) |
| 6 | 零成本组合 | －0.0019 | 0.0015 | 0.0024 | －0.0006 | －0.0019 | 0.0012 | 0.0023 | －0.0032 |
| | | (－0.3891) | (0.354) | (0.6642) | (－0.1847) | (－0.3891) | (0.277) | (0.5438) | (－0.8088) |
| 12 | 输家组合 | －0.0014 | －0.0031 | －0.0018 | 0.0000 | －0.0014 | －0.0030 | －0.0033 | 0.0013 |
| | | (－0.5752) | (－1.2726) | (－0.7707) | (0.0000) | (－0.5752) | (－1.2329) | (－1.3687) | (0.5007) |
| 12 | 赢家组合 | －0.0020 | －0.0023 | －0.0030 | －0.0042 | －0.0020 | －0.0022 | －0.0037 | －0.0039 |
| | | (－0.6038) | (－0.7602) | (－1.0882) | (－1.6957) | (－0.6038) | (－0.701) | (－1.2149) | (－1.3761) |
| 12 | 零成本组合 | －0.0005 | 0.0008 | －0.0013 | －0.0042 | －0.0005 | 0.0008 | －0.0004 | －0.0053 |
| | | (－0.0986) | (0.165) | (－0.2751) | (－1.0084) | (－0.0986) | (0.164) | (－0.086) | (－1.0873) |

**表 2-34　动量策略的平均收益率（1995.01~2011.09，分组比例 20%）**

| | | 重叠法 | | | | 非重叠法 | | | |
|---|---|---|---|---|---|---|---|---|---|
| J | K | 1 | 3 | 6 | 12 | 1 | 3 | 6 | 12 |
| 1 | 输家组合 | 0.0009 | 0.0005 | -0.0008 | -0.0009 | 0.0009 | -0.0010 | -0.0025 | -0.0021 |
| | | (0.4807) | (0.3682) | (-0.8396) | (-1.0715) | (0.4807) | (-0.5311) | (-1.5471) | (-1.3245) |
| 1 | 赢家组合 | -0.0046 | -0.0029 | -0.0018 | -0.0013 | -0.0046 | -0.0005 | 0.0000 | -0.0019 |
| | | (-2.2323) | (-2.0058) | (-1.6214) | (-1.4382) | (-2.2323) | (-0.2198) | (-0.0075) | (-1.3056) |
| 1 | 零成本组合 | -0.0054 | -0.0034 | -0.0010 | -0.0004 | -0.0054 | 0.0005 | 0.0025 | 0.0002 |
| | | (-1.6214) | (-1.5392) | (-0.7048) | (-0.3967) | (-1.6214) | (0.1199) | (0.7823) | (0.066) |
| 3 | 输家组合 | 0.0021 | -0.0010 | -0.0024 | -0.0018 | 0.0021 | 0.0006 | -0.0026 | -0.0017 |
| | | (1.0364) | (-0.6068) | (-2.0252) | (-1.6755) | (1.0364) | (0.3232) | (-1.5394) | (-0.8991) |
| 3 | 赢家组合 | -0.0032 | -0.0021 | -0.0011 | -0.0012 | -0.0032 | -0.0033 | -0.0004 | 0.0003 |
| | | (-1.3713) | (-1.0416) | (-0.7114) | (-0.9527) | (-1.3713) | (-1.6121) | (-0.1915) | (0.2064) |
| 3 | 零成本组合 | -0.0053 | -0.0011 | 0.0013 | 0.0005 | -0.0053 | -0.0039 | 0.0023 | 0.0020 |
| | | (-1.3448) | (-0.3307) | (0.5532) | (0.2728) | (-1.3448) | (-1.1425) | (0.7536) | (0.7057) |
| 6 | 输家组合 | 0.0000 | -0.0022 | -0.0026 | -0.0010 | 0.0000 | -0.0025 | -0.0033 | 0.0000 |
| | | (-0.0041) | (-1.3775) | (-1.7987) | (-0.7819) | (-0.0041) | (-1.49) | (-2.0134) | (-0.0036) |
| 6 | 赢家组合 | -0.0034 | -0.0016 | -0.0012 | -0.0017 | -0.0034 | -0.0016 | -0.0018 | -0.0034 |
| | | (-1.4315) | (-0.7165) | (-0.6419) | (-1.0923) | (-1.4315) | (-0.7411) | (-0.8249) | (-1.7817) |
| 6 | 零成本组合 | -0.0034 | 0.0007 | 0.0014 | -0.0007 | -0.0034 | 0.0009 | 0.0015 | -0.0034 |
| | | (-0.8861) | (0.1881) | (0.457) | (-0.2772) | (-0.8861) | (0.2592) | (0.4439) | (-1.0549) |
| 12 | 输家组合 | -0.0006 | -0.0013 | -0.0006 | 0.0006 | -0.0006 | -0.0013 | -0.0016 | 0.0009 |
| | | (-0.2861) | (-0.6564) | (-0.2997) | (0.339) | (-0.2861) | (-0.6022) | (-0.7751) | (0.4305) |
| 12 | 赢家组合 | -0.0024 | -0.0027 | -0.0031 | -0.0034 | -0.0024 | -0.0024 | -0.0034 | -0.0035 |
| | | (-0.9672) | (-1.172) | (-1.4547) | (-1.7596) | (-0.9672) | (-1.0291) | (-1.4495) | (-1.6085) |
| 12 | 零成本组合 | -0.0018 | -0.0014 | -0.0026 | -0.0040 | -0.0018 | -0.0012 | -0.0018 | -0.0044 |
| | | (-0.4288) | (-0.3486) | (-0.6822) | (-1.1978) | (-0.4288) | (-0.2832) | (-0.4467) | (-1.1305) |

（2）子样本分析。在整个样本区间，并没有看到动量效应，也没有发现明显的反转效应，那么在不同的时间区间内（市场状态下），是否存在不同的结果呢？

表 2-35 列出了在整个样本区间构造的动量策略在各时期的平均收益率和对应的 t 值。

表的左上部分列出了动量策略在除金融危机前的大牛市外的其他牛市下的表现情况。可以看到，除了形成期和持有期均为 12 个月的投资策略外，其他投资策略的零成本组合平均收益率或正或负，且皆不显著。该投资期限为 12 个月的投资策略的零成本组合在 10% 的水平下显著为负。若反向实施该策略，将获得月平均为 1.2% 的收益，但该收益主要来自对赢家组合的卖空，考虑到卖空的成本，该策略获利可能不大。动量策略在该时期的表现特征是：绝大多数投资策略的输家组合和赢家组合的平均收益率为负，且存在显著负收益的投资策略，反向这些操作该策略的月平均收益均不高 1%，因此，卖空这些组合的正收益还不足弥补卖空的成本。

表的右上部分列出了动量策略在除金融危机后的大熊市外的其他熊市下的表现情况。可以看到，当投资期限较短时，零成本组合的投资收益显著为负，其他策略的零成本组合的收益则不显著。特别是形成期为 3 个月、持有期为 1 个月的投资策略，其显著负收益来源于对输家组合的卖空，那么买进输家组合则可以获得月平均为 0.7% 的收益，该收益的显著性水平接近 1%，是一个获利较好的策略，而该时期其他策略的输家组合和赢家组合的平均收益率的绝对值都不大，且不显著。

表的左下部分列出了动量策略在金融危机前的大牛市下的表现情况，找不到存在显著收益的零成本组合，而且绝大多数策略的输家组合和赢家组合的收益为负。可见，在大牛市下，不适合投资期限高于等于 1 个月的动量策略，这可能是因为大牛市下动量效应存在于投资期限低于 1 个月的动量策略中，大多数股票可能在 1 个月内就涨到了它的最高点，从而使得投资期限高于 1 个月的动量策略智能获得负的收益。

表的右下部分列出了动量策略在金融危机后的大熊市下的表现情况，找到较多的存在显著负收益的投资策略，这类策略中，除了形成期和持有期为 1 个月的策略外，其他策略的形成期或持有期都为 12 个月。赢家组合的收益均为负，而输家组合的收益基本上都为正。这主要是因为该时期的持有的投资组合是在大牛市下构造的，因此，大牛市下收益率高的股票在大熊市下则会大跌，而大牛市下收益率低的股票则在大熊市下表现较好。在该时期，发现股票市场存在着明显的反转效应，许多输家组合的收益率都显著为正，而且其月平均收益率都高于 1%。

**表 2-35　　动量策略的各时期平均收益率**

| | | 牛市（除 2005 年 6 月至 2007 年 10 月） | | | | 熊市（除 2007 年 11 月至 2008 年 10 月） | | | |
|---|---|---|---|---|---|---|---|---|---|
| J | K | 1 | 3 | 6 | 12 | 1 | 3 | 6 | 12 |
| 1 | 输家组合 | -0.0077 | -0.0012 | -0.0041 | -0.0024 | 0.0018 | 0.0025 | 0.0004 | -0.0005 |
| | | (-1.747) | (-0.4322) | (-2.1817) | (-1.3555) | (0.6982) | (1.4003) | (0.2511) | (-0.4465) |
| 1 | 赢家组合 | -0.0065 | -0.0041 | -0.0034 | -0.0041 | -0.0039 | -0.0022 | 0.0002 | 0.0003 |
| | | (-0.02) | (-0.0189) | (-0.0226) | (-0.0373) | (-0.0146) | (-0.0119) | (0.001) | (0.0029) |

续表

| J | K | 牛市（除 2005 年 6 月至 2007 年 10 月） | | | | 熊市（除 2007 年 11 月至 2008 年 10 月） | | | |
|---|---|---|---|---|---|---|---|---|---|
| J | K | 1 | 3 | 6 | 12 | 1 | 3 | 6 | 12 |
| 1 | 零成本组合 | 0.0012 | -0.0028 | 0.0007 | -0.0017 | -0.0057 | -0.0047 | -0.0002 | 0.0008 |
| | | (0.1403) | (-0.4768) | (0.214) | (-0.6385) | (-1.2822) | (-1.5881) | (-0.0903) | (0.5231) |
| 3 | 输家组合 | -0.0039 | -0.0080 | -0.0081 | -0.0038 | 0.0070 | 0.0024 | -0.0004 | -0.0009 |
| | | (-0.6747) | (-1.8947) | (-3.1158) | (-1.6987) | (2.2397) | (0.9552) | (-0.2324) | (-0.5729) |
| 3 | 赢家组合 | -0.0065 | -0.0042 | -0.0042 | -0.0049 | -0.0023 | -0.0002 | 0.0012 | 0.0008 |
| | | (-0.0193) | (-0.0166) | (-0.0205) | (-0.0319) | (-0.0074) | (-0.0007) | (0.0052) | (0.0044) |
| 3 | 零成本组合 | -0.0026 | 0.0038 | 0.0039 | -0.0011 | -0.0093 | -0.0026 | 0.0016 | 0.0017 |
| | | (-0.2324) | (0.4652) | (0.7238) | (-0.2552) | (-1.7218) | (-0.5571) | (0.4297) | (0.5752) |
| 6 | 输家组合 | -0.0074 | -0.0090 | -0.0066 | -0.0016 | 0.0014 | -0.0009 | -0.0024 | -0.0020 |
| | | (-1.5784) | (-2.3192) | (-1.8945) | (-0.5145) | (0.4461) | (-0.3303) | (-1.0445) | (-0.9291) |
| 6 | 赢家组合 | -0.0076 | -0.0048 | -0.0061 | -0.0072 | 0.0017 | 0.0026 | 0.0026 | 0.0019 |
| | | (-0.0232) | (-0.0165) | (-0.0238) | (-0.0355) | (0.005) | (0.008) | (0.0091) | (0.008) |
| 6 | 零成本组合 | -0.0002 | 0.0042 | 0.0005 | -0.0056 | 0.0003 | 0.0035 | 0.0050 | 0.0038 |
| | | (-0.0173) | (0.4969) | (0.0595) | (-0.9036) | (0.0528) | (0.624) | (1.0309) | (0.9296) |
| 12 | 输家组合 | -0.0023 | -0.0038 | 0.0002 | 0.0023 | -0.0006 | -0.0024 | -0.0025 | -0.0013 |
| | | (-0.4416) | (-0.7211) | (0.0395) | (0.5141) | (-0.2129) | (-0.8219) | (-0.8918) | (-0.5103) |
| 12 | 赢家组合 | -0.0052 | -0.0063 | -0.0087 | -0.0096 | 0.0020 | 0.0022 | 0.0020 | 0.0002 |
| | | (-0.0148) | (-0.0203) | (-0.0304) | (-0.0403) | (0.0055) | (0.0065) | (0.0063) | (0.0009) |
| 12 | 零成本组合 | -0.0028 | -0.0025 | -0.0089 | -0.0119 | 0.0027 | 0.0047 | 0.0046 | 0.0016 |
| | | (-0.2655) | (-0.2523) | (-0.9537) | (-1.454) | (0.4229) | (0.7691) | (0.7919) | (0.3105) |

| J | K | 2005 年 6 月至 2007 年 10 月 | | | | 2007 年 11 月至 2008 年 10 月 | | | |
|---|---|---|---|---|---|---|---|---|---|
| J | K | 1 | 3 | 6 | 12 | 1 | 3 | 6 | 12 |
| 1 | 输家组合 | -0.0025 | -0.0049 | -0.0044 | -0.0057 | 0.0123 | 0.0026 | 0.0006 | -0.0002 |
| | | (-0.2716) | (-1.0033) | (-1.0647) | (-1.8338) | (1.3789) | (0.4183) | (0.1589) | (-0.0994) |
| 1 | 赢家组合 | -0.0159 | -0.0089 | -0.0082 | -0.0046 | -0.0113 | -0.0085 | -0.0066 | -0.0069 |
| | | (-0.0628) | (-0.0496) | (-0.0552) | (-0.0362) | (-0.093) | (-0.0978) | (-0.1143) | (-0.1575) |
| 1 | 零成本组合 | -0.0134 | -0.0039 | -0.0038 | 0.0011 | -0.0237 | -0.0110 | -0.0073 | -0.0067 |
| | | (-0.8577) | (-0.4737) | (-0.6448) | (0.2502) | (-1.5305) | (-1.0704) | (-1.121) | (-1.4149) |
| 3 | 输家组合 | -0.0052 | -0.0050 | -0.0076 | -0.0068 | 0.0108 | 0.0005 | 0.0003 | 0.0022 |
| | | (-0.6128) | (-0.7152) | (-1.5421) | (-1.6319) | (1.0527) | (0.0667) | (0.069) | (0.6757) |
| 3 | 赢家组合 | -0.0107 | -0.0112 | -0.0082 | -0.0044 | -0.0031 | -0.0067 | -0.0083 | -0.0100 |
| | | (-0.0399) | (-0.0451) | (-0.0409) | (-0.0244) | (-0.0191) | (-0.0567) | (-0.0912) | (-0.1519) |
| 3 | 零成本组合 | -0.0055 | -0.0062 | -0.0006 | 0.0024 | -0.0139 | -0.0073 | -0.0087 | -0.0122 |
| | | (-0.358) | (-0.4619) | (-0.0679) | (0.2884) | (-0.8147) | (-0.5475) | (-0.871) | (-1.6536) |

续表

| | | 2005 年 6 月至 2007 年 10 月 | | | | 2007 年 11 月至 2008 年 10 月 | | | |
|---|---|---|---|---|---|---|---|---|---|
| J | K | 1 | 3 | 6 | 12 | 1 | 3 | 6 | 12 |
| 6 | 输家组合 | -0.0086 | -0.0099 | -0.0123 | -0.0081 | 0.0069 | 0.0024 | 0.0046 | 0.0074 |
| | | (-1.1081) | (-1.642) | (-2.4048) | (-1.6081) | (0.8429) | (0.3651) | (0.8165) | (1.5277) |
| 6 | 赢家组合 | -0.0161 | -0.0117 | -0.0057 | -0.0051 | -0.0069 | -0.0090 | -0.0101 | -0.0124 |
| | | (-0.0544) | (-0.0455) | (-0.0249) | (-0.0227) | (-0.0412) | (-0.069) | (-0.0945) | (-0.1485) |
| 6 | 零成本组合 | -0.0075 | -0.0018 | 0.0066 | 0.0030 | -0.0137 | -0.0114 | -0.0147 | -0.0198 |
| | | (-0.4707) | (-0.1392) | (0.6137) | (0.2713) | (-0.81) | (-0.7431) | (-1.1314) | (-1.8577) |
| 12 | 输家组合 | -0.0089 | -0.0106 | -0.0091 | -0.0057 | 0.0139 | 0.0125 | 0.0138 | 0.0145 |
| | | (-1.0903) | (-1.4036) | (-1.2859) | (-0.8289) | (1.7146) | (1.6432) | (1.9735) | (2.4664) |
| 12 | 赢家组合 | -0.0072 | -0.0058 | -0.0046 | -0.0041 | -0.0080 | -0.0134 | -0.0164 | -0.0181 |
| | | (-0.0237) | (-0.0198) | (-0.0163) | (-0.015) | (-0.0455) | (-0.0927) | (-0.1317) | (-0.1767) |
| 12 | 零成本组合 | 0.0017 | 0.0048 | 0.0045 | 0.0016 | -0.0219 | -0.0259 | -0.0301 | -0.0327 |
| | | (0.0995) | (0.2936) | (0.2934) | (0.1049) | (-1.0194) | (-1.3983) | (-1.8622) | (-2.4307) |

在上述对子样本区间的分析中，仍没有发现动量效应的迹象，但发现了比较明显的反转效应，通过在熊市中买进输家组合是能获得显著正收益的。但上述分析中的投资策略是在整个样本区间作出的，那就存在这样的投资组合策略，它的形成期是在牛市（熊市），而持有期在熊市（牛市），这可能会导致对不同市场状态下动量策略的分析不够准确，因此，需要在各个子样本区间内根据投资策略构造组合，并评价它的表现。而上述对子区间的较细的划分，导致每个区间的数据不多，其结论可能不精确的，需要重新划分区间。

表 2-36 列出了各个阶段的动量策略的平均收益率和对应的 t 值。从第一阶段来看，发现，形成期不超过 6 个月的投资策略，零成本组合的平均收益率为正，但在这些策略中，发现只有 2 个投资策略的平均收益率显著，分别是形成期和持有期均为 1 个月的投资策略和形成期为 3 个月、持有期为 6 个月的投资策略。这些投资策略显著的正收益主要来源于对输家组合的卖空。

从第二阶段来看，形成期和持有期均较短时，动量策略的零成本组合的平均收益率为负，其中形成期为 1 个月、持有期为 1 或 3 个月的投资策略的零成本组合的平均收益率显著为负；但形成期或持有期较长时，其零成本组合的平均收益率为正，且存在较多策略的平均收益率显著，其月平均收益率超过 1.2%，这些收益都是来自对赢家组合的买进，是可获取的收益。

从第三阶段来看，动量策略的零成本组合的平均收益率都为负，且绝大多数显著，这些显著的负收益主要来源于对赢家组合的买进，要想获得正收益则需要卖空赢家组合，某些卖空赢家组合的策略其获得的月平均收益是比较可观的，比如形成期和持有期为 1 个月的投资策略，其卖空赢家组合的月平均收益率接近 2%，而且在 5% 的水平下显著。

从第四阶段看，并没有发现有显著收益的零成本投资组合策略，形成期较短的投资策略的零成本组合收益为负，而形成期较长的投资策略的零成本组合收益多数为正，但其收益的绝对值都不大。从构造的输家组合和赢家组合来看，也只有形成期和持有期均为 1 个月的投资策略的赢家组合有显著的负收益率，但其平均负收益率为 -0.91%，卖空该组合的收益只能弥补卖空的成本。

**表 2-36　　动量策略的各时期平均收益率**

| | | 1996 年 1 月至 2001 年 6 月 | | | | 2001 年 7 月至 2005 年 5 月 | | | |
|---|---|---|---|---|---|---|---|---|---|
| J | K | 1 | 3 | 6 | 12 | 1 | 3 | 6 | 12 |
| 1 | 输家组合 | -0.0063 | 0.0009 | -0.0016 | -0.0006 | 0.0043 | 0.0026 | 0.0007 | -0.0005 |
| | | (-1.7912) | (0.358) | (-0.856) | (-0.3338) | (1.1508) | (1.1549) | (0.3392) | (-0.3037) |
| 1 | 赢家组合 | 0.0051 | 0.0015 | 0.0006 | -0.0009 | -0.0070 | -0.0031 | 0.0004 | 0.0012 |
| | | (1.0901) | (0.4793) | (0.2706) | (-0.5676) | (-1.674) | (-1.1944) | (0.1897) | (0.7474) |
| 1 | 零成本组合 | 0.0114 | 0.0006 | 0.0022 | -0.0004 | -0.0113 | -0.0056 | -0.0003 | 0.0017 |
| | | (1.7528) | (0.128) | (0.7321) | (-0.152) | (-1.6271) | (-1.3342) | (-0.0832) | (0.5932) |
| 3 | 输家组合 | -0.0020 | -0.0053 | -0.0069 | -0.0038 | 0.0062 | 0.0026 | -0.0008 | -0.0008 |
| | | (-0.4123) | (-1.5079) | (-2.9472) | (-1.7532) | (1.4363) | (0.6979) | (-0.2388) | (-0.2849) |
| 3 | 赢家组合 | 0.0033 | 0.0011 | 0.0001 | -0.0019 | -0.0022 | 0.0014 | 0.0043 | 0.0035 |
| | | (0.671) | (0.2658) | (0.0432) | (-0.7581) | (-0.4238) | (0.3297) | (1.1565) | (1.1519) |
| 3 | 零成本组合 | 0.0054 | 0.0064 | 0.0070 | 0.0019 | -0.0084 | -0.0012 | 0.0051 | 0.0044 |
| | | (0.6087) | (0.9744) | (1.5223) | (0.4857) | (-0.9712) | (-0.1674) | (0.7565) | (0.7705) |
| 6 | 输家组合 | -0.0067 | -0.0081 | -0.0061 | -0.0020 | -0.0005 | -0.0026 | -0.0040 | -0.0025 |
| | | (-1.9731) | (-2.7196) | (-2.1716) | (-0.7583) | (-0.0869) | (-0.5192) | (-0.8655) | (-0.6255) |
| 6 | 赢家组合 | 0.0005 | 0.0002 | -0.0016 | -0.0040 | 0.0069 | 0.0093 | 0.0100 | 0.0075 |
| | | (0.087) | (0.0461) | (-0.4098) | (-1.2097) | (1.1065) | (1.6554) | (1.8709) | (1.696) |
| 6 | 零成本组合 | 0.0071 | 0.0083 | 0.0044 | -0.0020 | 0.0074 | 0.0119 | 0.0140 | 0.0100 |
| | | (0.9498) | (1.2421) | (0.7365) | (-0.371) | (0.6517) | (1.1697) | (1.4714) | (1.2387) |
| 12 | 输家组合 | -0.0051 | -0.0061 | -0.0019 | 0.0016 | -0.0055 | -0.0061 | -0.0072 | -0.0056 |
| | | (-1.2079) | (-1.3909) | (-0.4553) | (0.3987) | (-0.9669) | (-1.1241) | (-1.4062) | (-1.2754) |
| 12 | 赢家组合 | -0.0004 | -0.0025 | -0.0053 | -0.0077 | 0.0129 | 0.0137 | 0.0128 | 0.0092 |
| | | (-0.0741) | (-0.4911) | (-1.1116) | (-1.7823) | (1.7529) | (2.0529) | (2.1532) | (1.8166) |
| 12 | 零成本组合 | 0.0047 | 0.0036 | -0.0034 | -0.0093 | 0.0184 | 0.0198 | 0.0200 | 0.0149 |
| | | (0.5327) | (0.4226) | (-0.4185) | (-1.219) | (1.4757) | (1.7094) | (1.882) | (1.6363) |

续表

| | | 2005 年 6 月至 2009 年 7 月 | | | | 2009 年 8 月至 2011 年 9 月 | | | |
|---|---|---|---|---|---|---|---|---|---|
| J | K | 1 | 3 | 6 | 12 | 1 | 3 | 6 | 12 |
| 1 | 输家组合 | 0.0009 | -0.0019 | -0.0027 | -0.0033 | -0.0025 | -0.0010 | -0.0017 | -0.0021 |
| | | (0.1497) | (-0.5445) | (-0.9221) | (-1.4608) | (-0.477) | (-0.259) | (-0.5177) | (-0.7476) |
| 1 | 赢家组合 | -0.0189 | -0.0124 | -0.0102 | -0.0077 | -0.0091 | -0.0048 | -0.0038 | -0.0032 |
| | | (-3.1794) | (-2.7849) | (-2.8064) | (-2.3543) | (-1.9314) | (-1.1721) | (-0.9556) | (-0.8163) |
| 1 | 零成本组合 | -0.0198 | -0.0105 | -0.0075 | -0.0043 | -0.0066 | -0.0039 | -0.0021 | -0.0011 |
| | | (-1.934) | (-1.6556) | (-1.6079) | (-1.0818) | (-0.8662) | (-0.8225) | (-0.5529) | (-0.3155) |
| 3 | 输家组合 | 0.0005 | -0.0036 | -0.0053 | -0.0038 | 0.0044 | 0.0007 | -0.0001 | 0.0000 |
| | | (0.0852) | (-0.7416) | (-1.6108) | (-1.4819) | (0.7958) | (0.161) | (-0.0385) | (0.0121) |
| 3 | 赢家组合 | -0.0153 | -0.0145 | -0.0126 | -0.0096 | -0.0040 | -0.0020 | -0.0014 | -0.0012 |
| | | (-2.3187) | (-2.6107) | (-2.8549) | (-2.4499) | (-0.6796) | (-0.4038) | (-0.2995) | (-0.2661) |
| 3 | 零成本组合 | -0.0158 | -0.0109 | -0.0073 | -0.0058 | -0.0084 | -0.0028 | -0.0012 | -0.0012 |
| | | (-1.4977) | (-1.2406) | (-1.2548) | (-1.1478) | (-1.0195) | (-0.3975) | (-0.2088) | (-0.212) |
| 6 | 输家组合 | -0.0022 | -0.0049 | -0.0060 | -0.0026 | 0.0046 | 0.0000 | -0.0020 | -0.0014 |
| | | (-0.3706) | (-1.0931) | (-1.6381) | (-0.7358) | (0.6931) | (-0.0054) | (-0.4045) | (-0.2529) |
| 6 | 赢家组合 | -0.0195 | -0.0171 | -0.0130 | -0.0113 | -0.0015 | 0.0004 | 0.0011 | 0.0022 |
| | | (-2.6924) | (-2.7945) | (-2.3731) | (-2.0855) | (-0.259) | (0.068) | (0.1939) | (0.394) |
| 6 | 零成本组合 | -0.0173 | -0.0122 | -0.0070 | -0.0087 | -0.0062 | 0.0004 | 0.0031 | 0.0035 |
| | | (-1.5425) | (-1.3435) | (-0.9102) | (-1.1368) | (-0.6333) | (0.0486) | (0.3726) | (0.4039) |
| 12 | 输家组合 | 0.0079 | 0.0055 | 0.0061 | 0.0073 | -0.0025 | -0.0014 | 0.0002 | -0.0006 |
| | | (1.5728) | (1.1939) | (1.3265) | (1.7282) | (-0.3124) | (-0.1659) | (0.0221) | (-0.062) |
| 12 | 赢家组合 | -0.0166 | -0.0167 | -0.0156 | -0.0142 | 0.0006 | 0.0012 | 0.0026 | 0.0038 |
| | | (-2.2637) | (-2.5841) | (-2.4731) | (-2.3831) | (0.078) | (0.147) | (0.3198) | (0.5037) |
| 12 | 零成本组合 | -0.0246 | -0.0222 | -0.0218 | -0.0215 | 0.0030 | 0.0026 | 0.0024 | 0.0044 |
| | | (-2.209) | (-2.2642) | (-2.239) | (-2.3956) | (0.2457) | (0.1804) | (0.1595) | (0.2994) |

#### 2.3.1.4 结论

研究了形成期为 1 个月、3 个月、6 个月、12 个月和持有期为 1 个月、3 个月、6 个月、12 个月的动量策略在中国 A 股市场中的表现，得出如下几个结论：

(1) 利用股票收益率数据构造动量策略，并考察了其总体表现，发现零成本组合几乎没有显著的收益率，所构造的输家组合和赢家组合在整个样本区间的平均收益率几乎都为负，但卖空这些投资组合的收益率不大。

（2）利用股票收益率数据构造动量策略，考察了各策略在不同市场状态下的表现，发现在牛市中，各策略的零成本组合几乎没有显著收益率，所构造的输家组合和赢家组合的平均收益率几乎都为负，对于那些具有显著负收益率的输家组合和赢家组合，其卖空的收益不大。在熊市中，则存在具有显著负收益的零成本组合，卖空这些零成本组合获得的收益是买进输家组合和卖空赢家组合共同作用的结果，买进输家组合的月平均收益在小熊市中最多达到 0.7%，在大熊市中则为 1.45%；而卖空赢家组合的月平均收益在小熊市中不大，而在大熊市中则高达 1.81%。

（3）通过划分时间区间，考察了动量策略分别在各个阶段的表现，发现在第一个阶段存在 2 个有显著正收益的零成本组合，但其收益主要来源于对输家的卖空；在第二个阶段存在 2 个有显著负收益的零成本组合，其收益也主要来源于对输家的卖空，同时存在 6 个有显著正收益的零成本组合，其收益主要来源于对赢家组合的买进。

上述几点结论总结如下：就中国 A 股市场整个时间区间来看，并没有明显的动量效应和反转效应，但在不同市场状态下这些效应比较明显，在整体市场上升阶段，动量效应存在于形成期和持有期不超过 6 个月的投资策略组合中；在整体市场下降阶段，反转效应存在于形成期和持有期不超过 3 个月的投资策略组合中，动量效应存在于形成期不低于 6 个月的投资策略组合中；在市场大起大落的阶段则存在明显的反转特征。

## 2.3.2 公司规模、股票交易量与动量策略

### 2.3.2.1 研究背景

上一节研究了投资期限最短为 1 个月的动量策略在中国 A 股市场的表现，其结果表明，中国 A 股市场在 1995 年 1 月至 2011 年 9 月这整个时间区间内并没有明显的动量效应和反转效应，但在不同市场状态下这些效应比较明显：在 1996 年 1 月至 2001 年 6 月市场整体上升阶段，中国 A 股市场上投资期限不超过 6 个月的动量策略有正收益，但显著的不多；在 2001 年 7 月至 2005 年 5 月市场整体下降阶段，中国 A 股市场存在少量的有显著负收益率的动量策略，其投资期限不超过 3 个月，同时形成期不小于 6 个月的动量策略大多数具有显著的正收益；在 2005 年 6 月至 2009 年 7 月市场大起大落的阶段，中国 A 股市场的反转特征非常明显；而在 2009 年至今

的时间区间，持有期不超过 3 个月的动量策略的收益率为负，而持有期不低于 6 个月的动量策略的收益率为正，但这些策略并不显著。可见，简单的动量策略在近期难以指导实践操作。本部分将在上一部分基础上，进一步分析动量策略的效果，主要从如下几个方面进行扩展：

①考虑投资期限最短为 1 周的动量策略；

②考虑不同市值规模的股票的动量策略；

③考虑不同市值规模股票中不同交易量的股票的动量策略。

一方面，考虑不同公司规模的股票的动量效应，是因为规模是一个非常显著而又稳健的因子，是影响股票收益率的一个重要因素，不同公司规模的股票其平均收益率有明显区别。因此，可以想象，不同公司规模的股票的动量效应也会存在差异。另一方面，考虑交易量这一因素，是因为股票市场的涨跌经常伴随着交易量的剧烈变化，交易量可能具有独立于股票收益率之外的信息，将股票收益率与交易量结合在一起来研究动量效应，可能会得到一些有意义的结论。

上述研究不涉及公司的财务数据，因此，可以利用尽可能多的股票进行动量效应的分析，已保证研究的可靠性。本研究报告考察的时间范围从 1996 年 12 月 16 日起至 2011 年 12 月 2 日，共 749 周，包含的股票数高达 2 373 只，股票刚上市的前一周不在本部分研究样本内。

#### 2.3.2.2 分析方法

这里所有的数据均来源为 CSMAR 数据库，动量策略采用重叠法，收益率动量策略的构造同上一部分量策略的研究报告，取收益率的分组比例为 20%。当考虑不同市值规模股票的动量策略时，在时期 $t$ 初，根据股票在时期 $t-1$ 期末的流通市值来构造小市值规模股票组合和大市值规模股票组合，其分组比例为 30%，然后再在不同市值规模股票组合中构造收益率动量策略。当考虑不同交易量股票的动量策略时，在时期 $t$ 初，根据股票在形成期，即时期 $t-J$ 至时期 $t-1$ 的日平均换手率来构造小交易量的股票组合和大交易量的股票组合，其分组比例也为 30%，然后再在不同交易量股票组合中构造收益率动量策略。当考虑市值和交易量的动量策略，先利用时期 $t-1$ 期末的流通市值构造小市值规模和大市值规模的股票组合，然后再根据时期 $t-J$ 至时期 $t-1$ 的日平均换手率分别在小市值规模和大市值规模的股票组合构造小交易量的股票组合和大交易量的股票组合，从而形成 4 个股票组合，分别是小市值小交易量股票组合、小市值大交易量股票组合、大市值小交易量股票组合和大市值大交易量股票组合，最后分别在这4个股票组合中构造收益率动量策略。

上述根据市值和/或换手率将所有股票分成不同类型的股票组合实际上是根据不同的标准对股票进行分组，在这里重点讨论下分组的方法。根据市值或换手率中的某个变量对股票进行分组时，国内外在分位点的确定上存在差别，比如市值变量，国内通常的做法利用沪、深两市所有A股的流通市值来确定分位点，这样的做法会导致中小板和创业板推出后，许多分组都是小市值的股票，这些分组中股票的市值相差不大，实际上是不应该被分到不同的分组中的。另外，在中小板或创业板推出之前本属于小市值分组的股票，由于中小板和创业板的推出，有很多的小市值股票上市，从而使它被分在中市值甚至大市值的分组中，而实际上它的市值并没有发生多大变化，应该还是属于小市值的分组。因此，国内这种通常的做法比较适用于中小板推出之前的样本。而国外通常的做法是利用纽约证券交易所的股票市值来确定所有股票的分位点，这种做法则能有效避免国内分组方法的不足，因此，本部分在对市值或者换手率对股票进行分组时将根据上海证券交易所的股票来确定分组点位。

当根据市值和换手率同时对股票进行分组时，国内的处理方法通常是独立分组，如果市值与换手率的相关程度较高①，那么独立分组的方法就无法充分利用市值和换手率的信息，同时它会导致股票在每个分组中分配不均，而联合分组的方法则既能充分利用数据信息，又能使股票在各个分组间合理分配。

那么本研究报告的分组方法如下：①利用收益率对股票进行分组时，根据沪、深两市所有的股票来确定分位点。国外利用收益率对股票进行分组时也常采用这种方法，实际上仅利用沪市来确定分位点对结论的影响微乎及微。②利用市值或换手率某一变量对股票进行分组时，利用沪市股票来确定分位点。③同时利用市值与换手率对股票进行分组时，先根据市值进行分组，然后再根据换手率进行分组，这主要是考虑到市值相对于换手率更为重要。

#### 2.3.2.3 实证结果

本部分将首先讨论全样本内下（1996年12月16日至2009年7月31日）的动量策略，然后将全样本分为股改前（1996年12月16日至2005年6月3日）和股改后（2005年6月6日至2009年7月31日）进行研究，最后对样本外数据（即现阶段，从2009年8月3日至2011年12月2日）进行验证。

---

① 实际上市值与换手率存在着明显的负相关，小市值的股票通常具有较高的换手率。

（1）全样本分析。表 2－37 列出了全样本下沪、深 A 股动量策略的结果，考虑了形成期和持有期分别为 1 周、2 周、4 周、13 周、26 周、52 周的所有策略，总共 36 组策略。从动量组合的平均收益率来看，绝大多数策略的平均收益率为负，平均收益率为正的动量组合的收益也非常小；从动量组合的 $t$ 值来看，有 13 组策略的动量组合平均收益率显著为负（$t < -1.65$），没有平均收益率显著为正的动量组合。从这些具有显著负平均收益率的动量策略的输家组合可以看出，动量组合的显著负平均收益率主要来源于对输家组合的卖空，也就是说输家组合有显著的正平均收益率。

总的来说，我国沪、深 A 股更多的是体现出收益率反转的特征。从具有显著负平均收益率的动量组合的形成期和持有期可以看出，主要集中在 4 周或 13 周内，特别是动量策略（1－1）（即形成期为 1 周、持有期为 1 周的动量策略）的平均收益率最为显著，其 t 值的绝对大小高达 5.75，说明短期反转现象特别明显。从投资策略的选择来说，持有策略（1－1）的输家组合其平均收益率最高，高达每周 0.57%，对应的 t 值也最大，说明该策略也能比较稳定地获得正收益率。

**表 2－37　　沪深 A 股所有股票的动量策略**

| J | K | 1 | 2 | 4 | 13 | 26 | 52 |
|---|---|---|---|---|---|---|---|
| 1 | 输家组合 | 0.57 | 0.38 | 0.38 | 0.40 | 0.40 | 0.39 |
| | $t$ 值 | 3.17 | 2.14 | 2.18 | 2.35 | 2.32 | 2.34 |
| | 赢家组合 | 0.10 | 0.30 | 0.33 | 0.36 | 0.39 | 0.40 |
| | $t$ 值 | 0.63 | 1.83 | 2.01 | 2.15 | 2.33 | 2.41 |
| | 动量组合 | －0.47 | －0.08 | －0.05 | －0.05 | －0.01 | 0.01 |
| | $t$ 值 | －5.75 | －1.30 | －0.94 | －1.39 | －0.35 | 0.19 |
| 2 | 输家组合 | 0.40 | 0.32 | 0.39 | 0.42 | 0.40 | 0.40 |
| | $t$ 值 | 2.20 | 1.78 | 2.20 | 2.43 | 2.35 | 2.36 |
| | 赢家组合 | 0.27 | 0.38 | 0.33 | 0.34 | 0.38 | 0.39 |
| | $t$ 值 | 1.63 | 2.27 | 1.99 | 2.06 | 2.30 | 2.36 |
| | 动量组合 | －0.13 | 0.06 | －0.05 | －0.08 | －0.02 | －0.01 |
| | $t$ 值 | －1.57 | 0.87 | －0.86 | －1.97 | －0.78 | －0.42 |
| 4 | 输家组合 | 0.49 | 0.45 | 0.49 | 0.44 | 0.40 | 0.40 |
| | $t$ 值 | 2.66 | 2.50 | 2.72 | 2.53 | 2.32 | 2.33 |
| | 赢家组合 | 0.29 | 0.32 | 0.28 | 0.32 | 0.38 | 0.39 |
| | $t$ 值 | 1.70 | 1.92 | 1.66 | 1.95 | 2.30 | 2.37 |
| | 动量组合 | －0.20 | －0.13 | －0.20 | －0.12 | －0.02 | －0.01 |
| | $t$ 值 | －2.16 | －1.49 | －2.65 | －2.39 | －0.69 | －0.26 |

续表

| J | K | 1 | 2 | 4 | 13 | 26 | 52 |
|---|---|---|---|---|---|---|---|
| 13 | 输家组合 | 0.54 | 0.48 | 0.46 | 0.38 | 0.32 | 0.34 |
| | t 值 | 2.86 | 2.58 | 2.48 | 2.10 | 1.81 | 1.93 |
| | 赢家组合 | 0.25 | 0.28 | 0.26 | 0.30 | 0.36 | 0.35 |
| | t 值 | 1.50 | 1.65 | 1.56 | 1.83 | 2.19 | 2.14 |
| | 动量组合 | -0.29 | -0.21 | -0.20 | -0.08 | 0.04 | 0.02 |
| | t 值 | -2.79 | -2.05 | -2.08 | -1.05 | 0.64 | 0.33 |
| 26 | 输家组合 | 0.46 | 0.41 | 0.38 | 0.34 | 0.33 | 0.37 |
| | t 值 | 2.40 | 2.15 | 1.99 | 1.84 | 1.81 | 2.06 |
| | 赢家组合 | 0.28 | 0.30 | 0.29 | 0.33 | 0.35 | 0.33 |
| | t 值 | 1.66 | 1.80 | 1.76 | 2.03 | 2.16 | 2.01 |
| | 动量组合 | -0.19 | -0.11 | -0.09 | -0.01 | 0.02 | -0.04 |
| | t 值 | -1.79 | -1.13 | -0.90 | -0.11 | 0.32 | -0.60 |
| 52 | 输家组合 | 0.45 | 0.41 | 0.41 | 0.39 | 0.39 | 0.40 |
| | t 值 | 2.24 | 2.10 | 2.06 | 2.01 | 2.04 | 2.17 |
| | 赢家组合 | 0.34 | 0.36 | 0.35 | 0.34 | 0.35 | 0.35 |
| | t 值 | 2.01 | 2.08 | 2.05 | 2.05 | 2.05 | 2.01 |
| | 动量组合 | -0.10 | -0.06 | -0.06 | -0.04 | -0.04 | -0.05 |
| | t 值 | -0.94 | -0.56 | -0.54 | -0.44 | -0.45 | -0.63 |

表 2-38 列出了全样本下沪、深 A 股不同市值规模股票的动量策略结果，总共 36×2=72 组策略。比较相同策略下小市值股票和大市值股票的策略收益率，可以发现，小市值股票动量组合平均收益率是小于大市值股票的，这主要因为小市值股票输家组合的平均收益率是大于大市值股票的。

从动量组合的平均收益率来看，小市值股票动量组合的平均收益率基本都为负，大市值股票的动量组合则正负对半。从动量组合的 t 值来看，小市值股票的动量策略中超过 1 半的动量组合有显著的负平均收益率，大市值股票的动量组合中只有 1 组策略具有显著的负平均收益，也只有 1 组策略具有显著的正平均收益。这些具有显著平均收益的动量组合中，其显著负平均收益的来源也是对输家组合的卖空，显著正收益的来源则是持有赢家组合。

综上所述，小市值规模的股票表现出非常明显的反转特征，而大市值规模的股票则没有明显的动量或反转特征，或者说它仅表现出短期反转的特征。从投资策略的选择来说，小市值股票的策略（1-1）的输家组合有高达 0.76% 的平均收益率，其对应的 t 值也很大。

**表 2－38　　沪、深 A 股不同市值规模股票的动量策略**

| | K | 1 | | 2 | | 4 | | 13 | | 26 | | 52 | |
|---|---|---|---|---|---|---|---|---|---|---|---|---|---|
| J | | 小市值 | 大市值 | 小市值 | 大市值 | 小市值 | 大市值 | 小市值 | 大市值 | 小市值 | 大市值 | 小市值 | 大市值 |
| 1 | 输家组合 | 0.76 | 0.44 | 0.54 | 0.29 | 0.51 | 0.29 | 0.51 | 0.32 | 0.50 | 0.31 | 0.50 | 0.30 |
| | $t$ 值 | 3.94 | 2.53 | 2.88 | 1.67 | 2.78 | 1.70 | 2.85 | 1.91 | 2.83 | 1.87 | 2.89 | 1.83 |
| | 赢家组合 | 0.05 | 0.15 | 0.28 | 0.31 | 0.34 | 0.33 | 0.42 | 0.32 | 0.47 | 0.33 | 0.49 | 0.33 |
| | $t$ 值 | 0.29 | 0.90 | 1.58 | 1.93 | 1.95 | 1.98 | 2.41 | 1.95 | 2.71 | 2.04 | 2.85 | 2.03 |
| | 动量组合 | -0.71 | -0.30 | -0.26 | 0.03 | -0.17 | 0.04 | -0.09 | 0.00 | -0.03 | 0.02 | -0.01 | 0.03 |
| | $t$ 值 | -8.14 | -3.23 | -4.20 | 0.40 | -3.70 | 0.69 | -3.35 | -0.08 | -1.50 | 0.71 | -0.66 | 1.11 |
| 2 | 输家组合 | 0.63 | 0.26 | 0.51 | 0.19 | 0.53 | 0.27 | 0.52 | 0.32 | 0.50 | 0.30 | 0.50 | 0.29 |
| | $t$ 值 | 3.27 | 1.47 | 2.72 | 1.12 | 2.89 | 1.58 | 2.89 | 1.87 | 2.82 | 1.81 | 2.87 | 1.77 |
| | 赢家组合 | 0.16 | 0.32 | 0.32 | 0.39 | 0.34 | 0.32 | 0.41 | 0.30 | 0.46 | 0.33 | 0.48 | 0.32 |
| | $t$ 值 | 0.92 | 1.98 | 1.83 | 2.38 | 1.94 | 1.95 | 2.36 | 1.86 | 2.70 | 2.01 | 2.84 | 1.96 |
| | 动量组合 | -0.46 | 0.07 | -0.18 | 0.20 | -0.20 | 0.05 | -0.11 | -0.01 | -0.04 | 0.02 | -0.02 | 0.03 |
| | $t$ 值 | -5.25 | 0.71 | -2.59 | 2.54 | -3.34 | 0.77 | -3.30 | -0.23 | -1.45 | 0.69 | -0.68 | 0.91 |
| 4 | 输家组合 | 0.72 | 0.32 | 0.63 | 0.31 | 0.64 | 0.36 | 0.54 | 0.35 | 0.50 | 0.31 | 0.49 | 0.30 |
| | $t$ 值 | 3.69 | 1.80 | 3.33 | 1.76 | 3.41 | 2.08 | 2.97 | 2.01 | 2.80 | 1.82 | 2.84 | 1.79 |
| | 赢家组合 | 0.17 | 0.35 | 0.26 | 0.37 | 0.27 | 0.30 | 0.38 | 0.30 | 0.44 | 0.34 | 0.47 | 0.34 |
| | $t$ 值 | 0.97 | 2.04 | 1.44 | 2.17 | 1.54 | 1.78 | 2.18 | 1.83 | 2.58 | 2.08 | 2.77 | 2.05 |
| | 动量组合 | -0.54 | 0.03 | -0.38 | 0.06 | -0.37 | -0.06 | -0.17 | -0.05 | -0.06 | 0.03 | -0.02 | 0.03 |
| | $t$ 值 | -5.90 | 0.27 | -4.60 | 0.62 | -5.23 | -0.66 | -4.00 | -0.73 | -2.01 | 0.68 | -1.02 | 1.06 |
| 13 | 输家组合 | 0.75 | 0.34 | 0.68 | 0.31 | 0.62 | 0.31 | 0.49 | 0.27 | 0.44 | 0.22 | 0.44 | 0.24 |
| | $t$ 值 | 3.74 | 1.83 | 3.45 | 1.67 | 3.19 | 1.71 | 2.60 | 1.52 | 2.42 | 1.27 | 2.49 | 1.40 |
| | 赢家组合 | 0.14 | 0.34 | 0.21 | 0.33 | 0.24 | 0.30 | 0.35 | 0.30 | 0.41 | 0.33 | 0.44 | 0.30 |
| | $t$ 值 | 0.81 | 1.99 | 1.21 | 1.95 | 1.37 | 1.77 | 2.01 | 1.82 | 2.36 | 2.04 | 2.56 | 1.84 |
| | 动量组合 | -0.61 | 0.01 | -0.47 | 0.03 | -0.38 | -0.01 | -0.14 | 0.03 | -0.03 | 0.11 | 0.00 | 0.06 |
| | $t$ 值 | -6.56 | 0.06 | -5.39 | 0.24 | -4.77 | -0.08 | -2.39 | 0.32 | -0.76 | 1.62 | -0.02 | 1.15 |
| 26 | 输家组合 | 0.64 | 0.26 | 0.57 | 0.22 | 0.51 | 0.21 | 0.45 | 0.21 | 0.45 | 0.22 | 0.46 | 0.27 |
| | $t$ 值 | 3.14 | 1.41 | 2.84 | 1.20 | 2.58 | 1.14 | 2.34 | 1.14 | 2.36 | 1.20 | 2.51 | 1.53 |
| | 赢家组合 | 0.20 | 0.33 | 0.26 | 0.33 | 0.31 | 0.31 | 0.38 | 0.33 | 0.42 | 0.34 | 0.46 | 0.28 |
| | $t$ 值 | 1.11 | 1.96 | 1.48 | 1.99 | 1.73 | 1.86 | 2.16 | 2.02 | 2.39 | 2.09 | 2.64 | 1.67 |
| | 动量组合 | -0.44 | 0.07 | -0.31 | 0.11 | -0.21 | 0.10 | -0.08 | 0.12 | -0.03 | 0.13 | 0.00 | 0.01 |
| | $t$ 值 | -5.07 | 0.55 | -3.74 | 0.95 | -2.64 | 0.88 | -1.15 | 1.27 | -0.50 | 1.52 | 0.10 | 0.14 |
| 52 | 输家组合 | 0.60 | 0.29 | 0.53 | 0.28 | 0.50 | 0.29 | 0.46 | 0.29 | 0.46 | 0.30 | 0.46 | 0.31 |
| | $t$ 值 | 2.86 | 1.54 | 2.55 | 1.51 | 2.42 | 1.56 | 2.28 | 1.57 | 2.33 | 1.70 | 2.45 | 1.78 |
| | 赢家组合 | 0.34 | 0.35 | 0.36 | 0.37 | 0.37 | 0.36 | 0.41 | 0.34 | 0.47 | 0.30 | 0.55 | 0.26 |
| | $t$ 值 | 1.79 | 2.03 | 1.94 | 2.14 | 2.02 | 2.12 | 2.24 | 1.98 | 2.50 | 1.77 | 2.74 | 1.50 |
| | 动量组合 | -0.26 | 0.06 | -0.17 | 0.09 | -0.13 | 0.07 | -0.05 | 0.05 | 0.02 | 0.00 | 0.09 | -0.05 |
| | $t$ 值 | -2.93 | 0.51 | -1.96 | 0.75 | -1.52 | 0.65 | -0.64 | 0.48 | 0.20 | -0.03 | 0.95 | -0.62 |

表2－39和表2－40分别列出了沪、深A股小市值股票和大市值股票中不同交易量规模股票的动量策略。比较表2－39中相同策略下小交易量股票和大交易量股票的策略收益率可以发现，小交易量股票的输家组合和赢家组合的平均收益率总是小于大交易量股票的，这主要是因为小交易量股票的交易成本较高，所以要求的收益率水平较高。动量组合平均收益率的比较则没那么明显，似乎与形成期有关，对于形成期较短（1周）和较长（52周）的动量策略来说，小交易量股票的平均收益率要大于大交易量股票的平均收益率，而其他形成期的动量策略则是小交易量股票的平均收益率要小于大交易量股票的平均收益率。

从动量组合的平均收益率和t值来看，与表2－38的结果相似，即小市值规模的股票表现出非常明显的反转特征，平均收益率为负的动量组合占大多数，平均收益率显著为负的动量组合占绝大多数。从投资策略的选择来说，小交易量股票的策略（1－1）的输家组合有高达0.93%的平均收益率，其对应的$t$值也很大。

**表2－39　沪、深A股小市值股票中不同交易量规模股票的动量策略**

| | K | 1 | | 2 | | 4 | | 13 | | 26 | | 52 | |
|---|---|---|---|---|---|---|---|---|---|---|---|---|---|
| J | | 小交易量 | 大交易量 | 小 | 大 | 小 | 大 | 小 | 大 | 小 | 大 | 小 | 大 |
| 1 | 输家组合 | 0.93 | 0.35 | 0.72 | 0.20 | 0.67 | 0.20 | 0.59 | 0.36 | 0.56 | 0.39 | 0.54 | 0.42 |
| | $t$值 | 4.99 | 1.69 | 4.06 | 0.99 | 3.88 | 1.01 | 3.44 | 1.89 | 3.27 | 2.16 | 3.20 | 2.43 |
| | 赢家组合 | 0.86 | －0.29 | 0.80 | 0.00 | 0.76 | 0.13 | 0.66 | 0.28 | 0.61 | 0.37 | 0.60 | 0.42 |
| | $t$值 | 4.98 | －1.50 | 4.75 | 0.01 | 4.60 | 0.69 | 4.05 | 1.55 | 3.69 | 2.13 | 3.55 | 2.41 |
| | 动量组合 | －0.07 | －0.64 | 0.08 | －0.19 | 0.09 | －0.07 | 0.07 | －0.08 | 0.05 | －0.02 | 0.05 | －0.01 |
| | $t$值 | －0.88 | －5.42 | 1.20 | －2.29 | 1.79 | －1.11 | 2.30 | －2.24 | 1.79 | －0.71 | 1.71 | －0.36 |
| 2 | 输家组合 | 0.84 | 0.24 | 0.70 | 0.11 | 0.68 | 0.19 | 0.59 | 0.33 | 0.56 | 0.37 | 0.55 | 0.41 |
| | $t$值 | 4.61 | 1.14 | 4.00 | 0.57 | 3.94 | 0.97 | 3.45 | 1.75 | 3.26 | 2.03 | 3.20 | 2.32 |
| | 赢家组合 | 0.66 | －0.02 | 0.65 | 0.14 | 0.68 | 0.12 | 0.61 | 0.26 | 0.59 | 0.36 | 0.58 | 0.40 |
| | $t$值 | 3.90 | －0.08 | 3.94 | 0.75 | 4.13 | 0.67 | 3.80 | 1.43 | 3.58 | 2.01 | 3.49 | 2.30 |
| | 动量组合 | －0.18 | －0.25 | －0.04 | 0.03 | 0.00 | －0.07 | 0.03 | －0.08 | 0.03 | －0.02 | 0.03 | －0.01 |
| | $t$值 | －2.04 | －2.02 | －0.64 | 0.29 | －0.05 | －0.88 | 0.76 | －1.78 | 1.09 | －0.51 | 1.36 | －0.35 |
| 4 | 输家组合 | 1.02 | 0.26 | 0.87 | 0.24 | 0.79 | 0.33 | 0.61 | 0.35 | 0.56 | 0.37 | 0.54 | 0.41 |
| | $t$值 | 5.59 | 1.24 | 4.89 | 1.15 | 4.47 | 1.62 | 3.58 | 1.77 | 3.28 | 1.98 | 3.17 | 2.29 |
| | 赢家组合 | 0.46 | 0.02 | 0.53 | 0.11 | 0.57 | 0.06 | 0.56 | 0.22 | 0.56 | 0.33 | 0.58 | 0.38 |
| | $t$值 | 2.81 | 0.08 | 3.21 | 0.56 | 3.45 | 0.33 | 3.42 | 1.22 | 3.44 | 1.86 | 3.43 | 2.16 |
| | 动量组合 | －0.55 | －0.25 | －0.34 | －0.13 | －0.22 | －0.26 | －0.06 | －0.13 | 0.00 | －0.04 | 0.03 | －0.03 |
| | $t$值 | －6.10 | －2.01 | －4.29 | －1.20 | －3.17 | －2.92 | －1.27 | －2.32 | －0.04 | －0.99 | 0.90 | －0.99 |

续表

| K | | 1 | | 2 | | 4 | | 13 | | 26 | | 52 | |
|---|---|---|---|---|---|---|---|---|---|---|---|---|---|
| J | | 小交易量 | 大交易量 | 小 | 大 | 小 | 大 | 小 | 大 | 小 | 大 | 小 | 大 |
| 13 | 输家组合 | 0.93 | 0.43 | 0.82 | 0.38 | 0.71 | 0.36 | 0.58 | 0.30 | 0.51 | 0.30 | 0.50 | 0.34 |
| | t 值 | 4.96 | 1.94 | 4.45 | 1.74 | 3.95 | 1.68 | 3.26 | 1.45 | 2.94 | 1.55 | 2.87 | 1.85 |
| | 赢家组合 | 0.27 | -0.06 | 0.32 | 0.04 | 0.36 | 0.06 | 0.42 | 0.22 | 0.47 | 0.30 | 0.49 | 0.36 |
| | t 值 | 1.65 | -0.30 | 1.97 | 0.19 | 2.19 | 0.31 | 2.59 | 1.22 | 2.81 | 1.66 | 2.86 | 1.99 |
| | 动量组合 | -0.66 | -0.49 | -0.50 | -0.34 | -0.36 | -0.30 | -0.15 | -0.07 | -0.05 | 0.00 | -0.01 | 0.02 |
| | t 值 | -6.92 | -4.02 | -5.48 | -2.98 | -4.30 | -2.83 | -2.39 | -0.87 | -0.87 | 0.03 | -0.16 | 0.35 |
| 26 | 输家组合 | 0.87 | 0.39 | 0.77 | 0.34 | 0.68 | 0.33 | 0.58 | 0.34 | 0.53 | 0.36 | 0.51 | 0.37 |
| | t 值 | 4.50 | 1.77 | 4.05 | 1.54 | 3.61 | 1.53 | 3.10 | 1.65 | 2.90 | 1.81 | 2.85 | 2.02 |
| | 赢家组合 | 0.31 | 0.12 | 0.35 | 0.20 | 0.41 | 0.23 | 0.44 | 0.28 | 0.49 | 0.32 | 0.52 | 0.37 |
| | t 值 | 1.81 | 0.63 | 2.10 | 1.03 | 2.44 | 1.18 | 2.71 | 1.52 | 2.92 | 1.73 | 2.88 | 2.04 |
| | 动量组合 | -0.56 | -0.26 | -0.41 | -0.14 | -0.27 | -0.10 | -0.13 | -0.05 | -0.04 | -0.04 | 0.01 | 0.00 |
| | t 值 | -5.78 | -2.25 | -4.59 | -1.16 | -3.27 | -0.93 | -1.92 | -0.57 | -0.54 | -0.47 | 0.09 | -0.03 |
| 52 | 输家组合 | 0.69 | 0.47 | 0.65 | 0.42 | 0.60 | 0.40 | 0.53 | 0.38 | 0.51 | 0.38 | 0.48 | 0.41 |
| | t 值 | 3.31 | 2.06 | 3.16 | 1.84 | 2.96 | 1.80 | 2.69 | 1.79 | 2.61 | 1.85 | 2.56 | 2.13 |
| | 赢家组合 | 0.38 | 0.15 | 0.44 | 0.19 | 0.47 | 0.23 | 0.48 | 0.29 | 0.61 | 0.33 | 0.67 | 0.41 |
| | t 值 | 2.11 | 0.76 | 2.49 | 0.91 | 2.72 | 1.15 | 2.81 | 1.50 | 2.64 | 1.69 | 2.25 | 2.16 |
| | 动量组合 | -0.31 | -0.31 | -0.21 | -0.23 | -0.12 | -0.17 | -0.05 | -0.09 | 0.10 | -0.05 | 0.19 | 0.00 |
| | t 值 | -2.78 | -2.59 | -1.98 | -2.00 | -1.28 | -1.55 | -0.59 | -0.84 | 0.61 | -0.53 | 0.79 | 0.01 |

从表 2-40 也可分析出同表 2-39 类似的结论，即小交易量股票的输家组合和赢家组合的平均收益率相对较高。从动量组合的平均收益率和 t 值来看，其结论与表 2-39 不同，平均收益率为正的动量组合占大多数，平均收益率显著为正的动量组合占绝大多数，其中大交易量的股票平均收益率显著为正的居多。在表 2-38 没有发现大市值股票具有明显的动量效应；在表 2-40 中大市值股票的动量效应则比较明显，其中小交易量股票的平均收益率显著为正的占多数。从投资策略的选择来说，也是小交易量股票的策略（1-1）的输家组合，但其收益率远远小于小市值股票中相同策略的平均收益率。

**表 2-40　　沪、深 A 股大市值股票中不同交易量规模股票的动量策略**

| 大市值 | K | 1 | | 2 | | 4 | | 13 | | 26 | | 52 | |
|---|---|---|---|---|---|---|---|---|---|---|---|---|---|
| J | | 小交易量 | 大交易量 | 小 | 大 | 小 | 大 | 小 | 大 | 小 | 大 | 小 | 大 |
| 1 | 输家组合 | 0.44 | 0.21 | 0.32 | 0.11 | 0.32 | 0.14 | 0.31 | 0.23 | 0.28 | 0.26 | 0.28 | 0.28 |
| | t 值 | 2.61 | 1.09 | 1.95 | 0.56 | 1.98 | 0.76 | 1.97 | 1.26 | 1.80 | 1.45 | 1.76 | 1.62 |
| | 赢家组合 | 0.28 | 0.15 | 0.36 | 0.33 | 0.38 | 0.30 | 0.36 | 0.24 | 0.35 | 0.28 | 0.32 | 0.30 |
| | t 值 | 1.88 | 0.82 | 2.47 | 1.80 | 2.59 | 1.64 | 2.50 | 1.36 | 2.36 | 1.59 | 2.18 | 1.70 |
| | 动量组合 | -0.15 | -0.06 | 0.04 | 0.22 | 0.06 | 0.16 | 0.06 | 0.01 | 0.06 | 0.02 | 0.05 | 0.01 |
| | t 值 | -1.55 | -0.49 | 0.58 | 2.63 | 1.13 | 2.53 | 1.37 | 0.29 | 1.81 | 0.61 | 1.43 | 0.44 |

续表

| 大市值 | K | 1 | | 2 | | 4 | | 13 | | 26 | | 52 | |
|---|---|---|---|---|---|---|---|---|---|---|---|---|---|
| J | | 小交易量 | 大交易量 | 小 | 大 | 小 | 大 | 小 | 大 | 小 | 大 | 小 | 大 |
| 2 | 输家组合 | 0.31 | 0.11 | 0.24 | 0.04 | 0.30 | 0.11 | 0.30 | 0.22 | 0.28 | 0.25 | 0.27 | 0.27 |
| | $t$ 值 | 1.87 | 0.58 | 1.47 | 0.22 | 1.85 | 0.61 | 1.93 | 1.21 | 1.79 | 1.38 | 1.74 | 1.51 |
| | 赢家组合 | 0.30 | 0.31 | 0.36 | 0.40 | 0.37 | 0.29 | 0.37 | 0.23 | 0.35 | 0.27 | 0.32 | 0.28 |
| | $t$ 值 | 2.01 | 1.58 | 2.43 | 2.07 | 2.51 | 1.55 | 2.54 | 1.27 | 2.43 | 1.50 | 2.18 | 1.57 |
| | 动量组合 | -0.02 | 0.19 | 0.12 | 0.35 | 0.07 | 0.18 | 0.06 | 0.01 | 0.07 | 0.02 | 0.05 | 0.01 |
| | $t$ 值 | -0.17 | 1.62 | 1.41 | 3.50 | 1.04 | 2.20 | 1.36 | 0.17 | 1.95 | 0.44 | 1.53 | 0.31 |
| 4 | 输家组合 | 0.34 | 0.14 | 0.35 | 0.17 | 0.38 | 0.23 | 0.32 | 0.27 | 0.28 | 0.28 | 0.28 | 0.29 |
| | $t$ 值 | 2.01 | 0.72 | 2.10 | 0.89 | 2.29 | 1.21 | 2.00 | 1.43 | 1.75 | 1.52 | 1.73 | 1.61 |
| | 赢家组合 | 0.30 | 0.37 | 0.36 | 0.37 | 0.35 | 0.26 | 0.34 | 0.25 | 0.35 | 0.29 | 0.33 | 0.30 |
| | $t$ 值 | 1.92 | 1.82 | 2.40 | 1.86 | 2.35 | 1.34 | 2.37 | 1.34 | 2.38 | 1.59 | 2.24 | 1.69 |
| | 动量组合 | -0.05 | 0.23 | 0.01 | 0.20 | -0.02 | 0.03 | 0.02 | -0.02 | 0.07 | 0.01 | 0.06 | 0.01 |
| | $t$ 值 | -0.47 | 1.85 | 0.09 | 1.77 | -0.28 | 0.31 | 0.40 | -0.30 | 1.46 | 0.19 | 1.47 | 0.34 |
| 13 | 输家组合 | 0.35 | 0.24 | 0.32 | 0.20 | 0.32 | 0.20 | 0.22 | 0.22 | 0.17 | 0.21 | 0.20 | 0.24 |
| | $t$ 值 | 1.99 | 1.18 | 1.86 | 1.00 | 1.88 | 0.99 | 1.32 | 1.13 | 1.01 | 1.15 | 1.20 | 1.31 |
| | 赢家组合 | 0.32 | 0.25 | 0.34 | 0.24 | 0.34 | 0.22 | 0.35 | 0.22 | 0.37 | 0.26 | 0.31 | 0.26 |
| | $t$ 值 | 2.16 | 1.23 | 2.33 | 1.22 | 2.27 | 1.09 | 2.40 | 1.14 | 2.58 | 1.41 | 2.08 | 1.40 |
| | 动量组合 | -0.03 | 0.01 | 0.02 | 0.04 | 0.01 | 0.02 | 0.12 | 0.00 | 0.20 | 0.05 | 0.11 | 0.02 |
| | $t$ 值 | -0.23 | 0.10 | 0.19 | 0.34 | 0.13 | 0.16 | 1.33 | 0.02 | 2.64 | 0.70 | 1.67 | 0.36 |
| 26 | 输家组合 | 0.23 | 0.24 | 0.18 | 0.21 | 0.16 | 0.20 | 0.15 | 0.23 | 0.16 | 0.25 | 0.22 | 0.30 |
| | $t$ 值 | 1.26 | 1.18 | 1.03 | 1.06 | 0.92 | 1.01 | 0.85 | 1.19 | 0.92 | 1.32 | 1.29 | 1.64 |
| | 赢家组合 | 0.35 | 0.28 | 0.35 | 0.27 | 0.33 | 0.25 | 0.35 | 0.26 | 0.35 | 0.30 | 0.28 | 0.23 |
| | $t$ 值 | 2.34 | 1.43 | 2.37 | 1.36 | 2.29 | 1.29 | 2.45 | 1.35 | 2.44 | 1.61 | 1.85 | 1.24 |
| | 动量组合 | 0.12 | 0.05 | 0.17 | 0.06 | 0.17 | 0.05 | 0.20 | 0.03 | 0.20 | 0.05 | 0.06 | -0.07 |
| | $t$ 值 | 0.94 | 0.35 | 1.31 | 0.44 | 1.41 | 0.40 | 1.84 | 0.25 | 1.98 | 0.59 | 0.74 | -0.99 |
| 52 | 输家组合 | 0.26 | 0.29 | 0.24 | 0.28 | 0.26 | 0.28 | 0.26 | 0.32 | 0.28 | 0.36 | 0.26 | 0.38 |
| | $t$ 值 | 1.38 | 1.40 | 1.29 | 1.37 | 1.41 | 1.39 | 1.46 | 1.63 | 1.56 | 1.91 | 1.55 | 2.09 |
| | 赢家组合 | 0.45 | 0.35 | 0.46 | 0.36 | 0.45 | 0.33 | 0.38 | 0.28 | 0.33 | 0.21 | 0.27 | 0.14 |
| | $t$ 值 | 2.87 | 1.71 | 2.93 | 1.80 | 2.92 | 1.64 | 2.46 | 1.43 | 2.12 | 1.11 | 1.67 | 0.75 |
| | 动量组合 | 0.19 | 0.07 | 0.22 | 0.09 | 0.19 | 0.05 | 0.12 | -0.04 | 0.06 | -0.15 | 0.00 | -0.24 |
| | $t$ 值 | 1.31 | 0.45 | 1.54 | 0.62 | 1.42 | 0.38 | 0.97 | -0.31 | 0.50 | -1.32 | 0.02 | -2.50 |

（2）股改前与股改后的样本分析。表 2-41 和表 2-42 列出了股改前和股改后不同市值规模股票的动量策略。与表 2-38 的结果相比，发现许多相同的结论，比

如不管是股改前还是股改后，小市值股票输家组合平均收益率是大于大市值股票的，小市值股票动量组合平均收益率是小于大市值股票的；小市值股票动量组合平均收益率基本都为负；小市值股票动量策略中有大约一半的动量组合有显著负平均收益率，其显著负平均收益来源主要是对输家组合的卖空。与表 2 - 38 不同的结论是，大市值股票动量特征在股改前的样本中体现得很明显：大市值股票的动量组合平均收益率基本为正，大市值股票动量组合中有大约一半的动量组合有显著的正平均收益率，其显著的正平均收益的来源一般是卖空输家组合和持有赢家组合共同作用的结果；而股改后的样本中，大市值股票没有表现出动量特征，而表现出一定的反转特征。从投资策略的选择来看，不管是股改前还是股改后，小市值股票策略（1 - 1）的输家组合都是比较好的策略，具有稳定的正收益。

**表 2 - 41　　股改前沪、深 A 股不同市值规模股票的动量策略**

| | K | 1 | | 2 | | 4 | | 13 | | 26 | | 52 | |
|---|---|---|---|---|---|---|---|---|---|---|---|---|---|
| J | | 小市值 | 大市值 | 小市值 | 大市值 | 小市值 | 大市值 | 小市值 | 大市值 | 小市值 | 大市值 | 小市值 | 大市值 |
| 1 | 输家组合 | 0.37 | -0.02 | 0.20 | -0.11 | 0.20 | -0.08 | 0.22 | -0.01 | 0.20 | -0.02 | 0.20 | -0.04 |
| | $t$ 值 | 1.92 | -0.10 | 1.11 | -0.69 | 1.08 | -0.49 | 1.22 | -0.08 | 1.15 | -0.16 | 1.15 | -0.23 |
| | 赢家组合 | -0.05 | 0.04 | 0.10 | 0.13 | 0.13 | 0.10 | 0.15 | 0.03 | 0.18 | 0.04 | 0.18 | 0.02 |
| | $t$ 值 | -0.27 | 0.22 | 0.57 | 0.79 | 0.76 | 0.62 | 0.86 | 0.18 | 1.04 | 0.24 | 1.10 | 0.12 |
| | 动量组合 | -0.41 | 0.05 | -0.10 | 0.24 | -0.06 | 0.18 | -0.07 | 0.04 | -0.03 | 0.06 | -0.01 | 0.06 |
| | $t$ 值 | -4.24 | 0.56 | -1.46 | 3.32 | -1.19 | 2.95 | -1.99 | 0.93 | -0.83 | 1.70 | -0.51 | 1.60 |
| 2 | 输家组合 | 0.25 | -0.14 | 0.17 | -0.16 | 0.22 | -0.09 | 0.23 | -0.01 | 0.21 | -0.03 | 0.20 | -0.05 |
| | $t$ 值 | 1.31 | -0.85 | 0.92 | -1.00 | 1.17 | -0.53 | 1.26 | -0.06 | 1.16 | -0.22 | 1.15 | -0.30 |
| | 赢家组合 | 0.04 | 0.18 | 0.16 | 0.18 | 0.14 | 0.10 | 0.14 | 0.00 | 0.17 | 0.03 | 0.18 | 0.00 |
| | $t$ 值 | 0.25 | 1.09 | 0.94 | 1.11 | 0.82 | 0.60 | 0.80 | 0.02 | 1.02 | 0.18 | 1.09 | 0.02 |
| | 动量组合 | -0.21 | 0.32 | -0.01 | 0.34 | -0.08 | 0.18 | -0.09 | 0.01 | -0.03 | 0.06 | -0.02 | 0.05 |
| | $t$ 值 | -2.07 | 3.35 | -0.09 | 4.14 | -1.09 | 2.46 | -2.15 | 0.27 | -0.99 | 1.58 | -0.61 | 1.37 |
| 4 | 输家组合 | 0.28 | -0.09 | 0.26 | -0.07 | 0.29 | -0.01 | 0.24 | 0.02 | 0.20 | -0.04 | 0.19 | -0.05 |
| | $t$ 值 | 1.45 | -0.52 | 1.33 | -0.45 | 1.52 | -0.07 | 1.31 | 0.14 | 1.10 | -0.22 | 1.09 | -0.29 |
| | 赢家组合 | 0.05 | 0.21 | 0.08 | 0.18 | 0.06 | 0.09 | 0.10 | 0.00 | 0.15 | 0.05 | 0.16 | 0.03 |
| | $t$ 值 | 0.27 | 1.28 | 0.48 | 1.09 | 0.36 | 0.53 | 0.60 | 0.03 | 0.89 | 0.33 | 0.97 | 0.18 |
| | 动量组合 | -0.23 | 0.30 | -0.17 | 0.26 | -0.23 | 0.10 | -0.14 | -0.02 | -0.05 | 0.09 | -0.03 | 0.07 |
| | $t$ 值 | -2.26 | 2.94 | -1.82 | 2.59 | -2.73 | 1.08 | -2.87 | -0.32 | -1.35 | 1.92 | -1.02 | 1.84 |

续表

| J | K | 1 | | 2 | | 4 | | 13 | | 26 | | 52 | |
|---|---|---|---|---|---|---|---|---|---|---|---|---|---|
| | | 小市值 | 大市值 | 小市值 | 大市值 | 小市值 | 大市值 | 小市值 | 大市值 | 小市值 | 大市值 | 小市值 | 大市值 |
| 13 | 输家组合 | 0.36 | -0.03 | 0.33 | -0.04 | 0.29 | -0.02 | 0.17 | -0.09 | 0.12 | -0.17 | 0.11 | -0.16 |
| | $t$ 值 | 1.73 | -0.17 | 1.60 | -0.22 | 1.46 | -0.13 | 0.87 | -0.51 | 0.63 | -1.03 | 0.63 | -0.95 |
| | 赢家组合 | -0.08 | 0.06 | -0.04 | 0.03 | -0.04 | -0.02 | 0.04 | -0.02 | 0.08 | 0.03 | 0.11 | -0.02 |
| | $t$ 值 | -0.47 | 0.38 | -0.21 | 0.16 | -0.22 | -0.12 | 0.23 | -0.11 | 0.50 | 0.21 | 0.64 | -0.11 |
| | 动量组合 | -0.44 | 0.09 | -0.36 | 0.07 | -0.33 | 0.00 | -0.13 | 0.07 | -0.03 | 0.21 | -0.01 | 0.14 |
| | $t$ 值 | -4.19 | 0.82 | -3.63 | 0.59 | -3.62 | 0.05 | -1.83 | 0.84 | -0.60 | 2.80 | -0.14 | 2.13 |
| 26 | 输家组合 | 0.25 | -0.14 | 0.21 | -0.18 | 0.17 | -0.19 | 0.12 | -0.21 | 0.11 | -0.21 | 0.11 | -0.15 |
| | $t$ 值 | 1.17 | -0.79 | 1.00 | -1.00 | 0.84 | -1.08 | 0.63 | -1.22 | 0.59 | -1.21 | 0.60 | -0.92 |
| | 赢家组合 | -0.08 | 0.05 | -0.02 | 0.04 | 0.00 | 0.02 | 0.06 | 0.04 | 0.08 | 0.03 | 0.11 | -0.05 |
| | $t$ 值 | -0.45 | 0.34 | -0.14 | 0.28 | -0.01 | 0.10 | 0.35 | 0.24 | 0.50 | 0.22 | 0.67 | -0.35 |
| | 动量组合 | -0.32 | 0.19 | -0.23 | 0.22 | -0.17 | 0.21 | -0.07 | 0.25 | -0.03 | 0.24 | 0.00 | 0.10 |
| | $t$ 值 | -3.16 | 1.65 | -2.38 | 1.93 | -1.86 | 1.88 | -0.84 | 2.49 | -0.45 | 2.59 | -0.01 | 1.28 |
| 52 | 输家组合 | 0.22 | -0.17 | 0.17 | -0.17 | 0.15 | -0.17 | 0.09 | -0.18 | 0.07 | -0.16 | 0.07 | -0.14 |
| | $t$ 值 | 1.05 | -0.94 | 0.81 | -0.98 | 0.71 | -0.97 | 0.46 | -1.03 | 0.37 | -0.94 | 0.36 | -0.80 |
| | 赢家组合 | 0.00 | 0.10 | 0.02 | 0.10 | 0.02 | 0.07 | 0.08 | 0.04 | 0.09 | 0.00 | 0.11 | -0.07 |
| | $t$ 值 | 0.00 | 0.62 | 0.10 | 0.64 | 0.15 | 0.46 | 0.46 | 0.24 | 0.55 | 0.03 | 0.65 | -0.49 |
| | 动量组合 | -0.22 | 0.26 | -0.16 | 0.27 | -0.12 | 0.24 | -0.02 | 0.22 | 0.02 | 0.17 | 0.04 | 0.06 |
| | $t$ 值 | -2.20 | 2.15 | -1.57 | 2.25 | -1.31 | 2.04 | -0.19 | 1.96 | 0.25 | 1.62 | 0.66 | 0.68 |

**表 2-42　股改后沪、深 A 股不同市值规模股票的动量策略**

| J | K | 1 | | 2 | | 4 | | 13 | | 26 | | 52 | |
|---|---|---|---|---|---|---|---|---|---|---|---|---|---|
| | | 小市值 | 大市值 | 小市值 | 大市值 | 小市值 | 大市值 | 小市值 | 大市值 | 小市值 | 大市值 | 小市值 | 大市值 |
| 1 | 输家组合 | 1.49 | 1.32 | 1.16 | 1.04 | 1.09 | 0.97 | 1.06 | 0.95 | 1.07 | 0.94 | 1.07 | 0.94 |
| | $t$ 值 | 3.49 | 3.22 | 2.77 | 2.60 | 2.65 | 2.48 | 2.66 | 2.44 | 2.70 | 2.46 | 2.76 | 2.48 |
| | 赢家组合 | 0.22 | 0.34 | 0.60 | 0.65 | 0.73 | 0.74 | 0.92 | 0.86 | 1.00 | 0.88 | 1.03 | 0.92 |
| | $t$ 值 | 0.57 | 0.93 | 1.51 | 1.77 | 1.85 | 1.97 | 2.37 | 2.28 | 2.59 | 2.35 | 2.69 | 2.45 |
| | 动量组合 | -1.27 | -0.98 | -0.56 | -0.39 | -0.36 | -0.23 | -0.14 | -0.09 | -0.06 | -0.06 | -0.04 | -0.02 |
| | $t$ 值 | -7.69 | -5.12 | -4.81 | -2.96 | -4.43 | -2.24 | -3.28 | -1.18 | -1.98 | -1.20 | -1.42 | -0.63 |
| 2 | 输家组合 | 1.36 | 1.03 | 1.16 | 0.88 | 1.15 | 0.94 | 1.10 | 0.94 | 1.09 | 0.95 | 1.10 | 0.95 |
| | $t$ 值 | 3.18 | 2.54 | 2.79 | 2.21 | 2.78 | 2.39 | 2.75 | 2.41 | 2.75 | 2.46 | 2.82 | 2.48 |
| | 赢家组合 | 0.40 | 0.60 | 0.64 | 0.80 | 0.74 | 0.77 | 0.94 | 0.89 | 1.03 | 0.91 | 1.06 | 0.95 |
| | $t$ 值 | 1.00 | 1.65 | 1.60 | 2.15 | 1.87 | 2.03 | 2.42 | 2.35 | 2.67 | 2.43 | 2.76 | 2.54 |
| | 动量组合 | -0.96 | -0.43 | -0.52 | -0.08 | -0.41 | -0.18 | -0.16 | -0.05 | -0.06 | -0.04 | -0.04 | 0.00 |
| | $t$ 值 | -5.62 | -2.20 | -3.85 | -0.48 | -3.77 | -1.23 | -2.71 | -0.48 | -1.36 | -0.53 | -1.15 | 0.00 |

续表

| K | | 1 | | 2 | | 4 | | 13 | | 26 | | 52 | |
|---|---|---|---|---|---|---|---|---|---|---|---|---|---|
| J | | 小市值 | 大市值 | 小市值 | 大市值 | 小市值 | 大市值 | 小市值 | 大市值 | 小市值 | 大市值 | 小市值 | 大市值 |
| 4 | 输家组合 | 1.60 | 1.13 | 1.41 | 1.07 | 1.37 | 1.09 | 1.19 | 1.00 | 1.16 | 1.01 | 1.17 | 1.00 |
| | $t$ 值 | 3.71 | 2.77 | 3.34 | 2.63 | 3.30 | 2.74 | 2.94 | 2.53 | 2.91 | 2.56 | 2.97 | 2.60 |
| | 赢家组合 | 0.45 | 0.63 | 0.63 | 0.76 | 0.71 | 0.76 | 0.94 | 0.89 | 1.03 | 0.91 | 1.07 | 0.96 |
| | $t$ 值 | 1.11 | 1.62 | 1.56 | 1.95 | 1.77 | 1.91 | 2.38 | 2.32 | 2.64 | 2.41 | 2.77 | 2.54 |
| | 动量组合 | -1.15 | -0.51 | -0.78 | -0.31 | -0.65 | -0.34 | -0.25 | -0.11 | -0.13 | -0.10 | -0.09 | -0.04 |
| | $t$ 值 | -6.50 | -2.25 | -4.99 | -1.50 | -4.92 | -1.75 | -3.18 | -0.76 | -2.41 | -0.97 | -1.98 | -0.61 |
| 13 | 输家组合 | 1.45 | 1.06 | 1.32 | 0.98 | 1.20 | 0.97 | 1.08 | 0.96 | 1.05 | 0.98 | 1.06 | 0.99 |
| | $t$ 值 | 3.26 | 2.45 | 3.00 | 2.30 | 2.79 | 2.27 | 2.55 | 2.29 | 2.54 | 2.36 | 2.61 | 2.45 |
| | 赢家组合 | 0.56 | 0.88 | 0.67 | 0.91 | 0.75 | 0.91 | 0.90 | 0.90 | 0.98 | 0.91 | 1.02 | 0.94 |
| | $t$ 值 | 1.33 | 2.09 | 1.58 | 2.20 | 1.78 | 2.16 | 2.20 | 2.23 | 2.39 | 2.33 | 2.51 | 2.40 |
| | 动量组合 | -0.89 | -0.18 | -0.65 | -0.07 | -0.45 | -0.06 | -0.17 | -0.06 | -0.07 | -0.06 | -0.04 | -0.04 |
| | $t$ 值 | -4.73 | -0.63 | -3.72 | -0.26 | -2.86 | -0.23 | -1.50 | -0.30 | -0.90 | -0.42 | -0.56 | -0.39 |
| 26 | 输家组合 | 1.40 | 1.16 | 1.29 | 1.10 | 1.19 | 1.09 | 1.13 | 1.12 | 1.14 | 1.12 | 1.18 | 1.16 |
| | $t$ 值 | 3.00 | 2.55 | 2.80 | 2.45 | 2.62 | 2.42 | 2.55 | 2.51 | 2.59 | 2.54 | 2.74 | 2.74 |
| | 赢家组合 | 0.83 | 0.90 | 0.90 | 0.93 | 0.97 | 0.91 | 1.04 | 0.95 | 1.10 | 1.02 | 1.19 | 1.02 |
| | $t$ 值 | 1.84 | 2.06 | 2.00 | 2.14 | 2.17 | 2.11 | 2.39 | 2.26 | 2.53 | 2.42 | 2.73 | 2.39 |
| | 动量组合 | -0.57 | -0.25 | -0.39 | -0.17 | -0.23 | -0.18 | -0.09 | -0.16 | -0.03 | -0.10 | 0.01 | -0.14 |
| | $t$ 值 | -3.27 | -0.86 | -2.36 | -0.61 | -1.50 | -0.65 | -0.76 | -0.72 | -0.33 | -0.54 | 0.14 | -0.90 |
| 52 | 输家组合 | 1.34 | 1.12 | 1.23 | 1.11 | 1.21 | 1.13 | 1.20 | 1.12 | 1.25 | 1.15 | 1.21 | 1.11 |
| | $t$ 值 | 2.57 | 2.22 | 2.38 | 2.23 | 2.36 | 2.27 | 2.38 | 2.30 | 2.49 | 2.41 | 2.52 | 2.41 |
| | 赢家组合 | 0.94 | 0.56 | 0.96 | 0.63 | 0.94 | 0.65 | 0.93 | 0.62 | 1.15 | 0.58 | 1.37 | 0.66 |
| | $t$ 值 | 1.79 | 1.15 | 1.84 | 1.30 | 1.83 | 1.35 | 1.86 | 1.27 | 2.15 | 1.20 | 2.32 | 1.34 |
| | 动量组合 | -0.40 | -0.56 | -0.27 | -0.48 | -0.28 | -0.47 | -0.27 | -0.50 | -0.10 | -0.56 | 0.16 | -0.45 |
| | $t$ 值 | -2.08 | -1.93 | -1.51 | -1.71 | -1.60 | -1.71 | -1.61 | -1.96 | -0.43 | -2.43 | 0.47 | -2.12 |

上述分析得到的结论是否能利用在现阶段的 A 股市场中，接下来将对这一问题进行全面讨论。

（3）样本外策略的检验。首先讨论上述的结论是否在样本外（2009 年 8 月 3 日到 2011 年 12 月 2 日）中依然成立。表 2－43 列出了现阶段沪、深 A 股不同市值规模股票的动量策略，平均收益率显著为负的动量组合主要集中在小市值股票中，其形成期或持有期为 1 周，特别是形成期和持有期都为 1 周的小市值股票动量组合负平均收益率最为显著。可见，现阶段小市值股票短期反转仍比较明显。从投资策略选择来说，形成期和持有期都为1周的小市值股票输家组合表现最好，其平均收益率高达0.69%。

**表2-43　现阶段沪、深A股不同市值规模股票的动量策略**

| | K | 1 | | 2 | | 4 | | 13 | | 26 | | 52 | |
|---|---|---|---|---|---|---|---|---|---|---|---|---|---|
| J | | 小市值 | 大市值 | 小市值 | 大市值 | 小市值 | 大市值 | 小市值 | 大市值 | 小市值 | 大市值 | 小市值 | 大市值 |
| 1 | 输家组合 | 0.69 | 0.24 | 0.37 | -0.02 | 0.27 | -0.07 | 0.26 | -0.05 | 0.27 | -0.07 | 0.28 | -0.08 |
| | *t*值 | 1.78 | 0.68 | 0.97 | -0.07 | 0.72 | -0.19 | 0.69 | -0.16 | 0.74 | -0.23 | 0.75 | -0.25 |
| | 赢家组合 | -0.37 | -0.42 | -0.05 | -0.17 | 0.09 | -0.13 | 0.19 | -0.11 | 0.21 | -0.10 | 0.22 | -0.09 |
| | *t*值 | -1.03 | -1.24 | -0.13 | -0.54 | 0.25 | -0.40 | 0.51 | -0.35 | 0.56 | -0.30 | 0.60 | -0.27 |
| | 动量组合 | -1.06 | -0.65 | -0.42 | -0.15 | -0.18 | -0.06 | -0.07 | -0.06 | -0.06 | -0.02 | -0.05 | -0.01 |
| | *t*值 | -7.40 | -2.73 | -4.04 | -0.90 | -2.21 | -0.52 | -1.36 | -0.86 | -1.76 | -0.36 | -1.62 | -0.15 |
| 2 | 输家组合 | 0.58 | 0.01 | 0.36 | -0.10 | 0.33 | -0.06 | 0.34 | -0.03 | 0.35 | -0.05 | 0.35 | -0.06 |
| | *t*值 | 1.49 | 0.04 | 0.95 | -0.27 | 0.87 | -0.17 | 0.91 | -0.08 | 0.94 | -0.14 | 0.96 | -0.19 |
| | 赢家组合 | -0.06 | -0.13 | 0.17 | 0.00 | 0.21 | -0.02 | 0.29 | -0.01 | 0.29 | 0.01 | 0.31 | 0.02 |
| | *t*值 | -0.17 | -0.43 | 0.45 | 0.01 | 0.59 | -0.06 | 0.78 | -0.03 | 0.81 | 0.02 | 0.85 | 0.06 |
| | 动量组合 | -0.64 | -0.15 | -0.20 | 0.10 | -0.12 | 0.04 | -0.05 | 0.02 | -0.05 | 0.05 | -0.04 | 0.08 |
| | *t*值 | -4.18 | -0.65 | -1.52 | 0.51 | -1.11 | 0.26 | -0.85 | 0.18 | -1.24 | 0.62 | -1.12 | 1.08 |
| 4 | 输家组合 | 0.53 | 0.04 | 0.42 | 0.02 | 0.37 | 0.07 | 0.36 | 0.04 | 0.35 | 0.00 | 0.35 | -0.02 |
| | *t*值 | 1.34 | 0.09 | 1.06 | 0.06 | 0.95 | 0.20 | 0.96 | 0.11 | 0.94 | 0.01 | 0.93 | -0.05 |
| | 赢家组合 | 0.06 | -0.01 | 0.17 | 0.06 | 0.19 | -0.03 | 0.30 | 0.02 | 0.30 | 0.04 | 0.31 | 0.06 |
| | *t*值 | 0.17 | -0.03 | 0.44 | 0.18 | 0.51 | -0.08 | 0.79 | 0.05 | 0.80 | 0.13 | 0.84 | 0.18 |
| | 动量组合 | -0.47 | -0.04 | -0.25 | 0.03 | -0.17 | -0.10 | -0.06 | -0.02 | -0.05 | 0.04 | -0.04 | 0.08 |
| | *t*值 | -2.73 | -0.19 | -1.63 | 0.16 | -1.32 | -0.50 | -0.75 | -0.15 | -0.88 | 0.32 | -0.69 | 0.67 |
| 13 | 输家组合 | 0.50 | 0.08 | 0.41 | 0.05 | 0.37 | 0.03 | 0.32 | -0.08 | 0.28 | -0.08 | 0.30 | -0.09 |
| | *t*值 | 1.22 | 0.22 | 1.02 | 0.15 | 0.95 | 0.08 | 0.83 | -0.23 | 0.75 | -0.24 | 0.80 | -0.26 |
| | 赢家组合 | 0.15 | -0.03 | 0.24 | 0.01 | 0.23 | -0.01 | 0.27 | 0.06 | 0.27 | 0.04 | 0.28 | 0.02 |
| | *t*值 | 0.37 | -0.07 | 0.59 | 0.02 | 0.57 | -0.03 | 0.67 | 0.15 | 0.69 | 0.12 | 0.72 | 0.05 |
| | 动量组合 | -0.35 | -0.11 | -0.17 | -0.05 | -0.14 | -0.04 | -0.05 | 0.14 | -0.01 | 0.12 | -0.02 | 0.10 |
| | *t*值 | -1.88 | -0.42 | -0.99 | -0.19 | -0.89 | -0.16 | -0.46 | 0.62 | -0.15 | 0.63 | -0.21 | 0.53 |
| 26 | 输家组合 | 0.32 | -0.12 | 0.27 | -0.10 | 0.25 | -0.11 | 0.16 | -0.16 | 0.16 | -0.18 | 0.20 | -0.17 |
| | *t*值 | 0.82 | -0.31 | 0.69 | -0.27 | 0.64 | -0.29 | 0.42 | -0.44 | 0.42 | -0.50 | 0.54 | -0.49 |
| | 赢家组合 | 0.00 | 0.00 | 0.04 | 0.06 | 0.05 | 0.03 | 0.10 | 0.00 | 0.12 | -0.05 | 0.15 | -0.04 |
| | *t*值 | 0.00 | 0.01 | 0.08 | 0.16 | 0.12 | 0.07 | 0.25 | 0.00 | 0.30 | -0.12 | 0.36 | -0.12 |
| | 动量组合 | -0.33 | 0.12 | -0.23 | 0.17 | -0.20 | 0.13 | -0.06 | 0.16 | -0.03 | 0.13 | -0.05 | 0.13 |
| | *t*值 | -1.91 | 0.38 | -1.41 | 0.52 | -1.29 | 0.42 | -0.47 | 0.53 | -0.31 | 0.45 | -0.50 | 0.45 |
| 52 | 输家组合 | 0.23 | -0.18 | 0.21 | -0.16 | 0.20 | -0.14 | 0.21 | -0.15 | 0.23 | -0.16 | 0.20 | -0.17 |
| | *t*值 | 0.58 | -0.46 | 0.54 | -0.42 | 0.50 | -0.35 | 0.55 | -0.39 | 0.61 | -0.41 | 0.55 | -0.46 |
| | 赢家组合 | -0.04 | -0.09 | -0.03 | -0.10 | -0.01 | -0.12 | 0.04 | -0.13 | 0.06 | -0.12 | 0.06 | -0.07 |
| | *t*值 | -0.09 | -0.22 | -0.06 | -0.23 | -0.03 | -0.29 | 0.09 | -0.30 | 0.14 | -0.29 | 0.16 | -0.17 |
| | 动量组合 | -0.27 | 0.09 | -0.24 | 0.07 | -0.21 | 0.01 | -0.17 | 0.02 | -0.17 | 0.03 | -0.14 | 0.10 |
| | *t*值 | -1.51 | 0.25 | -1.36 | 0.18 | -1.19 | 0.04 | -1.12 | 0.05 | -1.18 | 0.08 | -0.97 | 0.27 |

表 2 – 44 列出了现阶段沪、深 A 股小市值股票中不同交易量规模股票的动量策略，发现短期仍表现出比较明显的反转效应，小市值小交易量的（1 – 1）策略的输家组合表现仍不错。

**表 2 – 44　现阶段沪深 A 股小市值股票中不同交易量规模股票的动量策略**

| | K | 1 | | 2 | | 4 | | 13 | | 26 | | 52 | |
|---|---|---|---|---|---|---|---|---|---|---|---|---|---|
| J | | 小交易量 | 大交易量 | 小 | 大 | 小 | 大 | 小 | 大 | 小 | 大 | 小 | 大 |
| 1 | 输家组合 | 0.93 | 0.17 | 0.56 | -0.03 | 0.47 | -0.07 | 0.41 | 0.05 | 0.40 | 0.12 | 0.41 | 0.14 |
| | *t* 值 | 2.56 | 0.39 | 1.61 | -0.07 | 1.37 | -0.16 | 1.18 | 0.14 | 1.16 | 0.31 | 1.18 | 0.36 |
| | 赢家组合 | 0.27 | -0.71 | 0.46 | -0.29 | 0.47 | -0.12 | 0.42 | 0.04 | 0.40 | 0.09 | 0.40 | 0.11 |
| | *t* 值 | 0.79 | -1.79 | 1.37 | -0.73 | 1.42 | -0.31 | 1.24 | 0.11 | 1.18 | 0.23 | 1.18 | 0.28 |
| | 动量组合 | -0.66 | -0.88 | -0.10 | -0.25 | 0.00 | -0.06 | 0.01 | -0.01 | 0.00 | -0.03 | -0.01 | -0.03 |
| | *t* 值 | -4.40 | -4.37 | -0.99 | -1.60 | 0.01 | -0.51 | 0.23 | -0.16 | 0.04 | -0.69 | -0.21 | -0.80 |
| 2 | 输家组合 | 0.86 | 0.19 | 0.63 | -0.01 | 0.54 | 0.01 | 0.50 | 0.12 | 0.48 | 0.18 | 0.49 | 0.21 |
| | *t* 值 | 2.40 | 0.42 | 1.78 | -0.03 | 1.55 | 0.02 | 1.46 | 0.30 | 1.39 | 0.46 | 1.41 | 0.53 |
| | 赢家组合 | 0.19 | -0.29 | 0.35 | -0.05 | 0.45 | -0.01 | 0.43 | 0.14 | 0.42 | 0.19 | 0.43 | 0.20 |
| | *t* 值 | 0.59 | -0.74 | 1.06 | -0.13 | 1.37 | -0.03 | 1.28 | 0.36 | 1.24 | 0.48 | 1.27 | 0.52 |
| | 动量组合 | -0.67 | -0.47 | -0.28 | -0.04 | -0.09 | -0.02 | -0.08 | 0.02 | -0.06 | 0.00 | -0.06 | -0.01 |
| | *t* 值 | -4.21 | -2.11 | -2.16 | -0.19 | -0.87 | -0.13 | -1.13 | 0.23 | -1.14 | 0.07 | -1.21 | -0.12 |
| 4 | 输家组合 | 0.76 | 0.23 | 0.57 | 0.11 | 0.51 | 0.10 | 0.45 | 0.16 | 0.43 | 0.21 | 0.44 | 0.21 |
| | *t* 值 | 1.99 | 0.54 | 1.55 | 0.27 | 1.43 | 0.23 | 1.27 | 0.40 | 1.23 | 0.52 | 1.25 | 0.54 |
| | 赢家组合 | 0.31 | -0.03 | 0.39 | -0.02 | 0.42 | -0.01 | 0.43 | 0.15 | 0.41 | 0.18 | 0.42 | 0.20 |
| | *t* 值 | 0.96 | -0.08 | 1.20 | -0.04 | 1.28 | -0.03 | 1.30 | 0.37 | 1.21 | 0.45 | 1.24 | 0.51 |
| | 动量组合 | -0.45 | -0.26 | -0.18 | -0.13 | -0.09 | -0.11 | -0.02 | -0.01 | -0.02 | -0.02 | -0.01 | -0.01 |
| | *t* 值 | -2.68 | -1.21 | -1.26 | -0.69 | -0.76 | -0.69 | -0.20 | -0.10 | -0.36 | -0.28 | -0.28 | -0.14 |
| 13 | 输家组合 | 0.55 | 0.32 | 0.46 | 0.25 | 0.43 | 0.23 | 0.37 | 0.21 | 0.38 | 0.18 | 0.41 | 0.19 |
| | *t* 值 | 1.43 | 0.73 | 1.19 | 0.57 | 1.14 | 0.52 | 1.00 | 0.49 | 1.04 | 0.44 | 1.12 | 0.47 |
| | 赢家组合 | 0.31 | -0.03 | 0.35 | 0.05 | 0.38 | 0.05 | 0.41 | 0.12 | 0.38 | 0.12 | 0.40 | 0.14 |
| | *t* 值 | 0.90 | -0.06 | 1.02 | 0.11 | 1.12 | 0.12 | 1.17 | 0.28 | 1.06 | 0.29 | 1.10 | 0.34 |
| | 动量组合 | -0.25 | -0.35 | -0.11 | -0.20 | -0.05 | -0.17 | 0.04 | -0.08 | 0.00 | -0.06 | -0.01 | -0.05 |
| | *t* 值 | -1.28 | -1.54 | -0.59 | -0.94 | -0.29 | -0.91 | 0.32 | -0.60 | -0.01 | -0.59 | -0.07 | -0.53 |
| 26 | 输家组合 | 0.27 | 0.18 | 0.26 | 0.20 | 0.25 | 0.15 | 0.25 | 0.06 | 0.28 | 0.06 | 0.30 | 0.11 |
| | *t* 值 | 0.71 | 0.41 | 0.70 | 0.46 | 0.68 | 0.34 | 0.69 | 0.15 | 0.78 | 0.14 | 0.86 | 0.26 |
| | 赢家组合 | 0.20 | -0.27 | 0.25 | -0.20 | 0.25 | -0.16 | 0.28 | -0.10 | 0.27 | -0.05 | 0.28 | -0.01 |
| | *t* 值 | 0.55 | -0.58 | 0.70 | -0.43 | 0.68 | -0.35 | 0.76 | -0.23 | 0.72 | -0.11 | 0.74 | -0.03 |
| | 动量组合 | -0.07 | -0.45 | -0.01 | -0.40 | 0.00 | -0.31 | 0.03 | -0.17 | -0.01 | -0.11 | -0.02 | -0.12 |
| | *t* 值 | -0.40 | -2.31 | -0.05 | -2.09 | -0.03 | -1.76 | 0.22 | -1.28 | -0.07 | -0.96 | -0.18 | -1.20 |

续表

| K | | 1 | | 2 | | 4 | | 13 | | 26 | | 52 | |
|---|---|---|---|---|---|---|---|---|---|---|---|---|---|
| J | | 小交易量 | 大交易量 | 小 | 大 | 小 | 大 | 小 | 大 | 小 | 大 | 小 | 大 |
| 52 | 输家组合 | 0.41 | 0.04 | 0.38 | 0.00 | 0.37 | -0.04 | 0.38 | -0.05 | 0.37 | 0.02 | 0.33 | 0.03 |
| | *t* 值 | 1.09 | 0.09 | 0.99 | 0.01 | 0.97 | -0.10 | 1.01 | -0.12 | 1.01 | 0.05 | 0.92 | 0.08 |
| | 赢家组合 | 0.15 | -0.27 | 0.18 | -0.25 | 0.19 | -0.19 | 0.21 | -0.11 | 0.22 | -0.08 | 0.22 | -0.07 |
| | *t* 值 | 0.39 | -0.56 | 0.45 | -0.52 | 0.49 | -0.39 | 0.53 | -0.23 | 0.57 | -0.17 | 0.57 | -0.15 |
| | 动量组合 | -0.26 | -0.31 | -0.20 | -0.25 | -0.18 | -0.14 | -0.17 | -0.05 | -0.15 | -0.10 | -0.10 | -0.10 |
| | *t* 值 | -1.09 | -1.76 | -0.87 | -1.42 | -0.77 | -0.83 | -0.81 | -0.37 | -0.71 | -0.69 | -0.52 | -0.73 |

通过上述分析，确定了小市值股票或者小市值小交易量股票的短期反转效应仍然存在，其中策略（1-1）的输家组合都有比较好的平均收益率，那么利用该现象可以构造投资策略来盈利。在上述分析中，设定的分组比例分别是：市值30%，交易量30%，收益率20%。通过优化这些分组比例，是否能得到更高的收益？那么接下来将首先分析策略（1-1）的小市值股票的累积收益率与市值分组比例和收益率分组比例的关系，然后再分析小市值小交易量股票的累积收益率与市值分组比例、交易量分组和收益率分组比例的关系。

表2-45列出了小市值股票动量策略输家组合的收益率情况，其中交易成本设为0.5%。在考虑了交易成本之后，有超过一半的策略累积收益率大于0，其中市值分组比例为0.1、收益率分组为0.2的策略的累积收益率最高。比较不同收益率分组比例的策略，发现收益率分组比例为0.05的策略收益率要明显低于其他策略，而收益率分组比例为0.2的策略的收益率最高，但与收益率分组比例为0.1或0.3的策略收益率差距不是很大。市值分组比例似乎对策略的收益率影响不大。

**表2-45　　小市值股票收益率动量策略**

| 市值分组比例 | 收益率分组比例 | 平均持有股票数 | 平均收益率 | *t* 值 | 累积收益率 | 考虑交易成本的累积收益率 |
|---|---|---|---|---|---|---|
| 0.05 | 0.05 | 17.73 | 0.46 | 1.11 | 52.71 | -15.77 |
| 0.05 | 0.10 | 35.46 | 0.65 | 1.61 | 93.10 | 6.64 |
| 0.05 | 0.20 | 71.02 | 0.73 | 1.81 | 111.35 | 16.77 |
| 0.05 | 0.30 | 106.47 | 0.70 | 1.75 | 104.31 | 12.86 |
| 0.1 | 0.05 | 24.63 | 0.45 | 1.11 | 52.53 | -15.87 |

续表

| 市值分组比例 | 收益率分组比例 | 平均持有股票数 | 平均收益率 | $t$ 值 | 累积收益率 | 考虑交易成本的累积收益率 |
|---|---|---|---|---|---|---|
| 0.1 | 0.10 | 49.33 | 0.65 | 1.64 | 93.23 | 6.71 |
| 0.1 | 0.20 | 98.69 | 0.73 | 1.86 | 112.82 | 17.59 |
| 0.1 | 0.30 | 147.96 | 0.67 | 1.72 | 98.82 | 9.82 |
| 0.2 | 0.05 | 35.37 | 0.57 | 1.40 | 74.75 | -3.54 |
| 0.2 | 0.10 | 70.81 | 0.67 | 1.72 | 99.23 | 10.05 |
| 0.2 | 0.20 | 141.61 | 0.72 | 1.86 | 111.35 | 16.77 |
| 0.2 | 0.30 | 212.43 | 0.71 | 1.82 | 107.83 | 14.82 |
| 0.3 | 0.05 | 44.82 | 0.55 | 1.38 | 72.49 | -4.80 |
| 0.3 | 0.10 | 89.69 | 0.59 | 1.50 | 80.45 | -0.38 |
| 0.3 | 0.20 | 179.50 | 0.69 | 1.78 | 103.83 | 12.60 |
| 0.3 | 0.30 | 269.24 | 0.66 | 1.71 | 97.34 | 9.00 |

表 2-46 列出了小市值小交易量股票的动量策略输家组合的收益率情况，其中交易成本也设为 0.5%。在考虑了交易成本之后，所有策略累积收益率均大于 0，其中市值分组比例为 0.2，交易量分组比例为 0.4、收益率分组为 0.1 的策略的累积收益率最高。该策略的平均持有股票数为 23 只，在考虑了 0.5% 的交易成本后，其累积收益率仍然高达 75.31%，而这一时期的上证指数的收益率为 -31.82%。

**表 2-46　小市值小交易量股票收益率动量策略**

| 市值分组比例 | 交易量分组比例 | 收益率分组比例 | 平均持有股票数 | 平均收益率 | $t$ 值 | 累积收益率 | 考虑交易成本的累积收益率 |
|---|---|---|---|---|---|---|---|
| 0.2 | 0.2 | 0.1 | 11.00 | 0.97 | 2.63 | 185.75 | 58.13 |
| 0.2 | 0.2 | 0.2 | 22.00 | 0.87 | 2.43 | 157.62 | 42.49 |
| 0.2 | 0.2 | 0.3 | 33.03 | 0.90 | 2.52 | 165.26 | 46.74 |
| 0.2 | 0.3 | 0.1 | 16.86 | 0.96 | 2.56 | 182.38 | 56.25 |
| 0.2 | 0.3 | 0.2 | 33.88 | 0.99 | 2.73 | 193.74 | 62.57 |
| 0.2 | 0.3 | 0.3 | 50.74 | 0.94 | 2.58 | 177.20 | 53.37 |
| 0.2 | 0.4 | 0.1 | 23.25 | 1.06 | 2.81 | 216.65 | 75.31 |
| 0.2 | 0.4 | 0.2 | 46.65 | 1.04 | 2.82 | 210.00 | 71.62 |
| 0.2 | 0.4 | 0.3 | 69.90 | 0.94 | 2.56 | 176.62 | 53.05 |

续表

| 市值<br>分组比例 | 交易量<br>分组比例 | 收益率<br>分组比例 | 平均持有<br>股票数 | 平均<br>收益率 | $t$ 值 | 累积<br>收益率 | 考虑交易成本的<br>累积收益率 |
|---|---|---|---|---|---|---|---|
| 0.3 | 0.2 | 0.1 | 14.98 | 0.94 | 2.48 | 176.66 | 53.07 |
| 0.3 | 0.2 | 0.2 | 30.08 | 0.89 | 2.42 | 161.35 | 44.56 |
| 0.3 | 0.2 | 0.3 | 45.11 | 0.88 | 2.40 | 157.40 | 42.36 |
| 0.3 | 0.3 | 0.1 | 22.81 | 0.94 | 2.52 | 175.76 | 52.57 |
| 0.3 | 0.3 | 0.2 | 45.73 | 0.93 | 2.56 | 174.25 | 51.73 |
| 0.3 | 0.3 | 0.3 | 68.58 | 0.87 | 2.39 | 155.14 | 41.11 |
| 0.3 | 0.4 | 0.1 | 30.89 | 0.95 | 2.51 | 178.14 | 53.89 |
| 0.3 | 0.4 | 0.2 | 61.91 | 0.95 | 2.57 | 180.02 | 54.94 |
| 0.3 | 0.4 | 0.3 | 92.83 | 0.87 | 2.38 | 156.47 | 41.85 |
| 0.4 | 0.2 | 0.1 | 18.54 | 0.96 | 2.55 | 182.34 | 56.23 |
| 0.4 | 0.2 | 0.2 | 37.19 | 0.88 | 2.41 | 159.25 | 43.39 |
| 0.4 | 0.2 | 0.3 | 55.71 | 0.88 | 2.42 | 157.94 | 42.67 |
| 0.4 | 0.3 | 0.1 | 28.20 | 0.90 | 2.42 | 163.54 | 45.77 |
| 0.4 | 0.3 | 0.2 | 56.45 | 0.87 | 2.39 | 156.53 | 41.88 |
| 0.4 | 0.3 | 0.3 | 84.63 | 0.83 | 2.29 | 144.19 | 35.03 |
| 0.4 | 0.4 | 0.1 | 37.93 | 0.92 | 2.42 | 167.85 | 48.17 |
| 0.4 | 0.4 | 0.2 | 75.98 | 0.90 | 2.42 | 163.23 | 45.60 |
| 0.4 | 0.4 | 0.3 | 113.82 | 0.83 | 2.26 | 144.23 | 35.04 |

#### 2.3.2.4 结论

这里进一步对动量策略进行了分析，主要从如下几个方面进行扩展：①考虑投资期限最短为 1 周的动量策略；②考虑不同市值规模的股票动量策略；③考虑不同市值规模股票中不同交易量的股票动量策略。发现：在全样本下，沪、深 A 股更多的是体现出收益率反转的特征，其中短期反转现象特别明显；在利用市值规模对沪、深 A 股进行分组后，小市值规模的股票表现出明显的反转特征，而大市值规模的股票则没那么明显，仅表现出短期反转特征；在同时利用市值规模和交易量规模对对沪、深 A 股进行分组后，小市值股票表现出明显的反转特征，大市值股票则表现出明显的动量特征。将样本分为股改前和股改后，则小市值股票在股改前和股改后仍然表现出明显反转特征，而大市值股票在股改前有明显动量特征，而股改后则是明显反转特征。在现阶段的样本外数据下，小市值股票仍然具有明显短期反转特征，利用该特点，利用市值和交易量构造收益率动量策略，发现在 2009 年 8 月 3 日到 2011 年 12 月 2 日，其累积收益率仍然高达 75.31%，而这一时期上证指数收益率为 -31.82%。

## 2.3.3 风格动量策略

### 2.3.3.1 研究背景

所谓股票风格，指某一些股票具有某种共同的属性，使得该类股票与其他股票相区别，且同一风格股票的收益表现具有较强的相关性，而不同风格股票的收益相关性较低。

风格的产生可能是由基本因素与心理现象等多种因素共同引起的。一种观点认为，投资者对事件的反应不是无偏的，经常会出现过度反应或者反应不足，常常由此及彼，这种反应在某一相同属性的股票上，形成同一风格内股票的联动现象。另一种观点认为，具有相同属性的公司对宏观经济或者行业变动具有相似的因素敏感性，对经济环境和经营环境变化的反应也具有趋同性，也会反映在股价的同涨同跌上。这两种观点都表明，同种风格股票的收益率是高度相关的。Barberis 和 Shleifer (2003) 指出，股票进入某个主要指数，通常会随着指数协动。

正是基于股票的这种风格特性，风格投资，比如轮流投资于小规模和大规模股票、成长股与价值股之间的策略，在证券市场中扮演着重要的角色，在基金等大型机构投资者的投资活动中占据重要地位，Sharpe（1992）对美国证券市场的几个共同基金 1985 年 1 月至 1989 年 12 月的业绩进行了详细的研究，结果表明，大约 90% 的投资组合收益都归功于某种投资风格，而只有 10% 的收益来源于个股选择。Chan、Karceski 和 Lakonishok（2003）也发现市值规模、账面市值比能够有效刻画美国证券市场绝大多数共同基金的投资风格，共同基金利用大/小市值和成长股/价值股风格收益表现存在交替领先的现象来获利。

Barberis 和 Shleifer（2003）认为，许多投资者根据不同类型风格股票的历史表现来选择交易某类风格的股票，通常是买入前期表现好的一类风格股票而卖出前期表现差的一类风格股票。利用股票的风格特性和投资者的特征，他们构造一个风格投资模型，模型结果显示，风格投资者和基本因素交易者之间相互作用能够产生多种序列相关及交叉序列相关模式，表现为短期的收益动量和长期的收益反转，即过去表现好的风格组合（赢家）在未来一段时期能持续战胜过去表现差的风格组合（输家），并驱动证券价格逐渐偏离价值，最终导致风格反转。可见，合适的风格动量策略能使投资者获利，因此，对风格动量侧路的研究也引起了学者们的兴趣。Lewellen（2002）以1941年至1999年NYSE、AMEX和NASDAQ所有上市公司为样本，考察了基于行业、规模及账面市值比的风格动量策略，他采用了与Lo和MacKinlay（1990）反转策略类似的研究设计，实证发现基于行业、规模或账面市值比的风格组合也能够获得显著的动量策略收益，个股动量和行业动量都不能解释规模和账面市值比风格组合的动量。Chen和De Bondt（2004）按规模、账面市值比与是否分红将S&P500指数成分股划分为10种风格组合，实证发现各风格组合存在明显的风格轮动现象或交替领先现象，与个股价格动量结果类似，风格动量策略在3～12个月的中期同样获得了显著为正的超额收益，其中组合形成期为12个月的风格动量策略最为显著，当组合持有期超过2年时，动量收益逐渐消失。Teo和Woo（2004）利用CRSP个股及共同基金数据进行了实证研究，结果发现基于复合风格组合的动量策略能够获得超额收益，而且独立于行业动量及个股动量，而有长期（2年）净现金流入的输家风格组合在未来2年发生显著反转，并且这种风格反转效应能够持续到未来2年以上。

国内关于风格动量策略的研究不多，肖峻（2006）利用1995年4月至2004年6月的股票收益率数据和1994年至2003年的上市公司财务数据，检验了中国股市基于风格投资的风格动量。结果表明，以规模和收入价格比以及规模和账面市值比进行风格划分，国内股市存在显著的中期风格动量，风格动量策略对于大型机构投资者具备实际可操作性，传统风险因子对风格动量缺乏解释力，风格动量反映了股价的可预测性。王志强和张增文（2007）考虑到肖峻（2006）采用的检验方法中存在一些值得商榷的地方，如风格组合分组周期问题、股票持有期收益率计算问题、风格组合收益率计算问题和样本选择的存活偏差问题，认为有必要重新检验风格动量是否存在，通过采用更为合理的检验方法和相同的样本发现，没有证据表明中国股市存在风格动量。

本部分将严格按照Chen和De Bondt（2004）的方法，利用市值规模、账面市值比和公司盈利划分上市公司的风格特征，通过研究沪、深A股所有上市公司1999年5月至2012年1月的历史数据，重新审视中国A股市场的风格动量问题，并分析各个阶段和不同时期风格动量策略的风险和收益，望能为实际投资提供指导。

#### 2.3.3.2 样本与方法

本部分的研究样本为1999年5月至2012年1月中国A市场绝大多数股票，但剔除了金融服务类公司，收益率数据和相关财务数据来自于Wind。每年4月底，将样本股票划分为10个风格组合，划分的指标为盈利、市值和账面市值比。上一年无盈利的公司划分为组合0，每年平均大约有10%的公司没有盈利。其他公司则按4月底的市值和上一年年底的账面市值比进行独立交叉平均分组成9个组合，账面值小于0的公司从样本中剔除。因此，这10个分组组合分别是无盈利公司股票组合、小盘价值股、小盘混合股、小盘成长股、中盘价值股、中盘混合股、中盘成长股、大盘价值股、大盘混合股、大盘成长股。

表2-47展示的是不进行风格转换的被动风格策略的表现，列出了从1999年5月至2012年1月持续持有某种特定风格组合时的流通市值加权收益率的时间序列均值和标准差，均值表明某种特定风格组合的收益大小，而标准差则表明了其择时风险。与其他文献的结果一样，各种风格组合之间的收益率存在显著差别。总的来说，大公司和成长性公司的股票收益率低、风险小；而小盘股和价值股的收益率高、风险大；无盈利公司的股票的收益率不是最低的，也不是最高的，但其风险却是最高的，其标准差达到每月11.29%。从全样本来看，大盘成长股的月平均收益率为0.81%，表现最差，标准差为9.46%，风险最小；而小盘价值股的表现最好，平均每月有1.86%的收益率，标准差为10.86%，仅次于无盈利公司的股票。账面市值比相近的小盘股和大盘股的收益差距为每月0.54%~0.81%，标准差差距为每月0.74%~1.06%，而市值相近的价值股和成长股的收益差距为每月0.24%~0.51%，风险差距为每月0.35%~0.5%。上述规律在不同子样本略有差异，比如在第一个子样本中，收益率最高的是大盘价值股，月平均收益率为0.33%，而标准差为7.86%，比小盘股的风险还低；在第三个样本中，表现最好的是大盘成长股，平均每月的收益率为0.14%，同时风险也居中，每月为7.93%。可见，进行积极的风格管理，将获得更高的收益。

表2-47还报告了风格组合中股票截面标准差的时间序列平均值。该指标反映了风格组合中选取股票的风险，可以看出，除了无盈利股票，大盘成长股的选择最难，截面标准差达到10.28%，而大盘价值股的选择最易，也有8.43%。总的规律是市值相近的情况下，成长股的选取难度最大，混合的次之，而价值股最易，该规律在各个子样本中仍然成立。

图 2－40 显示了小盘价值股和大盘成长股在各个季度的收益率情况，图 2－41 显示了小盘股和价值股在各个季度的溢价情况，其中小盘股溢价是小盘价值股、小盘混合股和小盘成长股流通市值加权收益率平均值减去大盘价值股、大盘混合股和大盘成长股流通市值加权收益率平均值，而价值股溢价则是小盘价值股、中盘价值股和大盘价值股流通市值加权收益率平均值减去小盘成长股、中盘成长股和大盘成长股流通市值加权收益率平均值。

**表 2－47　　被动风格策略的收益和风险**

| | 1999.05～2012.01 | | | 1999.05～2005.04 | | | 2005.05～2010.04 | | | 2010.05～2012.01 | | |
|---|---|---|---|---|---|---|---|---|---|---|---|---|
| 风格组合 | 均值 | 标准差 | 截面标准差 | 均值 | 标准差 | 截面标准差 | 均值 | 标准差 | 截面标准差 | 均值 | 标准差 | 截面标准差 |
| 无盈利 | 1.28 | 11.29 | 11.42 | －0.16 | 9.17 | 9.47 | 3.76 | 13.92 | 14.23 | －0.85 | 8.31 | 10.06 |
| 小盘价值 | 1.86 | 10.86 | 8.53 | 0.32 | 8.07 | 6.88 | 4.61 | 13.83 | 10.63 | －0.75 | 7.88 | 8.16 |
| 小盘混合 | 1.78 | 10.42 | 9.24 | 0.17 | 8.02 | 7.15 | 4.55 | 12.96 | 11.72 | －0.59 | 7.96 | 9.28 |
| 小盘成长 | 1.62 | 10.51 | 10.12 | 0.08 | 8.35 | 8.14 | 4.23 | 12.95 | 12.64 | －0.51 | 8.01 | 9.72 |
| 中盘价值 | 1.53 | 10.33 | 8.61 | 0.13 | 7.49 | 7.02 | 4.13 | 13.22 | 10.83 | －1.12 | 7.86 | 7.73 |
| 中盘混合 | 1.43 | 10.19 | 9.16 | 0.11 | 8.10 | 7.35 | 3.83 | 12.46 | 11.47 | －0.88 | 8.31 | 8.79 |
| 中盘成长 | 1.09 | 9.85 | 9.69 | －0.40 | 7.71 | 8.27 | 3.56 | 12.12 | 11.58 | －0.87 | 7.87 | 9.16 |
| 大盘价值 | 1.32 | 9.96 | 8.43 | 0.33 | 7.86 | 6.96 | 3.19 | 12.75 | 10.47 | －0.66 | 6.11 | 7.61 |
| 大盘混合 | 1.13 | 9.68 | 9.00 | 0.13 | 7.28 | 7.53 | 3.08 | 12.23 | 10.94 | －0.99 | 7.93 | 8.5 |
| 大盘成长 | 0.81 | 9.46 | 10.28 | －0.60 | 8.42 | 9.17 | 2.74 | 10.85 | 11.89 | 0.14 | 7.93 | 9.5 |

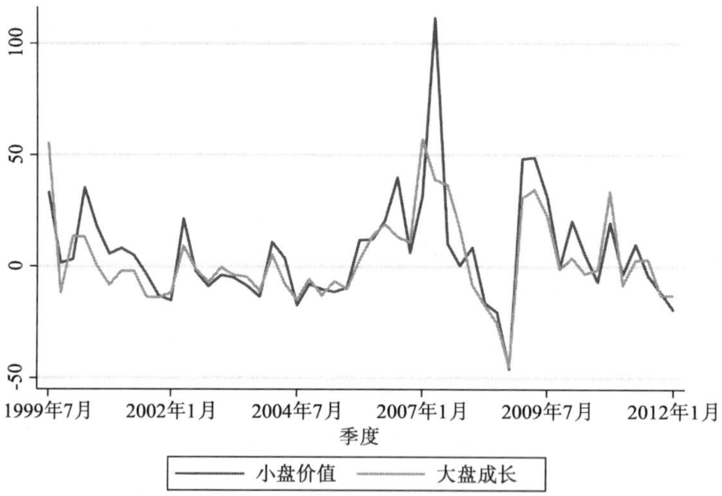


图 2－40　两种风格组合的收益率

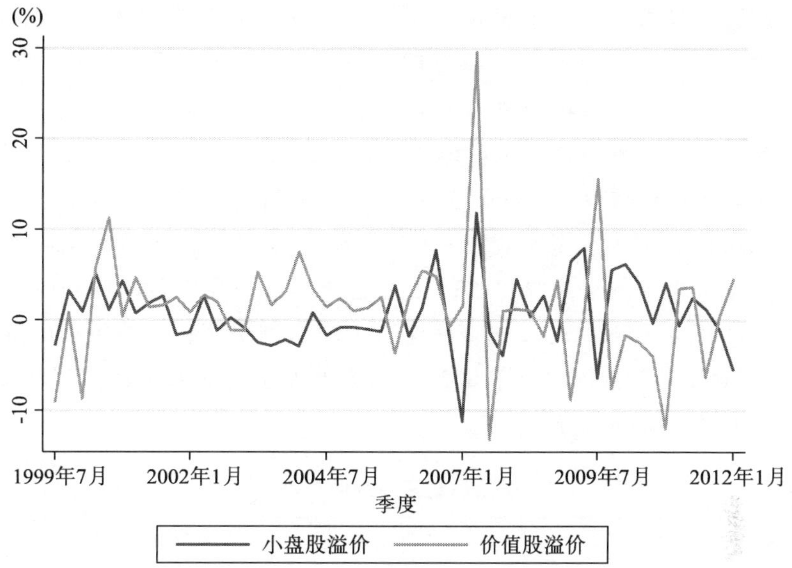


图 2-41　小盘股溢价和价值股溢价

上述表与图所展示的收益率可以解释为：任何个股在某个时点必要收益率由一些可以观察到的公司风格特征所决定。如果风格相近的公司收益率受到相同经济状态变量的影响，那么股票预期收益率可用其所在风格组合平均收益率来估计。

上述历史数据分析是根据市值大小和账面市值比大小划分的风格，所划分风格的个数总共为 10 个。实际上划分风格的指标和风格划分的个数都是值得进一步讨论的问题，读者们可以根据自己的偏好来选择指标和划分风格组合的个数，但最好不要使得划分的各个风格组合中的股票数太少，或者风格组合内的股票收益率的截面标准差太大。本研究这里采用的划分标准主要是参照 Chen 和 De Bondt (2004)。

#### 2.3.3.3　实证分析

如果风格周期存在，那么通过购买公司特质受追捧的股票，卖空遭冷遇的股票就能获利。为此本研究探索一些这样的策略，在每个月，按照流通市值加权的平均收益率在过去 1 个月、3 个月、6 个月、9 个月、12 个月的累积收益率对上述划分的 10 个组合进行排序，购买累积收益率排名前一二位的风格组合内的股票，而卖空排名倒数一二位的风格组合内的股票，检验这样的投资组合在接下来的 1 个月、3 个月、6 个月、9 个月、12 个月、24 个月、60 个月的平均收益率表现情况。为了检验这样的投资策略是否有显著收益率，采用重叠法，由于其投资组合的构造频繁，可以提高检验的效率。在检验期（持有期），收益率的计算采用所持有股票普通平均收益率，其比较基准为市场的普通平均收益率。

表 2-48 给出了输者组合和赢者组合超过基准收益率的平均收益率和对冲组合的平均收益率。表中形成期和持有期为 1 个月的策略中，输家组合的月平均收益率小于市场基准组合 0.64%，其 t 值为 -3.38，说明输家组合的月平均收益率非常显著地小于市场基准组合的平均收益率；赢家组合的月平均收益率则超过市场基准组合 0.33%，其 t 值为 1.90，比较显著地高于市场基准组合；对冲组合的月平均收益率为 0.97%，为赢家组合的收益率 0.33% 减去输家组合的收益率 -0.64%，其 t 值也显示该组合收益率显著大于 0。

**表 2-48　　风格动量策略的收益率**

| | | 1 个月 | 3 个月 | 6 个月 | 9 个月 | 12 个月 | 24 个月 | 60 个月 |
|---|---|---|---|---|---|---|---|---|
| 1 个月 | 输家 | -0.64 | -0.23 | -0.12 | -0.21 | -0.20 | -0.14 | -0.10 |
| | | -3.38 | -1.93 | -1.18 | -2.39 | -2.42 | -2.05 | -1.74 |
| | 赢家 | 0.33 | 0.06 | 0.03 | 0.08 | 0.11 | 0.04 | 0.01 |
| | | 1.90 | 0.72 | 0.50 | 1.39 | 2.10 | 0.87 | 0.34 |
| | 对冲 | 0.97 | 0.30 | 0.15 | 0.29 | 0.31 | 0.18 | 0.11 |
| | | 2.84 | 1.66 | 1.09 | 2.27 | 2.72 | 1.91 | 1.47 |
| 3 个月 | 输家 | -0.06 | -0.06 | -0.04 | -0.17 | -0.16 | -0.11 | -0.06 |
| | | -0.31 | -0.44 | -0.30 | -1.80 | -1.64 | -1.26 | -0.95 |
| | 赢家 | 0.02 | 0.01 | 0.01 | 0.13 | 0.13 | 0.07 | 0.04 |
| | | 0.14 | 0.05 | 0.14 | 1.59 | 1.64 | 0.97 | 0.65 |
| | 对冲 | 0.08 | 0.07 | 0.05 | 0.30 | 0.29 | 0.18 | 0.10 |
| | | 0.26 | 0.29 | 0.25 | 1.89 | 1.82 | 1.23 | 0.90 |
| 6 个月 | 输家 | -0.11 | -0.01 | -0.16 | -0.27 | -0.21 | -0.17 | -0.09 |
| | | -0.62 | -0.04 | -1.32 | -2.55 | -1.85 | -1.57 | -1.25 |
| | 赢家 | 0.09 | -0.05 | 0.16 | 0.24 | 0.20 | 0.17 | 0.08 |
| | | 0.66 | -0.35 | 1.44 | 2.45 | 2.02 | 1.88 | 1.01 |
| | 对冲 | 0.20 | -0.05 | 0.32 | 0.52 | 0.41 | 0.34 | 0.17 |
| | | 0.72 | -0.16 | 1.49 | 2.69 | 2.05 | 1.79 | 1.21 |

续表

| | | 1个月 | 3个月 | 6个月 | 9个月 | 12个月 | 24个月 | 60个月 |
|---|---|---|---|---|---|---|---|---|
| 9 | 输家 | -0.11 | -0.09 | -0.25 | -0.27 | -0.22 | -0.16 | -0.09 |
| | | -0.57 | -0.53 | -1.79 | -2.13 | -1.71 | -1.30 | -1.02 |
| | 赢家 | 0.28 | 0.20 | 0.27 | 0.25 | 0.22 | 0.18 | 0.06 |
| | | 1.67 | 1.48 | 2.15 | 2.18 | 1.95 | 1.88 | 0.72 |
| | 对冲 | 0.39 | 0.29 | 0.52 | 0.52 | 0.44 | 0.34 | 0.14 |
| | | 1.22 | 1.09 | 2.20 | 2.38 | 2.01 | 1.68 | 0.97 |
| 12 | 输家 | -0.25 | -0.25 | -0.29 | -0.32 | -0.29 | -0.22 | -0.15 |
| | | -1.32 | -1.53 | -2.03 | -2.37 | -2.07 | -1.64 | -1.54 |
| | 赢家 | 0.41 | 0.26 | 0.25 | 0.29 | 0.26 | 0.22 | 0.09 |
| | | 3.20 | 1.92 | 1.92 | 2.42 | 2.26 | 1.95 | 1.07 |
| | 对冲 | 0.66 | 0.51 | 0.54 | 0.61 | 0.55 | 0.44 | 0.25 |
| | | 2.33 | 1.86 | 2.14 | 2.58 | 2.31 | 1.91 | 1.44 |

从以上所有策略结果可以发现，输家组合的超额收益率均为负，而赢家组合的超额收益率为正，因此，对冲组合基本都有正的平均收益率，而且多数策略对冲组合的收益率显著为正。这说明中国A股市场存在比较明显的风格动量特征，其中形成期和持有期为1个月的风格动量最为明显，持有期特别长的话，风格动量已不再显著。

为了保证结果的稳健性，本文进行一些稳健性的检验，比如使策略的形成期和持有期相隔1个月，以及股票的选择中选择购买近期表现最好的前4个组合的股票而卖空近期表现最差的后4个组合的股票。

表2-49列出了形成期和持有期间隔1个月的风格动量策略的收益率情况，从该表中也很清楚地看到风格动量的特征。与表2-48结果不同的是，形成期为1个月和持有期为1个月或3个月的策略的对冲组合的收益率不再显著为正；与表2-48结果相同的是，持有期特别长的话风格动量特征不再明显。值得注意的是形成期和持有期为1个月的策略，在形成期和持有期间隔1个月的情况下，其输者组合具有正的收益率，而赢者组合具有显著的负收益率，两个组合都发生了收益率的反转，因此，对冲组合具有显著的负收益率，这也进一步说明了在形成期和持有期为1个月且无间隔时的风格动量具有最好的效果。

表 2-49　风格动量策略的收益率（形成期和持有期间隔 1 个月）

| | | 1 个月 | 3 个月 | 6 个月 | 9 个月 | 12 个月 | 24 个月 | 60 个月 |
|---|---|---|---|---|---|---|---|---|
| 1 个月 | 输家 | 0.17 | 0.07 | 0.01 | -0.11 | -0.07 | -0.04 | -0.01 |
| | | 0.95 | 0.51 | 0.07 | -1.07 | -0.69 | -0.49 | -0.13 |
| | 赢家 | -0.35 | -0.06 | -0.02 | 0.06 | 0.06 | 0.01 | -0.01 |
| | | -2.41 | -0.73 | -0.31 | 0.91 | 1.11 | 0.11 | -0.24 |
| | 对冲 | -0.52 | -0.13 | -0.03 | 0.16 | 0.13 | 0.05 | 0.00 |
| | | -1.77 | -0.69 | -0.18 | 1.12 | 0.94 | 0.38 | -0.01 |
| 3 个月 | 输家 | -0.04 | -0.05 | -0.13 | -0.23 | -0.17 | -0.15 | -0.09 |
| | | -0.24 | -0.35 | -1.23 | -2.62 | -1.85 | -1.76 | -1.48 |
| | 赢家 | -0.03 | -0.03 | 0.10 | 0.17 | 0.14 | 0.11 | 0.07 |
| | | -0.18 | -0.23 | 0.98 | 2.43 | 2.00 | 1.59 | 1.29 |
| | 对冲 | 0.01 | 0.02 | 0.23 | 0.40 | 0.31 | 0.25 | 0.16 |
| | | 0.04 | 0.08 | 1.25 | 2.94 | 2.17 | 1.84 | 1.60 |
| 6 个月 | 输家 | 0.12 | -0.03 | -0.25 | -0.28 | -0.22 | -0.18 | -0.10 |
| | | 0.63 | -0.21 | -2.13 | -2.62 | -1.95 | -1.62 | -1.37 |
| | 赢家 | -0.18 | -0.01 | 0.26 | 0.26 | 0.21 | 0.19 | 0.09 |
| | | -1.07 | -0.04 | 2.32 | 2.65 | 2.05 | 2.12 | 1.16 |
| | 对冲 | -0.30 | 0.03 | 0.51 | 0.54 | 0.43 | 0.36 | 0.19 |
| | | -0.94 | 0.10 | 2.42 | 2.80 | 2.11 | 1.93 | 1.35 |
| 9 个月 | 输家 | -0.06 | -0.12 | -0.26 | -0.24 | -0.18 | -0.12 | -0.05 |
| | | -0.30 | -0.68 | -1.81 | -1.79 | -1.32 | -0.90 | -0.50 |
| | 赢家 | 0.10 | 0.19 | 0.24 | 0.23 | 0.19 | 0.16 | 0.03 |
| | | 0.63 | 1.40 | 1.88 | 1.94 | 1.63 | 1.53 | 0.39 |
| | 对冲 | 0.16 | 0.32 | 0.50 | 0.47 | 0.37 | 0.27 | 0.08 |
| | | 0.51 | 1.10 | 2.05 | 2.03 | 1.59 | 1.26 | 0.49 |
| 12 | 输家 | -0.22 | -0.26 | -0.31 | -0.32 | -0.27 | -0.22 | -0.15 |
| | | -1.25 | -1.48 | -2.23 | -2.35 | -1.93 | -1.66 | -1.47 |
| | 赢家 | 0.27 | 0.14 | 0.23 | 0.25 | 0.23 | 0.20 | 0.07 |
| | | 1.79 | 0.88 | 1.69 | 2.15 | 1.90 | 1.73 | 0.81 |
| | 对冲 | 0.49 | 0.40 | 0.54 | 0.57 | 0.50 | 0.42 | 0.22 |
| | | 1.65 | 1.27 | 2.11 | 2.41 | 2.05 | 1.81 | 1.27 |

表2－50和表2－51列出了投资组合数为4个的情况，其结果与表2－48和表2－49是基本一致的，风格动量特征都非常明显。在形成期和持有期无间隔的情况下，形成期和持有期为1个月的风格动量策略效果最好；而形成期和持有期间隔1个月的情况下，形成期或持有期为1个月的策略的对冲组合都没有显著的正收益率；持有期特别长时，风格动量特征消失。

**表2－50　　风格动量策略的收益率（组合数为4）**

| | | 1个月 | 3个月 | 6个月 | 9个月 | 12个月 | 24个月 | 60个月 |
|---|---|---|---|---|---|---|---|---|
| 1个月 | 输家 | -0.39 | -0.10 | -0.05 | -0.11 | -0.11 | -0.07 | -0.05 |
| | | -3.13 | -1.45 | -0.94 | -2.01 | -2.31 | -1.73 | -1.35 |
| | 赢家 | 0.27 | 0.05 | 0.02 | 0.06 | 0.08 | 0.06 | 0.02 |
| | | 2.25 | 0.98 | 0.52 | 1.65 | 2.21 | 1.87 | 0.92 |
| | 对冲 | 0.66 | 0.15 | 0.08 | 0.17 | 0.19 | 0.13 | 0.07 |
| | | 2.78 | 1.29 | 0.80 | 1.94 | 2.37 | 1.87 | 1.24 |
| 3个月 | 输家 | -0.13 | 0.02 | 0.01 | -0.09 | -0.10 | -0.07 | -0.03 |
| | | -1.13 | 0.19 | 0.11 | -1.51 | -1.64 | -1.23 | -0.77 |
| | 赢家 | 0.14 | -0.01 | 0.02 | 0.10 | 0.10 | 0.07 | 0.03 |
| | | 1.30 | -0.15 | 0.26 | 1.76 | 1.85 | 1.39 | 0.76 |
| | 对冲 | 0.27 | -0.03 | 0.01 | 0.19 | 0.20 | 0.14 | 0.07 |
| | | 1.26 | -0.18 | 0.06 | 1.68 | 1.79 | 1.33 | 0.78 |
| 6个月 | 输家 | -0.12 | -0.05 | -0.17 | -0.24 | -0.21 | -0.18 | -0.11 |
| | | -1.07 | -0.46 | -1.75 | -2.95 | -2.53 | -2.33 | -1.73 |
| | 赢家 | 0.07 | 0.07 | 0.17 | 0.22 | 0.19 | 0.16 | 0.09 |
| | | 0.73 | 0.67 | 1.94 | 3.02 | 2.59 | 2.36 | 1.56 |
| | 对冲 | 0.19 | 0.12 | 0.33 | 0.45 | 0.39 | 0.34 | 0.20 |
| | | 0.96 | 0.57 | 1.87 | 3.03 | 2.60 | 2.38 | 1.68 |
| 9个月 | 输家 | -0.25 | -0.21 | -0.25 | -0.28 | -0.25 | -0.21 | -0.13 |
| | | -1.92 | -1.84 | -2.52 | -2.89 | -2.63 | -2.33 | -1.81 |
| | 赢家 | 0.20 | 0.17 | 0.19 | 0.19 | 0.18 | 0.15 | 0.06 |
| | | 1.63 | 1.72 | 2.06 | 2.18 | 2.03 | 1.91 | 0.89 |
| | 对冲 | 0.45 | 0.38 | 0.44 | 0.46 | 0.43 | 0.36 | 0.19 |
| | | 1.85 | 1.84 | 2.37 | 2.63 | 2.41 | 2.19 | 1.43 |

续表

| | | 1 个月 | 3 个月 | 6 个月 | 9 个月 | 12 个月 | 24 个月 | 60 个月 |
|---|---|---|---|---|---|---|---|---|
| 12 个月 | 输家 | -0.31 | -0.20 | -0.21 | -0.24 | -0.23 | -0.20 | -0.12 |
| | | -2.63 | -1.69 | -1.89 | -2.26 | -2.21 | -2.04 | -1.57 |
| | 赢家 | 0.23 | 0.16 | 0.18 | 0.21 | 0.21 | 0.19 | 0.10 |
| | | 2.10 | 1.47 | 1.74 | 2.20 | 2.23 | 2.21 | 1.40 |
| | 对冲 | 0.54 | 0.36 | 0.39 | 0.44 | 0.43 | 0.39 | 0.22 |
| | | 2.51 | 1.63 | 1.86 | 2.28 | 2.26 | 2.16 | 1.51 |

**表 2-51 风格动量策略的收益率（组合数为 4，形成期和持有期间隔 1 个月）**

| | | 1 个月 | 3 个月 | 6 个月 | 9 个月 | 12 个月 | 24 个月 | 60 个月 |
|---|---|---|---|---|---|---|---|---|
| 1 个月 | 输家 | 0.23 | 0.11 | 0.03 | -0.04 | -0.03 | -0.01 | 0.01 |
| | | 2.18 | 1.31 | 0.44 | -0.75 | -0.50 | -0.15 | 0.17 |
| | 赢家 | -0.22 | -0.10 | -0.05 | 0.02 | 0.03 | 0.02 | -0.01 |
| | | -2.49 | -1.45 | -0.88 | 0.56 | 0.70 | 0.49 | -0.22 |
| | 对冲 | -0.45 | -0.21 | -0.07 | 0.06 | 0.06 | 0.03 | -0.01 |
| | | -2.44 | -1.41 | -0.66 | 0.68 | 0.60 | 0.31 | -0.20 |
| 3 个月 | 输家 | 0.05 | 0.06 | -0.04 | -0.12 | -0.09 | -0.08 | -0.05 |
| | | 0.49 | 0.58 | -0.51 | -2.19 | -1.60 | -1.60 | -1.32 |
| | 赢家 | -0.08 | -0.08 | 0.05 | 0.12 | 0.09 | 0.08 | 0.04 |
| | | -0.71 | -0.84 | 0.70 | 2.28 | 1.63 | 1.79 | 1.07 |
| | 对冲 | -0.13 | -0.14 | 0.09 | 0.24 | 0.18 | 0.17 | 0.10 |
| | | -0.63 | -0.72 | 0.62 | 2.32 | 1.66 | 1.73 | 1.21 |
| 6 | 输家 | -0.02 | -0.07 | -0.23 | -0.26 | -0.22 | -0.19 | -0.12 |
| | | -0.16 | -0.59 | -2.56 | -3.17 | -2.61 | -2.47 | -1.82 |
| | 赢家 | 0.00 | 0.13 | 0.23 | 0.24 | 0.20 | 0.18 | 0.10 |
| | | -0.01 | 1.26 | 2.69 | 3.19 | 2.59 | 2.48 | 1.61 |
| | 对冲 | 0.02 | 0.21 | 0.47 | 0.49 | 0.42 | 0.37 | 0.22 |
| | | 0.09 | 0.93 | 2.66 | 3.23 | 2.64 | 2.51 | 1.74 |

续表

| | | 1 个月 | 3 个月 | 6 个月 | 9 个月 | 12 个月 | 24 个月 | 60 个月 |
|---|---|---|---|---|---|---|---|---|
| 9 | 输家 | -0.15 | -0.20 | -0.25 | -0.26 | -0.22 | -0.18 | -0.10 |
| | | -1.11 | -1.76 | -2.44 | -2.70 | -2.27 | -2.04 | -1.43 |
| | 赢家 | 0.18 | 0.16 | 0.17 | 0.18 | 0.16 | 0.14 | 0.04 |
| | | 1.78 | 1.54 | 1.90 | 2.04 | 1.76 | 1.72 | 0.65 |
| | 对冲 | 0.33 | 0.37 | 0.42 | 0.44 | 0.38 | 0.32 | 0.14 |
| | | 1.43 | 1.69 | 2.23 | 2.44 | 2.06 | 1.93 | 1.08 |
| 12 | 输家 | -0.18 | -0.14 | -0.20 | -0.22 | -0.20 | -0.18 | -0.10 |
| | | -1.40 | -1.07 | -1.77 | -2.06 | -1.93 | -1.89 | -1.39 |
| | 赢家 | 0.16 | 0.11 | 0.17 | 0.20 | 0.19 | 0.19 | 0.09 |
| | | 1.36 | 0.94 | 1.66 | 2.16 | 1.99 | 2.12 | 1.25 |
| | 对冲 | 0.33 | 0.25 | 0.37 | 0.42 | 0.39 | 0.37 | 0.19 |
| | | 1.43 | 1.03 | 1.75 | 2.15 | 2.00 | 2.04 | 1.34 |

#### 2.3.3.4 策略的风险与收益

一些指标可以用来直接衡量风格动量策略的风险和收益。比如夏普（Sharpe）比率，衡量投资组合承担单位风险（包括系统风险和非系统风险）所获得的超额收益，越大越好。特雷诺（Treynor）指数，衡量单位系统风险的超额收益。M2 测度，在夏普比率的基础上乘以比较基准的收益标准差，这样和收益率处于相同的量纲。詹森（Jensen）系数，投资组合的收益率与证券市场线上相同风险值的投资组合的收益率之差。如果其詹森系数为正，说明该投资组合的投资收益优于市场投资组合；反之，则说明该投资组合的投资收益低于市场投资组合。信息比率（Information Ratio）考察投资组合承受偏离指数风险时能增加多少超过指数的收益，衡量组合承担非系统风险所带来的额外收益的能力。信息比率越高，意味着该投资组合提供稳定回报的能力越强。Stutzer 指数：由于夏普比率在非正态收益分布以及负值的情况下存在缺陷，Stutzer 指数可以综合偏度和峰度校正夏普比率的缺陷。表 2-52 列出了风格动量策略在各个时期的平均收益率、标准差、贝塔系数、夏普比率、特雷诺指数、M2 测度、詹森系数、信息比率和 Stutzer 指数，其中以上证指数为基准。利用各个指标比较投资组合的优劣，发现不管哪个时间段，对冲组合有最小的标准差、贝塔系数和最大的特雷诺指数；全样本下，对冲组合有最大的夏普比率、M2 测度和 Stutzer 指数；而赢家组合有最大的平均收益率、詹森系数和信息比率。股改前，对冲组合在所有的指标上均优于赢者组合；股改后或者股改后到 2009 年的这段时间，赢者组合在除标准差、贝塔系数和特雷诺指数外的其他指标上均占优。近两年，赢家组合除了在詹森系数和信息比率上战胜对冲组合，在其他指标上均劣于对冲组合。

**表 2－52　　风格动量策略的风险与收益**

| | 收益率 | 标准差 | 贝塔系数 | 夏普比率 | 特雷诺指数 | M2 测度 | 詹森系数 | 信息比率 | Stutzer 指数 |
|---|---|---|---|---|---|---|---|---|---|
| 上证指数 | 0.74 | 8.47 | | 0.0874 | | | | | 0.0039 |
| 输者组合 | 0.74 | 9.93 | 0.94 | 0.0749 | 0.0079 | －0.0011 | 0.0005 | 0.0006 | 0.0028 |
| 赢者组合 | 2.20 | 10.81 | 1.07 | 0.2039 | 0.0207 | 0.0099 | 0.0141 | 0.2448 | 0.0215 |
| 对冲组合 | 1.46 | 5.53 | 0.13 | 0.2639 | 0.1162 | 0.0149 | 0.0137 | 0.0784 | 0.0369 |
| 股改前（1999 年 6 月至 2005 年 5 月） | | | | | | | | | |
| 上证指数 | －0.04 | 6.91 | | －0.0054 | | | | | 0.0000 |
| 输者组合 | －0.93 | 7.75 | 0.98 | －0.1197 | －0.0095 | －0.0079 | －0.0089 | －0.2360 | 0.0000 |
| 赢者组合 | 0.45 | 8.10 | 1.08 | 0.0550 | 0.0041 | 0.0042 | 0.0049 | 0.1488 | 0.0016 |
| 对冲组合 | 1.37 | 4.67 | 0.10 | 0.2940 | 0.1412 | 0.0207 | 0.0138 | 0.1819 | 0.0430 |
| 股改后（2005 年 6 月至 2012 年 1 月） | | | | | | | | | |
| 上证指数 | 1.44 | 9.65 | | 0.1492 | | | | | 0.0110 |
| 输者组合 | 2.25 | 11.38 | 0.91 | 0.1975 | 0.0248 | 0.0047 | 0.0094 | 0.1104 | 0.0197 |
| 赢者组合 | 3.78 | 12.60 | 1.05 | 0.3003 | 0.0362 | 0.0146 | 0.0228 | 0.3103 | 0.0458 |
| 对冲组合 | 1.54 | 6.23 | 0.14 | 0.2465 | 0.1107 | 0.0094 | 0.0134 | 0.0093 | 0.0332 |
| 2005 年 6 月至 2009 年 12 月 | | | | | | | | | |
| 上证指数 | 2.67 | 10.81 | | 0.2468 | | | | | 0.0294 |
| 输者组合 | 3.63 | 12.63 | 0.87 | 0.2876 | 0.0416 | 0.0044 | 0.0130 | 0.1133 | 0.0411 |
| 赢者组合 | 5.44 | 14.13 | 1.02 | 0.3848 | 0.0530 | 0.0149 | 0.0270 | 0.3156 | 0.0738 |
| 对冲组合 | 1.80 | 7.15 | 0.15 | 0.2522 | 0.1189 | 0.0006 | 0.0140 | －0.0750 | 0.0347 |
| 2010 年 1 月至 2012 年 1 月 | | | | | | | | | |
| 上证指数 | －1.26 | 5.70 | | －0.2216 | | | | | 0.0000 |
| 输者组合 | －0.79 | 7.32 | 1.11 | －0.1086 | －0.0072 | 0.0064 | 0.0061 | 0.1258 | 0.0000 |
| 赢者组合 | 0.15 | 7.33 | 1.12 | 0.0205 | 0.0013 | 0.0138 | 0.0156 | 0.3836 | 0.0002 |
| 对冲组合 | 0.94 | 3.48 | 0.01 | 0.2718 | 1.4568 | 0.0281 | 0.0095 | 0.3323 | 0.0396 |

接下来看看在牛市和熊市上风格动量策略的表现。利用上证综指的历史数据，将 1999 年 5 月至 2001 年 6 月划为牛市，2001 年 7 月至 2005 年 5 月为熊市，2005 年 6 月至 2007 年 10 月为大牛市，2007 年 11 月至 2008 年 10 月为大熊市，2008 年 11 月至 2009 年 7 月为牛市，2009 年 8 月至 2011 年 9 月为熊市。表 2－53 列出了牛熊市下风格动量策略的风险与收益。从表中可以看出，对冲组合在牛市下，其夏普比率、M2 测度、詹森系数、信息比率劣于赢者组合，其他指标均优于赢者组合，而在熊市下，对冲组合在各个指标下均占优。

**表 2－53　　　　牛熊市下风格动量策略的风险与收益**

| | 收益率 | 标准差 | 贝塔系数 | 夏普比率 | 特雷诺指数 | M2 测度 | 詹森系数 | 信息比率 | Stutzer 指数 |
|---|---|---|---|---|---|---|---|---|---|
| | | | | | 牛市 | | | | |
| 上证指数 | 5.07 | 7.77 | | 0.6529 | | | | | 0.2826 |
| 输者组合 | 4.77 | 9.93 | 0.89 | 0.4806 | 0.0535 | －0.0134 | 0.0025 | －0.0418 | 0.1296 |
| 赢者组合 | 7.71 | 10.73 | 0.97 | 0.7187 | 0.0793 | 0.0051 | 0.0278 | 0.3465 | 0.3511 |
| 对冲组合 | 2.94 | 6.46 | 0.08 | 0.4555 | 0.3630 | －0.0153 | 0.0253 | －0.2221 | 0.1213 |
| | | | | | 熊市 | | | | |
| 上证指数 | －2.33 | 7.58 | | －0.3070 | | | | | 0.0000 |
| 输者组合 | －2.11 | 8.93 | 0.98 | －0.2363 | －0.0215 | 0.0054 | 0.0017 | 0.0440 | 0.0000 |
| 赢者组合 | －1.70 | 9.06 | 1.05 | －0.1875 | －0.0162 | 0.0091 | 0.0075 | 0.1457 | 0.0000 |
| 对冲组合 | 0.41 | 4.52 | 0.07 | 0.0909 | 0.0569 | 0.0302 | 0.0058 | 0.3282 | 0.0041 |
| | | | | | 小熊市（除 2007 年 11 月至 2008 年 10 月） | | | | |
| 上证指数 | －1.26 | 6.31 | | －0.2002 | | | | | 0.0000 |
| 输者组合 | －1.50 | 7.60 | 1.01 | －0.1970 | －0.0148 | 0.0002 | －0.0022 | －0.0565 | 0.0000 |
| 赢者组合 | －0.85 | 7.63 | 1.09 | －0.1108 | －0.0077 | 0.0056 | 0.0053 | 0.1248 | 0.0000 |
| 对冲组合 | 0.65 | 4.34 | 0.08 | 0.1500 | 0.0778 | 0.0221 | 0.0076 | 0.2655 | 0.0112 |

另一种检验投资组合风险和收益的方法是看投资组合风险调整后的收益率。如同詹森系数，它是基于市场风险调整后的收益，这里采用 Fama French 三因素模型对风格动量策略的收益率进行风险调整。其中，市场因子是上海证券交易所和深圳证券交易所所有股票流通市值加权的平均收益率，而市值因子和账面市值比因子的构造同 Fama 和 French（1996），风险调整后的收益率即为 Alpha 的估计值。表 2－54 列出了各个时期风格动量策略风险调整后的收益率以及其对市场收益率、SMB 和 HML 的敏感度。从表中可以发现，对冲组合和赢者组合的 Alpha 在全样本或子样本

都为正，而且在全样本、股改前和股改后都显著为正，只在股改后的子样本中显著性不够，这主要是测试样本较少的缘故。而输者组合的 Alpha 在全样本和各个子样本都为负，且在全样本和股改前样本中都显著为负。从其他系数估计中可以看出，对冲组合仍含有一定市场风险，在全样本和股改后的样本中，其估计系数显著为正，输家组合和赢家组合对 SMB 有显著的敏感程度，而对 HML 的敏感度不高。

**表 2-54　风格动量策略的风险调整后的收益率**

| | Alpha | | RMRF | | SMB | | HML | |
|---|---|---|---|---|---|---|---|---|
| | 估计值 | $t$ 值 | 估计值 | $t$ 值 | 估计值 | $t$ 值 | 估计值 | $t$ 值 |
| 输者组合 | -0.60 | -2.31 | 0.95 | 34.09 | 0.52 | 7.84 | -0.14 | -1.6 |
| 赢者组合 | 0.77 | 2.85 | 1.06 | 36.79 | 0.34 | 4.91 | -0.03 | -0.31 |
| 对冲组合 | 1.38 | 3.05 | 0.11 | 2.38 | -0.18 | -1.59 | 0.11 | 0.74 |
| 股改前 | | | | | | | | |
| 输者组合 | -0.81 | -2.31 | 0.93 | 20.79 | 0.49 | 4.17 | -0.16 | -1.12 |
| 赢者组合 | 0.76 | 2.33 | 0.99 | 23.96 | 0.34 | 3.15 | -0.16 | -1.2 |
| 对冲组合 | 1.57 | 2.76 | 0.06 | 0.82 | -0.15 | -0.78 | 0 | 0.01 |
| 股改后 | | | | | | | | |
| 输者组合 | -0.41 | -1.03 | 0.95 | 24.74 | 0.52 | 6.14 | -0.12 | -1.07 |
| 赢者组合 | 0.81 | 1.87 | 1.09 | 26.09 | 0.32 | 3.51 | -0.01 | -0.06 |
| 对冲组合 | 1.22 | 1.71 | 0.14 | 2.03 | -0.2 | -1.3 | 0.11 | 0.56 |
| 2005 年 6 月至 2009 年 12 月 | | | | | | | | |
| 输者组合 | -0.39 | -0.72 | 0.95 | 19.95 | 0.57 | 5.55 | -0.24 | -1.41 |
| 赢者组合 | 0.8 | 1.31 | 1.09 | 20.46 | 0.32 | 2.72 | 0.01 | 0.06 |
| 对冲组合 | 1.2 | 1.19 | 0.14 | 1.64 | -0.26 | -1.36 | 0.25 | 0.81 |
| 近两年 | | | | | | | | |
| 输者组合 | -0.22 | -0.46 | 1.03 | 13.79 | 0.35 | 1.79 | -0.02 | -0.09 |
| 赢者组合 | 0.7 | 1.49 | 1.03 | 14.09 | 0.31 | 1.62 | -0.08 | -0.49 |
| 对冲组合 | 0.92 | 1.22 | 0 | 0 | -0.04 | -0.13 | -0.06 | -0.25 |

#### 2.3.3.5　结论与建议

投资者可以通过风格管理来获利，发现市值规模、账面市值比和公司盈利能够捕捉到公司的风格特征，通过买入风格特征近期（形成期为 1 年内）受追捧的股票（赢家组合）而卖空近期遭冷遇的股票（输者组合），持有这样的投资头寸在两年内都可以获得显著的正收益，特别是形成期和持有期均为 1 个月的策略表现非常好，即使仅执行买入赢者组合操作，该策略的收益率都优于上证综指，具有正的 Alpha 收益。

### 2.3.4 量价结合策略研究

#### 2.3.4.1 研究背景

影响股票价格的因素主要是业绩和投资者之间的博弈。如果对股价作拆分：P = 盈利 × 市盈率（也可以做其他拆分），那么股票价格的决定因素就是盈利和市盈率。因为企业的盈利变化是缓慢的，所以，在短期内（至少一个季度内），可以认为企业的盈利甚至是不变的。那么股价短期变化的决定因素主要是其估值变化（市盈率）。然而，不同的投资者对企业的估值会不同，那么股价的最终变化就是投资者相互之间的博弈决定的。

中国 A 股市场的股票价格总是在低位和高位之间来回波动，也有少数股票持续上涨。这主要是因为中国 A 股市场上市条件严格，通常容易上市的周期股在盈利高点上市了，但是后劲不足，也难以挣脱周期的命运。最终许多股票就在低位和高位之间循环往复。

投资者相互之间的博弈除了反映在股价上，更在交易量上反映。因此，将“量”与“价”结合起来研究投资者之间的博弈，进而预测股价未来变化意义重大。经典的系统突破方法认为股票存在支撑价和压力价。当股价下降时，遇到支撑价会止跌；而当股价在上升时，遇到压力价会止涨。但是，股价也会突破。跌破支撑价或者突破压力价，而要想形成有效的突破就必须要大的交易量。因为压力价之所以形成压力，是因为存在大量的抛售压力，如果没有放量，那么压力就没有完全突破。因此，放量上涨的突破才会形成有效突破。但是，也仍然可能会存在放量上涨了，但是仍然没有形成。

本文将股票在短期内的量价走势分类为量价背离与量价同向，并通过量价相关性来衡量量价走势的背离/同向程度。于是，本部分以股票最近 10（20）日的换手率与收益率的 Person 相关系数来刻画量价相关性，并以此来构造投资策略。

#### 2.3.4.2 样本与方法

股价有涨跌，交易量有大小，于是简单的组合可以将股票量价关系分为四类：

“放量上涨”“放量下跌”“缩量上涨”“缩量下跌”。按照方向则可以进一步简化成“量价背离”与“量价同向”。这正好对应着正相关和负相关。于是，考虑使用股价和交易量之间的相关系数来构造指标。具体的量价相关系数指标（PQ）：一段时间内，股票收益率与股票日均换手率之间的 Pearson 相关系数。

从一个较长的时间窗口看，量与价的关系十分复杂，并有着多种多样的形态。这种复杂性使得很难使用量化指标把量与价结合起来进行分析。但从一个较短的时间窗口上去观察两者走势时，量或者价的趋势性更强，这极大降低了分析的复杂性，也使得量价结合的指标构建变为可能。因此，本文将相关系数的时间段设置为 10 日和 20 日。因为时间过长，成交量的趋势性会减弱，时间过短相关性的计算又太短了。

为了量价相关性进行股票投资，从统计的角度检验量价相关性对股票的收益是否具有预测作用。这里首先采用分组分析量价相关性与股票收益的关系。

图 2－42 是最近 10 日和最近 20 日量价相关性与股票未来一日收益率之间的关系。时间区间是 2010 年 2 月 1 日至 2017 年 6 月 23 日。四幅图都呈现较好的单调关系。最低组（第 1 组）的平均收益更高，依次递减。

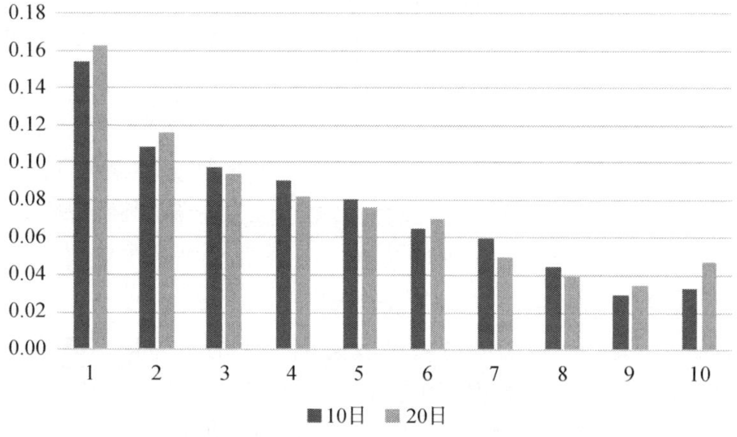


图 2－42　量价相关系数与股票未来收益的关系

接下来，分别考察有无交易成本时的相关统计量。表 2－55 是不考虑交易成本时，量价相关性的相关统计量情况。首先，从年化收益率来看。最近 10 日和最近 20 日的最低组比最高组表现要好。

当观察期为 10 日时，自相关系数为 0.84。这表明相邻两期指标之间相关性较高，也就是如果量价相关性当期较高，而下一期也可能较高。其次，这也意味着股票的换手率会相对小一些。当观察期增大到 20 日时，指标自相关系数增大到 0.91。这意味着股票的换手率会进一步降低。如果平均每次换股的收益较小时，过高的换手率可能带来较高的交易成本。表 2－56 是有交易成本时指标的相关统计量情况。表 2－56 显示，策略的年化收益率都会下降，而且 10 日策略的收益率下降得更多。这说明频繁换股带来的收益无法覆盖交易成本。表 2－56 中收益最好的是最近 20 日量价相关性最低组，虽然相对于不考虑成本时有所下降，但仍有 12% 的年化收益率。

**表 2－55　　不考虑交易成本时的指标相关统计量**

| | High | 2 | 3 | 4 | Low | H－L | t 统计量 | rankic | ic | 自相关 |
|---|---|---|---|---|---|---|---|---|---|---|
| 10 日 | －0.03 | 0.07 | 0.12 | 0.16 | 0.16 | －0.19 | －6.02 | －0.02 | －0.03 | 0.84 |
| 20 日 | －0.02 | 0.05 | 0.12 | 0.14 | 0.18 | －0.20 | －6.42 | －0.01 | －0.03 | 0.91 |

注：将指标分成五组，其中“High”表示指标最高组，“2”表示第二高组，“Low”表示最低组。

**表 2－56　　指标相关统计量 2**

| | High | 2 | 3 | 4 | Low | H－L | t 统计量 | rankic | ic | 自相关 |
|---|---|---|---|---|---|---|---|---|---|---|
| 10 日 | －0.13 | －0.09 | －0.05 | 0.00 | 0.06 | －0.19 | －6.04 | －0.02 | －0.03 | 0.84 |
| 20 日 | －0.08 | －0.07 | －0.01 | 0.03 | 0.12 | －0.20 | －6.41 | －0.01 | －0.03 | 0.91 |

注：将指标分成五组，其中“High”表示指标最高组，“2”表示第二高组，“Low”表示最低组。

#### 2.3.4.3　实证分析

策略思路：首先，对于量价同向的股票有两种情况：在上涨中放量和在下降中缩量。对于上涨中放量的股票，除非股市行情特别好，股价在后市才会仍然继续上涨。然而这样的行情通常较少，股价总是上涨过后调整在上升。而对于下降中缩量的股票，除非资金迅速拖住拉升，股价在后市才会表现好。而资金在介入下降的股票后，通常不会马上拉升，因为上面套牢盘较大，拉升时阻力较大。其次，对于量价背离的股票有两种情况：在上涨中缩量和在下降中放量。上涨缩量意味着股价上升时受到的阻力较小，后市上升空间大；而下跌放量意味着，资金在低位吸收的筹码足够多，后面拉升时阻力较小，后市也会有较好表现。因此，量价背离的表现会比量价同向表现得好。

因为量价相关性是在交易结束之后才可以获得，所以在下一个交易日之前可以获得的量价相关性之前的数据。本部分采用前一交易日的量价相关性作为选股指标。首先，不考虑交易成本时的策略表现。其次，考察有交易成本时的策略表现。

代理变量：量价相关性，本部分利用换手率和收益率每日数据构造量价相关性，量价相关性是最近 10 日（20 日）股票的换手率和收益率之间的 Person 相关系数。相关系数介于 -1 和 1 之间，当相关系数大于 0 时，说明交易量和股价走势同向，否则反向。

数据说明：本部分数据是 2010 年 1 月 5 日至 2017 年 6 月 23 日的日数据。数据来自 Wind 资讯。

本部分以沪深 300 指数为例来进行比较。对于上述策略中有两个参数需要设定：持股数量和指标期限。这两个参数会对策略的表现产生影响。首先，好的指标对于股票收益率具有明显的单调性，因此，不同组的收益率会有所不同。其次，量价相关性期限可以是最近 10 日，也可以是最近 20 日的，随着期限的不同，指标所反映的信息也不同，进而导致策略表现不同。因此，指标分组和指标期限都会对策略表现产生影响。本文将指标从高到低分为五组，指标期限分别为 10 日和 20 日。因此，本部分的持股数量为当期可交易股票的 1/5。

图 2 - 43 和图 2 - 44 是不考虑交易成本时的策略表现。首先，较低组（第三组、第四组和最低组）的策略都能够跑赢沪深 300，而较高组（最高组和第二组）的策略。其次，而对于最近 10 日小户买入比策略和最近 20 日小户买入比策略，低指标的组比高指标的组的表现要好。这与报告策略思路吻合。

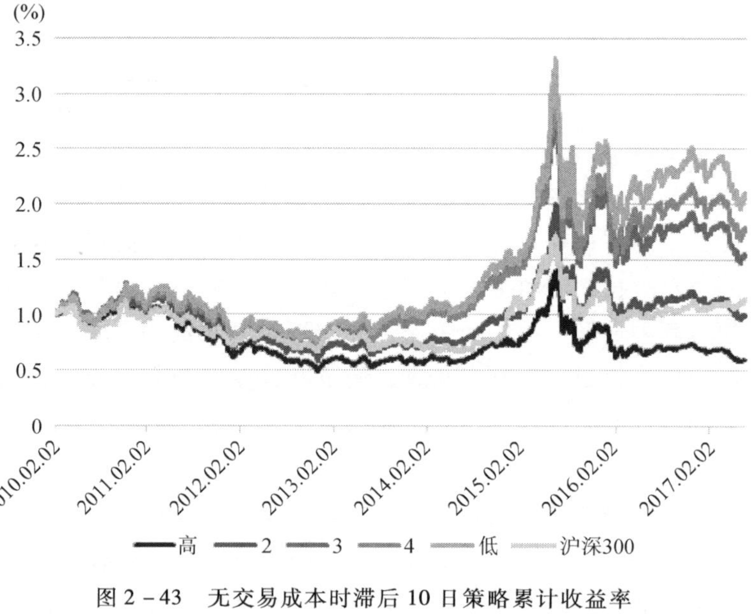


图 2 - 43　无交易成本时滞后 10 日策略累计收益率

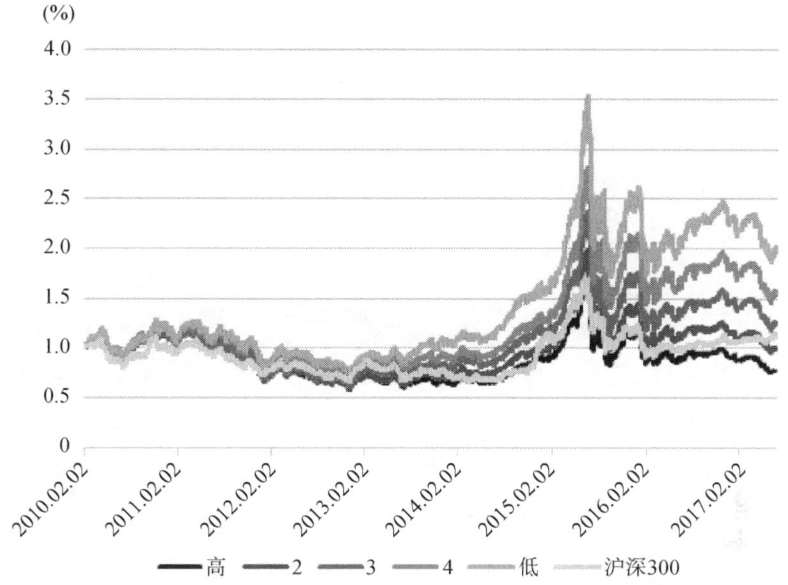


图 2－44　无交易成本时滞后 20 日策略累计收益率

交易成本是实际交易中需要重视的。因为有很多机会可能收益较小而无法覆盖交易成本，那么最好的策略就是不执行这样的交易。图 2－45 和图 2－46 是有交易成本时的策略表现。

图 2－45 是滞后 10 日的指标从高到低五组策略和沪深 300 指数的累计收益率。此图显示，考虑交易成本后，以滞后 10 日的量价相关性作为指标进行选股时，其收益率有所下降，只有最低组策略仍然能够跑赢沪深 300。当以滞后 20 日量价相关性为选股指标时，策略表现如图 2－46 所示。以滞后 20 日的量价相关性作为指标进行选股时，其收益率也有所下降。但是其最低组策略仍然能够跑赢沪深 300。

### 2.3.4.4　策略的风险与收益

上文中可以很清楚地看到滞后 20 日的最低策略收益最高。但是评价策略的表现要综合考虑收益和风险。表 2－57 是最近 20 日量价相关性选股指标的策略表现评价情况，指标包括年化收益率、夏普比率和最大回撤率、相对基准（沪深 300 和中证 500）的胜率和超额收益率。

第一，年化收益率。表 2－57 显示，年化收益率最高的是最低组为 12%，其他组年化收益率都太差。

第二，夏普比率。夏普比率值越大，说明策略的收益风险比越好。夏普比率最

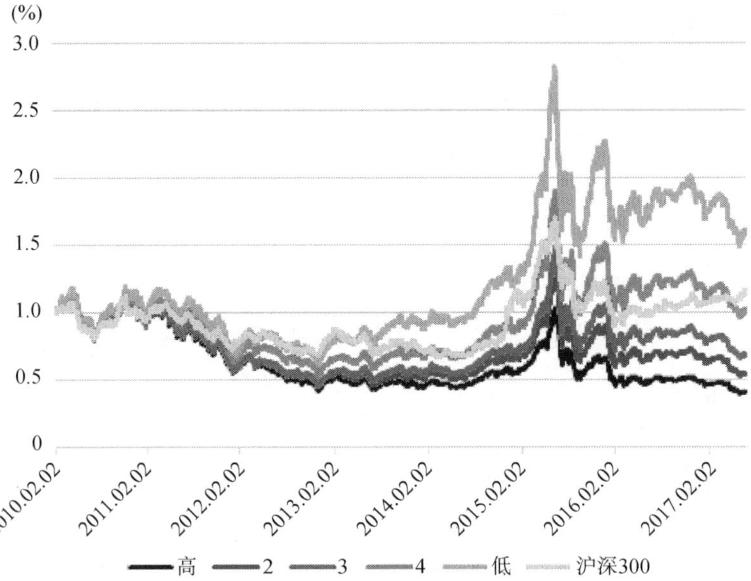


图 2-45　有交易成本时滞后 10 日策略累计收益率

注："高"表示策略选取当期小户买入比前 1/5 的股票，"2"表示策略选取当期小户买入比在 1/5 和 2/5 之间的股票。

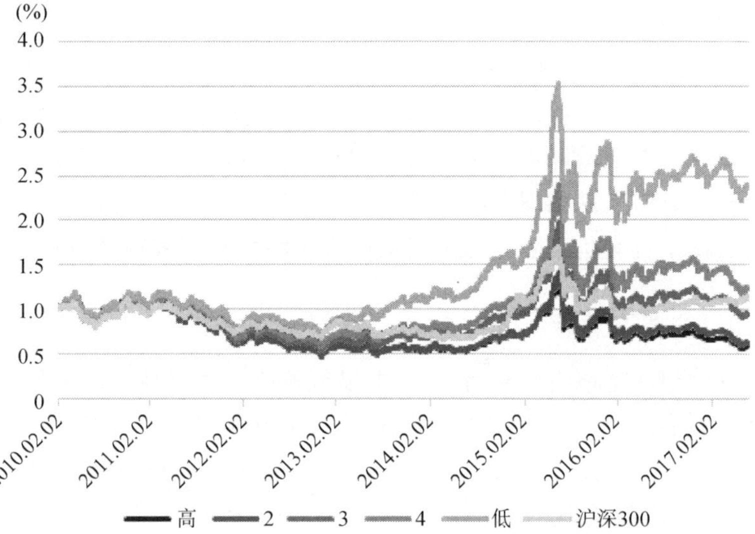


图 2-46　有交易成本时滞后 20 日策略累计收益率

高的也是最低组策略，但是只有0.43。

第三，最大回撤率。最大回撤率越小，表明策略的风险越低。最低组策略的最大回撤率最小为48%。

第四，相对基准的胜率和超额收益率。当胜率越高，且超额收益率越大时，在采取多头策略的时候，同时对冲股指期货就能获得更加稳健的收益。首先，以超额收益率来看，相对于沪深300和中证500，只有最低组策略获得了正的超额收益率。其次，以胜率来看，最低组策略的胜率分别为58%和55%。

综上可知，从综合风险与收益率来看，选择最近20日小户买入比最低组策略最好。但是纯多头策略夏普比率较低，回撤也较大有48%，而相对于沪深300超额收益率的年化收益率为9%，夏普比率为0.51，最大回撤为36%。

**表2-57　　有成本时策略表现评价**

| 指标滞后期 | 分组 | 年化收益率 | 夏普比率 | 最大回撤率 | 胜率（沪深300） | 超额收益率（沪深300） | 胜率（中证500） | 超额收益率（中证500） |
|---|---|---|---|---|---|---|---|---|
| 20日 | 高 | -0.08 | -0.30 | 0.59 | 0.53 | -0.10 | 0.42 | -0.12 |
| | 2 | -0.07 | -0.25 | 0.60 | 0.55 | -0.09 | 0.44 | -0.11 |
| | 3 | -0.01 | -0.04 | 0.56 | 0.57 | -0.03 | 0.48 | -0.05 |
| | 4 | 0.03 | 0.09 | 0.53 | 0.56 | 0.01 | 0.50 | -0.02 |
| | 低 | 0.12 | 0.43 | 0.48 | 0.58 | 0.10 | 0.55 | 0.08 |

#### 2.3.4.5　结论与建议

短期内，股票价格的变化由投资者相互之间的博弈决定的。投资者相互之间的博弈除了反映在股价上，更在交易量上反映。因此，将“量”与“价”结合起来研究投资者之间的博弈，进而预测股价未来变化意义重大。本部分将股票在短期内的量价走势分类为量价背离与量价同向，并通过量价相关性来衡量量价走势的背离/同向程度。于是，本部分以股票最近10（20）日的换手率与收益率的Person相关系数来刻画量价相关性，并以此来构造投资策略，研究发现：

首先，基于最近20日量价相关性最低组策略表现最好。2010年1月5日至2017年6月23日，选股指标为最近20日小户买入比最低组策略的累计收益率和胜率均胜过沪深300指数。

其次，综合收益和风险来考虑，选股指标为最近20日量价相关性最低组策略更好。策略的年化收益率达到12%，夏普比率达到0.43，最大回撤率为48%。

# 3.

# 多因子模型及策略

## 3.1 多因子策略方法概述

### 3.1.1 多元回归方法

#### 3.1.1.1 回归系数

回归参数能衡量因子的表现。在单元回归设定下，被解释变量为未来一期收益率，解释变量为单个检验因子。实际上在因子得分标准化之后，回归系数等于 Pearson IC 与未来一期收益率截面标准差的乘积。由于收益率标准差是外生的，因此，决定回归系数大小的实际上就是 IC。因此，采用 IC 衡量因子表现更具优势，它排除了收益率标准差这一外生因素的影响。

多元回归方法能考察风险调整过的因子，比如采用收益率对行业虚拟变量、设定的风险因子和测试因子进行回归，这时测试因子的平均系数衡量的就是经行业和风险调整后的测试因子的预测能力。

除了考察单变量的边际预测能力，多元回归方法还能考察多指标的综合预测能力，比如多因子模型就可用多元回归方法从指标或因子集合中筛选指标来构建。这一方法还可以与其他方法结合，比如可以用对冲组合和相关系数等方法对所有指标进行初步筛选，然后在初步筛选后的指标集合中采用多元回归方法。另外，可以根据经济含义对指标的预测方向进行事先设定，然后在筛选过程中不选择那些预测方向与经济含义不符的指标。

#### 3.1.1.2 分位数回归

目前常用的方法都是最小二乘法，容易受到被解释变量极端值的影响。分位数回归方法则考虑了分布函数的各局部信息，比只考虑条件期望的最小二乘法更具有优势，特别是在具有厚尾分布的金融数据分析方面，提供了更详尽的信息。分位数回归模型由 Koenker 和 Bassett （1978）① 提出，他们将普通的位置参数——分位数扩展为一般线性回归模型，假设条件分位数具有线性形式。具体而言，若给定 X 时，Y 的条件 θ 分位数可表示为：

$$\hat{Q}_Y(\theta|x) = \gamma_0(\theta) + \sum_{k=1}^{K} x_k \gamma_k(\theta) = X'\gamma(\theta) \tag{1}$$

可以通过线性规划求解如下的优化问题获得：

$$\hat{Q}_Y(\theta \mid x) = \inf\{X'_i\gamma(\theta) \mid \arg\min_{\gamma(\theta)} \sum_{i=1}^{n} \rho_\theta[Y_i - X'_i\gamma(\theta)]\} \tag{2}$$

其中，$\rho_\theta(z) = [\theta - I(-z)]z$。事实上，普通最小二乘是线性条件期望 $E(Y \mid X) = X'_i\gamma = \int_0^1 \hat{Q}_Y(\theta \mid x)d\theta$，即普通线性最小二乘回归是所有分位数回归信息的汇总，分布的局部信息被隐藏了；而分位数回归则充分体现出条件分布的各部分信息，比如尾部的重要信息。

从式（2）的优化问题可以看出，分位数回归可以看作正负偏差绝对值加权平均值的最小化结果，而普通最小二乘则为偏差平方和的最小化结果。

参数 γ（θ）除了通过上述线性规划方法估计外，还可以用 GMM 估计，上述优化问题的一阶最优条件可以写成如下的距条件：

$$\frac{1}{n}\sum_{i=1}^{n} [I(-\varepsilon_i(\theta)) - \theta]X_i = 0 \tag{3}$$

已有研究表明，分位数回归方法研究股市截面收益率的结果与普通最小二乘显著不同，随着分位数的变化其回归系数以及统计显著性都产生巨大差异，这正好表

① Koenker, R, and G Bassett Jr, 1978, "Regression Quantiles, Econometrica", *Journal of The Econometric Society*: 33 – 50.

明分位数回归才反映股票截面收益率的分布详尽情况，值得深入研究。

#### 3.1.1.3 半参数回归

股票收益率与指标之间可能存在大量复杂的非线性关系，仅考虑线性模型可能会损失许多重要的信息。从回归方法上解决这一问题可考虑半参数回归。

当解释变量较多而样本不是很大时，使用一般的非参数模型容易引起方差的急剧增大，即产生所谓的“维数灾难”问题，这会导致估计精度严重下降。为了解决上述困难，Stone（1985）[①] 提出了非参数可加模型，该模型的思想是利用多个一元函数来近似估计一个多元函数，这就有效地避免了“维数灾难”，而且，可加模型也解决了一般非参数模型的解释困难问题，因为每个解释变量对被解释变量的影响都可以直接从一元函数的拟合图像上观察到。

假设因变量为 $Y$，$X_1$、$X_2$、…、$X_p$ 是 $p$ 个自变量，则非参数可加模型的数学表达式为：

$$E(Y \mid X_1, X_2, \cdots, X_p) = \alpha + \sum_{i=1}^{p} f_i(X_i) \tag{4}$$

其中，$f_i$（$X_i$）为一元非参数函数，为了满足可识别条件，一般要求 $E[f_i(X_i)] = 0$。

在模型（4）的基础上加入线性部分，即为半参数部分线性可加模型。该模型的优点是既可以捕捉到解释变量和被解释变量间的线性相互作用，又不会损失非线性作用的信息，还方便与纯线性模型进行比较。非参数部分线性可加模型的数学表述如下：

$$E(Y \mid X) = \alpha + X'\beta + \sum_{i=1}^{p} f_i(X_i) \tag{5}$$

学者们提出了多种估计方法用以估计半参数部分线性可加模型（5），可以采用目前最主流的方法是 Buja 等（1989）[②] 提出的向后拟合（Back Fitting）法。

### 3.1.2 线性面板模型

正如因子分析方法中所述，采用多元回归的面板计量方法从指标的集合中进行

---

① Stone C., 1985, "Additive Regression and Other Nonparametric Models", *Annals of Statistics*, Vol. 13, No. 2, 689 ~ 705.

② Buja A., Hastie T., and Tibshirani R., 1989, "Linear Smoothers and Additive Models", *Annals of Statistics*, Vol. 117, No. 2, 543 ~ 555.

筛选。回归方法的一个普遍问题就是多重共线性，如果解释变量高度相关的话，回归参数的估计是不准确的，而且容易受到模型或数据微小变动的影响。处理这一问题，除了之前阐述的指标合成和指标调整方法外，也可以在筛选指标过程中排除那些与已选指标相关度非常高的指标。一个判断标准就是 VIF 值。假设备选指标对已选指标回归的拟合优度为 $R_k^2$，那么 $VIF_k = 1/(1 - R_k^2)$。考虑在筛选指标中加入去除那些 VIF 值过高的备选指标算法，使得在每个回测时点上筛选出来的指标不存在多重共线性的问题。

因子或指标选择的标准可以是计量模型的拟合优度、AIC 或 BIC 准则，也可以是回归系数显著性。前者意味着筛选出来的指标能显著提高模型的解释能力，后者意味着筛选出来的指标是显著的风险或 alpha 因子。

因子或指标选择的步骤既可以是反向消除法，也可以考虑逐步添加法。反向消除法是首先考虑所有的指标或因子，然后逐步地剔除；逐步添加法则正好相反。也可以在反向消除法中考虑添加或在逐步添加法中考虑消除的算法。

面板计量模型设定如下：$r_{i,t+1} = \sum_{k=1}^{K} \beta_{k,t+1} F_{k,i,t} + \varepsilon_{i,t+1}$

其中：$r_{i,t+1}$为股票 $i$ 在未来一期 $t+1$ 的收益率；$F_{k,i,t}$为股票 $i$ 在当期 $t$ 的第 $j$ 个指标值或者因子得分；$\beta_{k,t+1}$为估计的第 $j$ 个因子在时期 $t+1$ 的回归系数（收益率）；$\varepsilon_{i,t+1}$为模型的残差，模型无法解释的部分。

该模型假设每一时期各个个体回归系数都相等，而不同时期回归系数不相等，一般采用 Fama - MacBeth 回归方法，即在各个时间截面上做普通最小二乘回归，$\beta$ 的估计值和标准误为截面估计值的时间序列平均和标准差。

一种简单的扩展是截面回归考虑加权最小二乘法以提高截面回归的有效性，$\beta$ 的标准误的计算也可以进一步考虑回归系数截面估计精度加权的时间序列标准差，以提高时间序列平均的有效性；再或者考虑指数加权形式，更多地考虑近期截面估计对 $\beta$ 的影响。

这类方法相当于在面板计量模型中加入了时间虚拟变量的截距项和斜率项的固定效用方法。从提高估计方法的有效性出发，可以在整个面板下进行估计，同时考虑个体残差可能存在的异方差自相关等问题，比如：

①采用随机效用模型以提高参数估计有效性。

②采用时期 SUR 模型修正参数估计以考虑残差的时期异方差与自相关性。

③采用 PCSE 方法修正参数估计的标准误。

Petersen (2009)[①] 和 Skoulakis (2006)[②] 比较了面板模型的各种估计方法对参数估计值和标准误的影响，特别是它们与 Fama - MacBeth 的区别。

除此之外，考虑估计参数受到某些外生变量（比如宏观经济变量、市场变量、季节变量）的影响也是一种思路，这一处理可以用于风格择时的研究。

以 Fama - MacBeth 回归方法为例，采用回归系数时间序列的显著性作为因子或指标选择的标准，如果筛选因子或指标是基于回测时点之前所有的历史样本数据，那么选取的是那些长期来看具有显著溢价的因子或指标，以期获取市场超额收益；如果采用的是回测时点最近几年的样本数据，则选取的是近期内具有显著溢价的因子，以期获取因市场定价误差带来的短期超额收益。如果在计算回归系数时间序列的显著性采用指数加权的方法更多地考虑离回测时点更近的样本数据，通过调整指数加权的权重在上述两类溢价因子或指标的选择上进行权衡。

### 3.1.3 非线性技术

未来一期股票收益率与因子的关系可能是非线性的，这种非线性特征可以用非线性技术或近似线性技术来处理。比如资本性支出的非线性特征——具有非常低或者非常高的资本性支出的企业的未来收益率低于市场，这是因为资本性支出低的企业缺乏长期投资，而资本性支出高的企业存在代理人问题所致。对于这种非线性特征，一般有如下几种处理方法：

①二次模型，将因子的平方项加入线性模型，但如果越来越多的因子平方项加入线性模型，就可能存在过度拟合的情况。

②条件模型，将股票样本根据另一因子分成两个子样本，并对两个子样本构建线性模型，比如用 ROE 指标作为资本性支出的条件变量。

③交叉模型，上述条件模型也可以通过引入交叉乘积项进线性模型来解决非线性特征的问题，比如引入 ROA 与资本性支出的交叉乘积项。

对于简单的情况，可以通过深入研究它特有的非线性关系来寻找潜在的条件变量。但如果其他很多变量也具有非线性特征关系，这一方法可能不再具有可行性。

---

① Petersen, Mitchell A, 2009, "Estimating Stand ard Errors in Finance Panel Data Sets: Comparing Approaches", *Review of Financial Studies*, 22, 435 - 480.

② Skoulakis, Georgios, 2006, "Panel Data inference in Finance: Least - Squares Vs. Fama - Macbeth", Unpublished Working Paper, University of Maryland, United States.

因此，可以考虑其他非线性技术的方法，比如情景建模（Context Modeling）、神经网络（Neural Networks）、分类回归树（Classification and Regression tree，CART）、支持向量机（Support Vector Machine，SVM）等。Sorensen 等（2000）[①] 首次将 CART 模型用于选股。CART 模型主要用于样本的最优拆分。Huang 等（2005）[②]、Nalbantov 等（2006）[③] 则将 SVM 技术用于选股。这些技术在计算机科学和数据挖掘领域广受欢迎，在量化金融领域则没引起足够重视。这可能是因为非线性技术在样本内可能存在过度拟合，样本外的表现较差的缘故。另外，这类模型也很难解释。

将非线性技术应用于线性模型来捕捉线性模型无法刻画的因子的非线性特征值得尝试。引入二次项和交叉乘积项是最简单的应用。其次是条件模型与情景建模，将股票样本根据某些因子划分为多个子样本，然后在各子样本中构建线性模型。CART 技术也是采用将样本划分的方法，不同的是，它的划分是内生决定的。该模型首先通过分析全样本选择最合适的因子（解释变量）将样本划分为两组，使得组内收益率（被解释变量）相似，而组间有较大差距。将上述过程不断重复，将整个样本分为更多的子样本。从这一过程可以看出，CART 技术倾向于过度拟合，这时就需要采用交叉验证（Cross－validation）来保证该技术在样本外的预测性。交叉验证是指，将样本分成 n 个子样本，然后在其中 n－1 个子样本中构建 CART 模型，并用最后一个子样本进行验证。与回归采用更多的指标类似，CART 模型将样本分得更细，能够更好地描述数据，但却会丧失样本外的预测性。考虑到 CART 等非线性技术的稳健性不足，可以将引入二次型、交叉乘积项或外生子样本拆分的方法来解决因子的非线性特征作为基准。这些方法在学术界和实业界应用较广，也更容易被接受。

### 3.1.4 指标筛选方法

因子或指标选择的标准一般是考虑回归系数的显著性，也可以尝试考虑计量模

---

① Sorensen, E. H., Hua, R., and Qian, E., 2005, "Contextual Fundamental, Models, and Active Management", *Journal of Portfolio Management*, Vol. 32, No. 1, 23－36, Fall 2005.

② Huang, W., Nakamori, Y., and Wang, S. Y., 2005, "Forecasting Stock Market Movement Direction with Support Vector Machine", *Computers and Operations Research*, Vol 32, Issue 10, 2513～2522.

③ Nalbantov, G., Bauer, R., and Sprinkhuizen－Kuyper, I., 2006, "Equity Style Timing Using Support Vector Regression", *Applied Financial Economics*, V16, 1095～1111.

型的拟合优度、AIC 或 BIC 准则，比如 Barra 模型考虑的是拟合优度，Luo 等 (2010)[①] 考虑的是 BIC 准则。

因子或指标选择的步骤既可以是反向消除法，也可以考虑逐步添加法。反向消除法是首先考虑所有的因子，然后逐步地剔除；逐步添加法则正好相反。Barra 模型采用的就是这种方法。也可以尝试 Stepwise 方法，在反向消除法中考虑添加或在逐步添加法中考虑消除的算法。

以 Fama - MacBeth 回归方法为例，选择回归系数时间序列的显著性作为筛选标准，其筛选的结果一般是所考虑的历史样本内具有显著溢价能力的指标或因子。若在每个回测时点考虑的是回测时点之前的所有历史样本数据，那么筛选的结果是那些长期来看具有显著溢价的指标或因子，以期获取市场超额收益；若考虑的是近期几年内的历史样本数据，则选择是那些近期内表现出溢价能力的指标或因子，以期获取因市场定价误差带来的短期超额收益。另外，考虑指数加权的方法计算回归系数时间序列的显著性，可以调整在长期溢价因子和短期溢价因子中的选择偏向。

### 3.1.5 因子加权

寻找到 alpha 因子后，如何将它们构建一个复合 alpha 模型，涉及因子加权的问题。最简单的方法就是平均加权，这一方法的表现并不一定比复杂的方法差。这主要是因为平均加权要求更少的假设，而更少的假设意味着更少的错误。Asness 等 (2013) 构造质量因子时，就是采用平均加权的方法，将各个因子标准化后直接相加而得。

Grinold 和 Kahn (1999)[②] 的加权方法则是考虑因子的均值方差优化来确定权重。这一方法实质上是选择最优的权重来最大化预期 IR 值。多因子模型的预期 IR 值可表示为：

$$IR = \frac{w'\widetilde{IC}}{\sqrt{w'\sum_{IC} w}}$$

① Luo, Y., Cahan, R., Jussa, J., and Alvarez, M., 2010, "QCD Model DB Quant Hand Book", Deutsche Bank.

② Grinold, R., and Kahn, R., 1999, "Active Portfolio Management, A Quantitative Approach for Producing Superior Returns and Controlling Risk", McGraw - Hill, 2nd Edition.

其中，$w$ 为权重，$\widetilde{IC}$ 为因子的期望 IC 向量，$\sum_{IC}$ 为其方差。这是一个非约束优化问题。其最优权重为 $\hat{w} = \sum_{IC}^{-1} \widetilde{IC}$。$\hat{w}$ 还需进一步标准化，使得权重之和等于 1。这一优化问题的准确性取决于输入变量 $\sum_{IC}^{-1}$ 和 $\widetilde{IC}$ 的精确程度，前者较为平稳，能够合理地估计它，而后者变化较大，甚至会出现结构断点，对它的估计并不会特别精确，这就会导致这一加权方法可能弱于平均加权。

为此，可以考虑未来 IC 更高的距条件来优化权重，从而削弱 IC 均值预测不准确的负面影响，比如协偏度、协峰度等。这些距条件与协方差类似，都比 IC 均值表现稳定，通过引入这些距条件，实际上是减少对 IC 均值的权重，而提高其他距条件的权重。这一方法的另一个好处是能考虑尾部风险。通常，只考虑因子的前二阶距，即 IC 的均值与波动，用 IC 的一致性（均值与波动之比）衡量因子的绩效。而在现实中，很多因子都存在负偏度和高峰度的情况，这是需要避免的，因此，通过考虑偏度和峰度的模型可能更为稳健，尾部风险也能得到降低。利用更高阶距来优化权重也存在两大问题：

第一，估计问题，更高阶距需要估计非常多的参数，尽管如此，它们的估计仍然能得到满意的结果。

第二，高阶矩优化问题需要采用数值算法求解，由于目标函数非凸，所以无法保证全局最优点，因此，需要使用多项式目标优化算法来解决。

除了平均加权外，优化加权在学术界并不多见，而在学术界使用较多的则是 Fama - MacBeth（1973）的加权[①]，这在实业界也广泛应用于组合多因子。该方法首先利用截面回归得到各期因子收益率，然后利用因子收益率的时间序列来估计未来一期因子收益率作为权重，实施的是风格动量的策略。该方法的优点是，采用回归方法工具的可用性和成熟度要高于优化工具，缺点就是可能存在像多重共线性的问题而导致因子收益率的估计不准确。

风格轮动可以看成加权的一种特殊形式。除了构建好的因子来提高 alpha 收益率外，风格择时可有效提高 alpha 收益。因子择时有两种常用的方法。

第一种就是根据因子收益率的时间序列特征和波动来预测。FM 加权的风格动量策略也属于这一种，可以采用 ARMA 类或 ARCH 类时间序列模型对因子收益率进

① Lewellen, Jonathan, 2011, “The Cross Section of Expected Stock Returns”, Tuck School of Business At Dartmouth College Working Paper.

行建模预测，根据各个因子收益率的不同数据特征选择最优的时间序列模型进行预测；或者进一步地对所有因子收益率构建 VAR 系统，考虑因子收益率之间的相互影响。

第二种就是利用外生变量对因子收益率进行预测，采用线性回归（Zhang 等，2009[①]）或 logistic 回归的方法（Clare 等，2010[②]）。因子择时与静态 alpha 模型不同，并没有假设因子收益率是常数，甚至可以是不平稳的。Clare 等（2010）指出，利用外生变量（比如宏观变量、市场变量和季节虚拟变量等）来预测因子收益率的目的并不是提高 IC 均值，而是减少 IC 的波动。他们比较了利用外生变量预测因子收益率和仅利用因子收益率时间序列移动平均进行预测这两种方法的表现，指出时间序列移动平均方法在各种情况下都要强于利用外生变量预测因子收益率的方法。不过 Daniel 等（2012）[③]、Daniel 和 Moskowitz（2013）[④] 则采用了类似的方法用于防范动量策略的尾部风险，并指出一个条件的价格动量策略能够大大提高策略的收益。这一思路值得借鉴，比如 Daniel 和 Moskowitz（2013）考虑的是当期动量收益率受到期初市场波动以及市场近期是否下跌的影响，而 Daniel 等（2012）则还考虑了动量收益率受到经济状态隐变量的影响，并对市场收益率构建 Markov 状态转移模型。此外，状态转移模型也可以用于前一类方法，针对因子收益率的时间序列构建状态转移模型进行预测。

## 3.2 基于风险指标的多因子模型投资策略分析

### 3.2.1 研究背景

公司或股票的哪些特征能够预测公司股票的期望收益率，一直以来都是学术界

---

① Zhang, Q. J., Hopkins, P., Satchell, S. E., and Schwob, R., 2009, "The Link Between Macroeconomic Factors and Style Returns", *Journal of Asset Management*, Vol 10, 5, 338 -355.

② Clare, A., Sapuric, S., and Todorovic, N., 2010, "Quantitative Or Momentum Based Multi - Style Rotation? UK Experience", Working Paper.

③ Daniel, Kent, Ravi Jagannathan, and Soohun Kim, 2012, "Tail Risk in Momentum Strategy Returns", National Bureau of Economic Research.

④ Daniel, Kent, Andtobias J Moskowitz, 2013, "Momentum Crashes", University of Geneva.

和实业界共同关心的话题。近期的学术研究中，Fama 和 French（2008）对学术界探讨的能预测股票截面期望收益率的诸多特征进行了综合分析，指出净股票发行量、运营资本变化率和动量对股票截面期望收益率的预测能力非常稳健；资产增长率的预测能力在微小市值股票中显著存在，而在大市值股票中则不明显；净资产收益率的预测能力则主要体现在盈利的公司中，但并没有任何迹象表明不盈利的公司的股票收益率很低。另外，Fama 和 French（2010）还论证了规模、价值和动量在全球股票市场上也具有显著的预测能力。同 Fama 和 French 一样，很多文献讨论的都是公司或股票特征在样本内对股票截面期望收益率的预测能力，而在样本外讨论这些特征的预测能力的文献寥若晨星，其中 Haugen 和 Baker（1996）利用预测股票收益率波动的风险模型中的风险指标来预测样本外的股票截面期望收益率，发现股票截面期望收益率的样本外预测值不仅在美国股票市场，而且在全球主要的股票市场都具有很强的预测能力。

这里仿照 Haugen 和 Baker 的做法，也是利用预测股票收益率波动的风险模型中的风险指标来预测样本外的股票截面期望收益率，并分析预测收益率的预测能力和基于预测收益率构造的投资策略的表现。

MSCI Barra 的 CHE2 模型为中国第二代风险模型，本文构建的风格指标主要源于 CHE2 模型，而行业指标则是以申万一级行业指数进出记录来构建的。

余下部分的结构如下，第二部分是数据和方法，第三部分是实证分析，最后一部分给出结论。

## 3.2.2 数据和方法

### 3.2.2.1 数据

本部分的风格指标包括八大类（因子），分别是规模、市场风险、下行风险、动量（反转）、交易活跃性、价值、成长和杠杆。

规模因子包括三个指标，分别是对数总资产、对数总市值和对数流通市值。

市场风险因子包括五个指标，分别是最近 24 个月的月累计收益率波动范围（最大累计涨幅的对数减去最大累计跌幅的对数）、最近 3 个月内日振幅（日最高价的对数 - 日最低价的对数）的中位数、日收益率方差比率 DVRAT、历史 $\beta$ 值和历史 $\sigma$ 值。其中，日收益率方差比率 DVRAT 的计算公式如下：

$$DVRAT = \frac{\sigma_p^2}{\sigma^2} - 1$$

$$\sigma^2 = \frac{1}{T-1}\sum_{t=1}^{T} r_{it}^2, \sigma_p^2 = \frac{\sum_{t=q}^{T}\left(\sum_{j=1}^{q} e_{i,t+1-j}\right)^2}{q(T-q+1)(1-\frac{q}{T})}$$

$T$ 为最近两年内的交易天数，$q=10$。

$\beta$ 值和 $\sigma$ 值是用最近一年日收益率估计的 CAPM 中的对应参数，并进行了 3 阶自相关调整。

下行风险因子包括三个指标，分别是下行 β 值、下行相关系数和下行标准差比率。下行 $\beta$ 值与历史 $\beta$ 值计算类似，但仅利用市场收益率为负的样本；下行相关系数和下行标准差比率分别是最近一年市场收益率为负时股票与市场收益率的相关系数和他们的标准差比率。

动量（反转）因子为 1 个月、2 个月、3 个月、6 个月、12 个月、24 个月的累计对数收益率。

交易活跃性因子则包括 1 个月、2 个月、3 个月、6 个月、12 个月的日均换手率和流动性 - 换手率贝塔 TOBT。TOBT 为采用最近两年的数据对方程（6）进行回归中 βi 的估计值，其中 rit 和 rmt 分别为个股和市场收益率，$TO_{it}$为个股日换手率。

$$|r_{it}| = \alpha_i + \beta_i TO_{it} + \sum_{j=1}^{5}\rho_j |r_{it-j}| + \sum_{j=1}^{5}\lambda_j |r_{Mt-j}| + \varepsilon_{it} \tag{6}$$

价值因子包括三个指标，分别为账面市值比（市净率的倒数）、收入价格比（市盈率的倒数）和最近 5 年的收入价格比。

成长因子包括六个指标，分别为 5 年收入增长率、资产收益率、5 年平均资产收益率、净资产收益率、5 年平均净资产收益率和标准化的非预期收入 SUE。SUE 如式所计算，其中收入的均值和标准差根据之前 5 年的收入计算。

$$SUE = \frac{earnings_t - mean(earnings)}{std(earnings)} \tag{7}$$

杠杆因子的指标为负债资产比率。

以上指标的计算的数据库来源于 CSMAR 中国股票市场交易数据库的个股交易数据和 CSMAR 中国上市公司财务报表数据库的资产负债表和利润表。基于交易数据库计算的指标只在当月有交易时才计算，而财务报表数据库中，只利用公司上市后的年报数据，并利用 CSMAR 中国上市公司年报、中报、季报公布日期数据库的报告公布日期与收益率数据进行匹配。

#### 3.2.2.2 方法

在进行模型估计之前，先对上述指标在每一时期进行截尾和标准化，其中截尾采用 Skipped Huber Method，而标准化中减去的均值为流通市值加权的均值。对于标准化后的数据，缺失值设置为0。

基于交易数据计算的指标只在当月有交易时才计算，由于模型估计是利用收益率对滞后一期的指标或因子进行截面回归，因此，使用的回归样本为当月和下一个月同时有交易的样本。截面回归方法为 WLS，权重为流通市值的平方根，对于权重特别大的股票，将其权重设为所有权重的95%分位数的水平。截面回归中考虑常数项和所有行业虚拟变量，并对行业虚拟变量的估计参数施加行业流通总市值加权平均的参数估计值等于0的约束。

收益率样本外的预测方法如下：在时期 t 末（换仓日），可以得到时期1至时期 t 的模型参数截面回归系数，对这些参数估计值求平均得到时期 t+1 的参数预测值，利用该预测值和时期 t 计算的指标，可预测时期 t+1 的期望收益率。得到预测收益率后，即可分析预测收益率与实际收益率的关系以及根据预测收益率的大小进行排序来构造的投资组合。针对模型的样本外预测能力，考察预测收益率和实际收益率的 spearman 相关系数，而基于预测收益率构造的投资策略表现，则分析其投资组合的收益率和超基准组合收益率的均值、方差、sharpe、t 统计量，其中投资组合为换仓日未停牌股票中预测收益率最大的前 m 只的等权组合，考虑 m = 20/50/100/150/200 的情况，而基准组合则为换仓日未停牌的所有股票的等权组合。

模型构建方法，考虑两种情况：一种是将同一因子下的指标合成因子，利用因子来构造模型；另一种则是直接使用各个指标建立模型。

### 3.2.3 实证分析

表3-1列出了基于因子构造的模型预测收益率与实际收益率的 spearman 相关系数在全样本、子样本和各年的描述性统计量。其中，t-stat 可检验相关系数的均值在样本内是否显著大于0，cv 为 t 统计量单侧检验 0.1%/1%/5%/10% 显著性水平的临界值。如果 t-stat 大于该临界值，则可判断相关系数以某种水平显著大于0。从全样本和子样本的情况来看，其 t-stat 都大于其0.1%显著性水平的临界值，说

明长期来看，相关系数大于0是非常显著的。而从每年的情况来看，t-stat能大于其0.1%显著性水平的临界值的只有1999年、2000年和2012年，1997~1998年、2007~2009年和2011年各年的相关系数则可在1%的水平上显著大于0，2006年和2010年的相关系数只能在5%的水平上显著大于0，而2001~2005年各年相关系数则不能显著大于0。

从均值上来看，除了2003年相关系数均值小于0外，其他样本区间相关系数的平均值都大于0。从最小值上来看，除了2000年，其他年份内都存在某一期的相关系数小于0的情况。

总的来说，模型的预测能力在长期来说是非常显著的。而在短期来说，其显著性有所下降，但平均来说，其预测能力也是较为显著的，特别是2006年以来的各年，其预测能力的显著性至少在1%~5%的水平上，2012年的显著性则在0.1%的水平上。但模型也不可能每期都预测得很准，每年总会有预测不准的时候，而且也会出现全年平均来说预测不准的情况，比如2003年。

**表3-1 预测收益率与实际收益率的spearman相关系数（基于因子构造的模型）**

| | mean | std | min | max | t-stat | cv（0.1%） | cv（1%） | cv（5%） |
|---|---|---|---|---|---|---|---|---|
| 1997~2012年 | 7.39% | 11.98% | -28.94% | 32.79% | 8.48 | 3.13 | 2.35 | 1.65 |
| 1997~2004年 | 6.66% | 12.91% | -28.94% | 32.79% | 5.03 | 3.18 | 2.37 | 1.66 |
| 2005~2012年 | 8.13% | 10.99% | -17.12% | 31.54% | 7.17 | 3.18 | 2.37 | 1.66 |
| 1997年 | 10.91% | 12.60% | -9.54% | 25.08% | 2.87 | 4.02 | 2.72 | 1.80 |
| 1998年 | 11.22% | 10.30% | -10.73% | 27.33% | 3.77 | | | |
| 1999年 | 9.51% | 6.97% | -3.31% | 21.77% | 4.73 | | | |
| 2000年 | 13.33% | 10.77% | 1.85% | 32.79% | 4.29 | | | |
| 2001年 | 3.68% | 14.75% | -15.97% | 31.02% | 0.86 | | | |
| 2002年 | 1.58% | 16.89% | -28.94% | 19.67% | 0.32 | | | |
| 2003年 | -1.08% | 12.46% | -27.43% | 16.01% | -0.30 | | | |
| 2004年 | 4.49% | 12.03% | -17.13% | 21.53% | 1.29 | 3.93 | 2.68 | 1.78 |
| 2005年 | 1.22% | 11.20% | -17.12% | 16.29% | 0.38 | | | |
| 2006年 | 5.50% | 9.77% | -10.76% | 18.94% | 1.95 | | | |
| 2007年 | 8.31% | 9.91% | -10.07% | 25.10% | 2.90 | | | |
| 2008年 | 9.62% | 10.95% | -5.84% | 28.95% | 3.05 | | | |
| 2009年 | 10.66% | 10.00% | -12.51% | 21.71% | 3.69 | | | |
| 2010年 | 7.46% | 11.25% | -14.11% | 21.84% | 2.30 | | | |
| 2011年 | 11.15% | 14.30% | -11.10% | 31.54% | 2.70 | | | |
| 2012年 | 11.71% | 8.49% | -1.62% | 23.21% | 4.36 | 4.14 | 2.76 | 1.81 |

再来讨论基于上述模型构造策略的情况。图 3 - 1 画出了策略的累计收益，表 3 - 2 列出了基于模型预测收益率的投资策略表现。

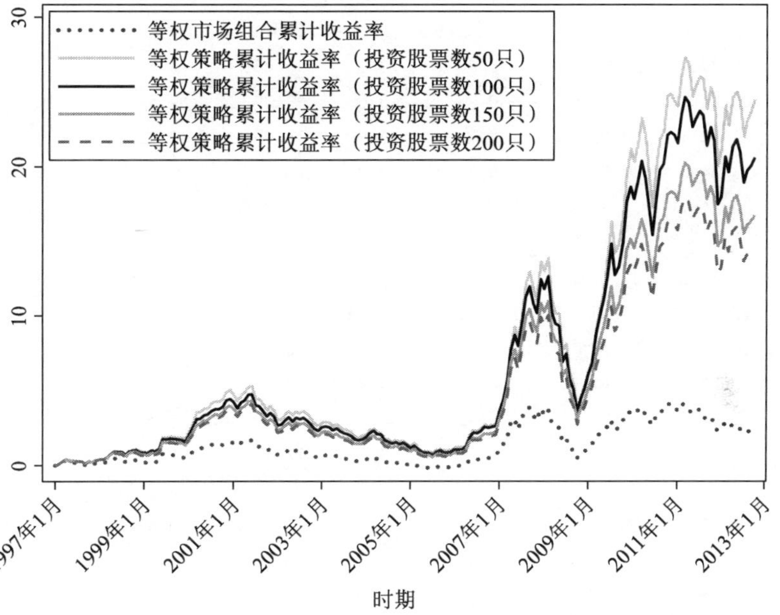


图 3 - 1 策略累计收益

从全样本来看，策略的年化收益率为 20% ~30%，风险为 33% ~37%，sharpe 在 0.7 ~0.8 之间，t 统计量均大于 1% 显著性水平的临界值 2.35，其中 m = 20 的策略大于 0.1% 显著性水平的临界值 3.13，说明绝对收益显著大于 0。超额收益为 10% ~17%，风险为 6% ~14%，sharpe 在 1.2 ~1.8 之间，t 统计量则远远 0.1% 显著性水平的临界值，说明相对收益也显著大于 0。比较不同的策略，可以看到，投资股票数越少，平均收益率越高，但风险也越大，这一点在超额收益上表现得更为明显，随着投资股票数的增多，超额收益的 sharpe 和 t 统计量都明显增大，这种关系在绝对收益率表现出相反的规律。

上述特征在两个子样本内也得到充分表现。但从最近 3 年各年表现来看，则没有表现出这么稳定的特征。正如前文所述，长期来看，这些策略都具有稳定的收益，但短期内，这种收益的稳定性得不到保证。有一点可以肯定，不管长期还是短期，这些策略都能获得正的相对收益。这种相对收益是可以通过对冲股指期货来实现的。

表 3-2　基于预测收益率的投资策略表现（基于因子构造的模型）

| | 投资组合收益率（年化） | | | | 投资组合超额收益率（年化） | | | |
|---|---|---|---|---|---|---|---|---|
| | mean | std | sharpe | t-stat | mean | std | sharpe | t-stat |
| | | | | 1997～2012 年 | | | | |
| m=20 | 29.77% | 36.59% | 0.81 | 3.23 | 16.83% | 14.37% | 1.17 | 4.65 |
| m=50 | 26.24% | 33.81% | 0.78 | 3.08 | 13.29% | 9.57% | 1.39 | 5.51 |
| m=100 | 24.92% | 32.99% | 0.76 | 3.00 | 11.98% | 7.32% | 1.64 | 6.49 |
| m=150 | 23.64% | 32.91% | 0.72 | 2.85 | 10.70% | 6.32% | 1.69 | 6.71 |
| m=200 | 22.86% | 32.96% | 0.69 | 2.75 | 9.91% | 5.55% | 1.79 | 7.08 |
| | | | | 1997～2004 年 | | | | |
| m=20 | 16.35% | 27.68% | 0.59 | 1.66 | 12.37% | 11.83% | 1.05 | 2.94 |
| m=50 | 15.03% | 27.41% | 0.55 | 1.54 | 11.05% | 8.77% | 1.26 | 3.54 |
| m=100 | 14.18% | 26.61% | 0.53 | 1.50 | 10.19% | 6.28% | 1.62 | 4.57 |
| m=150 | 12.81% | 26.88% | 0.48 | 1.34 | 8.83% | 5.52% | 1.60 | 4.50 |
| m=200 | 12.18% | 26.91% | 0.45 | 1.27 | 8.20% | 4.80% | 1.71 | 4.81 |
| | | | | 2005～2012 年 | | | | |
| m=20 | 43.33% | 43.61% | 0.99 | 2.78 | 21.33% | 16.51% | 1.29 | 3.62 |
| m=50 | 37.57% | 39.12% | 0.96 | 2.69 | 15.57% | 10.32% | 1.51 | 4.22 |
| m=100 | 35.79% | 38.26% | 0.94 | 2.62 | 13.78% | 8.25% | 1.67 | 4.68 |
| m=150 | 34.59% | 37.94% | 0.91 | 2.55 | 12.58% | 7.03% | 1.79 | 5.01 |
| m=200 | 33.65% | 38.00% | 0.89 | 2.48 | 11.64% | 6.21% | 1.87 | 5.25 |
| | | | | 2010 年 | | | | |
| m=20 | 16.90% | 29.04% | 0.58 | 0.58 | 4.39% | 7.30% | 0.60 | 0.60 |
| m=50 | 17.21% | 28.77% | 0.60 | 0.60 | 4.71% | 5.80% | 0.81 | 0.81 |
| m=100 | 19.87% | 27.96% | 0.71 | 0.71 | 7.36% | 4.08% | 1.80 | 1.80 |
| m=150 | 20.88% | 27.41% | 0.76 | 0.76 | 8.37% | 4.04% | 2.07 | 2.07 |
| m=200 | 21.32% | 28.03% | 0.76 | 0.76 | 8.82% | 4.40% | 2.00 | 2.00 |
| | | | | 2011 年 | | | | |
| m=20 | -11.99% | 25.43% | -0.47 | -0.47 | 23.84% | 12.41% | 1.92 | 1.92 |
| m=50 | -15.43% | 24.38% | -0.63 | -0.63 | 20.40% | 8.31% | 2.46 | 2.46 |
| m=100 | -18.86% | 25.18% | -0.75 | -0.75 | 16.97% | 8.50% | 2.00 | 2.00 |
| m=150 | -17.29% | 24.18% | -0.71 | -0.71 | 18.54% | 7.25% | 2.56 | 2.56 |
| m=200 | -18.36% | 23.86% | -0.77 | -0.77 | 17.47% | 6.60% | 2.65 | 2.65 |
| | | | | 2012 年 | | | | |
| m=20 | 18.58% | 21.75% | 0.85 | 0.78 | 20.10% | 10.07% | 2.00 | 1.82 |
| m=50 | 25.15% | 22.53% | 1.12 | 1.02 | 26.67% | 6.69% | 3.99 | 3.64 |
| m=100 | 21.01% | 23.01% | 0.91 | 0.83 | 22.53% | 4.09% | 5.51 | 5.03 |
| m=150 | 17.46% | 23.87% | 0.73 | 0.67 | 18.98% | 3.73% | 5.09 | 4.65 |
| m=200 | 17.01% | 23.83% | 0.71 | 0.65 | 18.53% | 3.69% | 5.02 | 4.58 |

在前一个子样本，绝对收益和相对收益的收益率、风险、sharpe 和 t – stat 都较小，这可能是因为前一个子样本的波动较小的缘故。从最近几年的表现，可以看到，策略都取得了不错的相对收益，虽然 2011 年的绝对收益为负，但其相对收益却很高。

对比表 3 – 1 和表 3 – 2 发现，策略的表现与模型的预测能力是一致的，具体而言，前一个子样本内预测能力的 t 统计量小于后一个子样本内预测能力的 t 统计量，因此，策略的相对收益率在前一个子样本内的 t 统计量（与 sharpe 成同比关系）要小于在后一个子样本内的 t 统计量。这一点在 2010 年至 2012 年各年的情况也能看出来。

综上所述，长期来看，投资股票数量越多，其收益虽低，但风险也较低，风险调整后的绝对收益较低，但风险调整后的相对收益较高。相对收益不管在短期还是长期，都能不错的正收益率，风险调整后的相对收益与模型的预测能力是一致的。

### 3.2.4 结论

这里利用 MSCI Barra 的 CHE2 风险模型的风格指标来预测样本外的股票截面期望收益率，考察了预测收益率的预测能力和基于预测收益率构造的投资策略的表现。结论如下：

①预测收益率的预测能力，长期来看，是非常显著的；短期来看，也较为显著，特别是近年来都有不错的预测能力。

②基于预测收益率构造的投资策略，长期来看都有显著的正收益和正超额收益。投资股票数越多，平均收益率越低，风险也越小，风险调整后的收益也越小，但风险调整后的超额收益越大。短期来看，则都有显著的正超额收益。

## 3.3 基于指标被动筛选的多因子模型策略

### 3.3.1 研究背景

与主观打分的多因子模型选股策略不同，基于指标被动筛选的多因子模型策略是根据事前设定的算法，在回测时点利用实际条件下可观测的数据，客观选取因子和加权，以避免前视偏差，使策略的回测结果更为客观真实，具有实际指导价值。

前视偏差是目前许多量化模型构建和回测过程中最为严重的缺陷，它是指在回测时点使用了当前时点无法获取的数据，其中数据窥探是其众多表现形式中的一种。具体而言，比如目前观测到 A 股市场自 2006 年以来表现出明显的短期反转特征，那么在 2006 年至今的时间区间回测这一短期反转策略必定会有较好的表现。但这一结果并不具有实际指导意义，因为在 2006 年的回测时点，用到了 2006 年之后股市存在显著短期反转效应的信息。假如回到 2006 年初回测时点，2005 年及其之前的数据显示 A 股市场是不存在短期反转效应的，因此，在当时也难以去实际执行一个短期反转策略。

因子模型量化选股的特点是不存在数据挖掘和前视偏差，不仅数据、因子、模型估计和投资组合构建是样本外的，而且模型的构建过程都是在回测前设定好的。整个投资过程是纯模型驱动的，但模型构造过程也存在一些主观因素，比如采用哪种建模技术。一旦过程设定后，所有的投资建议均为模型驱动。投资者可以根据不同的偏好，调整模型的结果。此外，在指标和因子的构建方面引入一些新的学术研究成果，在指标和因子的筛选和加权的计量模型方面引入了一些新的技术。

## 3.3.2 方法

### 3.3.2.1 基本思路

传统的多因子模型都是事先选择因子，虽然有不同的选择方法，比如某种算法或主观分析。资产定价和市场异象的学术研究也采用类似的方法，都是在事先设定测试的因子。另外，大多数研究的因子集合在回测区间是不变的。

静态的因子模型存在两大问题：

第一，市场是动态的，经济环境是不断变化的。更为重要的，市场的逐渐有效意味着曾经的 alpha 因子被不断套走，新的因子不断被发现。投资者和分析师通过调整因子不断修正模型，因此，在整个样本时间区间采用相同的因子集是不合适的。

第二，设定因子中最为严重的问题是前视偏差。如果今天设定一个模型，已经知道最近几年哪些因子表现好，哪些因子表现不好。如果希望模型有较好的“样本外”表现，自然而然地会选择那些能产生正 alpha 的因子。但回到回测时点，是不知道哪些因子是表现好的，这种回测结果就具有前视偏差。此外，不能保证最近几年表现好的因子在未来几年仍有较好表现。因此，这种“样本外”回测结果实际上并不是样本外的。虽然数据是样本外的，但因子选择过程是样本内的，回测的结果将表现得过度乐观。

因此，不会事前设定好哪些因子，而是定义一些决策规则或算法。利用因子选择算法在各个回测时点客观地选择因子。同样的算法每个月重复计算，从而因子集在每个月都进行调整。

这背后的投资逻辑是，市场虽非有效却是竞争的。一个因子首次被发现后，容易产生较高的、稳定的正收益。一旦该因子被广泛认知，越来越多的投资者逐渐使用该信号，最终该因子的收益会被套空。市场异象是有限的，而量化模型却有足够多，因此，识别好因子的难度是越来越大。

上述方法也是针对市场不断变化的这一事实。经济从繁荣到衰退，某些因子在某种特定的经济环境中有效，其他因子则并非如此。

因此，模型是动态调整的，并没有固定某些因子，而是固定了选择因子的逻辑。模型根据事前设定的逻辑每月选择因子，只是这一过程计算量非常大而已。尽管如此，模型不仅随着市场的改变而逐渐调整，同时在选择因子时也不会有前视偏差。

#### 3.3.2.2 线性面板模型

正如因子分析方法所述，采用多元回归的面板计量方法从指标集合中来选择策略指标。回归方法的一个普遍问题就是多重共线性，如果解释变量高度相关，回归参数的估计是不准确的，而且容易受模型或数据微小变动的影响。为了减少多重共线性问题，在指标处理阶段就对相关性很高的指标进行了差分或者回归处理，比如最近 3 个月的换手率与最近 1 个月的换手率高度相关，用最近 3 个月的换手率减去最近 1 个月的换手率得到换手率的变化量指标；又比如非线性规模指标，为对数总市值的立方，由于其与对数总市值高度相关，将对数总市值的立方对对数总市值进行回归，将其残差作为非线性规模指标。在利用多元回归选择策略指标时，也加入了去除高度相关的指标算法。在每个回测时点上从备选指标集合中选择那些历史上或者最近几年表现好而且不存在高度相关的指标作为策略指标。

因子或指标选择的标准可以是计量模型的拟合优度、AIC 或 BIC 准则，也可以是回归系数显著性。

因子或指标选择的步骤既可以是反向消除法，也可以考虑逐步添加法。反向消除法是首先考虑所有的因子，然后逐步剔除；逐步添加法则正好相反。也可以在反向消除法中考虑添加或在逐步添加法中考虑消除的 stepwise 算法。

面板计量模型设定如下：

$$r_{i,t+1} = \sum_{k=1}^{K} \beta_{k,t+1} F_{k,i,t} + \varepsilon_{i,t+1}$$

其中：$r_{i,t+1}$为股票 $i$ 在未来一期 $t+1$ 的收益率；$F_{k,i,t}$为股票 $i$ 在当期 $t$ 的第 $j$ 个因子得分；$\beta_{k,t+1}$为估计的第 $j$ 个因子在时期 $t+1$ 的回归系数（收益率）；$\varepsilon_{i,t+1}$为模型的残差，模型无法解释的部分；$F_{k,i,t}$中可以有行业因子、风格因子或者其他指标。在此考虑的预测期限为 1 个月（21 个交易日）。

对于上述面板计量模型，可以考虑采用多种估计方法，比如假设每一时期各个个体回归系数都相等，而不同时期回归系数不相等的 Fama – MacBeth 回归方法；又或者假设不同个体的回归系数不相等，但同一个体不同时期的回归系数相等，这考虑的是个体对不同因子都具有特有的反应，从而 β 与个体有关，进而采用固定效用或随机效用的面板估计方法来估计 $\beta_{k,j}$。再或者假设 β 与时期和个体都无关，采用类似的方法估计回归系数。另外，还可以考虑估计参数受到某些外生变量的影响，比如宏观经济变量、市场变量、季节虚拟变量等。

这里考虑 Fama – MacBeth 回归方法，采用的因子或指标选择的标准为回归系数时间序列的显著性，选择步骤为逐步添加法中加入消除算法。回归方法中首先考虑普通最小二乘法，也可以考虑加权最小二乘法，有可能提高截面回归的有效性。回归系数时间序列的显著性先采用普通的 t 统计量，也可以考虑指数加权的 t 统计量或者回归系数截面估计精度加权的 t 统计量，有可能提高选择标准的有效性。

方法主要是通过选取长期来看具有显著溢价的因子以获取市场超额收益，以及选取短期内具有显著溢价的因子以获取因市场定价误差带来的短期超额收益。在每个回测时点进行因子筛选时，先考虑回测时点之前所有样本数据，这样将更多地选择那些长期来看具有显著溢价的因子；也可以考虑回测时点最近 1 年 ~5 年的样本数据，这样将更多地选择那些短期内具有显著溢价的因子。另外，利用指数加权的 t 统计量，通过调整权重可以在长期来看具有显著溢价的因子和短期内具有显著溢价的因子的选择中取得一定平衡。

回归方法、选择标准和选择步骤的其他组合形式的考虑则有待下一步深入研究。

#### 3.3.2.3　因子加权

寻找到 alpha 因子后，如何将它们构建一个复合 alpha 模型，涉及因子加权问题。最简单的方法就是平均加权，这一方法的表现并不一定比复杂方法差。这主要是因为平均加权要求更少的假设，而更少的假设意味着更少的错误。Asness 等（2013）构造质量因子时，就是采用平均加权的方法，将各个因子标准化后直接相加而得。

除了平均加权外，优化加权在学术界并不多见，而在学术界使用较多的则是 Fama – MacBeth（1973）的加权[①]，这在实业界也广泛应用于组合多因子。该方法首先利用截面回归得到各期因子收益率，然后利用因子收益率的时间序列来估计未来一期因子收益率作为权重。这种方法的优点是，采用回归方法的工具的可用性和成熟度要高于优化工具，缺点就是可能存在像多重共线性的问题而导致因子收益率的估计不准确。由于在因子选择中解决了多重共线性的问题，因此，采用 Fama – MacBeth 的加权方法。这种方法是根据因子收益率的时间序列特征和波动来预测下一期因子收益率。另一种方法是利用外生变量对因子收益率进行预测，采用线性回归或 logistic 回归的方法。

本方法考虑了因子择时，与静态 alpha 模型不同，并没有假设因子收益率是常数，甚至可以是不平稳的。Clare 等（2010）指出，利用外生变量（比如宏观变量、市场变量和季节虚拟变量等）来预测因子收益率的目的并不是提高 IC 均值，而是减少 IC 的波动。他们比较了利用外生变量预测因子收益率和仅利用因子收益率时间序列移动平均进行预测这两种方法的表现，指出时间序列移动平均方法在各种情况下都要强于利用外生变量预测因子收益率的方法。而采用的 FM 加权方法利用的就是因子收益率的时间序列移动平均。在未来的研究中，将考虑用其他时间序列模型进行加权的方法以及利用外生变量进行加权的方法，以期其在中国 A 股市场上存在边际贡献。

#### 3.3.2.4 投资组合构建与评价

如何利用 alpha 模型的预测收益率来构造投资组合？最简单的方法就是平均权重或者市值权重。平均权重是一种稳健的方法，DeMiguel 等（2009）指出，在一定条件下，等权投资比一些非常复杂的投资组合构建方法要更好，不过受到 Kirby 和 Ostdiek（2010）的攻击。

这里采用平均加权方法，在全样本构建投资策略。未来将考虑在不同类型的股

---

① Lewellen, Jonathan, 2011, "The Cross Section of Expected Stock Returns", Tuck School of Business At Dartmouth College Working Paper.

票池上构建投资策略，并考虑施加某些限制，比如规模中性、行业中性、换手率控制等。

在策略的评价方面，由于是基于预测收益率构建的，因此，有必要对收益率预测值的 Spearman 秩相关系数和时序相关性（换手率）进行考察，以及对基于收益率预测值构造的各分组股票组合的平均收益率、标准差、Sharpe 比率、规模、流动性、beta 等特征进行分析。然后对策略的超额收益率（比如 12 个月移动平均的超额收益率）、累计收益、风险（比如 3 年滚动的超额标准差）、年化 IR 进行评价。

### 3.3.3 实证

先考虑一些仅用市场交易数据就能简单构建的指标来测试方法的有效性，比如股价，流通市值，总市值，最近 21 个、63 个、126 个、252 个交易日的累计收益率，日均换手率，CAPM 的 alpha、beta、sigma，以及 Amuihud 的非流动性指标。对流通市值与总市值、累计收益率和日均换手率进行差分处理，来降低指标之间的相关性。

指标数据是从 2005 年 7 月 28 日至 2014 年的 9 月 24 日，预测收益率的期限为 21 个交易日，因此，收益率数据从 2005 年 8 月 26 日至 2014 年 10 月 30 日。从 2009 年开始预测收益率，第 1 个预测的时点是 2009 年 1 月 9 日，预测的是 2009 年 1 月 9 日收盘至 2009 年 2 月 16 日收盘这 21 天的收益率。预测所使用的数据是 2009 年 1 月 9 日及其之前的数据。表 3 – 3 列出了在 2009 年 1 月 9 日这个回测时点选择的指标、指标的权重和指标回归系数的 t 统计量（指标筛选的标准，当 t 统计量大于 1.65，即在 10% 显著性水平上显著时，指标被选择）。

**表 3 – 3　　第 1 期筛选的指标、权重和检验统计量**

| | 权重 | t 统计量 |
|---|---|---|
| 最近 21 个交易日的 sigma 值 | –0.4126 | –1.7135 |
| 最近 21 个交易日的非流动性指标 | 0.7329 | 1.7329 |
| 最近 252 个交易日的 beta 值 | 0.4993 | 3.1554 |
| 最近 21 个交易日的日均换手率 | –0.735 | –1.8742 |

每过 3 个月（63 个交易日），重新进行一次指标的选择，但权重每月进行调整，采用的指标回归系数的历史平均值。表 3 – 4 列出了最后一次筛选的指标、指标权重

和指标回归系数的 t 统计量。

**表 3－4　　最后一次筛选的指标、权重和检验统计量**

| | 权重 | t 统计量 |
|---|---|---|
| 最近 21 个交易日的非流动性指标 | 0.8716 | 5.489 |
| 最近 21 个交易日的 sigma 值 | －0.3998 | －2.9089 |
| 最近 252 个交易日的 beta 值 | 0.2479 | 2.1181 |
| 最近 126 个交易日的日均换手率与最近 63 个交易日的日均换手率之差 | 0.3013 | 2.5732 |
| 最近 63 个交易日的日均换手率与最近 21 个交易日的日均换手率之差 | 0.2111 | 1.7825 |

从 2009 年 1 月 9 日开始至 2014 年的 9 月 24 日的 23 次指标筛选中，经常被筛选出来的指标有最近 21 个交易日的 sigma 值，最近 21 个交易日的非流动性指标，最近 252 个交易日的 beta 值，最近 21 个交易日的日均换手率以及换手率形式的非流动性指标。

利用上述方法，在每个回测时点都可以得到下一期收益率的预测值，那通过检验预测值的预测能力，可以对方法的有效性进行评价。图 3－2 和图 3－3 分别给出了月 IC 值和预测值的时序相关系数。在整个区间，IC 的均值为 0.1332，标准差为 0.1077，最小值为－0.1571，IC 的一致性高达为 1.2367，说明预测值非常有效。

预测值的时序相关系数从 0.4589～0.7836，平均值为 0.6372，虽然不是很高，但与 1 个月的反转指标接近于 0 的相关系数相比，该相关系数的大小也不低，换手率大约在 30%～40% 之间。因此，在基于收益率预测值构建策略时需要考虑换手率和交易成本的问题。

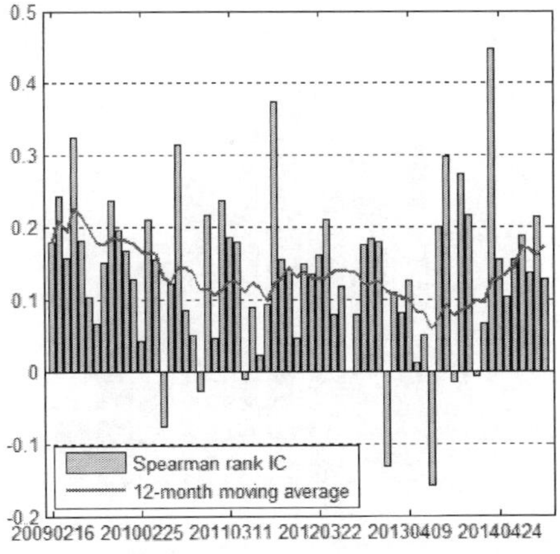


图 3－2　Spearman 秩相关系数

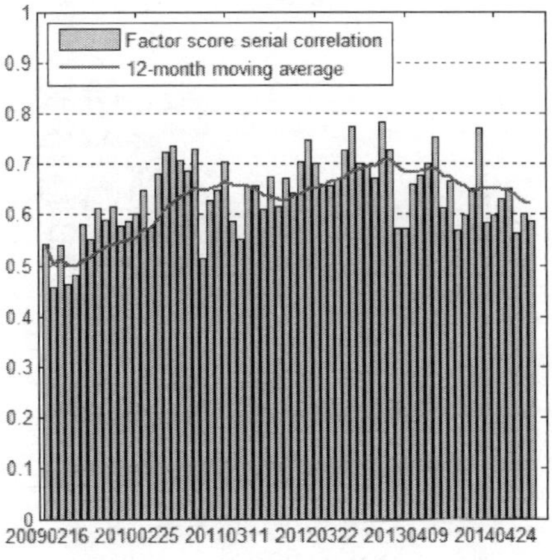


图 3－3　预测值的时序相关系数

图 3 –4 ~ 图 3 –9 给出了根据收益率预测值排序构造的十分位投资组合的月平均收益率和标准差。从图中可以看出，预测收益率越高的投资组合平均收益率越高，而在风险方面，各投资组合的标准差几乎没有太大差别。因此，Sharpe 比率也会随着投资组合的收益率预测值增加而增加。

预测收益率较高的投资组合股票规模非常小，成交额则非常明显地随着预测收益率的增加而降低。而在投资组合的 beta 值方面，除了预测收益率最低的那个组合的 beta 值只有 0.8 外，其他各组合的 beta 值都在 1.1 ~1.2 之间，无太大差别。

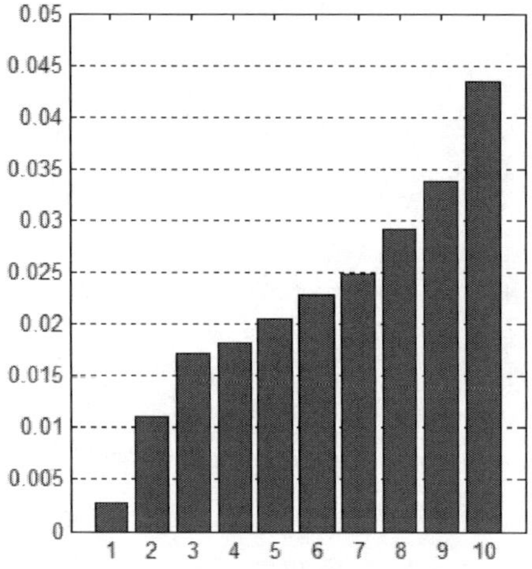


图 3 –4　十分位组合，平均收益率

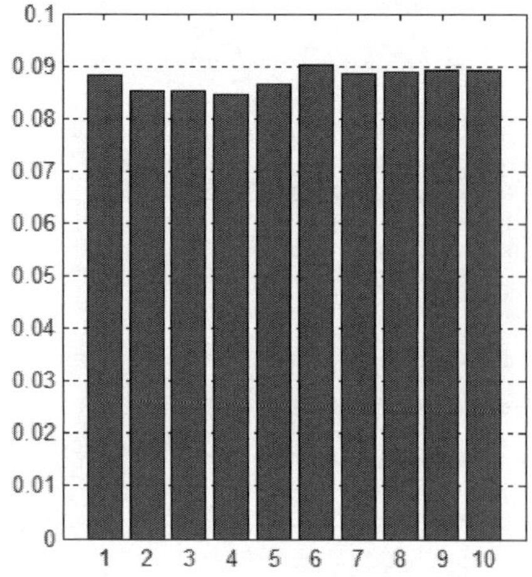


图 3 –5　十分位组合，标准差

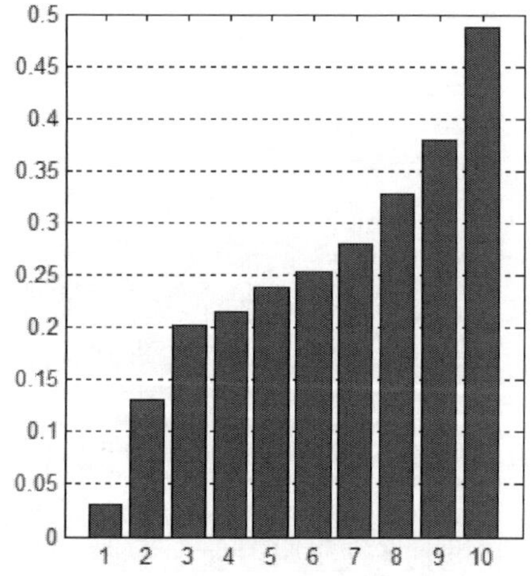


图 3 –6　十分位组合，夏普比率

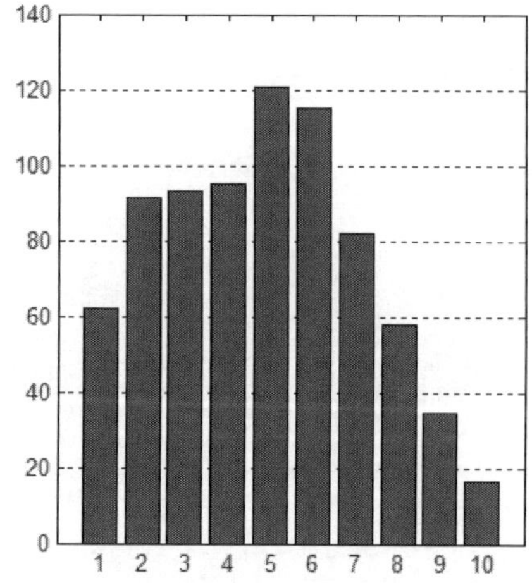


图 3 –7　十分位组合，流通市值

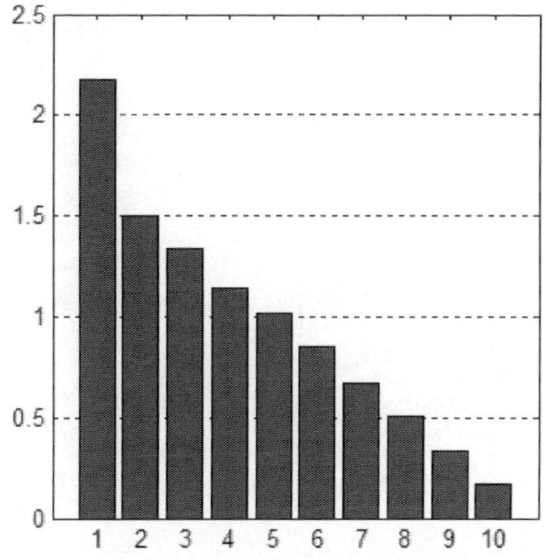


图 3-8　十分位组合，成交额

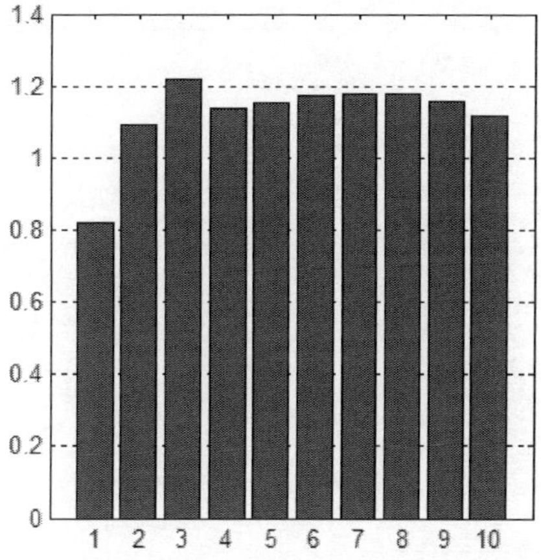


图 3-9　十分位组合，beta

因此，在基于预测收益率构建策略时还需要考虑到规模与成交额的因素。

在构造策略之前，利用预测收益率前 100 位的股票构造的投资组合形成策略指数，与百发 100 指数进行比较。考虑平均加权、流通市值加权和最近 1 个月成交额加权这三种方法。表 3-5 给出了的策略指数与百发 100 指数的比较结果。3 个策略指数与百发 100 指数收益率的相关系数分别为 96.44%、93.62% 和 95.85%，非常高。胜率、相对回测、超额收益率和 IR（均相对于沪深 300 指数）等指标与百发 100 指数相当，表现还略微优于百发 100 指数。从股票投资组合的流通市值和成交额可以看出，与百发 100 类似，投资标的的规模和成交额都不大。

**表 3-5　　策略指数与百发 100 指数的比较**

| | 胜率 | 相对回测 | 月均收益 | sharpe | IR | 中位数流通市值（亿元） | 中位数成交额 | 最后 1 期中位数流通市值 | 最后 1 期中位数成交额 |
|---|---|---|---|---|---|---|---|---|---|
| 平均加权 | 74.63 | 13.21 | 51.11 | 1.68 | 2.62 | 10.11 | 0.13 | 19.64 | 0.31 |
| 流通市值加权 | 79.10 | 9.05 | 48.75 | 1.68 | 2.62 | 15.81 | 0.14 | 23.85 | 0.31 |
| 成交额加权 | 74.63 | 12.68 | 43.39 | 1.43 | 2.25 | 11.34 | 0.17 | 23.66 | 1.42 |
| 百发 100 | 77.61 | 13.06 | 42.00 | 1.34 | 2.33 | | | | |

图 3-10 是策略指数、百发 100 指数与沪深 300 指数的累计收益率。从绝对收益率来看，成交额加权的策略指数与百发 100 指数非常接近，平均加权和流通市值加权的策略指数则略高于百发 100 指数。

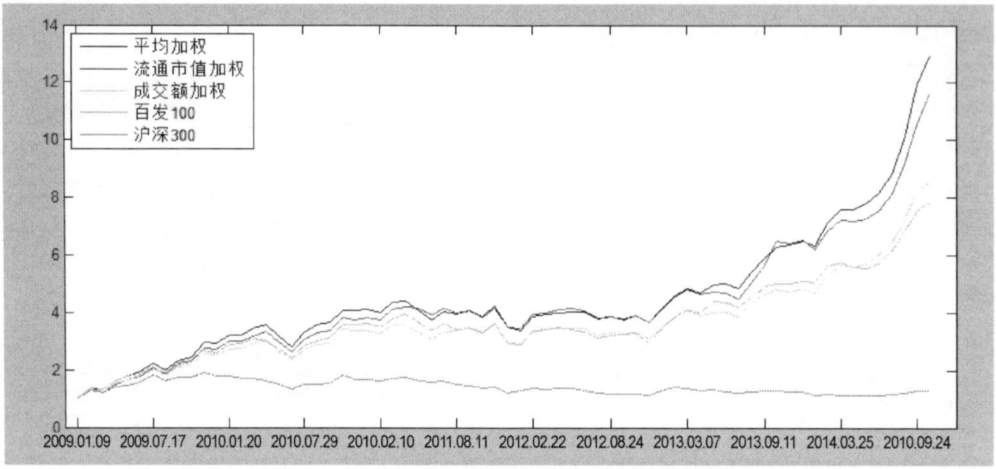


图 3 - 10

从指数到策略，还需要限制成交额和设定交易成本。设定 1 亿元的投资规模，并将成交额限制在最近 1 个月成交额的 10% 上。交易成本则设定为按第二天的均价成交时的成本。目标是在限制成交额的前提下最大化投资组合的预测收益率。除此之外，还考虑行业中性、市值中性①和同时设定行业中性和市值中性的策略。表 3 - 6 给出了策略的表现。当仅考虑行业中性时，胜率、IR、投资标的的流通市值都有提升。而当考虑市值中性时，超额收益率和 sharpe 比率有明显的下降，但投资标的的流通市值有明显提升。从成交额来看，各策略投资标的成交额的中位数目前均在 1 亿元以上。另外，各策略与百发 100 指数收益率相对于策略指数更高（96.53% ~97.59%）。

**表 3 - 6　　策略表现**

| | 胜率 | 相对回测 | 月均收益 | sharpe | IR | 中位数流通市值 | 中位数成交额 | 最后 1 期中位数流通市值 | 最后 1 期中位数成交额 |
|---|---|---|---|---|---|---|---|---|---|
| 非中性 | 71.64 | 16.63 | 42.08 | 1.39 | 2.00 | 12.66 | 0.20 | 22.92 | 1.44 |
| 行业中性 | 76.12 | 12.14 | 41.40 | 1.37 | 2.38 | 15.25 | 0.21 | 25.01 | 1.13 |
| 市值中性 | 71.64 | 11.84 | 30.70 | 1.06 | 1.91 | 34.43 | 0.28 | 50.87 | 1.42 |
| 行业中性 + 市值中性 | 71.64 | 12.01 | 31.20 | 1.08 | 1.89 | 34.13 | 0.30 | 49.58 | 1.31 |

① 参照 Fama 和 French（1992）的方法，根据上海证券交易所所有股票流通市值确定 10 分位数点，然后根据 10 分位点将全市场股票分成 10 组。市值中性则是保证在每个分组中的投资比例相等。

从累计收益率可以看出，非中性和行业中性策略仍能与百发指数保持在同一水平上。如果考虑市值中性，策略的绝对收益只相当于百发指数的1/2，明显较低。

图3－11选择的是以2014年10月30日为策略运行的最后一个时点，每21个交易日运行一次，也测试了其他20个时点的情况，策略的表现都非常相似。因此，还可以在其他时点实施该策略，策略的规模远不止1亿元，但也不可能超过21亿元。随着每一时点策略规模的上升，成交额的显著将起到越来越大的作用。如果突破成交额的限制，则需要考虑冲击成本，结果将会有较大的出入。

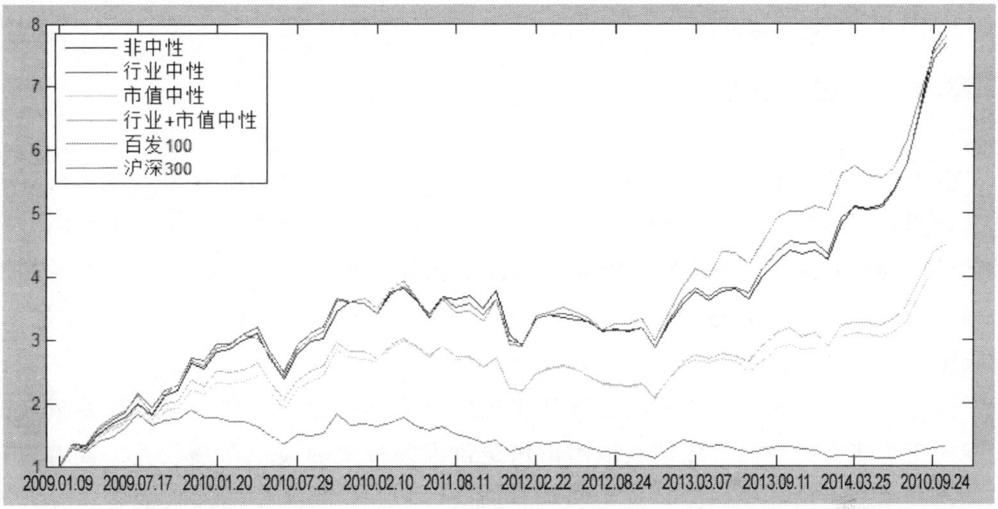


图3－11

## 3.3.4 结论

本部分提出了一套因子模型客观选股的方法，避免了目前许多量化模型构建和回测过程中存在的前视偏差的问题。方法是利用各个回测时点实际条件下可观测的数据筛选指标，设定权重、并预测股票未来一期的收益率，并在此基础上构造指数与策略。这样，策略的回测结果将更加客观真实，具有实际指导价值。

这套方法与对市场的认识是密不可分的。认为市场可能并不有效，但绝对是充分竞争的。如果一个因子确实能产生持续的超额收益，那么越来越多的投资者会投资这一信号直到其失去预测能力。因此，传统的因子将不再能增加持续的alpha收益，因子择时是必需的，而本方法正是在这一基础上设定。指标、因子、收益和风险模型的构建技巧以及投资组合技术也是如此，未来将对其做进一步探索。

采用一些市场交易数据就能简单构建指标来测试方法的有效性，发现这些简单的指标在这套方法下，就能获得大数据指数的收益，足以见证这套方法的有效性。

## 3.4 多因子模型因子加权方法研究

### 3.4.1 研究背景

在上一节的讨论中，指标筛选是基于每个回测时点之前的所有历史数据（2005年7月起），权重则是指标回归系数的历史平均值。由于筛选的标准是指标回归系数估计值的时间序列t统计量，因此，指标筛选的结果主要是选择那些所考虑的历史样本内具有显著溢价能力的指标。由于考虑的是回测时点之前所有历史样本数据，那么筛选的结果是那些长期来看具有显著溢价的指标或因子，以期获取市场超额收益。这里将考虑回测时点之前的最近几年内的历史样本数据，那么选择那些近期内表现出溢价能力的指标，以期获取因市场定价误差带来的短期超额收益，或者说是风格动量收益。仍考虑回测时点之前所有历史样本，但采用指数加权的方法计算回归系数时间序列的显著性，从而减小对长期溢价因子的选择，而更多地偏向短期溢价因子。另外，权重的设定，除了考虑指标回归系数的平均值外，还将考虑t统计量加权和平均加权的权重设定。

### 3.4.2 方法与实证

指标集合中包括规模与流动性、市场波动、特质波动、动量与反转、价值、成长、质量等大量指标。同时在股票样本的选择方面，要求其股票的累计交易日超过1年、净资产要大于0，同时剔除了金融类行业股票。

指标数据是从2005年7月28日至2014年9月24日，预测收益率的期限为21个交易日，因此，收益率数据从2005年8月26日至2014年10月30日。从2009年开始预测收益率，第1个预测的时点是2009年1月9日，预测的是2009年1月9日收盘至 2009 年 2 月 16 日收盘这 21 天的收益率。每过 3 个月重新进行一次指标的选择，但权重每月进行调整。

#### 3.4.2.1 因子权重的设定

先考虑几种不同因子权重设定的方法，这里指标筛选仍然考虑回测时点之前的所有历史样本，在回测时点之前的各个时期点上，收益率对指标进行 OLS 截面回归，从而获得指标回归系数的一个时间序列。筛选指标的步骤是：

①逐步添加那些回归系数时间序列 t 统计量显著的指标直到余下的所有指标的 t 统计量不再显著。

②删除所选指标中回归系数时间序列 t 统计量不显著的指标，每删除一次后再执行步骤①，直至所选指标中回归系数时间序列 t 统计量都显著为止。

指标筛选出来后，考虑如下几种加权：

①回归系数时间序列平均值；

②回归系数时间序列平均值的方向；

③回归系数时间序列平均值/时间序列方差；

④回归系数时间序列平均值的方向/时间序列方差。

第③④种因子加权方法考虑了回归系数时间序列的波动，波动越大，指标的权重越小。

表 3 -7 列出了 4 种因子加权方法的策略预测收益率前 100 名的股票中，对预测收益率的贡献前 10 位的指标的平均权重。表中显示，第①个策略主要选择流动性弱、特质波动低的股票；第②个策略主要选择估值低、短期成长性好的股票；第③、④个策略主要选择短期成长性好的股票。总的来说，各个策略都喜欢选择那些规模小、流动性弱、市场波动高、特质波动低、价值和盈利增长相对较高的股票。

**表 3 -7　　筛选指标的平均权重与贡献**

| 均值 | | | 方向 | | |
|---|---|---|---|---|---|
| 策略指标 | 贡献比重 | 平均权重 | 策略指标 | 贡献比重 | 平均权重 |
| 短期非流动性 | 23.76 | 0.79 | 预测 E/P | 11.21 | 0.85 |
| 短期特质波动 | 10.01 | -0.61 | 预测盈利的短期增长 | 9.06 | 0.88 |
| 预测 E/P | 7.06 | 0.40 | 毛利润的短期增长 | 6.85 | 0.19 |
| 毛利润的短期增长 | 3.29 | 0.12 | 短期特质波动 | 6.53 | -0.80 |
| 短期市场波动 | 2.83 | 0.17 | 短期非流动性 | 6.38 | 0.78 |

续表

| 均值 | | | 方向 | | |
|---|---|---|---|---|---|
| 策略指标 | 贡献比重 | 平均权重 | 策略指标 | 贡献比重 | 平均权重 |
| 毛利润/市值 | 2.14 | 0.15 | 毛利润/市值 | 5.46 | 0.34 |
| 预测盈利的短期增长 | 1.91 | 0.27 | 现金流的长期成长 | 4.28 | 0.49 |
| 短期成交额 | 1.83 | -0.06 | 营业收入/市值 | 3.66 | 0.30 |
| 短期标准差 | -1.70 | 0.22 | 现金流的短期增长 | 3.37 | 0.22 |
| 短期换手率 | 1.46 | -0.11 | 盈利的短期增长 | 2.59 | 0.07 |
| 均值/方差 | | | 方向/方差 | | |
| 策略指标 | 贡献比重 | 平均权重 | 策略指标 | 贡献比重 | 平均权重 |
| 预测盈利的短期增长 | 31.59 | 1.46 | 预测盈利的短期增长 | 29.74 | 1.36 |
| 现金流的短期增长 | 17.71 | 0.5 | 现金流的短期增长 | 25.44 | 0.65 |
| 短期特质波动 | 9.12 | -0.82 | 现金流的长期成长 | 7.89 | 0.73 |
| 毛利润的短期增长 | 7.42 | 0.18 | 盈利的短期增长 | 5.53 | 0.11 |
| 毛利润/市值 | 5.37 | 0.40 | 毛利润的短期增长 | 4.52 | 0.12 |
| 现金流的长期成长 | 3.53 | 0.49 | 营业收入/市值 | 3.17 | 0.30 |
| 营业收入/市值 | 3.38 | 0.30 | 营业利润的短期增长 | 2.60 | 0.05 |
| 盈利的短期增长 | 3.07 | 0.08 | 短期特质波动 | 2.49 | -0.40 |
| 短期非流动性 | 2.49 | 0.42 | 总资产的短期增长 | 1.63 | 0.10 |
| 营业利润的短期增长 | 1.42 | 0.04 | 预测盈利的长期成长 | 1.43 | 0.02 |

图3-12给出了4种因子加权方法的策略累计收益率，这里策略考虑了成交额的限制（不超过最近1个月成交额的10%，初始规模为1亿元）和交易成本（第二天的均价成交时的成本）。4个策略指数的走势都非常相近，策略收益率的相关系数为98.15%~99.46%。他们与百发100指数的走势也非常相近，与它的相关系数为94.53%~97.13%。

表3-8给出了策略收益率的一般绩效评价，从收益类的绩效评价来看，均值加权优于方向加权，又优于均值除以方差的加权，又优于方向除以方差的加权，但都不及百发100指数收益率，毕竟百发100指数收益率的计算没有考虑成交额的限制和交易成本。他们的非收益率的绩效评估指标则相差不大，也没有一致的规律。

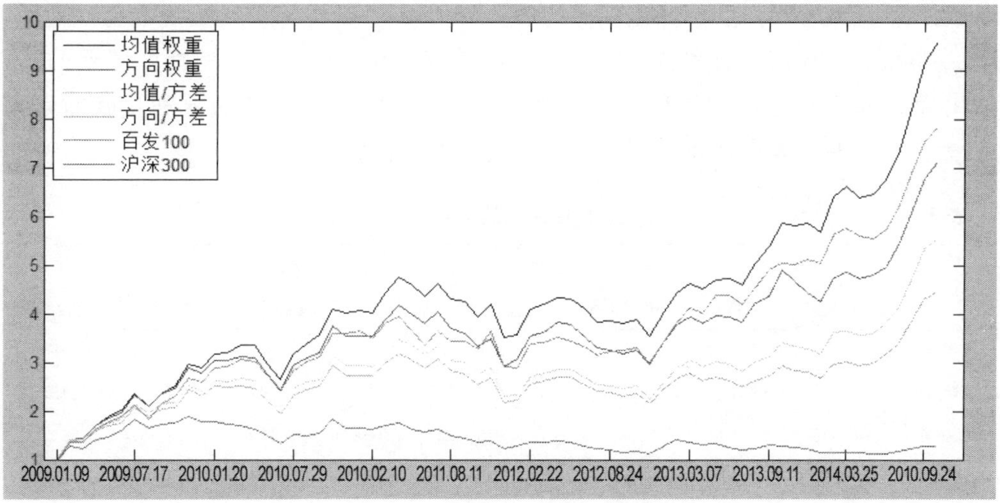


图 3－12　策略累计收益率

**表 3－8　　策略收益率的一般绩效评价**

| | 胜率 | 相对回测 | 年化收益 | sharpe | t 统计量 | 超额收益 | IR | beta | treynor | jensen |
|---|---|---|---|---|---|---|---|---|---|---|
| 均值加权 | 79.10 | 7.87 | 45.75 | 1.45 | 3.20 | 38.14 | 2.73 | 1.11 | 41.32 | 37.33 |
| 方向加权 | 74.63 | 5.20 | 40.66 | 1.23 | 2.76 | 33.05 | 2.36 | 1.18 | 34.58 | 31.71 |
| 均值/方差 | 74.63 | 11.96 | 35.95 | 1.10 | 2.53 | 28.34 | 2.01 | 1.16 | 30.97 | 27.12 |
| 方向/方差 | 70.15 | 9.00 | 31.65 | 1.00 | 2.33 | 24.04 | 1.92 | 1.14 | 27.79 | 22.98 |
| 百发 100 | 77.61 | 13.06 | 42.00 | 1.34 | 3.24 | 34.39 | 2.33 | 1.08 | 38.98 | 33.8 |

表 3－9 列出了 4 个策略的因子暴露及其在各个因子上的累计收益占比（%），各期的加权方式为期初累计总收益（净值）加权。4 个策略在规模因子上的暴露（绝对值）都非常大，说明策略倾向于投资小规模的股票，同时他们在规模因子上也获得了巨大的收益，占策略累计收益的 52.67%～61.11%。

除了第一个策略中对股票预测收益率贡献大的短期非流动性指标与规模相关度很高外，其他几个策略的选股标准几乎没有考虑股票规模的因素，但由于小规模股票的指标更有可能取到极值，因此，线性预测模型无约束策略的规模因子暴露都会很大。另外，规模因子暴露越大的策略（累计收益也越高），其在规模因子上的收益占比越小。

各个策略在其他因子上的暴露则相对比较小，第 3 个、第 4 个策略的盈利暴露算是非常大的，其盈利暴露为负表明选择的股票的预测 E/P、历史 C/P 和 E/P 非常低，但并不意味着模型会选择盈利低的股票，从表 3－9 中筛选指标的平均权重可以看出，模型会选择那些盈利较高的股票，但这只是相对而言，所选择的股票的盈利从全市场的角度来看则是非常低的。由于第 3 个、第 4 个策略的盈利暴露非常大，而且为负，这两个策略在盈利因子上的收益是亏得比较多。

**表 3－9　　策略收益率的绩效归因**

| | 均值加权 | | 方向加权 | | 均值/方差 | | 方向/方差 | |
|---|---|---|---|---|---|---|---|---|
| | 因子暴露 | 收益占比 | 因子暴露 | 收益占比 | 因子暴露 | 收益占比 | 因子暴露 | 收益占比 |
| 收益 | | 8.596 | | 6.124 | | 4.526 | | 3.453 |
| 市场收益 | | 18.702 | | 21.094 | | 23.797 | | 27.768 |
| 规模 | －2.345 | 52.674 | －2.003 | 54.796 | －1.958 | 56.210 | －1.767 | 61.110 |
| 非线性 | －0.362 | 4.586 | 0.013 | －0.372 | 0.125 | －0.644 | 0.213 | －2.368 |
| 流动性 | －0.476 | 9.336 | －0.103 | 3.859 | －0.077 | 1.878 | －0.006 | 0.283 |
| 动量 | －0.128 | 0.971 | －0.046 | 0.536 | －0.058 | 0.162 | 0.012 | －0.205 |
| 市场波动 | 0.691 | 4.822 | 0.871 | 6.285 | 0.770 | 7.859 | 0.732 | 9.321 |
| 残差波动 | －0.498 | 2.324 | －0.216 | －0.325 | －0.104 | 0.318 | 0.002 | 0.259 |
| 价值 | －0.122 | －0.079 | －0.091 | －0.731 | －0.207 | －0.652 | －0.262 | 1.646 |
| 杠杆 | －0.327 | 2.306 | －0.109 | 2.416 | －0.047 | 0.346 | －0.029 | －0.173 |
| 盈利 | －0.369 | －2.058 | －0.115 | 1.487 | －0.891 | －8.645 | －0.718 | －7.252 |
| 成长 | 0.016 | 0.381 | 0.213 | 2.424 | 0.532 | 5.333 | 0.444 | 4.451 |
| 残差收益 | | 5.289 | | 4.016 | | 13.463 | | 3.763 |

4 个策略在市场波动因子上的暴露也比较大，不过也获得了对应收益。从因子收益占比这个角度来看，前 3 个策略在流动性因子上的收益比较大，除此之外，各个策略在其他因子收益占比都比较小。

绩效归因的分析结果表明，选择承担的因子暴露确实获得明显的收益。但这种收益是否显著为正，在扣除了市场因子收益和规模因子收益这两大收益来源后，策略是否还具有显著的超额收益呢？表 3－10 列出了各个策略及其超额收益率的绩效指标。从胜率来看，均值加权和均值除以方差的因子加权的策略其胜率都明显大于 50%，而方向和方向除以方差的因子加权的策略在减去市场因子和规模因子收益率后的胜率则非常接近 50%。各个策略的回测在扣除市场因子收益后都在 10% 以内，扣除市场因子收益后的年化标准差也大幅减少。可见，策略的波动主要来源于市场因子。各个策略的年化收益在扣除市场因子和规模因子收益率后都不足 10%。

sharpe 在扣除市场因子收益率后有大幅提升，但再扣除规模因子收益率后则大幅下降了。从 t 统计量来看，各个策略及其扣除市场收益率后都非常显著，而只有均值加权的策略在进一步扣除规模因子收益率时还能显著。

**表 3-10　　策略及其超额收益率的绩效指标**

| | | 胜率 | 回测 | 年化收益 | 年化标准差 | sharpe | tstat |
|---|---|---|---|---|---|---|---|
| 均值加权 | 策略收益率 | 67.164 | 25.974 | 45.750 | 31.549 | 1.450 | 3.427 |
| | 减市场收益率 | 76.119 | 4.593 | 33.040 | 11.787 | 2.803 | 6.624 |
| | 减规模收益率 | 71.642 | 6.172 | 13.601 | 7.316 | 1.859 | 4.393 |
| | 减流动性收益率 | 70.149 | 6.698 | 9.956 | 6.777 | 1.469 | 3.472 |
| 方向加权 | 策略收益率 | 59.701 | 30.196 | 40.656 | 32.978 | 1.233 | 2.913 |
| | 减市场收益率 | 76.119 | 6.225 | 27.946 | 12.617 | 2.215 | 5.234 |
| | 减规模收益率 | 58.209 | 11.334 | 10.651 | 9.911 | 1.075 | 2.539 |
| | 减流动性收益率 | 56.716 | 10.991 | 9.249 | 9.513 | 0.972 | 2.297 |
| 均值/方差加权 | 策略收益率 | 56.716 | 34.672 | 35.948 | 32.705 | 1.099 | 2.597 |
| | 减市场收益率 | 74.627 | 9.867 | 23.238 | 12.051 | 1.928 | 4.556 |
| | 减规模收益率 | 55.224 | 9.658 | 7.256 | 8.308 | 0.873 | 2.064 |
| | 减流动性收益率 | 53.731 | 10.005 | 6.673 | 8.181 | 0.816 | 1.927 |
| 方向/方差加权 | 策略收益率 | 58.209 | 32.053 | 31.647 | 31.598 | 1.002 | 2.367 |
| | 减市场收益率 | 74.627 | 6.595 | 18.937 | 10.761 | 1.760 | 4.158 |
| | 减规模收益率 | 49.254 | 14.209 | 3.892 | 8.201 | 0.475 | 1.121 |
| | 减流动性收益率 | 52.239 | 13.952 | 3.777 | 8.053 | 0.469 | 1.108 |

表 3-11 中策略及其超额收益率的 PSR 检验显示，均值加权的策略及其各项超额收益率都具有显著（95% 的置信水平）大于 0 的 sharpe 比率。即使在扣除市场和规模收益率后，策略的 sharpe 比率也显著大于 0.5，但只有在扣除市场收益率后具有显著大于 1 的 sharpe 比率。其他策略的检验则依次变弱，方向除以方差的因子加权的策略在扣除市场和规模因子收益率后就不再显著。

#### 3.4.2.2　时间窗口的设定

这里指标筛选考虑回测时点之前的不同时间窗口下的数据，因子加权采用均值加权方法。

图 3-13 给出了 4 种不同时间窗口下指标筛选方法的策略累计收益率。4 个策

表 3-11　　**策略及其超额收益率的 PSR 检验**

| | | PSR (0.0) | MinTRL (0.0) | PSR (0.5) | MinTRL (0.5) | PSR (1.0) | MinTRL (1.0) |
|---|---|---|---|---|---|---|---|
| 均值加权 | 策略收益率 | 99.99 | 1.16 | 99.26 | 2.59 | 87.58 | >10 |
| | 减市场收益率 | 100 | 0.43 | 100 | 0.59 | 100 | 0.92 |
| | 减规模收益率 | 100 | 0.68 | 99.99 | 1.20 | 98.95 | 2.88 |
| | 减流动性收益率 | 100 | 1.07 | 99.48 | 2.35 | 89.26 | 9.76 |
| 方向加权 | 策略收益率 | 99.94 | 1.51 | 97.26 | 4.12 | 72.90 | >10 |
| | 减市场收益率 | 100 | 0.52 | 100 | 0.82 | 99.93 | 1.55 |
| | 减规模收益率 | 99.78 | 1.92 | 93.62 | 6.49 | 57.84 | 379.99 |
| | 减流动性收益率 | 99.49 | 2.34 | 89.38 | 9.65 | | |
| 均值方差加权 | 策略收益率 | 99.76 | 1.96 | 93.78 | 6.39 | 60.04 | >10 |
| | 减市场收益率 | 100 | 0.75 | 99.98 | 1.30 | 98.86 | 2.96 |
| | 减规模收益率 | 98.58 | 3.18 | 82.55 | >10 | | |
| | 减流动性收益率 | 97.89 | 3.69 | 78.41 | >10 | | |
| 方向方差加权 | 策略收益率 | 99.54 | 2.28 | 90.39 | 8.83 | 50.16 | >10 |
| | 减市场收益率 | 100 | 0.77 | 99.96 | 1.42 | 97.78 | 3.76 |
| | 减规模收益率 | 87.97 | >10 | | | | |
| | 减流动性收益率 | 87.57 | >10 | | | | |

略指数的走势也都非常相近，策略收益率的相关系数在 94.31% ~99.45% 之间。他们与百发 100 指数的走势也非常相近，与它的相关系数在 93.07% ~97.36% 之间。

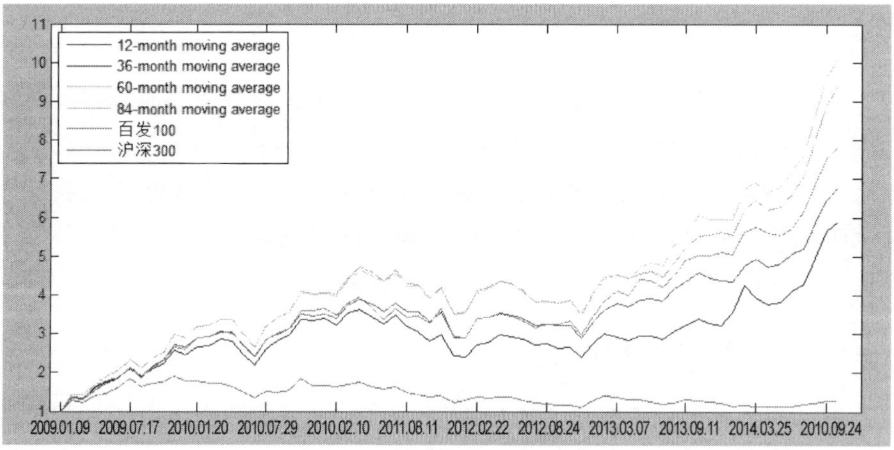


图 3-13　策略累计收益率

表3－12给出了策略收益率的一般绩效评价。在窗口较小时（12个月），胜率比较低，相对回测也比较大，策略收益率的波动比较大；同时，收益类评价指标也相对较低。随着考虑更多的时间窗口，策略的胜率和相对回测都有很好的改善，收益类评价指标也有提高。从表3－14和图3－13，并没有看到策略的表现与考虑的时间窗口存在单调的关系，同时之前考虑的全部历史窗口与表现最优的策略非常相近。

**表3－12　　　　策略收益率的一般绩效评价**

| 窗口 | 胜率 | 相对回测 | 年化收益 | sharpe | t统计量 | 超额收益 | IR | beta | treynor | jensen |
|---|---|---|---|---|---|---|---|---|---|---|
| 12个月 | 62.69 | 12.68 | 37.12 | 1.14 | 2.63 | 29.51 | 1.65 | 1.06 | 35.11 | 29.08 |
| 36个月 | 70.15 | 10.71 | 39.00 | 1.30 | 3.03 | 31.39 | 2.18 | 1.03 | 38.01 | 31.19 |
| 60个月 | 80.60 | 8.22 | 46.68 | 1.48 | 3.29 | 39.07 | 2.72 | 1.10 | 42.46 | 38.32 |
| 84个月 | 80.60 | 7.87 | 45.35 | 1.44 | 3.18 | 37.75 | 2.76 | 1.11 | 41.02 | 36.94 |
| 全部 | 79.1 | 7.87 | 45.75 | 1.45 | 3.20 | 38.14 | 2.73 | 1.11 | 41.32 | 37.33 |

表3－13列出了在4种不同时间窗口下的指标筛选和加权方法策略的因子暴露及其在各个因子上的累计收益占比（%）。与全部历史窗口类似，上述4个策略在规模因子上的暴露（绝对值）都非常大，说明策略倾向于投资小规模的股票；同时，它们在规模因子上也获得了巨大的收益，占策略累计收益的51.3%～61.8%。与之前发现的一个现象相同，规模因子暴露越大的策略（累计收益也越高），该策略在规模因子上的收益占比越小。

这4个策略在因子暴露上是一致的，除了市场波动的暴露为正、成长暴露接近于0以外，其他因子上的暴露都为正，基本与选股的标准一致，选择了那些规模小、流动性低、市场波动高、残差波动低、价值和成长相对较高的股票。除了规模因子获得了很高的收益外，其次是流动性、非线性规模、市场波动，这也是选择股票时期望获得的因子收益。

**表3－13　　　　策略收益率的绩效归因**

| | 12个月 | | 36个月 | | 60个月 | | 84个月 | |
|---|---|---|---|---|---|---|---|---|
| | 因子暴露 | 收益占比 | 因子暴露 | 收益占比 | 因子暴露 | 收益占比 | 因子暴露 | 收益占比 |
| 总收益 | | 4.896 | | 5.781 | | 9.083 | | 8.418 |
| 市场收益 | | 23.755 | | 21.724 | | 18.948 | | 18.715 |
| 规模 | －2.200 | 61.810 | －2.317 | 59.008 | －2.344 | 51.288 | －2.349 | 53.099 |

续表

| | 12 个月 | | 36 个月 | | 60 个月 | | 84 个月 | |
|---|---|---|---|---|---|---|---|---|
| | 因子暴露 | 收益占比 | 因子暴露 | 收益占比 | 因子暴露 | 收益占比 | 因子暴露 | 收益占比 |
| 非线性 | -0.264 | 5.756 | -0.330 | 4.531 | -0.374 | 4.310 | -0.369 | 4.499 |
| 流动性 | -0.107 | 2.418 | -0.422 | 10.462 | -0.394 | 8.144 | -0.495 | 9.882 |
| 动量 | -0.143 | 0.079 | -0.109 | 0.944 | -0.161 | 0.831 | -0.125 | 1.022 |
| 市场波动 | 0.612 | 6.135 | 0.551 | 6.312 | 0.718 | 4.501 | 0.686 | 5.008 |
| 残差波动 | -0.056 | 0.576 | -0.345 | 1.835 | -0.420 | 2.468 | -0.502 | 2.586 |
| 价值 | -0.473 | 1.083 | -0.244 | 0.253 | -0.184 | -0.640 | -0.105 | -0.131 |
| 杠杆 | -0.566 | 2.491 | -0.430 | 0.908 | -0.413 | 3.477 | -0.318 | 2.206 |
| 盈利 | -0.801 | -8.285 | -0.427 | -2.914 | -0.359 | -1.430 | -0.330 | -2.057 |
| 成长 | -0.068 | 0.980 | -0.008 | 0.272 | 0.015 | 0.500 | -0.003 | 0.118 |
| 残差收益 | | -4.200 | | -5.792 | | 3.855 | | 3.640 |

选择承担的因子暴露所获得的收益也是显著的。表 3-14 中策略及其超额收益率的 PSR 检验显示，除了 12 个月移动窗口的策略早扣除了规模因子收益率后不再显著（95% 置信水平）外，其他策略即使在扣除市场、规模、流动性收益率后，策略的 sharpe 比率仍显著大于 0。60 个月和 84 个月移动窗口的策略则再扣除市场收益率后有显著大于 1 的 sharpe 比率，进一步扣除流动性收益率后，sharpe 比率也显著大于 0.5。

**表 3-14　　策略及其超额收益率的 PSR 检验**

| | | PSR (0.0) | MinTRL (0.0) | PSR (0.5) | MinTRL (0.5) | PSR (1.0) | MinTRL (1.0) |
|---|---|---|---|---|---|---|---|
| 12 个月 | 策略收益率 | 99.8 | 1.91 | 94.6 | 5.85 | 63.9 | >10 |
| | 减市场收益率 | 100.0 | 0.92 | 99.8 | 1.82 | 94.7 | 5.76 |
| | 减规模收益率 | 92.4 | 7.32 | 58.5 | >10 | | |
| | 减流动性收益 | 88.9 | >10 | | | | |
| 36 个月 | 策略收益率 | 99.9 | 1.55 | 97.5 | 3.97 | 76.8 | >10 |
| | 减市场收益率 | 100.0 | 0.72 | 100 | 1.14 | 99.6 | 2.15 |
| | 减规模收益率 | 99.7 | 2.12 | 94.1 | 6.19 | 66.1 | >10 |
| | 减流动性收益 | 95.6 | 5.18 | 71.8 | >10 | | |

续表

| | | PSR (0.0) | MinTRL (0.0) | PSR (0.5) | MinTRL (0.5) | PSR (1.0) | MinTRL (1.0) |
|---|---|---|---|---|---|---|---|
| 60 个月 | 策略收益率 | 100 | 1.14 | 99.4 | 2.49 | 88.8 | >10 |
| | 减市场收益率 | 100 | 0.45 | 100 | 0.62 | 100 | 0.96 |
| | 减规模收益率 | 100 | 0.71 | 100 | 1.23 | 99.0 | 2.83 |
| | 减流动性收益 | 100 | 1.07 | 99.6 | 2.24 | 91.5 | 7.99 |
| 84 个月 | 策略收益率 | 100 | 1.16 | 99.2 | 2.60 | 87.4 | >10 |
| | 减市场收益率 | 100 | 0.44 | 100 | 0.61 | 100 | 0.94 |
| | 减规模收益率 | 100 | 0.71 | 100 | 1.29 | 98.5 | 3.23 |
| | 减流动性收益 | 100 | 1.19 | 99.1 | 2.75 | 85.3 | >10 |

### 3.4.2.3 指数加权的设定

最后再来考虑指标筛选考虑回测时点之前的所有历史数据，但因子加权采用指数加权方法，同时筛选标准也考虑回归系数时间序列指数加权的 t 统计量，使得因子加权的方法与筛选标准一致。

图 3－14 给出了 4 种不同指数加权的指标筛选和因子加权的策略累计收益率。4 个策略指数的走势也都非常相近，策略收益率的相关系数为 95.91%～99.93%。他们与百发 100 指数的走势也非常相近，与它的相关系数为 92.62%～96.64%。

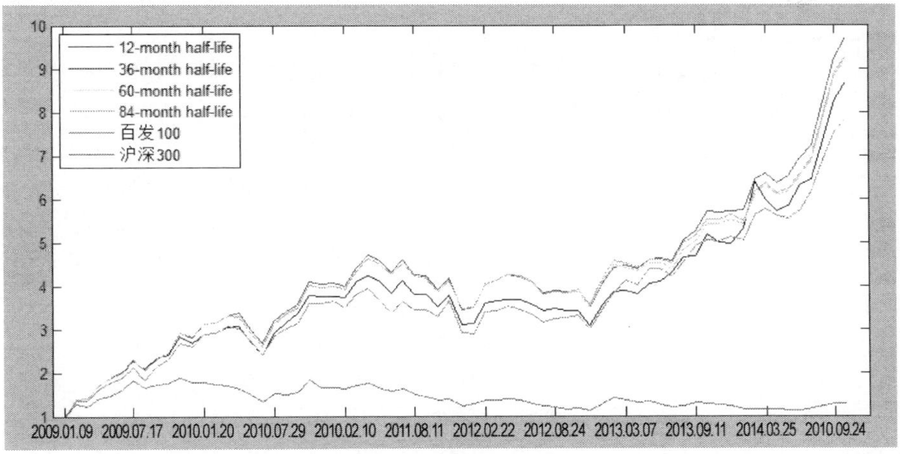


图 3－14 策略累计收益率

表 3－15 给出了策略收益率的一般绩效评价。各个策略的评价指标都非常相近，这一点从图 3－14 各策略的净值走势中也能看出来。从半衰期为 12 个月至半衰期为 84 个月，胜率和相对回测呈现递减趋势。

**表 3－15　　策略收益率的一般绩效评价**

| 半衰期 | 胜率 | 相对回测 | 年化收益 | sharpe | t 统计量 | 超额收益 | IR | beta | treynor | jensen |
|---|---|---|---|---|---|---|---|---|---|---|
| 12 个月 | 68.66 | 10.15 | 44.08 | 1.37 | 3.17 | 36.48 | 2.01 | 1.04 | 42.56 | 36.2 |
| 36 个月 | 73.13 | 9.04 | 45.86 | 1.47 | 3.29 | 38.25 | 2.59 | 1.07 | 42.76 | 37.7 |
| 60 个月 | 76.12 | 7.78 | 44.95 | 1.44 | 3.22 | 37.34 | 2.62 | 1.09 | 41.42 | 36.69 |
| 84 个月 | 79.1 | 7.77 | 44.98 | 1.45 | 3.24 | 37.37 | 2.69 | 1.09 | 41.46 | 36.73 |
| ∞ | 79.1 | 7.87 | 45.75 | 1.45 | 3.2 | 38.14 | 2.73 | 1.11 | 41.32 | 37.33 |

表 3－16 列出了 4 种不同指数加权的指标筛选和因子加权策略的因子暴露及其在各个因子上的累计收益占比（%）。其结论与历史累计均值加权策略类似，都是选择了那些规模小、流动性低、市场波动高、残差波动低、价值和成长相对较高的股票。除了规模因子收益占比高（51.87%～53.40%）外，其次是流动性、市场波动、非线性规模、杠杆和残差波动。

**表 3－16　　策略收益率的绩效归因**

| | 12 个月 | | 36 个月 | | 60 个月 | | 84 个月 | |
|---|---|---|---|---|---|---|---|---|
| | 因子暴露 | 收益占比 | 因子暴露 | 收益占比 | 因子暴露 | 收益占比 | 因子暴露 | 收益占比 |
| 总收益 | | 7.669 | | 8.688 | | 8.228 | | 8.268 |
| 市场收益 | | 20.813 | | 18.896 | | 19.072 | | 19.330 |
| 规模 | －2.281 | 51.867 | －2.342 | 51.924 | －2.341 | 53.291 | －2.333 | 53.399 |
| 非线性 | －0.366 | 5.923 | －0.395 | 4.764 | －0.398 | 4.817 | －0.385 | 4.607 |
| 流动性 | －0.201 | 1.935 | －0.376 | 7.281 | －0.413 | 8.537 | －0.410 | 8.418 |
| 动量 | －0.127 | 0.281 | －0.144 | 0.791 | －0.142 | 0.878 | －0.143 | 0.969 |
| 市场波动 | 0.689 | 5.724 | 0.690 | 5.714 | 0.714 | 5.478 | 0.715 | 5.398 |
| 残差波动 | －0.129 | 0.632 | －0.388 | 2.426 | －0.453 | 2.515 | －0.454 | 2.982 |
| 价值 | －0.452 | －1.059 | －0.243 | －0.847 | －0.164 | －0.521 | －0.131 | －0.603 |
| 杠杆 | －0.633 | 2.022 | －0.445 | 2.920 | －0.379 | 2.758 | －0.366 | 2.960 |
| 盈利 | －0.620 | －4.818 | －0.411 | －2.292 | －0.356 | －2.245 | －0.344 | －2.010 |
| 成长 | 0.059 | 0.839 | 0.030 | 0.463 | 0.035 | 0.573 | 0.032 | 0.630 |
| 残差收益 | | 8.808 | | 4.828 | | 3.452 | | 2.026 |

上述策略的 PSR 检验结论也是类似的，在此不再赘述。

### 3.4.3 结论

这里考虑了策略中指标加权的多种方式。不同的加权方式并没有影响策略在全样本下投资股票的主要特征——规模小、流动性弱、市场波动高、特质波动低、价值和盈利增长相对较高，同时也没有影响策略在这些风险因子上收益的主要分布情况。具体结论如下：

第一，基于回测时点之前的所有历史样本下的回归系数时间序列 t 统计量筛选指标，分别采用回归系数时间序列的均值加权、均值方向加权、均值/方差加权和方向/方差加权的因子加权方法，策略的规模因子暴露都非常大，在规模因子上的收益占比也非常多，而在其他因子的暴露则相对较小，在其他因子上的收益占比也较低。

第一个策略给流动性、特质波动较大的权重，后几个策略则更多关注短期成长，其结果主要是策略在规模因子上的暴露（绝对值）逐渐降低，策略收益率也逐渐降低，但在规模因子收益占比却逐渐增加。可见，给股票成长等指标更大的权重，并不会降低规模因子对策略的收益贡献，主要贡献仍来自规模因子。

第二，采用不同的时间窗口或者不同指数加权方法筛选指标，对策略在各个风险因子上的暴露和收益占比都影响不大，但对策略的表现影响不大，只有当时间窗口或者指数加权的半衰期选择较短时，策略表现有明显变弱。

# 4.

# 风险模型及其应用

## 4.1　风险模型概述

从 Markwitz 的“均值—方差”模型开始，风险的估计就一直是投资组合中的重要输入变量。总的来说，收益率模型决定投资哪些股票，而风险模型决定这些股票的投资比例，而在一个优化的投资组合中，股票的权重与特质风险应该成反比。

风险模型的主要目的有三个：

第一，预测投资组合的未来波动；

第二，估计风险暴露并用于与风险归因；

第三，通过风险纠正评价投资组合的表现。

风险模型是一种因子模型，由于存在维度诅咒，投资组合的风险估计并不使用历史收益率的相关系数进行直接估计。对于含有 N 种资产的投资组合，直接估计会涉及 $N\times(N+1)/2$ 个参数，其中包含来自两两资产之间的 $N\times(N-1)/2$ 个协方差参数和来自单独资产的 N 个方差参数。以股票市场为例，这意味着 2 000 多只股票需要估计的参数高达 200 万个之巨。除此之外，直接利用历史收益率进行估计的风险有非常大的噪音，即不仅可能存在数据缺失，而且不同的资产存续时间不尽相同。

## 4.1.1 常见风险模型

在实践中，常用的风险模型主要基于以下三类因子模型框架进行构建，即基于宏观因子、基于基础因子和基于统计因子。除此之外也有同时考虑这三类因子的混合风险模型。而最近的一些研究则开始关注更加细微的下行风险的管理或者是 alpha 和风险因子的错位协同。

### 4.1.1.1 宏观因子模型

在此类模型中，因子是事前选定的，比如工业产量、期限价差、信用价差。通常分析师基于经验和文献，事前设定一组被认为能够解释股票截面收益率和风险的宏观因子，而因子暴露则通过对股票收益率和因子进行回归得到。

### 4.1.1.2 基础因子模型

在此类模型中，因子暴露是事前给定的，比如将账面市值比和价格动量作为因子，那么在时刻 t 就能知道所有样本股票在时期 t 的账面市值比和价格动量的值。因子收益率则通过回归方法获取，比如采用 Fama – MacBeth 方法将股票收益率对因子暴露进行截面回归。

### 4.1.1.3 统计因子模型

统计因子模型和上述两种模型不同，因子暴露矩阵和因子收益率矩阵是采用主成分分析或因子分析方法同时估计的。一般来说，统计因子模型的样本内表现更好，但并不能保证样本外风险的预测能力。另外，统计风险模型难以解释，提取的因子可能没有任何含义。

### 4.1.1.4 混合因子模型

基础因子模型在全球资产管理行业得到广泛应用。但基础因子模型并不能捕捉到所有风险来源，特别是在市场紧张的时候。对于这一问题的解决方法，Miller

(2006)[①]、Menchero 和 Mitra (2008)[②] 建议将统计因子分析用于截面残差来提取忽略的因子。在这种混合模型中，基础因子和统计因子同时被用来预测风险。而在构建具体的风险模型时，可与收益率模型的构建类似，定义一些决策或算法在各个回测时点筛选风险因子，确定权重，并对未来一期股票的风险进行预测；又或者与 Barra 风险模型类似，事前设定某些因子，利用优化算法在各个回测时点调整各因子中指标的权重系数。

### 4.1.2 风险模型的设定

基于因子的风险模型依旧是首先考察基于因子的收益率模型：

$$r_{i,t+1} = \sum_{k=1}^{K} \beta_{k,t+1} F_{k,i,t} + \varepsilon_{i,t+1}$$

故而资产收益率在时刻 t 的协方差矩阵可表示为：

$$Cov_t = \Phi_t \Pi_t \Phi'_t + \Sigma_t$$

其中，$\Phi_t$ 为 K × K 的因子收益率协方差矩阵，$\Pi_t$ 为 N × K 的因子暴露矩阵，$\sum_t$ 为 N × N 的为股票特质风险的对角矩阵。

因此，因子模型将 N ×(N +1)/2 个参数估计的问题转化为 K ×(K +1)/2 +(N ×K) +N 个参数估计的问题。对于包含 2 000 只股票、依赖于 40 个因子的风险模型来说，协方差矩阵的估计只需要涉及 82 820 个参数。这种处理方式极大地减少了工作量。

### 4.1.3 因子收益率的估计

采用因子模型预测风险，需要获得各因子收益率和个股特有收益率的历史数据，一般通过多元回归方法估计而得。首先，确定股票的样本（称为估计集，Estimation Universe，简称 ESTU）。比如 CHE2 考虑所有 A 股中交易天数超过 1 个月的股票，但不包括最近 12 个月内被 PT 或 ST 的股票。那么第 k 期的因子收益率的估计利用

---

① Miller, G., 2006, "Needles, Haystacks, AndHidden Factors", *Journal of Portfolio Management*, Vol. 32, No. 2, 25 ~32.

② Menchero, J., and Mitra, I., 2008, "The Structure of Hybrid Factor Model", *Journal of investment Management*.

WLS（加权最小二乘法），最小化如下的加权残差平方和：

$$WSSR = (r - Xf)'P(r - Xf) = \rho_j\left(r_j - \sum_k X_{jk}f_k\right)^2$$

回归权重 ρj 与股票流通市值的平方根成正比（CHE2 模型将最大权重限定在 95% 分位数上），该方法在利用大量股票收益率数据构造因子收益率时，更多地考虑了大规模股票的影响，也减少了小规模股票（极端的）个股特有收益率对因子收益率的影响。因此，风格因子的当期数据需要用到当期样本股票的收益率 $r_j$ 及其暴露 $X_{jk}$。

## 4.1.4 因子收益率协方差的预测

### 4.1.4.1 指数加权估计

通过估计风险因子模型，可以得到所有因子收益率的历史序列。如何利用历史收益率序列估计因子的协方差矩阵呢？一个简单的预测方法就是对历史收益率的平方进行指数加权，比如因子收益率在时期 t 的方差可如下估计：

$$\mathrm{var}(r_{jt}) = \sum_{i=0}^{\infty}(1-\delta)\delta^i\,(r_{j,t-1-i} - \bar{r}_{jt})^2$$

权重为$(1-\delta)\delta^i$，加总为 1，$\bar{r}_{jt}$为相同权重的指数加权平均收益率。指数加权能更多地突出近期已实现波动率的影响，而降低较远时期的影响。比如 CHE2（Barra 第二代中国股票风险模型）设定半衰期为 90 个交易日来估计因子收益率的波动，即 $\delta = \left(\frac{1}{2}\right)^{\left(\frac{1}{90}\right)}$，距离时期 $t-1$ 有 90 个交易日的收益率（$r_{t-1-90}$）对波动的贡献只有时期 $t-1$ 收益率 $r_{t-1}$的一半。

因子收益率之间的协方差估计类似：

$$\mathrm{cov}_{L,H}(i,j) = \mathrm{cov}(r_{jt}, r_{kt}) = \sum_{i=0}^{\infty}(1-\delta)\delta^i(r_{j,t-1-i} - \bar{r}_{jt})(r_{k,t-1-i} - \bar{r}_{kt})$$

对因子收益率协方差的估计可以采用不同的半衰期，比如 CHE2 采用的半衰期为 480 个交易日，远远大于因子收益率方差估计 90 个交易日的半衰期。这主要是因为因子收益率之间的相关系数较为稳定，而波动则变动较快；另一方面则是由于协方差估计的参数更多，需要更多的数据量。用 σS 表示采用短半衰期估计的标准差，而 σL 表示采用长半衰期估计的标准差，则对实际因子收益率协方差的估计为：

$$\text{cov}_H(i,j) = \frac{\sigma_{S,i}}{\sigma_{L,i}}\text{cov}_{L,H}(i,j)\frac{\sigma_{S,i}}{\sigma_{L,i}}$$

#### 4.1.4.2 Newey - West 调整

若需要估计因子收益率的长期协方差矩阵，就需要考虑收益率之间的相关性，进行 Newey - West 调整。多期收益率表示如下：

$$r_k[t,t+N] = \sum_{d=t}^{t+N} r_{kd} \equiv \sum_{d=t}^{t+N} r_k[d,d]$$

从而协方差或方差的估计可表示为：

$$\text{cov}(r_j[t,t+N],r_k[t,t+N]) = \sum_{d_1=t}^{t+N}\sum_{d_2=t}^{t+N}\text{cov}(r_j[d_1,d_1],r_k[d_2,d_2])$$

假设股票 $j$ 在第 $d$ 期的收益率与股票 $k$ 在第 $d+\Delta$ 的收益率的协方差只取决于间距 $\Delta$。从上式可表示为：

$$\text{cov}_{N+1}(j,k) = \sum_{\Delta=-N}^{N}(N+1-|\Delta|)\text{cov}(r_j[0,0],r_k[\Delta,\Delta])$$

其中，短期协方差矩阵采用指数加权方法估计。

#### 4.1.4.3 特征因子风险调整

风险模型在实际使用中存在低估最优投资组合风险的问题。Muller（1993）① 根据检验法则建议将风险预测提高 20% 来消除这种优化偏差。但调整的幅度还应该取决于考虑的风险模型，如果协方差矩阵的条件数较大，则需要更大的调整来消除优化偏差。Shepard（2009）② 给出了最优组合的波动预测偏差大小的解析解。在正态和遍历的假设下，一个优化组合的真实期望波动约等于预测值除以（1 - N/T）。其中 N 为资产数量，T 为观测值个数。

Menchero 等（2011）③ 发现这种风险预测的系统性偏差在特征因子组合中表现明显，利用数值模拟的方法可以确定偏差的大小，从而对协方差矩阵进行调整以消除这种偏差。可以采用这种方法对 Newey - West 指数加权方法估计的因子协方差进行修正。

---

① Muller, Peter, 1993, "Financial Optimization", Cambridge University Press (Zenios), 80 ~ 98.

② Shepard, Peter, 2009, "Second Order Risk", Working Paper, http://arxiv.org/abs/0908.2455v1.

③ Menchero, Jose, Jun Wang, and D. J. Orr., 2011, "Eigen - Adjusted Covariance Matrices", MSCI Research Insight.

#### 4.1.4.4 波动状态修正

为了进一步使预测的风险值与当前市场水平相当，还需要对因子收益率的波动进行调整，具体为：第一步计算截面平均偏差统计量（Bias Statistics）：$B_t^2 = \frac{1}{K}\sum_k (\frac{f_{kt}}{\sigma_{kt}})^2$

其中，$f_{kt}$为实际因子收益率，$\sigma_{kt}$为预测因子收益率的标准差，$K$ 为因子收益率的个数。

第二步计算截面偏差统计量的指数加权移动平均 $\lambda_F^2 = \sum_t B_t^2 \gamma_t$ 作为因子收益率标准差预测值的调整系数。

最后一步即对其进行调整：$\tilde{\sigma}_k = \lambda_F \sigma_k$。

同样，个股特质风险的预测也可以采用类似方法进行调整，区别仅在于，在计算截面偏差统计量时，不是等权而是市值加权。

### 4.1.5 个股特质风险的预测

对于个股特质风险的预测也可采用指数加权加 Newey - West 修正的方法。但对于历史数据较少、收益率波动较大的股票，应采用结构模型对其收益率的风险进行预测。

#### 4.1.5.1 结构模型

首先对采用时间序列方法预测的风险进行如下的截面回归：

$$\ln(\sigma_n^{TS}) = \sum_k X_{nk} b_k + \varepsilon_n$$

利用回归系数 $b_k$ 的估计值和残差 εn 的方差，可以估计结构模型的风险：

$$\sigma_n^{STR} = E_0 \exp(\sum_k X_{nk} b_k)$$

其中，$E_0$ 为略大于 1 的数值，用来消除残差求幂后导致的小偏差。

#### 4.1.5.2 贝叶斯调整

考虑到对个股特质风险的预测存在对风险低（高）股票预测不足（过度），采用贝叶斯缩减方法，对每个十分位市值组合股票的特质风险，往其组合内市值加权平均特质风险调整：

$$\sigma_n^B = v_n \bar{\sigma}(s_n) + (1 - v_n)\hat{\sigma}_n$$

其中，$\bar{\sigma}(s_n) = \sum_{n \in s_n} w_n \hat{\sigma}_n, v_n = \frac{q[\hat{\sigma}_n - \bar{\sigma}(s_n)]}{\Delta_\sigma(s_n) + q[\hat{\sigma}_n - \bar{\sigma}(s_n)]}, \Delta_\sigma(s_n) = \sqrt{\frac{1}{N(s_n)} \sum_{n \in s_n} [\hat{\sigma}_n - \bar{\sigma}(s_n)]^2}$。

在进行贝叶斯缩减调整之后，再对调整后的特质风险预测值进行波动状态的调整。方法与之前类似，只不过截面平均偏差统计量为市值加权平均。

## 4.2 中国A股市场风险模型的行业因子优化

### 4.2.1 研究背景

如同其他新兴股票市场一样，中国A股市场存在着潜在的投资机会，也蕴藏着巨大的风险，因此，很有必要对中国A股市场建立相应的风险因子模型来管理投资风险。但这并非易事，中国A股市场的风险水平不仅非常高，而且波动也非常大，这主要来自于政策的改变和市场的扩张，持续影响着整个市场环境。A股市场持续不断的发展与转变使得很难通过揭示股票市场历史的风险来预测未来。但利用更高频率的数据进行风险预测能缓解这一难题。比如，分析日数据而不是月数据，信息量大约增加了20倍，这样就能对更快地识别环境的改变。MSCI Barra第二代中国模型通过使用日收益率数据得到显著改进，不像第一代模型使用月数据那样难以迅速捕捉到市场变化，新一代Barra中国股票模型更是开发出日频率的风险监控模型。

投资风险分析的重中之重是风险因子模型的构建，这里将特别着重于分析中国A股市场风险因子模型的行业因子。股票风险因子模型中的因子揭示了所有股票收益的来源，主要包括两大类：一类是行业因子，反映的是来自于行业层面的风险；另一类是风格因子，则是非行业的其他共同风险，称之为风险因子。由于行业因子的重要地位[①]，通常使用股票的中国证监会行业分类、申万行业分类和中信行业分类，来优化中国股票风险模型的行业因子。由于行业因子的指标为行业分类的虚拟变量，指标之间是彼此正交的，而且这些指标与风格因子的指标的截面相关性也非常低，因此，可以先单独考虑股票风险模型中的行业因子，之后在行业因子优化的情况下再考虑风格因子及其指标。

## 4.2.2 因子模型简述

### 4.2.2.1 因子模型的必要性

股票组合的风险一般定义为组合收益率的标准差，用 $\sigma_p^2$ 来表示，它取决于组合中各股票之间的相互关系。如果用 $V$ 表示股票组合中所有股票收益率的协方差矩阵，那么股票组合的风险 $\sigma_p^2$ 可表示为：

$$\sigma_p^2 = w^t V w$$

其中，$w = (w_1, \cdots, w_n)^t$ 是股票组合各股票权重的列向量。如果第 1 个股票资产价值占整个投资组合价值的 10%，那么 $w$ 的第 1 个元素 $w_1 = 0.1$。如果某个股票不在股票组合内，则相应的权重为 0。

因此，利用所有股票收益率的协方差矩阵 $V$，就可以预测所有股票投资组合的风险，但通常难以直接准确地估计出协方差矩阵 $V$。假设市场上有 $N$ 个股票，那么协方差矩阵 $V$ 是一个 $N \times N$ 的对称矩阵，如果直接采用收益率数据来估计协方差矩阵，有 $N \times (N+1)/2$ 个参数需要估计。假设 $N = 1\,000$，则参数的个数为 50.5 万个。如果利用历史日数据来估计 $V$，至少需要收集这 1 000 个股票超过 500 天的数据。为了使估计更为准确，通常需要的数据量更长，可能是 10 年的数据。即使在一个成熟市场，也未必能收集到如此多的数据，而对于新兴市场来说，则是基本不可能的任务。另外，直接采用历史收益率数据来估计协方差矩阵可能会犯一个严重的错误。比如一家公司在某一天报告了丰厚的盈利，使得其股票大涨，而碰巧也是在同一天，另一家公司出现了丑闻，使得股票大跌，这种历史上的巧合会误导这两家公司的股票是相互对冲的，但实际上并不是。

---

① 它的重要性表现在几个方面，从经济意义上来看，它的重要性很明显；从统计意义上来看，行业因子的加入能大大提高股票风险模型的预测能力。另外，风格因子指标的筛选是在行业因子确定的情况下进行的。

为了让风险预测更为准确，在预测协方差矩阵时需要更为有效地使用数据。风险因子模型就是这样一种方法，同时它还能减少历史偶然性对风险预测的影响。风险因子模型认为资产收益率来源于一些共同因子。因子暴露 $X$ 将因子收益 $f$ 与资产收益率联系在一起。因子模型将股票收益率分解为：

$$r = Xf + u$$

其中，$r$ 为 $N \times 1$ 阶列向量，表示 $N$ 个资产的收益率，它可以分解为共同因子部分和特殊收益部分 $u$。其中，共同因子部分为 $N \times M$ 的因子暴露矩阵与 $M \times 1$ 的因子收益列向量的乘积。

如果因子模型表现好的话，每个资产的特殊收益部分在统计上应该相互独立。因此，资产组合中单个资产特殊收益的风险将会被分散掉。资产组合中的资产数量越多，资产组合单个资产特殊收益的风险就越低。因子风险必须通过控制资产组合的因子暴露来对冲。

因子模型的风险预测为：

$$\sigma_p^2 = w^t V w = w^t X F X^t w + w^t \Delta w$$

因子模型将资产协方差矩阵 $V$ 分解为共同因子部分和特殊部分，其中涉及共同因子收益率的协方差矩阵 $F$ 的预测和特殊收益率协方差矩阵 $\Delta$ 的预测。共同因子收益率协方差矩阵与所有资产收益率协方差矩阵 $V$ 相比非常小（$M \times M$），从而在进行预测时需要的数据量少很多。特殊收益率协方差矩阵是对角矩阵，只有 $N$ 个非零元素需要预测。因子模型的这种结构设定，大大减少了需要预测的参数个数，能够有效利用可得数据来预测资产收益率之间的相互关系。

#### 4.2.2.2 风险因子模型

模型中的因子反映的是性质相同的资产将会有相近的收益。股票的一个重要性质就是它所属的行业，比如，一家 IT 公司股票价格的走势会与同是 IT 行业的公司股票的价格走势更为相近。为了反映这一点，设定每家 IT 公司的股票对 IT 行业因子的暴露 $X_{IT} = 1$，而其他行业的公司股票的暴露 $X_{IT} = 0$，对它所属行业的因子暴露为 1。不同行业之间股票收益率相互关系则体现在因子协方差矩阵 $F$ 中。

利用股票的其他性质，比如股票估值（通常用市净率或市盈率来表示）和公司规模（通常用公司市值或资产的自然对数来表示），也可以将股票分成若干组来反映相同组内公司股票价格走势具有相近的趋势。这些非行业风格特征的因子则称为风险因子。

#### 4.2.2.3 因子回归方法

为了预测因子收益率的协方差矩阵 $F$，需要知道因子收益率的历史数据，而它则是通过截面多变量回归的方法从资产收益率中提取出来的。

回归所用到的一组资产称为估计集（Estimation Universe or ESTU）。比如，在 Barra 第二代中国模型中，估计集包含了所有上市交易超过 1 个月的 A 股，但把最近 12 个月曾经被 PT 或 ST 的股票排除在外。在确定了估计集后，用回归方法估计出因子收益率来最好地解释资产收益率，即估计出来的因子收益率要能最小化如下的加权残差平方和：

$$WSSR = \sum_j \rho_j (r_j - \sum_k X_{jk} f_k)^2$$

其中，求和是对估计集中所有资产进行求和。回归权重 $\rho_j$ 与 A 股流通市值的平方根成正比，但对于权重特别大的极端值，将其设定为所有权重 95% 分位数的水平。这种加权最小二乘法（WLS）能确保最重要（流通市值大）的资产的收益率对因子收益率的影响最大。在估计风险因子收益率的情况下，该方法也能保证因子收益率是从大量股票收益率中估计出来的同时，不会被一些非常有影响力的特殊收益率干扰。

### 4.2.3 数据选择与实证

#### 4.2.3.1 数据处理

在分析时，首先需要确定估计集（Estimation Universe or ESTU），即估计股票风险模型时的股票样本。比如，在 Barra 第二代中国模型中，估计集包含了所有上市交易超过 1 个月的 A 股，但把最近 12 个月曾经被 PT 或 ST 的股票排除在外。这里考虑的估计集仅删除上个月整月停牌的股票。在确定了估计集后，利用 WLS 的回归方法来估计因子收益率，即因子收益率要能最小化如下的加权残差平方和：

$$WSSR = \sum_j \rho_j (r_j - \sum_k X_{jk} f_k)^2$$

其中，求和是对估计集中的所有股票进行求和。回归权重 $\rho_j$ 与 A 股流通市值的平方根成正比，但对于权重特别大的极端值，将其设定为所有权重 95% 分位数的水平。这种加权最小二乘法（WLS）保证因子收益率是从大量股票收益率中估计出来的同时，既确保最重要（流通市值大）的股票收益率对因子收益率的影响最大，也不会使得因子收益率被一些非常有影响力的股票个股特殊收益率所干扰。

一般来说，每个行业应该要有一定数量的企业，而且其行业集中度不应该太高；同时，每个行业应具有重要的经济地位，行业总市值应占整个市场总市值的一定比例。从风险模型的角度来看，每个行业的行业集中度不高是至关重要的，因为估计出来的行业因子收益率实际上是行业内个股收益率的加权平均，个股收益率中的特殊收益率部分会对行业因子收益率有影响。如果某个行业的集中度较高的话，那么该行业因子收益率的特殊收益率部分将不能很好地分散化，使得行业因子收益率被个股特殊收益率部分主导。但在历史早期，某些行业经常容易出现行业集中度过高的情况，一种解决方法是对该行业因子的历史早期收益率进行相应的调整。该调整方法如下：首先计算行业内的有效股票数量：

$$n_i = \frac{W_i^2}{\sum_{j \in i} \rho_j^2}$$

上式的求和是对行业 $i$ 内的所有股票进行求和，$\rho_j$ 为回归权重，$W_i = \sum_{j \in i} \rho_j$ 为行业 $i$ 的总回归权重。

如果某个行业的有效股票数量在某一时期小于5，则在该行业加入一个虚拟股票，该虚拟股票的收率为市场收益率，而权重为$(5 - n_i)\frac{W_i}{n_i}$。如果某一时期某一行业没有股票，则其行业因子收益率设为股票市场收益率。这种调整方法能减少个股特殊收益率部分对行业因子收益率的影响，计算得到的行业因子收益率实质上是原始行业因子收益率和市场收益率的加权平均，其背后的逻辑是，如果无法得到一个在统计上可信的行业因子收益率，市场收益率可以作为一个简单而又合理的代理变量，它几乎没有任何个股特殊风险，也没有估计误差。

一个好的行业分类还应该使得各个行业的收益率能够彼此区分开来。因此，如果两个行业因子收益率之间的差距小于它们的估计误差，应该将这两个行业合并。尽管如此，由于中国A股市场还很年轻，其行业结构一直在不断变化，如果一个行业反映了一个重要的新兴领域，但该行业集中度高使得其因子收益率难以与其他行业因子收益率相区分，仍然保留该行业，而不刻意在乎统计上的区分程度。

如何评价行业因子收益率估计值的好坏呢？原始行业因子表现会很好，但其信息量是不够的，因为所有行业都面临市场风险，从而原始行业因子收益率中包含了相同量的市场收益率（市场收益率可以定义为流通市值加权的估计集中所有A股平均收益率)。为了准确评估单个行业因子的表现，需要检验它的超额收益率，看看它是否具有额外的信息。有两个统计量可以用来检验超额收益率是否显著：一个是F统计量，它是超额因子收益率时间序列平均的t统计量平方和，其中t统计量是超额因子收益率估计值与其标准误的比例，高的t统计量表明超额因子收益率是显著的；第二个统计量是显著的t统计量（t统计量大于2或小于-2）所占的比例。F统计量是评估超额因子收益率在这个样本期内的显著程度，而t统计量显著性的比例则保证F统计量不会被一些极端值所左右。一般而言，F统计量大于2并且t统计量显著性比例大于20%，表明超额因子收益率的区分是应该的。

#### 4.2.3.2 中国证监会行业分类

首先分析行业因子的指标为中国证监会行业分类时行业因子的优化情况。表4-1列出了中国证监会门类行业分类的股票有效数量和市值占比。从表中可以看到，制造业、金融保险业和采掘业的市值占比较大，可以继续进行拆分，因此，利用制造业的次类行业分类对制造业进行拆分；而对金融保险业和采掘业，则采用大类行业进行拆分。对于门类行业，并不考虑它们之间的合并，比如市值占比非常小的传播与文化产业，即使该行业在统计意义上与市场或者其他行业没有区分程度，也不会将它与其他门类行业或次类大类行业进行合并。

**表4-1　中国证监会门类行业分类的有效数量和市值占比（2005年5月至2012年4月）**

| 门类行业名称 | 行业代码 | 有效数量 | | | 市值占比 | | |
|---|---|---|---|---|---|---|---|
| | | 初值 | 终值 | 平均值 | 初值 | 终值 | 平均值 |
| 农、林、牧、渔业 | A | 29.78 | 36.42 | 30.80 | 1.35 | 0.81 | 1.15 |
| 采掘业 | B | 18.31 | 20.78 | 20.84 | 4.10 | 19.70 | 9.13 |
| 制造业 | C | 612.90 | 917.40 | 683.30 | 48.47 | 33.94 | 39.99 |
| 电力、煤气及水的生产和供应业 | D | 42.11 | 50.48 | 44.87 | 6.78 | 2.71 | 4.46 |
| 建筑业 | E | 21.43 | 34.82 | 26.19 | 1.49 | 1.91 | 1.87 |
| 交通运输、仓储业 | F | 43.55 | 47.43 | 45.67 | 8.94 | 3.64 | 5.79 |
| 信息技术业 | G | 49.41 | 115.00 | 67.55 | 6.63 | 3.32 | 4.73 |
| 批发和零售贸易 | H | 80.23 | 94.68 | 74.42 | 4.65 | 2.98 | 4.21 |
| 金融、保险业 | I | 8.16 | 24.15 | 16.38 | 5.32 | 24.00 | 18.20 |
| 房地产业 | J | 43.96 | 89.27 | 56.34 | 3.99 | 4.00 | 4.91 |
| 社会服务业 | K | 31.77 | 56.69 | 38.20 | 2.34 | 1.15 | 1.74 |
| 传播与文化产业 | L | 9.38 | 26.11 | 10.83 | 0.59 | 0.61 | 0.54 |
| 综合类 | M | 60.01 | 40.55 | 50.72 | 5.34 | 1.24 | 3.29 |

表4－2列出了中国证监会门类行业因子的相关统计量。第二列给出了行业因子收益率的F统计量，第三列为t统计量绝对值的时间序列平均，第四列为t统计量的绝对值大于2所占的比例，第五列到第八列分别为因子收益率的年化均值、标准差、夏普比率和与市场组合收益率（估计集内所有股票流通市值加权平均收益率）的相关系数。所有门类行业因子的F统计量都大于2，但建筑业、传播与文化产业的t统计量绝对值大于2的比例小于20%，社会服务业的t统计量也只略大于20%。可见，这些行业因子在统计意义上与市场因子的区分度不大。

表中最后一行给出行业风险模型的$R^2$、调整的$R^2$和RMSE的平均值模型评价指标。模型进一步拆分的总体评价结果可以参考调整的$R^2$值。

**表4－2　　中国证监会门类行业因子的相关统计量**

| 门类行业名称 | F－stat | T－stat | prop（\|t\|>2） | mean（%） | std（%） | shp | Corr |
|---|---|---|---|---|---|---|---|
| 农、林、牧、渔业 | 5.55 | 1.85 | 0.39 | 2.89 | 14.81 | 0.19 | －0.23 |
| 采掘业 | 16.93 | 3.25 | 0.62 | 11.12 | 23.58 | 0.47 | 0.24 |
| 制造业 | 19.34 | 3.51 | 0.67 | 1.81 | 3.98 | 0.46 | 0.03 |
| 电力、煤气及水的生产和供应业 | 4.60 | 1.69 | 0.31 | －6.35 | 9.38 | －0.68 | 0.04 |
| 建筑业 | 2.63 | 1.25 | 0.19 | 2.03 | 10.09 | 0.20 | 0.12 |
| 交通运输、仓储业 | 6.55 | 2.03 | 0.44 | －13.88 | 9.91 | －1.40 | －0.34 |
| 信息技术业 | 9.76 | 2.35 | 0.49 | －1.74 | 11.09 | －0.16 | －0.24 |
| 批发和零售贸易 | 4.26 | 1.59 | 0.31 | 1.69 | 7.95 | 0.21 | －0.21 |
| 金融、保险业 | 20.78 | 3.58 | 0.63 | －0.94 | 28.84 | －0.03 | －0.03 |
| 房地产业 | 22.40 | 3.81 | 0.68 | 3.50 | 20.16 | 0.17 | 0.09 |
| 社会服务业 | 3.00 | 1.35 | 0.21 | 0.73 | 9.01 | 0.08 | －0.14 |
| 传播与文化产业 | 3.70 | 1.36 | 0.18 | －3.04 | 17.91 | －0.17 | －0.16 |
| 综合类 | 3.40 | 1.54 | 0.32 | 0.35 | 9.10 | 0.04 | 0.26 |
| 市场 | 1 474.70 | 31.55 | 0.96 | 31.23 | 39.10 | 0.80 | 0.96 |
| 模型评价 | | $R^2$ | 38.90 | adj－$R^2$ | 38.38 | RMSE | 1.70 |

表4－3列出了需要进行拆分的门类行业大类或次类行业——采掘业、金融保险业的大类行业和制造业的次类行业分类股票有效数量和市值占比。从表中可以看到，采掘业中黑色金属矿采选业、有色金属矿采选业和采掘服务业的股票有效数量和市值占比都非常小。考虑到采掘服务业的企业服务对象绝大多数都是石油和天然气开

采业的企业，以及黑色金属矿采选业、有色金属矿采选业和煤炭采选业都属于采选业，将采掘业拆分为石油天然气开采及服务业和煤炭、黑色金属、有色金属采选业，其中前者的股票属于石油和天然气开采业或采掘服务业，而后者的股票则属于采掘业中余下的采选业中的某一大类行业。

在金融保险业中，考虑到非行业金融大类行业的股票有效数量比较小，保险业在早期还没有股票，金融信托业和其他金融业的市值占比非常低，将金融业保险业拆分为银行业和非银行金融业，其中非银行金融业包括保险业、证券期货业、金融信托业和其他金融业。

对于制造业，直接将其按次类行业进行拆分，并将市值占比较小的木材家具、造纸印刷和其他制造业合并，命名为木材、家具、造纸、印刷等其他制造业。

**表 4-3　采掘业、金融保险业大类行业分类和制造业次类行业分类的股票有效数量和市值占比**

| 次类、大类行业名称 | 行业代码 | 2005 年 5 月 | | 2012 年 4 月 | | 2005 年 5 月至 2012 年 4 月 | |
|---|---|---|---|---|---|---|---|
| | | 有效数量 | 市值占比 | 有效数量 | 市值占比 | 有效数量 | 市值占比 |
| 采掘业 | | | | | | | |
| 煤炭采选业 | B01 | 10.91 | 1.80 | 16.28 | 5.22 | 15.28 | 3.08 |
| 石油和天然气开采业 | B03 | 3.12 | 1.65 | 1.86 | 12.20 | 1.78 | 4.55 |
| 黑色金属矿采选业 | B05 | 2.90 | 0.13 | 2.00 | 0.07 | 2.59 | 0.12 |
| 有色金属矿采选业 | B07 | 3.00 | 0.22 | 10.54 | 1.71 | 5.89 | 0.95 |
| 采掘服务业 | B50 | 1.00 | 0.31 | 5.29 | 0.49 | 2.31 | 0.42 |
| 制造业 | | | | | | | |
| 食品、饮料 | C0 | 46.61 | 5.11 | 48.80 | 5.29 | 43.53 | 4.75 |
| 纺织、服装、皮毛 | C1 | 48.22 | 2.49 | 61.73 | 1.04 | 51.47 | 1.69 |
| 木材、家具 | C2 | 3.89 | 0.16 | 9.79 | 0.11 | 5.98 | 0.14 |
| 造纸、印刷 | C3 | 21.03 | 1.23 | 35.93 | 0.47 | 27.26 | 0.86 |
| 石油、化学、塑胶、塑料 | C4 | 119.10 | 8.21 | 196.50 | 3.76 | 137.10 | 5.31 |
| 电子 | C5 | 40.26 | 3.34 | 108.90 | 2.34 | 65.56 | 2.36 |
| 金属、非金属 | C6 | 90.93 | 11.12 | 117.80 | 6.72 | 97.15 | 9.52 |
| 机械、设备、仪表 | C7 | 168.70 | 10.75 | 279.50 | 10.28 | 190.20 | 10.53 |
| 医药、生物制品 | C8 | 77.02 | 5.50 | 107.30 | 3.63 | 85.15 | 4.36 |
| 其他制造业 | C9 | 9.05 | 0.56 | 22.83 | 0.29 | 13.23 | 0.48 |
| 金融、保险业 | | | | | | | |
| 银行业 | I01 | 4.78 | 4.65 | 11.44 | 17.74 | 9.23 | 13.19 |
| 保险业 | I11 | | | 3.13 | 3.77 | 2.50 | 3.44 |
| 证券、期货业 | I21 | 2.44 | 0.34 | 12.72 | 2.28 | 5.44 | 2.22 |
| 金融信托业 | I31 | 2.82 | 0.33 | 2.97 | 0.10 | 2.68 | 0.19 |
| 其他金融业 | I99 | | | 1.94 | 0.11 | 1.23 | 0.09 |

表4-4列出了上述拆分后行业因子收益率的相关统计量。为了验证采掘业和金融保险业拆分的合理性，石油天然气开采及服务业的虚拟变量和银行业的虚拟变量设置不同，他们设置为其门类行业的虚拟变量，但他们的估计值仍然为其大类行业超市场组合的收益率，不同的是采选业虚拟变量的估计值和非银行金融业虚拟变量的估计值，分别为采选业超石油和天然气开采及服务业的收益率和非银行金融业超银行业的收益率。

因此，利用采选业和非金融银行业虚拟变量的估计值检验统计量，就可以对采掘业和金融保险业拆分的合理性进行判断，从表中可以看出，采选业的 F-stat 为 3.83，prop（|t|>2）为 0.30；非银行金融业的 F-stat 为 8.83，prop（|t|>2）为 0.31；F统计量都大于2，并且t统计量绝对值大于2的比率也都大于20%。因此，采掘业和金融保险业的拆分是非常有必要的。

而对于制造业的拆分，除合并的行业木材、家具、造纸、印刷等其他制造业因子与市场因子不具有区分度外，其他次类因子都通过相关统计量的检验。

从调整的 $R^2$ 来看，对行业进行拆分后的行业风险模型拟合能力有所提高，调整的 $R^2$ 从38.38%上升为40.00%。

上述拆分后的行业分类仍可更进一步地拆分与合并，即使如此，其模型调整的 $R^2$ 提高也非常有限，比基于申万和中信一级行业分类构建的行业多因子模型调整的 $R^2$ 幅度还低。因此，进一步拆分与合并的分析结果在这里不再列出。

**表4-4　　次类大类行业因子的相关统计量**

| 门类行业名称 | F-stat | T-stat | prop（\|t\|>2） | mean | std | shp | Corr |
|---|---|---|---|---|---|---|---|
| 农、林、牧、渔业 | 5.74 | 1.88 | 0.39 | 3.01 | 14.82 | 0.20 | -0.22 |
| 石油天然气开采及服务业 | 18.37 | 3.34 | 0.64 | 13.71 | 26.14 | 0.52 | 0.30 |
| 煤炭、黑色金属、有色金属采选业 | 3.83 | 1.59 | 0.30 | -19.79 | 34.82 | -0.57 | -0.44 |
| 食品、饮料 | 6.32 | 1.97 | 0.42 | 5.54 | 10.57 | 0.52 | -0.25 |
| 纺织、服装、皮毛 | 3.19 | 1.43 | 0.20 | 1.87 | 11.17 | 0.17 | 0.22 |
| 木材、家具、造纸、印刷等其他制造业 | 1.80 | 1.06 | 0.12 | -2.99 | 7.07 | -0.42 | -0.06 |
| 石油、化学、塑胶、塑料 | 7.20 | 2.05 | 0.45 | 0.06 | 7.71 | 0.01 | 0.06 |
| 电子 | 5.63 | 1.90 | 0.42 | -3.38 | 9.92 | -0.34 | -0.21 |
| 金属、非金属 | 12.15 | 2.74 | 0.52 | 3.11 | 10.51 | 0.30 | 0.48 |
| 机械、设备、仪表 | 7.80 | 2.21 | 0.50 | 3.93 | 6.41 | 0.61 | 0.04 |
| 医药、生物制品 | 16.35 | 2.91 | 0.46 | 2.57 | 13.16 | 0.20 | -0.38 |

续表

| 门类行业名称 | F - stat | T - stat | prop (\|t\| >2) | mean | std | shp | Corr |
|---|---|---|---|---|---|---|---|
| 电力、煤气及水的生产和供应业 | 4.70 | 1.70 | 0.31 | -6.23 | 9.40 | -0.66 | 0.05 |
| 建筑业 | 2.66 | 1.26 | 0.20 | 2.16 | 10.02 | 0.22 | 0.13 |
| 交通运输、仓储业 | 6.63 | 2.05 | 0.44 | -13.75 | 9.83 | -1.40 | -0.33 |
| 信息技术业 | 10.07 | 2.38 | 0.50 | -1.62 | 11.11 | -0.15 | -0.23 |
| 批发和零售贸易 | 4.41 | 1.63 | 0.32 | 1.82 | 7.98 | 0.23 | -0.20 |
| 银行业 | 13.49 | 3.01 | 0.61 | -5.43 | 32.69 | -0.17 | -0.26 |
| 非银行金融业 | 5.83 | 1.81 | 0.31 | 9.99 | 36.00 | 0.28 | 0.46 |
| 房地产业 | 23.01 | 3.86 | 0.67 | 3.63 | 20.10 | 0.18 | 0.10 |
| 社会服务业 | 3.07 | 1.37 | 0.24 | 0.85 | 9.01 | 0.09 | -0.12 |
| 传播与文化产业 | 3.76 | 1.38 | 0.17 | -2.92 | 17.92 | -0.16 | -0.16 |
| 综合类 | 3.61 | 1.59 | 0.33 | 0.48 | 9.27 | 0.05 | 0.26 |
| 市场 | 1 476.80 | 31.59 | 0.96 | 31.10 | 38.94 | 0.80 | 0.96 |
| 模型评价 | | $R^2$ | 40.85 adj - $R^2$ | | 40.00 | RMSE | 1.67 |

### 4.2.3.3 申万行业分类

再来看看基于申万行业分类的行业风险模型的情况。表 4-5 列出了申万一级行业分类的股票有效数量和市值占比。从表中可以看到，金融服务的市值占比比较大，可以拆分为银行业和非银行金融。如果还需要考虑进一步拆分的话，可以考虑市值占比较大、股票有效数量较多的化工、交通运输、机械设备、采掘、公共事业和医药生物。

**表 4-5 申万一级行业分类的有效数量和市值占比（2005 年 5 月至 2012 年 4 月）**

| 申万一级行业名称 | 有效数量 | | | 市值占比 | | |
|---|---|---|---|---|---|---|
| | 初值 | 终值 | 平均值 | 初值 | 终值 | 平均值 |
| 采掘 | 19.16 | 15.94 | 20.10 | 2.69 | 15.15 | 5.70 |
| 餐饮旅游 | 17.92 | 25.58 | 20.95 | 1.01 | 0.42 | 0.72 |
| 电子 | 35.66 | 96.45 | 56.69 | 2.84 | 1.74 | 1.93 |
| 房地产 | 60.01 | 103.23 | 74.18 | 5.21 | 4.42 | 5.91 |
| 纺织服装 | 49.75 | 58.57 | 48.95 | 2.67 | 1.09 | 1.59 |

续表

| 申万一级行业名称 | 有效数量 | | | 市值占比 | | |
|---|---|---|---|---|---|---|
| | 初值 | 终值 | 平均值 | 初值 | 终值 | 平均值 |
| 公共事业 | 47.92 | 58.73 | 52.58 | 7.84 | 2.89 | 5.17 |
| 黑色金属 | 24.93 | 25.30 | 22.78 | 5.43 | 2.28 | 4.26 |
| 化工 | 114.64 | 116.12 | 105.62 | 9.63 | 6.80 | 7.87 |
| 机械设备 | 104.70 | 213.47 | 125.82 | 7.07 | 5.68 | 6.06 |
| 家用设备 | 22.77 | 24.11 | 21.63 | 2.37 | 1.41 | 1.67 |
| 建筑建材 | 62.31 | 76.73 | 60.43 | 3.77 | 3.34 | 3.75 |
| 交通运输 | 47.45 | 54.46 | 50.60 | 9.43 | 3.80 | 6.11 |
| 交运设备 | 51.81 | 75.34 | 57.71 | 3.63 | 4.07 | 3.84 |
| 金融服务 | 8.24 | 27.00 | 18.23 | 5.33 | 24.37 | 18.62 |
| 农林牧渔 | 49.01 | 65.32 | 48.01 | 2.16 | 1.41 | 1.81 |
| 轻工制造 | 32.35 | 71.44 | 45.15 | 1.89 | 0.96 | 1.34 |
| 商业贸易 | 66.65 | 70.50 | 63.41 | 4.24 | 2.29 | 3.77 |
| 食品饮料 | 28.14 | 30.53 | 25.35 | 3.92 | 4.71 | 3.86 |
| 信息服务 | 28.29 | 85.84 | 42.23 | 4.46 | 2.52 | 3.61 |
| 信息设备 | 33.56 | 61.83 | 40.72 | 3.62 | 1.49 | 2.21 |
| 医药生物 | 93.59 | 131.11 | 105.52 | 6.24 | 3.94 | 4.77 |
| 有色金属 | 37.35 | 51.36 | 42.65 | 2.82 | 4.67 | 4.21 |
| 综合 | 31.25 | 35.53 | 35.84 | 1.73 | 0.54 | 1.24 |

表4-6列出了将金融服务拆分为“银行2”和“非银行金融2”后的行业因子收益率的相关统计量。从表中非银行金融业的F-stat和prop（|t|>2）值可以看出，金融服务的拆分是很有必要的。从模型各个评价指标也可以看出，申万行业分类的行业多因子模型的预测能力更强，其调整的$R^2$值为42.04%。

**表4-6　　　　申万行业因子的相关统计量**

| 申万行业名称 | F-stat | T-stat | prop (\|t\|>2)(%) | mean | std | shp | Corr |
|---|---|---|---|---|---|---|---|
| 采掘 | 19.42 | 3.46 | 65.48 | 9.86 | 0.25 | 0.40 | 0.28 |
| 餐饮旅游 | 3.73 | 1.51 | 30.95 | 1.34 | 0.15 | 0.09 | -0.18 |
| 电子 | 9.79 | 2.40 | 46.43 | -3.01 | 0.15 | -0.20 | -0.06 |

续表

| 申万行业名称 | F - stat | T - stat | prop (\|t\| >2)(%) | mean | std | shp | Corr |
|---|---|---|---|---|---|---|---|
| 房地产 | 25.43 | 4.01 | 69.05 | 5.93 | 0.19 | 0.32 | 0.13 |
| 纺织服装 | 5.74 | 1.99 | 40.48 | 1.95 | 0.15 | 0.13 | 0.15 |
| 公共事业 | 7.09 | 2.15 | 44.05 | -5.20 | 0.11 | -0.47 | 0.01 |
| 黑色金属 | 9.56 | 2.52 | 54.76 | -4.06 | 0.17 | -0.24 | 0.40 |
| 化工 | 13.59 | 2.82 | 51.19 | 1.36 | 0.11 | 0.12 | 0.09 |
| 机械设备 | 12.60 | 2.73 | 55.95 | 5.36 | 0.11 | 0.49 | 0.01 |
| 家用设备 | 4.19 | 1.65 | 29.76 | 0.69 | 0.14 | 0.05 | -0.21 |
| 建筑建材 | 8.24 | 2.12 | 44.05 | 5.48 | 0.12 | 0.46 | 0.11 |
| 交通运输 | 6.75 | 2.08 | 42.86 | -11.82 | 0.09 | -1.32 | -0.27 |
| 交运设备 | 8.27 | 2.21 | 41.67 | 5.43 | 0.12 | 0.47 | 0.19 |
| 银行2 | 17.99 | 3.44 | 65.48 | -2.49 | 0.28 | -0.09 | -0.30 |
| 非银行金融2 | 8.70 | 2.25 | 41.67 | 8.51 | 0.34 | 0.25 | 0.49 |
| 农林牧渔 | 9.96 | 2.61 | 58.33 | 5.71 | 0.16 | 0.36 | -0.11 |
| 轻工制造 | 4.10 | 1.63 | 26.19 | -2.55 | 0.11 | -0.23 | -0.07 |
| 商业贸易 | 7.55 | 2.07 | 42.86 | 4.04 | 0.12 | 0.35 | -0.17 |
| 食品饮料 | 11.32 | 2.57 | 46.43 | 8.40 | 0.16 | 0.51 | -0.34 |
| 信息服务 | 11.58 | 2.41 | 40.48 | -0.15 | 0.14 | -0.01 | -0.29 |
| 信息设备 | 8.99 | 2.41 | 53.57 | -2.08 | 0.16 | -0.13 | -0.11 |
| 医药生物 | 29.92 | 4.09 | 61.91 | 4.11 | 0.17 | 0.24 | -0.31 |
| 有色金属 | 26.51 | 3.93 | 67.86 | 16.04 | 0.23 | 0.69 | 0.43 |
| 综合 | 5.68 | 1.96 | 48.81 | 4.99 | 0.15 | 0.33 | 0.29 |
| 市场 | 752.62 | 22.76 | 95.24 | 28.28 | 0.38 | 0.75 | 0.99 |
| 模型评价 | | $R^2$ | 42.93 | adj - $R^2$ | 42.04 | RMSE | 1.56 |

### 4.2.3.4 中信行业分类

最后来看看基于中信行业分类的行业多因子模型的情况。表4-7列出了中信一级行业分类的股票有效数量和市值占比。从表中可以看到，中信一级行业将金融类的股票已拆分为银行和非银行金融。如果还需要进一步拆分，可考虑电力及公共事业、交通运输、石油石化、医药。

**表 4－7 中信一级行业分类的有效数量和市值占比（2005 年 5 月至 2012 年 4 月）**

| 中信一级行业名称 | 有效数量 | | | 市值占比 | | |
|---|---|---|---|---|---|---|
| | 初值 | 终值 | 平均值 | 初值 | 终值 | 平均值 |
| 餐饮旅游 | 17.46 | 25.32 | 21.74 | 0.61% | 0.63% | 0.56% |
| 传媒 | 8.29 | 31.39 | 14.01 | 0.82% | 0.68% | 0.92% |
| 电力及公共事业 | 48.04 | 61.05 | 52.74 | 7.31% | 2.86% | 5.00% |
| 电力设备 | 34.78 | 77.72 | 46.08 | 1.76% | 2.36% | 2.22% |
| 电子元器件 | 44.14 | 109.60 | 67.52 | 3.46% | 2.01% | 2.34% |
| 房地产 | 72.74 | 103.77 | 83.85 | 5.96% | 4.35% | 6.40% |
| 纺织服装 | 49.33 | 66.47 | 52.31 | 3.13% | 1.24% | 1.82% |
| 非银行金融 | 6.34 | 15.42 | 8.25 | 0.74% | 6.26% | 5.01% |
| 钢铁 | 30.39 | 31.29 | 27.80 | 5.83% | 2.45% | 4.52% |
| 国防军工 | 13.02 | 12.79 | 14.21 | 0.88% | 0.57% | 0.90% |
| 基础化工 | 91.57 | 155.65 | 107.35 | 6.02% | 3.08% | 4.27% |
| 机械 | 61.04 | 126.44 | 77.66 | 4.74% | 4.02% | 4.05% |
| 计算机 | 19.88 | 69.72 | 30.24 | 1.14% | 1.25% | 1.10% |
| 家电 | 20.52 | 25.26 | 20.50 | 2.78% | 1.43% | 1.79% |
| 建材 | 37.10 | 49.96 | 38.96 | 1.71% | 1.57% | 1.75% |
| 建筑 | 20.27 | 38.00 | 25.59 | 1.28% | 1.96% | 1.63% |
| 交通运输 | 48.62 | 52.23 | 51.09 | 9.47% | 3.78% | 6.14% |
| 煤炭 | 16.78 | 20.48 | 21.94 | 2.30% | 5.36% | 3.34% |
| 农林牧渔 | 43.73 | 70.44 | 50.60 | 2.26% | 1.52% | 1.95% |
| 汽车 | 53.45 | 69.53 | 56.80 | 4.23% | 2.98% | 3.36% |
| 轻工制造 | 28.41 | 49.87 | 34.56 | 1.71% | 0.68% | 1.07% |
| 商贸零售 | 74.87 | 72.49 | 66.93 | 4.96% | 2.55% | 4.28% |
| 石油石化 | 19.19 | 6.73 | 10.65 | 3.85% | 13.21% | 5.84% |
| 食品饮料 | 32.08 | 31.16 | 27.69 | 4.20% | 4.72% | 3.95% |
| 通信 | 18.72 | 42.56 | 23.43 | 3.91% | 1.67% | 2.62% |
| 医药 | 94.37 | 133.13 | 101.75 | 5.84% | 4.09% | 4.70% |
| 银行 | 4.78 | 11.44 | 9.23 | 4.65% | 17.74% | 13.19% |
| 有色金属 | 40.00 | 45.51 | 42.92 | 3.07% | 4.45% | 4.28% |
| 综合 | 27.02 | 29.15 | 24.68 | 1.38% | 0.57% | 1.01% |

表4-8列出了行业因子收益率的相关统计量。从模型的各个评价指标也可以看出，中信行业分类的行业多因子模型的预测能力略强于申万行业分类的行业多因子模型。

**表4-8　　　　申万行业因子的相关统计量**

| 中信行业名称 | F-stat | T-stat | prop(\|t\|>2) | mean | std | shp | Corr |
|---|---|---|---|---|---|---|---|
| 餐饮旅游 | 3.37 | 1.44 | 0.27 | 0.39% | 15.26% | 0.03 | -0.21 |
| 传媒 | 5.71 | 1.57 | 0.25 | -1.38% | 17.02% | -0.08 | -0.24 |
| 电力及公共事业 | 6.59 | 2.05 | 0.43 | -3.90% | 10.89% | -0.36 | 0.06 |
| 电力设备 | 11.49 | 2.66 | 0.49 | 5.05% | 17.33% | 0.29 | -0.14 |
| 电子元器件 | 10.55 | 2.63 | 0.52 | -2.40% | 14.33% | -0.17 | -0.05 |
| 房地产 | 26.86 | 4.06 | 0.69 | 4.38% | 18.36% | 0.24 | 0.13 |
| 纺织服装 | 5.92 | 2.05 | 0.46 | 2.97% | 14.14% | 0.21 | 0.17 |
| 非银行金融 | 12.55 | 2.76 | 0.57 | 7.63% | 29.82% | 0.26 | 0.25 |
| 钢铁 | 9.50 | 2.48 | 0.54 | -2.10% | 15.79% | -0.13 | 0.44 |
| 国防军工 | 7.75 | 2.19 | 0.44 | 8.67% | 23.40% | 0.37 | -0.02 |
| 基础化工 | 13.15 | 2.82 | 0.56 | 1.52% | 12.48% | 0.12 | 0.12 |
| 机械 | 7.26 | 2.06 | 0.36 | 5.59% | 9.90% | 0.56 | 0.12 |
| 计算机 | 8.16 | 2.09 | 0.39 | -0.48% | 17.97% | -0.03 | -0.30 |
| 家电 | 4.17 | 1.58 | 0.31 | 0.87% | 13.24% | 0.07 | -0.24 |
| 建材 | 8.34 | 2.21 | 0.44 | 8.82% | 15.79% | 0.56 | 0.24 |
| 建筑 | 3.42 | 1.45 | 0.23 | 4.43% | 11.71% | 0.38 | 0.04 |
| 交通运输 | 6.17 | 1.97 | 0.42 | -10.84% | 8.65% | -1.25 | -0.26 |
| 煤炭 | 18.56 | 3.43 | 0.64 | 7.76% | 24.69% | 0.31 | 0.25 |
| 农林牧渔 | 9.79 | 2.50 | 0.52 | 3.51% | 15.17% | 0.23 | -0.13 |
| 汽车 | 8.12 | 2.14 | 0.44 | 4.90% | 11.78% | 0.42 | 0.20 |
| 轻工制造 | 3.18 | 1.40 | 0.25 | -3.29% | 11.40% | -0.29 | -0.06 |
| 商贸零售 | 7.16 | 2.06 | 0.46 | 4.04% | 10.78% | 0.37 | -0.10 |
| 石油石化 | 2.47 | 1.21 | 0.18 | -1.01% | 10.81% | -0.09 | -0.08 |
| 食品饮料 | 11.16 | 2.55 | 0.46 | 8.92% | 15.69% | 0.57 | -0.32 |
| 通信 | 7.95 | 2.26 | 0.46 | 0.98% | 17.17% | 0.06 | -0.15 |
| 医药 | 27.21 | 3.94 | 0.63 | 4.88% | 16.83% | 0.29 | -0.30 |
| 银行 | 17.74 | 3.42 | 0.64 | -2.15% | 27.88% | -0.08 | -0.29 |
| 有色金属 | 28.35 | 4.09 | 0.68 | 17.42% | 23.62% | 0.74 | 0.46 |
| 综合 | 4.38 | 1.76 | 0.39 | 1.16% | 16.12% | 0.07 | 0.26 |
| 市场 | 717.66 | 22.22 | 0.96 | 27.94% | 37.38% | 0.75 | 0.99 |
| 模型评价 | | $R^2$ | 43.54% | adj-$R^2$ | 42.47% | RMSE | 1.56% |

### 4.2.4 结论

这里探讨风险因子模型中的行业因子，分别采用中国证监会行业分类、申万一级行业分类和中信一级行业分类构造行业虚拟变量，并对不同行业分类的行业多因子模型进行了比较。具体结果如下：

第一，中国证监会门类行业的股票有效数量和市值占比不均，采用它进行构建行业多因子模型调整的 $R^2$ 值为 38.38%，即使对中国证监会行业进行多次拆分，整个模型调整的 $R^2$ 值也只有 40%，仍低于采用申万或中信一级行业分类构建的行业多因子模型。

第二，申万和中信一级行业的股票有效数量和市值占比则相对更加平均。申万的一级行业中可将金融服务行业进一步拆分为银行 2 和非银行金融 2，基于拆分后的行业分类构建的行业多因子模型的调整的 $R^2$ 值为 42.04%，略低于基于中信一级行业分类构建的行业多因子模型，后者调整的 $R^2$ 值为 42.47%。

## 4.3 中国 A 股市场风险模型的应用

### 4.3.1 问题的提出

这里将风险模型应用于投资组合的构建，即在均值方差意义上构建投资组合。将考虑不同程度风险控制下因子模型量化选股的表现。

### 4.3.2 实证分析

图 4-1 给出了在无风险控制和有风险控制的情况下策略的累计收益率。这里无风险控制是指设定股票权重是最大化预期收益率，而有风险控制则是指设定权重最大化预期 Sharpe 比率。策略都不允许卖空，且每只股票最大投资比例不超过 1%，同时最大投资额不超过最近 1 年日均成交额的 10%，初始资产设定为 1 亿元。从图

中可以看出，在有风险控制的情况下，策略的累计收益率有所下降，但整个走势与无风险控制的策略是一致的。表4-9中策略一般评价指标也显示出，风险控制策略表现略低于无风险控制策略，但相对回测和波动也略低。

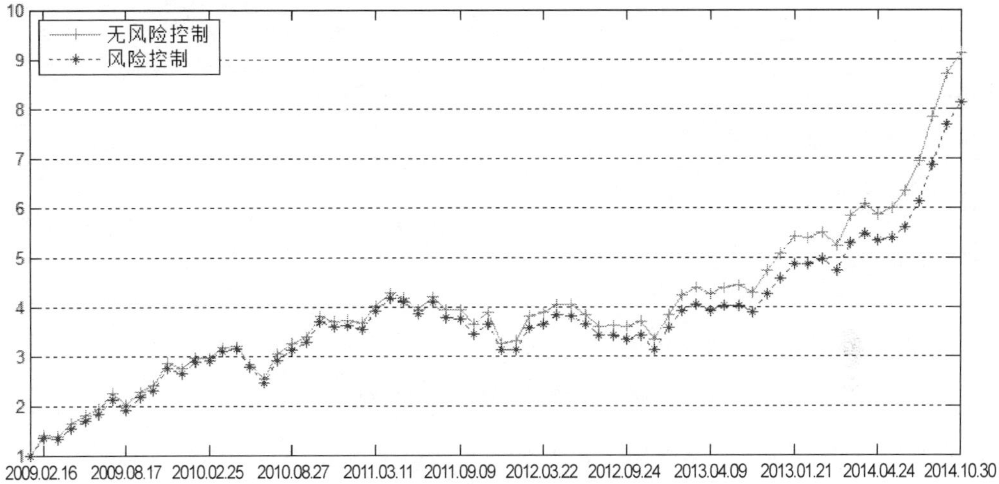


图4-1　策略累计收益率与风险控制

**表4-9　策略的一般评价指标**

| | 胜率 | 相对回测 | 年化收益 | Sharpe | 超额年化收益 | IR |
|---|---|---|---|---|---|---|
| 无风险控制 | 80.60 | 7.60 | 44.76 | 1.43 | 37.15 | 2.70 |
| 有风险控制 | 79.10 | 7.24 | 42.22 | 1.41 | 34.61 | 2.64 |

风险控制下的策略在风险因子暴露的主要表现为一定程度降低了投资组合的规模因子暴露和市场波动因子暴露（见图4-2），但这种降低程度非常有限。以规模因子暴露为例，无风险控制策略的规模因子暴露平均水平为-2.22，而有风险控制策略的平均规模因子暴露的水平为-2.06。也就是说，策略在考虑此种风险控制的情况下，在规模因子暴露上仅降低了不到10%。

表4-10中策略的概率Sharpe检验显示，上述两个策略的收益有显著大于0.5的Sharpe比率①，其超市场额收益和规模风险因子调整的收益的Sharpe比率则显著大于1。2个策略的z统计量相差不大，在收益不进行风险因子调整或仅进行市场和规模因子调整，无风险控制策略的z统计量都要略大于有风险控制的情况。只有当

① 当z统计量大于1.65时，Sharpe在95%的置信区间中是显著的。

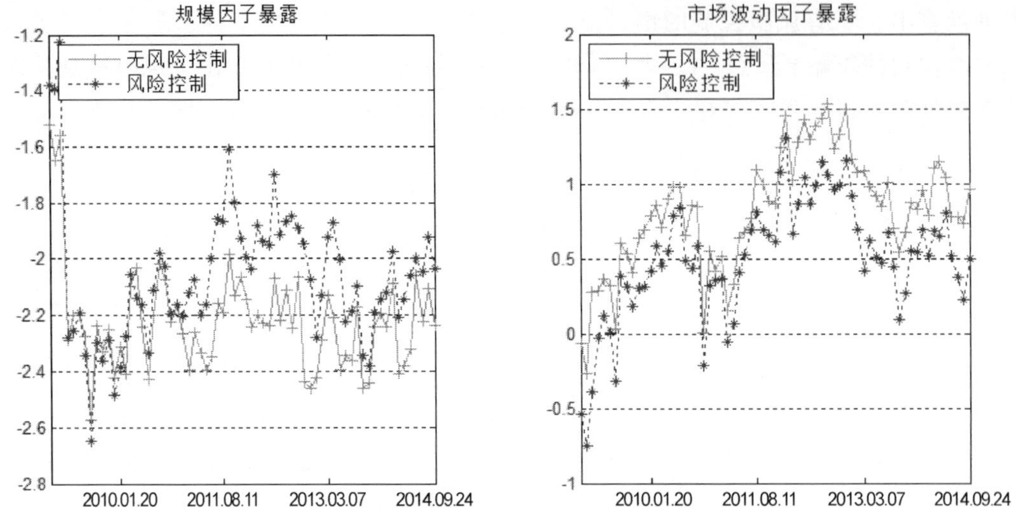


图 4－2　策略的风险因子暴露比较

策略收益进一步根据市场波动因子调整后，有风险控制的策略才略显优势。

**表 4－10　　策略 PSR 检验的 z 统计量**

| | | z 统计量 | | | |
|---|---|---|---|---|---|
| | | 策略收益 | 减市场收益 | 减规模因子收益 | 减市场波动因子收益 |
| 无风险控制 | SR | 1.425 | 2.734 | 2.051 | 1.748 |
| | SR＊＝0 | 3.633 | 5.510 | 4.580 | 3.628 |
| | SR＊＝0.5 | 2.358 | 4.503 | 3.463 | 2.590 |
| | SR＊＝1 | 1.084 | 3.495 | 2.347 | 1.552 |
| 风险控制 | SR | 1.414 | 2.657 | 1.996 | 1.774 |
| | SR＊＝0 | 3.527 | 5.465 | 4.516 | 4.013 |
| | SR＊＝0.5 | 2.280 | 4.436 | 3.385 | 2.882 |
| | SR＊＝1 | 1.032 | 3.408 | 2.253 | 1.751 |

从图 4－1、表 4－9 和表 4－10 对两个策略绩效的分析中，得出的结论是无风险控制策略的表现要略优。但图 4－2 的结论显示，无风险控制的策略规模因子暴露更大。在上文中就得出规模因子暴露的下降会降低策略的表现，即使考察仅规模因子风险调整后的收益率，结论亦是如此。为了更好地比较有无风险控制的策略，对无风险控制的策略施加规模因子暴露的限制，要求无风险控制策略投资组合的规模

因子暴露不大于有风险控制时的情况。

在这种情况下，表4-11中策略的一般评价指标比较仍不能看出风险控制策略的任何优势。但表4-12中策略PSR检验的z统计量的比较则显示出风险控制策略的一定优势，除了市场因子调整后的收益率z统计量低于无风险控制的情况外，其他情形下的z统计量都略高于无风险控制的情况。

综上所述，最大化预期Sharpe比率的风险控制方法并没有明显改变投资组合的特征和表现。接下来将考察其他风险控制的方法，并比较其与无风险控制情况下的差别。

**表4-11　策略的一般评价指标**

| | 胜率 | 相对回测 | 年化收益 | Sharpe | 超额年化收益 | IR |
|---|---|---|---|---|---|---|
| 无风险控制 | 80.60 | 6.99 | 42.67 | 1.37 | 35.07 | 2.68 |
| 有风险控制 | 79.10 | 7.24 | 42.22 | 1.41 | 34.61 | 2.64 |

**表4-12　策略PSR检验的z统计量**

| | | z统计量 | | | |
|---|---|---|---|---|---|
| | | 策略收益 | 减市场收益 | 减规模因子收益 | 减市场波动因子收益 |
| 无风险控制 | SR | 1.375 | 2.685 | 1.856 | 1.548 |
| | SR*=0 | 3.539 | 5.597 | 4.391 | 3.535 |
| | SR*=0.5 | 2.252 | 4.555 | 3.209 | 2.393 |
| | SR*=1 | 0.965 | 3.512 | 2.026 | 1.251 |
| 风险控制 | SR | 1.414 | 2.657 | 1.996 | 1.774 |
| | SR*=0 | 3.527 | 5.465 | 4.516 | 4.013 |
| | SR*=0.5 | 2.280 | 4.436 | 3.385 | 2.882 |
| | SR*=1 | 1.032 | 3.408 | 2.253 | 1.751 |

最大化预期Sharpe比率的风险控制方法和最大化预期收益率的无风险控制方法实际上选择都是在资产预期均值方差边界上的投资组合。前者选择的是预期均值/预期标准差最大的投资组合，而后者选择的是预期均值（或预期方差）最大的投资组合。

可以考虑直接对投资组合的预期方差进行约束规划：

$$Max\ r^T h\ \ s.t.\ \ h^T V h = \sigma^2$$

上述问题相当于最大化风险调整后的收益，即无约束问题：

$Max\ r^T h - \lambda h^T V h$

参数 $\sigma^2$ 和 $\lambda$ 存在着对应关系，$\sigma^2$ 越大，$\lambda$ 则越小。最大化预期收益率的无风险控制方法实际上就是约束问题中设定 $\sigma^2$ 为最大值，或在无约束问题中 $\lambda$ 等于 0。而最小方差下界则是约束问题中设定 $\sigma^2$ 为最小值，或在无约束问题中 $\lambda$ 无限大。

图 4 - 3 给出均值方差边界上最大化预期收益率策略、最大化预期 Sharpe 比率策略和最小化预期方差策略的预期（月）标准差的大小。图中显示，最大化预期 Sharpe 比率策略的预期标准差与最大化预期收益率策略的相差不大，从而导致这两种策略的选股特征和绩效表现也非常类似。两者在预期标准差相差不大的原因可以从图 4 - 4 中看出来。该图描述的是最后一期均值方差边界和最大化 Sharpe 比率的投资组合在其上的位置。图中显示，最大化 Sharpe 比率的投资组合的预期收益率和预期标准差与最大化预期收益率的投资组合的相差都很小。

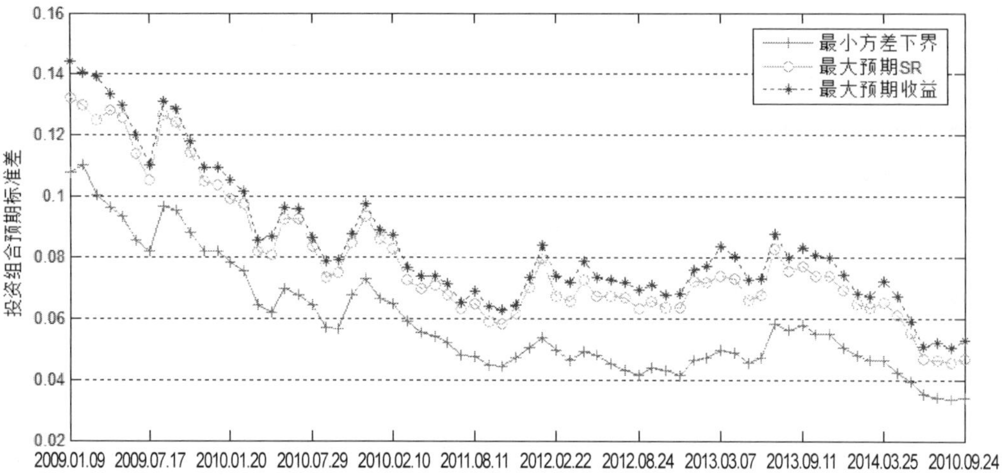


图 4 - 3　均值方差边界上不同策略的预期标准差

因此，接下来将考虑预期标准差在最小方差下界至最大化 Sharpe 比率之间的各个投资组合，以探讨在不同强度的风险控制下，因子模型量化选股的特征和表现。

值得一提的是，最大化预期 Sharpe 比率的方法相当于设定约束问题中 λ 为：

$$\lambda = \frac{r^T h^*}{2h^{*T} V h^*}$$

其中，$h^*$ 为最大化预期 Sharpe 比率的投资组合的权重。图 4 - 5 给出了最大化预期 Sharpe 比率策略的 λ 值。从图中可以看出，最大化预期 Sharpe 比率在各期的 λ 值并不是固定的，在市场波动较大时设定得比较小，而在市场波动较小时设定得比

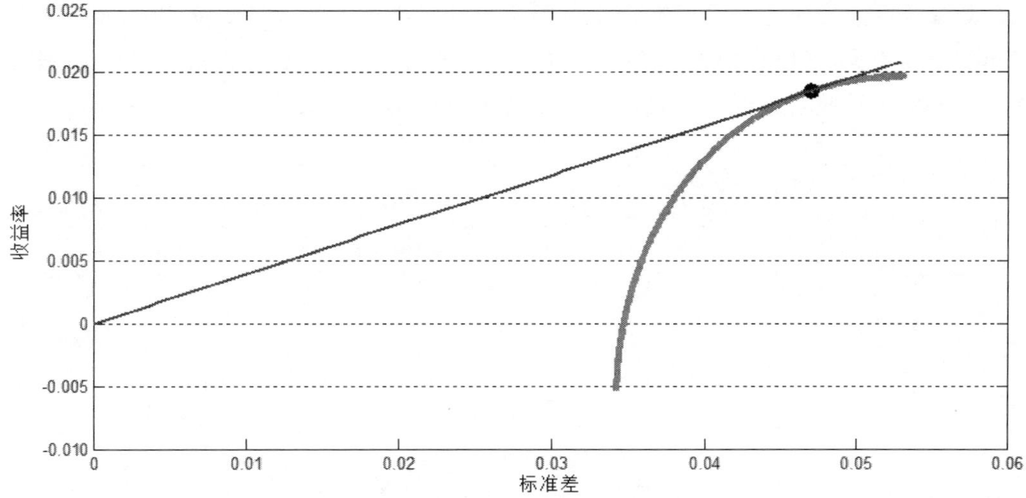


图 4－4　均值方差边界上最大 Sharpe 点的位置

较大，也就是指在市场波动较大时对预期方差给予较小的权重，而在市场波动较小时则给予较大的权重。这似乎符合巴菲特所说的“在大众贪婪时你要缩手，在大众恐惧时你要进取”的策略。

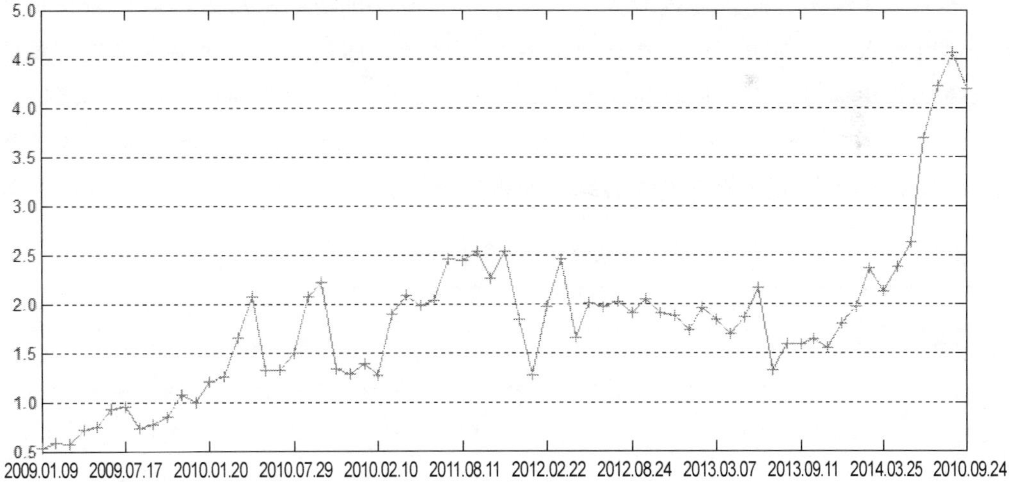


图 4－5　最大 SR 策略的 λ 值

图 4－6 给出了不同程度风险控制下策略的累计收益。其中，最小方差下界策略选择就是预期均值方差边界上方差最小的投资组合，是最强的风险控制；其他风险

控制则是选择投资组合标准差在最小方差下界的标准差至最大 Sharpe 的标准差这个区间的1/4（强）、1/2（中）、3/4（弱）的位置上。图中可以看出，风险控制越强，策略的累计收益越低，不过各个策略的走势是相近的。

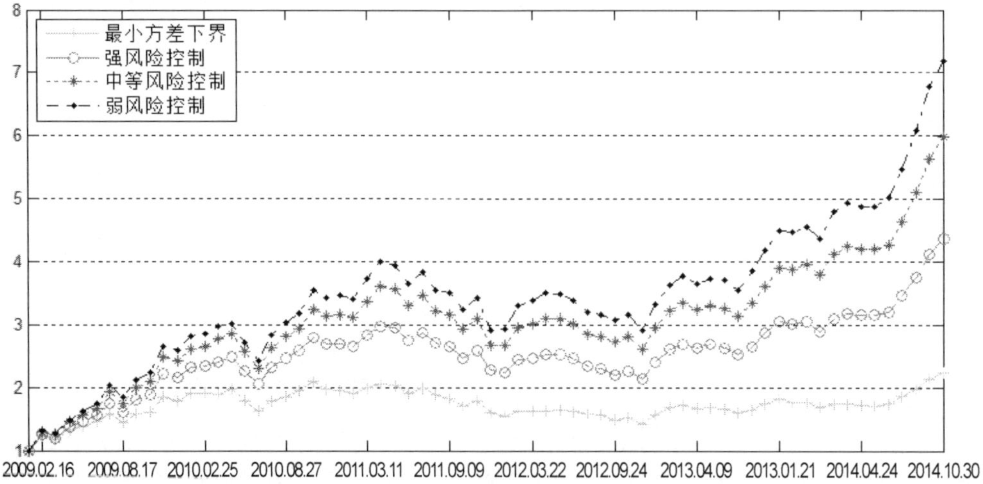


图 4-6　不同程度风险控制下策略的累计收益

表 4-13 给出不同程度风险控制下策略的一般评价指标。从表中可以看出，风险控制并没有体现在超沪深 300 指数的胜率、回测或标准差上，而主要体现在策略收益率的年化标准差上，风险控制越强，标准差越低。与沪深 300 在该样本区间内的 25.68% 标准差来看，最强风险控制和强风险控制策略的标准差要更低。表中还显示，收益率评价指标随着风控的减弱而得到提高。

**表 4-13　　策略的一般评价指标**

| | 胜率 | 相对回测 | 年化收益 | 年化标准差 | Sharpe | 超额收益 | 超额标准差 | IR |
|---|---|---|---|---|---|---|---|---|
| 最强风控 | 64.18 | 16.66 | 16.70 | 21.46 | 0.78 | 9.09 | 12.45 | 0.73 |
| 强风控 | 76.12 | 11.40 | 29.43 | 23.93 | 1.23 | 21.82 | 12.01 | 1.82 |
| 中等风控 | 79.10 | 9.64 | 35.83 | 26.62 | 1.35 | 28.22 | 12.26 | 2.30 |
| 弱风控 | 77.61 | 8.31 | 39.69 | 28.54 | 1.39 | 32.08 | 12.47 | 2.57 |

图 4-7 给出了不同程度风险控制下策略的规模和市场波动因子暴露的比较，从图中可以看出，风险控制对这两个风险因子的暴露作用明显，风险控制越强，暴露越低。规模因子暴露在弱风险控制下的平均值为 -1.89；而到强风险控制下，规模

因子的平均暴露（绝对值）降为 -1.29，下降幅度超过30%。

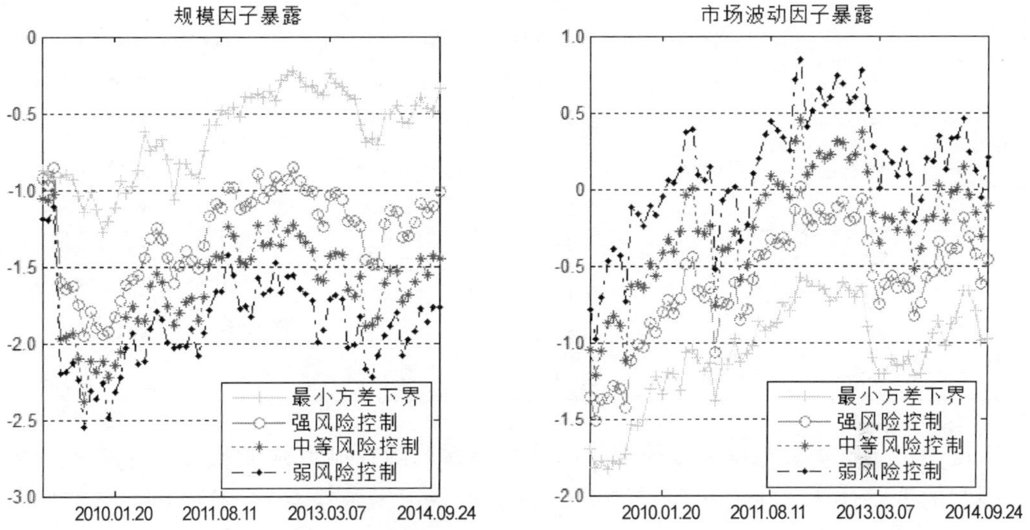


图 4-7　不同程度风险控制下策略的风险因子暴露比较

表 4-14 给出了策略显著性的结果。随着风险控制的增强，策略的 SR 和 PSR 检验的 z 统计量都是逐步提高的。与表 4-10 一起看，这一规律只有在策略收益率经过市场、规模和 beta 因子调整后有所不同，策略的 SR 和 PSR 检验的 z 统计量在无风险控制至弱风险控制时出现一定的提升，随后逐步下降，至强风险控制时，策略的 SR 和 PSR 检验的 z 统计量已经略低于无风险控制时的水平。

**表 4-14　　策略 PSR 检验的 z 统计量**

| | | z统计量 | | | |
|---|---|---|---|---|---|
| | | 策略收益 | 减市场收益 | 减规模因子收益 | 减市场波动因子收益 |
| 最强风控 | SR | 0.7780 | 0.2279 | -0.3389 | 0.4007 |
| | SR* =0 | 1.9335 | 0.5186 | -0.8359 | 0.9410 |
| | SR* =0.5 | 0.6908 | -0.6190 | -2.0694 | -0.2333 |
| | SR* =1 | -0.5518 | -1.7566 | -3.3028 | -1.4076 |
| 强风控 | SR | 1.2298 | 1.5987 | 0.6702 | 1.5096 |
| | SR* =0 | 3.0211 | 3.0640 | 1.4323 | 3.4873 |
| | SR* =0.5 | 1.7927 | 2.1057 | 0.3637 | 2.3323 |
| | SR* =1 | 0.5644 | 1.1475 | -0.7049 | 1.1772 |

续表

| | | z统计量 | | | |
|---|---|---|---|---|---|
| | | 策略收益 | 减市场收益 | 减规模因子收益 | 减市场波动因子收益 |
| 中等风控 | SR | 1.3456 | 2.2531 | 1.4007 | 1.8181 |
| | SR * =0 | 3.2927 | 4.5634 | 3.1482 | 4.2160 |
| | SR * =0.5 | 2.0692 | 3.5507 | 2.0244 | 3.0565 |
| | SR * =1 | 0.8457 | 2.5380 | 0.9007 | 1.8971 |
| 弱风控 | SR | 1.3906 | 2.5735 | 1.8348 | 1.8886 |
| | SR * =0 | 3.4293 | 5.2307 | 4.3220 | 4.3039 |
| | SR * =0.5 | 2.1963 | 4.2144 | 3.1442 | 3.1644 |
| | SR * =1 | 0.9633 | 3.1982 | 1.9664 | 2.0250 |

进一步比较不同程度风险控制下的策略与无风险控制但施加规模和 beta 因子暴露限制的策略（不大于有风险控制时的规模和 beta 因子暴露），发现当策略的风险控制不是（均值方差下界）最强时，有风险控制策略的 Sharpe 比率和 PSR 检验的 z 统计量都要略高于无风险控制的情况。

### 4.3.3 结论

这里将风险模型应用于投资组合的构建，考察了均值方差意义上最优投资组合的表现。实证结果表明：

第一，风险控制对策略风险因子暴露的影响主要体现在规模因子和市场波动（beta）因子的暴露上。随着风险控制的增加，策略的规模因子和市场波动因子暴露会有明显下降，而对其他风险因子暴露的下降并不明显。

第二，与无风险控制和无风险因子暴露约束的策略相比，风险控制策略的收益表现会更差，只有当收益经过市场因子、规模因子和市场波动因子的调整后，风险控制不是很强时的策略表现会略优于与无风险控制和无风险因子暴露约束的策略。

第三，当对策略施加不大于有风险控制策略相同的规模因子暴露和市场波动因子暴露的限制时，有风险控制的策略在风险控制不是很强时才体现出一定的优势。

# 5.

# 投资组合构建

## 5.1 投资组合构建方法概述

### 5.1.1 简单权重

如何利用多因子模型和风险模型来构造投资组合？最简单的方法就是只基于多因子模型的预测收益率进行平均权重或者市值权重。平均权重是一种稳健的方法，DeMiguel 等（2009）[①] 指出，在一定条件下，等权投资比一些非常复杂的投资组合构建方法要更好，不过受到 Kirby 和 Ostdiek（2010）[②] 的攻击，平均权重有两点不足：

第一，由于小市值与大市值股票是同样的权重，该方法倾向于选择小市值股票。

第二，风险不能精确量化，特别是对于有明确跟踪标的和跟踪误差约束的投资来说，平均权重很难实施，在这一点上，市值权重方法也是如此。

稍微复杂点的加权方法就是分层权重。相对于平均权重和市值权重，该方法更

---

① Demiguel, V., Garlappi, L., and Uppal, R., 2009, "Optimal Versus Native Diversification: How inefficient Is The 1/N Portfolio Strategy?", *Review of Financial Studies*, Vol. 22, 1915–1953.

② Kirby, C., and Ostdiek, B., 2010, "It's All in The Timing: Simple Active Portfolio Strategies That Outperform Naive Diversification", SSRN Working Paper.

能控制风险。该方法将行业（或各市值规模组合）权重设定为跟踪目标，然后在各行业（或各市值规模组）中实施平均加权或市值加权。但该方法仍然不能精确地锁定跟踪误差。

### 5.1.2 均值方差优化

均值方差优化方法也许能解决这一问题。比如最大化风险调整后的收益：

$$Maximizing\ r^T(h-h_B)-\lambda(h-h_B)^TV(h-h_B)-TC(h)$$

$$s.t.\ \ l_a \leqslant Ah \leqslant u_a$$

$$l_h \leqslant h \leqslant u_h$$

其中，$h$ 为股票权重，$h_B$ 为比较基准，$\lambda$ 为风险厌恶系数，$V$ 为协方差矩阵，$l_a$、$u_a$、$l_h$、$u_h$ 为 $h$ 及其线性组合的约束范围，$TC$（$h$）为交易成本。

目标函数也可以是最大化信息比率：

$$Maximizing\ \frac{r^T(h-h_B)-TC(h)}{\sqrt{(h-h_B)^TV(h-h_B)}}$$

当 $h_B$ 为零向量（无比较基准时），该式为最大化 Sharpe 比率。实际上存在一个 $\lambda$ 使得收益和信息比率具有相同的最优解。

### 5.1.3 稳健优化

不过均值方差优化方法对均值和方差的预测值极为敏感，而均值预测值的偏差又较大，这一方法可能并不合适。另外需要提到的是，当可选股票非常多时，这一优化问题非常耗时。贝叶斯方法则考虑了预测误差，它通过调整预测值来减少误差。稳健优化（Robust Optimization）则将预测误差引入均值方差优化。具体而言，假设预测的 $\alpha$ 服从均值为 0、协方差为 Q 的正态分布，而真实的 $\tilde{\alpha}$ 满足：

$$(\tilde{\alpha}-\alpha)^TQ^{-1}(\tilde{\alpha}-\alpha)\leqslant\kappa^2$$

$\kappa^2$ 为$\chi^2 n$ 的 $\delta$ 分位数，自由度为资产个数。那么稳健优化问题可表述为：

$$\max_{h\in P}\min_{\tilde{\alpha}}\ \tilde{\alpha}^Th-\lambda h^TVh$$

$$s.t.\ \ (\tilde{\alpha}-\alpha)^TQ^{-1}(\tilde{\alpha}-\alpha)\leqslant\kappa^2$$

因此，稳健优化考虑的是最差情形下效用的最优化。上式等价于：

$$\underset{h\in P}{maximize}\ \alpha^Th-\lambda h^TVh-\kappa\sqrt{h^TQh}$$

这相当于在均值方差优化的基础上增加了 α 估计误差的惩戒项。其又可以转化为一个二次规划问题：

$$\underset{h \in P}{maximize}\ \alpha^T h - \lambda h^T V h - \theta h^T Q h$$

对于给定的 $\kappa$，存在一个 $\theta$ 使得该式与最初的解相同。

Fabozzi（2007）[①] 综述了许多稳健优化技术。

### 5.1.4 考虑交易成本

虽然量化投资的成本分析非常重要，但它受到的关注度不及收益率和风险模型。成本分析在学术界的市场微观结构研究者和实业界的算法交易研究者中探讨得最多。前者属于资产定价研究的一独立领域，后者似乎与传统量化有所不同。

成本分析之所以受到相对较少的关注是因为所使用的高频数据或实时数据比传统金融数据更难获得。此外，高频数据库的大小比传统金融数据库大很多，传统关系数据库比如 Microsoft SQL Server 或 Oracle 都无法实时处理这种数量级的数据，而需要采用一些专用数据库，比如 KDB 或 Vhayu。

另一方面，与收益率和波动不同，交易成本是一个更为抽象的概念，无法准确策略。广义地说，交易成本包括两部分：一是固定组成部分，比如佣金和价差；另一部分是可变部分，比如市场影响与机会成本。固定部分通过建模相对容易估计，但它只占总交易成本较小的一个部分。而可变部分则难以通过建模准确估计，也是成本分析的聚焦点。市场影响成本一般来说是交易大小、股票日均交易量、股票波动、执行时间的函数。Kissell 和 Glantz（2003）[②] 给出了市场影响成本研究领域一个很好的综述。

理论上，交易成本也应该进入投资组合构建中。比如，两只股票具有相同的预期收益率，但其中一只股票的交易成本更低（可能是该股票的市值更大、流动性更好），那么应该交易更多的该只股票（当然也要取决某些约束限制）。如果不考虑交易成本，那么优化的结果很可能是在这两只股票投资相同的数量。

实际上，很多投资组合管理者将交易成本分析与投资组合构建分开做。比较典

---

① Fabozzi, F. J., Kolm, P. N., Pachamanova, D., and Focardi, S. M., 2007, "Robust Portfolio Optimization and Management", Wiley, 2007.

② Kissell, R., and Glantz, M., 2003, "Optimal Trading Strategies: Quantitative Approaches for Managing Market Impact and Trading Risk", AMACOM, 2003.

型的是，在考虑交易成本的情况下，通过优化收益与风险来生成交易清单，该交易清单传给交易者（或操盘手），他们或许利用一些算法交易来分析清单上的股票的交易成本，再确定具体交易策略。

#### 5.1.4.1 不考虑交易规模的成本模型

Hanna 和 Ready（2005）① 对相对价差建模来估计交易成本，模型为：

$$X_{j,t} = \sum_{y=fy}^{ey} I(y,t)(\beta_y + \beta_{M,y}M_{j.t} + \beta_{P,y}P_{j.t} + \beta_{T,y}T_{j.t} + \beta_{V,y}V_{j.t}) + v_{j,t}$$

其中，$X_{jt}$为股票$j$在时期$t$的相对价差的对数值，用指令量加权的平均相对有效价差或时间加权的平均相对价差的对数值来衡量；$I(y, t)$ 为虚拟变量，表示时期$t$是否在第$y$年；$M_{jt}$为股票$j$在时期$t$的对数市值减去所有样本股票在时期$t$的对数市值的中位数；$P_{jt}$为股票$j$在时期$t$的对数价格减去所有样本股票在时期$t$的对数价格的中位数；$T_{jt}$为股票$j$在时期$t$的对数换手率减去所有样本股票在时期$t$的对数换手率的中位数；$V_{jt}$为股票$j$在时期$t$的对数波动率（收益率的月标准差）减去所有样本股票在时期$t$的对数波动率的中位数。

解释变量都采用到时期$t$初的最新数据计算。考虑到回归模型为线性，为保证被解释变量与解释变量之间的近似线性关系，他们对变量都进行了对数化，实证结果表明该方法非常有效，除此之外，还能减少极端值的出现频率，并保证预测的相对价差总为正。各解释变量都作了减去同期中位数的处理，能使得回归方程的截距项反映市值、价格、换手率、波动均处于中位数水平的股票的交易成本的预测值。

回归方法采用面板回归，考虑到缺失变量使得残差与解释变量相关，设定误差项$v_{j.t} = \mu_j + \varepsilon_{j,t}$，其中$\mu_j$部分在个体间相互独立，来消除模型设定错误对交易成本估计的影响。

#### 5.1.4.2 考虑交易规模的成本模型

Frazzini 等（2012）② 对传统交易成本的估计就机构投资者来说并不合适，利用一大型机构投资者在 19 个发达国家市场 1998 ~2011 年近万亿美元的实时交易数据，

① Hanna, J. D., and M. J. Ready, 2005, "Profitable Predictability in The Cross Section of Stock Returns", *Journal of Financial Economics*, 78, 463 ~505.

② Frazzini, and rea, Ronen Israel, and tobias J Moskowitz, 2012, "Trading Costs of Asset Pricing Anomalies", Unpublished Working Paper, University of Chicago.

测量套利者实施规模、价值、动量和反转策略的实际交易成本和市场价格影响，发现总的交易成本不到这些策略收益的1/10，而且通过构建减少交易成本的策略能大幅提高净收益，而且保证投资风格不会发生显著变化。

Frazzini 等（2012）对交易成本的测量采用 Perold（1988）[①] 的 IS（Implementation Shortfall）方法，通过分析不同时期不同类型股票和不同市场各类型交易，发现比例交易成本模型[②]与实际数据不符，非比例交易成本模型更符合实际，交易成本与交易规模之间不是线性或凹函数关系，而是凸函数关系，即更大规模的交易量将导致交易成本的显著增加。

Frazzini 等（2012）对构建了基于可观测变量的价格影响计量模型，并将其用于样本外的各种类型投资。Frazzini 等（2012）对计量模型的预测变量可分为三类：第一类用于捕捉交易成本随交易规模变动的特征，变量包括交易规模/年日均交易额和（交易规模/年日均交易额）的平方根，后者反映交易成本与交易规模的凸函数关系。第二类是能反映不同交易成本的企业特征变量，包括对数市值和股票收益率的特质波动，后者根据 CAPM 用最近 1 年日数据进行估计。最后一类是市场波动率，用于反映不同市场状态下交易成本的不同。此外，计量模型还包含了时间趋势，反映交易成本不断下降的趋势。

该计量模型的实证结果表明：①交易规模越大，交易成本越高。②企业规模越小、股票收益率波动越大，交易成本越高。③市场波动的增加会导致交易成本上升。这些结论都比较显著，其中对交易成本影响最大的变量是交易规模与日均交易额比例的平方根，这反映出交易成本与交易规模凸函数关系的重要性。

## 5.2 基于规模暴露控制的投资组合构建

### 5.2.1 问题的提出

第 3 章多因子策略的实证结果发现，不同的加权方式并没有影响策略在全样本

---

① Perold, and re F., 1988, "The Implementation Shortfall: Paper vs. Reality", *Journal of Portfolio Management*, Vol. 14, 4~9.

② 比例交易成本模型假设交易成本不随交易规模变动，其中交易成本按交易额的比例计算，交易规模按市场成交量的百分比计算。

下投资股票的主要特征——规模小、流动性弱、市场波动高、特质波动低、价值和盈利增长相对较高，也没有影响策略在这些风险因子上收益的主要分布情况——规模因子暴露都非常大，在规模因子上的收益占比也非常多，而在其他因子的暴露则相对较小，在其他因子上的收益占比也较低。

为此，这里将考虑控制规模暴露的情况下因子模型量化选股的表现。一种方法是考虑在剔除规模较小的股票样本中构建预测收益率进而形成策略；另一种是在几乎全部样本中构建预测收益率，然后在基于预测收益率构造策略的同时考虑对其规模因子暴露的限制。

## 5.2.2 子样本分析的实证结果

首先考虑剔除创业板或者进一步剔除中小板股票市场的实证结果。然后再考虑剔除流动市值最小的一部分股票的实证结果。这里，数据的标准化是在子样本中进行的。实证分析流程是先分析筛选指标的权重与贡献，接着对策略的收益率进行一般的绩效评估，然后对策略收益率进行绩效归因，最后对策略的超额收益率进行概率 Sharpe 比率的检验。

### 5.2.2.1 剔除不同市场板块的实证分析

表 5 -1 给出了剔除创业板股票样本的筛选指标结果，展示了对预测收益率前10% 的股票中贡献最大的前几个指标。从表中可以看出，所选择的股票是流动性弱、特质波动低、市场波动高、估值和成长相对较高的股票，这与在全样本分析的结果是类似的，只是平均权重和贡献的大小有所差别。均值权重策略给流动性和波动率较大的权重，而其他策略则更关注价值和成长。

**表 5 -1　　筛选指标的平均权重与贡献**

| 均值权重 | | | 方向权重 | | |
|---|---|---|---|---|---|
| 指标 | 平均权重 | 贡献 | 指标 | 平均权重 | 贡献 |
| 短期非流动性 | 0.76 | 12.70 | 预测市盈率的倒数 | 1.24 | 13.23 |
| 特质波动 | -0.47 | 5.63 | 毛利率/市值 | 0.64 | 9.85 |
| 短期换手率 | -0.31 | 4.73 | 特质波动 | -1.16 | 8.88 |
| 预测市盈率的倒数 | 0.40 | 4.39 | 市场波动 | 1.18 | 7.36 |
| 市场波动 | 0.40 | 2.26 | 短期预测增长 | 1.24 | 6.35 |
| 毛利率/市值 | 0.15 | 1.67 | 营业收入/市值 | 0.51 | 5.64 |
| 短期预测增长 | 0.32 | 1.62 | 现金流的长期成长 | 0.85 | 5.56 |

续表

| 均值/方差权重 | | | 方向/方差权重 | | |
|---|---|---|---|---|---|
| 指标 | 平均权重 | 贡献 | 指标 | 平均权重 | 贡献 |
| 短期预测增长 | 2.80 | 61.80 | 短期预测增长 | 2.38 | 40.20 |
| 特质波动 | -1.14 | 7.37 | 现金流的长期成长 | 1.60 | 20.73 |
| 营业收入/市值 | 0.55 | 5.68 | 现金流的短期增长 | 0.55 | 10.45 |
| 现金流的长期成长 | 0.89 | 5.31 | 营业收入/市值 | 0.67 | 7.67 |
| 毛利率/市值 | 0.55 | 3.85 | 毛利率/市值 | 0.52 | 4.38 |
| 市场波动 | 0.60 | 2.59 | 特质波动 | -0.60 | 2.57 |
| 现金流的短期增长 | 0.25 | 1.60 | 营业收入的短期增长 | 0.12 | 1.40 |

图 5-1 给出了上述策略的累计收益率。

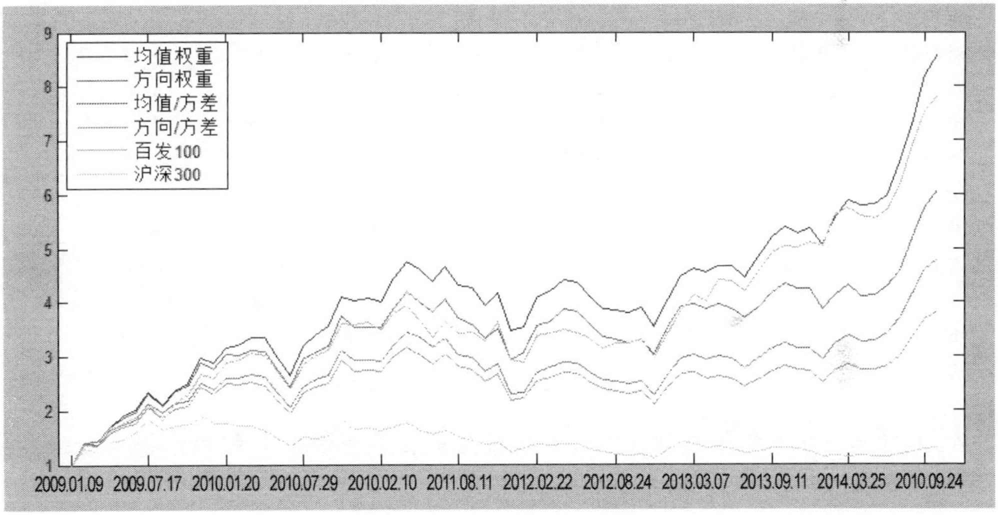


图 5-1　策略累计收益率

表 5-2 给出了策略收益率的一般绩效评价，结果与全样本的类似。不过与全样本的相比，收益率类的评价指标都有所下降。

表 5-3 列出了 4 个策略的因子暴露及其在各个因子上的累计收益占比（%）。与全样本的结果类似，仍然在规模因子上有非常大的暴露，同时在规模因子上收益占比也非常大。与全样本分析结果不同的是，各个策略在规模因子和其他因子上的暴露值都有所降低。

**表 5 - 2　　策略收益率的一般绩效评价**

| | 胜率 | 相对回测 | 年化收益 | sharpe | t 统计量 | 超额收益 | IR | beta | treynor | jensen |
|---|---|---|---|---|---|---|---|---|---|---|
| 均值加权 | 80.6 | 7.79 | 43.7 | 1.38 | 3.02 | 36.11 | 2.72 | 1.13 | 38.84 | 35.15 |
| 方向加权 | 77.61 | 5.50 | 37.6 | 1.14 | 2.53 | 30.02 | 2.37 | 1.20 | 31.39 | 28.51 |
| 均值/方差 | 76.12 | 11.26 | 33.2 | 1.03 | 2.36 | 25.57 | 2.04 | 1.17 | 28.29 | 24.26 |
| 方向/方差 | 73.13 | 8.46 | 28.8 | 0.92 | 2.15 | 21.19 | 1.86 | 1.15 | 25.08 | 20.06 |
| 百发 100 | 77.61 | 13.06 | 42.0 | 1.34 | 3.24 | 34.39 | 2.33 | 1.08 | 38.98 | 33.80 |

**表 5 - 3　　策略收益率的绩效归因**

| | 均值加权 | | 方向加权 | | 均值/方差 | | 方向/方差 | |
|---|---|---|---|---|---|---|---|---|
| | 因子暴露 | 收益占比 | 因子暴露 | 收益占比 | 因子暴露 | 收益占比 | 因子暴露 | 收益占比 |
| 总收益 | | 7.58 | | 5.06 | | 3.78 | | 2.83 |
| 市场收益 | | 19.02 | | 22.03 | | 26.13 | | 30.91 |
| 规模 | -2.29 | 55.66 | -1.93 | 61.45 | -1.91 | 62.87 | -1.71 | 68.57 |
| 非线性规模 | -0.25 | 3.14 | 0.08 | -0.81 | 0.16 | -2.07 | 0.25 | -4.36 |
| 流动性 | -0.59 | 11.95 | -0.17 | 7.48 | -0.14 | 4.70 | -0.05 | 2.48 |
| 动量 | -0.09 | 0.65 | -0.02 | 0.67 | -0.03 | 0.40 | 0.07 | -0.26 |
| 市场波动 | 0.61 | 5.58 | 0.84 | 7.04 | 0.78 | 8.76 | 0.72 | 11.01 |
| 残差波动 | -0.57 | 3.62 | -0.30 | 1.76 | -0.18 | 1.65 | -0.06 | 1.55 |
| 价值 | -0.02 | 0.84 | 0.05 | 0.32 | -0.12 | 0.16 | -0.19 | 2.14 |
| 杠杆 | -0.18 | 0.95 | 0.07 | -3.07 | 0.07 | -1.68 | 0.04 | -2.53 |
| 盈利 | -0.32 | -2.07 | 0.00 | 2.57 | -0.79 | -9.03 | -0.59 | -7.74 |
| 成长 | -0.07 | -0.44 | 0.17 | 1.76 | 0.45 | 5.09 | 0.40 | 4.44 |
| 残差收益 | | 0.68 | | -2.53 | | 5.23 | | -6.92 |

与全样本分析的结果类似，本策略及其超额收益率的 PSR 检验结果与全样本分析的结果也是类似（见表 5 - 4）。

**表 5 - 4　　策略及其超额收益率的 PSR 检验**

| | | PSR (0.0) | MinTRL (0.0) | PSR (0.5) | MinTRL (0.5) | PSR (1.0) | MinTRL (1.0) |
|---|---|---|---|---|---|---|---|
| 均值加权 | 策略收益率 | 99.98 | 1.26 | 98.85 | 2.97 | 83.74 | >10 |
| | 减市场收益率 | 100.00 | 0.44 | 100.00 | 0.62 | 100.00 | 1.00 |
| | 减规模收益率 | 99.98 | 1.27 | 98.88 | 2.94 | 84.57 | >10 |
| | 减流动性收益率 | 99.31 | 2.54 | 89.25 | 9.76 | 50.71 | >10 |

续表

| | | PSR (0.0) | MinTRL (0.0) | PSR (0.5) | MinTRL (0.5) | PSR (1.0) | MinTRL (1.0) |
|---|---|---|---|---|---|---|---|
| 方向加权 | 策略收益率 | 99.87 | 1.72 | 95.53 | 5.24 | 64.81 | >10 |
| | 减市场收益率 | 100.00 | 0.58 | 100.00 | 0.95 | 99.76 | 1.96 |
| | 减规模收益率 | 97.54 | 3.93 | 75.91 | >10 | | |
| | 减流动性收益率 | 92.83 | 7.04 | 58.93 | >10 | | |
| 均值/方差 | 策略收益率 | 99.59 | 2.21 | 91.27 | 8.16 | 52.71 | >10 |
| | 减市场收益率 | 100.00 | 0.86 | 99.93 | 1.56 | 97.53 | 3.94 |
| | 减规模收益率 | 90.97 | 8.38 | 54.62 | >10 | | |
| | 减流动性收益率 | 84.76 | >10 | | | | |
| 方向/方差 | 策略收益率 | 99.17 | 2.68 | 86.23 | >10 | | |
| | 减市场收益率 | 100.00 | 0.90 | 99.81 | 1.86 | 93.76 | 6.40 |
| | 减规模收益率 | 66.79 | >10 | | | | |
| | 减流动性收益率 | 61.68 | >10 | | | | |

在接下来的分析中，如果结果类似，不再列表展示。

接下来进一步剔除中小板的股票。图 5 - 2 的策略累计收益率可以看出，均值权重的策略净值已不及百发 100 指数。

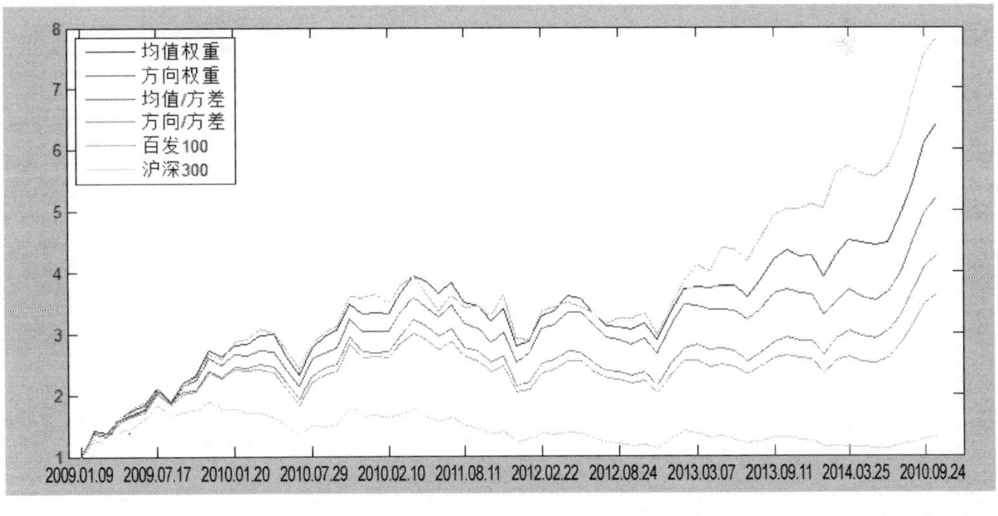


图 5 - 2　策略累计收益率

表 5 -5 中策略收益率一般绩效评价也是如此，收益率类的评价指标都有所下降，相对回测也都有进一步降低。

表 5 -5　　　　策略收益率的一般绩效评价

| | 胜率 | 相对回测 | 年化收益 | sharpe | t 统计量 | 超额收益 | IR | beta | treynor | jensen |
|---|---|---|---|---|---|---|---|---|---|---|
| 均值加权 | 73.13 | 7.64 | 38.48 | 1.2 | 2.77 | 30.87 | 2.33 | 1.15 | 33.52 | 29.75 |
| 方向加权 | 77.61 | 4.17 | 34.60 | 1.09 | 2.52 | 27.00 | 2.33 | 1.17 | 29.70 | 25.74 |
| 均值/方差 | 74.63 | 8.92 | 30.87 | 0.98 | 2.27 | 23.27 | 2.02 | 1.15 | 26.83 | 22.12 |
| 方向/方差 | 74.63 | 7.95 | 27.74 | 0.89 | 2.06 | 20.14 | 1.90 | 1.15 | 24.23 | 19.03 |

绩效归因的结果显示，各策略在规模因子等暴露上进一步下降。概率 Sharpe 检验结果则显示，策略超额收益率显著性也进一步降低，均值加权策略在扣除市场、规模和流动性因子收益率后已不再显著，其他策略则在扣除市场和规模因子收益率后就不显著了。

#### 5.2.2.2　剔除规模排名靠后股票的实证分析

首先在全样本构建策略，然后逐一删除流通市值在最近 1 年都小于上海证券交易所和深圳证券交易所主板（不包括中小板）的所有股票流通市值 10%、20%、…、90% 分位数的股票。图 5 -3 给出了策略年化收益与不同样本之间的关系。

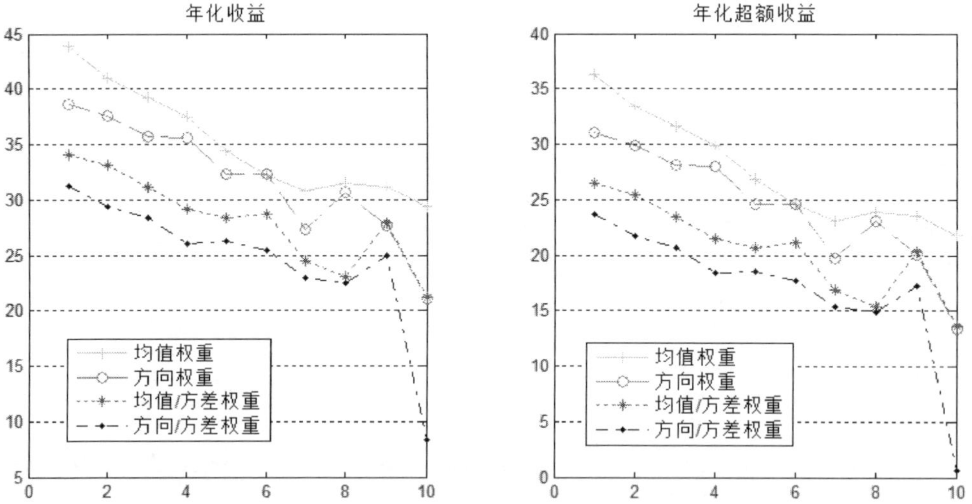


图 5 -3　策略年化收益

从图中可以看出，随着小中规模股票样本的剔除，年化收益都不断下降。基本上，各个策略的年化收益在不同样本中都是按顺序逐渐递减的，即均值加权的最大，而方向/方差加权的最低。

图 5 -4 给出了规模和流动性指标的贡献，均值加权策略的规模和流动性在全样本下的贡献高达 40% 以上，随着小中规模股票的剔除，其贡献明显下降，在市值最大 10% 的股票样本中，贡献仅占 5% 。而方向权重的规模和流动性指标的贡献相对比较稳定，为 10% ~20% 。其他两个策略的规模和流动性指标的贡献则随着小中规模股票的剔除从 1% ~2% 增加至 15% ~20% 。

波动指标的贡献在前两个策略中占比比较大，但当剔除 40% 的小规模股票时，其贡献大大下降；在市值最大 30% 的样本中，波动指标没有任何贡献，也就是说在这个样本下，波动指标没有被挑选出来。

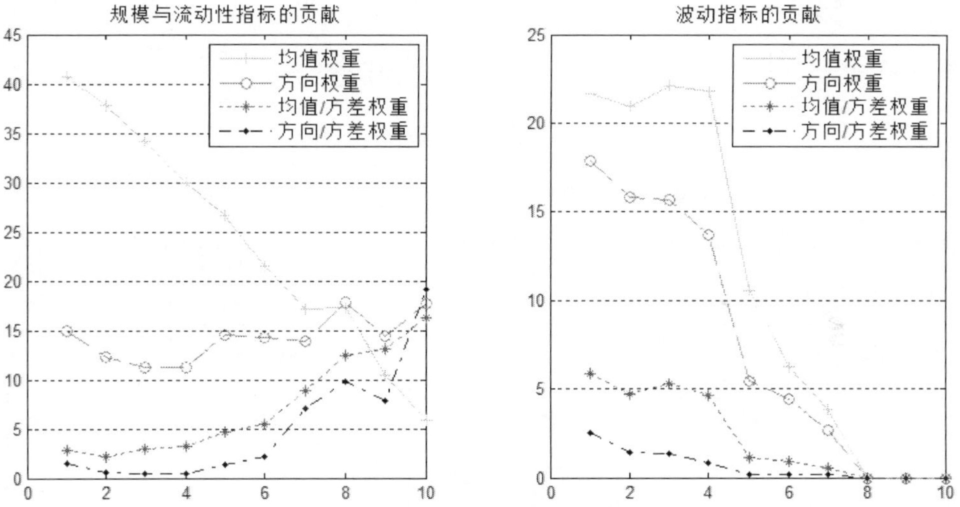


图 5 -4　规模与流动性指标的贡献

图 5 -5 给出了估值和成长指标的贡献，均值加权策略随着小中规模股票的剔除，估值指标的贡献越来越大，从不到 20% 的贡献增长至超过 70% 。方向加权策略则基本稳定 25% ~40% 之间。其他两个策略中估值指标的贡献也有随小中规模股票的剔除增大的趋势。不过所有策略估值指标的贡献在市值最大 10% 的股票中都有明显的相对下降。

成长指标的贡献在前两个策略中都比较稳定，在均值加权策略中维持在 5% ~15% ，在方向加权策略中维持在 20% ~30% ，贡献相对其他两个策略都很低。而后两个策略的估值指标的贡献在最大 20% 的样本中有明显的相对下降，在之前的样本中则维持在 50% ~70% 。

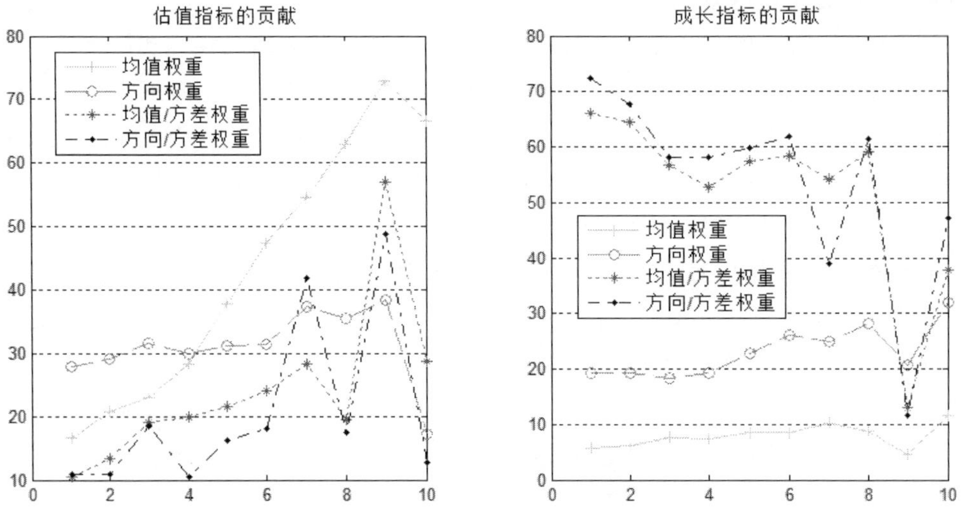


图 5 -5　估值、成长指标的贡献

图 5 -6 给出了策略的胜率和相对回测，胜率有着递减的趋势，而相对回测则基本维持在 10% 以下，除了在市值最大 10% 股票样本中的方向/方差策略。

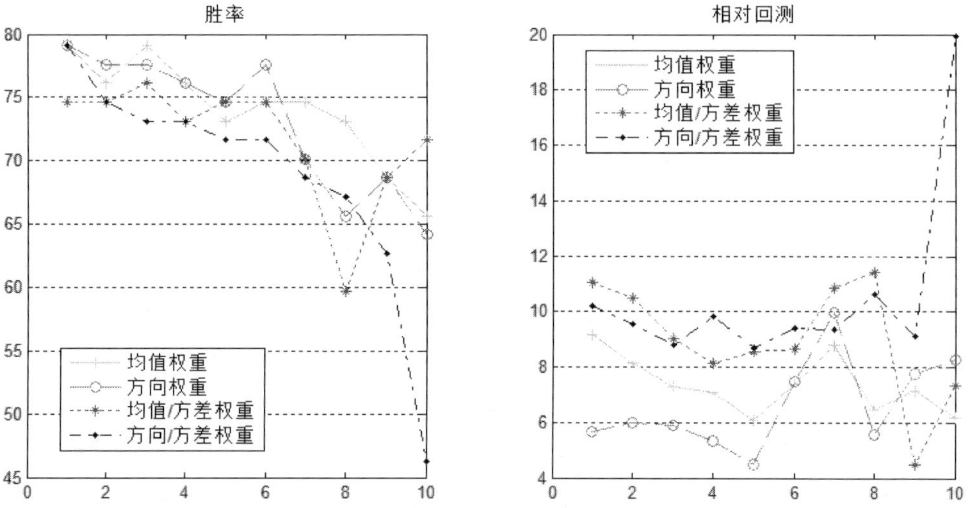


图 5 -6　策略的胜率与相对回测

图 5 - 7 给出了策略的 Sharpe 与 IR，其结论与图 5 - 3 的年化收益的规律类似，不再赘述。图 5 - 8 给出了策略的规模因子与流动性因子暴露。由于样本是逐步剔除小中规模股票，因此，规模因子也随着样本的缩小逐步递减。除了均值加权策略的流动性有明显下降趋势外，其他策略的流动性因子暴露基本维持在各自的稳定水平上。各个策略在规模因子和流动性因子的暴露上按顺序呈递减趋势，即均值加权策略的暴露是最大的，而方向/方差加权策略的暴露最小。

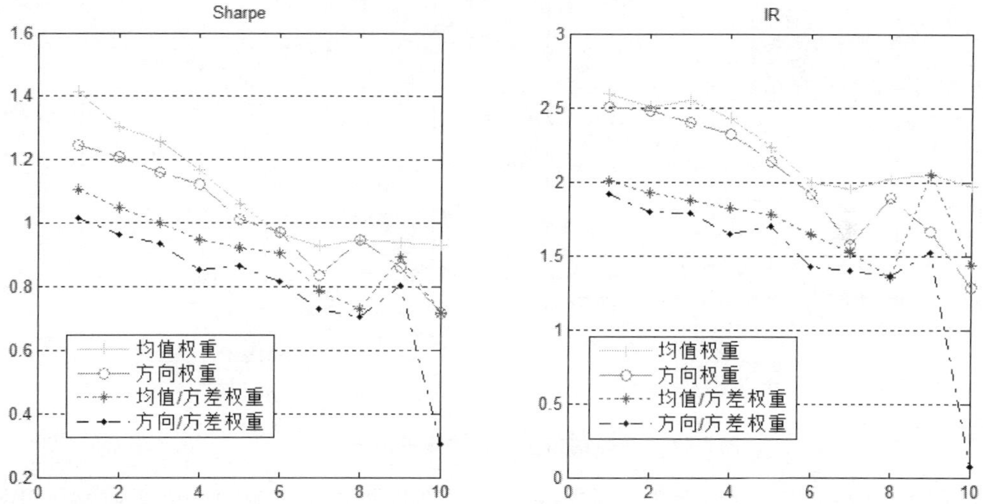


图 5 - 7　策略的 Sharpe 与 IR

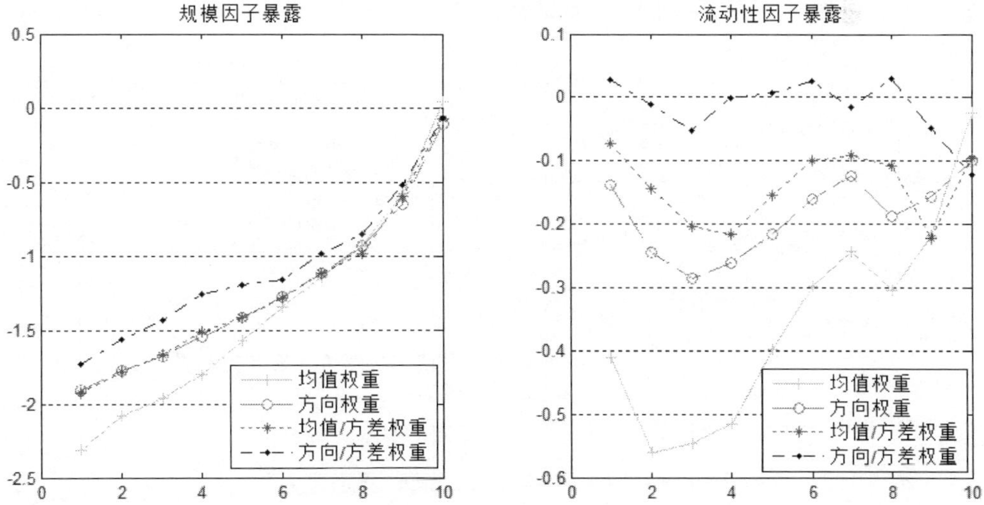


图 5 - 8　策略的规模因子与流动性因子暴露

图 5－9 给出了各个策略市场收益占比和规模因子收益占比的情况，各个策略市场收益占比随着样本的减少而增加，而规模收益占比则正好相反。从各个策略之间的比较来看，市场收益和规模因子收益占比按顺序递增。虽然各个策略的规模因子暴露按顺序是下降的，但其他各个因子的暴露也是如此，可能还下降得更多，从而使得规模因子收益占比更大。

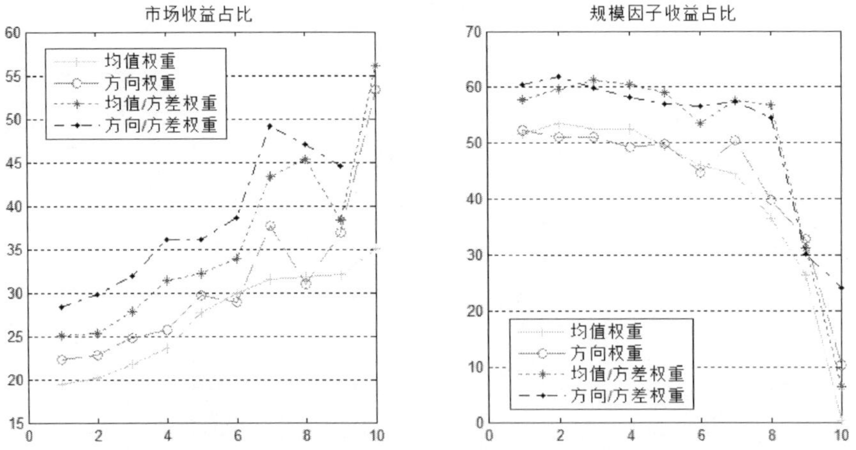


图 5－9　策略的市场收益与规模因子收益占比

图 5－10 给出了策略流动性因子收益与残差收益占比，流动性因子收益占比除在均值权重策略随着样本的减少而降低外，其他策略都维持在各自稳定的水平上。而残差收益则都呈现着随样本减少而增加的趋势。

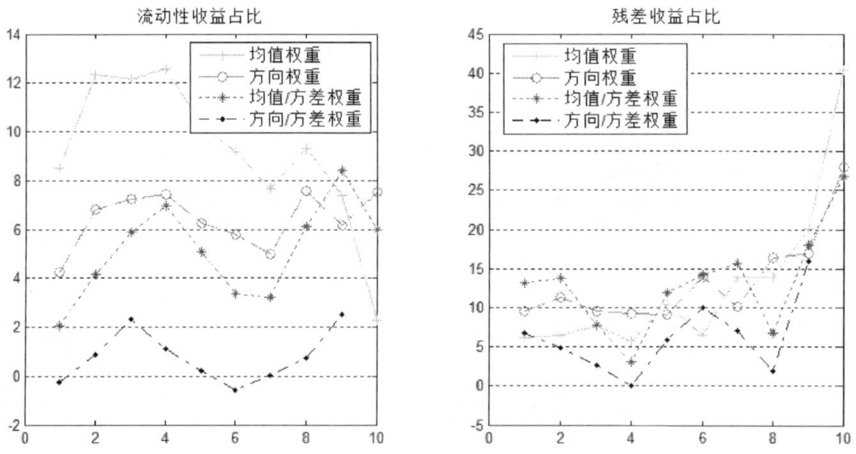


图 5－10　策略的流动性因子收益与残差收益占比

图 5－11 和图 5－12 给出了策略及其超额收益 Sharpe 比率的 z 统计量，概率 Sharpe 比率为该统计量的正态分布累计函数值。如果该值大于 1.65，那么概率 Sharpe 比例就大于 95%，就可以认为策略或其超额收益的 Sharpe 比率显著大于 0。

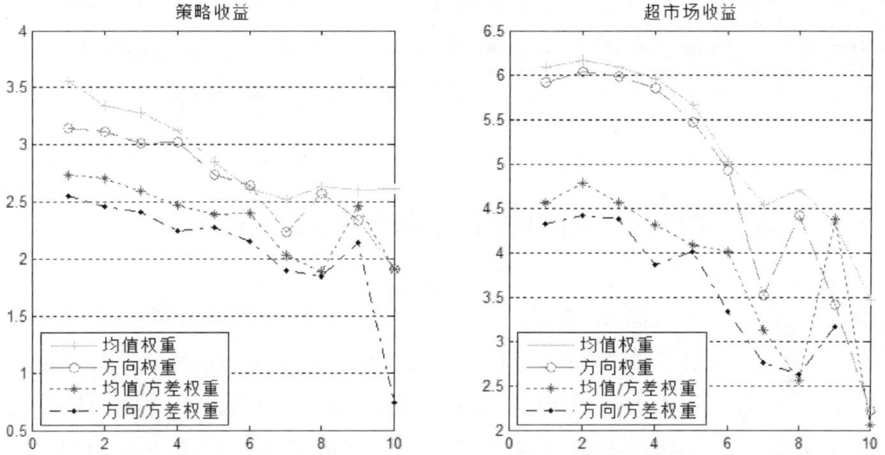


图 5－11　策略收益及其超额收益 Sharpe 的 z 统计量

图 5－11 中可以看出，除了方向/方差加权策略在市值最大 10% 样本中的收益不显著外，其他策略在各个样本中的收益，特别是超市场收益都非常显著。图 5－12 中则指出，均值/方差加权和方向/方差加权的策略在扣除规模因子收益率或进一步扣除流动性因子收益率后，在大多数样本情况下都没有显著的正收益，而方向加权策略在小部分样本中失去显著性，均值加权策略则在所有样本中都有显著的收益。

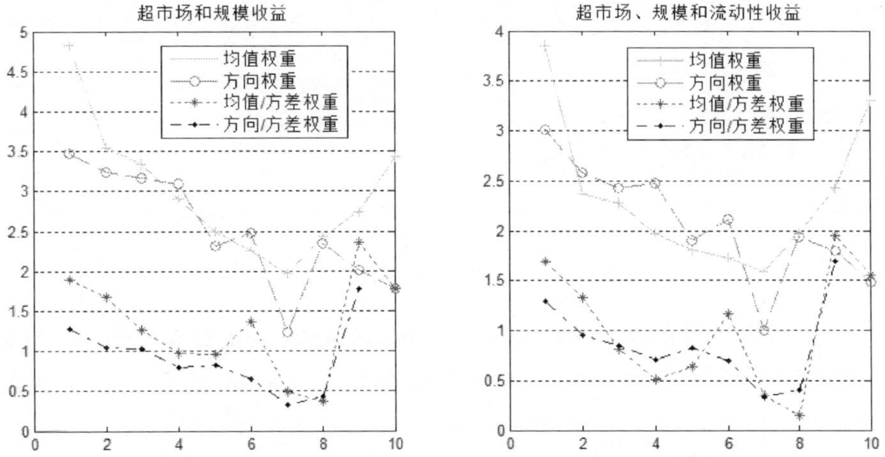


图 5－12　策略的超规模、流动性收益 Sharpe 的 z 统计量

综上所述，通过控制可选股票池的方法，能一定程度地实现对规模暴露的控制。从对指标筛选和权重的影响来看，对均值加权策略的影响最大，随着小中规模股票样本的剔除，规模和流动性指标、波动指标在预测收益率中的所起的作用大大降低，而估值指标的贡献则大大增加。对于其他策略，可选股票池的减少仅降低了方向加权策略中波动指标的预测贡献。从策略表现来看，随着小中规模股票样本的剔除，年化收益、胜率、Sharpe 和 IR 都有一定程度的降低，从策略收益率的显著性来看亦是如此。

### 5.2.3 基于规模暴露控制的全样本实证结果分析

这里是在全样本中预测收益率，在构造策略时直接施加规模因子暴露的因素。考虑 9 个不同的规模因子暴露，从 -1.6 到 0，每个间隔 0.2。图 5-13 给出了策略的胜率与相对回测。从图中可以看出，考虑方差的后两个策略的胜率与相对回测都不及前两个策略。由于规模暴露直接得到控制，所有策略的回测都在 10% 以下。

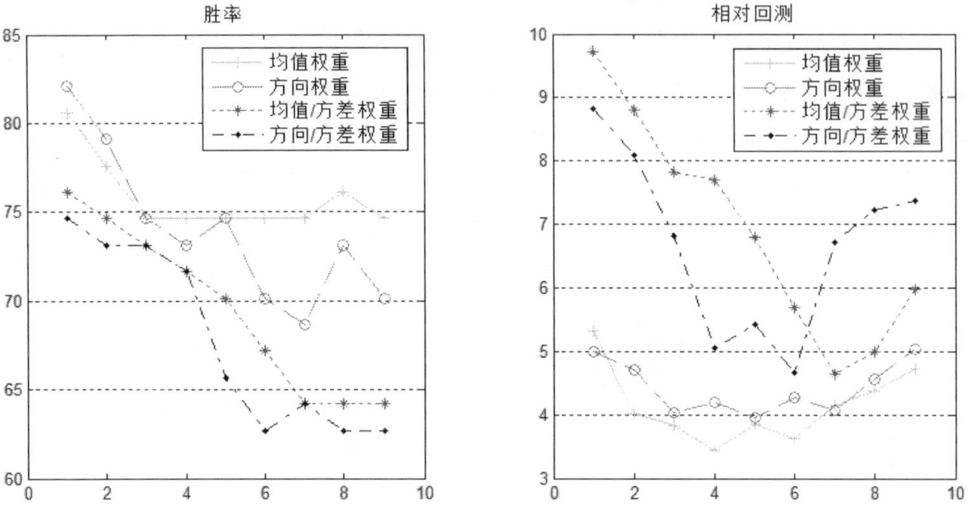


图 5-13　策略的胜率与相对回测

图 5-14 给出了策略的年化收益，可以看出年化收益随着规模暴露的降低而减少，而且呈非常明显的线性变化，大约每降低 0.2 的规模暴露，年化收益下降 2.5%。

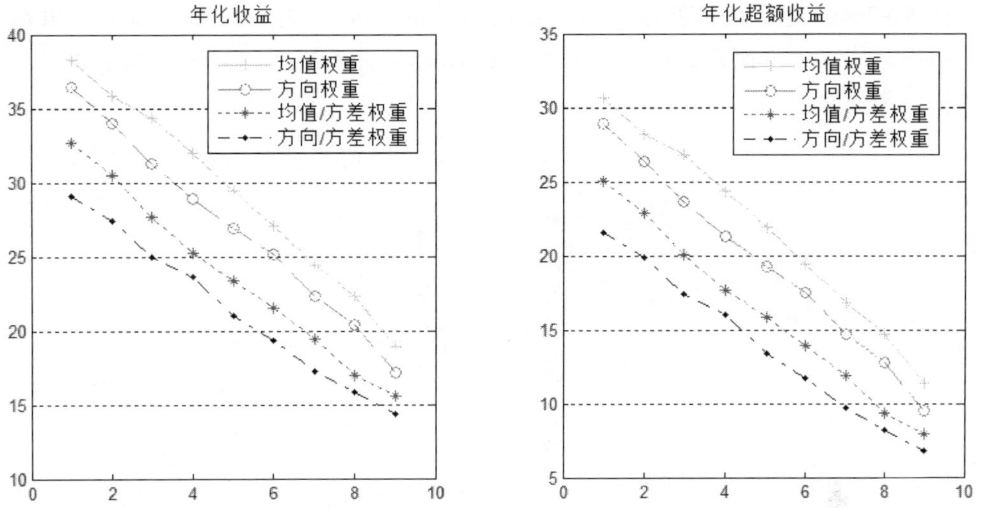


图 5－14　策略的年化收益

图 5－15 给出了不同规模暴露控制方法的年化收益对比。从图中可以看出，当规模暴露较大时，在全样本建模直接控制规模暴露的策略年化收益要略优于直接控制股票池中股票规模的方法。而当规模暴露较小时，直接在大中规模股票中建模构造策略的方法更优。

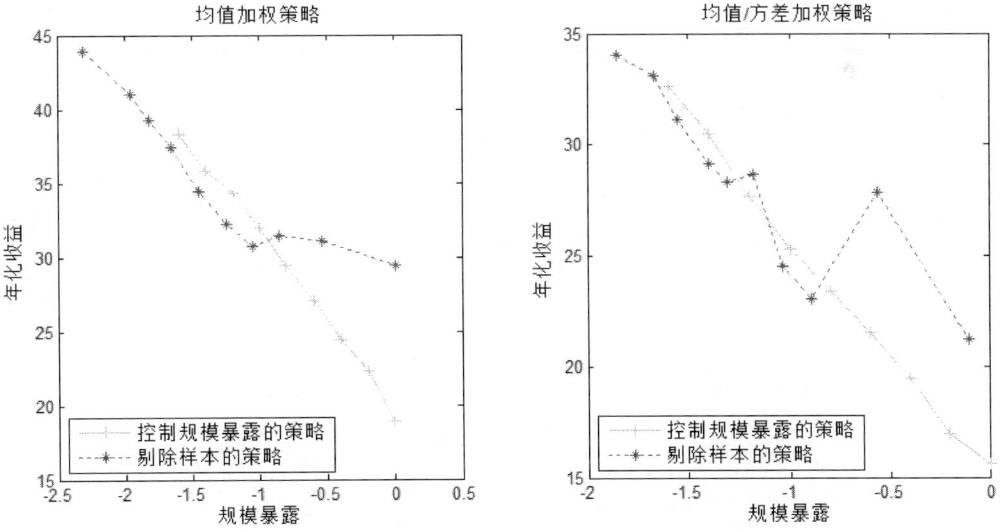


图 5－15　不同规模暴露控制方法的年化收益对比

图 5 - 16 给出了直接控制规模暴露的策略的 Sharpe 比率和 IR。从图中可以看出，Sharpe 比率与规模暴露存在着非常明显的线性递减关系，而 IR 也基本随着规模暴露的减少而降低。

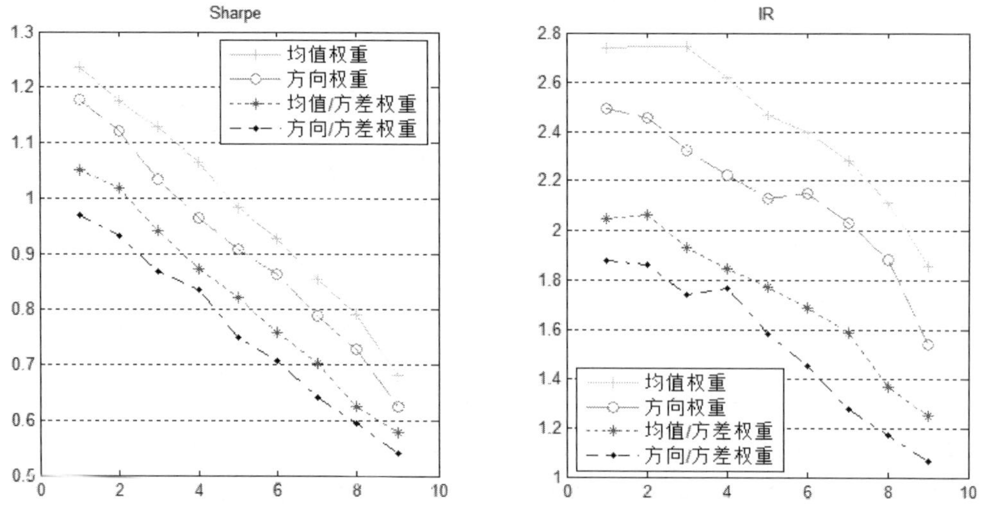


图 5 - 16　策略的 Sharpe 和 IR

图 5 - 17 中不同规模暴露控制方法的 Sharpe 对比也显示与图 5 - 15 相同的结论。

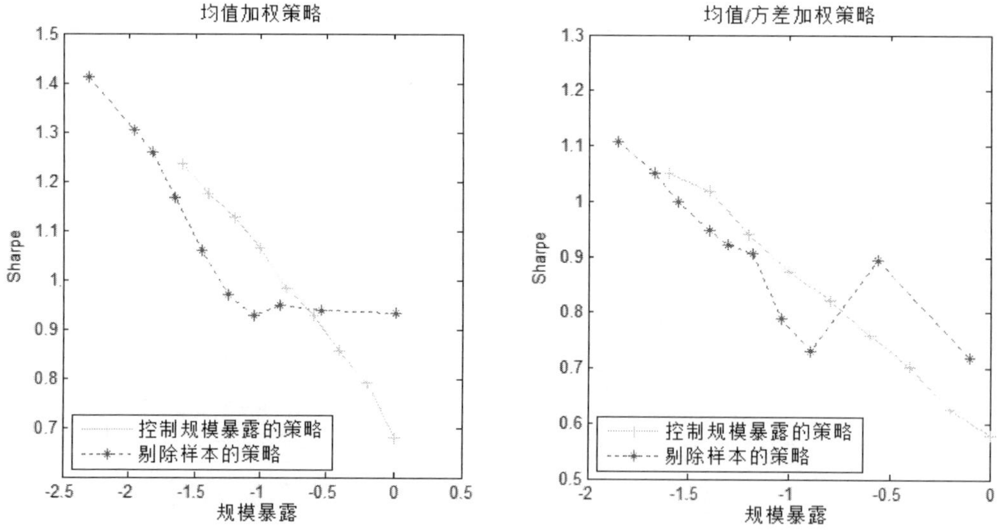


图 5 - 17　不同规模暴露控制方法的 Sharpe 对比

图 5 - 18 给出了策略的风险因子暴露。随着规模暴露的降低，流动性和市场波动因子的暴露也逐渐降低（朝风险更小的方向）；而残差波动因子则呈现逐渐增加的趋势，不过对于均值加权策略，其残差波动暴露的绝对值也是逐渐降低的。

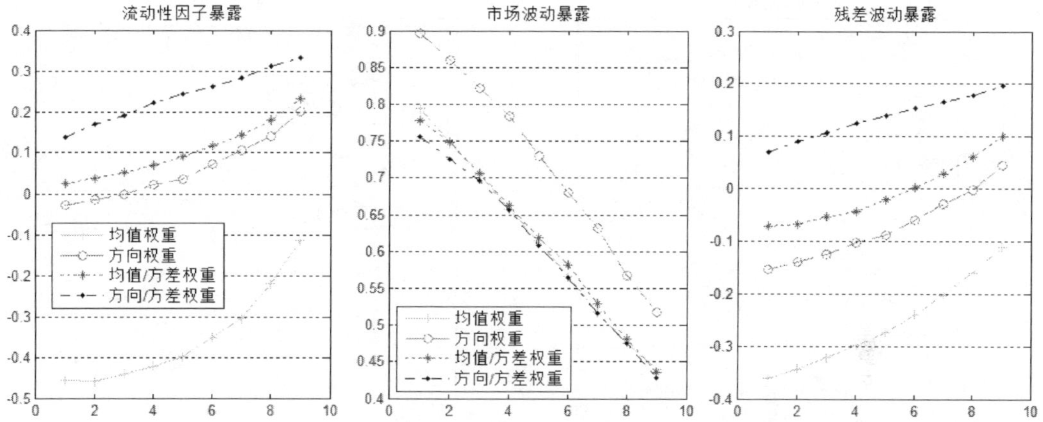


图 5 - 18　策略的风险因子暴露

图 5 - 19 给出了策略的市场收益和规模因子收益占比。随着规模暴露的降低，策略收益更多地来自市场收益，而越来越少地来自规模因子收益。

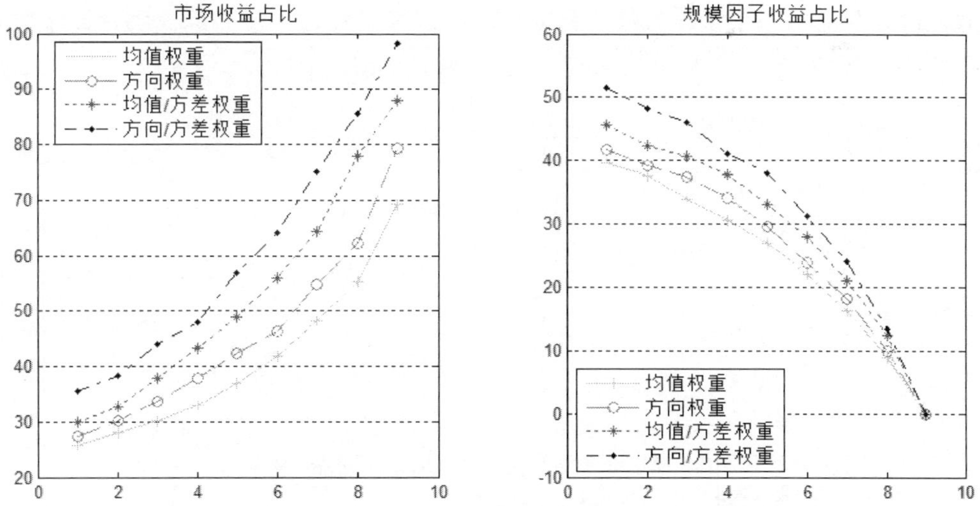


图 5 - 19　策略的市场收益和规模因子收益占比

流动性因子收益和残差收益的比例则没有这种规律（见图 5-20），在规模因子暴露的一个较大范围内，这两部分收益的占比都比较稳定；只有在规模因子暴露控制在非常低的水平时，这两部分收益的占比才有较大变动。

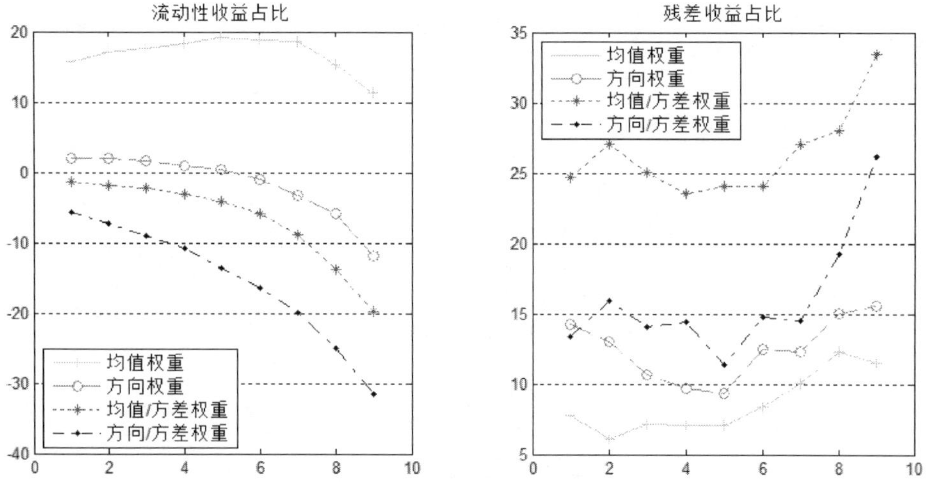


图 5-20　策略的流动性因子和残差收益占比

图 5-21 和图 5-22 给出了策略收益的 z 统计量，各个统计量都随着规模因子暴露的降低而下降。前两个策略的收益在规模暴露为 0 是仍维持显著，而当扣除市场收益时，只有第一个策略的收益维持显著。该策略在进一步扣除流动性因子收益后则不再显著了。

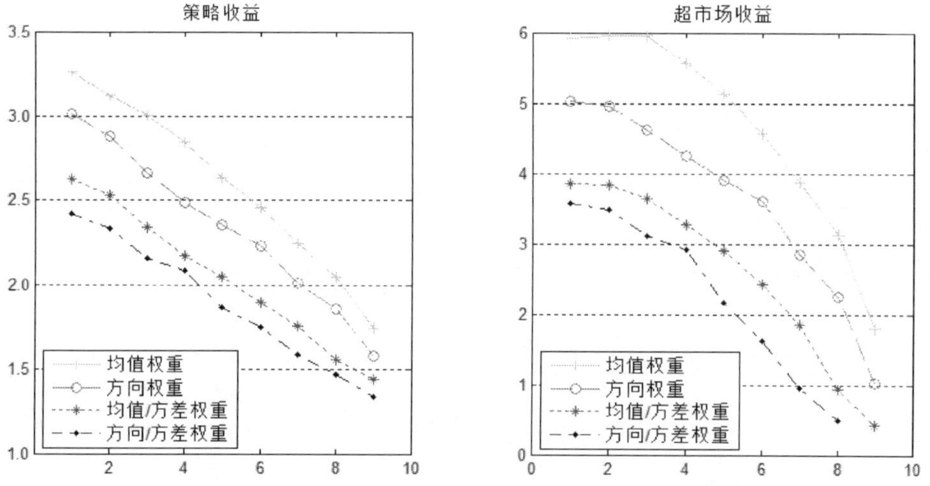


图 5-21　策略收益及其超额收益 Sharpe 的 z 统计量

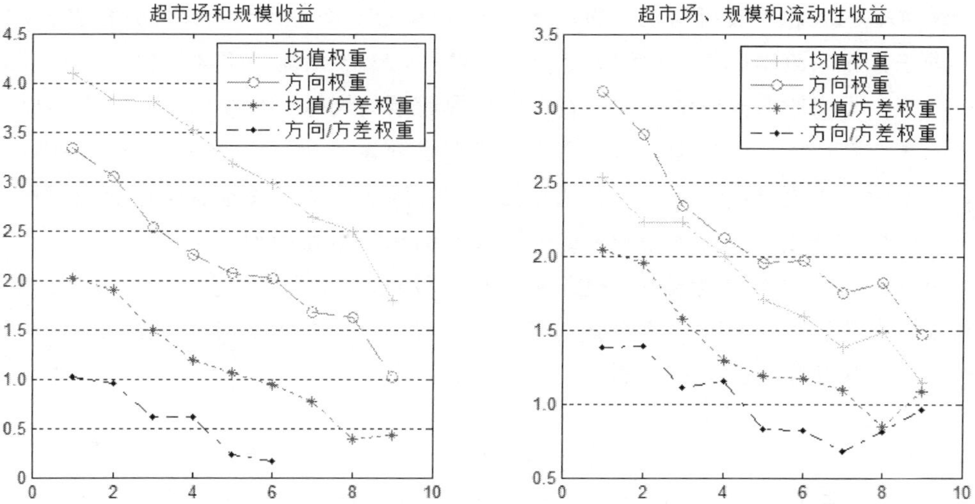


图 5 - 22　策略的超规模、流动性收益 Sharpe 的 z 统计量

## 5.2.4　结论

本部分考察了在控制规模暴露的情况下因子模型量化选股的表现。一种方法是考虑在剔除规模较小的股票样本中构建预测收益率进而形成策略；另一种是在几乎全部样本中构建预测收益率，然后在基于预测收益率构造策略的同时考虑对其规模因子暴露的限制。具体结论如下：

第一，在不同股票池中预测股票收益率，指标对预测收益率的贡献会发生明显的变化。对于均值加权策略来说，随着股票池中小中规模股票的剔除，规模与流动性指标对预测收益率的贡献呈线性递减，从 40% 下降至 5%；波动指标在扣除前 0 ~ 30% 小规模股票后的贡献维持在 22%，但在扣除 40% 小规模股票后降为 11%，随后直线递减；当只有 30% 大规模股票时，波动指标已对预测收益率没有贡献（其他策略也是如此）。估值指标则随着小中规模股票的剔除，对预测收益率的贡献呈直线上升趋势，从 15% 上升至 70%。只有成长指标在不同股票池中维持在 10% 左右。其他策略除在波动指标上有类似规律外，其他指标对预测收益率贡献的变动没有明显规律，比如方向策略中其他指标的贡献在大部分股票池情况下能维持稳定，但在只有 10% 最大规模的股票池中变化较大。

第二，不同股票池中的策略随着小中规模股票的剔除，其年化收益、胜率、

Sharpe 比率、IR 值都逐渐降低，概率 Sharpe 检验的 z 统计量亦是如此，但在扣除规模或进一步扣除流动性收益后的 z 统计量在最后几个股票池中逐渐增加。

第三，不同股票池中的策略随着小中规模股票的剔除，规模因子暴露逐步递减，规模因子收益占比逐渐减少，而只有均值策略在流动性因子暴露上会随着小中规模股票的剔除呈现明显的递减规律，从而其流动性因子收益占比也有明显的类似规律。各个策略中市场收益占比都随着小中规模股票的剔除逐渐增加。

第四，在全样本股票池中建模并通过约束权重限制规模因子暴露的策略，其规律与前一方法类似，而且更为明显。当约束规模因子暴露在一个较低的水平时，采用前一方法构建策略的表现更好。

## 5.3 基于稳健优化的投资组合构建

### 5.3.1 问题的提出

均值方差优化方法建立在投资者对股票预测收益率和建立风险模型的基础上，根据投资者的风险承受能力计算出风险和收益达到最优权衡的投资组合。虽然这一方法被广泛使用，但很容易受到投资者对股票收益率和风险的预测误差的影响。[①]在某些情况下，预测收益率较小的变动会导致投资组合较大的变动。在给定一定程度的预测收益率的不确定性下，均值优化方法对预测收益率的波动可能过于敏感，从而导致策略不必要的换手率。

有几种方法可以减轻这一问题，使用最多的一种是在进行均值优化之前减少预测收益率的误差，其中最简单的方法是限制预测误差的影响，比如标准化预测收益率，将离群值去除掉。但哪些值属于离群值是难以确定的，毕竟离群值也可能含有重要的信息。更为高级的统计方法则是考虑预测收益率的一定置信区间来进行调整。

---

① Jobson, J. D. and B. M. Korkie, 1981, "Putting Markowitz Theory to Work", *Journal of Portfolio Management*, 7, 70 ~ 74; Michaud, R. O., 1989, "The Markowitz Optimization Enigma: Is 'Optimized' Optimal?", *Financial Analysis Journal*, Vol. 45, No. 1 (January/February), 31 ~ 42; Michaud, R. O., 1998, "Efficient Asset Management, Boston, MA: Harvard Business School Press.

Jorion（1986[①]，1991[②]）和 Connor（1997）[③] 的贝叶斯估计量将预测收益率缩减至一个平均值，从而对不确定的或极端值进行更大的调整。类似的，Black – Litterman（1990）[④] 方法对预测收益率的调整基于其他观点，也部分依赖于预测收益率的误差结构。

另一类处理不确定的方法则是将不确定性考虑到优化过程中。稳健优化指的就是这类方法，运筹学领域的研究者 Ben – Tal 和 Nemirovski（1998）[⑤]，El Ghaoui 和 Lebret（1997）[⑥]，El Ghaoui、Oustry 和 Lebret（1998）[⑦] 对这类方法进行了改进；Goldfarb 和 Iyengar（2003）[⑧]，Tütüncü 和 Koenig（2004）[⑨]，Garlappi、Uppal 和 Wang（2007）[⑩] 将这类方法应用到投资组合的构建问题中，来解决股票预期收益率与协方差的不确定性。

在实际应用中，绝大多数稳健优化问题主要是针对预测收益率的不确定性，这主要是因为均值方差优化对预测收益率的估计值更为敏感（Chopra 和 Ziemba，1993）[⑪]。因此，本文的稳健优化也是针对预测收益率而言。与均值优化不同，稳健优化相当于效用函数中多了一项预测误差的惩罚函数，二阶锥半正定规划等新优化

① Jorion, P., 1986, "Bayes – Stein Esimation for Portfolio Analysis", *Journal of Financial and Quantitative Analysis*, Vol. 21, No. 3 (September), 279 ~ 291.

② Jorion, P., 1991, "Bayesian and CAPM Estimators of The Means: Implications for Portfolio Selection", *Journal of Banking and Finance*, 15 (June), 717 ~ 727.

③ Connor, G., 1997, "Sensible Return forecasting for Portfolio Management", *Financial Analysts Journal*, 44 ~ 51.

④ Black, F. and R. Litterman., 1990, "Asset Allocation: Combining investor Views with Market Equilibrium", Goldman Sachs Fixed income Research.

⑤ Ben – Tal, Aharon, and Arkadi Nemirovski, 1998, "Robust Convex Optimization", *Mathematics of Operations Research*, 23, 769 ~ 805.

⑥ El Ghaoui, Laurent, and HervÉ Lebret, 1997, "Robust Solutions to Least – Squares Problems with Uncertain Data", *SIAM Journal on Matrix Analysis and Applications*, 18, 1035 ~ 1064.

⑦ El Ghaoui, Laurent, Francois Oustry, and HervÉ Lebret, 1998, "Robust Solutions to Uncertain Semidefinite Programs", *SIAM Journal on Optimization*, 9, 33 ~ 52.

⑧ Goldfarb, Donald, and Garud Iyengar, 2003, "Robust Portfolio Selection Problems", *Mathematics of Operations Research*, 28, 1 ~ 38.

⑨ Tütüncü, Reha H, and M Koenig, 2004, "Robust Asset Allocation", *Annals of Operations Research*, 132, 157 ~ 187.

⑩ Garlappi, Lorenzo, Raman Uppal, and Tan Wang, 2007, "Portfolio Selection with Parameter and Model Uncertainty: A Multi – Prior Approach", *Review of Financial Studies*, 20, 41 ~ 81.

⑪ Chopra, Vijay Kumar, and William T Ziemba, 1993, "The Effect of Errors in Means, Variances, and Covariances on Optimal Portfolio Choice", *The Journal of Portfolio Management*, 19, 6 ~ 11.

技术可以用来解决这一问题（Jyh - Huei Lee et. al.，2006）[①]。

### 5.3.2 实证结果分析

这里将单独考察稳健优化中约束收益率预测误差对策略的影响，即：

$$\underset{h\in P}{maximize}\ \alpha^T h\ \ s.t.\ \ h^T Q h = \sigma^2$$

由于预测收益率 $E(y) = X'b$（其中，$X$ 为指标值，$b$ 为指标回归系数的估计值），因此，预测收益率的预测误差的协方差可以表示为：

$$Q = \text{cov}[E(y)] = X\text{cov}(b)X'$$

考察上式中参数 σ 的几个不同设定值，当设定为最大可能值时，即为没有考虑预测误差的结果。表 5 - 6 给出了不同程度预测误差控制下策略的一般评价指标[②]。从表中可以看出，除了年化标准差随着控制的增强而变小以外，其他指标的表现都是逐渐变差。实际上，控制的增强对年化标准差的影响并不大，不同控制下年化标准差相差不大。

**表 5 - 6　　策略的一般评价指标**

| | 胜率 | 相对回测 | 年化收益 | 年化标准差 | Sharpe | 超额收益 | 超额标准差 | IR |
|---|---|---|---|---|---|---|---|---|
| 强 | 65.67 | 10.20 | 29.65 | 28.51 | 1.04 | 22.04 | 14.83 | 1.49 |
| 中 | 73.13 | 9.99 | 36.63 | 29.09 | 1.26 | 29.02 | 14.35 | 2.02 |
| 弱 | 80.60 | 8.32 | 43.53 | 30.69 | 1.42 | 35.92 | 14.14 | 2.54 |
| 无 | 82.09 | 7.97 | 47.48 | 31.05 | 1.53 | 39.87 | 14.08 | 2.83 |

各个指标表现的变差主要是因为对预测误差的控制实际上是对暴露的控制。假设预测收益率只有 1 个指标，那么约束条件可表示为投资组合的暴露乘以指标的估计误差等于设定的估计误差 $[h^T X\text{std}(b) = \sigma]$。因此，当控制越强时，$\sigma$ 的设定越小，从而投资组合的暴露越小。

表 5 - 7 给出了无控制下策略投资组合的风险暴露与不同程度控制下的区别。在规模因子暴露上，强控制下的平均暴露要比无控制下的低 0.419。t 统计量为 -13.10，表明强控制下的暴露是显著低于无控制下的。随着预测误差控制的减弱，

① Jyh - Huei Lee, Dan Stefek, and Alexand er Zheleznyah, 2006, "Robust Portfolio Optimization: A Closer Look".

② 强、中、弱控制是指 Σ 设定为最小可能设定值至最大可能设定值的 1/4、1/2、3/4 的位置。

暴露之间的差距及其对应 t 统计量（绝对值）也逐渐降低，说明随着控制的减弱，规模因子暴露与无控制情况下的差距有所降低，但差距仍然明显。

上述特征在除了流动性因子外的其他风险因子暴露中都普遍存在，只是除 beta 外的市场类风险因子，控制下的暴露与无控制相比是负向的，而在 beta 和财务类风险因子上则是正向的。这与预测收益率时指标的预测方向一致。

**表 5－7　　　　策略组合暴露比较的检验统计量**

| | mean | | | t－statistic | | |
|---|---|---|---|---|---|---|
| | 强 | 中 | 弱 | 强 | 中 | 弱 |
| 规模 | －0.419 | －0.244 | －0.088 | －13.096 | －7.482 | －3.973 |
| 非线性规模 | －0.405 | －0.267 | －0.116 | －8.182 | －6.112 | －4.020 |
| 流动性 | －0.037 | 0.074 | 0.063 | －0.688 | 2.188 | 3.227 |
| 动量 | －0.145 | －0.095 | －0.051 | －3.031 | －2.969 | －3.126 |
| beta | 0.751 | 0.511 | 0.223 | 14.407 | 11.959 | 10.076 |
| 残差波动 | －0.285 | －0.105 | －0.018 | －4.142 | －2.870 | －1.084 |
| 价值 | 0.400 | 0.244 | 0.088 | 11.318 | 8.027 | 3.669 |
| 杠杆 | 0.213 | 0.136 | 0.042 | 3.964 | 2.559 | 1.175 |
| 盈利 | 0.414 | 0.209 | 0.067 | 13.135 | 10.869 | 6.022 |
| 成长 | 0.156 | 0.080 | 0.016 | 3.909 | 2.841 | 1.114 |

图 5－23 给出了各个策略在各期的 beta 因子暴露。很明显，随着控制的增强，beta 因子暴露逐渐降低。由于在预测收益率时 beta 类指标是正向的，因此，预测误差控制限制投资组合在 beta 因子的暴露作用明显。

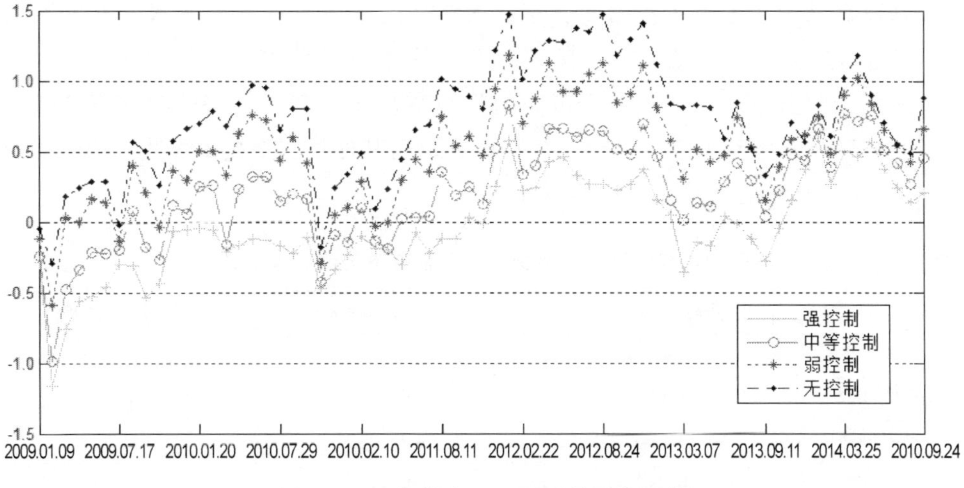


图 5－23　各策略 beta 因子暴露的比较

表5-8中策略的概率Sharpe检验显示，各个策略及其超额收益都具有显著大于0的Sharpe比率，但扣除规模与流动性因子收益后，强控制与中等控制的Sharpe比率则不再显著，而弱控制和无控制的策略则在扣除所有风格因子后仍具有显著的Sharpe比率。这一结果与表5-7中策略的一般绩效评价指标的结果类似，都表明控制预测误差使得策略的表现更差。

**表5-8　　策略PSR检验**

| | 策略 | 超市场 | 扣除规模与流动性 | 扣除动量与波动 | 扣除其他风险因子 |
|---|---|---|---|---|---|
| | | | SR | | |
| 强 | 1.040 | 1.323 | -0.384 | -0.254 | -0.100 |
| 中 | 1.259 | 2.011 | 0.212 | 0.164 | 0.245 |
| 弱 | 1.418 | 2.623 | 1.176 | 0.859 | 0.848 |
| 无 | 1.529 | 2.924 | 1.574 | 1.278 | 1.061 |
| | | | z统计量（$SR^*=0$） | | |
| 强 | 2.603 | 3.286 | -0.823 | -0.561 | -0.230 |
| 中 | 3.161 | 4.450 | 0.512 | 0.397 | 0.592 |
| 弱 | 3.615 | 5.445 | 2.767 | 2.329 | 2.087 |
| 无 | 3.832 | 5.672 | 3.319 | 2.971 | 2.412 |

表5-9给出了不同程度控制下策略收益率与无控制策略收益率的直接比较。表中可以看出，强控制和中等控制下策略的收益率，即使在扣除所有风格因子收益率后，都是显著低于无控制下策略收益率。而弱控制下策略的收益率只有在扣除所有风格因子收益率后，才与无控制下策略的收益率没有显著差距。具体而言，在扣除所有风格因子收益率后，弱控制下策略的收益率与无控制下策略的收益率的平均差距为-0.123%，t统计量为1.333，并不显著，而其他情况下的t统计量的绝对值都大于1.65，在95%的置信区间是显著的。

**表5-9　　不同程度控制下策略收益率与无控制策略收益率的比较**

| | 策略 | 扣除规模与流动性 | 扣除动量与波动 | 扣除其他风险因子 |
|---|---|---|---|---|
| | | 平均收益率与无控制的差距（%） | | |
| 强 | -1.486 | -1.051 | -0.737 | -0.535 |
| 中 | -0.904 | -0.706 | -0.501 | -0.372 |
| 弱 | -0.329 | -0.269 | -0.196 | -0.123 |

续表

| | 策略 | 扣除规模与流动性 | 扣除动量与波动 | 扣除其他风险因子 |
|---|---|---|---|---|
| | | t统计量 | | |
| 强 | -5.354 | -3.335 | -2.986 | -2.536 |
| 中 | -3.893 | -2.795 | -2.432 | -2.245 |
| 弱 | -3.048 | -2.409 | -1.790 | -1.333 |

为了更好地比较有无预测误差控制的策略，对无控制的策略施加风格因子暴露的限制，要求无预测误差控制策略的投资组合的风格因子暴露等于有预测误差控制时的情况。表5-10列出了施加风格因子暴露约束的无预测误差控制的策略的一般评价指标。与表5-7相比，收益类评价指标有了明显的提升。

**表5-10　　策略的一般评价指标**

| | 胜率 | 相对回测 | 年化收益 | 年化标准差 | Sharpe | 超额收益 | 超额标准差 | IR |
|---|---|---|---|---|---|---|---|---|
| 强 | 77.61 | 11.54 | 38.47 | 29.12 | 1.32 | 30.87 | 14.52 | 2.13 |
| 中 | 77.61 | 10.12 | 42.74 | 29.80 | 1.43 | 35.13 | 14.27 | 2.46 |
| 弱 | 82.09 | 7.52 | 46.10 | 30.80 | 1.50 | 38.49 | 14.23 | 2.70 |

表5-11给出了上述策略的PSR检验。与无预测误差控制的策略一样，在扣除所有风格因子收益率后仍具有显著的Sharpe比率。另外，在扣除部分或全部风格因子收益率后，上述策略的SR和z统计量还有可能大于无预测误差控制策略。

**表5-11　　策略PSR检验**

| | 策略 | 超市场 | 扣除规模与流动性 | 扣除动量与波动 | 扣除其他风险因子 |
|---|---|---|---|---|---|
| | | | SR | | |
| 强 | 1.321 | 2.117 | 1.060 | 1.336 | 1.772 |
| 中 | 1.434 | 2.536 | 1.329 | 1.297 | 1.493 |
| 弱 | 1.497 | 2.807 | 1.597 | 1.351 | 1.357 |
| 无 | 1.529 | 2.924 | 1.574 | 1.278 | 1.061 |
| | | | z统计量（$SR^*=0$） | | |
| 强 | 3.330 | 4.680 | 2.541 | 3.373 | 4.183 |
| 中 | 3.607 | 5.301 | 3.156 | 3.397 | 3.478 |
| 弱 | 3.767 | 5.718 | 3.608 | 3.571 | 3.225 |
| 无 | 3.832 | 5.672 | 3.319 | 2.971 | 2.412 |

表5－12给出了上述策略与无控制策略收益率的比较，只有策略施加较强的风格因子暴露约束时，原始收益率之间才存在显著差别。

**表5－12　不同风格因子暴露下策略收益率与无控制策略收益率的比较**

| | 策略 | 扣除规模与流动性 | 扣除动量与波动 | 扣除其他风险因子 |
|---|---|---|---|---|
| | | 平均收益率与无控制的差距 | | |
| 强 | －0.751 | －0.316 | －0.002 | 0.201 |
| 中 | －0.395 | －0.196 | 0.008 | 0.137 |
| 弱 | －0.115 | －0.055 | 0.019 | 0.092 |
| | | t统计量 | | |
| 强 | －3.340 | －1.343 | －0.010 | 1.332 |
| 中 | －2.084 | －0.986 | 0.050 | 1.034 |
| 弱 | －1.237 | －0.593 | 0.209 | 1.297 |

上述结论在子样本中也存在，以最大流通市值10%的子样本为例，随着预测误差控制的增强，除年化标准差变小外，其他绩效评价都逐渐变差（见表5－13）。PSR检验的结果也是如此（见表5－14）。控制预测误差的策略与无控制的策略的收益率的直接比较也显示（见表5－15），后者的收益率显著高于前者（弱控制除外），与表5－9比较，只是显著性有所下降。

**表5－13　子样本策略的一般评价指标**

| | 胜率 | 相对回测 | 年化收益 | 年化标准差 | Sharpe | 超额收益 | 超额标准差 | IR |
|---|---|---|---|---|---|---|---|---|
| 强 | 56.72 | 12.03 | 12.45 | 26.97 | 0.46 | 4.84 | 7.61 | 0.64 |
| 中 | 61.19 | 7.86 | 15.59 | 27.27 | 0.57 | 7.98 | 7.46 | 1.07 |
| 弱 | 64.18 | 6.48 | 17.76 | 27.76 | 0.64 | 10.15 | 6.69 | 1.52 |
| 无 | 67.16 | 6.09 | 17.78 | 28.23 | 0.63 | 10.17 | 6.49 | 1.57 |

**表5－14　子样本策略PSR检验**

| | 策略 | 超市场 | 扣除规模与流动性 | 扣除动量与波动 | 扣除其他风险因子 |
|---|---|---|---|---|---|
| | | | SR | | |
| 强 | 0.462 | －0.376 | －0.567 | －0.617 | －0.407 |
| 中 | 0.572 | 0.209 | 0.180 | 0.105 | 0.173 |
| 弱 | 0.640 | 0.641 | 0.942 | 0.794 | 0.708 |
| 无 | 0.630 | 0.623 | 1.067 | 0.885 | 0.722 |

续表

| | 策略 | 超市场 | 扣除规模与流动性 | 扣除动量与波动 | 扣除其他风险因子 |
|---|---|---|---|---|---|
| | | | z 统计量 | | |
| 强 | 1.145 | -0.865 | -1.315 | -1.423 | -0.948 |
| 中 | 1.442 | 0.496 | 0.424 | 0.246 | 0.405 |
| 弱 | 1.637 | 1.592 | 2.379 | 1.934 | 1.679 |
| 无 | 1.614 | 1.547 | 2.720 | 2.130 | 1.689 |

**表 5-15　　子样本下控制策略与无控制策略的收益率比较**

| 策略 | | 扣除规模与流动性 | 扣除动量与波动 | 扣除其他风险因子 |
|---|---|---|---|---|
| | | 平均收益率与无控制的差距 | | |
| 强 | -0.444 | -0.688 | -0.550 | -0.391 |
| 中 | -0.183 | -0.385 | -0.279 | -0.184 |
| 弱 | -0.001 | -0.081 | -0.041 | -0.009 |
| | | t 统计量 | | |
| 强 | -2.914 | -4.302 | -4.315 | -3.698 |
| 中 | -1.613 | -3.356 | -3.114 | -2.361 |
| 弱 | -0.021 | -1.276 | -0.702 | -0.168 |

无控制下策略投资组合的风险暴露与不同程度控制下的策略也存在显著区别，只是区别表现有所不同，反映在不同的风格因子上（见表 5-16）。这主要是因为子样本下的预测指标发生了变化。比如 beta 因子在全样本中有很强的预测能力，而到子样本中则丧失了预测能力，因此，可以看到在全样本下，有预测误差控制策略的 beta 因子暴露有显著的区别，而在子样本下则没有。

**表 5-16　　子样本策略组合暴露比较的检验统计量**

| | mean | | | t-statistic | | |
|---|---|---|---|---|---|---|
| | 强 | 中 | 弱 | 强 | 中 | 弱 |
| 规模 | 0.140 | 0.104 | 0.042 | 14.761 | 13.686 | 12.311 |
| 非线性规模 | -0.105 | -0.078 | -0.031 | -14.015 | -12.911 | -12.282 |
| 流动性 | 0.211 | 0.170 | 0.064 | 14.306 | 12.972 | 9.400 |
| 动量 | 0.066 | 0.041 | 0.015 | 3.454 | 3.929 | 2.694 |
| beta | 0.019 | 0.031 | 0.024 | 0.545 | 1.184 | 2.327 |

续表

| | mean | | | t - statistic | | |
|---|---|---|---|---|---|---|
| | 强 | 中 | 弱 | 强 | 中 | 弱 |
| 残差波动 | 0.005 | 0.008 | 0.003 | 0.195 | 0.517 | 0.467 |
| 价值 | 0.060 | 0.024 | 0.003 | 1.904 | 1.133 | 0.339 |
| 杠杆 | 0.106 | 0.054 | 0.014 | 4.589 | 3.124 | 2.031 |
| 盈利 | 0.555 | 0.307 | 0.092 | 21.879 | 16.104 | 7.825 |
| 成长 | 0.116 | 0.057 | 0.014 | 9.598 | 6.869 | 3.701 |

在控制风险的情况下考虑控制预测误差，结论类似。预测误差的控制不仅没有提高策略的绩效表现，反倒降低了策略的表现，这一结论与 Jyh - Huei Lee 等（2006）所说的“稳健优化可能降低策略收益”一致。这与对策略施加风险控制的结论不同，虽然风险控制会降低策略的整体表现，但若将收益率经过风险因子调整后，风险控制下的策略则具有一定的优势。另外，与无风险控制但约束风格因子暴露与风险控制下相同的策略比较，风险控制下策略的优势更为明显。

## 5.3.3 结论

这里基于因子模型构造的预测收益率和预测误差，考察了控制预测误差情况下因子模型量化选股表现。实证结果表明，预测误差的控制显著降低了策略的表现，具体结论为：

第一，控制预测误差实际上是对预测收益率的指标值进行控制，从而起到控制风险因子暴露的作用。对预测误差的控制越强，策略的风险因子暴露越低，从而策略表现越差。

第二，将策略收益率经过风格因子调整后进行比较，控制预测误差的策略也明显劣于无控制预测误差的策略。

第三，对无控制预测误差策略施加与有控制预测误差策略相同的风格因子暴露约束，其策略收益率也显著大于有控制预测误差的策略。

可见，对预测误差的控制并没有提高策略的表现，这与对策略施加风险控制有所不同，虽然风险控制会降低策略的整体表现，但若比较经过风险因子调整后的策略收益率，风险控制下的策略更具优势。同时，与无风险控制但约束风格因子暴露与风险控制下相同的策略比较，风险控制下的策略的优势更为明显。

# 6.

# 绩效归因与评价

## 6.1 绩效归因与评价概述

策略是否真的有效，还需要对其进行检验。首先需要检验选择的股票是否与筛选的指标和设定的权重一致，这可以利用风险模型来检验所选择的股票投资组合在各个风险因子上的暴露。然后需要检验投资组合在风险因子上的暴露是否获得了对应的收益。最后则需要确定所获得的收益是否显著，可以采用概率 Sharpe 比率的方法，该方法不仅考虑了策略收益的均值与方差外，还考虑了策略的时间长度与收益的偏度与峰度。

当然，通常的绩效评价方法也是必要的，比如针对多因子模型，可以考察收益率预测值的 Spearman 秩相关系数、时序相关性（换手率）以及对基于收益率预测值构造的各分组股票组合的平均收益率、标准差、Sharpe 比率、规模、流动性等特征。而针对基于多因子模型构建的策略，可以考察超额收益率（比如 12 个月移动平均的超额收益率）、累计收益、风险（比如 3 年滚动的超额标准差）、年化 IR 等。

### 6.1.1 绩效归因方法

因子模型归因方法（Factor Model Attribution）是绩效归因中最常用的一种方法，它通过寻找因子然后确定因子暴露度的方法对策略的收益率进行归因。它的主要优点是，可以指定各种因子，而不仅仅是基准资产配置；其缺点是在评价期开始的时候就需要确定各个因子的暴露度，方法相对复杂。

因子模型绩效归因方法将策略的收益率归因为市场组合收益率、行业配置收益率、风格因子收益率和个股选择收益率部分，其中风格因子包括规模、价值和动量这几种常用的选股指标。由于因子模型所进行的拆分采用回归的方法，因此，各个收益率部分不相关，不存在交互收益部分。

因子模型采用回归的方法直接将收益率进行如下拆分：

$$r_n = f_m + \sum_i X_{ni} f_i + \sum_s X_{ns} f_s + u_n$$

其中，$f_m$ 为市场组合收益率，$f_i$ 为行业因子收益率，$f_s$ 为风格因子收益率，$u_n$ 为原始收益率 $r_n$ 拆分后的残差，$X_{ni}$为个股选择收益率部分。

在每一个时期，已知样本股票的收益率、所在行业 $X_{ni}$和因子暴露 $X_{ns}$，因子模型采用 WLS 的方法回归得到当期的$f_m$、$f_i$、$f_s$ 和样本股票的 $u_n$，进而可以得到各个股票在市场组合的收益率部分$\hat{f}_m$、行业因子收益部分 $X_{ni}\hat{f}_i$、风格因子收益部分 $X_{ns}\hat{f}_s$ 和个股选择收益率部分 $\hat{u}_n$。如果策略的投资组合权重为 $wn$，那么策略在市场组合、行业因子风格因子和个股选择收益率部分分别为 $w_n'\hat{f}_m$、$w_n'X_{ni}\hat{f}_i$、$w_n'X_{ns}\hat{f}_s$、$w_n'\hat{u}_n$。

### 6.1.2 绩效评价方法

定量化的绩效评价方法有很多，比如 RAROC、Sharpe 比率[①]、M2 测度[②]、Treynor 指数[③]、Jenson 系数[④]、信息比率、Stutzer 指数等；也可以利用 Jensen 模型、

---

① Sharpe, William E., 1966, "Mutual Fund Performance", *Journal of Business.*

② Franco Modigliani & Leah Modigliani, 1997, "Risk – Adjusted Performance", *The Journal of Portfolio Management.*

③ Treynor, Jack L., 1965, "How to Rate Management of investment Funds", *Harvard Business Review.*

④ Jensen, M., 1968, "The Performance of Mutual Funds in The Period 1945 – 1964", *Journal of Finance.*

*Treynor* 和 *Masuy* 模型[①]、Henriksson 和 Merton 模型[②]、Chang 和 Lewellen 模型[③]考察策略的择时能力和选股能力。这里介绍概率 Sharpe 比率[④]，其理论可简述如下：

估计数据的均值和方差都有一定的标准误，Sharpe 比率也不例外，Mertens (2002)[⑤] 给出了收益率序列非正态下 Sharpe 比率的渐近正态分布：

$$\sqrt{n}(\hat{SR}-SR) \sim N(0,1-\gamma_3 SR+\frac{\gamma_4-1}{4}SR^2)$$

其中，$\gamma_3$、$\gamma_4$ 对应为收益率序列的偏度与峰度。因此，Sharpe 比率高于基准的概率可表示为：

$$PSR(SR^*) = p(\hat{SR} > SR^*) = 1 - \int_{-\infty}^{SR^*} p(\hat{SR} \leqslant SR^*)\, d\hat{SR}$$

进行 Bessel 的修正后可表示为：

$$PSR(SR^*) = Z\left[\frac{(\hat{SR}-SR^*)\sqrt{n-1}}{\sqrt{1-\hat{\gamma}_3\hat{SR}+\frac{\hat{\gamma}_4-1}{4}\hat{SR}^2}}\right]$$

其中，$Z$ 即为标准正态分布的累积密度函数（CDF）。给定基准 $SR^*$ 值，PSR 与 $\hat{SR}$的估计值、序列长度、收益率序列的正偏度 $\gamma_3$ 成正比，而与其尾部 $\gamma_4$ 成反比。这意味着，Sharpe 比率估计值越大，其高于基准 $SR^*$ 的概率亦越大；而序列的长度越长，PSR 值则越大。收益率序列的正偏度则能够提升 PSR 值，而序列肥尾的特性则会降低 PSR 值。由于 PSR 统计量的估计包含了收益率序列非正态特征的影响，因而较之 Sharpe 比率能更为有效地度量组合或策略绩效的技能水平。

由于 PSR 的统计显著性与策略收益率序列长度相关，策略收益率序列最小长度与统计量 PSR 之间的关系可以表示为：

$$MinTRL = 1 + \left[1-\gamma_3 SR+\frac{\gamma_4-1}{4}SR^2\right]\left(\frac{Z_{1-\alpha}}{SR-SR^*}\right)^2$$

---

① Treynor, J., Masuy, K., 1966, "Can Mutual Funds Outguess The Market", *Harvard Business Review*.

② Henriksson. R 和 Merton. R, 1981. "On Market Timing and investment Performance: Statistical Procedures for Evaluating forecasting Skill", *Journal of Business*.

③ Chang E. C., W. G. Lewellen, 1984, "Market Timing and Mutual Fund investment Performance", *Journal of Business*.

④ Bailey, David, and Marcos Lopez De Prado, 2012, "The Sharpe Ratio Efficient Frontier", *Journal of Risk*.

⑤ Mertens, Elmar, 2002, "Comments on Variance of The Iid Estimator in Lo", Working Paper University of Basel, Wirtschaftswissenschaftliches Zentrum, Department of Finance.

可见，在 $1-\alpha$ 置信区间内，收益率序列的负偏度或高峰度均要求更长的序列以补偿收益率序列非正态特性的影响。也就是说，在实际分析中，对长度少于 Min-TRL 的组合或策略业绩记录，将无法通过对其投资技能水平的统计检验。

## 6.2 多因子策略的绩效评价

### 6.2.1 问题的提出

第 3 章提出了一套因子模型被动选股的方法，该方法利用各个回测时点实际条件下可观测的数据筛选指标、设定权重、预测股票未来一期的收益率，并在此基础上构造指数与策略。但这套方法筛选的指标和设定的权重真的起到作用了吗？在这里将对因子模型量化选股策略的绩效进行评价。

首先利用因子模型对策略的绩效进行归因，然后利用概率 Sharpe 比率的方法对策略剔除市场收益、行业收益、风格收益后的残差收益进行评价。该方法不仅考虑了策略收益的均值与方差，还考虑了策略的时间长度与收益的偏度与峰度。

这里在策略方面也将进一步进行扩展，除了使用市场交易数据就能构造的指标外，还将引入基于财务报表数据构造的估值、杠杆、成长、盈利波动、盈利质量等大量指标。同时，在股票样本的选择方面，要求其股票的累计交易日超过 1 年，同时净资产要大于 0。

在绩效归因方面，行业因子基于中信一级行业指数构建，风格因子采用 CNE5 风险模型（中国第三代 Barra 模型）的风格因子，它包括规模、beta、动量、波动、价值、非线性规模、盈利、流动性、杠杆和成长这十个风格因子。

接下来将分别对策略所使用的指标集合、绩效归因方法和概率 Sharpe 比率的绩效评价方法进行介绍，然后再对策略每一期所选择的指标及其权重、绩效归因结果与绩效评价结果进行分析。

## 6.2.2 方法

### 6.2.2.1 指标集合

可以将基于市场数据和财务数据构造的指标如下几类：

（1）价值。价值和动量长期以来是量化投资的两大基石。价值指标的构建除了采用账面市值比衡量外，还可以采用其他维度，比如红利、净利润、现金流、息税前利润、税息折旧及摊销前利润和营业收入（销售额）等。也可以对这些价值指标进行修正，比如行业或历史的差异调整。行业内的调整是因为某些行业（比如信息技术）的股票相对行业的股票（公共事业）更贵，若不对行业之间的差异进行调整，前者行业股票的价值指标总会低于后者。同样，周期性行业股票的估值指标在不同经济周期变化很大，简单的估值指标无法反映周期情况。

一般认为，前瞻性价值指标比后顾性指标的预测能力更强，特别是基本面投资者，认为卖方分析师对股票未来利润、现金流等的预测要好于简单的历史数据预测。但已有研究[①]指出，后顾性估值指标是更好的 alpha 信号。

（2）成长。价值和成长是两大传统的投资风格。成长因子试图衡量企业的增长潜力，也可分为后顾性（历史增长率）和前瞻性（预测增长率）的两种，还可以分为短期成长指标（比如最近季度、最近年度、未来 1 个季度、未来 1 个年度）和长期成长指标（历史 5 年、未来 5 年）。盈余惊喜（Earning Surprise）也属于此类。

（3）动量与反转。动量是除价值投资之外的又一大量化投资的基石。研究者发现，大部分国家的几乎全部资产都具有动量效应。除了中期价格动量外，学者们还发现短期反转效应，其中中期动量效应的解释主要归于人的行为偏差。反转效应比中期动量效应要更强，但其换手率非常高，这也正是该溢价无法被套利掉的原因。

与行为相关的“彩票式”指标目前也受到大量关注，其原理是投资者过度在意一只股票的新信息，从而在短时间内提高股票价格，最终由于基本面无法兑现而导致股价回落。可以定义该指标为最近 1 个月中最高的日收益率或者日收益率最高的 5 日收益率的平均值，该指标在长期内与短期反转指标的表现相似，但换手率要远远低于短期反转指标。

---

① Yin Luo, Rochester Cahan, Javed Jussa, Miguel Alvarez, 2010, “QCD Model DB Quant Hand Book”, Deutsche Bank.

（4）质量。价值和质量都源于基本面研究。投资者对质量可能有不同的定义，无外乎涉及盈利、财务风险、收益质量、稳定性、红利支付的持续性、资本利用率等。盈利可用毛利率、净资本收益率、净资产收益率等指标。财务风险可用负债/资本比衡量。稳定性指标衡量企业历史净收入（或销售、现金流、红利）的波动性，越稳定的历史收入，股票的收益率会更高，特别是在不平稳时期。资本利用率则与外部融资和代理问题相关。

（5）规模与流动性。规模因子可用对数形式的流通市值、总市值、交易额、总资产等指标衡量。流动性因子一般用换手率来衡量，可分为短、中、长期的，但他们之间的相关性比较大，因此，可以考虑中期与短期换手率的变动等指标。此外，股价、Pastor 和 Stambaugh 的流动性指标[①]和 Amihud 的非流动性指标[②]及其换手率形式[③]也在考虑范围之内。

（6）波动。波动因子包括与市场相关的波动和特质波动（Idiosyncratic Volatility）。与市场相关的波动用 beta 来衡量，既考虑了 beta 的传统构造方法[④]，也考虑了改进后的 BAB 指标，还可以考虑不同市场状态下的 beta 值及它们之间的差别。

特质波动目前受到广泛关注，Ang 等（2004）[⑤] 指出，高特质波动的股票未来收益率更低。除此之外，还考虑了 Barra 模型中 CAPM 的 sigma 指标、日收益率的标准差等。

#### 6.2.2.2 绩效归因指标

这里考虑的行业因子采用中信一级行业指数，风格因子采用 CNE5（Barra 第三代中国模型）的风格因子，主要包括十大风格因子。

（1）规模因子，用对数市值指标。

（2）beta，为最近 252 个交易日 CAPM 回归系数的斜率项，回归采用半衰期为

① Pastor, Lubos, and Robert F Stambaugh, 2003, "Liquidity Risk and Expected Stock Returns", *Journal of Political Economy*, 111.

② Amihud, Yakov, 2002, "Liquidity and Stock Returns: Cross – Section and Time – Series Effects", *Journal of Financial Markets*, 5, 31 – 56.

③ Brennan, Michael, Sahn – Wook Huh, and Avanidhar Subrahmanyam, 2013, "An Analysis of The Amihud Illiquidity Premium", *Review of Asset Pricing Studies*, 3, 133 ~ 176.

④ D. J. Orr, Igor Mashtaler, and Adam Nagy, 2012, "Msci The Barra China Equity Model (Cne5) Empirical Notes".

⑤ Ang, and Rew, Robert J Hodrick, Yuhang Xing, and Xiaoyan Zhang, 2006, "The Cross - Section of Volatility and Expected Returns", *The Journal of Finance*, 61, 259 ~ 299.

63 天的指数加权。

（3）Momentum（动量），滞后 21 天的最近 504 天的加权累计收益率，权重为半衰期 126 天的指数加权。

（4）残差波动（Residual Volatility），为指标 DASTD、CMRA 和 HSIGMA 的加权平均，权重分别为 0.74、0.16、0.1。DASTD 为最近 252 个交易日的收益率标准差，采用半衰期为 42 天的指数加权。CMRA 为最近 252 个交易日股票的最大涨幅和最大回撤的对数值之和。HSIGMA 为最近 252 个交易日 CAPM 的残差项标准差，也采用半衰期为 42 天的指数加权。

（5）非线性规模（Non - linear Size），规模暴露的立方，由于与规模因子高度相关，将其对规模因子正交，权重为市值的平方根。该因子反映的是中市值股票与大小市值股票的差距。

（6）价值（Book - to - Price），为账面市值比指标（市净率的倒数），账面值采用最近财务报表的数据。

（7）流动性（Liquidity），采用最近 1 个月、最近 1 个季度和最近 1 年日均换手率对数值的加权平均值，权重分别为 0.35、0.35、0.3。

（8）盈利（Earning Yield），EPFWD、CFtoP 和 EtoP 的加权平均值，权重分别为 0.68、0.21 和 0.11；CFtoP 为现金流市值比（市现率的倒数），现金流也为最近 4 个季度的经营活动产生的现金流；EtoP 为收入市值比（市盈率的倒数），盈利数据为最近 4 个季度的净利润。

（9）成长（Growth），采用分析师预测的长期盈利增长、短期盈利增长、历史盈利和营业收入增长率的加权平均值，权重分别为 0.18、0.11、0.24 和 0.47，增长率的计算为最近 5 年（至少 3 年）的盈利或营业收入数据对自然数序列（和常数项）回归得到斜率系数，用斜率系数除以盈利或营业收入（绝对值）的平均值得到增长率。

（10）杠杆（Leverage），采用市场杠杆、负债资产比、账面杠杆的加权平均，权重分别为 0.38、0.35、0.27，其中市场杠杆为“1 + 非流动负债（长期负债）/市值”，而账面杠杆为“1 + 非流动负债（长期负债）/账面值”。

## 6.2.3 实证

### 6.2.3.1 指标的筛选、权重与贡献

基于上述指标集合，采用第 3 章中的被动选股方法，可以在每一期筛选指标、

设定权重和预测股票收益率。这里主要分析筛选出哪些指标，以及这些指标的权重是多少，它对股票预测收益率有多大贡献？

指标数据是从2005年7月28日至2014年9月24日，预测收益率的期限为21个交易日，因此，收益率数据从2005年8月26日至2014年10月30日。从2009年开始预测收益率，第1个预测的时点是2009年1月9日，预测的是2009年1月9日收盘至2009年2月16日收盘这21天的收益率。预测所使用的数据是2009年1月9日及其之前的数据。随后每过6个月重新进行一次指标的选择，但权重每月进行调整，采用的指标回归系数的历史平均值。因此，总共进行了12次指标的筛选，最后一次筛选在2014年9月24日。

在这12次筛选中，指标选择次数超过一半的有表6-1列示的几个指标：

**表6-1　　指标筛选情况**

| 指标名称 | 选择次数 |
|---|---|
| 预测市盈率的倒数 | 12 |
| 预测盈利的短期增长 | 12 |
| Amuihud的非流动性指标 | 10 |
| 短期市场波动 | 8 |
| 短期特质波动 | 8 |
| 相对现金流的长期增长 | 7 |
| 毛利润的短期成长 | 6 |

对每次所选的指标归类后，其结论见表6-2。

**表6-2　　筛选指标归类**

| 指标类别 | 筛选次数 |
|---|---|
| 成长 | 35 |
| 质量 | 14 |
| 价值 | 20 |
| 波动 | 21 |
| 动量与反转 | 6 |
| 规模与流动性 | 22 |

从表6-1和表6-2可以看出，对成长指标的选择次数非常多，其次是规模与流动性、波动和价值，而对质量、动量与反转的指标选择得较少。那么是不是根据股票预测收益率进行选择股票时，会更关注成长股呢？这时就需要对指标的权重和其对股票预测收益率的贡献进行计算。由于策略是选择股票预测收益率前100名的

股票，因此，对这些股票的预测收益率进行分解，看各个指标占预测收益率有多大比重。表 6 - 3 列出了相关结果。

**表 6 - 3　　　　指标权重与贡献**

| | | | | | | | |
|---|---|---|---|---|---|---|---|
| | 预测市盈率倒数 | 0.407 | 3.165 | | 营业收入/市值 | 0.278 | 2.403 |
| | Amuihud 非流动性 | -0.894 | -8.278 | | 短期市场波动 | 0.439 | 2.786 |
| 1 | 近期成交额 | 1.221 | -10.199 | 2 | 预测市盈率倒数 | 0.586 | 6.809 |
| | 流通市值 | -2.723 | 17.578 | | 短期特质波动 | -0.732 | 7.184 |
| | 近期换手率 | -1.955 | 22.050 | | Amuihud 非流动性 | 0.903 | 10.908 |
| | 预测市盈率倒数 | 0.512 | 5.562 | | 中期动量 | 0.586 | -7.655 |
| | Amuihud 非流动性 | 0.817 | 7.522 | | 近期收益率标准差 | 0.740 | -9.159 |
| 3 | 短期特质波动 | -0.748 | 8.824 | 4 | 长期反转 | -0.868 | 16.625 |
| | 中期动量 | 0.938 | -11.737 | | Amuihud 非流动性 | 0.953 | 16.786 |
| | 长期反转 | -1.341 | 18.876 | | 近期特质波动 | -1.216 | 20.950 |
| | 速动比率 | 0.181 | 3.201 | | 毛利润/市值 | 0.300 | 4.637 |
| | 预测市盈率倒数 | 0.464 | 3.663 | | 预测市盈率倒数 | 0.458 | 7.015 |
| 5 | 毛利润/市值 | 0.497 | 4.456 | 6 | 近期收益率标准差 | 0.921 | -7.991 |
| | 短期特质波动 | -0.484 | 8.026 | | 短期特质波动 | -1.301 | 25.763 |
| | Amuihud 非流动性 | 1.067 | 35.186 | | Amuihud 非流动性 | 1.080 | 33.434 |
| | 预测盈利的短期增长 | 0.260 | 1.723 | | 毛利润的增长 | 0.277 | 3.815 |
| | 近期收益率标准差 | 1.003 | -4.454 | | 短期市场波动 | 0.346 | 4.349 |
| 7 | 预测市盈率倒数 | 0.521 | 9.776 | 8 | 短期特质波动 | -0.503 | 11.571 |
| | 近期特质波动 | -1.257 | 15.648 | | 预测市盈率倒数 | 0.396 | 13.340 |
| | Amuihud 非流动性 | 1.032 | 27.352 | | Amuihud 非流动性 | 0.892 | 40.349 |
| | 预测盈利的短期增长 | 0.270 | 3.829 | | 中期市场波动 | -0.355 | 5.784 |
| | 毛利润的增长 | 0.302 | 8.812 | | 毛利润的短期增长 | 0.286 | 9.142 |
| 9 | 预测市盈率倒数 | 0.309 | 10.931 | 10 | 预测市盈率倒数 | 0.364 | 9.853 |
| | 短期特质波动 | -0.384 | 13.415 | | 短期市场波动 | 0.533 | 12.649 |
| | Amuihud 非流动性 | 0.838 | 45.437 | | Amuihud 非流动性 | 0.732 | 31.219 |
| | 短期成交额的变动 | 0.329 | 4.272 | | 运营能力 | 0.309 | 5.686 |
| | 短期市场波动 | 0.283 | 5.315 | | 近期成交额 | -0.361 | 8.416 |
| 11 | 毛利润的增长 | 0.277 | 7.715 | 12 | 中期成交额变动 | 0.388 | 8.651 |
| | 预测市盈率倒数 | 0.411 | 13.147 | | 费用/资产 | 0.392 | 9.105 |
| | Amuihud 非流动性 | 0.874 | 47.465 | | Amuihud 非流动性 | 0.560 | 14.375 |

由于截距项的大小不影响的决策，所以没有列出截距项占预测收益率的比重。截距项反映的是市场组合月均收益率，在前三次筛选中，截距项所占比重在60%以上，反映出2005年7月至2009年12月以来市场组合有着非常高的月均收益率，随着时间的推移，市场组合的历史月均收益率逐渐下降，在随后的4次筛选中，截距项所占比例降至36%～48%，最后5次筛选，该比重在13%～23%。

从表6－3中可以看出，涉及股票规模和流动性的Amuihud非流动性指标对预测收益率的贡献最大。该指标的权重为正，表明会选择Amuihud非流动性越高的股票，也表明选择股票的规模会较小，流动性会较弱。贡献次之的是短期特质波动。权重为负表明会选择那些短期特质波动相对较低的股票。再之则是预测市盈率倒数的倒数。权重为正表明会选择那些估值相对较低的股票。

表6－4给出了各个指标对预测收益率的贡献的绝对值排序的结果。

表6－1和表6－2虽然显示选择了较多次数的成长指标，然而它的贡献却远远不及规模与流动性类的指标，也没有波动指标和价值指标的贡献高。

从表6－4中，对预测收益率贡献越高的指标，权重的绝对值越大。因此，也可以通过因子权重的大小来比较指标对预测收益率的贡献。虽然这一结论并不是非常精确，也表明可以试图通过设定因子权重来调整指标对预测收益率最高的股票组合的贡献。

**表6－4　　指标贡献排序**

| 指标名称 | 贡献 | 权重 |
|---|---|---|
| Amuihud 非流动性 | 24.64 | 0.77 |
| 短期特质波动 | 9.28 | －0.55 |
| 预测市盈率倒数 | 7.72 | 0.43 |
| 短期市场波动 | 3.23 | 0.29 |
| 长期反转 | 2.96 | －0.18 |
| 毛利润的短期增长 | 2.78 | 0.13 |
| 预测盈利的短期增长 | 2.03 | 0.27 |
| 近期换手率 | 1.84 | －0.16 |
| 流通市值 | 1.46 | －0.23 |
| 毛利润/市值 | 1.23 | 0.09 |

#### 6.2.3.2 绩效归因实证

表6-4总结了选择的股票的特征，规模小，流动性差，特质波动低但市场波动高，估值和成长相对较高。那么这种类型股票的收益如何？这里考虑对策略进行绩效归因。本部分中证百度百发策略100指数编制方法，选取预测收益率排序最大的100只股票作为成分股，同时设置样本股权重相等。另外，选择流通市值最后100只股票的等权收益率和成交量最后100只股票的等权收益率作为比较，这三个策略的收益率与百度百发策略100指数有着非常高的相关性，相关系数分别为97.39%、91.66%和95.51%。

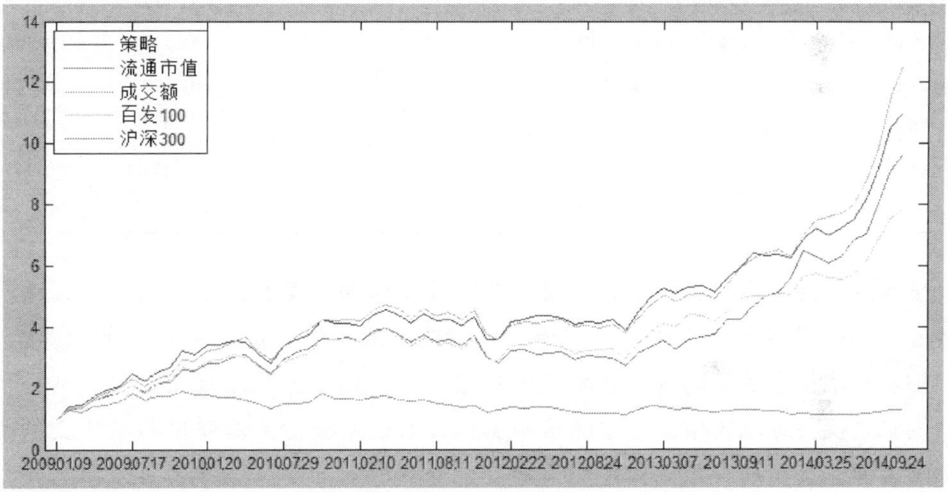


图6-1 策略收益率与其他收益率的比较

表6-5列出了按预测收益率、流通市值和成交额排序的3个策略的因子暴露及其在各个因子上的累计收益。各期的加权方式为期初累计总收益加权，因此，虽然3个策略的市场暴露都是1，但是由于按成交额排序的策略的累计收益更大，因此，它的市场收益也更多；同样，虽然按预测收益率排序的策略规模因子暴露相对于按流通市值排序的策略较低，但由于前者的累计收益更大，因此，两者在规模因子的收益差不多。

**表 6－5　　绩效归因**

| | 预测收益率 | | 流通市值 | | 成交额 | |
|---|---|---|---|---|---|---|
| | 因子暴露 | 收益 | 因子暴露 | 收益 | 因子暴露 | 收益 |
| 总收益 | | 9.9788 | | 8.6210 | | 11.5689 |
| 市场收益 | | 1.893 | | 1.7268 | | 1.9517 |
| 规模 | －2.3942 | 4.9726 | －2.8401 | 4.9393 | －2.6647 | 5.6168 |
| 非线性规模 | －0.5015 | 0.5317 | －1.3686 | 1.2862 | －1.0776 | 1.2834 |
| 流动性 | －0.4902 | 0.9808 | 0.5351 | －0.7392 | －1.0617 | 1.8587 |
| 动量 | －0.1811 | 0.1083 | －0.4887 | 0.1107 | －0.1999 | 0.1119 |
| 市场波动 | 0.6196 | 0.3880 | 0.6399 | 0.3127 | 0.0433 | 0.2303 |
| 残差波动 | －0.4048 | 0.1468 | －0.0310 | 0.0931 | －0.6198 | 0.2985 |
| 价值 | －0.1561 | －0.0617 | －0.6031 | 0.0037 | －0.3471 | 0.1554 |
| 杠杆 | －0.3055 | 0.2027 | －1.0797 | 0.5151 | －0.5004 | 0.3070 |
| 盈利 | －0.2276 | －0.0429 | －0.9833 | －0.6475 | －1.0228 | －0.7501 |
| 成长 | 0.0123 | 0.0637 | 0.0035 | 0.0722 | －0.3712 | －0.1571 |
| 残差收益 | | 0.7161 | | 0.6612 | | 0.5388 |

按预测收益率排序的策略，规模、非线性规模和流动性因子暴露为负，说明选择的股票都是规模小、流动性低的股票，与按流通市值、成交额排序的策略类似。按预期收益率排序的策略其市场波动的暴露为正，残差波动的暴露为负，其中市场波动的暴露仅与按流通市值排序的策略类似，而残差波动的暴露仅与按成交额排序的策略类似。按预期收益率排序的策略其价值、盈利的暴露虽然为负，但与按流通市值、成交额排序的策略相比，其价值、盈利的暴露更大一点，说明该策略会选相对价值、盈利更高的股票，成长方面亦是如此。可见，按预期收益率排序的策略确实选择了那些规模小、流动性低、特质波动低、市场波动高、估值和成长相对较高的股票。

那么选择这种类型的股票确实获得收益了吗？按预测收益率排序的策略，规模因子上的收益占了一半，其次是流动性和非线性规模因子上的收益。再次则是市场波动、杠杆、残差波动和动量上的收益。虽然在杠杆和动量因子上取得了正的收益，但却小于其他两个策略的对应收益，因此，这两个因子上的正收益并不是策略捕捉到的，各策略很少从股票的杠杆和动量上选择股票。而在市场波动和残差波动方面，各策略是有所选择的，因此，策略在市场波动上的收益相对于其他两个策略更高；

而在残差波动方面，不及按成交额排序的策略，但后者在残差波动方面的暴露更高。策略在价值、盈利和成长上的收益也非常小，不再赘述。

若考虑等权方法（见表6－6），各策略在各因子上的收益同比于其在各因子上的暴露。比如各策略的市场暴露都为1（满仓），因此各策略在市场因子上的收益率都相等。表6－6也表明选择规模小、流动性低、市场波动高、特质波动低的股票确实获得了明显的正收益。

表6－6 绩效归因

| | 策略 | | 流通市值 | | 成交额 | |
|---|---|---|---|---|---|---|
| | 因子暴露 | 收益 | 因子暴露 | 收益 | 因子暴露 | 收益 |
| 总收益 | | 2.6977 | | 2.5545 | | 2.8134 |
| 市场收益 | | 0.7096 | | 0.7096 | | 0.7096 |
| 规模 | -2.4250 | 1.0904 | -2.8960 | 1.2992 | -2.7314 | 1.2380 |
| 非线性规模 | -0.4995 | 0.1115 | -1.3975 | 0.3329 | -1.1135 | 0.2756 |
| 流动性 | -0.5320 | 0.2449 | 0.4571 | -0.1702 | -1.0136 | 0.4161 |
| 动量 | -0.1086 | 0.0216 | -0.4394 | 0.0287 | -0.1786 | 0.0168 |
| 市场波动 | 0.6465 | 0.1416 | 0.6005 | 0.1237 | 0.0482 | 0.0469 |
| 残差波动 | -0.4578 | 0.0267 | -0.0404 | 0.0326 | -0.5643 | 0.0464 |
| 价值 | -0.0537 | 0.0073 | -0.5412 | 0.0231 | -0.3696 | 0.0476 |
| 杠杆 | -0.3394 | 0.0347 | -1.0974 | 0.1269 | -0.5986 | 0.0509 |
| 盈利 | -0.1910 | -0.0155 | -0.9911 | -0.2274 | -1.0277 | -0.2156 |
| 成长 | 0.0021 | 0.0210 | -0.0102 | 0.0277 | -0.4004 | -0.0229 |
| 残差收益 | | 0.2868 | | 0.1849 | | 0.1720 |

#### 6.2.3.3 绩效评价实证

表6－7列出了各策略收益率的绩效评估的常用指标。

表6－7 原始收益率的绩效评估

| | 胜率 | 相对回测 | 年化收益 | sharpe | t统计量 | 超额收益 | IR | beta | treynor | jensen |
|---|---|---|---|---|---|---|---|---|---|---|
| 预测值 | 82.09 | 9.40 | 48.32 | 1.52 | 3.35 | 40.71 | 2.85 | 1.12 | 43.31 | 39.83 |
| 市值 | 71.64 | 17.71 | 45.75 | 1.48 | 3.45 | 38.15 | 1.87 | 0.91 | 50.32 | 38.84 |
| 成交额 | 80.60 | 14.90 | 50.39 | 1.69 | 3.64 | 42.78 | 2.65 | 0.98 | 51.49 | 42.95 |
| 百发 | 77.61 | 13.06 | 42.00 | 1.34 | 3.24 | 34.39 | 2.33 | 1.08 | 38.98 | 33.80 |

按预测收益率排序的策略，在胜率、相对回测和 IR 上高于其他所有策略，而在年化收益、sharpe 比率、t 统计量和超额收益方面仅次于按成交额排序的策略。表 6－8 则列出了策略收益率减去其在市场因子的收益率、进一步减去其在规模因子（包括非线性规模）的收益率和再减去其在流动性因子的收益率的剩余收益率部分的绩效评估结果。可以看出，按预测收益率排序的策略在绝大多数评价指标下要优于其他策略。

**表 6－8　　策略超额收益的绩效评估**

| | 策略 | 胜率 | 回测 | 年化收益 | 年化标准差 | sharpe | tstat |
|---|---|---|---|---|---|---|---|
| 减市场收益率 | 预测值 | 80.60 | 6.15 | 35.61 | 12.23 | 2.91 | 6.88 |
| | 流通市值 | 67.16 | 14.55 | 33.04 | 16.89 | 1.96 | 4.62 |
| | 成交额 | 82.09 | 11.73 | 37.68 | 13.33 | 2.83 | 6.68 |
| 减规模收益率 | 预测值 | 76.12 | 4.31 | 14.08 | 7.35 | 1.92 | 4.53 |
| | 流通市值 | 56.72 | 13.50 | 3.81 | 10.53 | 0.36 | 0.86 |
| | 成交额 | 70.15 | 6.31 | 10.57 | 6.97 | 1.52 | 3.58 |
| 减流动性收益率 | 预测值 | 67.16 | 4.88 | 9.69 | 6.64 | 1.46 | 3.45 |
| | 流通市值 | 56.72 | 11.79 | 6.86 | 10.12 | 0.68 | 1.60 |
| | 成交额 | 55.22 | 8.45 | 3.12 | 6.42 | 0.49 | 1.15 |

表 6－9 列出了各策略的 PSR 检验。对于各策略的原始收益率，都能通过 sharpe 比率大于 0.5 的 95% 置信度的检验，但都无法通过 sharpe 比率大于 1 的检验。从 PSR 和 MinTRL 的值可以看出，按成交额排序的策略优于按预测值排序的策略，优于按流通市值排序的策略。

当扣除市场收益率后，各策略都能通过大于 1 的检验，但这时按预测值排序的策略最优，其次是按成交额排序的策略。

当进一步扣除规模收益率（包括非线性规模）后，按预测值排序的策略仍能通过 sharpe 比率大于 1 的检验，按成交额排序的策略则只能通过 sharpe 比率大于 0.5 的检验，按流通市值排序的策略则连 sharpe 比率大于 0 的检验都无法通过。可见，按流通市值排序的策略，虽然也能获取一些其他因子方面的收益和残差收益，但这些收益并不显著。

但再一步扣除流动性收益率后，按预测值排序的策略还可以通过 sharpe 比率大于 0.5 的检验，而按流通市值或成交额排序的策略都无法通过 sharpe 比率大于 0 的检验。可见，按成交额排序的策略主要是获得规模和流动性收益率，其他方面的收益率不显著。

综上所述，按预测值排序的策略，不仅能获取规模和流动性收益率，在市场波动、特质波动等方面也能获取显著的收益率。

**表 6 -9　　策略的 PSR 检验**

| | | 预测值 | | | 流通市值 | | | 成交额 | | |
|---|---|---|---|---|---|---|---|---|---|---|
| | 检验参数 | 0 | 0.5 | 1 | 0 | 0.5 | 1 | 0 | 0.5 | 1 |
| 原始收益率 | PSR | 100.00 | 99.58 | 90.98 | 99.98 | 98.96 | 87.10 | 100.00 | 99.70 | 94.44 |
| | MinTRL | 1.04 | 2.22 | 8.38 | 1.30 | 2.86 | 11.72 | 1.06 | 2.05 | 5.95 |
| 减市场收益率 | PSR | 100.00 | 100.00 | 100.00 | 100.00 | 99.86 | 97.49 | 100.00 | 100.00 | 99.94 |
| | MinTRL | 0.40 | 0.54 | 0.81 | 1.01 | 1.76 | 3.96 | 0.67 | 0.95 | 1.49 |
| 减规模收益率 | PSR | 100 | 99.99 | 99.31 | 80.15 | | | 99.97 | 98.94 | 87.92 |
| | MinTRL | 0.64 | 1.11 | 2.53 | 20.83 | | | 1.34 | 2.89 | 10.94 |
| 减流动性收益率 | PSR | 99.99 | 99.38 | 88.47 | 94.76 | 66.50 | | 87.11 | | |
| | MinTRL | 1.11 | 2.46 | 10.44 | 5.74 | 82.08 | | 11.70 | | |

## 6.2.4　结论

这里基于规模与流动性、波动、动量与反转、价值、成长、质量等大量指标，利用第 3 章所提出的被动选股方法构造了策略指数，并利用因子模型绩效归因方法和概率 Sharpe 比率绩效评价方法，证实了这套被动选股方法中的指标筛选和权重设定的有效性。

实证结果表明，在剔除了累计交易天数小于 1 年和净资产小于 0 的股票样本中，被动选股方法从大量指标中筛选出来的指标主要涉及成长、规模与流动性、波动和价值这几个方面，而其中对选股影响最大的是规模与流动性方面的指标，其次是波动、价值和成长方面的指标。其选择的股票表现为规模小、流动性低、市场波动高、特质波动低、价值和成长相对略高。

因子模型绩效归因结果显示，被动选股方法所选择的这类股票，确实在规模、流动性等方面获得了明显的正收益。同时，概率 sharpe 比率的绩效评价结果进一步表明，被动选股策略的超市场收益率，即使在扣除了规模和流动性因子收益后，也非常显著。

# 第二篇

# 量化择时策略篇

# 7.
# 量化择时策略概述

量化投资涉及资产配置、资产交易以及风险控制，量化择时属于资产交易部分。量化择时是指利用某种方法来判断市场未来的走势情况是上涨还是下跌，或者是盘整，并基于判断结果来制定相应的策略。如果判断是上涨，则买入持有；如果判断是下跌，则卖出清仓；如果判断是震荡，则高抛低吸，以此获得远远超越简单买入持有策略的收益率。

因此，择时交易是收益率较高的一种交易方式，但是由于大盘趋势和宏观经济、微观企业、国家政策、国际形势等密切相关，想要准确判断大盘走势难度相当大。

## 7.1 量化择时的理论基础——有效市场假说

量化择时以有效市场假说理论为基础。Fama（1970）首次提出有效市场理论。该理论认为，在一个完全有效的市场中，信息能够及时、准确、充分地反映在价格当中，并且可以根据股票价格对信息的反应速度，将有效市场分为三种类型：弱式有效、半强式有效、强式有效。

有效市场理论认为，一般投资者不能获得持续超越市场的投资收益，因此，最佳的投资策略是由主动的投资变为被动的持有。如果有效市场假说成立，股票价格充分反映了所有相关的信息，价格变化服从随机游走，则股票价格的预测变得毫无意义。在半强式有效市场和强式有效市场中，技术分析和基本分析都无效，宜采取消极保守的被动投资策略；在弱式有效市场中，技术分析无效，基本分析有效；只有在无效市场中，技术分析和基本面分析才会同时起作用。

众多的研究发现我国股市的指数收益中，存在经典线性相关之外的非线性相关，从而拒绝了随机游走的假设。数据表明，股价的波动不是完全随机的，而是在看似随机、杂乱的表面背后隐藏着确定性的机制。因此，存在可预测成分，这使得量化择时成为可能。

## 7.2 量化择时策略的类型

量化择时包括动量择时和反转择时。动量择时策略主要通过跟踪市场持续的方向，认为未来会继续按照该趋势运行，因而可以通过过去的趋势制定策略；反转择时策略的核心思想是超涨或超跌的股票价格会出现反转，因而可以通过挖掘价格拐点构建投资策略。

动量择时策略主要包括均线系统择时模型、价格过滤模型、高阶矩模型、海龟交易系统等。均线系统择时模型主要根据均线对趋势进行跟踪，多空信号通过股票收盘价相对于均线位置，或者短期均线上穿或下穿中长期均线来判断。其中，自适应均线（AMA）是当下应用较为广泛的类型。AMA 最大的特点是可以根据市场波动性进行自我调整。当价格沿一个方向快速移动时，AMA 倾向于选择短周期移动平均线；而当市场出现横盘时，AMA 倾向于选择中长周期移动平均线。

在均线系统的回测方法上，通常的方法是把样本数据一分为二，一部分用来建模，另一部分用来预测。但该做法的一个缺陷是通常两个时期的跨度较大，外部环境可能会发生较大改变，而采用的模型未考虑到环境的这种变化或者参数不再适用于新的环境，所以策略的适用性大打折扣，回测结果也不能满足投资者的期望。因此，通过动态调整观察期和执行期的时间窗口，能够有效缩短两个时期的长度，进而降低外部环境的改变对参数适用性的影响，即所谓的“参数滚动”策略。

价格过滤模型通过过滤掉价格数据中的干扰信息，提高策略的预测精度，主要包括 LLT 模型和 Dual - Trust 模型等。LLT 模型源于指数平均（EMA）的技术分析指标。EMA 的本质是在计算中对靠近计算日的价格赋予更大的权重，其计算方式在信号处理理论中恰好对应着一类滤波器，可以将信号的高频分量进行有效过滤。

Dual - Trust 模型主要用于过滤金融资产价格趋势中的震荡行情，而只保留趋势行情，从而更好地判断价格的动向，提高交易的胜率。

高阶矩模型通过挖掘价格数据中的高阶矩信息，提高策略的预测广度，主要包括奇数阶矩模型。在实际中，股票价格通常呈现尖峰厚尾的特征，而非标准的正态分布，因而股票市场的高阶矩信息通常是不能忽略的。奇数高阶矩模型正是通过把握价格的极端波动反映股票的非正态特征，从而更好地追随价格变动趋势。

海龟交易系统是基于动量择时策略构建的交易平台。该系统包含了头寸规模、入市条件、加仓条件、退出条件、止损规则、退出条件、过滤条件等一系列交易决策，对于量化交易策略的开发有很好的借鉴意义。海龟交易系统区别于一般系统的地方在于能够适应市场波动，以潜在波动为基础来决定头寸规模大小、加仓点位和止损点位，从而有效避免大幅损失和无效交易。

反转择时策略大致可分为短周期反转策略和长周期反转策略。短周期反转策略主要包括 TD 模型和抛物线模型等。DeMark 的 TD 模型本质上利用 K 线的高低价格特征，达到某些条件的 K 线来进行计数，计数达到一定数量的时候对应下跌或上升趋势的衰竭，进而判断为股价反转的信号。抛物线模型是通过二次函数对历史时间序列的局部序列进行拟合，并据此寻找时间序列处于衰弱期和转向期之间的拐点，衰弱转向程度用回归方程最新点的斜率表示。当本期斜率与上期斜率不一致时，添加信号确认计时器。若在若干日后斜率与拐点方向一致，则确认信号执行操作。

长周期反转策略主要包括对数周期性幂律模型（LPPL）。LPPL 模型是一类预测股市长周期中的泡沫和崩盘的择时模型，通过识别泡沫破灭的时点进行股市周期的判断。

量化择时策略分类见图 7 - 1。

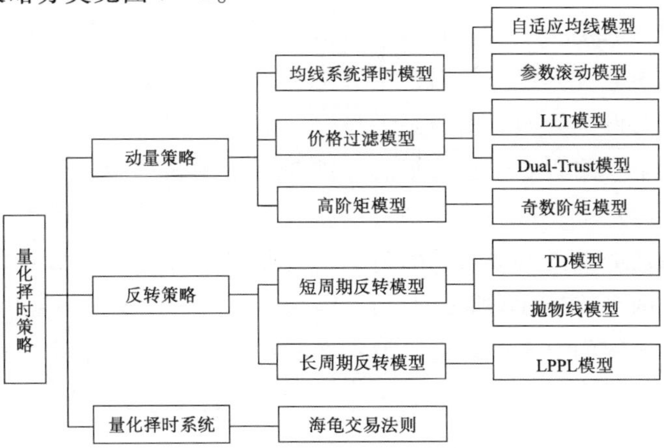


图 7 - 1　量化择时策略的分类

# 8.

# 动量择时模型

## 8.1 均线择时系统：简单易行，最为常用的趋势交易

### 8.1.1 自适应均线 AMA

#### 8.1.1.1 自适应均线的算法

（1）价格轨迹的效率。通常而言，在股市反复震荡时，较慢的均线更具参考价值，而在趋势快速展开时应当使用更快的均线。价格轨迹效率的概念就可以用数量化的办法来区分这两种不同的走势。

类似于物理学中路程和位移的概念，如果走过的路程很长，但是位移很小，在实现位移的目标考量下，这样的运动可以称为低效率的。回到股市行情中，一直上升或一直下降的走势是高效率的，因为每一天收盘价格的变动都直接贡献于总的涨幅，而反复震荡的走势被称为低效率的，因为很多次收盘价格的变化相互抵消。

因此，价格轨迹的效率可以定义为价格的“位移”和“路程”之比：

$D_t = P_t - P_{t-n}$

$$V_t = \sum_{i=1}^{n} |P_t - P_{t-i}|$$

$$ER_t = \frac{D_t}{V_t}$$

其中，$P_t$ 为第 $t$ 天的收盘价。从公式可以看到，$ER$ 值的范围是 $-1$ 到 1，$ER=0$ 则意味着市场不确定，充满着噪声；$ER=\pm1$ 则说明市场处于高度趋势中。

（2）自适应均线（AMA）的计算。按照指数平滑的思路对 $ER$ 简单扩展一下，提高其稳定性：

$$C_t = [ER_t \times (fastest - slowest) + fastest]^2$$

其中，假如从快到慢的范围是 $k_f$ 到 $k_s$ 天，则平滑常量 $fastest$、$slowest$ 分别为：

$$fastest = \frac{2}{k_f + 1}$$

$$slowest = \frac{2}{k_s + 1}$$

最终计算的 AMA 如下：

$$AMA_t = AMA_{t-1} + C_t(P_t - AMA_{t-1})$$

从公式看到，AMA 和 EMA 计算思路是一样的，只是在权重的确定不一样。

#### 8.1.1.2 自适应均线择时策略构建

根据自适应均线的买卖策略是：

（1）自适应均线 AMA 自下向上拐头，买进；

（2）自适应均线 AMA 自上向下拐头，卖出。

拐头可以这样定义：自适应均线 AMA 的每一个周期的增长率如果从正值变为负值，即为下拐头；从负值变为正值，即为上拐头。为了避免某些时候自适应均线 AMA 频繁拐头，可以设置一个很小的安全垫。自适应均线的每一个周期的增长率如果从正值变为负值，且和 0 的距离大于很小的常数即为下拐头；从负值变为正值，而且和 0 的距离大于同一个很小的常数，即为上拐头。交易策略为买入时满仓买入，卖出时空仓，初始时满仓。

#### 8.1.1.3 自适应均线择时策略收益率分析

选取 2005 年 1 月至 2016 年 11 月的沪深 300 指数为研究对象，测试的主要参数包括时间窗口 $n$ 和平滑常量 $fastest$、$slowest$，其中 $n$ 依次选取 2 天、5 天和 10 天。在

n 既定的情况下，*fastest* 以 1 天为间隔，测试范围从 2 天到 20 天；*slowest* 以 1 天为间隔，测试范围从 20 天到 120 天，测试中采用遍历的搜索方法，分别计算不同参数匹配下的择时交易情况。其他参数的设置是：安全垫 $cushion = 0.003$、单向交易成本 $cost = 0.0003$。

从图 8－1 可以看到，自适应均线 AMA 非常适合指数的趋势跟踪，市场的每一次较大的转折都能很快地被自适应均线 AMA 跟踪到。

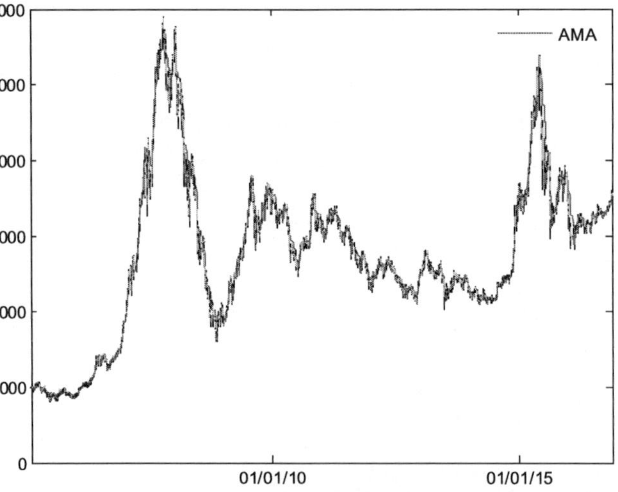


图 8－1　沪深 300 指数 K 线和自适应均线 AMA
（$n=5$，$fastest=2$、$slowest=20$）

图 8－2 显示了 n 在不同取值时，不同 *fastest*、*slowest* 配对时的择时交易累积收益情况。可以看到，当 $n=10$ 时，只有小部分 *fastest* 和 *slowest* 配对时能取得较好的投资收益；当 $n=2$ 或 $n=5$ 时，*slowest* 的变化对累积收益的影响并不显著，较大的 *fastest* 对择时收益无明显影响，这是因为当 *fastest* 增加到一定天数后择时策略就不再发出择时信号了。

图 8－3 显示了 $n$ 在不同取值时，不同 *fastest*、*slowest* 配对时的择时交易最大回撤率情况。可以看到，与图 8－2 相对应，当 $n=10$ 时，只有小部分 *fastest* 和 *slowest* 配对时的最大回撤率较小；当 $n=2$ 或 $n=5$ 时，较大的 *fastest* 都对应着很高的最大回撤率，而 *slowest* 的变化对最大回撤率的影响并不显著。

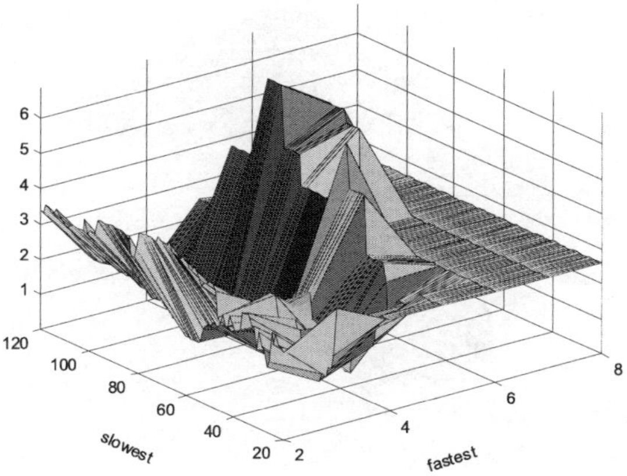


(a) n=2

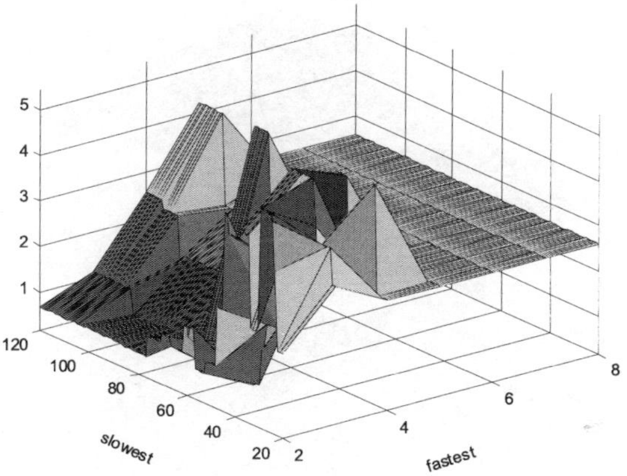


(b) n=5

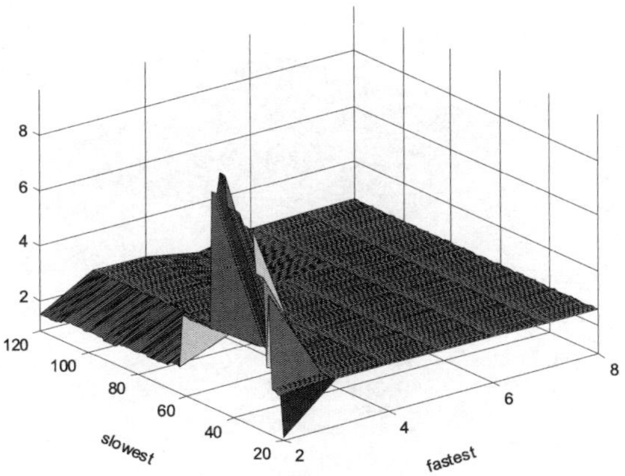


(c) n=10

图 8－2　自适应均线 AMA 择时累积收益

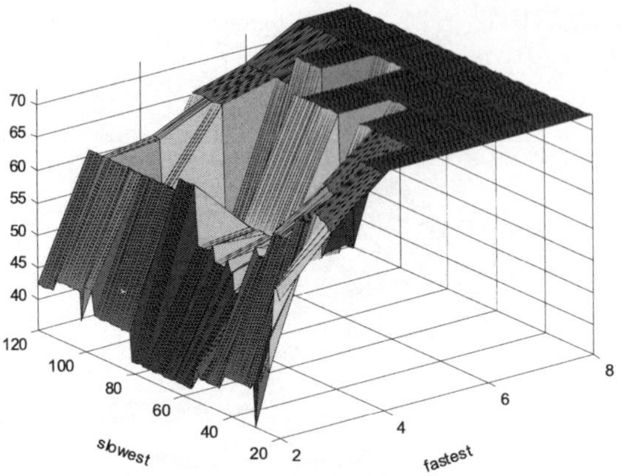


(a) n=2

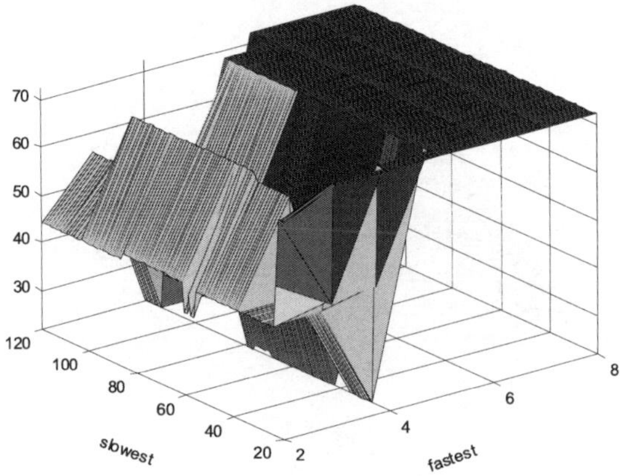


(b) n=5

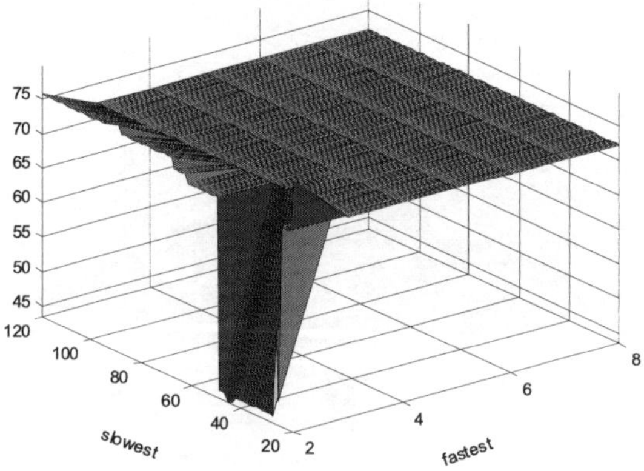


(c) n=10

图 8－3　自适应均线 AMA 择时最大回撤率（%）

图 8 -4 显示了 $n$ 在不同取值时，不同 *fastest*、*slowest* 配对情况时的择时交易夏普率情况。同样地，与图 8 -2 相对应，当 $n=10$ 时，只有小部分 *fastest* 和 *slowest* 配对时的夏普比率较佳；当 $n=2$ 或 $n=5$ 时，较大的 *fastest* 都对应着较小的夏普比率，而 *slowest* 的变化对夏普比率的影响并不显著。

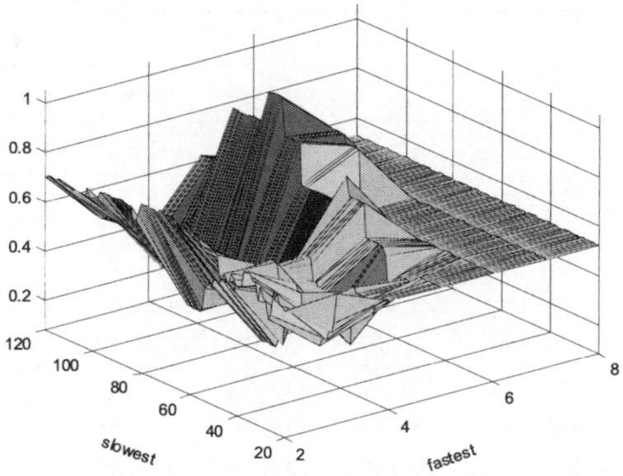

(a) n=2

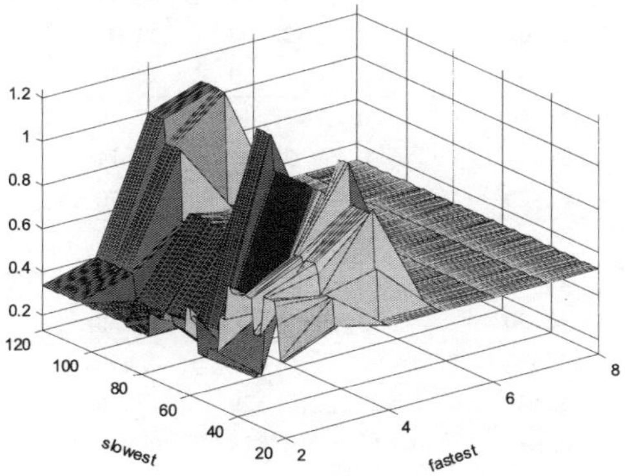

(b) n=5

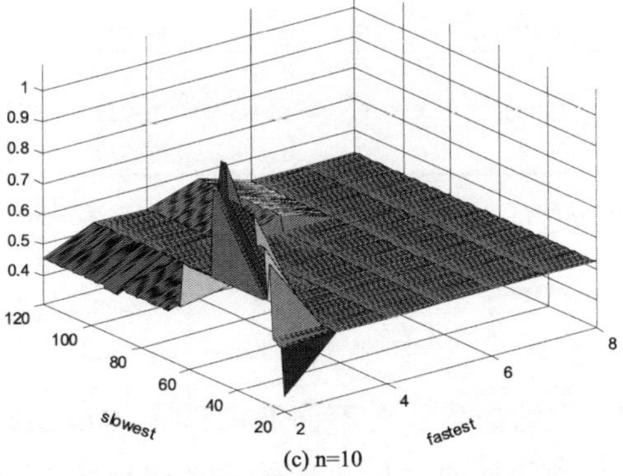

(c) n=10

图 8 -4　自适应均线 AMA 择时夏普比

综合图 8－2、图 8－3、图 8－4 的结果来看，在平滑常量 *fastest*、*slowest* 都相对较小时，自适应均线 AMA 的择时效果更好。进一步，把样本区间划分为 2005 年 1 月至 2010 年 12 月和 2011 年 1 月至 2016 年 11 月两个区间进行考察，结果如表 8－1。

**表 8－1　　不同时间区间自适应均线 AMA 的投资收益统计**

| 指标 | 时间区间 | 取值 | Mean | Std | 分位数 | | | | |
|---|---|---|---|---|---|---|---|---|---|
| | | | | | 0 | 25% | 50% | 75% | 100% |
| 累积收益（%） | 2005.1～2010.12 | $n=2$ | 143.12 | 124.36 | －16.76 | 35.77 | 137.58 | 173.73 | 483.81 |
| | | $n=5$ | 269.75 | 190.82 | －16.76 | 35.77 | 423.58 | 423.58 | 498.01 |
| | | $n=10$ | 162.54 | 131.61 | －16.76 | 35.77 | 181.24 | 219.52 | 498.01 |
| | 2011.1～2016.11 | $n=2$ | －7.94 | 17.25 | －33.89 | －21.18 | －16.51 | 13.60 | 25.83 |
| | | $n=5$ | －0.11 | 31.03 | －34.57 | －25.49 | －16.79 | 45.38 | 67.85 |
| | | $n=10$ | －9.65 | 20.04 | －34.57 | －25.49 | －16.79 | 1.92 | 67.85 |
| | 2005.1～2016.11 | $n=2$ | 159.39 | 97.68 | －16.76 | 127.69 | 137.58 | 239.53 | 483.81 |
| | | $n=5$ | 346.11 | 155.72 | －16.76 | 423.58 | 423.58 | 423.58 | 498.01 |
| | | $n=10$ | 190.83 | 97.63 | －16.76 | 179.27 | 219.52 | 219.52 | 498.01 |
| 最大回撤率（%） | 2005.1～2010.12 | $n=2$ | 65.48 | 0 | 65.48 | 65.48 | 65.48 | 65.48 | 65.48 |
| | | $n=5$ | 22.02 | 0 | 22.02 | 22.02 | 22.02 | 22.02 | 22.02 |
| | | $n=10$ | 72.30 | 0 | 72.30 | 72.30 | 72.30 | 72.30 | 72.30 |
| | 2011.1～2016.11 | $n=2$ | 37.46 | 0 | 37.46 | 37.46 | 37.46 | 37.46 | 37.46 |
| | | $n=5$ | 38.11 | 0 | 38.11 | 38.11 | 38.11 | 38.11 | 38.11 |
| | | $n=10$ | 46.70 | 0 | 46.70 | 46.70 | 46.70 | 46.70 | 46.70 |
| | 2005.1～2016.11 | $n=2$ | 65.48 | 0 | 65.48 | 65.48 | 65.48 | 65.48 | 65.48 |
| | | $n=5$ | 22.02 | 0 | 22.02 | 22.02 | 22.02 | 22.02 | 22.02 |
| | | $n=10$ | 72.30 | 0 | 72.30 | 72.30 | 72.30 | 72.30 | 72.30 |
| 夏普比 | 2005.1～2010.12 | $n=2$ | 0.697 | 0.697 | 0.697 | 0.697 | 0.697 | 0.697 | 0.697 |
| | | $n=5$ | 1.529 | 1.529 | 1.529 | 1.529 | 1.529 | 1.529 | 1.529 |
| | | $n=10$ | 0.816 | 0.816 | 0.816 | 0.816 | 0.816 | 0.816 | 0.816 |
| | 2011.1～2016.11 | $n=2$ | 0.217 | 0 | 0.217 | 0.217 | 0.217 | 0.217 | 0.217 |
| | | $n=5$ | 0.436 | 0 | 0.436 | 0.436 | 0.436 | 0.436 | 0.436 |
| | | $n=10$ | 0.198 | 0 | 0.198 | 0.198 | 0.198 | 0.198 | 0.198 |
| | 2005.1～2016.11 | $n=2$ | 0.620 | 0 | 0.620 | 0.620 | 0.620 | 0.620 | 0.620 |
| | | $n=5$ | 1.083 | 0 | 1.083 | 1.083 | 1.083 | 1.083 | 1.083 |
| | | $n=10$ | 0.579 | 0 | 0.579 | 0.579 | 0.579 | 0.579 | 0.579 |

注：*fastest* 的取值过高则发出择时信号次数为零，故这里取值范围缩减为从 2～5。

#### 8.1.1.4　小结

因为自适应的特点，自适应均线对不同波动形态的市场趋势跟踪比固定均线更有效，尤其是适合于组合类的标的，比如指数或者封闭式基金，因为这些标的走势经过了平滑，很大程度上避免了大起大落，更容易用均线来跟踪趋势的变化。但是自适应均线也不是万能的，对于某些个股，因为波动形态复杂，用自适应均线也无法获得超额收益。由于交易频繁的缺点，利用自适应均线交易的策略更适合于较小资金的调仓策略，如果交易成本和冲击成本较高，则这个策略并不适合平衡市场。

## 8.1.2 参数滚动优化的均线择时

### 8.1.2.1 参数滚动优化的思想

通常的策略回测是把样本数据一分为二：一部分用来建模，另一部分用来预测，并与实际数据进行比较来判断模型优劣；或者一部分用来寻找最优参数，另一部分则采用该参数来测试策略，并对结果进行评判。但该做法的缺陷之一是通常两个时期的跨度较大，外部环境可能会发生较大改变，但采用的模型未考虑到环境的这种变化或者参数不再适用于新的环境，所以策略的适用性大打折扣，回测结果也不能满足投资者的期望。

对于上述第二种情形，如果把两个时期的长度大幅缩小，外部环境的改变也将大幅减少，这时参数的适用性也将有所提高。假设两个时间窗口的长度分别是 J 月和 K 月（称之为训练期和执行期，下同），在某一时刻，计算之前 J 月在各个参数组合下的收益并按降序排列，按“优胜劣汰”的思想将收益排名第一所对应的参数组合应用于之后的 K 月直至结束；结束后又用新的时刻点之前 J 月收益排名第一所对应的参数组合应用于其后的 K 月。这样的话，两个时期不再固定，往复循环。由于间隔时间较近，通过两个时间窗口的滚动移动，使得参数也具有“动量效应”，增强了参数的“粘性”。

### 8.1.2.2 均线 MA

（1）均线策略。简单均线策略的构建首先是构建长期均线和当期均线：

$$LMA_t = \frac{\sum_{i=t-L+1}^{t} P_i}{L}$$

$$SMA_t = \frac{\sum_{i=t-S+1}^{t} P_i}{S}$$

其中，$LMA_t$ 为长期均线，$SMA_t$ 为短期均线，$P_i$ 为收盘价，$L$ 为长期均线的天数，$S$ 为短期均线的天数，$L>S$。

然后根据长期均线与短期均线来发出买入、持有或卖出信号（Signal）：

$Signal_t=1 \ if \ SMA_t>SMA_{t-1} \ and \ SMA_t>LMA_t \ and \ SMA_{t-1}<LMA_{t-1}$

$Signal_t=0 \ if \ LMA_t<LMA_{t-1} \ and \ SMA_t<LMA_t \ and \ SMA_{t-1}>LMA_{t-1}$

$Signal_t=Signal_{t-1} \ if \ others$

最后根据信号计算策略净值，并进行绩效评价。

考虑短期均线天数 $S$ 和长期均线天数 $L$ 的各种参数组合，其中参数 $S$ 的范围从 2 天到 20 天，间隔为 2 天；参数 $L$ 的范围从 20 天到 120 天，间隔为 5 天。

（2）参数选择。在进行参数优化选择时，需要先观察近期 $J$ 天上述各个参数组合的策略表现，选出策略在近期 $J$ 天收益最高的参数组合，然后执行该参数组合下的策略 $K$ 天。

一方面，需要遍历观察期参数 $J$ 和执行期参数 $K$。其中，参数 $K$ 的范围从 1 天到 20 天，间隔为 2 天；参数 $J$ 的范围从 20 天到 120 天，间隔为 5 天，进而计算观察期和执行期的参数组合下策略表现的分布，并比较在优化参数选择的情况下，策略表现是否明显优于不优化的情况。

另一方面，需要观测策略表现对观察期和执行期参数的敏感性。如果策略对参数缺乏敏感性，则说明参数优化后能够获得的收益较为稳定；否则，说明参数优化的策略并不有效。

若上述参数选择下的策略并不稳定，也可以设计其他参数选择的算法，使得参数优化选择后能获得稳定而又更高的收益。在上述参数选择优化的算法中，虽然是被动优化选择短期均线天数 $S$ 和长期均线天数 $L$，但也引入了观察期和执行期参数。若策略收益随着新引入参数的变化有较大差距，那么需要根据投资者的需求来固定某些新引入参数。比如对于交易活跃的投资者，可以主观设定执行期参数为 1 天。也就是说，在每个回测时点上，都根据策略在历史 $J$ 天的表现来重新评估不同参数的策略表现，重新选择参数组合。这样参数优化选择的策略就只与主观设定的观察期参数有关，策略的稳定性将有所提高。若优化策略的稳定性仍不足，那么可以再设计一套合理的被动选择观察期参数 $J$ 的算法，使得优化策略的表现与参数无关。

回测包括两个部分：第一部分是做原始策略的参数敏感性分析，计算不同短期均线天数和长期均线天数的参数组合下的策略表现的分布。第二部分则是参数优化，计算不同观察期和执行期参数组合下策略表现的分布，并比较参数优化下的策略表现是否明显优于原始策略的表现。同时，对参数优化下的策略的稳定性进行评价。

（3）参数敏感性。图 8－5 给出了基于沪深 300 指数的均线策略中，累计到期收益处于中上水平、平均水平和中下水平的净值曲线。不同表现的策略大都具有类似的走势，与沪深 300 指数相比，均线择时策略的平均水平明显更优。

图 8－5　均线策略净值曲线

注：图中实线为沪深 300 指数的净值曲线，其他 3 条曲线为基于沪深 300 指数的均线择时策略，选取的是均线策略中到期累计收益率为中下水平（上四分位，25% 分位数）、平均水平（中位数，50% 分位数）和中上水平（下四分位，75% 分位数）的策略。

表 8－2 给出了均线策略中年化累计收益处于不同排名的参数值及其绩效评价指标。表现最好的策略，长期均线天数为 40 天，短期均线天数为 2 天，年化累计收益高达 22.74%；而表现最差的策略年化累计收益仅为 7.67%，低于沪深 300 年化累计收益（8.59%）。可见，原策略年化累计收益随着参数的变化极不稳定，策略表现的平均水平为 16.04%。夏普比例是风险调整的收益，随年化累计收益递增，与年化累计收益类似，不同参数下策略之间的夏普比例差异也非常大。

均线策略的盈利比例都非常低，但平均盈亏比都非常高。也就是说，均线策略每次操作亏的次数更多，但亏得少，赚的次数虽然少，但赚得多。

均线策略的回撤也不小，表现最好的策略，其最大回撤也有 37.94%。而表现最差的策略，最大回撤高达 72.61%，比沪深 300 指数的最大回撤还要高。

均线策略的平均持仓远在50%以上，平均操作周期在40天以上。

上述各个绩效评价指标中，只有夏普比例与最大回撤与年化累计收益有单调变化的关系，其他评价指标则没有，说明降低风险能够有效提高均线策略的收益，而提高盈利比例和盈亏比、增加或减少持仓以及提高操作周期则无法实现。

**表8－2　　不同排名的均线策略绩效评价**

| | 最好表现 | 排名前5%表现 | 中上水平 | 平均水平 | 中下水平 | 排名后5%表现 | 最差表现 |
|---|---|---|---|---|---|---|---|
| 长期均线天数 | 40 | 55 | 70 | 50 | 35 | 110 | 25 |
| 短期均线天数 | 2 | 4 | 2 | 6 | 16 | 6 | 10 |
| 累计收益（年化） | 22.74% | 18.81% | 17.33% | 16.04% | 13.24% | 8.62% | 7.67% |
| 夏普比率（年化） | 1.10 | 0.89 | 0.82 | 0.77 | 0.70 | 0.45 | 0.44 |
| 盈利比例 | 17.50% | 25.00% | 16.67% | 18.75% | 25.00% | 13.33% | 23.91% |
| 平均盈亏比 | 13.75 | 8.76 | 15.98 | 8.39 | 3.74 | 14.63 | 3.99 |
| 单次最大亏损 | 14.38% | 11.11% | 9.28% | 30.20% | 21.23% | 11.76% | 27.53% |
| 最大回撤 | 37.94% | 43.48% | 46.70% | 47.27% | 49.26% | 72.30% | 72.61% |
| 平均持仓 | 69.45% | 75.15% | 78.54% | 72.61% | 71.16% | 82.42% | 81.88% |
| 平均操作周期 | 43.85 | 87.70 | 83.52 | 73.08 | 62.64 | 116.93 | 76.26 |

注：沪深300指数的累计收益（年化）为8.59%，夏普比率（年化）为0.45，最大回撤为72.30%。

表8－3给出了均线策略评价指标的分布（不同分位数上的值），从中可以发现，均线策略评价指标的分布范围都比较广。

图8－6至图8－9则给出了所有测试参数组合下策略的各个评价指标。

**表8－3　　均线策略评价指标的分布**

| | 最小值 | 5%分位数 | 上四分位 | 中位数 | 下四分位 | 95%分位数 | 最大值 |
|---|---|---|---|---|---|---|---|
| 累计收益（年化） | 7.67% | 8.62% | 13.24% | 16.04% | 17.34% | 18.82% | 22.74% |
| 夏普比率（年化） | 0.41 | 0.46 | 0.70 | 0.78 | 0.84 | 0.92 | 1.10 |
| 盈利比例 | 8.33% | 13.86% | 18.75% | 21.95% | 25.00% | 33.33% | 41.67% |
| 平均盈亏比 | 3.08 | 3.66 | 6.78 | 11.61 | 15.05 | 24.38 | 35.36 |
| 单次最大亏损 | 7.96% | 9.47% | 11.66% | 13.59% | 23.24% | 39.16% | 56.92% |
| 最大回撤 | 31.76% | 37.07% | 43.48% | 46.01% | 50.29% | 72.30% | 74.13% |
| 平均持仓 | 59.89% | 66.68% | 70.63% | 74.25% | 76.62% | 83.25% | 89.23% |
| 平均操作周期 | 25.80 | 42.79 | 70.18 | 103.21 | 146.21 | 219.31 | 292.42 |

图 8－6 给出了不同策略的年化累计收益和夏普比例，与参数并没有明显的变化规律。90% 的策略收益在 8.62% ～18.82% 之间，波动范围较大；50% 的策略收益则集中在 13.24% ～17.34% 的较小范围。长期均线天数取值比较小或者比较大的策略表现比较差。

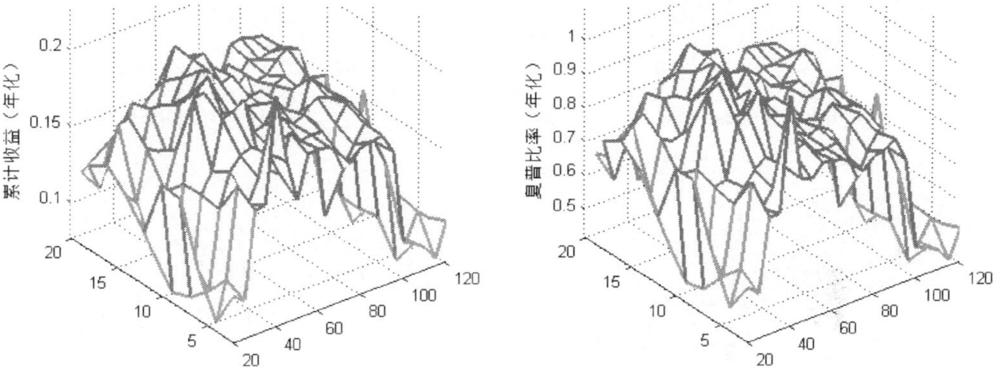


图 8－6　均线策略的累计收益（年化）和夏普比率（年化）

图 8－7 给出了不同策略的盈利比例和平均盈亏比例，前者有随着参数增加而增加的趋势，而后者则是有随着长期均线天数的增加、短期均线天数的下降而增加的趋势。均线策略的盈利比例都比较低，90% 策略的盈利比例为 13.86% ～33.33%；而盈亏比则比较高，90% 策略的盈亏比为 3.66 ～24.38。

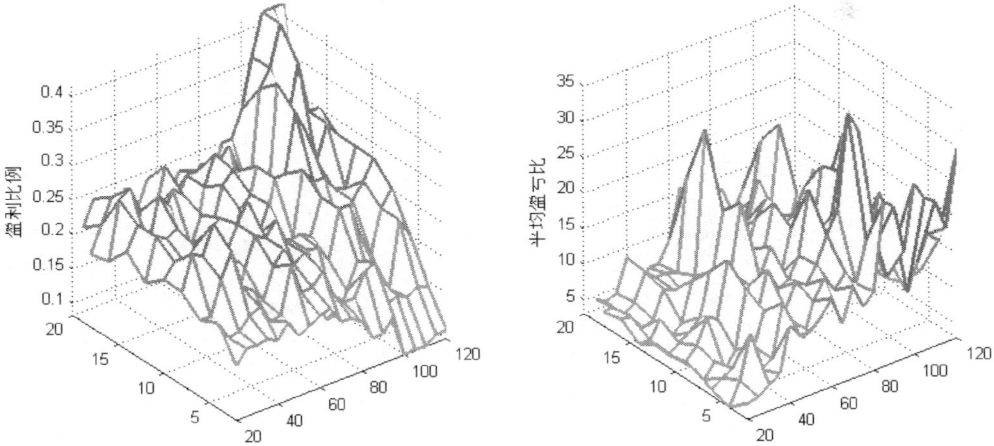


图 8－7　均线策略的盈利比例和盈亏比

图 8－8 给出了不同策略单次最大亏损与最大回撤，与参数没有明显变化规律。90% 的策略最大回撤（单次最大亏损）为 37.07%～72.30%（9.47%～39.16%），不同策略之间的风险差距较大；50% 的策略最大回撤（单次最大亏损）集中在 43.48%～50.29%（11.66%～23.24%）范围内。最大回撤比较大的策略的长期均线天数取值比较小或者比较大。

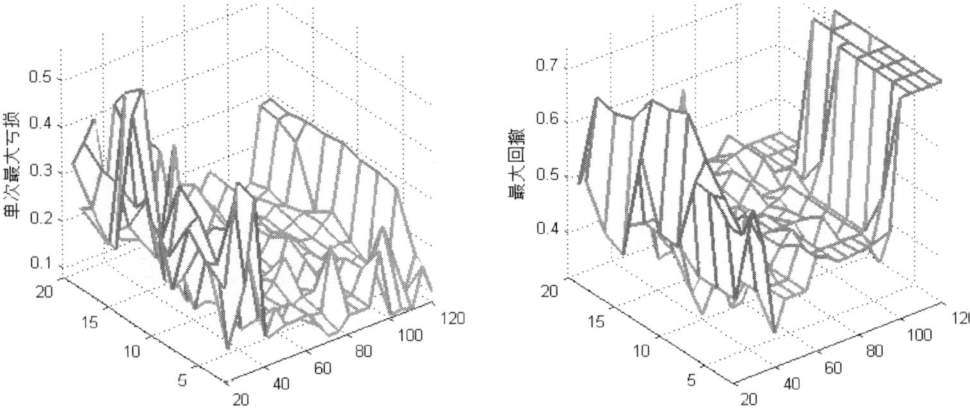


图 8－8　均线策略的单次最大亏损和最大回撤

图 8－9 给出了不同策略的平均持仓与操作周期，前者随长期均线天数的增加、短期均线的减少而增加，而后者则随所有参数递增。90% 策略的平均持仓（操作周期）为 66.68%～83.25%（42.79～219.31）。

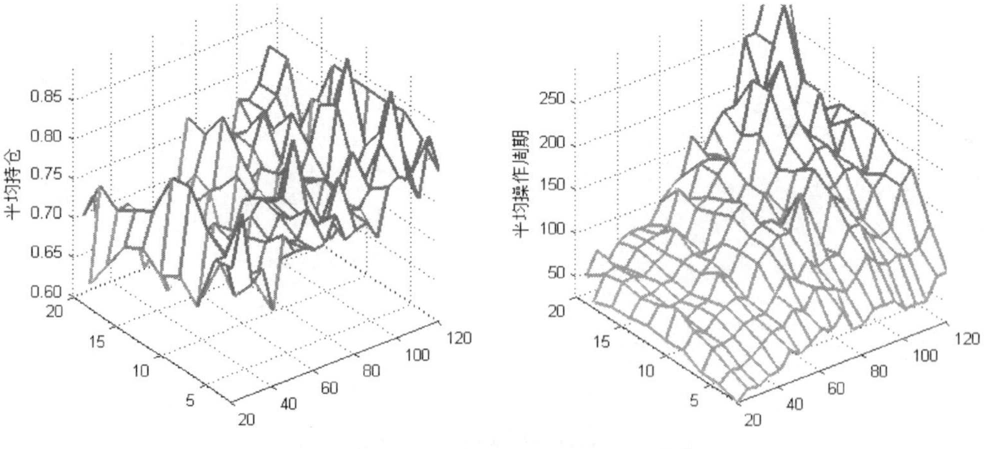


图 8－9　均线策略的平均持仓和操作周期

（4）参数优化。图 8－10 给出了优化均线策略中年化累计收益处于中上水平、平均水平和中下水平的净值曲线。不同表现的策略大都具有类似走势，与图 8－5 的原策略相比，上述策略净值曲线较为集中，表明优化策略更为稳定，收益的分布范围不大。

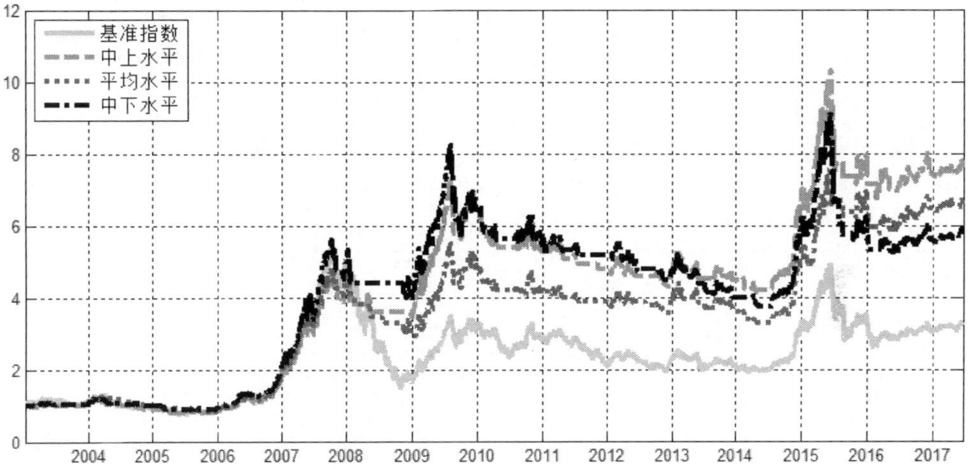


图 8－10　均线策略优化净值曲线

注：图中实线为沪深 300 指数的净值曲线，其他 3 条曲线为基于沪深 300 指数的均线优化策略，选取的是均线优化策略中到期累计收益率为中下水平（上四分位，25% 分位数）、平均水平（中位数，50% 分位数）和中上水平（下四分位，75% 分位数）的策略。

表 8－4 给出了优化均线策略表现处于不同排名的参数值及其绩效评价指标，优化均线策略的表现更为稳定，90% 的原策略年化累计收益在 8.62% ～18.81% 之间，而 90% 的优化策略年化累计收益则集中在 11.65% ～18.02% 范围内，策略表现的分布范围有明显缩窄，表现最差的策略的收益也不低于基准指数。

从年化累计收益来看，优化均线策略并没有取得更高的绩效表现；相反，策略的平均年化累计收益还略有下降（16.04% 下降至 14.56%），不过表现排名较后的优化策略的收益有所提升。从夏普水平来看，多数策略的绩效表现都有略微提升，这可能是因为优化策略的最大回撤有着明显的降低所致，特别是对于绩效表现排名靠后的优化策略来说。

优化策略在盈利比例、平均盈亏比、平均持仓和平均操作周期指标上都较为稳定，随优化策略的观察期和执行期的不同，上述各项指标都没有太大差别。盈亏比例在 20% 左右，平均盈亏比在 6 倍左右；平均持仓在 60% 左右，而平均操作周期在

35 天左右。后两项指标与原策略相比都有所下降。

表 8－5 给出了均线优化策略评价指标的分布。与表 8－4 相比，优化策略的各个评价指标的分布区间明显缩小，策略对参数的敏感性明显低于原始基础策略。

**表 8－4　　不同排名的均线优化策略绩效评价**

| | 最好表现 | 排名前5%表现 | 中上水平 | 平均水平 | 中下水平 | 排名后5%表现 | 最差表现 |
|---|---|---|---|---|---|---|---|
| 观察期 | 35 | 40 | 55 | 90 | 100 | 90 | 95 |
| 执行期 | 8 | 14 | 18 | 6 | 20 | 20 | 20 |
| 累计收益（年化） | 19.79% | 18.02% | 15.80% | 14.56% | 13.50% | 11.65% | 8.60% |
| 夏普比率（年化） | 1.02 | 0.93 | 0.84 | 0.79 | 0.72 | 0.65 | 0.51 |
| 盈利比例 | 23.21% | 21.57% | 19.61% | 17.92% | 18.18% | 17.02% | 16.36% |
| 平均盈亏比 | 5.72 | 5.69 | 5.88 | 5.62 | 6.79 | 5.61 | 4.71 |
| 单次最大亏损 | 9.67% | 11.72% | 10.98% | 9.32% | 9.92% | 10.52% | 24.54% |
| 最大回撤 | 26.76% | 41.30% | 42.81% | 41.29% | 54.63% | 48.47% | 55.49% |
| 平均持仓 | 57.48% | 58.39% | 57.25% | 59.45% | 60.50% | 60.36% | 58.56% |
| 平均操作周期 | 31.32 | 34.39 | 34.39 | 33.09 | 39.86 | 37.32 | 31.89 |

注：沪深 300 指数的累计收益（年化）为 8.59%，夏普比率（年化）为 0.45，最大回撤为 72.30%。

**表 8－5　　均线优化策略评价指标的分布**

| | 最小值 | 5%分位数 | 上四分位 | 中位数 | 下四分位 | 95%分位数 | 最大值 |
|---|---|---|---|---|---|---|---|
| 累计收益（年化） | 8.60% | 11.65% | 13.50% | 14.56% | 15.80% | 18.02% | 19.79% |
| 夏普比率（年化） | 0.51 | 0.65 | 0.74 | 0.79 | 0.84 | 0.93 | 1.03 |
| 盈利比例 | 10.84% | 14.29% | 16.36% | 17.63% | 19.09% | 21.21% | 24.00% |
| 平均盈亏比 | 3.77 | 4.57 | 5.48 | 6.09 | 6.87 | 8.35 | 10.36 |
| 单次最大亏损 | 5.59% | 7.92% | 9.74% | 10.55% | 12.02% | 24.54% | 25.50% |
| 最大回撤 | 26.76% | 34.59% | 42.21% | 46.02% | 49.88% | 54.99% | 58.18% |
| 平均持仓 | 55.44% | 56.32% | 57.49% | 58.39% | 59.32% | 61.62% | 63.62% |
| 平均操作周期 | 17.03 | 20.64 | 28.76 | 33.74 | 35.81 | 40.80 | 44.99 |

图 8－11 至图 8－14 给出了所有测试参数组合下优化策略的评价指标。

图 8－11 中策略的年化累计收益和夏普比率与观察期和执行期参数没有明显的变化规律。

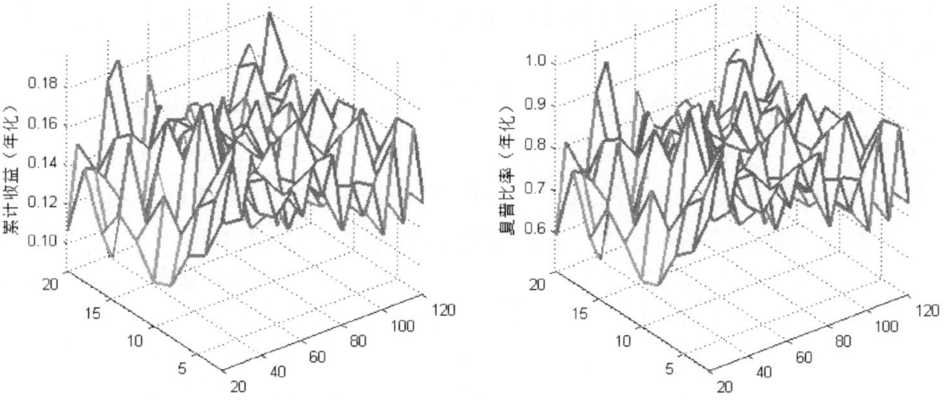


图 8 - 11　均线优化策略的累计收益（年化）和夏普比率（年化）

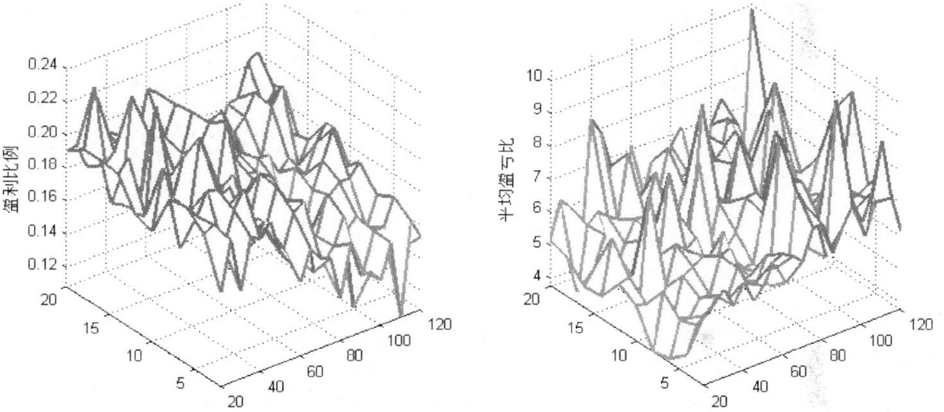


图 8 - 12　均线优化策略的盈利比例和盈亏比

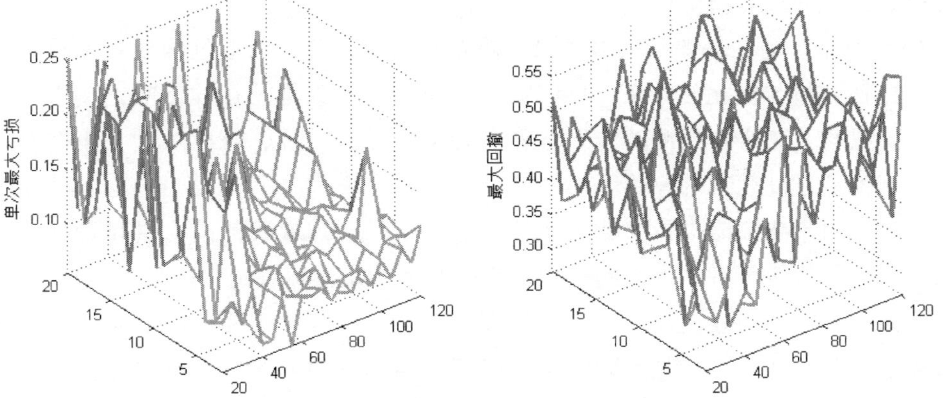


图 8 - 13　均线优化策略的单次最大亏损和最大回撤

图 8－12 均线优化策略的盈利比例（盈亏比）则随观察期的增加、执行期的减少有所下降（上升）。

图 8－13 中均线优化策略在执行期较长时容易出现较大的单次最大亏损，最大回撤与观察期和执行期则并无变化规律。

图 8－14 中均线优化策略的平均持仓随观察期和执行期的增加而增加，平均操作周期则随执行期的下降而增加，执行期越低的策略，操作将更为频繁，操作周期更短。

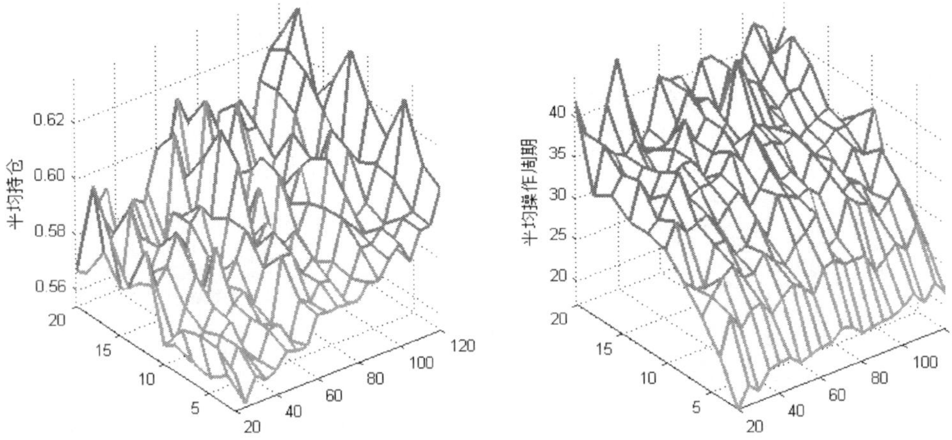


图 8－14 均线优化策略的平均持仓和操作周期

综上所述，优化均线策略的表现更为稳定，虽然策略的平均年化累计收益略有下降（16.04%下降至 14.56%），操作频率有所提高，但策略的平均夏普比例则略有提升，最大回撤有所降低。

（5）小结。前视偏差是大多数量化策略的重要缺陷，而通过构建一套量化策略参数敏感性分析与优化的方法，可以降低前视偏差和数据挖掘的影响，使得采用历史数据对量化策略进行回测的结果与样本外检验更为一致，从而对量化策略有一个更为客观而非过度乐观的评价。

首先，对量化策略进行参数敏感性分析，得到合理参数范围内量化策略表现的分布，从而了解量化策略表现的全貌，而非某些特定参数设定下的卓越表现。

如果量化策略的表现波动较大，那么参数的选择至关重要，因而需要根据样本外检验的思路设计一套检验参数优化选择下策略表现的回测方法。通过事前设定的参数优化选择的算法，在各个回测时点利用实际条件下可观测的数据被动选取参数，以避免前视偏差，使策略的回测结果更为客观真实，具有实际指导价值。这样，模型构建过程是在回测前设定好的，策略和参数的选择则都是样本外的。

同时，还需要采用这套量化策略参数敏感性分析与优化的方法对均线策略进行测试。参数敏感性分析发现，均线策略的表现极不稳定，不同参数设定下的策略表现相差巨大。因此，很有必要对均线策略的参数进行优化。

实施参数优化方法后，均线策略的绩效表现的不确定性有所降低，但仍不够稳定。虽然优化均线的平均夏普比例略有提升，最大回撤有所降低，但并没有提高策略的平均年化累计收益，同时操作频率也有所提高。

基于参数优化的均线策略仍具有较大不确定性，其样本外的表现将无法准确估计。不过该优化策略的年化累计收益有 95% 的概率超过 11.65%，明显高于同期沪深 300 指数的年化累计收益（8.59%），仍存在一定的指导价值。

## 8.2　LLT 模型：高阶过滤，降低信号延迟

研究表明，在使用 MA 计数分析指标进行趋势跟踪时，容易出现“跟不紧”甚至“跟不上”的情况。平滑性和延迟性在 MA 指标中成为不可避免的矛盾，而 LLT 低延迟趋势线可以有效化解这一矛盾。

LLT 低延迟趋势线源于 EMA 指数平均的技术分析指标，EMA 的本质是在计算中对靠近计算日的价格赋予更大的权重，其计算方式在信号处理理论中恰好对应着一类一阶滤波器，可以将信号的高频分量进行有效的过滤。由于一阶滤波的效果相对较差，通带和阻带间的过渡带太长。阶数越高，滤波器传输函数在截止频率附近衰减得越快，但同时通带会变得不平，也就是靠近截止频率的信号会有些放大。因此，折中来看，可以选择二阶滤波器，并根据二阶滤波器设计了 LLT 低延迟趋势线，发现其在低频部分的输出信号较强，同时相比 MA 均线和 EMA 均线，延迟大幅下降。

过去的研究将 LLT 趋势择时应用于沪深 300、上证指数、深证成指等市场指数的日数据，通过切线法进行方向判断，获得良好的风险收益情况；同时，相比 MA 趋势择时，LLT 模型的择时周期更短，稳定性也更好。不过过去对策略收益风险的判断仅建立在做多策略的基础上，而多空策略才是更为准确的衡量指标的预测性。

因此，需要在多空策略的基础上重新探讨 MA 和 LLT 策略，并同时将 EMA 策略纳入分析比较，从信号滤波的视角重新审视上述技术分析指标的预测性。

### 8.2.1 LLT 技术分析框架

MA 指标可以很好地刻画指数或股票价格趋势，但其最大的问题在于存在延迟，随着时间窗口的增加，MA 指标的局部波动显著减小（即平滑性越来越好），但趋势跟随也出现了越来越高的延迟。另一种均线指标——指数平均线（Exponential Moving Average，EMA）对靠近计算日的价格赋予更大的权重，不过与 MA 指标类似，在指数拐点附近存在一定的延迟。

EMA 的公式一般如下：

$$EMA_t = \alpha P_t + (1-\alpha) EMA_{t-1}$$

可以看出，EMA 指标是信号处理理论中的一种一阶线性滤波器。为了从信号滤波的视角统一分析技术指标，先定义传输函数。传输函数定义为输出信号与输入信号的比值，可以看作输出与输入的强度比值。若将指数价格的时间序列看作输入信号，均线指标看作输出信号，传输函数即为：

$$H(t) = \frac{EMA_t}{P_t}$$

因此，EMA 可以表示为：

$$EMA_t = \alpha P_t + (1-\alpha) LEMA_t$$

$L$ 为滞后算子，那么：

$$EMA_t = \frac{\alpha P_t}{1-(1-\alpha)L}$$

因此，EMA 均线的传输函数为：

$$H_1(t) = \frac{\alpha}{1-(1-\alpha)L}$$

传输函数是描述线性动力学系统的基本数学工具之一，由动力学系统本身的性质决定，与输入信号无关。传输函数可以描述不同频率下的输出输入比，即描述信号在动力学系统中衰减或放大行为（张超，2013）。

若令滞后算子 $L = e^{i\omega} = e^{i\Omega T} = e^{i2\pi fT}$，那么 $L$ 算子转化为傅里叶变换，其中 $f$ 为采样频率，$T$ 为采样时间间隔。当 $L = 1$ 时，$\omega = 0$，此时系统对应最低频率（零频率）；而当 $L = -1$ 时，$\omega = \pi$，频率达到最大值。

可以看出，当时间序列为常序列时，频谱对应零频率，EMA 指标收敛于该常数，此时 $L=1$，传输函数等于 1，输出信号与输入信号完全相同，不产生增益或衰减；反之，当频率等于信号可能的最高频率即奈奎斯特频率（Nyquist frequency，定义为采样频率的 1/2），$L=-1$，传输函数等于 $\alpha/(2-\alpha)$，高频成分被最大限度地衰减。也就是说，传输函数在产生 EMA 信号过程中，对高频成分具有衰减作用。如果将上述 EMA 指标作为滤波工具，相当于一个一阶低通滤波器。

由于 $L=1$ 时，输出信号包含了输入信号的全部分量。因此，从理论上来说，在 EMA 指标这一低通滤波器的基础之上，可以通过从全部输入信号中减去低频分量，构造一个高通滤波器，即 $1-H_1(t)$。但当 $L=-1$ 时，传输函数等于 $\alpha/(2-\alpha)$，也就是说仍然有高频分量输出。因此，按照 $1-H_1(t)$ 所计算得到的传输函数并不能包含所有的高频分量。为此修正 EMA 指标为：

$$EMA_t=\alpha\frac{P_t+P_{t-1}}{2}+(1-\alpha)EMA_{t-1}$$

其输出函数为：

$$H_2(t)=\frac{\alpha(1+L)/2}{1-(1-\alpha)L}$$

当 $L=-1$ 时，该传输函数等于零，最高频分量被完全过滤。因此，构造如下一阶高通滤波器：

$$H_3(t)=1-H_2(t)=\frac{(1-\alpha/2)(1-L)}{1-(1-\alpha)L}$$

如果希望滤波效果更好，尽量保留需要的信号，抑制没用的信号，则需要选择合适阶数的滤波器。上述一阶滤波的效果相对较差，通带和阻带间的过渡带太长；阶数越高，滤波器传输函数在截止频率附近衰减得越快，但同时通带会变得不平，也就是靠近截止频率的信号会有些放大。因此，折中来看，可以选择二阶高通滤波器，以保留有用的高频信号。二阶高通滤波器可以通过串联两个一阶高通滤波器实现，即信号通过一个高通滤波器之后，输出信号再进入一个高通滤波器，如此一来，经过两次一阶滤波，就可以完成二阶滤波过程。相应的，二阶高通滤波器的传输函数可以写作：

$$H_4(t)=H_3(t)\times H_3(t)=\frac{(1-\alpha/2)^2(1-2L+L^2)}{1-2(1-\alpha)L+(1-\alpha)^2L^2}$$

根据上述二阶高通滤波公式，构造相应的低通滤波系统：

$$H_5(t)=1-H_4(t)=\frac{(\alpha-\alpha^2/4)+(\alpha^2/2)L+(\alpha-3\alpha^2/4)L^2}{1-2(1-\alpha)L+(1-\alpha)^2L^2}$$

从而有：

$LLT_t = 2(1-\alpha)LLT_{t-1} - (1-\alpha)^2 LLT_{t-2} + (\alpha - \alpha^2/4)P_t + (\alpha^2/2)P_{t-1} - (\alpha - 3\alpha^2/4)P_{t-2}$

在接下来的实证比较中，将对比传统 MA 均线指标、EMA 指标、修正 EMA 指标和低延迟趋势线 LLT 指标的实际表现，其检测方法如下：

（1）根据价格时间序列 $\{P_t\}$ 计算指标 $\{y_t\}$。

（2）比较 $y_t$ 与 $y_{t-1}$ 的大小。若 $y_t > y_{t-1}$，那么第 $t$ 期末的持仓为 1（即第 $t+1$ 期的信号为 +1，第 $t+1$ 期看多，建仓价为第 $t$ 期收盘价）；否则，第 $t$ 期末的持仓为 -1，第 $t+1$ 期看空。

### 8.2.2 LLT 策略的实证比较

选取沪深 300 指数来进行比较，时间样本设定为 2002 年至 2016 年。关于上述各个指标的构建，传统 MA 指标只有唯一的参数时间窗口 $d$；而对于其他指标也只有唯一的参数 $\alpha$，其表征的是当前价格与历史价格之间的权重。参数 $\alpha$ 与 $MA$ 均线的时间窗口参数 $d$ 的关系为：$\alpha = 2/(1+d)$。因此，可以在统一参数设定的基础上对各个技术指标进行实证比较。

#### 8.2.2.1 全样本分析

通过测试 $d=10$、20、…、90 的结果，可以对上述指标的效果进行比较。从累计收益率的角度来看，在 $d=40$ 到 $d=80$ 的情况下 LLT 策略的累计收益最高，其中 $d=40$、$d=50$、$d=60$、$d=80$ 的情况下，MA 策略和 EMA 策略的累计收益差别不大；而在 $d=70$ 的情况下，MA 策略的累计收益明显小于和 EMA 策略。在 d = 20 的情况下，EMA 策略的累计收益明显大于其他策略；而在 $d=90$ 的情况下，MA 策略的累计收益明显大于其他策略。因此，仅分别展示 $d=60$、$d=70$ 和 $d=20$、$d=90$ 的结果。以下各图的纵坐标为对数净值。

图 8-15 给出了各个策略在 $d=60$、$d=70$ 时的累计（对数）净值曲线。在 $d=60$ 时，各个策略在 2009 年之前的累计（对数）净值相差都不大；而在 10 年后，LLT 策略的累计（对数）净值与 MA 和 EMA 策略的净值逐渐拉开差距。在 $d=70$ 时的情况也是类似特征，LLT 策略的累计（对数）净值在 10 年后与 EMA 策略的净值逐渐拉开差距，而 MA 策略与其他策略有明显的差距。

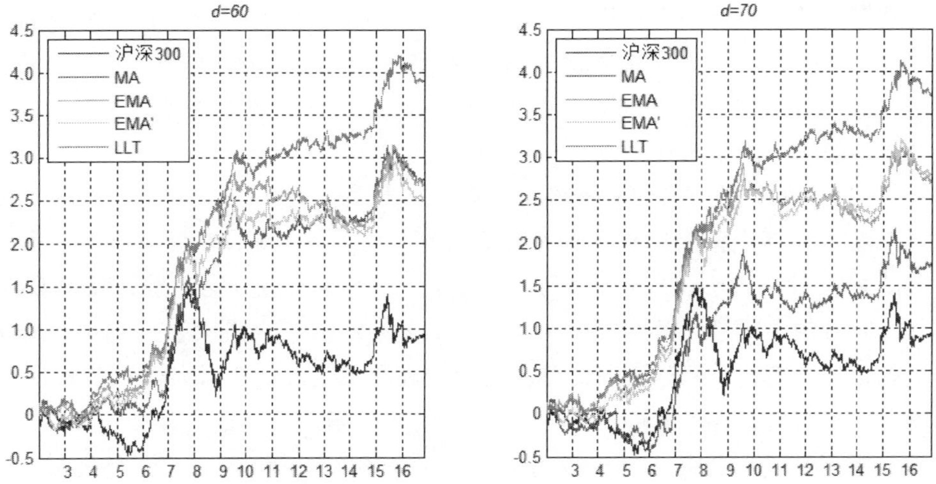


图 8－15　技术分析策略比较（$d=60$、$d=70$，2002－2016）

表 8－6 给出了各个策略在 $d=60$、$d=70$ 时的策略评价指标。从择时次数来看，随着参数 d 的增加，EMA 和 LLT 策略的择时次数有所下降，而 MA 策略的择时次数则是增加的。另外，EMA 和 LLT 策略的择时次数要大于 MA 策略，LLT 策略的信号变化相对更为积极，交易也更为活跃。

**表 8－6　　技术分析策略比较（$d=60$、$d=70$，2002～2016 年）**

| | $d=60$ | | | | $d=70$ | | | |
|---|---|---|---|---|---|---|---|---|
| | MA | EMA | EMA′ | LLT | MA | EMA | EMA′ | LLT |
| 择时次数 | 115 | 205 | 153 | 175 | 141 | 193 | 147 | 153 |
| 累积收益率 | 14.67 | 13.61 | 11.21 | 47.93 | 4.78 | 14.01 | 15.18 | 40.57 |
| 日均收益（年化） | 22.16% | 21.57% | 20.43% | 30.16% | 15.14% | 21.78% | 22.35% | 28.99% |
| 日标准差（年化） | 24.43% | 24.03% | 24.43% | 24.71% | 24.15% | 24.12% | 24.28% | 24.58% |
| 夏普比率（年化） | 0.91 | 0.90 | 0.84 | 1.22 | 0.63 | 0.90 | 0.92 | 1.18 |
| 盈利比率 | 42.61% | 25.85% | 28.76% | 37.71% | 35.46% | 23.83% | 27.89% | 34.64% |
| 最大回撤率 | 45.17% | 48.70% | 39.07% | 29.60% | 52.22% | 52.64% | 37.05% | 33.93% |
| 盈利次数 | 49 | 53 | 44 | 66 | 50 | 46 | 41 | 53 |
| 亏损次数 | 65 | 151 | 108 | 108 | 90 | 146 | 105 | 99 |
| 平均盈利率 | 13.55% | 12.77% | 14.58% | 11.45% | 11.92% | 14.29% | 17.75% | 14.00% |
| 平均亏损率 | -3.09% | -1.73% | -2.33% | -2.10% | -2.79% | -1.61% | -2.13% | -2.20% |
| 平均盈亏比（绝对值） | 4.39 | 7.39 | 6.26 | 5.45 | 4.27 | 8.86 | 8.35 | 6.37 |
| 单次最大盈利 | 248.01% | 166.80% | 166.80% | 173.25% | 231.42% | 173.71% | 289.10% | 182.98% |
| 单次最大亏损 | -16.16% | -6.53% | -8.02% | -6.53% | -13.33% | -6.53% | -8.41% | -6.66% |
| 最大连续盈利次数 | 5 | 3 | 4 | 3 | 3 | 4 | 4 | 4 |
| 最大连续亏损次数 | 7 | 12 | 8 | 7 | 9 | 12 | 11 | 7 |

从到期累计收益率、年化日均收益和年化夏普比率可以看出，LLT 策略与其他策略存在着巨大差异，而各个策略在日标准差上差别不大。这一结论与张超（2013）认为 LLT 策略的收益分布更为稳定不同。不过从最大回撤率来看，LLT 策略的最大回撤明显小于其他策略。

从其他指标可以看出，MA 策略的盈利比例最高，而 LLT 策略次之，不过都小于 50%。因此，各个策略都会有较大的平均盈亏比。各个策略的平均盈利率和平均亏损率的差别不大，但单次最大盈利和单次最大亏损却存在显著区别，除了 EMA 策略在 d=70 时的单次最大盈利非常大以外，MA 策略的单次最大盈利和单次最大亏损基本都是最大的，而其他策略的单次最大盈利和单次最大亏损都相差不大。

图 8-16 给出了各个策略在 d=20、d=90 时的累计（对数）净值曲线，LLT 策略并非最优。d=20 时 EMA 策略最优，与 LLT 策略有一定差距，但走势类似，而与 MA 策略走势存在较大差别。d=90 时，EMA 策略与 LLT 策略的累计净值曲线都非常接近，而 MA 策略仅在 2009 年及其之前的走势与其相近，在 10 年后，MA 策略的累计净值与 EMA 和 LLT 策略的净值逐渐拉开差距。从到期累计净值的最大值来看，LLT 策略在 $d=60$、$d=70$ 时的净值要明显大于 EMA 和 MA 策略分别在 $d=20$ 和 $d=90$ 时的净值。

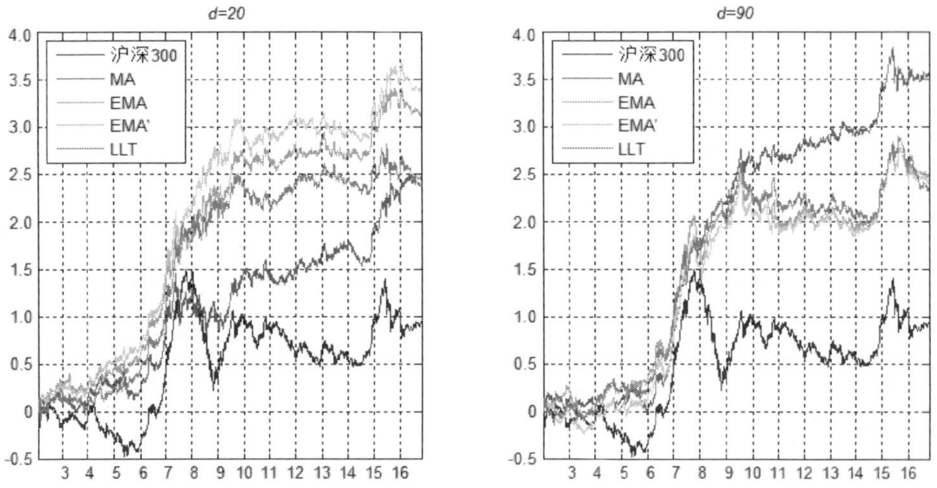


图 8-16　技术分析策略比较（$d=20$、$d=90$，2002-2016）

表 8-7 给出了各个策略在 $d=20$、$d=90$ 时的策略评价指标。EMA 和 LLT 策略的择时次数随着参数 $d$ 的增加而有明显降低，而 MA 策略的择时次数则并没有呈现

出单调递减的关系，$d=60$ 时的择时次数是更低。同样，EMA 和 LLT 策略的择时次数要普遍大于 MA 策略。

**表 8－7　　技术分析策略比较（$d=20$、$d=90$，2002～2016 年）**

| | $d=20$ | | | | $d=90$ | | | |
|---|---|---|---|---|---|---|---|---|
| | MA | EMA | EMA′ | LLT | MA | EMA | EMA′ | LLT |
| 择时次数 | 291 | 373 | 285 | 377 | 125 | 157 | 121 | 171 |
| 累积收益率 | 9.71 | 21.54 | 28.74 | 10.73 | 33.99 | 11.03 | 10.30 | 9.39 |
| 日均收益（年化） | 19.81% | 24.95% | 26.84% | 20.51% | 27.73% | 20.24% | 19.82% | 19.26% |
| 日标准差（年化） | 25.65% | 25.46% | 25.30% | 25.91% | 24.30% | 24.10% | 24.16% | 24.27% |
| 夏普比率（年化） | 0.77 | 0.98 | 1.06 | 0.79 | 1.14 | 0.84 | 0.82 | 0.79 |
| 盈利比率 | 34.71% | 32.98% | 33.33% | 32.10% | 40.80% | 25.48% | 28.93% | 23.39% |
| 最大回撤率 | 47.83% | 30.03% | 34.57% | 32.80% | 37.52% | 51.16% | 48.45% | 48.27% |
| 盈利次数 | 101 | 123 | 95 | 121 | 51 | 40 | 35 | 40 |
| 亏损次数 | 189 | 249 | 189 | 255 | 73 | 116 | 85 | 130 |
| 平均盈利率 | 7.51% | 6.65% | 8.47% | 7.13% | 13.33% | 17.32% | 18.94% | 16.67% |
| 平均亏损率 | -2.29% | -1.73% | -2.02% | -2.10% | -1.58% | -1.96% | -2.46% | -2.17% |
| 平均盈亏比（绝对值） | 3.28 | 3.85 | 4.19 | 3.39 | 8.45 | 8.83 | 7.71 | 7.69 |
| 单次最大盈利 | 85.35% | 77.81% | 75.78% | 56.06% | 279.02% | 287.33% | 284.30% | 165.94% |
| 单次最大亏损 | -17.51% | -8.28% | -9.30% | -9.79% | -8.05% | -7.64% | -8.41% | -8.02% |
| 最大连续盈利次数 | 4 | 4 | 5 | 3 | 5 | 5 | 4 | 3 |
| 最大连续亏损次数 | 8 | 12 | 10 | 10 | 9 | 13 | 10 | 9 |

从到期累计收益率、年化日均收益和年化夏普比率上可以看出，参数不同时，各个策略本身也存在巨大的差异，各个策略的优劣排序也会发生变化。不过各个策略在日标准差上差别都不大。

从其他指标可以看出，各个策略的盈利比例都小于 50%，平均盈亏比也都非常大。各个策略在平均盈利率和平均亏损率上的差别不大，同时除少数情况外，单次最大盈利和单次最大亏损差别也不大。

综上所述，从收益率的标准差来看，LLT 策略的稳定性与其他策略并没有显著差别，只是在某些参数下，最大回撤会更低。同时，LLT 策略并不会都优于 MA 和 EMA 策略，不同参数设定下，各个策略的优劣排序会存在很大差别。不过 LLT 策略提供了一种获取更高收益率的可能，在某些参数情况下，该策略的到期净值要大于其他策略在最优参数下的情况。另外，LLT 策略的信号变化相对其他策略会更积极，交易也更活跃，这一点并不受参数影响。

#### 8.2.2.2 子样本分析

再考虑子样本的情况，将 2002 年至 2016 年分为 2 个子时间样本区间，第 1 个样本区间为 2002 年至 2009 年共 8 年，第 2 个样本区间为 2010 年至 2016 年共 7 年。在第 1 个样本区间，大多数策略的净值曲线都非常接近，但 MA 策略在参数 $d=20$、$d=70$ 时的情况除外。对于第一个样本区间的讨论，这里仅给出 $d=60$、$d=70$ 时的情况。各策略净值曲线如图 8－17 所示。

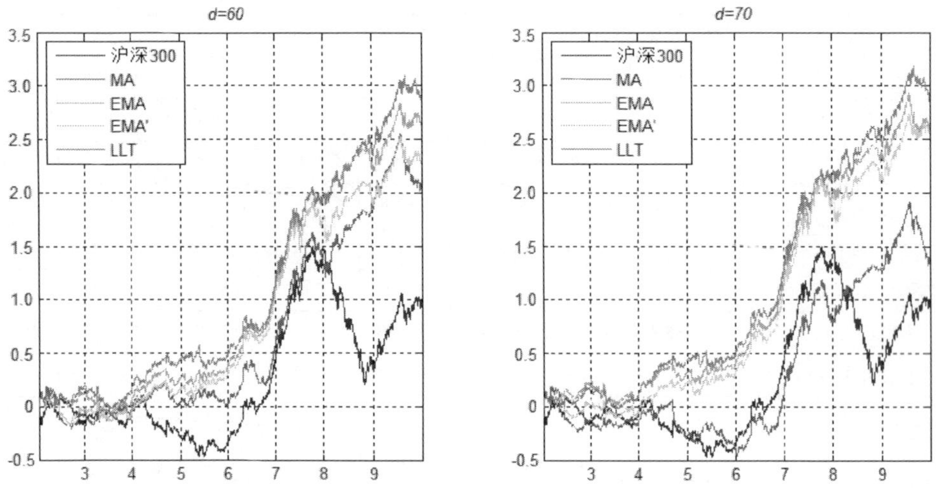


图 8－17　技术分析策略比较（$d=60$、$d=70$，2002～2009 年）

$d=60$ 时各个策略的净值曲线都非常相似，都具有非常明显的超额收益。而 $d=70$ 时，MA 策略的净值曲线与其他策略的净值曲线存在较大不同。

表 8－8 给出了各个策略在 2002—2009 年的子样本区间上 $d=60$ 和 $d=70$ 时的策略评价指标。择时次数在不同参数之间以及同一参数下不同策略之间的规律与全样本类似，MA 和 LLT 策略的择时次数随着参数 d 的增加而降低，而 MA 策略则没有。不过在此子样本区间，d＝70 时，EMA 策略的择时次数小于 MA 策略，并没有出现 EMA 和 LLT 策略的择时次数均大于 MA 策略的情况。

表 8－8　　技术分析策略比较（$d=60$、$d=70$，2002—2009 年）

| | $d=60$ | | | | $d=70$ | | | |
|---|---|---|---|---|---|---|---|---|
| | MA | EMA | EMA′ | LLT | MA | EMA | EMA′ | LLT |
| 择时次数 | 53 | 77 | 57 | 77 | 71 | 79 | 55 | 71 |
| 累积收益率 | 7.14 | 13.41 | 9.04 | 16.83 | 3.08 | 13.01 | 12.47 | 16.66 |
| 日均收益（年化） | 30.36% | 37.65% | 33.10% | 40.67% | 21.28% | 37.27% | 36.87% | 40.51% |
| 日标准差（年化） | 25.46% | 25.12% | 25.53% | 26.14% | 24.79% | 25.04% | 25.41% | 25.99% |
| 夏普比率（年化） | 1.19 | 1.50 | 1.30 | 1.56 | 0.86 | 1.49 | 1.45 | 1.56 |
| 盈利比率 | 47.17% | 33.77% | 35.09% | 40.26% | 29.58% | 31.65% | 34.55% | 36.62% |
| 最大回撤率 | 41.13% | 21.15% | 32.12% | 21.54% | 47.23% | 31.01% | 33.55% | 27.23% |
| 盈利次数 | 25 | 26 | 20 | 31 | 21 | 25 | 19 | 26 |
| 亏损次数 | 27 | 50 | 36 | 45 | 49 | 53 | 35 | 44 |
| 平均盈利率 | 19.25% | 17.88% | 22.31% | 16.36% | 20.59% | 18.61% | 27.98% | 19.71% |
| 平均亏损率 | －4.24% | －1.70% | －2.88% | －2.24% | －2.97% | －1.62% | －2.34% | －2.14% |
| 平均盈亏比 | 4.54 | 10.55 | 7.74 | 7.30 | 6.93 | 11.52 | 11.96 | 9.23 |
| 单次最大盈利 | 248.01% | 166.80% | 166.80% | 173.25% | 231.42% | 173.71% | 289.10% | 182.98% |
| 单次最大亏损 | －16.16% | －6.17% | －8.02% | －6.27% | －13.33% | －4.89% | －8.41% | －6.66% |
| 最大连续盈利次数 | 5 | 2 | 4 | 3 | 3 | 4 | 4 | 4 |
| 最大连续亏损次数 | 5 | 6 | 6 | 6 | 9 | 7 | 5 | 6 |

从到期累计收益率、年化日均收益和年化夏普比率可以看出，LLT 策略优于 EMA 类策略，后者又优于 MA 策略。从收益率日标准差来看，LLT 策略的稳定性并没有优于其他策略，但最大回撤则明显小于其他策略。

各个策略的盈利比例仍是都小于 50%，平均盈亏比也都非常大。各个策略在平均盈利率、平均亏损率、单次最大盈利和单次最大亏损上的结论与全样本基本类似。

在第 2 个子样本区间，LLT 策略在 $d=50$ 到 $d=80$ 拥有最高的到期累计收益，MA 策略在 $d=10$、$d=20$、$d=40$、$d=90$ 有最高的到期累计收益。以 $d=20$ 和 $d=60$ 的情况给予阐述（净值曲线见图 8－18）。$d=20$ 时，LLT 的累计净值最小，EMA 策略次之。而 $d=60$ 时，EMA 策略的累计净值最小，MA 策略次之。虽然累计净值有明显差别，但大部分时候各个策略的走势非常相似。

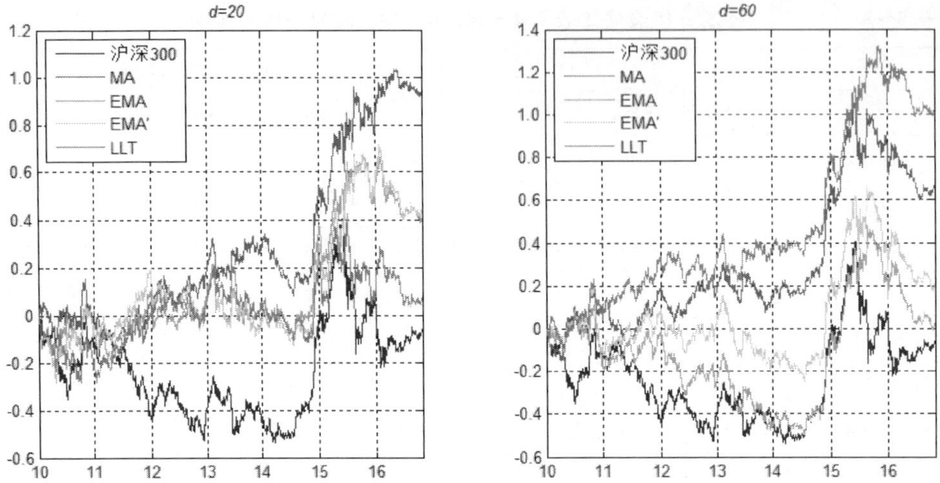


图 8-18　技术分析策略比较（$d=20$、$d=60$，2010—2016 年）

表 8-9 给出了各个策略在 2010～2016 年子样本区间上 $d=20$ 和 $d=60$ 时的策略评价指标。各个策略的择时次数随参数 $d$ 的增加而降低，并且 EMA 和 LLT 策略的择时次数均大于 MA 策略，与之前的讨论结果一致。

**表 8-9　　技术分析策略比较（$d=20$、$d=60$，2010～2016 年）**

| | $d=20$ | | | | $d=60$ | | | |
|---|---|---|---|---|---|---|---|---|
| | MA | EMA | EMA′ | LLT | MA | EMA | EMA′ | LLT |
| 择时次数 | 138 | 195 | 151 | 195 | 63 | 129 | 97 | 99 |
| 累积收益率 | 1.52 | 0.48 | 0.54 | 0.07 | 0.93 | 0.01 | 0.22 | 1.74 |
| 日均收益（年化） | 16.67% | 8.66% | 9.16% | 3.76% | 12.58% | 2.77% | 5.61% | 17.87% |
| 日标准差（年化） | 23.30% | 23.40% | 23.08% | 23.67% | 23.16% | 22.63% | 23.06% | 22.90% |
| 夏普比率（年化） | 0.72 | 0.37 | 0.40 | 0.16 | 0.54 | 0.12 | 0.24 | 0.78 |
| 盈利比率 | 33.33% | 30.77% | 31.13% | 30.26% | 39.68% | 21.71% | 25.77% | 36.36% |
| 最大回撤率 | 23.99% | 26.68% | 28.13% | 32.80% | 36.09% | 45.71% | 39.07% | 28.55% |
| 盈利次数 | 46 | 60 | 47 | 59 | 25 | 28 | 25 | 36 |
| 亏损次数 | 92 | 135 | 104 | 136 | 38 | 101 | 72 | 63 |
| 平均盈利率 | 6.23% | 4.73% | 5.98% | 5.28% | 7.38% | 7.68% | 7.92% | 6.91% |
| 平均亏损率 | -1.85% | -1.66% | -2.07% | -2.06% | -2.32% | -1.77% | -2.09% | -2.01% |
| 平均盈亏比（绝对值） | 3.36 | 2.85 | 2.88 | 2.56 | 3.18 | 4.34 | 3.79 | 3.44 |
| 单次最大盈利 | 42.11% | 36.87% | 38.54% | 36.02% | 87.35% | 91.88% | 79.43% | 36.82% |
| 单次最大亏损 | -8.46% | -6.42% | -6.42% | -8.22% | -12.24% | -6.53% | -6.53% | -6.53% |
| 最大连续盈利次数 | 3 | 3 | 3 | 3 | 3 | 3 | 3 | 3 |
| 最大连续亏损次数 | 8 | 12 | 10 | 10 | 7 | 12 | 8 | 7 |

从到期累计收益率、年化日均收益和年化夏普比率上可以看出，不同参数情况下，各个策略本身都存在着较大差别，同时各个策略的优劣排序会发生巨大变化。从收益率日标准差来看，各个策略相差不大，最大回撤亦是如此，LLT 策略并没有优于其他策略。

同样，在第 2 个子样本区间，各个策略的盈利比例仍是都小于 50%，平均盈亏比也都非常大的。各个策略在其他指标上的结论与之前类似。

### 8.2.3 小结

过去的研究通常基于多头策略探讨信号滤波视角下 MA 策略、EMA 策略和 LLT 策略的优劣，在此基础上，可以进一步通过多空策略的方法对各个策略的有效性进行实证比较。结果显示，从收益率的标准差来看，LLT 策略的稳定性与其他策略并没有显著差别，只是在某些参数下，最大回撤会更低。同时 LLT 策略并不会都优于 MA 策略和 EMA 策略，不同参数设定下，各个策略的优劣排序会存在很大差别。其主要原因是各个策略在不同参数情况下，其收益率会有巨大变化，策略本身对参数的敏感性较高。不过 LLT 策略提供了一种获取更高收益率的可能，在某些参数情况下，该策略的到期净值要大于其他策略在最优参数下的情况。另外，LLT 策略的信号变化相对其他策略会更为积极，交易也更为活跃，这一点并不受参数影响。

在未来的研究中，还可以考虑参数优化的问题，即在时期 $t$ 末，利用到时期 $t$ 末的历史数据来确定一个最优参数，然后根据最优参数来构造策略，最优参数随着时间动态调整。比如考察某个策略在不同参数情况下第 $t-L+1$ 期至第 $t$ 期总共 $L$ 期的累计收益率，选择使得这 $L$ 期累计收益率最高的参数，然后在该参数下执行策略 $K$ 期。到第 $t+K$ 期末，再采用同样方法重新确定最优参数，如此循环直至最后一期。

## 8.3 基于参数优化的 Dual – Thrust 交易策略：过滤震荡行情抓趋势

### 8.3.1 Dual – Thrust 交易的基本思想

Dual Thrust 交易策略是由 Michael Chalek 在 20 世纪 80 年代开发的，该策略是一个趋势跟踪系统，曾长期位于《Future Truth》杂志评选的最赚钱的策略之列。Dual Thrust 策略具有适用范围广、思路简洁、拟合参数少等特点，从而被广泛应用在股票、债券、期货等市场。该策略对于市场趋势有较强的把握能力，可以为投资者带来长期稳定的收益。

金融资产的价格趋势大致可以分为两类，即趋势行情和震荡行情。震荡行情指价格在一定的区间内波动，这种波动是随机的因而难以判断价格的运动方向。而在趋势行情中，价格的动向比较容易判断，交易的胜率也会大大提高。Dual Thrust 系统的目的是过滤掉震荡行情，抓住趋势从而获得收益。

Dual Thrust 策略的基本方法如下（见图 8－19）：

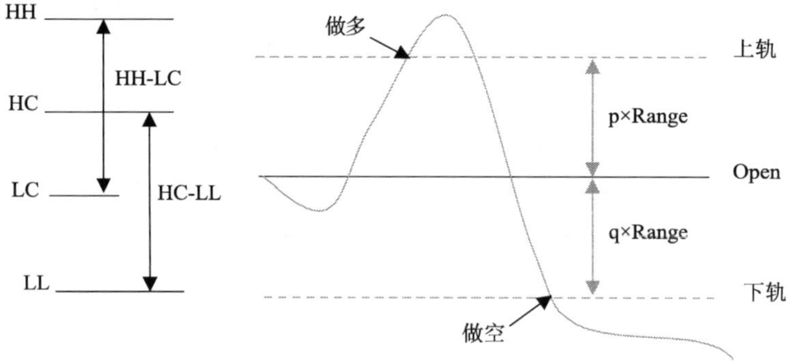


图 8－19　Dual－Thrust 交易策略规则

Step1：首先 HH、NC、HC、LL 分别表示如下：

HH：过去 N 日 High 的最高价

LC：过去 N 日 Close 的最低价

HC：过去 N 日 Close 的最高价

LL：过去 N 日 Low 的最低价

Step2：利用这些数据计算出震荡区间的上轨和下轨，其中 $p$、$q$ 为参数。

$Range = \max(HH - LC, HC - LL)$

$Buyline = Open + p \times Range$

$Sellline = Open - q \times Range$

Step3：交易规则：

没有头寸时：当价格突破上轨时开多仓，当价格突破下轨时开空仓

持有多头时：价格突破下轨时平多仓，并以相同价格开空仓

持有空头时：价格突破上轨时平空仓，并以相同价格开多仓

### 8.3.2 数据选择

选取沪深300指数期货当月主力合约作为交易对象。由于2015年9月中国金融期货交易所大幅调整沪深300、上证50和中证500三大指数期货的保证金水平和交易费用导致成交量锐减，因此，暂且选取该调整之前的历史数据进行测试。具体的时间段为2014年1月1日至2015年9月1日，共计409个交易日。从图8－20可以看出，期货价格在2014年1月至11月之间处于震荡行情，12月起先是经历了一个“上涨——震荡——上涨”的行情，随后又出现暴跌。就Dual Thrust策略是否能够把握住市场趋势这一问题，分别观察策略在这三个阶段的表现。

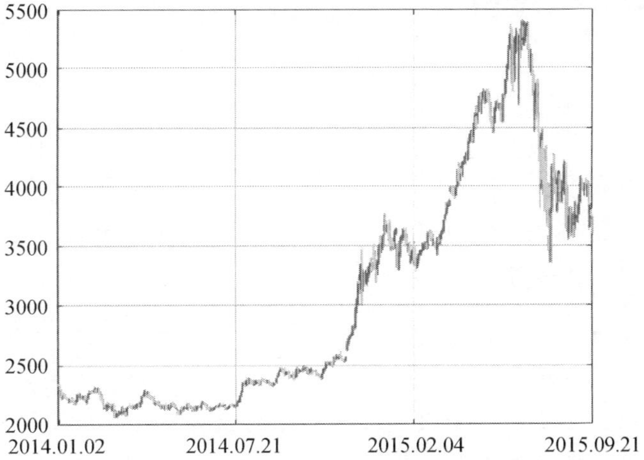


图8－20 沪深300指数期货当月主力合约K线图（2014.1～2015.8）

按行情将历史数据大致分为三段，首先分别对数据进行简单的统计分析见表8－10。

**表8－10 数据分段统计**

| | 第一阶段 | 第二阶段 | 第三阶段 |
|---|---|---|---|
| 交易日 | 200 | 153 | 49 |
| 累积涨幅 | 5.39% | 117.1% | －29.9% |
| 平均对数收益率（‰） | 0.26 | 5.1 | －7.9 |
| 平均振幅 | 33.41 | 115.52 | 255.26 |
| 上涨比例 | 41.50% | 59.48% | 40.82% |

从表 8 -10 中可以看出，第一阶段期货指数整体平稳，平均收益率和振幅都比较小，200 个交易日的振幅仅为 5.39%。从 K 线图也可以看出，该段数据前半段处于震荡行情，随即在一个短暂的上涨趋势之后重新恢复为震荡行情。该段数据可以测试出策略在震荡行情中的表现。第二段数据为一个中期的牛市，期货指数在 153 个交易日内上涨了 117.1%，平均对数收益率和振幅较前一段数据都有显著提升，因此，该段数据是测试策略能否把握上涨趋势的最佳样本。在第三段数据中期货指数在短短的 49 个交易日中下跌了 29.9%，平均振幅更是高达 255.26。因此，该段数据将检测出交易策略能否应对突如其来的股灾，在暴跌中是否能够迅速应对并调整仓位。

## 8.3.3 策略改进思路

### 8.3.3.1 参数选择

假设不考虑隔夜留仓，即在每个交易日收盘时平仓，第二个交易日再开仓。令 $d$ 为日期，$r_d^{p,q}$为策略选择参数为$(p,q)$时在第 $d$ 个交易日的收益，则$r_d^{p,q}$可表示如下：

$$r_d^{p,q}=\begin{cases}C_d-B_d^p & \text{做多时}\\ S_d^q-C_d & \text{做空时}\\ 0 & \text{不开仓}\end{cases}$$

其中，$C_d$为第 $d$ 个交易日的收盘价，$B_d^p$和$S_d^q$分别为第 $d$ 个交易日的买入和卖出价。则在整个交易期间内的累积收益为：

$$R^{p,q}=\sum_{d=1}^{T}r_d^{p,q}$$

假设整个$(t_1,t_2)$期间内的价格均为已知，$R^{p,q}$为该期间内的累积收益，可以得到最优的参数 $\tilde{p}$ 和 $\tilde{q}$，使得$R^{\tilde{p},\tilde{q}}=\max\limits_{0<p,q<1}R^{p,q}$。因此，基本思路是：对于 $d\in[0,T]$，选择参数 $p(d)$和 $q(d)$分别为前 $T$ 个交易日的最优参数（见图 8 -21）。

### 8.3.3.2 止盈止损

投资中，风险控制是非常重要的。止盈止损纵然会错失一些赚钱的机会，但也能减少可能的损失。因此，采用的止盈止损策略如下：

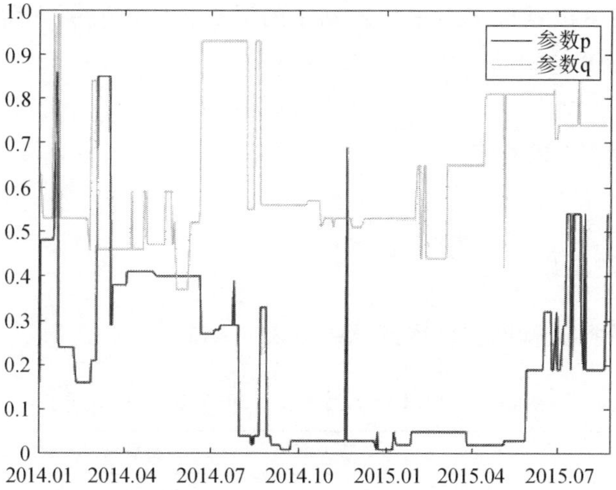


图 8－21　动态参数选择

持有多头时价格下跌超过 1% 或 20 点，或持有空头时价格上涨超过 1% 或 20 点则平仓止损，当日不再开仓；持有多头时价格上涨超过 5%，或持有空头时价格下跌超过 5% 则平仓止盈，当日不再开仓。

#### 8.3.3.3　振幅过滤

由于 Buyline 和 Sellline 的大小由当日的开盘价及前一个交易日的振幅所决定的，而振幅过小会导致交易区间上下轨过于接近而使得交易信号被轻易触发，因此，设置一个“门槛”可以有效过滤掉这些伪信号，减少无效交易。选取 40 作为振幅门槛，即前一日最高价与最低价之差小于 40，当日不开仓或进行多空转换，仅对已有头寸进行止盈止损操作。

#### 8.3.3.4　交易时段

经过对历史数据的分析发现，不在刚开盘时进行交易有助于减小策略的风险。因此，将开盘前 5 分钟设为观察期，在此期间不开仓或进行多空转换，仅在高开或低开时作平仓止损操作。

#### 8.3.3.5　滑点设置

在实盘交易中，由于网络延迟等因素，往往无法依照理想的价格进行交易。为了更好地模拟真实交易，需要在回测中加入滑点。由于沪深 300 指数期货的最小跳价单位为0.2，从而在每次交易中加入0.4的滑点，即实际买入价=买入价+0.4，实际卖出价=卖出价-0.4。

## 8.3.4 回测结果分析

### 8.3.4.1 回测结果分析

经过对样本数据进行回测，得到结果见表8-11。

表8-11　回测结果（2014年1月1日~2015年8月15日）

| | 全部交易 | 多头交易 | 空头交易 |
|---|---|---|---|
| 总收益 | 1 038 240 | 718 260 | 319 980 |
| 总利润 | 1 947 600 | 1 476 300 | 478 560 |
| 总亏损 | -909 360 | -758 040 | -158 580 |
| 盈亏比 | 2.14 | 1.95 | 3.02 |
| 交易次数 | 161 | 123 | 38 |
| 获胜次数 | 56 | 39 | 17 |
| 胜率 | 34.8% | 31.7% | 44.7% |
| 平均收益 | 6 449 | 5 840 | 8 421 |
| 平均利润 | 12 097 | 12 002 | 12 594 |
| 平均亏损 | -5 648 | -6 163 | -4 173 |
| 交易费用 | 17 931 | 13 562 | 4 369 |
| 最大回撤率 | -15.05% | | |
| 夏普比率 | 4.17 | | |
| 年化收益 | 99.7% | | |
| 基准年化收益 | 31.7% | | |

在扣除交易费用之后，策略与基准的对比及回撤率走势见图8-22。

由图8-22可以看出，策略在市场处于震荡行情时表现优于基准，而在牛市刚启动时出现了较大的回撤，这是因为参数选择依赖历史数据，因而行情转换时策略的反应滞后。而到了牛市后期和熊市启动时则保持着稳定，收益远大于基准。

由图8-23可以进一步看出，振幅过滤的加入使得策略在震荡行情中开仓较为谨慎，交易次数相对较少，同时严格的止损策略也使得亏损都被限制在一个相对较小的范围之内。到了后期策略的交易频率增大，尽管胜率并不太高但每次的盈利都是亏损的数倍。

图 8－22　策略与基准走势

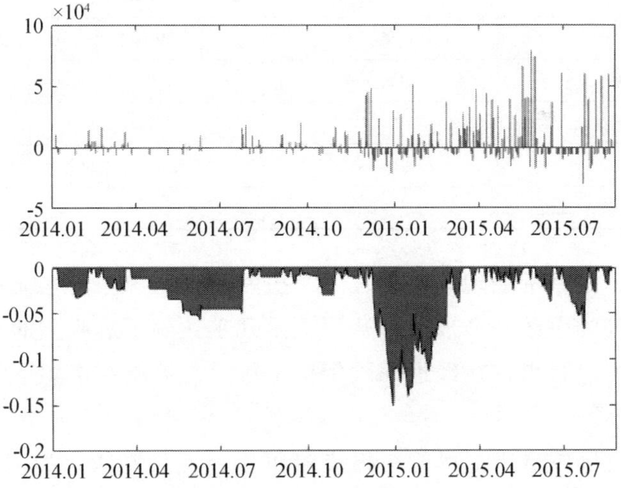


图 8－23　策略每日盈亏及回撤

#### 8.3.4.2　策略在 9 月 2 日之后的表现

为了检验策略的有效性，选取 2015 年 9 月 16 日至 2016 年 5 月 12 日间沪深 300

指数期货的历史分钟数据对策略进行回测分析。由于中国金融期货交易所在2015年9月2日对股指期货进行了调整，提高了保证金水平和平今仓手续费，使得股指期货的流动性急剧降低，交易成本也大幅提高，从而将平今仓手续费设为万分之二十三，同时由于流动性的问题，将滑点设为0.6。所得回测结果见表8－12。

**表8－12　　策略回测结果（2015年9月16日～2016年5月12日）**

| | 全部交易 | 多头交易 | 空头交易 |
|---|---|---|---|
| 总收益 | 286 140 | 134 940 | 151 200 |
| 总利润 | 816 204 | 530 544 | 291 840 |
| 总亏损 | －530 064 | －395 604 | －140 640 |
| 盈亏比 | 1.54 | 1.34 | 2.08 |
| 交易次数 | 96 | 69 | 27 |
| 获胜次数 | 34 | 24 | 10 |
| 胜率 | 35.4% | 34.8% | 37.0% |
| 平均收益 | 2 981 | 1 956 | 5 600 |
| 平均利润 | 8 502 | 7 689 | 10 809 |
| 平均亏损 | －5 521 | －5 733 | －5 209 |
| 交易费用 | 139 733 | 99 011 | 40 722 |
| 最大回撤率 | －12.50% | | |
| 夏普比率 | 1.24 | | |
| 年化收益 | 47.2% | | |
| 基准年化收益 | －1.6% | | |

从结果来看，策略的表现并不算理想，盈亏比、胜率、平均收益及夏普比率均不算高，同时过高的手续费造成交易费用更是几乎达到了总收益的一半。

从图8－24可以看出，在经过一段相持阶段后，策略在市场下跌时拉开了差距，整体依然优于基准。

从图8－25也可以看出，尽管止损策略可以让亏损在大多数时候处于一个较低的范围，但盈利的交易日数量明显低于亏损的数量。胜率较低是策略整体表现不够理想的主要原因，然而取消止损固然可以增加胜率，却又会让亏损达到一个不可控的范围。

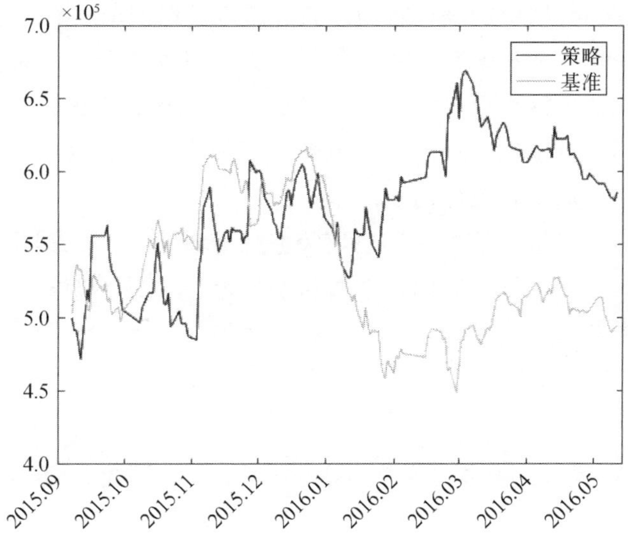


图 8 - 24 策略与基准走势

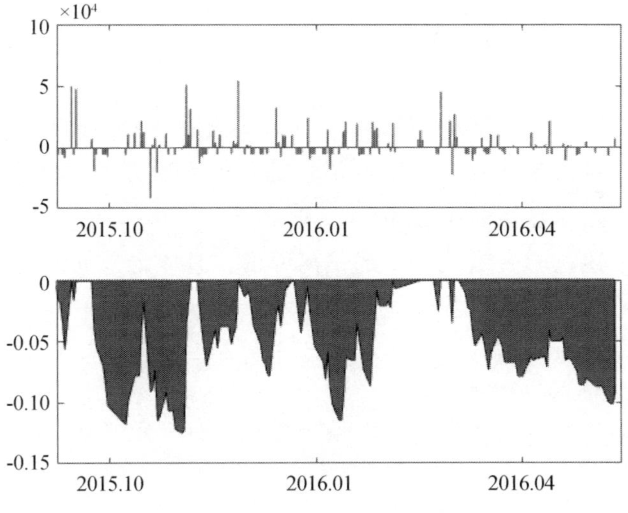


图 8 - 25 策略每日盈亏与回撤

## 8.3.5 小结

Dual Thrust 作为一个经典的趋势策略，有着广泛的应用范围。此类趋势策略的特点在于市场趋势不明显时表现不佳，但却能把握住行情从而获得收益。该策略的主要缺陷为，在震荡行情中的表现较为平庸，甚至长期处于基准之下。对于该缺陷，可以通过在策略中加入动态参数、止盈止损、振幅过滤等因素，提升策略在震荡行情中的表现。在震荡行情中通过振幅过滤减少开仓，止盈止损使得盈亏比保持在一个较高水准，从而相较基准获得更多的收益。但另一方面，这些因素也使得策略在交易选择中过于谨慎从而在趋势启动时错失了很多良机。

另一方面，股指期货政策的改变也使策略的表现下降，尤其是高昂的交易费用成了拦路虎，同时过短的样本时间也造成目前策略效果并不明显。要开发出基于目前股指期货的交易策略，还需要进一步优化和调整。

## 8.4 指数收益率奇数阶矩预测：放大价格波动抓趋势

### 8.4.1 高阶矩理论简述

矩，是统计学中的一个常用的指标，用来反映数据分布的形态特点。矩用来描述总体数据中的变量值与任意一个给定常数的差的 $k$ 次方的算术平均值。在平时的统计中比较常用的是原点矩和中心矩。

原点矩用来描述检验变量关于 0 的偏离程度，具体定义如下：

$$u_k = \frac{\sum_{i=1}^{n} x_i^k}{n}$$

中心矩检验的是变量关于其期望的偏离程度，具体定义如下：

$$v_k = \frac{\sum_{i=1}^{n} (x_i - x)^k}{n}$$

其中，$x = \frac{\sum_{i=1}^{n} x_i}{n}$ 为算术平均（期望值）。

在马科维茨的资产定价理论中，通过期望（实际上是一阶原点矩）来描绘资产的收益，方差（二阶中心矩）来刻画资产的风险。在此之后，包括 CAPM 在内的主流金融学理论也是主要通过一阶以及二阶矩来实现资产配置，寻找套利空间。上述处理方法的基础是假设资产价格服从正态分布。但在实际中，这一点很难保证，资产价格的分布并不如假设的那样，有时会是非平稳的高斯分布，这样仅仅用一阶和二阶矩来刻画资产价格的时间序列就会是不恰当的，而是需要考虑高阶矩的存在以及影响。

奇数高阶矩通过放大价格的波动，将趋势明显化，可以更好地追随价格变动趋势，在趋势中获取高收益。

## 8.4.2　实证分析

### 8.4.2.1　简单奇数阶矩策略

指数奇数阶矩预测有效性的检验方法如下：

（1）假设价格序列长度为 $T$，首先构造普通收益率序列，第 1 个记录缺失，然后使用下面公式计算普通收益率的 $p$ 阶原点矩 $v_k$，计算数据长度为 $N$，不考虑计算长度不足 $N$ 个的情况，因此，前 $N$ 个记录的 $p$ 阶原点矩为缺失。

$$v_k = \frac{\sum_{i=t-n+1}^{t} x_i^p}{n}$$

其中，$x_i$ 为 $i$ 日收益率，计算数据长度为 $n = 20$。

（2）对 $p$ 阶原点矩进行指数移动平均处理，参数为 $\alpha$，计算数据长度为 $M = 120$，不考虑 $p$ 阶原点矩数据不足 $M$ 个记录的情况，因此，前 $N + M - 1$ 个记录缺失。

$$EMA_T = \sum_{i=1}^{120} \alpha \times (1 - \alpha)^{i-1} \times v_{T-i+1}$$

其中，$v_{T-i+1}$ 表示（1）中计算的 $T - i + 1$ 日五阶距，参数 $\alpha$ 的取值为 0.01、0.02、0.05 和 0.1。

（3）从第 $t = N + M + 1$ 个记录开始，比较第 $t$ 个 $p$ 阶原点矩的指数移动平均值 $\text{EMA}_t$ 与 $\text{EMA}_{t-1}$ 的大小。若 $\text{EMA}_t > \text{EMA}_{t-1}$，那么第 $t$ 期末的持仓为 1（即第 $t + 1$ 期的信号为 +1，第 $t + 1$ 期看多，建仓价为第 $t$ 期收盘价）；否则，第 $t$ 期末的持仓为 -1，第 $t + 1$ 期看空。

从图 8 - 26 和表 8 - 13 显示实验结果可以看出，不同 $\alpha$ 的选取均能明显跑赢指数。指数五阶距择时模型的年化收益约为 25%，整体上在指数的上升趋势和下降趋势中能获得比较稳定的收益，在指数趋势逆转时会有一定亏损。在不同的 $\alpha$ 参数下，胜率都能够略微超过 50%，并且平均盈利要明显大于平均亏损。最大回撤在 70% 左右，需要加入止损和参数优化，对策略进行改进。

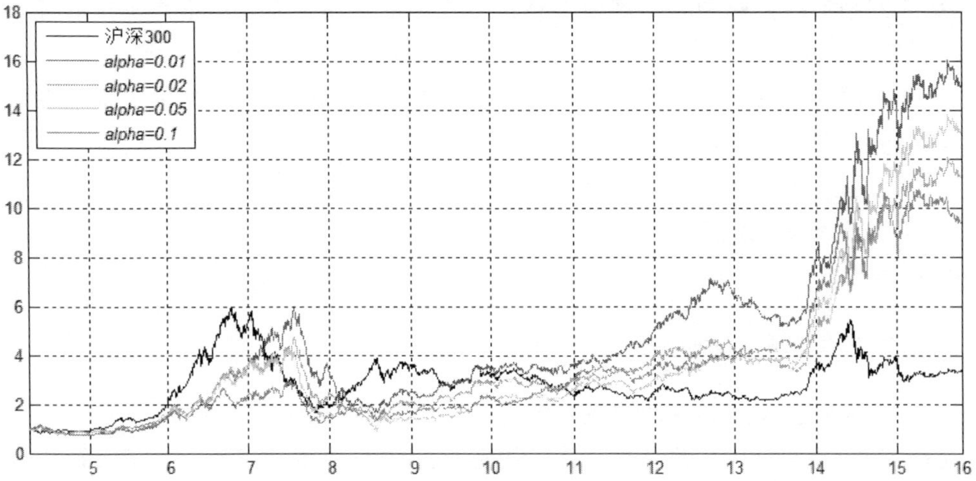


图 8－26　沪深 300 指数简单奇数阶矩策略（$p=5$，$N=20$，$M=120$）

**表 8－13　　沪深 300 指数简单奇数阶矩策略（$p=5$，$N=20$，$M=120$）**

| | $\alpha=0.01$ | $\alpha=0.02$ | $\alpha=0.05$ | $\alpha=0.1$ |
|---|---|---|---|---|
| 择时次数 | 119 | 105 | 108 | 161 |
| 累积收益率 | 13.87 | 10.19 | 11.99 | 8.36 |
| 年化收益率 | 27.21% | 24.03% | 25.69% | 22.06% |
| 盈利比率 | 53.78% | 51.43% | 50.93% | 50.93% |
| 最大回撤率 | 72.02% | 73.23% | 77.95% | 60.14% |
| 盈利次数 | 64 | 54 | 55 | 82 |
| 亏损次数 | 55 | 51 | 53 | 79 |
| 平均盈利率 | 8.66% | 9.69% | 9.99% | 7.58% |
| 平均亏损率 | -6.33% | -6.17% | -6.55% | -5.39% |
| 平均盈亏比（绝对值） | 1.37 | 1.57 | 1.52 | 1.41 |
| 单次最大盈利 | 59.68% | 87.60% | 53.73% | 49.65% |
| 单次最大亏损 | -25.15% | -25.15% | -25.15% | -25.15% |
| 最大连续盈利次数 | 8 | 10 | 10 | 11 |
| 最大连续亏损次数 | 8 | 7 | 6 | 9 |

#### 8.4.2.2 奇数阶矩策略的参数优化与止损

优化参数 $\alpha$ 的指数奇数阶矩预测有效性的检验方法如下：

（1）假设价格序列长度为 T，构建不同参数 $\alpha$ 的奇数阶矩策略，每个策略从第 $t = N + M + 1$ 个记录开始计算期末净值与期末持仓，其中第 $t = N + M + 1$ 期的净值为 1。

（2）首先考察第 $t = N + M + 2$ 期至第 $t = N + M + L + 1$ 期总共 L 期不同参数 $\alpha$ 的奇数阶矩策略，选择使得这 L 期累计收益率（第 $t = N + M + L + 1$ 期末净值除以第 $t = N + M + 1$ 期末净值）最高的参数 $\alpha$，然后在该参数 $\alpha$ 下计算第 $t = N + M + L + 1$ 期末至 $t = N + M + 2L$ 期末的持仓，由此可计算第 $t = N + M + L + 2$ 期末至第 $t = N + M + 2L + 1$ 期末的净值。到第 $t = N + M + 2L + 1$ 期末，再重新选择使得最近 L 期累计收益率最高的参数 $\alpha$，如此循环直至第 T 期。

止损的设定如下：如果单次择时亏损超过 5%/10%/20% 则保持空仓位，直至择时信号变化。

从图 8－27 和表 8－14 显示的结果可以看出，在进行参数优化和加入止损后，高阶矩策略模型仍然能够明显跑赢指数。整体上，进行调整后收益率有所提高，在不止损、10% 止损和 20% 止损下年化收益都接近 30%，比调整之前收益增加。同时，回撤也从 70% 左右降低到 55% 左右。盈利比率也略有提高，在 55% 附近。平均盈利比率依然明显超出平均亏损比率。

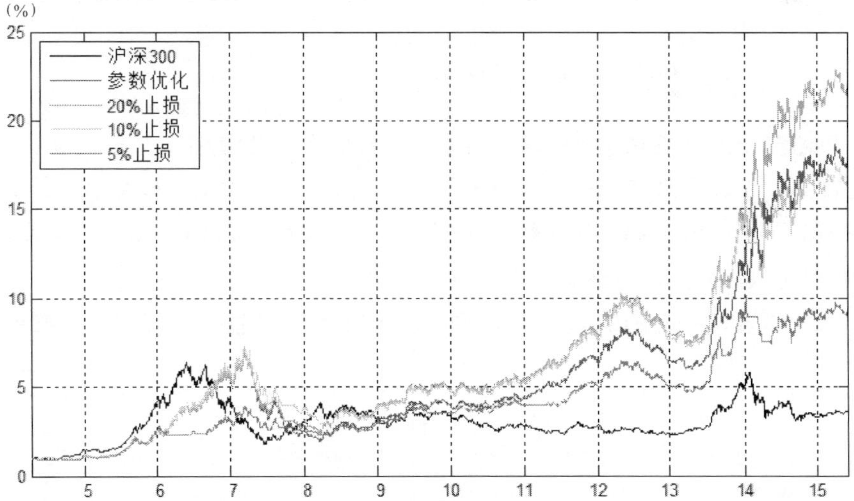


图 8－27 沪深 300 指数优化参数 $\alpha$ 的奇数阶矩策略（p＝5，N＝20，M＝120，L＝90）

表 8-14　　沪深 300 指数优化参数 $\alpha$ 的奇数阶矩策略
(p=5，N=20，M=120，L=90)

| | 不止损 | 20%止损 | 10%止损 | 5%止损 |
|---|---|---|---|---|
| 择时次数 | 115 | 117 | 123 | 135 |
| 累积收益率 | 16.34 | 20.39 | 15.33 | 8.04 |
| 年化收益率 | 30.06% | 32.60% | 29.34% | 22.49% |
| 盈利比率 | 55.65% | 55.56% | 55.28% | 55.56% |
| 最大回撤率 | 72.02% | 65.49% | 59.50% | 40.80% |
| 盈利次数 | 64 | 65 | 68 | 75 |
| 亏损次数 | 51 | 52 | 55 | 60 |
| 平均盈利率 | 8.51% | 8.35% | 8.49% | 7.96% |
| 平均亏损率 | -6.53% | -6.43% | -6.62% | -6.34% |
| 平均盈亏比（绝对值） | 1.30 | 1.30 | 1.28 | 1.26 |
| 单次最大盈利 | 59.68% | 59.68% | 59.68% | 59.68% |
| 单次最大亏损 | -25.15% | -23.63% | -23.63% | -23.63% |
| 最大连续盈利次数 | 8 | 8 | 9 | 10 |
| 最大连续亏损次数 | 8 | 9 | 9 | 9 |

#### 8.4.2.3　考虑开仓阈值的奇数阶矩策略

进一步通过增加开仓阈值来调整策略。开仓阈值的设定如下：设定 $k$ 为开仓阈值。在比较第 $t$ 个 p 阶原点矩的指数移动平均值 $EMA_t$ 与 $EMA_{t-1}$ 的大小。若 $EMA_t > EMA_{t-1} \times (1+k)$，那么第 $t$ 期末的持仓为 1；若 $EMA_t < EMA_{t-1} \times (1-k)$，那么第 $t$ 期末的持仓为 -1；否则第 $t$ 期末的持仓为 0。

图 8-28 和表 8-15 的实验结果表明，加入阈值没有能够显著改善策略效果。

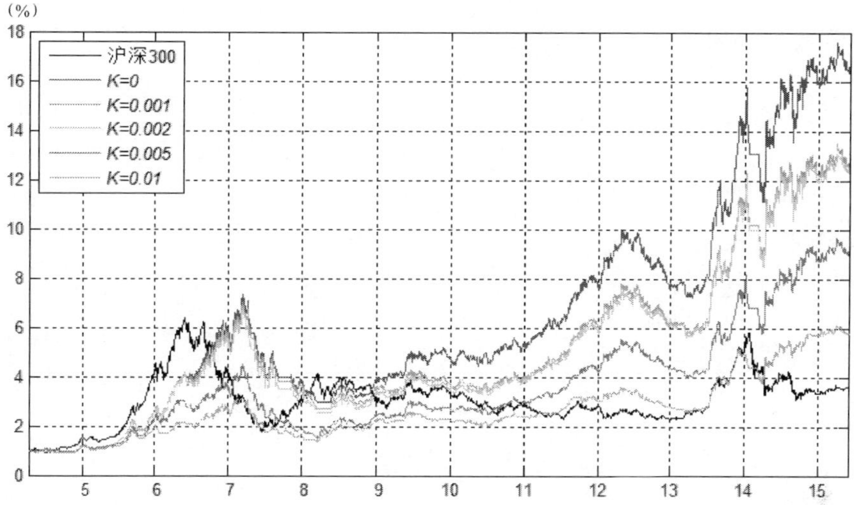


图 8－28　沪深 300 指数设定开仓阈值的奇数阶矩策略（p＝5，N＝20，M＝120，L＝90）

**表 8－15　　　沪深 300 指数设定开仓阈值的奇数阶矩策略（p＝5，N＝20，M＝120，L＝90）**

| 开仓阈值 | 0% | 0.1% | 0.2% | 0.5% | 1% |
|---|---|---|---|---|---|
| 择时次数 | 123 | 147 | 145 | 162 | 223 |
| 累积收益率 | 15.33 | 11.53 | 11.29 | 7.97 | 4.74 |
| 年化收益率 | 29.34% | 26.22% | 25.99% | 22.40% | 17.46% |
| 盈利比率 | 55.28% | 57.82% | 56.55% | 53.70% | 51.57% |
| 最大回撤率 | 59.50% | 61.44% | 62.55% | 66.34% | 57.00% |
| 盈利次数 | 68 | 85 | 82 | 87 | 115 |
| 亏损次数 | 55 | 62 | 63 | 75 | 108 |
| 平均盈利率 | 8.49% | 6.90% | 7.19% | 7.03% | 5.94% |
| 平均亏损率 | －6.62% | －6.07% | －6.01% | －5.44% | －4.50% |
| 平均盈亏比（绝对值） | 1.28 | 1.14 | 1.20 | 1.29 | 1.32 |
| 单次最大盈利 | 59.68% | 59.68% | 59.68% | 45.02% | 43.08% |
| 单次最大亏损 | －23.63% | －23.63% | －23.63% | －23.63% | －23.63% |
| 最大连续盈利次数 | 9 | 8 | 6 | 8 | 9 |
| 最大连续亏损次数 | 9 | 11 | 9 | 9 | 7 |

#### 8.4.2.4 不同阶数的奇数阶矩策略

从图 8－29 和表 8－16 的试验结果可以看出，取奇数 3、5、7 时，都能获得明显的超额收益；而取 1 阶矩虽然也能够跑赢指数，但是收益明显低于取 3、5、7 时。

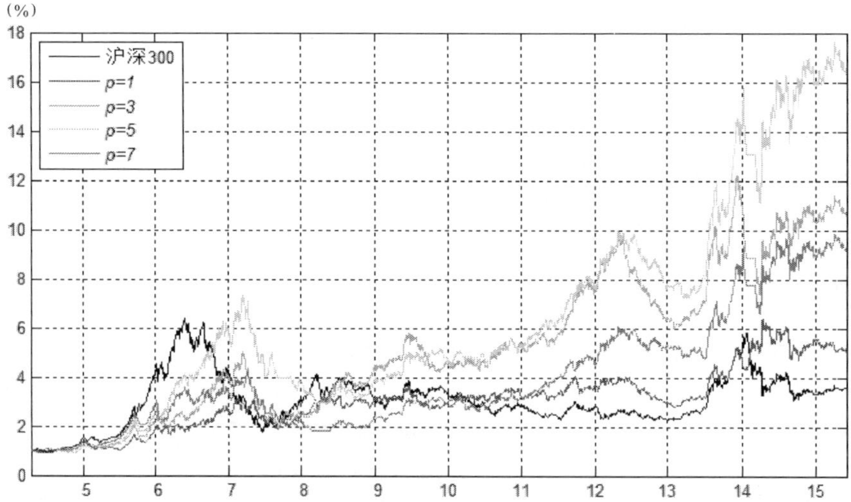


图 8－29 沪深 300 指数不同阶数的奇数阶矩策略（N＝20，M＝120，L＝90，10% 止损）

**表 8－16 沪深 300 指数不同阶数的奇数阶矩策略（N＝20，M＝120，L＝90，10%止损）**

| 开仓阈值 | $p=1$ | $p=3$ | $p=5$ | $p=7$ |
|---|---|---|---|---|
| 择时次数 | 274 | 156 | 123 | 90 |
| 累积收益率 | 4.13 | 9.60 | 15.33 | 8.17 |
| 年化收益率 | 16.25% | 24.29% | 29.34% | 22.64% |
| 盈利比率 | 54.74% | 55.77% | 55.28% | 52.22% |
| 最大回撤率 | 41.28% | 60.38% | 59.50% | 58.12% |
| 盈利次数 | 150 | 87 | 68 | 47 |
| 亏损次数 | 124 | 69 | 55 | 43 |
| 平均盈利率 | 4.03% | 6.92% | 8.49% | 11.00% |
| 平均亏损率 | －3.31% | －5.81% | －6.62% | －7.14% |
| 平均盈亏比（绝对值） | 1.22 | 1.19 | 1.28 | 1.54 |
| 单次最大盈利 | 48.27% | 40.41% | 59.68% | 87.60% |
| 单次最大亏损 | －26.90% | －23.63% | －23.63% | －21.99% |
| 最大连续盈利次数 | 8 | 11 | 9 | 7 |
| 最大连续亏损次数 | 7 | 7 | 9 | 9 |

### 8.4.2.5 单向做多时的奇数阶矩策略

从图 8－30 和表 8－17 可以看出，在只能做多的条件下，奇数高阶矩策略依然有效，所有参数均能跑赢指数。特别是取五阶距时，能达到高达 21% 的年化收益，考虑到只做多的持仓时间先对少，该收益已经相当可观。

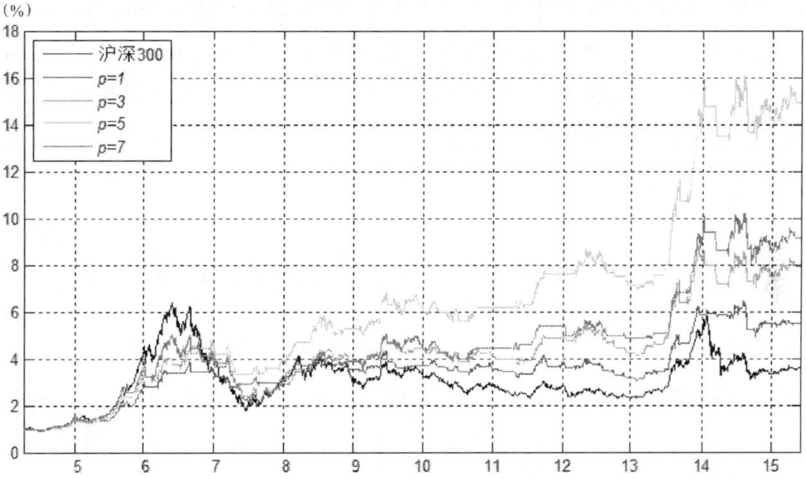


图 8－30 沪深 300 指数奇数阶矩策略单向做多（N＝20，M＝120，L＝90，10% 止损）

**表 8－17 沪深 300 指数奇数阶矩策略单向做多（N＝20，M＝120，L＝90，10% 止损）**

| 开仓阈值 | $p=1$ | $p=3$ | $p=5$ | $p=7$ |
|---|---|---|---|---|
| 择时次数 | 265 | 151 | 115 | 79 |
| 累积收益率 | 4.50 | 6.90 | 13.93 | 8.11 |
| 年化收益率 | 17.01% | 20.97% | 28.28% | 22.58% |
| 盈利比率 | 53.58% | 50.99% | 53.91% | 49.37% |
| 最大回撤率 | 43.52% | 48.24% | 35.77% | 43.47% |
| 盈利次数 | 142 | 77 | 62 | 39 |
| 亏损次数 | 123 | 74 | 53 | 40 |
| 平均盈利率 | 4.29% | 7.52% | 8.58% | 12.19% |
| 平均亏损率 | －3.38% | －5.11% | －6.01% | －6.67% |
| 平均盈亏比（绝对值） | 1.27 | 1.47 | 1.43 | 1.83 |
| 单次最大盈利 | 48.27% | 55.42% | 87.60% | 87.60% |
| 单次最大亏损 | －26.90% | －24.09% | －23.63% | －23.63% |
| 最大连续盈利次数 | 8 | 9 | 10 | 7 |
| 最大连续亏损次数 | 7 | 6 | 7 | 6 |

### 8.4.3 小结

奇数高阶矩通过放大价格变动的差距对趋势进行判断，进而建立追市策略在市场中获得收益。跟踪沪深300指数的回测结果表明，通过参数优化并加入适当止损后的高阶矩策略能够获得年化约30%的收益，远远超过指数的增长幅度。

进一步的研究中，一方面可以尝试构造偶数高阶矩，并带入价格变动的符号，主要测试四阶和六阶矩的效果；另一方面，可以尝试将高阶矩策略应用到商品期货上面，研究高阶矩在大宗商品市场上是否依然有效。

## 8.5 海龟交易系统：完整的交易系统

海龟交易系统是一个经典的趋势交易策略，它是由 Richard Dennis 在20世纪80年代提出来的。Dennis 相信交易技巧是可以传授的，因而招募并培训了24名交易员，并给予每人一定的交易规则和100万美元的初始资金。5年后大部分学员的业绩都非常优秀，最好的资产甚至达到了1.72亿美元，仅有个别因为未能严格按照规则交易从而失败。Dennis 称要像养海龟一样培养交易员，因此，这些学员被称为“海龟”，而他的交易策略也被命名为海龟交易法则。

海龟交易系统是一个完整的交易系统，它包含了头寸规模、入市条件、加仓条件、退出条件、止损规则等一系列的交易决策，对于量化交易策略的开发有很好的借鉴意义。海龟交易系统区别于一般均线系统的地方在于能够适应市场波动，以潜在波动为基础来决定头寸规模大小、加仓点位和止损点位，从而有效地避免大幅损失和无效交易。海龟交易的大部分利润往往来自于少数几次的交易，因此，严格遵守交易规则是获利的关键。

### 8.5.1 海龟交易系统的交易规则

#### 8.5.1.1 头寸规模

海龟交易系统会依据市场波动调节头寸规模，首先定义日内实际波动 TR（True

Range）如下：

$$TR = max(High - Low, High - Pre\_Close, Pre\_Close - Low)$$

其中，High 为当时最高价，Low 为当日最低价，Pre_Close 为前一个交易日的收盘价。

定义市场潜在波动 N，即 ATR（Average True Range）为前 20 日 TR 的平均值。在此基础上，海龟交易系统的头寸规模定为：

$$Unit = \frac{\text{总资产的 }1\%}{N \times \text{每一点所代表的价值}}$$

设定头寸规模的逻辑在于，通过市场波动过大的时候缩小头寸规模，市场波动过小时相应地增大头寸规模，从而使得当市场下跌达到 N 时，损失为总资产的 1% 左右。

#### 8.5.1.2 入市条件

海龟交易有两种系统，系统 1 选择 20 日为长周期，系统 2 选择 55 日为长周期。当价格突破长周期的最高价或最低价时开仓，建立相应的多头或空头头寸。

#### 8.5.1.3 加仓条件

海龟交易系统并不是在价格突破时就全仓进入，而是在最初只建立一个 Unit 的头寸，此后在价格每变动 N/2 时再分别增加一个单位的头寸，最多持仓不超过 4 个单位。如假设 Unit 为 2 手，多头突破价格为 3000，N 等于 40 点。则在 3000 点开仓买入 2 手，当点数上涨至 3020、3040、3060 时分别买入 2 手，持有 4 个 Unit 共计 8 手。

#### 8.5.1.4 止损条件

海龟交易系统尽力避免出现 2% 以上的亏损，因此，将价格变动的上限设为 2N。即当持有一单位多头，价格跌破入市点位 2N 以下，或持有空头时价格上涨至入市点位 2N 以上时即平仓止损；每次加仓后，都以新增头寸的止损位作为新的止损位，如多头每加仓一次止损位就提高 N/2。

因此，在市场波动剧烈时止损的范围会增大不会被轻易触发，市场平稳时止损范围也会缩小从而保证及时止损。由于合约的头寸规模是由 N 决定，所以损失的总额能够被严重地控制，从而建立了一个灵活稳健的止损规则。

#### 8.5.1.5 退出条件

系统 1 和系统 2 分别选择 20 日和 10 日为短周期。持有多头时价格突破短周期内最低价，或持有空头时价格突破短周期内最高价时平仓退出。

#### 8.5.1.6 过滤条件

当 55 日均线在 300 日均线之下时，即使价格穿过多头突破价格也认为当前未形成真正的上涨行情，因此，只做空。同理当 55 日均线在 300 日均线之上时只做多。

可以通过一个简单的例子来说明海龟交易系统的交易法则。假设采用系统 1 进行交易，20 日最高价为 3000 点，Unit 为 2 手，N 等于 40 点。依据海龟交易法则，在 3000 点处开仓做多，此后在价格突破 3020、3040 和 3060 时分别买入 2 手，总计持有 8 手多头。另一方面在 3000 点处开仓做多时，止损位 $=3000-2N=2920$；如果已经加过一次仓，第 2 个单位的头寸的止损位 $=3020-2N=2940$，此时整体的止损位也提高至 2940。

### 8.5.2 数据选取与实证分析

#### 8.5.2.1 数据与回测方法

选取沪深 300 股指期货为交易对象，选取 2014 年 1 月 2 日至 2016 年 6 月 1 日之间的分钟数据进行回测分析，样本内共计 590 个交易日。沪深 300 股指期货的报价单位为点数，最小变动价位为 0.2，合约乘数为 300。

设定交易费率为 0.23‰。由于回测期间内期货的保证金标准几经调整，最高时非套保保证金比例高达 40%，因此，为简化分析，不考虑杠杆，即按 100% 比例计算保证金。设定回测的初始资金为 1 000 万元，为了保证账户安全限制头寸规模以保证每一 Unit 期货的价值不超过资产总额的 20%，同时当风险比例超过 60% 后即不再开仓，超过 80% 则强行平仓。

#### 8.5.2.2 实证结果

分别对系统 1 和系统 2 进行回测分析，所得结果见表 8-18。

表 8-18　　系统 1 和系统 2 的回测结果分析

| | 系统 1 | 系统 2 |
|---|---|---|
| 交易日 | 590 | 590 |
| 策略收益 | 62.3% | 60.0% |
| 基准收益 | 34.3% | 34.3% |
| 策略年化收益率 | 22.8% | 22.0% |
| 基准年化收益率 | 13.3% | 13.3% |
| 最大单日收益 | 4.1% | 6.0% |
| 最大单日亏损 | -3.7% | -6.2% |
| 夏普比率 | 1.84 | 1.31 |
| 最大回撤 | -4.7% | -10.1% |

结果表明，系统 1 和系统 2 均胜过了基准，超额年化收益率分别为 9.5% 和 8.7%；假设无风险利率为 4%，系统 1 和系统 2 的夏普比率分别为 1.84 和 1.31，最大回撤率分别为 -4.7% 和 -10.1%。

从图 8-31 可以看出海龟交易系统有效避开了初期的震荡和后期的暴跌，较好地把握住了中期的一波上涨趋势。系统 1 和系统 2 的净值基本处于稳步上涨的状态，尽管大多数时间内处于基准之下，但在最后实现了超越。另一方面，尽管策略在牛市中反应滞后，但在后期暴跌时相对及时地离场，甚至还把握住一些小趋势而盈利。

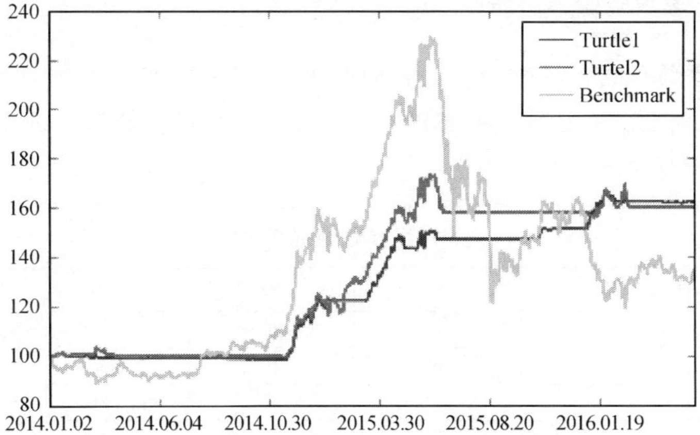


图 8-31　系统 1、系统 2 及基准的净值走势

从回测的结果看来，海龟交易法则有如下特点：

(1) 收益相对稳定。策略在行情震荡或波动过大时避免开仓，在行情形成时并不第一时间杀入，而是稳步加仓，相当于放弃了一部分获利的机会而降低了亏损的风险。

（2）对趋势的反应滞后。无论是系统1还是系统2，当价格穿过开仓区间时当前行情都已经持续了一段时间，此时入场会错过前一段行情。

（3）策略的资金利用率偏低。海龟交易系统的开仓规则偏保守，因而在590个交易日中系统1和系统2分别有351个和342个交易日处于空仓状态。以系统2为例，从图8－32可以看出后期开仓区间过大导致开仓困难。

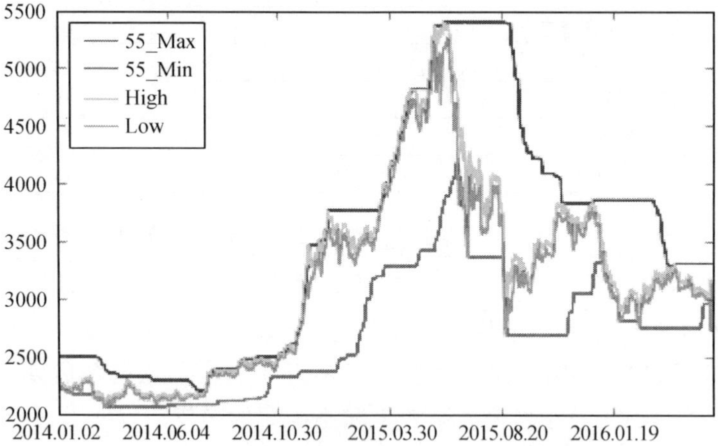


图8－32　系统2开仓区间与当时最高、最低价

#### 8.5.2.3　参数稳健性分析

海龟交易系统包含的参数分别是长周期N1，短周期N2，均线过滤的长周期M1和短周期M2。对此，在系统2的基础上针对不同参数进行调整以研究其影响和稳健性。所选参数组见表8－19。

**表8－19　对照参数组选择**

| 参数组 | N1 | N2 | M1 | M2 |
|---|---|---|---|---|
| 原始参数 | 55 | 20 | 300 | 55 |
| 组1 | 50 | 20 | 300 | 55 |
| 组2 | 60 | 20 | 300 | 55 |
| 组3 | 55 | 15 | 300 | 55 |
| 组4 | 55 | 25 | 300 | 55 |
| 组5 | 55 | 20 | 250 | 55 |
| 组6 | 55 | 20 | 350 | 55 |
| 组7 | 55 | 20 | 300 | 50 |
| 组8 | 55 | 20 | 300 | 60 |

分别对每组参数进行回测分析，所得结果见表 8 – 20。

表 8 – 20　　各参数组回测结果

| | 累积收益 | 年化收益率 | 最大单日收益 | 最大单日亏损 | 夏普比率 | 最大回撤 |
|---|---|---|---|---|---|---|
| 原始参数 | 60.0% | 22.0% | 6.0% | –6.2% | 1.31 | –10.1% |
| 组 1 | 59.9% | 22.0% | 6.0% | –6.2% | 1.30 | –10.1% |
| 组 2 | 60.0% | 22.0% | 6.0% | –6.2% | 1.31 | –10.1% |
| 组 3 | 66.3% | 24.1% | 12.6% | –6.2% | 1.32 | –10.0% |
| 组 4 | 81.4% | 28.7% | 13.7% | –6.2% | 1.52 | –8.0% |
| 组 5 | 60.0% | 22.0% | 6.0% | –6.2% | 1.31 | –10.1% |
| 组 6 | 57.6% | 21.3% | 6.0% | –6.2% | 1.34 | –9.7% |
| 组 7 | 60.5% | 22.2% | 6.0% | –6.2% | 1.32 | –10.1% |
| 组 8 | 60.0% | 22.0% | 6.0% | –6.2% | 1.31 | –10.1% |

从中可以看出，表现最好的是组 4，其最大单日收益要好过其余各组，因此，可以判断在一定范围内改变参数可以在个别交易日获得更好或更差的收益，但并不会改变海龟交易系统的整体表现，总体来说各参数表现稳健。

### 8.5.3　小结

海龟交易法则在国外市场上曾经非常有效，能够获得高额的回报。尽管该策略已经广为人知，但作为一种经典的策略，其在头寸规模的控制、逐步加仓和止损法则上的思路依然值得借鉴。

对于海龟交易系统存在的问题，可以从以下几个方面进行改进：

（1）对不同的长周期和短周期分别进行回测，绘制策略净值曲面，研究周期参数选择的稳定性。

（2）依据潜在波动的大小选择不同的交易策略，如将 R – breaker、Dual Thrust 等策略与海龟交易系统相结合，以提高资金利用率。

# 9. 反转择时模型

## 9.1 DeMark Combo 策略：累计能量，逆市操作

### 9.1.1 DeMark Combo 策略方法

假设指数价格的时间序列为 $\{y_t\} = \{C_t, H_t, L_t\}$，包含收盘价、最高价和最低价。第一步，计算序列 $\{x_t\}$，公式为：

$x_t = sign(c_t - c_{t-l})$，$l = 4$

$\{x_t\}$ 的前 $l$ 期缺失，当第 $t$（$>l$）期的收盘价 $C_t$ 大于第 $t-l$ 期的收盘价 $C_{t-l}$，则 $x_t$ 为1；而当第 $t$ 期的收盘价 $C_t$ 小于第 $t-l$ 期的收盘价 $C_{t-l}$，则 $x_t$ 为 $-1$，否则为0。$x_t$ 表示的是第 $t$ 根 $K$ 线与第 $t-l$ 根 $K$ 线收盘价的比较结果。

第二步，令 $z_t = x_t$，并对 $z_t$ 进行修正。当 $x_t = x_{t-1}$ 时，$z_t = z_{t-1} + 1$。$z_t$ 实际上是对 $x_t$ 的累加计算。当 $x_t$ 的值与其前一个值不相等时，停止累加，重新开始。因此，只有当 $x_t$ 连续出现1时，$z_t$ 的值才会越来越大；同样，也只有当 $x_t$ 连续出现 $-1$ 时，$z_t$ 的值才会越来越小。

第三步，找到 $z_t = m = 4$ 和 $z_t = -m$ 的时点。$z_t = m$ 的时点表示一个卖出启动的

形成，而 $z_t = -m$ 的时点则表示一个买入启动的形成。

第四步，在买入（卖出）启动形成的随后 1 根 K 线位置开始买入（卖出）计数，在某一根 K 线上同时满足如下三个条件时买入（卖出）计数累加 1，当计数累加至 n = 4 时发出买入（卖出）信号：

（1）收盘价大（小）于或等于之前第 2 根 K 线最高（低）价。

（2）最高（低）价大（小）于之前第 1 根 K 线的最高（低）价。

（3）收盘价大（小）于之前第 1 个计数的收盘价。

策略的止损设定如下：每次买入或卖空时，止损点位为产生该信号的相应计数形成周期内的市场最高点或者最低点。若当前是买入信号，买入计数过程中的市场最低点为止损点；若当前是卖出信号，卖出计数形成过程中的市场最高点为止损点；在市场未触及止损点之前，一直持有头寸，直到出现反向信号或者被迫止损为止。

关于买入和卖出信号的生成过程，需要对时间序列的第 l + 1 期（前 l 期数据缺失）至最后一期（第 T 期）进行循环。在进入循环前，先计算计数的条件 1 和条件 2。令 $u_t = (C_t \geqslant H_{t-2})\ \&\ (H_t > H_{t-1})$，表示买入计数时的条件 1 和条件 2，而 $v_t = (C_t \leqslant L_{t-2})\ \&\ (L_t < L_{t-1})$ 表示卖出计数时的条件 1 和条件 2。同时，将买入启动标签和卖出启动标签设为假（false），买入计数和卖出计数设为 0，持仓状态为缺失（nan），支撑位设为 $\{C_t\}$ 的最小值，阻力位设为 $\{C_t\}$ 的最大值。

在循环中，依次考虑以下五部分判断操作：

第一部分判断操作为：在买入启动和买入计数条件 1 和 2 同时满足的情况下执行的（买入启动标签为真同时 ut 为真）。在这部分判断操作中，又有第 2 部分判断操作，前者用于买入计数，而后者用于产生买入信号和新的支撑位。

前者为：若买入计数为 0，那么将买入计数 +1，同时记录此时的收盘价为计数收盘价。否则，只有当前收盘价大于计数收盘价时，买入计数 +1，同时更新计数收盘价。这主要是考虑到在还没有计数之前，买入计数的第 3 个条件无须满足。

后者为：当买入计数为 $n$ 时，更新支撑位，将其设为买入启动之后至当前时期的最低价。另外，持仓状态设为 1，买入启动设为假，买入计数设为 0。

第二部分判断操作为：当持仓状态为 1 同时当前收盘价小于支撑位时，持仓状态调整为 -1，执行止损操作。如果发出买入信号后又产生一个买入信号，那么支撑位为最新产生买入信号的相应计数形成周期内的市场最低点。

第三和第四部分的判断操作则是进行卖出计数、产生卖出信号和新的阻力位，分别与第一部分和第二部分的判断操作类似。

最后一部分判断操作则是判断买入或者卖出是否可以启动了。如果 $z_t = -m$，买入启动标签设为真；记录买入启动位置，用于支撑位的更新；买入计数设为 0。如果 $z_t = m$，则卖出启动标签设为真；记录卖出启动位置，用于阻力位的更新；卖出计数设为 0。

最后，在每一次循环中，都把持仓状态保存下来，并利用该持仓状态序列计算每一期净值以及相关策略评价指标。

在对策略进行绩效评价时，需要考虑策略在发出第一个信号（买入或卖出）后的情况。对于每一期净值的计算，如果是第 $t$ 期发出买入信号，在信号发生变化前的各个时期，其净值等于第 $t$ 期的净值 × 当期指数点位 ÷ 第 $t$ 期指数点位。也就是说，第 $t$ 期期末买入指数，买入量为第 $t$ 期期末净值。如果第 $t$ 期发出卖出信号，在信号发生变化前的各个时期，其净值 = 第 $t$ 期的净值 × （2 − 当期指数点位 ÷ 第 $t$ 期指数点位），即第 $t$ 期期末卖空指数，卖空量为期末净值。

### 9.1.2 DeMark Combo 策略的实证比较

首先使用沪深 300 指数从 2005 年 1 月 4 日至 2016 年 11 月 9 日的数据作为测试数据。表 9－1 给出了沪深 300 指数 DeMark Combo 策略的历史信号。

**表 9－1　沪深 300 指数 DeMark Combo 策略的历史信号**

| 时间 | 收盘 | 择时信号 | 单次收益 | 累计净值 | 最大回撤 | 时间 | 收盘 | 择时信号 | 单次收益 | 累计净值 | 最大回撤 |
|---|---|---|---|---|---|---|---|---|---|---|---|
| 2005.02.21 | 1 026 | 1 | 0.00% | 1.00 | 0.00% | 2011.07.25 | 2 968 | −1 | −2.25% | 10.64 | −2.25% |
| 2005.03.18 | 979 | −1 | −4.58% | 0.95 | −4.58% | 2011.10.28 | 2 709 | 1 | 8.73% | 11.57 | −1.07% |
| 2005.07.27 | 894 | 1 | 8.65% | 1.04 | −2.53% | 2011.11.11 | 2 695 | −1 | −0.52% | 11.51 | −0.52% |
| 2005.09.23 | 916 | −1 | 2.48% | 1.06 | −0.65% | 2012.01.17 | 2 461 | 1 | 8.70% | 12.51 | −2.05% |
| 2005.12.12 | 889 | 1 | 3.02% | 1.09 | −0.80% | 2012.03.07 | 2 603 | −1 | 5.79% | 13.23 | −1.56% |
| 2006.07.31 | 1 294 | −1 | 45.67% | 1.59 | 0.00% | 2012.04.12 | 2 570 | 1 | 1.25% | 13.40 | −3.00% |
| 2006.08.16 | 1 284 | 1 | 0.83% | 1.61 | 0.00% | 2012.06.07 | 2 542 | −1 | −1.10% | 13.25 | −1.11% |
| 2007.06.29 | 3 764 | −1 | 193.25% | 4.71 | −1.22% | 2012.08.09 | 2 412 | 1 | 5.13% | 13.93 | −1.54% |
| 2007.07.25 | 4 255 | 1 | −13.05% | 4.10 | −13.05% | 2012.08.16 | 2 320 | −1 | −3.82% | 13.40 | −3.82% |
| 2007.10.25 | 5 334 | −1 | 25.34% | 5.14 | 0.00% | 2012.10.18 | 2 336 | 1 | −0.71% | 13.30 | −0.71% |
| 2007.12.07 | 5 041 | 1 | 5.48% | 5.42 | −6.65% | 2012.10.29 | 2 236 | −1 | −4.29% | 12.73 | −4.29% |

续表

| 时间 | 收盘 | 择时信号 | 单次收益 | 累计净值 | 最大回撤 | 时间 | 收盘 | 择时信号 | 单次收益 | 累计净值 | 最大回撤 |
|---|---|---|---|---|---|---|---|---|---|---|---|
| 2008.01.22 | 4 754 | -1 | -5.70% | 5.11 | -5.70% | 2012.12.05 | 2 208 | 1 | 1.25% | 12.89 | -3.17% |
| 2008.04.30 | 3 959 | 1 | 16.72% | 5.96 | -6.81% | 2013.03.04 | 2 546 | -1 | 15.30% | 14.86 | -0.19% |
| 2008.06.04 | 3 547 | -1 | -10.41% | 5.34 | -10.41% | 2013.05.16 | 2 553 | 1 | -0.27% | 14.82 | -4.10% |
| 2008.09.26 | 2 244 | 1 | 36.74% | 7.31 | 0.00% | 2013.06.06 | 2 528 | -1 | -0.97% | 14.68 | -0.97% |
| 2008.10.09 | 1 995 | -1 | -11.07% | 6.50 | -11.07% | 2013.08.12 | 2 353 | 1 | 6.92% | 15.69 | 0.00% |
| 2008.11.17 | 1 987 | 1 | 0.40% | 6.52 | 0.00% | 2013.10.25 | 2 369 | -1 | 0.67% | 15.80 | -2.80% |
| 2008.12.25 | 1 871 | -1 | -5.86% | 6.14 | -7.92% | 2013.12.04 | 2 475 | 1 | -4.50% | 15.09 | -4.50% |
| 2009.01.16 | 1 990 | 1 | -6.39% | 5.75 | -6.39% | 2013.12.19 | 2 332 | -1 | -5.77% | 14.22 | -5.77% |
| 2009.08.12 | 3 397 | -1 | 70.71% | 9.82 | 0.00% | 2014.04.10 | 2 274 | 1 | 2.51% | 14.58 | 0.00% |
| 2009.09.08 | 3 171 | 1 | 6.66% | 10.47 | -1.28% | 2014.04.28 | 2 135 | -1 | -6.10% | 13.69 | -6.10% |
| 2009.09.29 | 2 972 | -1 | -6.27% | 9.81 | -6.27% | 2014.07.02 | 2 171 | 1 | -1.68% | 13.46 | -2.66% |
| 2009.10.15 | 3 240 | 1 | -8.99% | 8.93 | -8.99% | 2014.10.24 | 2 391 | -1 | 10.13% | 14.82 | -1.29% |
| 2009.12.22 | 3 306 | -1 | 2.03% | 9.11 | 0.00% | 2014.10.31 | 2 508 | 1 | -4.92% | 14.09 | -4.92% |
| 2009.12.30 | 3 559 | 1 | -7.66% | 8.41 | -7.66% | 2015.01.19 | 3 355 | -1 | 33.76% | 18.85 | -0.25% |
| 2010.01.22 | 3 366 | -1 | -5.41% | 7.96 | -5.41% | 2015.02.13 | 3 470 | 1 | -3.42% | 18.20 | -7.54% |
| 2010.03.01 | 3 324 | 1 | 1.24% | 8.06 | 0.00% | 2015.06.19 | 4 637 | -1 | 33.64% | 24.33 | 0.00% |
| 2010.04.19 | 3 176 | -1 | -4.45% | 7.70 | -4.45% | 2015.10.15 | 3 487 | 1 | 24.81% | 30.36 | -5.24% |
| 2010.07.12 | 2 676 | 1 | 15.75% | 8.91 | -1.90% | 2016.01.04 | 3 469 | -1 | -0.51% | 30.21 | -0.61% |
| 2010.11.17 | 3 104 | -1 | 15.98% | 10.34 | -2.53% | 2016.02.22 | 3 119 | 1 | 10.09% | 33.25 | -2.04% |
| 2011.02.01 | 3 077 | 1 | 0.86% | 10.42 | -5.33% | 2016.05.09 | 3 066 | -1 | -1.71% | 32.69 | -7.74% |
| 2011.04.26 | 3 231 | -1 | 4.99% | 10.94 | -1.18% | 2016.07.04 | 3 205 | 1 | -4.54% | 31.20 | -4.54% |
| 2011.06.08 | 3 009 | 1 | 6.88% | 11.70 | 0.00% | 2016.08.25 | 3 309 | -1 | 3.25% | 32.22 | -0.87% |
| 2011.06.16 | 2 918 | -1 | -3.03% | 11.34 | -3.03% | 2016.10.18 | 3 321 | 1 | -0.37% | 32.10 | -1.02% |
| 2011.06.27 | 3 036 | 1 | -4.08% | 10.88 | -4.08% | 2016.11.09 | 3 353 | 1 | 0.96% | 32.41 | -0.15% |

注：这里的最大回撤是指相对于期初净值而言，即信号发出后到新信号发出前这段时间内净值的最小值相对于信号发出时的净值的亏损。与传统的最大回撤相比，该数值会小很多。

图 9-1 给出了 Combo 策略累计净值，通过在每个时点根据收盘价计算策略的净值，这样可以看到在信号没发生变化期间市场波动带来的浮动收益情况。

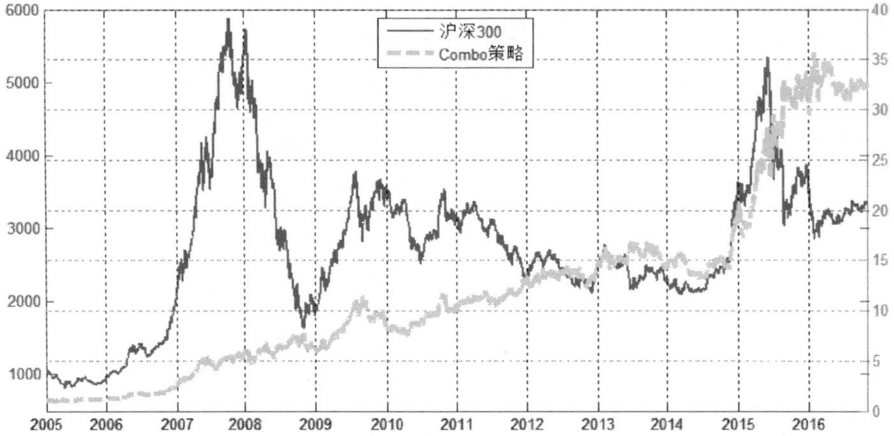


图 9-1 Combo 策略累计净值

从图 9-2 的累计净值可以看出，策略在 2013 年之前的收益非常明显，捕捉到了 2005 年至 2007 年的上涨、2007 年底至 2008 年的下跌、2008 年底到 2009 年的上涨甚至 2009 年中期至 2012 年底的下跌，累计净值从 1 上涨到 15 左右，累计收益1400%，而同期指数仅从 900 多点上涨到 2500 点左右，累计收益仅为 177%。然而在 2013 年之后，收益能力似乎出现了明显下降，累计净值仅从 15 左右上涨到 32 左右，累计收益略超过 100%，而同期指数从 2500 点左右上涨到 3900 点左右，累计收益也有 56%。这主要是受前视偏差、数据窥探的影响，策略参数是根据 2013 年之前的历史数据设定的，因此，样本内有非常好的表现；而在样本外，策略收益的表现则大大下降了。

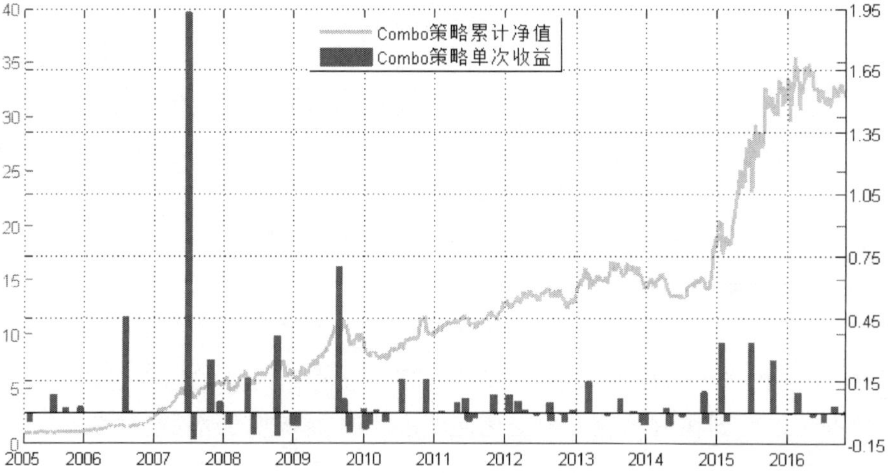


图 9-2 Combo 策略单次收益

从图 9 - 3 Combo 策略单次收益来看，单次收益的最大获利高达近 200%，发生在 2006 年 8 月 16 日的买入信号，至 2007 年 6 月 29 日信号发生变化时，累计收益为 193.25%。而单次收益的最大损失不到 15%，发生在 2007 年 6 月 29 日的卖出信号上，至 2007 年 7 月 25 日，指数点位突破阻力位发出买入信号时，单次收益亏损 13.05%。这也是策略信号所出现的最大浮亏。从单次信号的最大浮亏来看，绝大多数浮亏在 10% 以下，一半以上不超过 5%。

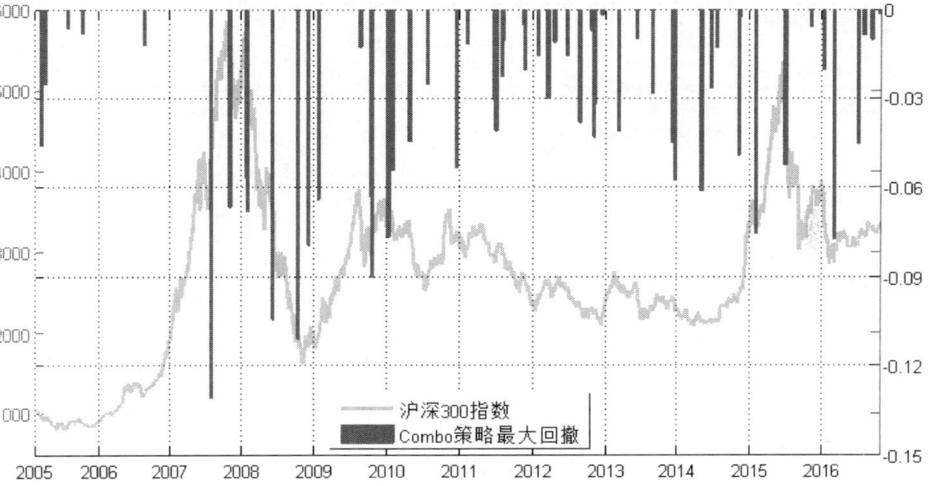


图 9 - 3　Combo 策略最大回撤

表 9 - 2 给出了沪深 300 指数 DeMark Combo 策略各年的实证结果，自 2005 年至今的大约 12 年中，DeMark Combo 策略出现信号 69 次，大约每年 5.75 次。也就是说信号持续平均来看为 2 个多月，胜率 53.62%，单次获胜平均收益为 17.19%，亏损信号平均单次亏损幅度为 -4.51%，盈亏比为 3.81 倍，最大回撤为 34.06%。

**表 9 - 2　　沪深 300 指数 DeMark Combo 策略的实证结果**

| 评价指标 | 全样本 | 2005 | 2006 | 2007 | 2008 | 2009 | 2010 |
|---|---|---|---|---|---|---|---|
| 累计收益率 | 3 128.08% | 13.75% | 124.73% | 124.48% | 10.07% | 33.85% | 21.29% |
| 年化收益率 | 35.75% | 16.24% | 131.63% | 130.56% | 10.24% | 34.81% | 22.07% |
| 交易次数 | 69 | 4 | 2 | 4 | 7 | 7 | 5 |
| 获胜次数 | 37 | 3 | 2 | 3 | 3 | 3 | 3 |
| 失败次数 | 32 | 1 | 0 | 1 | 4 | 4 | 2 |
| 胜率 | 53.62% | 75.00% | 100.00% | 75.00% | 42.86% | 42.86% | 60.00% |

续表

| 评价指标 | 全样本 | 2005 | 2006 | 2007 | 2008 | 2009 | 2010 |
|---|---|---|---|---|---|---|---|
| 单次均收益率 | 7.13% | 9.56% | 46.50% | 211.02% | 20.82% | 50.10% | 23.10% |
| 单次获胜均收益率 | 17.19% | 14.14% | 46.50% | 224.07% | 53.87% | 79.40% | 32.97% |
| 单次失败均收益率 | -4.51% | -4.58% | 0.00% | -13.05% | -33.04% | -29.31% | -9.87% |
| 赔率 | 3.81 | 3.09 | | 17.16 | 1.63 | 2.71 | 3.34 |
| 最大回撤 | 34.06% | 9.07% | 9.24% | 23.05% | 23.28% | 26.54% | 17.20% |
| 最大连胜次数 | 6 | 3 | 1 | 2 | 1 | 2 | 2 |
| 最大连败次数 | 3 | 1 | 0 | 1 | 1 | 2 | 1 |
| 评价指标 | 全样本 | 2011 | 2012 | 2013 | 2014 | 2015 | 2016 |
| 累计收益率 | | 26.75% | 13.34% | -3.38% | 39.46% | 63.66% | -0.63% |
| 年化收益率 | | 27.49% | 13.75% | -3.54% | 40.41% | 65.65% | -0.79% |
| 交易次数 | | 8 | 9 | 7 | 5 | 4 | 7 |
| 获胜次数 | | 4 | 5 | 3 | 2 | 3 | 3 |
| 失败次数 | | 4 | 4 | 4 | 3 | 1 | 4 |
| 胜率 | | 50.00% | 55.56% | 42.86% | 40.00% | 75.00% | 42.86% |
| 单次均收益率 | | 11.60% | 12.21% | 11.38% | -0.06% | 88.79% | 6.79% |
| 单次获胜均收益率 | | 21.47% | 22.12% | 22.90% | 12.64% | 92.21% | 13.91% |
| 单次失败均收益率 | | -9.87% | -9.91% | -11.51% | -12.71% | -3.42% | -7.13% |
| 赔率 | | 2.18 | 2.23 | 1.99 | 0.99 | 26.98 | 1.95 |
| 最大回撤 | | 11.43% | 14.03% | 15.41% | 15.48% | 17.93% | 13.73% |
| 最大连胜次数 | | 3 | 3 | 2 | 1 | 2 | 1 |
| 最大连败次数 | | 3 | 3 | 2 | 2 | 1 | 2 |

注：这里的最大回撤是净值曲线在样本区间内的最大回撤。

分年度来看，除2013年亏损3.38%和2016年亏损0.63%之外，历史各年度均实现正收益，不过各年的收益相差较大，2006年和2007年的收益超过100%，而2005年、2008年和2012年的收益仅10%左右（见图9-4）。从策略各年发出的信号来看（见图9-5），除了2006年只发出2次信号外，其他各年的信号数都在4次以上，最高的为2012年，信号数为9次。可以看出，当市场震荡时，发出的信号较多，该年收益也较低。而在单边牛市或熊市时，则发出的信号数较少，但收益较高。

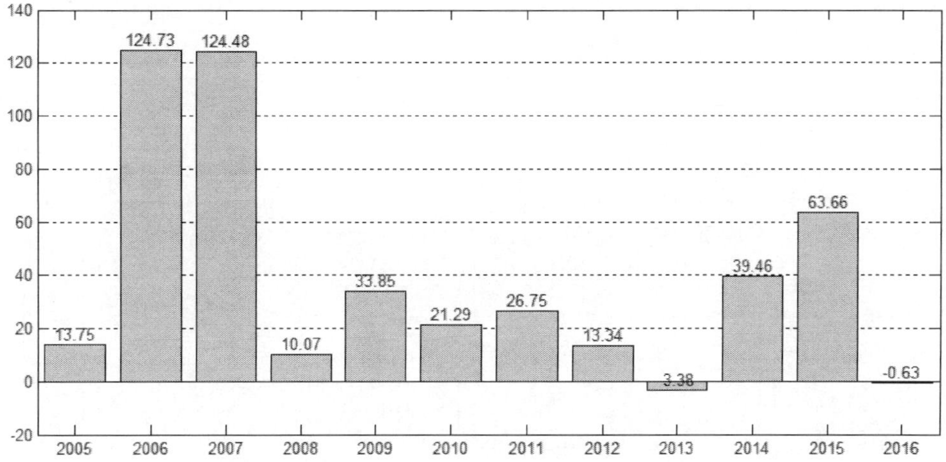


图 9-4　Combo 策略各年度收益

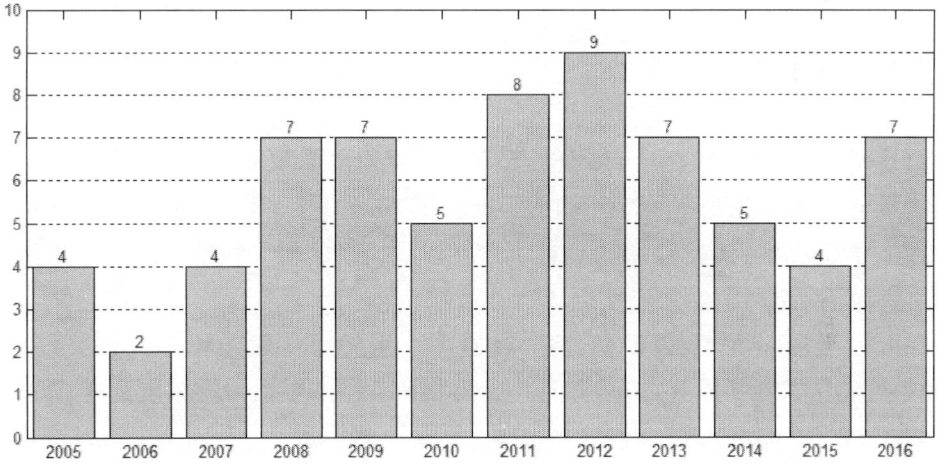


图 9-5　Combo 策略各年度信号

从各年的最大回撤来看（见图 9-6），2007～2009 年的三年，最大回撤都超过 20%，2005 年和 2006 年的最大回撤都在 10% 以下，其他各年的回撤大多在 15% 左右。通过上述实证分析可以发现，DeMark Combo 策略确实具有明显的超额收益，特别是通过参数优化后，样本内的表现十分优异。但从样本外的结果来看，DeMark Combo 策略的超额收益明显降低。如何让 DeMark Combo 策略在样本外也能有较高的收益将是未来研究的主题，特别是对策略中参数敏感性的探讨，通过降低策略参数敏感性将使得策略的样本内与样本外具有较为一致的表现。

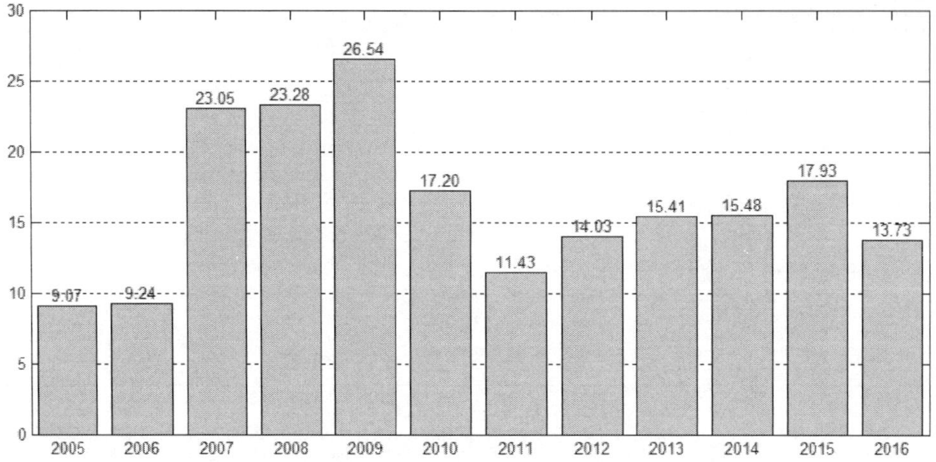


图 9-6　Combo 策略各年度最大回撤

### 9.1.3　小结

总体而言，DeMark Combo 策略能够在沪深 300 指数上获得明显的超额收益，在特定参数下，策略净值从 2005 年初的 1 上涨至 2016 年 11 月 9 日的 32。单次信号的最大损失和最大浮亏不超过 15%，绝大多数单次信号的损失和浮亏在 10% 以下，一半以上甚至不超过 5%。

DeMark Combo 策略在近 12 年的样本中，大约每年发出 5.75 次信号，胜率 53.62%，单次获胜平均收益为 17.19%，亏损信号平均单次亏损幅度为 4.51%，盈亏比为 3.81 倍，最大回撤为 34.06%。

除 2013 年亏损 3.38% 和 2016 年亏损 0.63% 之外，历史每个年度均实现正收益。除 2005 年、2006 年的最大回撤在 10% 以下以及 2007 年、2008 年、2009 年的最大回撤在 25% 左右，2010 年以来各年最大回撤都在 15% 左右。市场震荡时，发出的信号较多，对应年份收益也较低；而在单边牛市或熊市时，发出的信号数较少，但收益较高。

DeMark Combo 策略在 2013 年之前的收益非常明显，累计净值显著高于同期指数。然而在 2013 年之后，累计净值相比于同期指数的上涨幅度有限。这主要受到前视偏差、数据窥探的影响。因此，在未来的研究中，需要考虑如何保持 DeMark Combo 策略在样本外也能有较高的收益，其中包括对策略参数敏感性的探讨，若策略参数敏感性较低的话，那么预期策略的样本内与样本外才能具有较为一致的表现。

# 9.2 抛物线拟合策略：寻找拐点，右侧交易

## 9.2.1 抛物线拟合择时思路

抛物线拟合模型的基本方法是用二次函数对价格的时间序列进行局部拟合，从而寻找时间序列处于衰弱期和转向期之间的拐点。具体来说，就是对一段时间的价格时间序列，按照收盘价或（开盘价 + 收盘价）/2 进行拟合，拟合函数为：

$y = at^2 + bt + c$

其中，因变量 $y$ 为价格时间序列 $\{p_1, p_2, \cdots, p_n\}$，自变量为时间 $t = \{1, 2, \cdots, n\}$，拟合效果如图 9－7 所示。

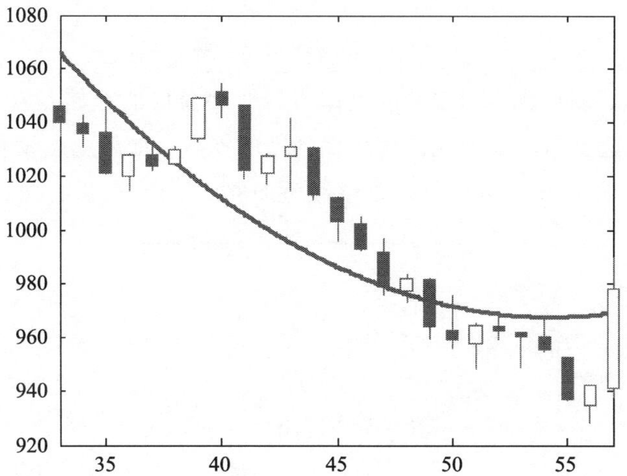


图 9－7 抛物线对价格时间序列的拟合

对于一定的时间窗口 $N$ 天，可以对这段时间的价格时间序列进行抛物线拟合。在抛物线的极值点，价格的运行趋势将发生转向。图 9－7 中即由下降趋势转为上涨趋势。抛物线的极值点就是市场行情的拐点，在拐点上，抛物线的切线为零，亦即 $y' = 0$ 或者 $t = -b/2a$。

拐点一旦出现，就意味着先前市场趋势的动量正在逐渐衰减，有可能出现反转，择时就进入预警状态。然而在现实情况中，也有可能出现震荡后延续前势，走出突破行情。因此，还需要一个确认拐点的步骤：在拐点出现的第 $M$ 天，如果再次拟合出的抛物线二阶导数和原抛物线拐点所在时的二阶导数同正负，即具有相同的弯曲方向，则认为市场拐点得到了确认，给出择时信号（如图 9－8 所示）。

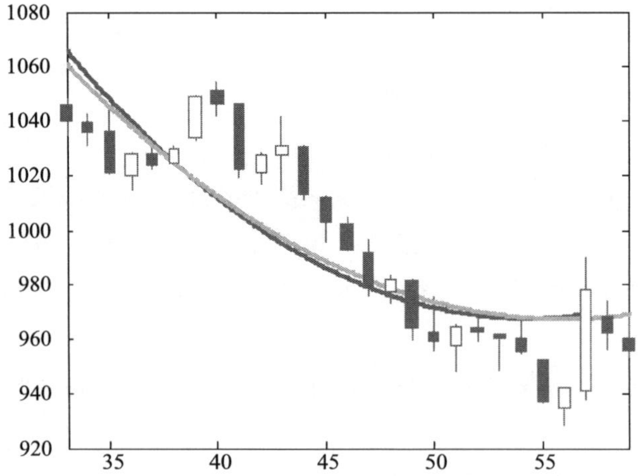


图 9－8　抛物线拐点的确认

一旦拐点确认，就以拐点出现的位置作为新时间窗口的起始点（如图 9－9 所示）。随着时间的推移，逐日拟合抛物线，直至找到新的拐点；如果拐点没有得到确认，即上述拟合抛物线的二阶导数方向相反，则继续逐日拟合，寻找新的拐点出现的位置。

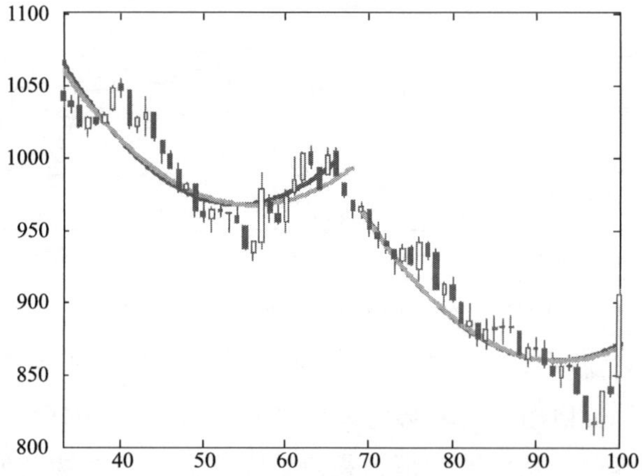


图 9－9　拐点确认后的新抛物线拟合

## 9.2.2 抛物线拟合择时策略回测

### 9.2.2.1 抛物线拟合择时策略的步骤

设拟合时间窗口为 $N$ 天，确认时间窗口为 $M$ 天。对 $0 \leqslant t < N + M - 1$，记$signal_t = 0$。抛物线拟合起始时间从 $t = N + M - 1$ 开始。

（1）对时间段$[t - N - M + 1, t - M]$的价格时间序列$\{P_{t-N-M+1}, P_{t-N-M+2}, \cdots, P_{t-M}\}$进行抛物线拟合，在拟合优度$R^2 \geqslant 0.5$时，确认拟合成功，否则直接转入步骤（4）。记抛物线方程为$P_1(t)$，确认抛物线$P_1(t)$在时间 $t$ 处的二阶导数 $P''_1(t)$（即抛物线的二次项系数，这里主要关注抛物线的开口方向）。

（2）对时间段$[t - N + 1, t]$的价格时间序列$\{P_{t-N+1}, P_{t_0-N+2}, \cdots, P_t\}$进行抛物线拟合，同样在拟合优度$R^2 \geqslant 0.5$时，确认拟合成功，否则直接转入步骤（4）。记抛物线方程为 $P_2(t)$，确认抛物线$P_2(t)$在时间 $t$ 处的二阶导数 $P''_2(t)$。

（3）对于 $t$ 时刻，如果 $P''_1(t - M)$ 和 $P''_2(t)$ 的正负方向相同、$t - M$ 位于所拟合抛物线 $P_1(t)$ 对称轴的右侧且 $t$ 位于所拟合抛物线 $P_2(t)$ 对称轴的右侧时，则确认 $t$ 时刻发出买卖信号，否则直接转入步骤（4）继续执行。当 $P''_1(t - M) > 0$ 且 $P''_2(t) > 0$，亦即两个抛物线的开口都向上时，价格由下降转为上升，确认 $t$ 时刻为买入时点，记$signal_t = 1$；当 $P''_1(t - M) < 0$ 且 $P''_2(t) < 0$，亦即两个抛物线的开口都向下时，价格由上升转为下降，确认 $t$ 时刻为卖出时点，记$signal_t = -1$。将时间自 1 增至 $t = t + 1$，返回步骤（1）继续执行。

（4）记$signal_t = 0$，并将时间自增 1 至 $t = t + 1$，返回步骤（1）继续执行。

### 9.2.2.2 数据来源及参数设置

对于拟合时间窗口 $N$，由于确认抛物线方程至少需要三个点的坐标，所以必然要求 $N \geqslant 3$。将时间间隔设定为 1 天，$N$ 的测试范围从 5 天到 60 天；对于确认时间窗口 $M$，不宜设置过大，否则虽然提高了抛物线拟合的精度，但却丧失了很多市场机会。在这里，$M$ 依次取 1 天和 5 天。测试采用遍历的搜索方法，选取 2005 年 1 月至 2016 年 12 月的沪深 300 指数为研究对象，分别计算不同参数匹配下的择时交易情况。为简化起见，这里不考虑交易成本，也不允许做空。

#### 9.2.2.3 回测结果分析

2005 年 1 月至 2016 年 12 月的沪深 300 指数同期累计收益为 236.80%，年化收益为 10.98%，最大回撤为 72.30%，夏普比率为 0.240。

图 9－10 给出了改进的抛物线拟合择时策略累计收益处于不同水平的净值曲线。不同表现的策略大都具有类似的走势，中下水平的策略明显低于基准指数的收益；平均水平的策略在第一轮牛市中踏空，但也侥幸躲过了第一轮熊市的较深跌幅，之后几近基准指数的收益情况；中上策略则与基准指数大体持平。

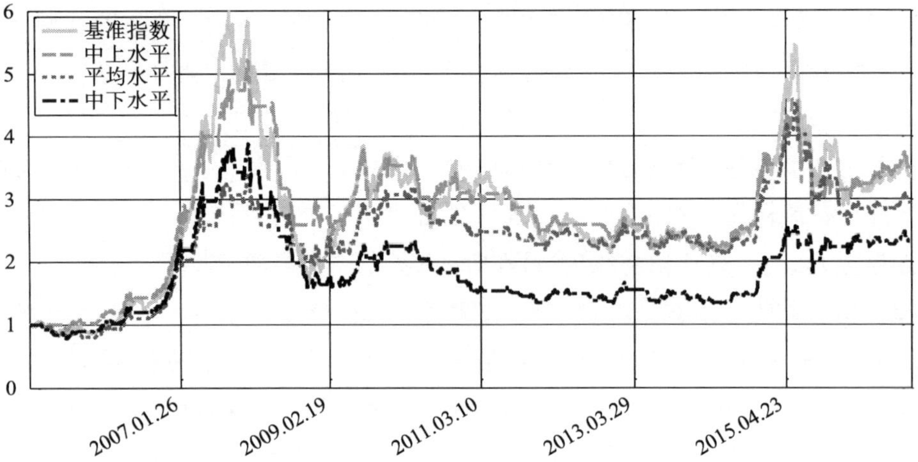


图 9－10 改进的抛物线拟合择时策略净值曲线

注：图中实线为沪深 300 指数的净值曲线，其他 3 条曲线为基于沪深 300 指数的均线优化策略，选取的是均线优化策略中到期累计收益率为中下水平（上四分位，25% 分位数）、平均水平（中位数，50% 分位数）和中上水平（下四分位，75% 分位数）的策略。

表 9－3 给出了改进的抛物线拟合择时策略表现处于不同排名的参数值及其绩效评价指标。表现最好的参数组合为 $N=7$、$M=3$。相对来说，当 $N$ 较大时绩效水平较差，$M$ 的取值则未表现出明显的优劣。

**表 9－3　　不同排名的改进的抛物线拟合择时策略绩效评价**

| | 最好表现 | 排名前 5% 表现 | 中上水平 | 中等水平 | 中下水平 | 排名后 5% 表现 | 最差表现 |
|---|---|---|---|---|---|---|---|
| 拟合时间窗口 $N$ | 7 | 5 | 52 | 34 | 38 | 39 | 17 |
| 确认时间窗口 $M$ | 3 | 2 | 4 | 1 | 2 | 3 | 1 |

续表

| | 最好表现 | 排名前5%表现 | 中上水平 | 中等水平 | 中下水平 | 排名后5%表现 | 最差表现 |
|---|---|---|---|---|---|---|---|
| 买入信号次数 | 206 | 190 | 814 | 873 | 864 | 810 | 759 |
| 卖出信号次数 | 183 | 238 | 607 | 698 | 672 | 612 | 648 |
| 累计收益 | 5.939 | 3.716 | 2.496 | 1.945 | 1.319 | 0.730 | 0.365 |
| 年化收益 | 18.08% | 14.23% | 11.34% | 9.71% | 7.48% | 4.81% | 2.70% |
| 最大回撤率 | 29.80% | 53.73% | 58.01% | 43.06% | 65.59% | 68.49% | 59.74% |
| 夏普比率 | 0.775 | 0.545 | 0.350 | 0.276 | 0.171 | 0.040 | -0.062 |
| 盈利比例 | 0.244 | 0.266 | 0.300 | 0.305 | 0.299 | 0.293 | 0.298 |
| 平均盈亏比 | 0.975 | 0.960 | 0.921 | 0.906 | 0.904 | 0.881 | 0.892 |
| 平均持仓 | 0.425 | 0.473 | 0.537 | 0.547 | 0.541 | 0.531 | 0.550 |
| 平均操作周期 | 24.091 | 16.194 | 42.868 | 26.991 | 29.745 | 31.011 | 13.311 |

注：沪深300指数的年化收益为10.98%，最大回撤为72.30%，夏普比为0.24。

从年化收益来看，中等水平为9.71%，低于基准指数的水平；但是收益的分布范围较大，表现最好的能达到18.08%，最差的仅有2.70%；因累计收益与年化收益存在换算关系，情况相同，这里不再赘述。受收益分布的影响，夏普比率的变化范围也很大；从最大回撤率来看，总体上好于基准水平，尤其是最好的表现，最大回撤没超过30%。

年化收益好的参数组对应的盈利比例稍低，而年化收益差的参数组对应的盈利比例稍高，表明年化收益好的参数组更能抓住盈利幅度较大的时点；从平均盈亏比来看均没超过1，说明单次平均盈利小于单次平均亏损；平均持仓较为稳定，约在0.5上下浮动；而平均操作周期并没有表现出明显的规律性。

表9-4给出了改进的抛物线拟合择时策略各个评价指标的分布，年化收益、最大回撤率、夏普比例、平均操作周期等指标的波动范围较大；而盈利比例、平均盈亏比、平均持仓等指标的变化要平缓得多。

**表9-4　　改进的抛物线拟合择时策略评价指标的分布**

| | 最小值 | 5%分位数 | 上四分位 | 中位数 | 下四分位 | 95%分位数 | 最大值 |
|---|---|---|---|---|---|---|---|
| 年化收益 | 2.70% | 4.44% | 7.46% | 9.68% | 11.32% | 14.23% | 18.08% |
| 最大回撤率 | 29.80% | 42.93% | 51.94% | 59.43% | 64.70% | 74.28% | 78.35% |
| 夏普比率 | -0.062 | 0.021 | 0.171 | 0.272 | 0.365 | 0.516 | 0.775 |

续表

| | 最小值 | 5%分位数 | 上四分位 | 中位数 | 下四分位 | 95%分位数 | 最大值 |
|---|---|---|---|---|---|---|---|
| 盈利比例 | 0.239 | 0.272 | 0.293 | 0.298 | 0.303 | 0.311 | 0.324 |
| 平均盈亏比 | 0.867 | 0.878 | 0.897 | 0.910 | 0.925 | 0.964 | 1.007 |
| 平均持仓 | 0.425 | 0.484 | 0.528 | 0.536 | 0.546 | 0.557 | 0.573 |
| 平均操作周期 | 6.625 | 11.431 | 22.773 | 29.745 | 36.438 | 45.547 | 48.583 |

图9－11至图9－17给出了所有测试参数组合下改进的抛物线拟合择时策略的各个评价指标的分布情况。

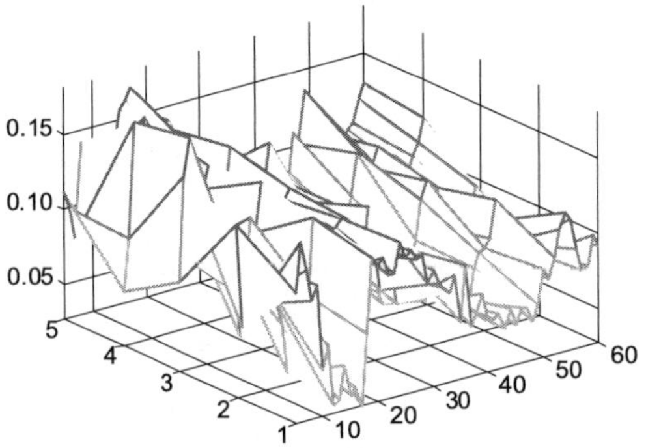


图9－11　年化收益分布图

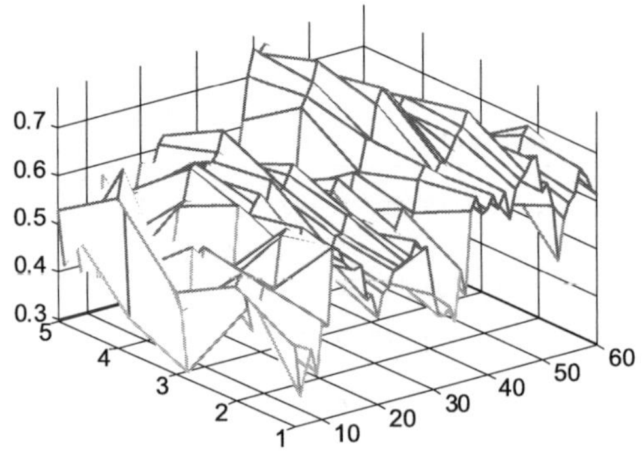


图9－12　最大回撤率分布图

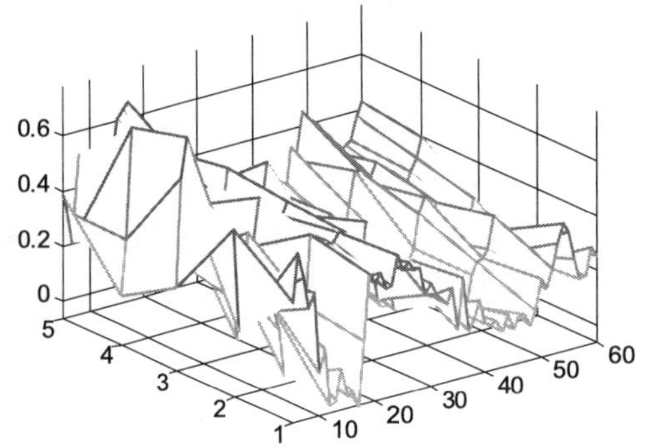


图9－13　夏普率分布图

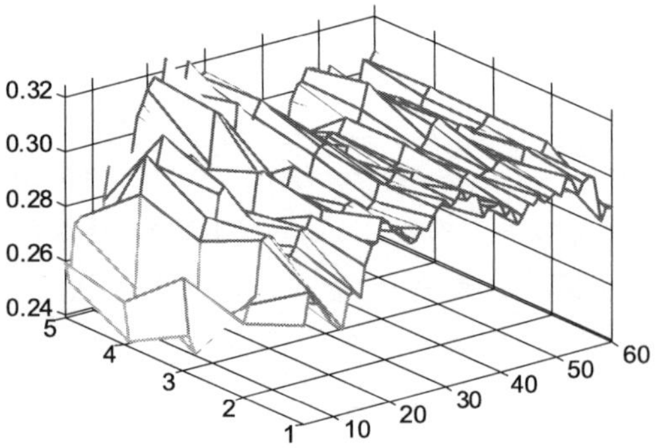


图9－14　盈利比例分布图

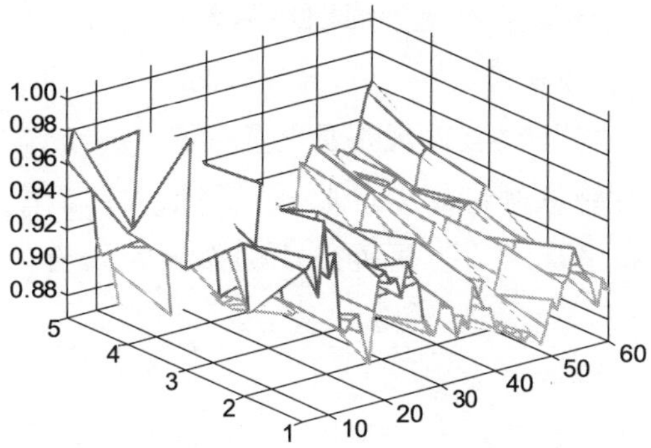


图 9－15　平均盈亏比分布图

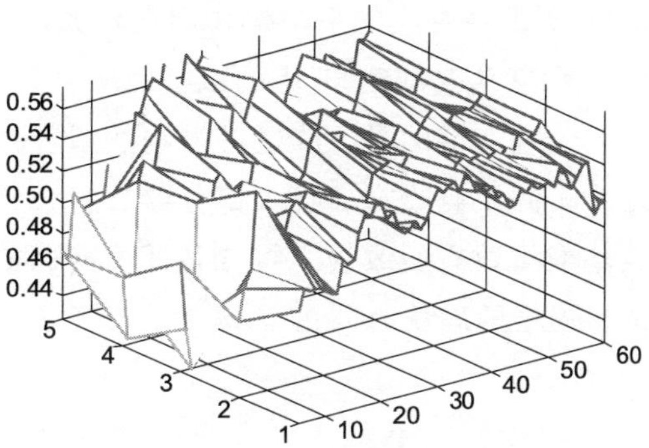


图 9－16　平均持仓分布图

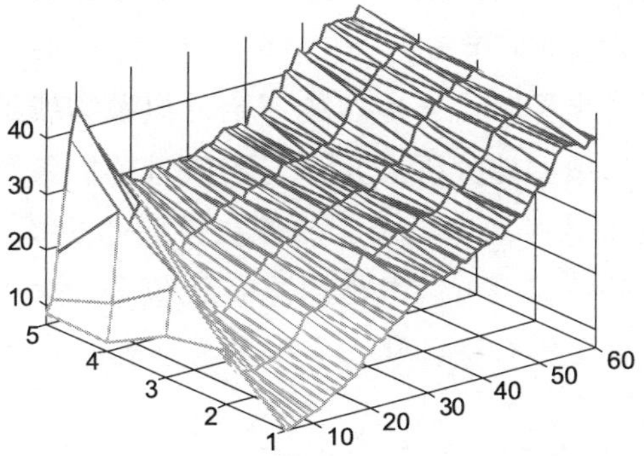


图 9－17　平均操作周期分布图

图 9－11 中改进的抛物线拟合择时策略的年化收益对参数拟合时间窗口 $N$、确认时间窗口 $M$ 并没有表现出显著的规律性。相对来说，较小的拟合时间窗口 $N$ 和较大的确认时间窗口 $M$ 组合对应的年化收益稍高，较大的拟合时间窗口 $N$ 和较小的确认时间窗口 $M$ 组合对应的年化收益稍低。图 9－12 中最大回撤率则表现出明显的变化规律，即较小的拟合时间窗口 $N$ 和较小的确认时间窗口 $M$ 组合对应的最大回撤率更小。总体来说，图 9－13 中的夏普率分布和图 9－11 中的年化收益分布大体相当。

从图 9－14 的盈利比例分布中可以看到，随着拟合时间窗口 $N$ 的增加，盈利比例在短暂的一段爬升后转为小幅下降，较大的确认时间窗口 $M$ 对应着较高的盈利比例，但与较小的确认时间窗口 $M$ 对应的盈利比例差距并不明显。从图 9－15 的平均盈亏比分布来看，总体上较小的确认时间窗口 $M$ 有着稍大的平均盈亏比。

图 9－16 中平均持仓的分布随拟合时间窗口 $N$ 和确认时间窗口 $M$ 的增加而增加。图 9－17 的平均操作周期分布中，除较小的拟合时间窗口 $N$ 和较大的确认时间

窗口 $M$ 组合对应的平均操作周期较大，其余情形中平均操作周期均随着拟合时间窗口 N 和确认时间窗口 $M$ 的减小而减少，交易更为频繁。

令人遗憾的是，改进的抛物线拟合择时策略并没有表现得更为稳定，年化收益的分布并没有收窄，且大部分参数组合并没有跑赢基准指数的收益，但最大回撤率较基准指数有所改观。综合各评价指标的分布情况来看，可能较小的拟合时间窗口 $N$ 和较小的确认时间窗口 $M$ 组合相对更为稳健。

### 9.2.3 小结

总体而言，抛物线择时策略的最大回撤率较基准指数有所改善，但收益分布情况仍不能让人满意。从对 2005 年 1 月至 2016 年 12 月沪深 300 指数的回测结果来看，该策略适当克服了发出择时信号延迟的不足，但抛物线拟合择时对趋势市的适用性依然较差。从参数的敏感性分析来看，与未改进前的策略类似，设置较小的拟合时间窗口 $N$ 和较小的确认时间窗口 $M$，能够获得更优的投资收益。针对抛物线拟合对趋势市适用性较差的缺点，可以考虑引进直线拟合，根据拟合优度的大小决定抛物线和直线中哪种拟合更为合适，从而发出更为准确的信号。

## 9.3 对数周期幂律模型及其基本应用：阶段性“顶”和“底”的预测

### 9.3.1 研究背景

价格泡沫的形成与破灭造就了千万人的辉煌与幻灭（Kindleberger 和 Aliber, 2011)，如何认知、理解市场上的疯狂或错误行为，度量市场的效率水平，确认价格水平的合理程度，一直为研究者与投机客所重视。Shiller（2005）指出，许多真正决定价格泡沫形成与破灭的因素实质上是来自于的头脑，即 John Keynes 的“动物精神”（Animal Spirit）——即使能够远离投机活动所导致的市场波动，那些由人性的本质特征所引起的市场不稳定性仍然存在。在积极经济活动中，大部分取决于自发的乐观主义精神，而不是理性行为。也许花费大量时间作出某些决策，但仍然可能是浮躁情绪的结果，使人们不考虑平均收益水平和风险的情况下采取行动。近年来，认知科学与行为科学等领域的进展也逐渐揭示和强调心理预期（Prospect）、行为模式、认知误区等对投机行为的影响（Snleifer，2003）。换句话说，对价格泡沫的认知与理解程度取决于对人性本身包括个体异质性与群体协同性等的洞察。

价格泡沫的形成源于对未来乐观预期的错误估计，泡沫带来的并不完全是消极的一面，然而莫衷一是的诱因进一步加剧泡沫的累积，极大地增加了泡沫产生的负面影响。换而言之，自发的乐观主义使得人们容易对正面事务产生过度积极的预期，诱发狂热、不合理的投资和努力，促使泡沫的形成和累积。在投机市场中，泡沫的累积、破裂导致大量投资者财富的蒸发，影响整个社会的福祉；而在涉及创造、发明相关实务中，一定程度的泡沫累积则有助于创新活动的突破和发展。因此，无论从积极还是消极的角度，认知和理解泡沫的形成、累积都具有重要的意义。如何识别、理解泡沫的形成与积聚是当下金融理论的难题与核心内容。

近年来，随着复杂性科学的发展和海量数据分析能力的提高，人们开始采取更全面、跨学科的视角来分析泡沫形成、积聚与破裂的过程和机制。Sornette（2009）指出，由于个体与群体行为的正反馈放大作用，以及群体行为所具有的幂律特征，泡沫有可能呈现“超越指数”增长而无以为继，由此发展出了一整套方法对各种资产泡沫进行识别、预测，详细分析了不同市场泡沫发展的形态和特征，并成功地预测了2006—2008年的原油泡沫、1999年日经指数的反弹、1998年美国与英国房产泡沫、2009年中国A股泡沫的破裂等（Sornette，Woodard，Yan和Zhou，2011）。自2009年以来，Sornette等更是开展了一个名为“金融危机观测台”的研究计划，定期对各种资产泡沫进行识别、检验、预测。

关于市场泡沫的预测，对数周期幂律（LPPL）模型近年来受到越来越多学者的关注，因而可以将这一模型应用于中国期货市场的泡沫识别，以此对期货市场投资的风险进行管理。

### 9.3.2 模型与方法

对数周期幂律模型可写为：

$$\ln E[P(t)] = A + (t_c - t)^m \{B + C_1\cos[\omega\ln(t_c - t)] + C_2\sin[\omega\ln(t_c - t)]\}$$

其中，$t_c$ 为泡沫破灭时点，为核心参数；另一关键参数为 $m$，理论上要求 $0 < m$

<1（Sornette，Woodard，Yan 和 Zhou，2011）。

对上式参数值的确定，一般采用最小二乘法（LS）。由于线性参数 A、B、$C_1$、$C_2$ 在非线性参数 $t_c$、$m$、$w$ 确定的情况下显式表达，因此，对上式的估计可转化为对参数 $t_c$、$m$、$w$ 的非线性 LS 估计，从而大大优化了估计过程（Filimonov 和 Sornette，2013）。

在实际估计过程中，需要对参数施加约束，按照 Yan、Woodard 和 Sornette（2012）的方法，假设时间窗口为 $[t_1, t_2]$，那么设定 $t_c$ 的范围为 $[t_2, t_2+0.375(t_2-t_1)]$，$m$ 的范围为 $[0.001, 0.999]$，$w$ 的范围为 $[0.01, 40]$。如果参数 $m$ 的估计值在边界上取得①，那么认为在该模型无法识别出泡沫。

对上式估计的另一个问题是时间窗口的选择。时间窗口的选择具有一定的随意性，同时亦与个人的市场直觉判断相关。Brée 和 Joseph（2013）选择时间窗口的方法更为统一，首先确定真实的泡沫破灭（或区制转换）时点，将其设定为时间窗口的终点，然后设定上一次泡沫破灭后至本次泡沫破灭前的价格最低点为时间窗口的起始点。按照这一思路，也可以将时间窗口的起点设定为价格最低点之后最近的波谷，或者将时间窗口的终点设定为泡沫破灭时点之前最近的波峰。关于真实泡沫破灭时点的确定，Yan、Woodard 和 Sornette（2012）要求泡沫破灭时点的价格大于前后 100 个交易日的价格；而 Brée 和 Joseph（2013）则要求泡沫破灭时点的这一价格顶点之前的 262 个交易日的价格都小于它，并在随后的 60 个交易日内的价格最低点的价格下跌了 25%。由于我国股指期货的上市时间比较短，未曾出现过 25% 这么大的跌幅，因此，在应用过程中，需要设定一个更小的跌幅值。这两种方法确定的泡沫破灭点可能有所不同，在下文分析中主要考虑第一种方法来判断真实的泡沫破灭点。

### 9.3.3 实证与分析

#### 9.3.3.1 股指期货

图 9－18 给出了沪深 300 股指期货日数据的泡沫起始点和破灭点。根据上述方法，沪深 300 股指期货在 2010 年 4 月 16 日至 2013 年 9 月 30 日期间，确定了 4 个泡

① 在实际估计过程中，$w$ 的估计值通常不会在边界上，因此，只需要考虑 $m$ 的估计值在边界上的情况。

沫过程。其中，第 1 个泡沫过程从 2010 年 7 月 5 日至 2010 年 10 月 25 日，总共 73 个交易日，价格上涨了 35.414%；第 2 个泡沫过程从 2011 年 1 月 20 日至 2011 年 4 月 13 日，总共 53 个交易日，价格上涨了 13.609%；第 3 个泡沫过程从 2012 年 1 月 5 日至 2012 年 5 月 4 日，总共 77 个交易日，价格上涨了 17.061%；第 4 个泡沫过程从 2012 年 12 月 3 日至 2013 年 2 月 6 日，总共 45 个交易日，价格上涨了 27.427%。

图 9-18　沪深 300 股指期货的泡沫起始点与破灭点

估计泡沫过程需要一定的数据量，Yan、Woodard 和 Sornette（2012）要求窗口的交易日数至少在 100 左右①，而 Brée 和 Joseph（2013）则明确要求 262 天。② 可见，数据量对模型估计的准确性也起到非常重要的作用。对上述 4 个泡沫过程都进行分析，发现模型无法识别交易日分别为 53 个和 45 个的第 2 个泡沫过程和第 4 个泡沫过程，参数 $m$ 的估计值都在边界上。

第 1 个泡沫破灭过程的估计为：$t_c=73$（$T=73$），$m=0.613$，$w=2.339$，如图 9-19 所示。该模型很好地识别了第 1 个泡沫破灭过程，其泡沫破灭时点的估计值与实际值完全相同。可以看出，模型也很好地拟合了实际数据。

① 窗口的起点和终点的日历日不小于 110 天，其中窗口长度最小的交易日的数量在 100 个左右。

② JS 研究中要求数据量不小于 131 个交易日。

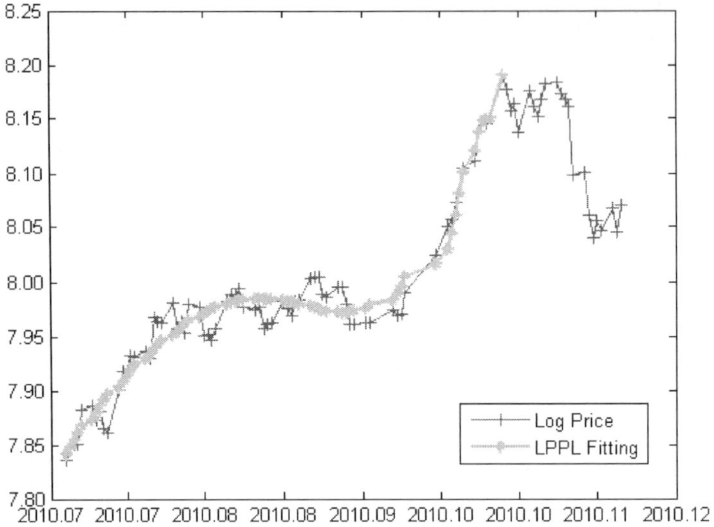


图 9-19　沪深 300 股指期货的第 1 个泡沫破灭过程的估计

第 3 个泡沫破灭过程的估计为：$t_c = 96.448$（$T = 77$），$m = 0.537$，$w = 5.985$，如图 9-20 所示。虽然模型也能很好地拟合实际数据，但对泡沫破灭时点的估计不像第 1 个泡沫破灭过程估计得那样精确，泡沫破灭的估计值与实际值的偏差（19 个交易日）可能过大。[①] 尽管如此，该模型却很好地拟合了真实泡沫破灭时点之后的下跌走势，并成功预测到真实泡沫破灭时点之后的价格波峰。

值得一提的是，真实泡沫破灭的判断采用的是第 1 种方法，即要求泡沫破灭时点的价格大于前后 100 个交易日的价格。如果采用第 2 种方法设定真实的泡沫破灭时点，即要求泡沫破灭时点之后的短时间内，价格有较大程度的下跌，那么真实的泡沫破灭时点将往后移 17 个交易日，那么模型预测的泡沫破灭时点则非常接近这一真实泡沫破灭时点。

从图 9-20 中可以看到，模型预测的泡沫破灭时点的预测价格与真实泡沫破灭时点的预测价格非常接近，同时真实泡沫破灭时点的实际价格也高于模型预测的泡沫破灭时点的预测价格。因此，在真实泡沫破灭时点之后，价格在短时间内的下跌和长期下跌是可以预测的。

① Yan，Woodard 和 Sornette（2012）认为偏差在 10 个交易日范围内的预测才是成功的预测。

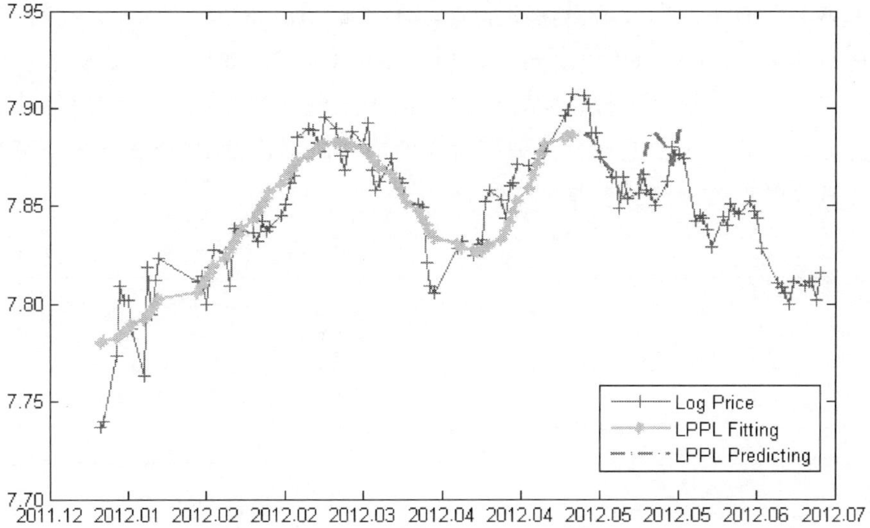


图 9－20　沪深 300 股指期货的第 3 个泡沫破灭过程的估计

#### 9.3.3.2　贵金属——黄金

图 9－21 给出了黄金期货日数据的泡沫起始点和破灭点，总共有 5 个泡沫破灭过程。以估计窗口最小（$T=81$）的第 1 个泡沫和估计窗口最大（$T=180$）的第 3 个泡沫为例来说明模型的预测效果。

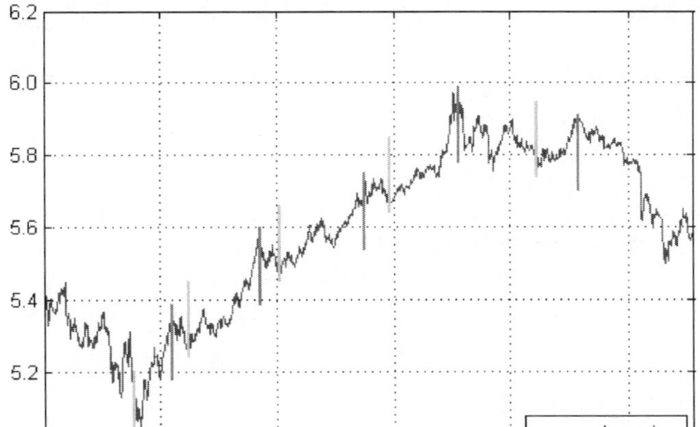


图 9－21　黄金期货的泡沫起始点与破灭点

对于第1个泡沫，模型给出估计是 $t_c = 81.708$，$m = 0.384$，$w = 5.487$；第3个泡沫的估计结果是：$t_c = 189.29$，$m = 0.209$，$w = 4.797$。如图9-22所示。从图中可以看出，模型都能很好地拟合实际数据。第1个泡沫过程破灭时点的估计偏差不到1个交易日，而第3个泡沫过程破灭时点的估计而不超过10个交易日。可见，模型对泡沫破灭时点的预测可谓是非常精确的。

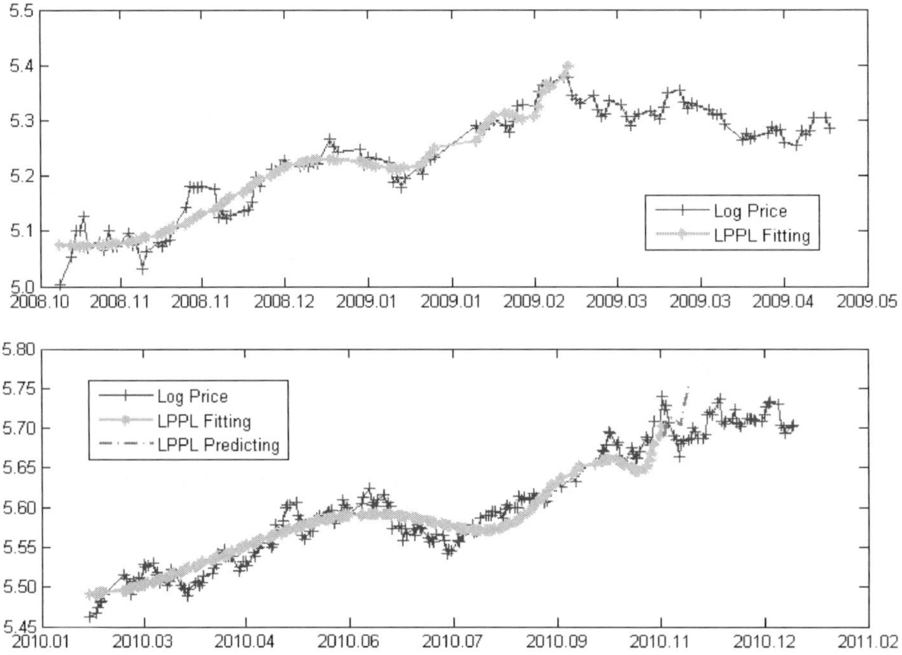


图9-22 黄金期货的泡沫破灭过程的估计

### 9.3.3.3 基本金属——螺纹钢与铜

图9-23给出了螺纹钢期货日数据的泡沫起始点和破灭点。从图中可以看出，第1个泡沫过程的实际上蕴含着1个子泡沫过程的破灭，是不合理的时间窗口的设定。那么考虑泡沫过程中价格涨幅较大的第2个和第4个泡沫过程的估计。第2个泡沫过程的估计结果为 $t_c = 131.6$（$T = 129$），$m = 0.504$，$w = 4.803$。第4个泡沫过程的估计结果为 $t_c = 105.8$（$T = 105$），$m = 0.731$，$w = 5.282$，具体见图9-24。

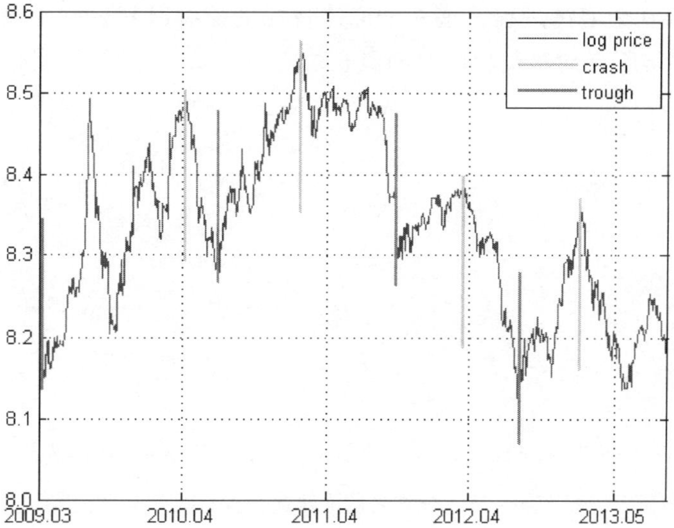


图 9－23　螺纹钢期货的泡沫起始点与破灭点

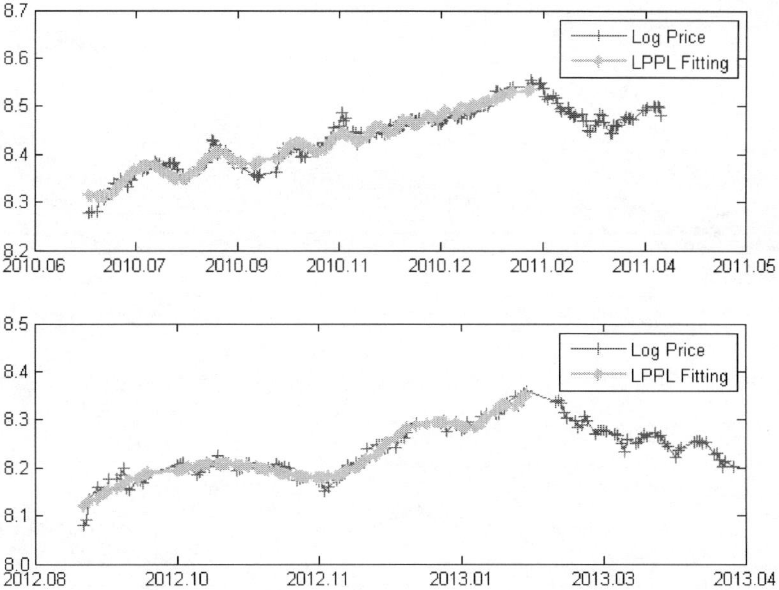


图 9－24　螺纹钢期货的泡沫破灭过程的估计

从图中可以看出，模型很好地拟合了实际数据，同时对泡沫过程破灭时点的估计偏差也非常小。再来看期货铜。期货铜有着非常长的历史，如图 9－25 所示。考察从 2001 年至 2006 年的整个泡沫过程，这一过程可以分为两个子过程，即图 9－26

中的第5个和第6个泡沫过程，这两个泡沫过程的持续时间分别为354个交易日和485个交易日，是所有泡沫过程中时间最长的2个。

图9－25　铜期货的泡沫起始点与破灭点

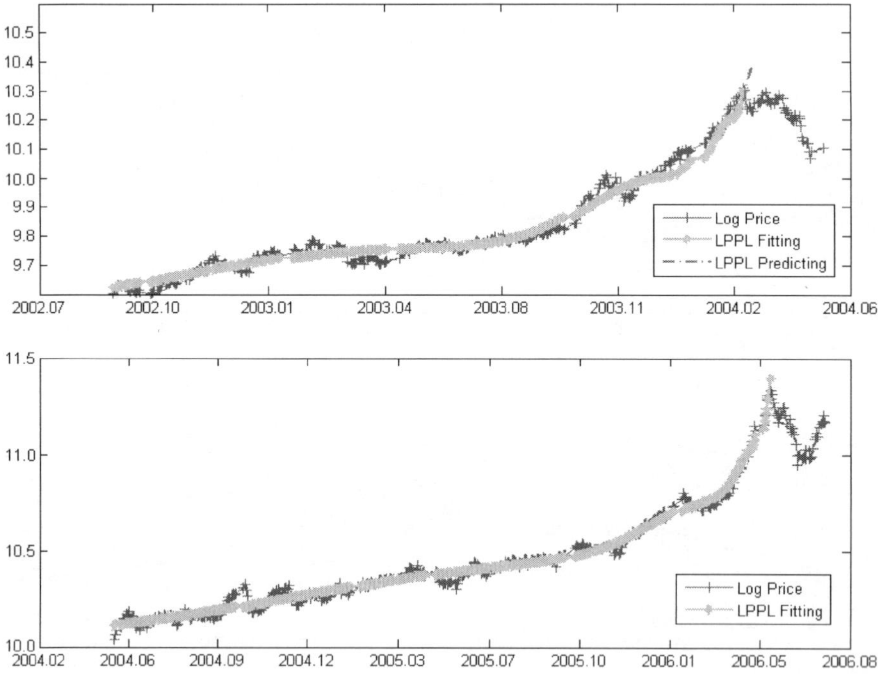


图9－26　铜期货的泡沫破灭过程的估计

其中前一个泡沫过程的估计结果为 $t_c=360.92$，$m=0.133$，$w=4.761$，泡沫破灭时点的估计误差不到6个交易日；后个泡沫过程的估计结果为 $t_c=486.29$；$m=0.155$，$w=4.515$，泡沫破灭时点的估计误差不到2个交易日。

#### 9.3.3.4 能源化工——橡胶、焦炭、塑料

橡胶期货也有着非常长的历史，也有着非常多的泡沫过程（如图 9－27 所示）。考察从 2007 年 6 月开始形成至 2008 年 6 月破灭的这个泡沫过程，这一泡沫的破灭使得资产价格下跌了超过 2/3。

图 9－27　橡胶期货的泡沫起始点与破灭点

图 9－28 给出了橡胶期货的这一泡沫破灭过程的估计，其中 $t_c = 238.056$（$T = 238$），$m = 0.351$，$w = 2.875$。可见，模型对这一带有灾难性的泡沫破灭时点的估计非常准确。

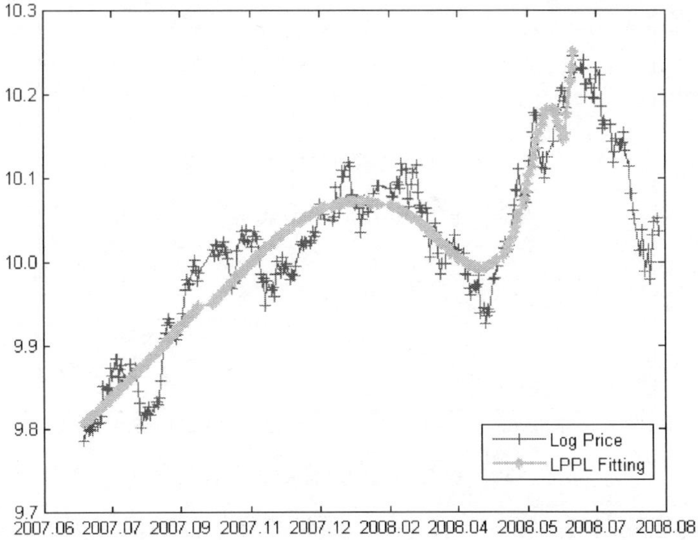


图 9－28　橡胶期货的泡沫破灭过程的估计

焦炭期货的历史非常短，但在这么短的历史中，也存在这泡沫的形成与破灭过程（见图 9－29）。图 9－30 给出了这一泡沫过程的估计，$t_c = 102$（$T = 102$），$m = 0.769$，$w = 5.008$。泡沫破灭时点的预测非常准确。

图 9－29　焦炭期货的泡沫起始点与破灭点

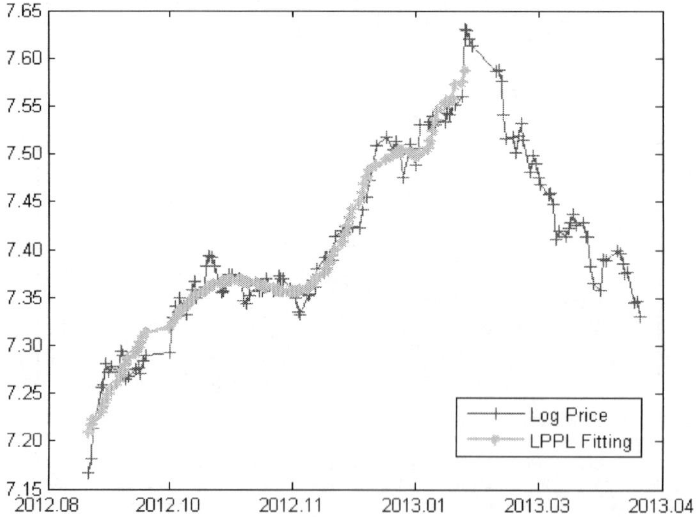


图 9－30　橡胶期货的泡沫破灭过程的估计

塑料期货与橡胶期货一样，也有着一个跌幅非常大的泡沫破灭过程，处于塑料期货的初期（见图 9－31）。由于初期的数据少，价格波动大，无法对这一上市不久的巨幅下跌的时点给出准确估计，因此，考察了巨幅下跌后泡沫的形成与破灭过程。

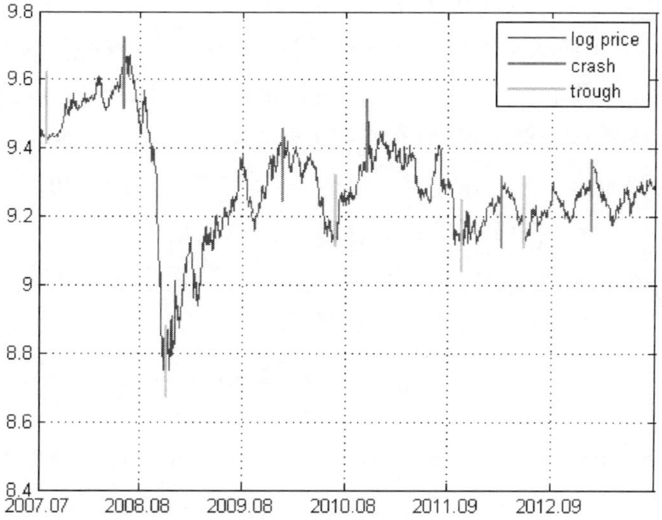


图 9－31　塑料期货的泡沫起始点与破灭点

图 9－32 给出了塑料期货历史中这一形成周期最长、涨幅最大的泡沫过程的估计。$t_c=283$（$T=283$），$m=0.8445$，$w=2.452$。与模型预测其他期货的泡沫破灭时点一样，模型也给出了塑料期货这一泡沫过程的准确估计。

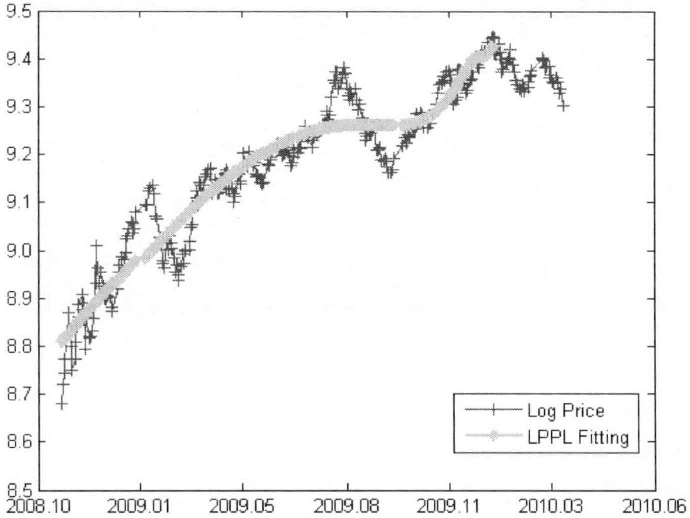


图 9－32　橡胶期货的泡沫破灭过程的估计

#### 9.3.3.5 农产品期货

表 9 -5 列出了几种成交量最高的农产品期货的泡沫过程的估计。从表中可以看到，虽然模型在大多数情况下能够准确地预测出泡沫破灭时点，也还是存在不能识别这一泡沫过程或是不能准确预测出这一时点的可能。比如豆油期货的第 2 和第 4 个泡沫过程和白糖的第 1 个泡沫过程，参数 $m$ 处于限定范围的边界上。虽然这时 $t_c$ 值也非常接近 $T$ 值，但实际上这并没有任何意义。在豆粕期货第 2 个泡沫过程和白糖期货的第 3 个泡沫过程的估计中，也可以看到，模型并没能准确地预测出泡沫破灭时点。如何解决这些问题，有待进一步探索。

**表 9 -5　　农产品期货的泡沫过程的估计**

| | $T$ | $t_c$ | $m$ | $w$ |
|---|---|---|---|---|
| 豆粕 | 461 | 461 | 0.4731 | 9.9007 |
| | 46 | 57.3685 | 0.8178 | 9.1482 |
| | 246 | 246 | 0.8977 | 4.8365 |
| | 187 | 192.1348 | 0.3995 | 6.4573 |
| | | | | |
| 豆油 | 24 | 24.1446 | 0.4733 | 3.6265 |
| | 301 | 301.2193 | 0.001 | 5.0216 |
| | 285 | 391.5 | 0.0343 | 6.5052 |
| | 118 | 131.9695 | 0.999 | 9.4475 |
| | 190 | 200.7259 | 0.0765 | 6.1969 |
| | | | | |
| 白糖 | 178 | 178 | 0.999 | 5.0099 |
| | 46 | 46 | 0.7422 | 4.3867 |
| | 50 | 68.375 | 0.4523 | 25.284 |

### 9.3.4 小结

LPPL 模型对于识别中国期货市场的泡沫具有良好的适用性，其适用范围涵盖期货市场中几种成交量最大的产品——股指期货、黄金期货、基本金属（螺纹钢与铜）、农产品期货（橡胶、焦炭与塑料）等。在对 LPPL 模型的应用过程中，采用最新的估计方法和时间窗口选择方法，提高了估计过程的有效性，并避免了时间窗口选择的随意性，大大增加了模型的可信性和稳健性。实证经验表明，中国期货市场的泡沫模型有着自身的特点，估计参数的范围与国外研究者的结论并不完全一致；时间窗口的选择固然重要，而更为重要是时间窗口内价格的变化规律。某些特殊的变化规律会导致模型无法成功识别风险泡沫和预测泡沫破灭的准确时点。如何根据这一价格变化规律优化时间窗口并提高模型识别和预测风险的能力将是进一步研究的重点。

## 9.4 对数周期幂律模型的概率预测

### 9.4.1 研究背景

LPPL 模型近年来受到越来越多学者与业界人员的关注，其应用已从单纯的校准转向概率预测。校准主要是获得一个最有可能出现泡沫破灭或者区制转换的时点，而概率预测则是获得泡沫破灭或者区制转换这一时点的分布。目前，对于泡沫时点的概率预测已开发出不少应用方法，因而有必要实证考察 LPPL 模型的概率预测问题，探讨 A 股市场调整时点。

### 9.4.2 LPPL 模型与概率预测方法

#### 9.4.2.1 拟合方法

原始的 LPPL 模型在估计时，由于成本函数有多重极小值，需要采用近似的启发式搜索算法，比如在 LPPL 模型估计中学者们最常用的禁忌算法。而模型的估计采用一些精确的局部搜索方法即可，比如 Levenberg - Marquardt NLS 算法或者 Nelder - Mead 单纯形法。

在实际估计时，将 $w$ 的约束范围调整为 [0.01, 19.99]，同时不直接估计参数 $t_c$，而改为估计 $t_c - t_2$，并将 $t_c - t_2$ 的约束范围设为 [0.1, 0.4n - 0.1]，其中 $n$ 为时间窗口的长度。采用 Matlab 中的 lsqcurvefit 或 lsqnonlin 来估计，由于对参数的上下限施加了约束条件，而 Matlab 中的 Levenberg – Marquardt 算法无法处理边界约束条件，因此，采用 Thrust – Region – Reflective 的优化算法。优化过程中初始点的设定采用格点搜索的方法，尽量系统地探索参数的约束范围，避免成本函数可能存在的多重极小值情况。

在参数估计出来之后，还需要进行筛选。比如 Jiang et. al.（2010）要求估计值中 $B<0$、$0<m<1$ 和 $t_c>t_2$，而 Wanfeng Yan、Ryan Woodard and Didier Sornette（2010）则要求更强的条件：$0.1\leqslant m\leqslant 0.9$ 和 $6\leqslant w\leqslant 13$，来保证对数周期振荡既不太快也不太慢，同时用 $C_2^2+C_2^2<1$ 来保证理论模型中的危险率 $h(t)$ 总是保持为正（非负）。对数周期振荡过快可能会导致模型过度拟合噪音，而过慢则可能拟合的是一个时间趋势。针对非负的危险率，Van Bothmer 和 Meister（2003）导出了一个不同的条件，要求 $b:=-Bm-\sqrt{(C_1^2+C_2^2)(m^2+\omega^2)}\geqslant 0$ 。

#### 9.4.2.2 多窗口方法

近期，大量文献开始系统采用多窗口的方法，通过选择一系列的时间窗口初始点来进行估计，确保预测结果在统计意义上更为稳健。比如 Jiang et. al.（2010）在探讨我国 2005 至 2007 年的泡沫时，通过调整时间窗口初始点和终点的位置来确保拟合参数的稳定性。具体而言，首先选择 2005 年 10 月 1 日至 2007 年 10 月 10 日作为时间窗口，然后不断缩短窗口的大小，每次缩短 5 个交易日，直至窗口初始点调整至 2007 年 5 月 31 日止。同时，进一步考虑一系列不断扩大的时间窗口，即首先将时间窗口设定为 2005 年 12 月 1 日至 2007 年 5 月 1 日，然后每次增加 5 个交易日，直至窗口的终点调整至 2007 年 10 月 1 日。对于 2008—2009 年的泡沫，也采用类似方法，收缩窗口的设定是将时间窗口的终点设为 2009 年 7 月 31 日，初始点从 2008 年 10 月 15 日不断调整至 2009 年 4 月 30 日，每次调整 5 个交易日；而扩张窗口的设定则是将时间窗口的初始点设定为 2008 年 11 月 1 日，终点从 2009 年 6 月 1 日调整至 2009 年 7 月 31 日，每次也是调整 5 个交易日。

多窗口方法下，并不是每个窗口估计出来的参数都符合条件。通过保留那些符合筛选条件的参数，可以得到关键参数 $t_c$ 在 20%/80% 和 5%/95% 分位数的范围，这就是多窗口方法下预测市场结构调整的时间区间方法。

#### 9.4.2.3 Bootstrap 方法

对于关键参数 *tc* 的预测区间或概率分布的估计，Bree et al.（2013）指出通过深入分析原始时间序列的 Mote Carlo 模拟数据可提高预测的精度。原始时间序列的模拟数据可用原始时间序列的模型预测值加上 AR（1）过程的噪音来构造。该方法也是对整个估计过程稳定性的一种检测。选择 AR（1）过程对噪音建模得到了实证的支持，例如 Gazola et al.（2008）和 Lin et al.（2009）的结果表明，对股价泡沫时间序列的 LPPL 模型校准的残差用 AR（1）过程描述很合适。

除此之外，Bootstrap（自抽样）方法目前已被广泛运用，该方法曾被模型开发者之一的 Sornette（2013）使用过相当长一段时间。与 Mote Carlo 模拟方法不同，该方法生成的模拟数据是原始时间序列的模型预测值加上原始时间序列的模型残差值的自抽样。具体而言：

首先对原始时间序列 $\{y_t\}$ 拟合得到模型预测值和残差：

$$y_t = \hat{y}_t + \hat{\varepsilon}_t$$

Mote Carlo 模拟方法是根据残差序列 $\{\hat{\varepsilon}_t\}$ 构建 AR（1）模型：

$$\hat{\varepsilon}_t = \hat{\rho}\hat{\varepsilon}_{t-1} + \hat{u}_t$$

估计出 $\hat{\rho}$ 和 $\hat{u}_t$ 的方差 $\hat{\sigma}_u^2$。然后随机生成 $\hat{u}_t^* \sim N(0, \hat{\sigma}_u^2)$，进而得到 $\hat{\varepsilon}_t^*$：

$$\hat{\varepsilon}_t^* = \hat{\rho}\hat{\varepsilon}_{t-1}^* + \hat{u}_t^*$$

然后将序列 $\{\hat{\varepsilon}_t^*\}$ 代替 $\{\hat{\varepsilon}_t\}$ 序列得到模拟数据 $\{y_t^*\}$。

而 Bootstraps 方法是直接从残差序列 $\{\hat{\varepsilon}_t\}$ 中采用自抽样的方法得到 $\{\hat{\varepsilon}_t^*\}$，进而得到模拟数据 $\{y_t^*\}$。为了保证模拟残差序列 $\{\hat{\varepsilon}_t^*\}$ 拥有实际残差序列 $\{\hat{\varepsilon}_t\}$ 的自相关结构，可以采用块状抽样的方法。比如采用 25 天块状大小的抽样方法，使得模拟序列与实际序列的自相关结构在 1 个月的时间尺度来看是相同的。

Bootstrap 方法并没有像 Mote Carlo 方法那样假设残差是 Gaussian 分布，而且已有研究表明，块状 Bootstrap 方法似乎比 AR（1）模型的 Mote Carlo 方法能更好地捕捉真实残差的自相关结构。

### 9.4.3 LPPL 模型的实证分析

以沪深 300 指数为研究标的，根据 Yan、Woodard 和 Sornette（2012）的方法确定泡沫破灭（或区制转换）时点，然后根据 Brée 和 Joseph（2013）方法确定 LPPL 模型拟合的时间窗口的起始点。从图 9-33 中可以看出对于最近这次泡沫过程的启动时间可以最早从 2014 年 3 月 20 日算起。

图 9－33　沪深 300 指数的区制转换时点

因此，在接下来的实证中，将首先以 2014 年 3 月 20 日作为时间窗口的起始点，而 2015 年 6 月 12 日（样本最后一期）作为时间窗口的终点，进行 LPPL 模型的拟合。然后在该时间窗口下考虑 Bootstrap 的方法来估计关键参数 $t_c$ 的概率分布和预测空间。最后考虑多窗口的拟合方法，不断收缩上述窗口的起点或终点来构建多个时间窗口进行拟合分析。

#### 9.4.3.1　单窗口拟合

表 9－6 给出了沪深 300 指数在 2014 年 3 月 20 日至 2015 年 6 月 12 日这个时间窗口下的 LPPL 模型拟合参数的结果，其中 $|C| = \sqrt{C_1^2 + C_2^2}$，RMSE 为模拟拟合的均方误差。按照 Jiang et. al.（2010）的标准，下述拟合参数均满足要求（要求 $B<0$、$0<m<1$ 和 $t_c>t_2$），即使按更为严格的标准，参数也均满足要求，这包括 $0.1 \leqslant m \leqslant 0.9$，$6 \leqslant w \leqslant 13$，$|C| \leqslant 1$ 和 $b>0$。

**表 9－6　沪深 300 指数收盘价的模型参数（2014.3.20—2015.6.12）**

| $m$ | $w$ | $t_c - t_2$ | $B$ | $\|C\|$ | $b$ |
|---|---|---|---|---|---|
| 0.611 | 6.1032 | 2.4644 | －0.0365 | 0.0036 | 0.0003 |

图 9－34 给出了沪深 300 指数的拟合结果。根据核心参数来看 $t_c - t_2 = 2.46$，区制转换时点为 2015 年的 6 月 17 日。但从模型对最后几期数据的拟合偏差较大来看，目前可能已经处于区制转换时期。

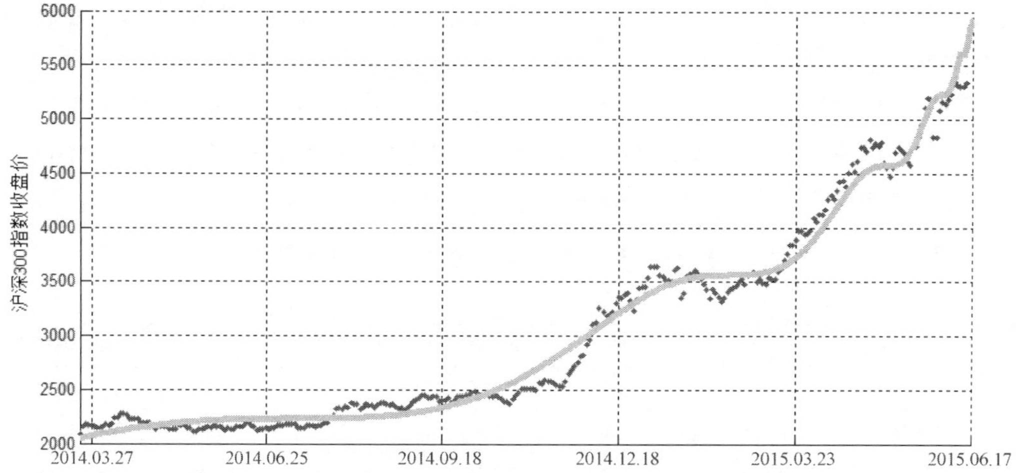


图 9－34　沪深 300 指数收盘价的 LPPL 模型拟合结果

表 9－7 给出了沪深 300 指数开盘价的模型拟合参数，与沪深 300 指数收盘价的模型拟合参数非常接近，各参数都能通过严格的筛选条件。

**表 9－7　　　沪深 300 指数开盘价的模型参数（2014. 3. 20—2015. 6. 12）**

| $m$ | $w$ | $t_c - t_2$ | $B$ | $\|C\|$ | $b$ |
|---|---|---|---|---|---|
| 0. 6068 | 6. 051 | 2. 4153 | －0. 0374 | 0. 0037 | 0. 0004 |

虽然沪深 300 指数的模型拟合显示区制转换已迫在眉睫，但这仅是某一窗口拟合的一个点估计结果。还需要通过 Bootstrap 方法和多窗口方法来预测区制转换时点的区间。

#### 9. 4. 3. 2　bootstrap 方法

采用 Sornette（2013）建议的 25 个交易日的块状 bootstrap 方法，已保证模拟时间序列有着与实际时间序列类似的自相关结构。对于模拟时间序列的拟合，最优初始点的设定是实际时间序列的 LPPL 模型拟合参数。

由于拟合过程限定了非线性参数的范围，因此，$0 < m < 1$ 和 $t_c > t_2$ 的约束条件满足筛选条件。首先仅考虑拟合参数不在边界上或者离参数边界很近的情形。由于设定的参数 $m$、$w$、$t_c - t_2$ 的范围分别为：[0. 001，0. 999]、[0. 01，19. 99]、[0. 1，0. 4$n$－0. 1]，因此，在筛选参数时要求上述参数的范围分别为［0. 01，0. 99］、［0. 1，19. 9］、［1，0. 4$n$－1］。在 500 个模拟时间序列中，有 70% 的参数满足上述要求。表 9-8 给出了满足上述条件的模拟参数的分位数情况。表中显示，参数 $m$ 的 90% 置信区间在［0.21，0.71］之间，参数 $w$ 的 90% 置信区间在［5.83，9.30］之间，而关键参数 $t_c - t_2$ 的 90% 置信区间在［1.62，81.20］之间。虽然单窗口拟合的点估计结果显示区制转换已经非常接近，但实际上区制转换时点的区间分布范围较广，其 90% 置信区间的上限为第 81 个交易日（大约 4 个月）。

**表 9-8　bootstrap 模拟参数的分位数（筛选条件：非边界点）**

| | $m$ | $w$ | $t_c - t_2$ | $B$ | $\|C\|$ | $b$ |
|---|---|---|---|---|---|---|
| 5% 分位数 | 0.2087 | 5.8332 | 1.6289 | -1.0043 | 0.0023 | -0.0161 |
| 20% 分位数 | 0.4257 | 6.1331 | 3.0138 | -0.1339 | 0.0033 | -0.0063 |
| 中位数 | 0.5487 | 6.5658 | 8.2731 | -0.0565 | 0.005 | -0.0015 |
| 80% 分位数 | 0.6287 | 7.625 | 27.2256 | -0.0337 | 0.0087 | 0.0026 |
| 95% 分位数 | 0.7067 | 9.3043 | 81.1996 | -0.0203 | 0.0226 | 0.0113 |

图 9-35 给出了关键参数 $t_c - t_2$ 的 Bootstrap 分布情况，其中深色柱状图为参数分布的频次，而浅色的曲线为核密度估计的概率分布曲线。从图中可以看出，当前时点距离区制转换的时间的分布有着厚尾的特征，虽然平均来说（中位数）这一时间大约 1 周，但仍有 20% 的概率超过 27 天（80% 分位数）。

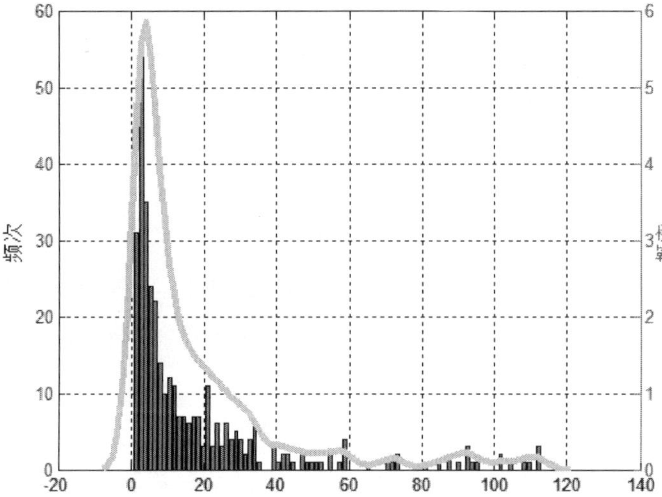


图 9-35　关键参数 $t_c - t_2$ 的 bootstrap 分布

表 9 - 9 的结果表明，参数 $B$ 和 $|C|$ 的 90% 置信区间能满足更为严格的筛选要求。同时，在筛选参数时考虑 $B<0$ 和 $|C|\leqslant 1$ 的条件，上述结论并不会发生任何变化。然而上述模拟参数中，有超过 10% 的参数不满足 $6\leqslant w\leqslant 13$，以及超过一半的参数不满足 $b>0$ 的条件。事实上，在研究中国 A 股市场时，上述两个条件并没被使用，特别是 $6\leqslant w\leqslant 13$ 的条件，属于其他市场实证检验得到的经验性结论，可能并不适合中国 A 股市场。而 $b>0$ 作为理论约束条件则值得探讨。

**表 9 - 9　　bootstrap 模拟参数的分位数（筛选条件：$b>0$）**

| | $m$ | $w$ | $t_c-t_2$ | $B$ | $\|C\|$ | $b$ |
|---|---|---|---|---|---|---|
| 5% 分位数 | 0.2081 | 5.7477 | 2.0225 | -0.9191 | 0.0023 | 0.0002 |
| 20% 分位数 | 0.4236 | 6.071 | 3.1183 | -0.1452 | 0.0031 | 0.0009 |
| 中位数 | 0.5312 | 6.47 | 8.5096 | -0.0612 | 0.0045 | 0.0026 |
| 80% 分位数 | 0.6277 | 7.3582 | 21.9755 | -0.0339 | 0.0078 | 0.0081 |
| 95% 分位数 | 0.6921 | 9.2049 | 79.0365 | -0.0224 | 0.0209 | 0.0198 |

当进一步增加 $b>0$ 的约束条件时，500 个模拟时间序列中只有 27.80% 的参数满足上述要求。表 9 - 6 给出了满足上述条件的模拟参数的分位数情况，与表 9 - 5 相比，参数 $m$ 和 $w$ 的各分位点的数值略微有所减小，而关键参数 $t_c-t_2$ 的 60% 和 90% 置信区间的范围略微有所缩小（下限变大而上限变小）。关键参数所表示的当前时点距离区制转换时间的分布的 95% 分位数仍在 4 个月左右，而且其分布仍然具有与类似的厚尾特征。可以看出，$b>0$ 的约束条件并没有对结论造成太大影响。

再考虑 10 个交易日的块状 Bootstrap 方法。在 500 个模拟时间序列中，有 85.00% 的参数满足上述要求。表 9 - 10 列出了模拟参数的分位数情况，结论显示，与 25 个交易日的块状 Bootstrap 方法相比，参数 $m$、$w$ 和 $t_c-t_2$ 的 60% 和 90% 置信区间都有所缩小，特别是关键参数 $t_c-t_2$ 的 90% 置信区间的上限减少很多，但仍有着较大的范围，90% 置信区间的上限包含 47 个交易日（略超 2 个月）。

**表 9 - 10　　10 个交易日的块状 Bootstrap 模拟参数的分位数**

| | $m$ | $w$ | $t_c-t_2$ | $B$ | $\|C\|$ | $b$ |
|---|---|---|---|---|---|---|
| 5% 分位数 | 0.2913 | 5.8708 | 1.7073 | -0.4129 | 0.0028 | -0.0103 |
| 20% 分位数 | 0.456 | 6.1007 | 3.1005 | -0.1064 | 0.0036 | -0.0039 |
| 中位数 | 0.541 | 6.579 | 8.4806 | -0.0594 | 0.0049 | -0.0005 |
| 80% 分位数 | 0.6138 | 7.2773 | 22.2493 | -0.0365 | 0.0072 | 0.0028 |
| 95% 分位数 | 0.6837 | 8.2551 | 46.8223 | -0.0243 | 0.0154 | 0.0104 |

#### 9.4.3.3 多窗口拟合

上述的时间窗口是2014年3月20日至2015年6月12日，考虑的多窗口设定是增加上述时间窗口的起始点，每次增加5个交易日，从而时间窗口的大小每次减少5个交易日，直至时间窗口的大小略高于100个交易日，这与 Jiang et. al.（2010）和 Yan、Woodard 和 Sornette（2012）等文献中分析时所采用的窗口大小的最小情况类似。因此，多窗口共计40个（不包括上述分析的单窗口），时间窗口的初始点最大为2015年1月12日，窗口大小最小为103个交易日。

首先，不考虑 $b>0$ 的约束条件，40个时间窗口的拟合中30个窗口的拟合参数符合要求，其中时间窗口初始点最大为2014年10月30日。表9-11列出了这些符合条件的参数分位数情况，与表9-8的结论相比，参数 $m$、$w$ 和 $t_c-t_2$ 同一分位点的数值都有所变大，特别是关键参数 $t_c-t_2$ 的中位数增加了60个交易日。多窗口拟合的方法下，关键参数 $t_c-t_2$60%置信区间的上限就有近4个月。

**表9-11　多窗口拟合的参数的分位数（不考虑 $b>0$ 的约束条件）**

| | $m$ | $w$ | $t_c-t_2$ | $B$ | $\|C\|$ | $b$ |
|---|---|---|---|---|---|---|
| 5%分位数 | 0.5877 | 6.2669 | 2.7997 | -0.0581 | 0.0016 | -0.0131 |
| 20%分位数 | 0.6077 | 7.9284 | 16.6101 | -0.0528 | 0.0023 | -0.0098 |
| 中位数 | 0.6324 | 12.9474 | 68.1 | -0.0408 | 0.0028 | -0.0054 |
| 80%分位数 | 0.6604 | 14.205 | 82.0986 | -0.0321 | 0.0032 | 0.0006 |
| 95%分位数 | 0.8004 | 14.9942 | 89.1 | -0.0145 | 0.0034 | 0.0015 |

图9-36给出了关键参数 $t_c-t_2$ 与窗口初始点的关系图。从图中可以看出，参数 $t_c-t_2$ 的预测只有在时间窗口初始点设定在前几期时维持一个稳定状态，随后预测值不断变大，直至初始点设定在2014年6月4日，之后预测值又逐渐变小。

如果进一步施加 $b>0$ 的约束条件，只有8个窗口的拟合参数符合要求。表9-12列出了这8个窗口参数的拟合情况，时间窗口的初始点都集中在前几期，最近的设定为2014年5月20日。表中可以发现，参数 $m$、$w$ 和 $t_c-t_2$ 的大小随着起始点的往后移（窗口的缩小）逐渐变大，关键参数 $t_c-t_2$ 最大可至24个交易日。

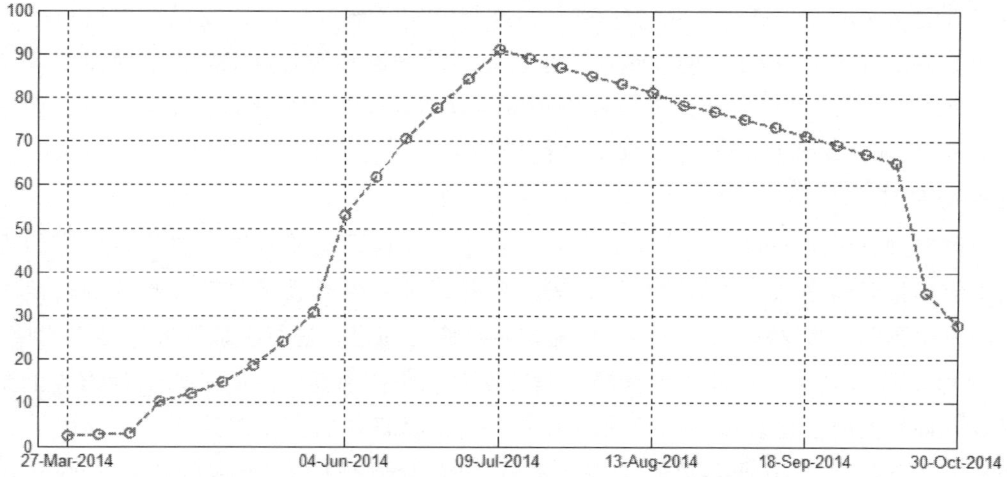


图 9－36　多窗口拟合的关键参数 $t_c-t_2$ 与窗口初始点

**表 9－12　　多窗口拟合的参数的分位数（考虑 $b>0$ 的约束条件）**

| 起始点 | $m$ | $w$ | $t_c-t_2$ | $B$ | $\mid C\mid$ | $b$ |
|---|---|---|---|---|---|---|
| 2014.03.27 | 0.6205 | 6.1814 | 2.6165 | －0.0347 | 0.0034 | 0.0005 |
| 2014.04.03 | 0.6306 | 6.2669 | 2.7997 | －0.0329 | 0.0032 | 0.0008 |
| 2014.04.11 | 0.6477 | 6.4183 | 3.155 | －0.03 | 0.0028 | 0.0011 |
| 2014.04.18 | 0.6209 | 7.0477 | 10.2544 | －0.0371 | 0.003 | 0.0016 |
| 2014.04.25 | 0.6368 | 7.3764 | 12.2659 | －0.0343 | 0.0028 | 0.0015 |
| 2014.05.06 | 0.648 | 7.7103 | 14.6977 | －0.0326 | 0.0026 | 0.0012 |
| 2014.05.13 | 0.6566 | 8.1465 | 18.5224 | －0.0316 | 0.0024 | 0.0008 |
| 2014.05.20 | 0.6642 | 8.7266 | 24.1428 | －0.0309 | 0.0023 | 0.0003 |

## 9.4.4　小结

对数周期幂律（LPPL）模型能够较好地识别泡沫，而对于其区制转换时点的概率预测主要包括两种方法：第一种是多窗口拟合的方法，通过不断调整数据时间窗口的大小或位置，得到不同窗口下模型的拟合参数，形成对关键参数区制转换时点的概率预测。时间窗口如何调整有三种策略：①固定时间窗口的终点，不断提高时间窗口的起始点来缩短时间窗口的大小；②固定时间窗口的起始点，不断提高时间窗口的终点来扩大时间窗口的大小；③同时提高时间窗口的起始点和终点，保持时间窗口的大小不变。通过运用第①种方法进行的实证研究，可以发现在多窗口拟合方法下，如果不考虑 $b>0$ 的非负风险条件，目前区制转换时点距离当前时点（2015年6月12日）的平均估计为3个月，90%的置信区间在3个交易日至4个月；而当考虑了 $b>0$ 的非负风险条件，则平均估计为2周，转换时点出现区间在未来第3~24个交易日。

第二种方法是 Bootstrap 方法，通过对模型拟合得到的残差进行块状自抽样的方法生成模拟时间序列，并估计模拟时间序列的拟合参数形成对关键参数区制转换时点的概率预测。以2014年3月20日为初始点的时间窗口进行实证研究，结果表明，25个交易日的块状 Bootstrap 方法的区制转换时点距离当前时点的平均估计为8个交易日，而转换时点出现区间的估计为未来2个交易日左右至未来第4个月左右，其概率分布不易受 $b>0$ 非负风险条件的影响。但如果调整 Bootstrap 的块状大小至10个交易日，转换时点出现区间估计的上限将缩短至未来第2个月左右。

## 9.5 对数周期幂律模型的相关检验

### 9.5.1 研究背景

通过对截至2015年6月12日沪深300指数收盘价数据进行实证研究，可以发现，2015年6月12日这个时点距离市场区制转换时点已经非常接近。模型区制转换时点的点估计预测值为2015年6月17日（距离2015年6月12日的第2.4个交易日），而区间估计的下限也是距离2015年6月12日有2个交易日左右。沪深300指数在接下来的2周（2015年6月15日~2015年6月26）走势证实了该结论，这2周累计跌幅接近20%。若以2015年6月12日作为区制转换时点来看，模型的点估计与区间估计的下限是非常精确的。不过这可能跟碰巧选择到的时间窗口的终点2015年6月12日为事后的区制转换时点有关。如果时间窗口的终点在2015年6月12日之前的交易日，预测结论的一致性可能会发生改变。更为重要的是，如果上述方法行之有效的话，那么也应该能够预测2007年和2009年泡沫破灭时点。

因此，有必要进一步考虑时间窗口的终点在实际区制转换时点之前多个交易日，模型能否给出一致的预测。这正是 Fantazzini（2010）建议的图示化方法，该方法主要用于跟踪泡沫的发展过程，并判断一个可能的区制转换是否近在咫尺。具体而言，该方法是在横坐标轴上标记每个拟合的时间窗口的终点，而在纵坐标上标记该时间窗口下估计的区制转换时点。如果区制转换临近，那么估计的区制转换时点必须稳定在临界时点附近的一个固定水平上。该方法被 Fantazzini 称之为 Crash Lock - in Plot（CLIP），其理论依据为 Lin 和 Sornette（2009）的理论模型中区制转换时点服从 OU 过程。

另外，为了尽量减少模型产生错误预警的可能，还需要对模型拟合进行一系列的相关检验。只有模型通过这些检验，其预测才更具有价值。除了最常用的对参数或者衍生参数范围的限定外，模型残差的单位根检验也是一种值得考虑的方法。Lin、Ren and Sornette（2009）的模型假设拟合的残差服从均值反转的 OU 过程，即 AR（1）过程，适合用单位根检验来测试该假设。

## 9.5.2 模型与实证检验方法

采用 LPPL 模型预测和识别区制转换时点的 CLIP 图示化方法，具体步骤是：首先固定时间窗口的起始点，不断提高时间窗口的终点来扩大时间窗口的大小，得到多个时间窗口；然后在多个时间窗口下估计模型，得到每个时间窗口下的区制转换时点的预测值；最后以每个时间窗口的终点作为横坐标，而每个时间窗口下的区制转换时点的预测值作为纵坐标画图呈现。为了保证结果的稳健性，采用多个时间窗口初始点的设定。

对于参数的检验，最常用的方法是要求模型参数满足：$0.1 \leqslant m \leqslant 0.9$、$6 \leqslant w \leqslant 13$、$B < 0$、$|C| < 1$ 和衍生参数 $b := -Bm - |C|\sqrt{m^2 + \omega^2} \geqslant 0$。由于非线性参数 $m$ 和 $w$ 的上述范围限定是海外股票市场的经验，因此，不考虑非线性参数的范围限定，而仅要求其参数估计值不在模型估计时约束边界上的情况。

对于残差的单位根检验，Lin、Ren and Sornette（2009）使用的 Phillips - Perron 和 augmented Dickey - Fuller（ADF）方法来检验。但众所周知，上述两个单位根检验的功效比较低，特别是当残差 AR（1）过程的参数接近 1 的时候。因此，Geraskina 和 Fantazzinib（2013）建议同时采用 KPSS 检验，它的原假设为残差服从平稳过程。通过结合 PP、ADF 与 KPSS 检验，可以对残差形成一个保守的检验策略：如果 KPSS 检验拒绝平稳过程的原假设，那么残差服从单位根是可信的；而如果 PP 和

ADF 检验没有拒绝单位根过程的原假设，而 KPSS 也没有拒绝平稳过程的原假设，那么可以保守地认为残差服从平稳过程。

### 9.5.3 实证结果与分析

下文分别探讨 2007 年、2009 年泡沫破灭和 2015 年市场的区制转换。设定时间窗口的最小初始点为该时点沪深 300 的收盘价处于前后 200 个交易日内的最低点，而最大终点为收盘价处于前后 200 个交易日内的最高点。

#### 9.5.3.1 2007 年的泡沫破灭

按照 Yan 等（2012）的算法，2005～2007 年泡沫过程，时间窗口的最小初始点为 2005 年 6 月 3 日，最大终点为 2007 年 10 月 16 日（泡沫破灭时点）。而时间窗口的最大初始点和最小终点分别设定为 2006 年 6 月 30 日和 2007 年 1 月 4 日，即考虑 2006 年上半年底和 2007 年年初的日历日。对于某一时间窗口的初始点时，时间窗口终点每次后移 3 个交易日。变动时间窗口初始点时亦是如此。

图 9－37 列出了初始点固定在 2005 年 6 月 3 日和 2005 年 10 月 11 日的 CLIP 图。其中，深色的线表示每个时间窗口下最优函数值的泡沫破灭预测点；浅色的圆圈则表示预测模型的估计参数不在边界上，为弱预警；其他图形则都是预测模型的估计参数不在边界的基础上，进一步考虑是否通过相关检验，比如深色的菱形表示预测模型满足非负风险条件但不满足单位根检验，为较弱预警，深色的星号表示预测模型满足单位根检验但不满足非负风险条件，为较强预警，而深色的五角星则表示同时满足非负风险条件和单位根检验，为强预警。浅色的斜线为 45 度，如果预测模型的区制转换点连续的落在 45 度线上，说明模型预测的区制转换点随着时间的推移幅度而后移相同幅度，并没有锁定在一个固定的时间区域内。

时间窗口的初始点在 2005 年 6 月 3 日时的 CLIP 图显示，大量较弱预警信号（深色的菱形）聚集在泡沫破灭时点的前 2 个月，不过预测时点并没有锁定在同一时间区域。随着时间窗口初始点的后移，CLIP 图并没有发生明显变化，直至时间窗口初始点移动至 2005 年 10 月 11 日时，CLIP 图显示泡沫破灭时点前出现部分连续的强预警信号（黑色五角星），不过预测时点仍没有被锁定。

时间窗口从 2005 年 10 月 11 日至 2005 年 11 月 17 日前，CLIP 图都没有什么明显的变化。当时间窗口的初始点固定在 2005 年 11 月 17 日时，CLIP 图的新变化有

（见图 9 – 38）：首先，在泡沫破灭之前出现预测时点被锁定的强预警信号（深色五角星）；其次，在 2007 年 5 月 21 日至 6 月 22 日出现预测时点并没有明显锁定的较弱警报（深色菱形）。不过与图 9 – 37 预测时点完全没有锁定的情况不同，当时间窗口的终点从 6 月 19 日后移至 6 月 22 日时，预测时点从 7 月 13 日前移至 6 月 29 日，预测时点出现回调。值得注意的是，该时间区间与 5 月 29 日至 7 月 5 日的两波震荡回调过程重叠。当时间窗口的初始点再后移 3 个交易日，部分较弱预警信号转成强预警，不过警报的预测时点并没有锁定。

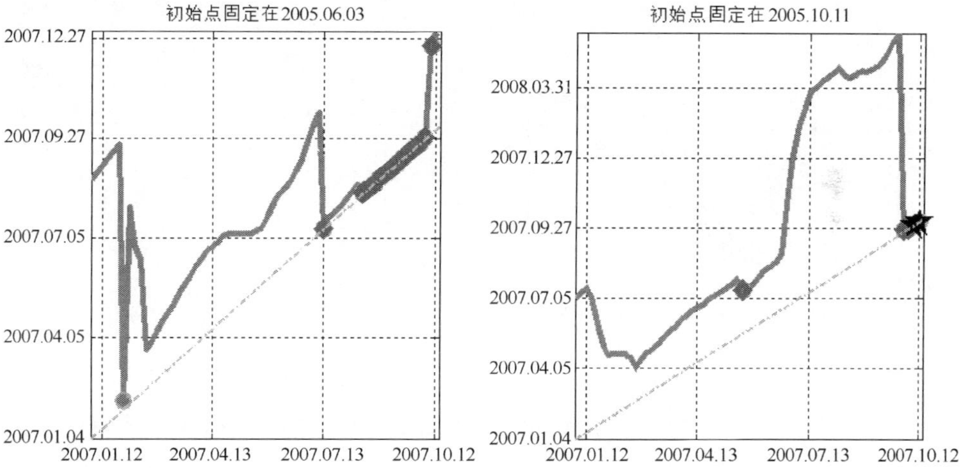


图 9 – 37　2007 年泡沫破灭的 CLIP 图（初始点在 2005. 06. 03 和 2005. 10. 11）

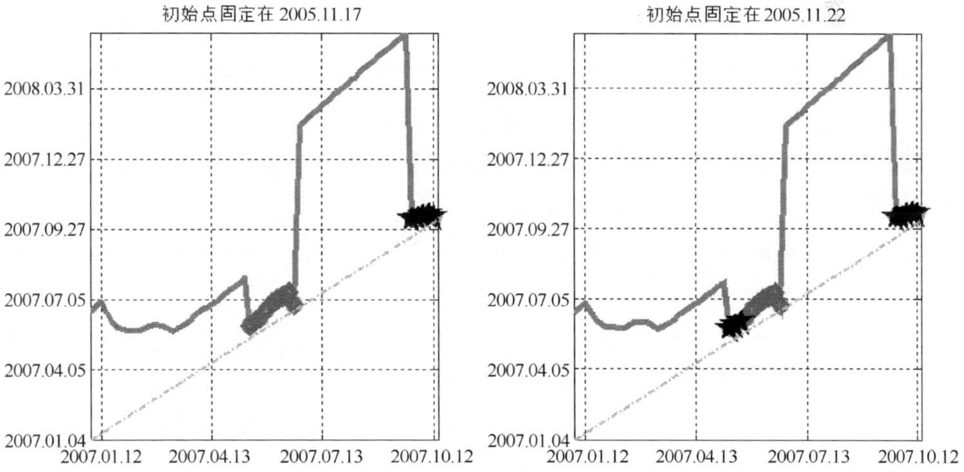


图 9 – 38　2007 年泡沫破灭的 CLIP 图（初始点在 2005. 11. 17 和 2005. 11. 22）

时间窗口从2005年11月22日至2006年2月9日的CLIP图（见图9－39），在泡沫破灭之前均发出连续的预测时点被锁定的强预警信号。有变化的仅是在5~6月震荡调整时间前后出现大量强预警和少量较强预警（深色菱形）和弱预警信号（深色圆圈），警报发出的时间点有所提前，预测的时间点也出现部分锁定特征，其锁定程度与泡沫破灭之前警报预测的时间点近乎完全锁定的程度相去甚远。

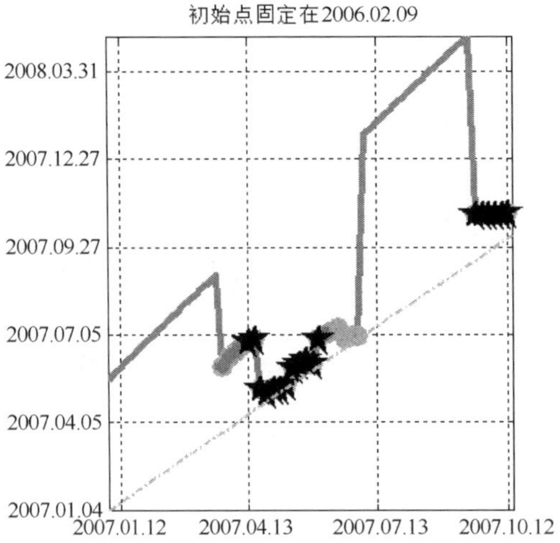


图9－39　2007年泡沫破灭的CLIP图（初始点在2006.02.09和2006.05.08）

当时间窗口的初始点移动至2006年5月8日，泡沫破灭前的预警信号的预测时间点的锁定特征消失，不过仍是强预警；另外，在距离泡沫破灭更早的时间点上也出现完全未锁定的弱预警信号。在2007年5月至6月震荡调整时间及其前后，之前的强预警信号被较强和弱预警信号所取代，警报的预测时点完全没有任何锁定特征。而在9月14日至27日发出锁定的弱预警信号，锁定区间25日至28日。

随着时间窗口初始点进一步后移，并没有太多明显变化，只是泡沫破灭前预警的程度发生变化，由强预警变成较弱预警，又转为强预警。另外，时间窗口初始点在最后一个时点2006年6月30日时，在2007年5月至6月的震荡调整时发出部分锁定的强预警（见图9－40）。

对于强预警信号（黑色五角星）被明显的锁定时，都是发生在泡沫破灭（2007年10月16日）之前的一段时间；存在一定的锁定程度时，发生在泡沫过程的中期调整（2007年5月29日）前后；完全未锁定时，则可能在泡沫过程的中期调整前后或者泡沫之前，一般发生在时间窗口的大小较长或者较短的时候。可见，强预警的可信度比较高。

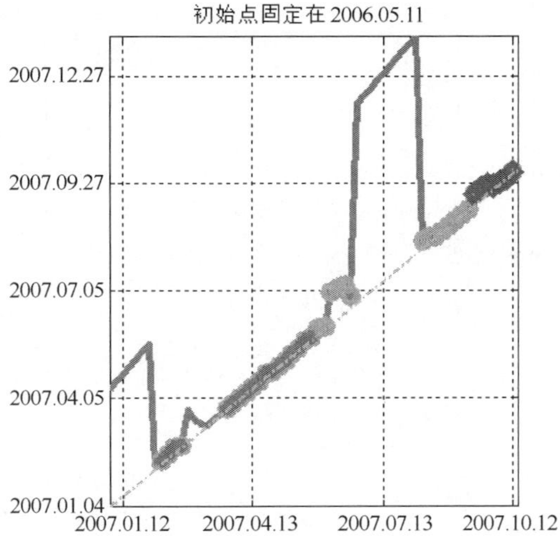


图 9-40　2007 年泡沫破灭的 CLIP 图（初始点在 2006.05.11 和 2006.06.30）

对于程度次之的较强预警信号（深色星号，预测模型不满足非负条件），在 2007 年的泡沫过程中，并没有出现锁定的情况。该预警信号在非锁定状态时，发生在中期调整过程之前，甚至离中期调整过程都有很长一段时间。可见，该警报在未锁定时的可信度不高。

对于较弱预警信号（深色菱形），未出现过明显锁定的情况，当其部分锁定时，发生在中期调整过程时。完全未锁定时，发生在泡沫破灭之前，甚至离泡沫破灭还有很长一段时间，可信度不高。

弱预警信号（深色圆圈）在锁定和未锁定时都没有任何可信度。

#### 9.5.3.2　2009 年的泡沫

对于 2009 年的泡沫，时间窗口初始点的最小和最大设为 2008 年 11 月 4 日至 2008 年 12 月 31 日（年底），而时间窗口终点点的最小和最大设为 2009 年 2 月 16 日（存在较大回调前的局部高点）和 2009 年的 8 月 3 号（泡沫破灭点）。

图 9-41 给出了时间窗口初始点在 2008 年 11 月 4 日至 2008 年 12 月 31 日时的 CLIP 图。从图中可以看到，在泡沫破灭前，出现长时间的预测时点几乎被完全锁定的较强预警。不过在 2009 年 2 月 19 日至 2009 年 3 月 17 日也发出预测时点被锁定或部分锁定的较强预警，预警预测时点分别为 5 月 18 日至 5 月 21 日和 4 月 28 至 29 日，为误报。唯一的强预警发生在回调时点。而对于较强警报，在锁定时，也可能是误报，不过较长时间出现预测时点锁定，似乎能判断泡沫破灭。

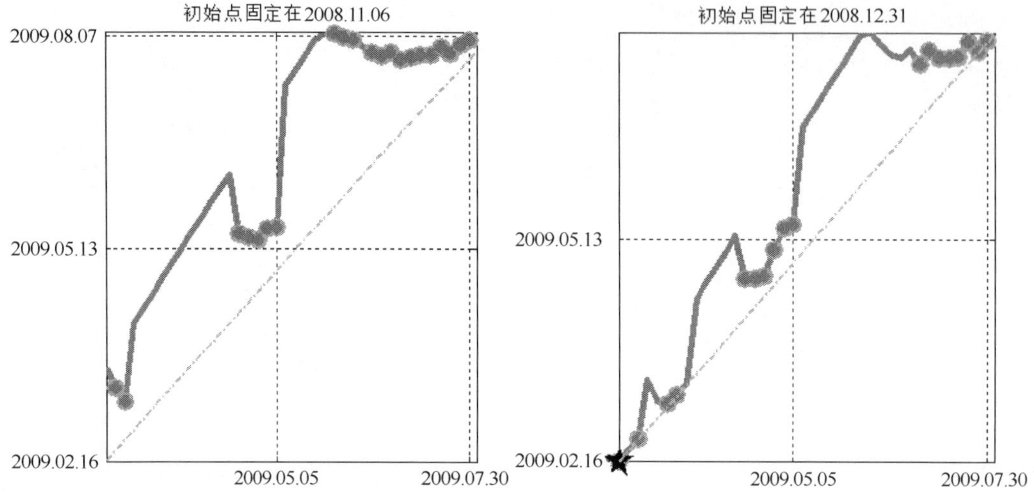


图 9-41　2009 年泡沫破灭的 CLIP 图（初始点在 2008. 11. 04 和 2008. 12. 31）

#### 9.5.3.3　2015 年的区制转换

在图 9-42 的时间窗口的初始点在 2014 年 3 月 24 日和 2014 年 3 月 27 日的 CLIP 图中，2015 年 6 月 12 日的区制转换时点前出现预测时点锁定的强预警。按照 2007 年的规律，该预警大概率提示的是泡沫破灭，而且从事后沪深 300 指数在随后的 3 周后下跌 27% 来看，也满足 Brée 和 Joseph（2013）对泡沫破灭时点的定义，即在这一价格顶点之后的 60 个交易日内的价格最低点的价格下跌了 25%。

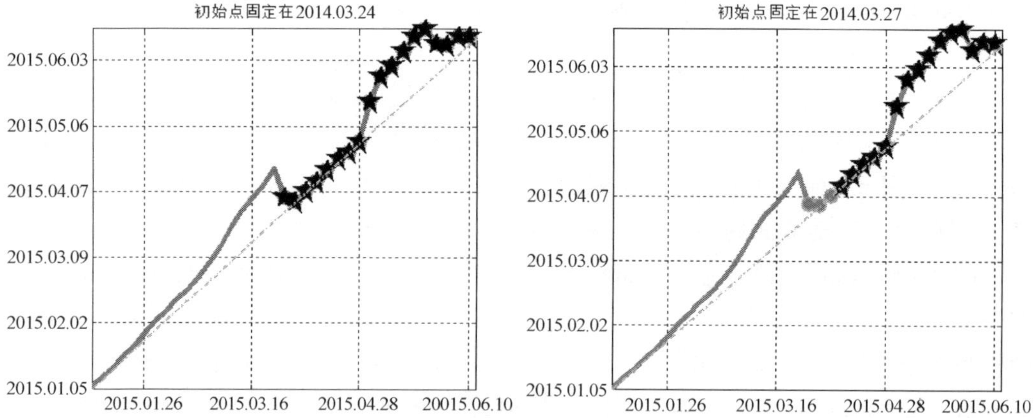


图 9-42　2015 年泡沫过程的 CLIP 图（初始点在 2014. 03. 24 和 2014. 03. 27）

另外，4 月至 5 月初也出现未锁定的强预警信号，预测时点在 4 月至 5 月。而这段时间内的 5 月 4 日和 5 月 26 日之后都出现过一定幅度的回调。

随着时间窗口初始点的后移，4 月至 5 月初出现的未锁定的强预警信号消息，强预警和较强预警集中在区制转换时点之前，最早在 4 月下旬发出，到 5 月底呈现出明显的锁定特征（见图 9－43）。不过预测时点在 7 月，在实际区制转换时点之后，与 2007 年的经验一致，当时间窗口缩小时，预测时点的锁定区域会大于实际区制转换时点。

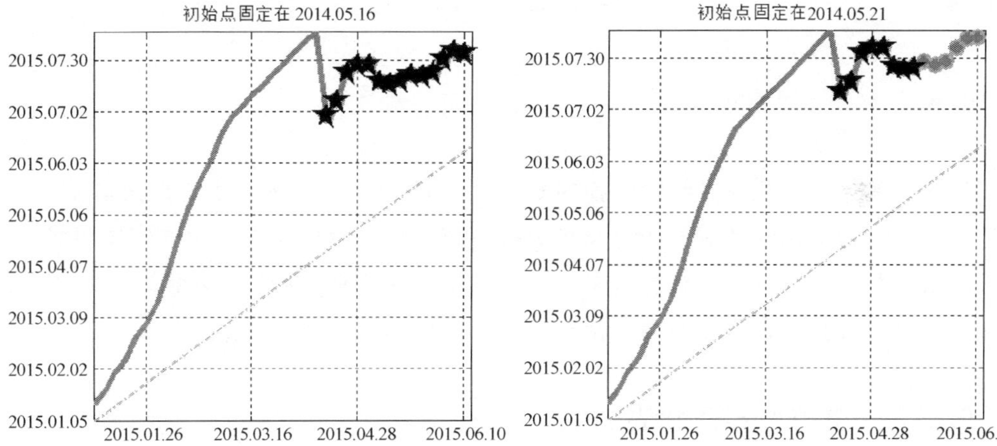


图 9－43　2015 年泡沫过程的 CLIP 图（初始点在 2014. 05. 16 和 2014. 05. 21）

### 9. 5. 4　结论

为了进一步考察对数周期幂律模型在 A 股市场的应用，对 2015 年 6 月 12 日以及 2007 年和 2009 年泡沫破灭的区制转换时点进行检验。

在实证检验过程中，除了进一步考虑模型残差的单位根检验外，还引入了图示化的检验方法。单位根的检验能确保模型的残差服从理论要求的均值反转过程，同时也能确保模型的拟合过程的可信性，避免伪回归。而图示化的方法则是跟踪泡沫发展的整个过程，判断可能的区制转换点是否具有稳定性。考虑多种检验方法，将有助于模型的预测更具价值。

实证结果表明，上述预测与识别区制转换时点的实证方法能够有效识别 2007 年和 2009 年的泡沫破灭以及 2015 年 6 月的区制转换时点，也能有效识别模型的误报。在泡沫破灭和区制转换时点前，模型有着预测时点较为稳定的强预警或者较强预警；

而在泡沫发展过程中，则可能只有预测时点随时间窗口终点同时移动等的预警。另外，2009 年泡沫破灭的实证结果也表明模型的非负风险条件可能会降低模型的预测。

## 9.6 对数周期幂律模型的窗口初始点选择

### 9.6.1 研究背景

为了丰富 LPPL 模型对区制转换时点的预测能力，需要进一步考虑未能解决的估计窗口起点选择的问题，并探讨市场大幅下行时模型对区制转换时点的预测能力。通常而言，估计窗口的起点选择过早或者过晚都无法成功预测区制转换时点。因此，选择一个合适的估计窗口起点能一定程度地提高模型的预测能力。

### 9.6.2 模型与实证方法

改进的 LPPL 模型的表达式为：

$$E[lnp(t)] = A + B|t_c - t|^m + C_1|t_c - t|^m \cos(\omega ln|t_c - t|) + C_2|t_c - t|^m \sin(\omega ln|t_c - t|)$$

其中，$t_c$ 为区制转换时点，为核心参数。上述表达式用 $|t_c - t|$ 代替 $t_c - t$，将股票价格的动态过程扩展至区制转换时点 $t_c$ 之后，其假设对数价格的平均值在区制转换时点附近有一个对称的运动过程。这一扩展意味着对区制转换时点 $t_c$ 的预测值可以小于估计窗口的终点值。如果估计的区制转换时点大于时间窗口的终点，则是对区制转换时点的一个预测；而如果估计的区制转换时点小于时间窗口的终点，那么则是对区制转换时点的一个识别。

利用实际数据预测或识别区制转换时点，其中最为重要的检验是区制转换时点估计值的稳定性。具体判断标准是估计的区制转换时点不随时间窗口终点的变化而变化。通过画出以时间窗口终点作为横坐标、而估计的区制转换时点为纵坐标的图形来呈现。

①参数 $m$ 的约束。比如 $0 < m < 1$，或者更为严格的约束条件 $0.1 < m < 0.9$，通

过删除模型参数太靠近理论边界的校准点，可以提高模型的预测或识别能力。

②参数 $\omega$ 的约束。比如 $6<\omega<13$，使得对数周期的首选标度系数 $exp(2\pi/\omega)$ 的阶数为 2。

③参数 $t_c$ 的约束。比如 $\| t_c - t_2 \| < \eta \| t_2 - t_1 \|$（时间按天计算），其中 $[t_1, t_2]$ 为对应的时间窗口。$t_2$ 可视为“当前”日期，即“当前”信息下的最近交易日。$t_1$ 为时间窗口的起点，窗口长度为 $t_2 - t_1$。因子 $\eta$ 的阶数为 1，通常设定为 1/3 或 1/2，从而保证“未来”负泡沫过程的可预测范围与窗口的规模大小成正比。

④线性参数 $B>0$ 和 $|C|<1$。

⑤风险的非负条件，要求 $b = Bm - |C|(m^2+\omega^2)^{1/2} < 0$ 或者 $|B|m < \omega|C|$。

⑥对波动次数的限定，对数周期的波动次数 $O = (\pi/\omega) ln[(t_c - t_1)/(t_c - t_2)]$，需要一定数量的波动来区别真实的对数周期信号与随机扰动，比如 $O>2.5$。

⑦模型残差服从 AR（1）过程，并通过结合 PP、ADF 与 KPSS 方法进行检验。

值得注意的是，关于参数的取值范围大都是来自海外股票市场泡沫过程的经验，对于负泡沫过程和 A 股市场可能并不适用。同时，对参数或衍生参数（比如 b）的限定也并不是要求模型的估计值必须满足上述条件，而是模型的期望值满足此条件即可。因此，在实际应用上述检验时，只要模型估计值与约束值不相差太远，都是可以接收的。同时，参数估计值也不能在估计时的约束边界上。

## 9.6.3 实证结果与分析

### 9.6.3.1 区制转换时点预测模型在 2007—2008 年的应用

为了选择一个合适的估计窗口起点，将起点范围设定在 2007 年 10 月至 2008 年 1 月，以 2007 年 10 月第一个交易日开始，每次移动 5 个交易日直至 2008 年 1 月底，总共得到 17 个估计窗口的起点。

为了保证有足够长的估计窗口，将估计窗口终点的范围设定在 2008 年 8 月至 2008 年 11 月，从而保证估计窗口最少也有 6 个月的时间。同样，终点的设定从 2008 年 8 月第一个交易日开始，每次移动 5 个交易日直至 2008 年 11 月底，总共得到 16 个估计窗口的终点。

在每个估计窗口下，采用最小二乘法进行估计，估计参数的限定范围为：$0.001<m<0.999$，$0.01<\omega<19.99$ 和 $\| t_c - t_2 \| < \eta \| t_2 - t_1 \| (\eta = 0.4)$。为了避免局部

最优问题，对每个估计窗口下的模型，设定多个初始点进行估计，进而得到多个估计值，将估计值接近上述限定范围的点过滤掉。在剩下的多组估计值下，针对每组估计值计算模型的相关检验量，将那些相关检验量不满足要求的进一步删除，检验量包括：$B>0$、$|C|<1$、$b<0$、$|B|m<\omega|C|$、$O>2.5$ 以及模型的残差在 ADF 和 PP 检验中拒绝原假设，而在 KPSS 的检验中没有拒绝原假设。经过进一步删除，或许还有多组估计值，则选择其中残差平方和最小的值作为该时间窗口下的估计值。对于终点相同的多个时间窗口，选择使得模型拟合优度最高或者模型拟合标准差最小的时间窗口起点作为在这一时间终点下的最优判断。在 16 个估计窗口的终点中，前一方法仅窗口终点为 2008 年 11 月 7 日，选择 2008 年 1 月 30 日作为时间窗口的最优起点；而后一方法中，窗口终点为 2008 年 9 月 12 日至 10 月 13 日的，选择 2008 年 1 月 23 日作为它们时间窗口最优起点。其他时间窗口的最优起点都在 2007 年 10 月 8 日或 15 日。

图 9 - 44 给出了不同时间窗口终点下区制转换预测时点（实线加“ + ”号表示的是模型拟合标准差最小的结果。实线加“O”号表示的是模型拟合优度最高的结果）。（浅色）斜虚线为 45 度，如果实线与该线平行，意味着随着时间窗口终点往后移动，区制转换预测时点也跟着往后移动，该预测时点并不具有稳定性；同时，区制转换的估计点在 45 度斜线之下，则时间窗口的终点要大于估计的区制转换点，相对于是对区制转换点的一种识别，反之则是对区制转换点的一种预测。（深色）水平点为实际区制转换时点位置上的水平线。若实线位于该线上，则表明区制转换预测时点恰好预测或识别出实际的区制转换时点；若实线位于该线以上，则表明转换预测时点的预测晚于实际的区制转换时点，反之亦然。（深色）点线则为实际区制转换时点位置上的垂直线。实线位于该线左边的部分，是在实际区制转换时点出现之前，对区制转换时点的预测；而位于实线位于该线右边的部分，则是在实际区制转换时点出现之后，对区制转换时点的识别。

从图 9 - 44 的实线与其他各线的位置关系可以看出，该模型预测的区制转换时点非常稳定，这是区制转换时点即将出现的一个明显信号。不过模型预测的区制转换时点要晚于实际区制转换时点，在观察到稳定的区制转换时点时，区制转换时点的平均预测误差在 1 个月以内，其中以模型拟合优度最高的选择结果误差更小，在半个月以内。在时间窗口终点超过实际的区制转换时点时，模型并没有马上识别出实际的区制转换时点，而是要在半个月后才能准确地识别出实际的区制转换时点，实线位于（深色）水平点上。

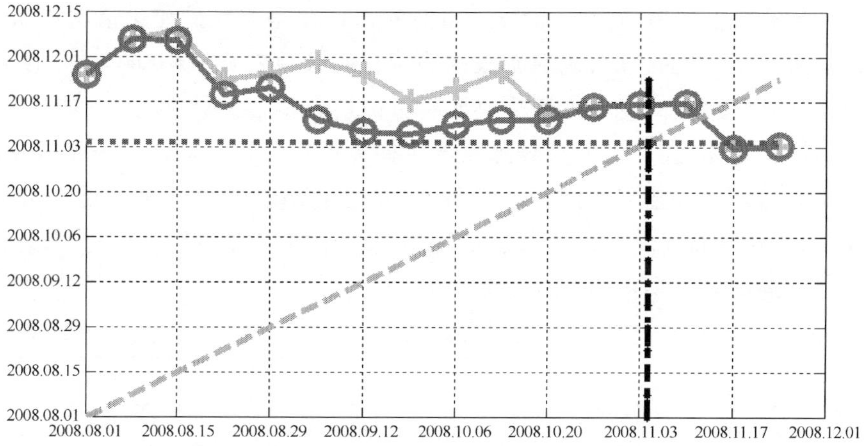


图 9－44　不同时间窗口终点下的区制转换预测时点（2007～2008 年）

图 9－45 给出的是不同时间窗口终点下的（1－模型拟合优度）和模型拟合标准差。结果表明，在真实区制转换时点之前，模型的拟合优度随着时间窗口终点的移动而不断增加的趋势，主要因为可能是到真实区制转换时点之前，沪深 300 指数波动加大的缘故。从时间窗口终点在 2008 年 11 月 17 日模型拟合优度的下降可以发现，该时间窗口的起点设定在 2008 年 1 月 30 日，而其他时间窗口的起点设定在 2007 年 10 月 8 日或 15 日。由于该窗口下没有泡沫破灭初期的高波动数据，因此，拟合优度在拟合标准差出现微量上涨的情况下出现明显下降。模型拟合标准差则较为稳定，为 0.042～0.044，均在 5% 以下。

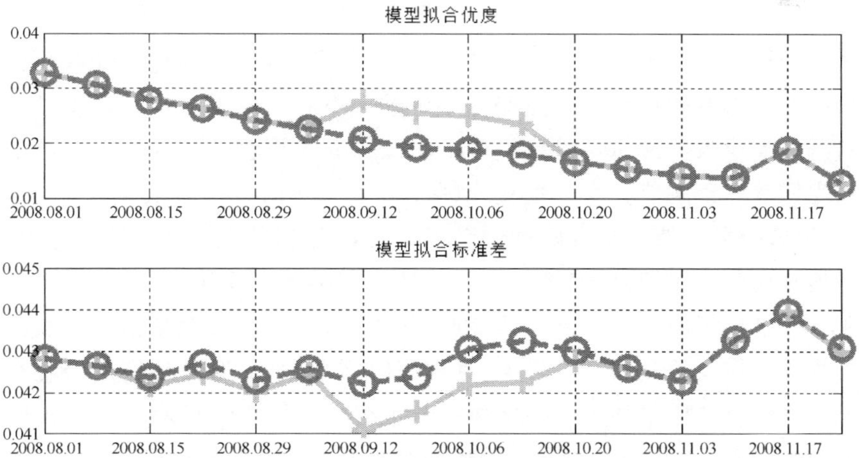


图 9－45　不同时间窗口终点下的模型拟合优度和标准差（2007～2008 年）

图 9-46 给出了模型参数 $m$ 和 $\omega$ 随着时间窗口终点移动的变化情况。从图中可以看出，参数 $m$ 在 10 月 20 日之后都较为稳定，而参数 $\omega$ 则在 2008 年 11 月 17 日之后出现明显突变，而这一时点正好是模型成功识别真实区制转换时点的时候。在 10 月 20 日之前，不同筛选标准下参数的稳定性有所不同。总体来说，按照拟合优度最大筛选出来的结果参数更为稳定，在 8 月 22 日之后就已基本保持稳定，参数 $m$ 主要集中在 0.5～0.6 的区间中，而参数 $\omega$ 则主要集中在 13 附近；而按照最小拟合标准差筛选出来的结果，参数的波动性就更大。

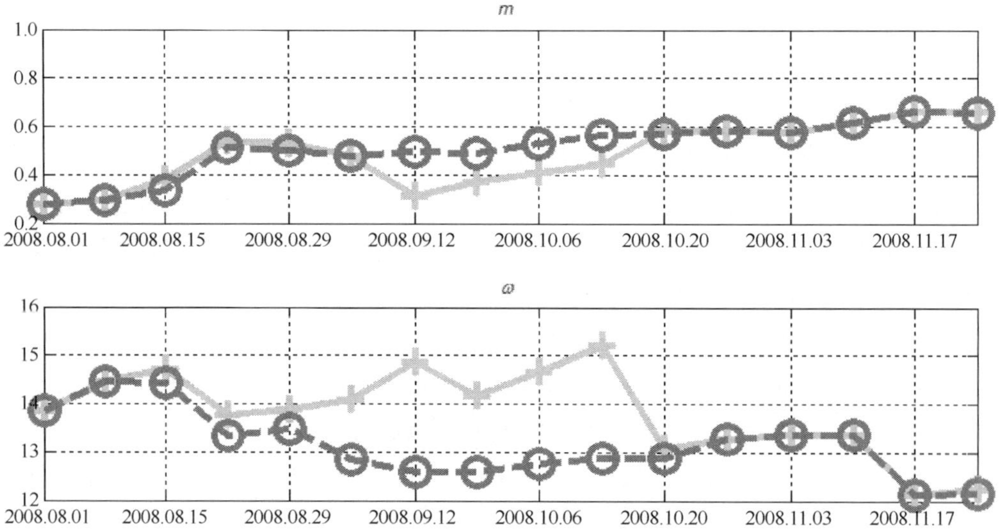


图 9-46 不同时间窗口终点下的模型参数 $m$ 和 $\omega$（2007～2008 年）

图 9-47 给出了时间窗口终点为 2007 年 8 月 29 日时的模型拟合和预测。在该时间窗口终点，模型的预测时点为 11 月 20 日，距离当前时点接近 3 个月，其中波动较大的深色实线为沪深 300 指数的对数值，平滑的浅色实线为模型的样本内拟合值，虚线为样本外预测值，浅色垂直线则标记了预测的区制转换时点。该模型对 8 月 29 日的拟合效果不错，至实际区制转换时点的预测的偏差也不大。若在 8 月 29 日按模型预测操作，短期内（1 个月、2 个月）都不会出现问题。

图 9-48 给出了时间窗口终点为 2007 年 10 月 6 日时的模型拟合和预测。在该时间窗口终点，模型的预测时点为 11 月 10 日，距离当前时点还有 1 个月有余。该模型的样本内拟合和样本外短期的预测效果都不错，虽然在 10 月 6 日之前曾出现高达 18.34% 的反弹，但模型并没有认为反弹起点 9 月 18 日就是区制转换时点。若在 10 月 6 日按模型预测操作，短期内仍不会出现问题。

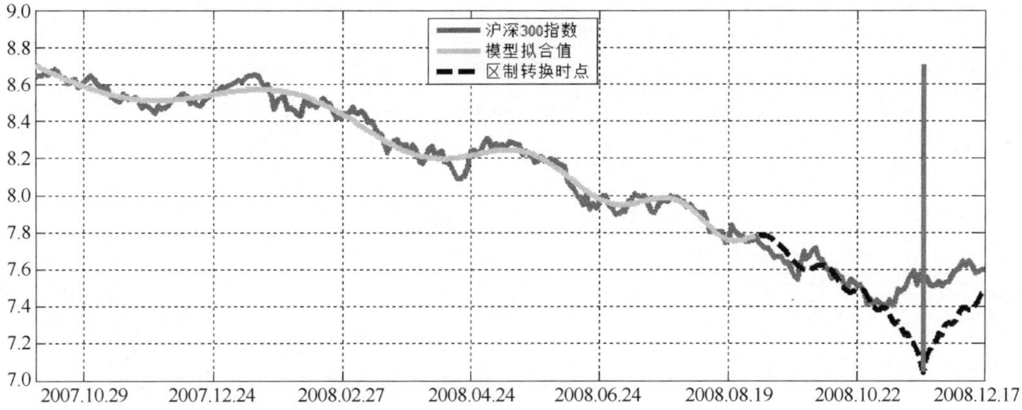


图 9－47　时间窗口终点为 2007 年 8 月 29 日的模型拟合与预测

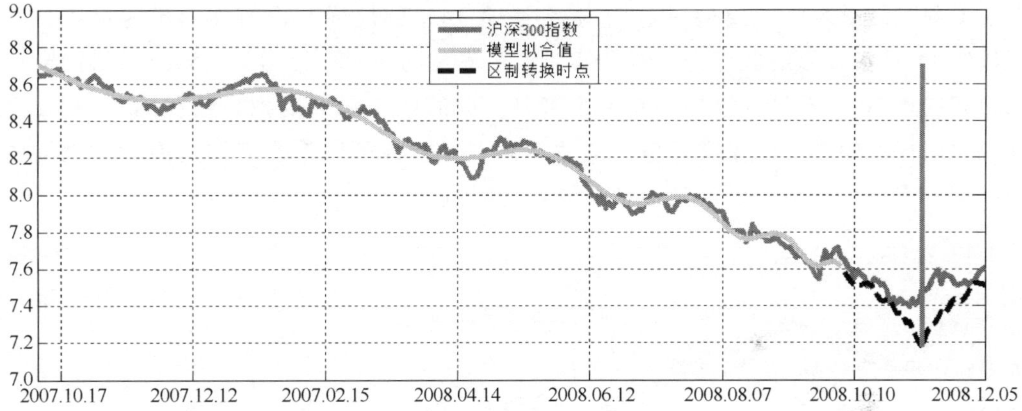


图 9－48　时间窗口终点为 2007 年 10 月 6 日的模型拟合与预测

图 9－49 给出了时间窗口终点为 2007 年 11 月 3 日时的模型拟合和预测。在该时间窗口终点，模型的预测时点为 11 月 17 日，距离当前时点已不足半个月。该时间窗口终点已非常接近真实区制转换时点，其短期内的预测明显错误，模型的预测误差在 2 周左右，与 A 股大幅上行时的预测误差类似。以 2007 年 10 月 16 日的实际区制转换时点来看，模型在 9 月中旬至 10 月 16 日前出现稳定的预测时点，该时点在 11 月中旬左右，预测误差在 1 个月左右；2009 年和 2015 年的模型预测误差只有 1 周。在上述 3 次 A 股大幅上行的过程中，模型对区制转换时点预测的平均误差为 2 周，在 2007～2008 年 A 股大幅下行时模型的预测误差相近。

进一步考察时间窗口终点在真实区制转换时点之后的情况，比如时间窗口终点在 11 月 10 日的情况，模型对区制转换时点的预测仍然在 11 月 17 日，距离当前时

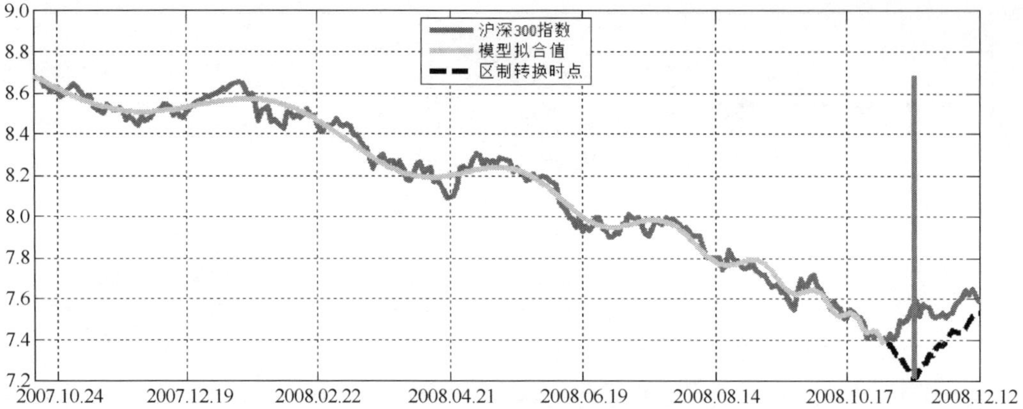


图 9－49　时间窗口终点为 2007 年 11 月 3 日的模型拟合与预测

点仅 1 周。结果表明，模型对短期内高达 12.14% 的反弹并没有作出迅速反应，并不认定 11 月 4 日的最低点为区制转换时点。不过图 9－50 给出的预测点与估计窗口的时间终点 10 月 6 日的间隔仍有 1 个多月，同时图 9－50 的拟合值在 10 月 6 日之前的一段样本中都要大于实际值。上述不同点，或许可以作为识别当前时点之前的短时期上涨是反弹还是已经到了区制转换的时点。

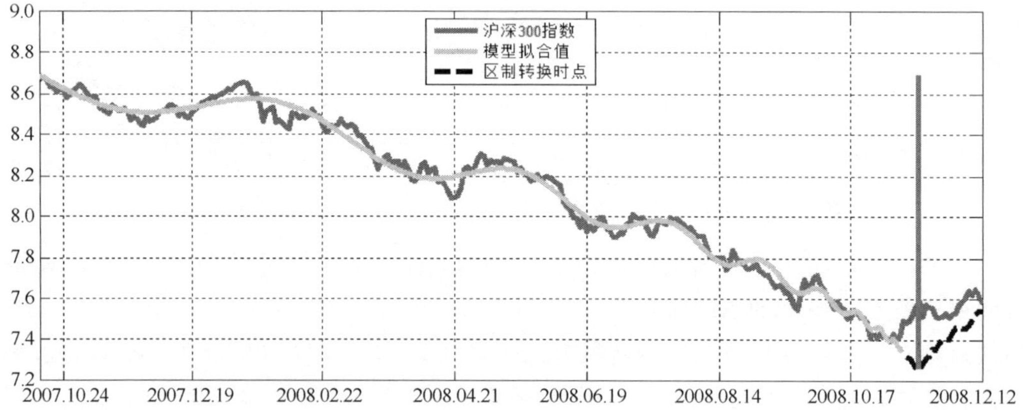


图 9－50　时间窗口终点为 2007 年 11 月 10 日的模型拟合与预测

当时间窗口终点在 11 月 17 日的时候（图 9－51），模型区制转换时点的估计在 11 月 3 日，成功地识别出真实的区制转换时点。可以发现，该模型在真实区制转换时点的附近 1 周内或许无法特别准确地识别出该时点，但在稍微更长的时间（2 周）内则能成功识别出来。

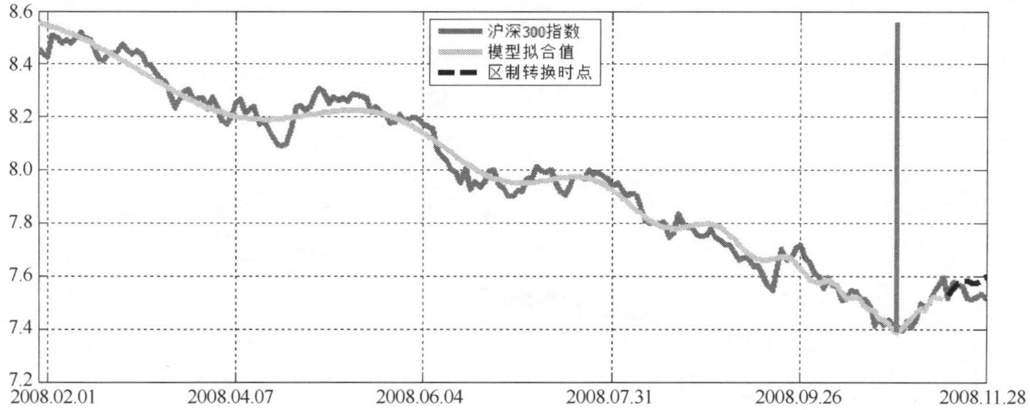


图 9－51　时间窗口终点为 2007 年 11 月 17 日的模型拟合与预测

#### 9.6.3.2　区制转换时点预测模型在 2015～2016 年的应用

进一步针对 2015 年 6 月以来 A 股大幅下行进行区制转换时点的预测，估计窗口的起点为 2015 年 6 月所有交易日（共 21 个），而估计窗口的终点则为 2016 年以来所有交易日（至 3 月 4 日，共 41 个），该设定保证了估计窗口最少也有 6 个月的时间。对于终点相同的多个时间窗口，仍然考虑模型拟合优度最高（虚线加“O”号）和模型拟合标准差最小（实线加“+”号）这两种方法来筛选时间窗口的起点。图 9－49 列出了不同时间窗口终点下的区制转换预测时点。在 2016 年 1 月 8 日之前，没有出现过满足条件的拟合。在 2 月 2 日之前，不管是哪种筛选方法，都没有出现一个稳定的区制转换时点的估计，而在 2 月 2 日之后，按照拟合优度最高的筛选方法则得到了较为稳定的区制转换时点的估计，时点的估计在 3 月 4 日至 3 月 18 日之间，平均值为 3 月 8 日。按照模型拟合标准差最小筛选的结果，区制转换时点的估计在 2 月 2 日之后仍未稳定，时点的估计值在 3 月 3 日至 5 月 17 日之间，平均估计值为 4 月 6 日。

与图 9－44 相比，2015～2016 年区制转换预测时点的估计存在几点不同：

第一，（在 2 月 2 日之前）出现了区制转换时点估计值随时间窗口终点移动而不断变大的情形，而图 9－52 中估计区制转换时点在前期也表现出上下波动的特征。

第二，按照模型拟合标准差最小筛选的结果不具有稳定性，这可能与时间窗口的起点存在明显波动有关。按照拟合优度最高筛选时间窗口起点基本都是 2015 年 6 月 1 日，而后者筛选出来的结果在 2 月 2 日之后的 19 个拟合中，前 3 个选择的时间窗口的起点为 6 月 2 日，后 7 个选择的是 6 月 26 日，其他则是 6 月 16 日至 6 月 18

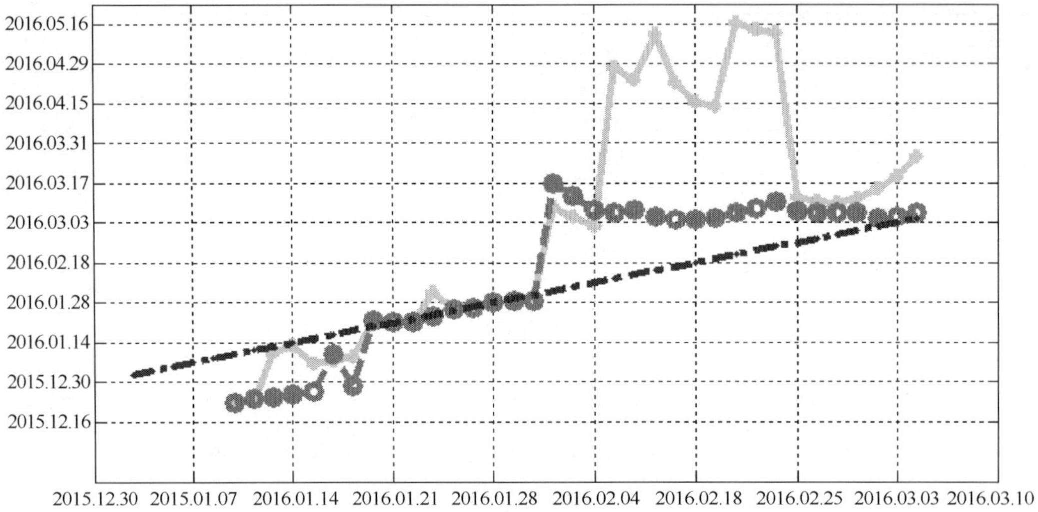


图 9－52　不同时间窗口终点下的区制转换预测时点（2015～2016 年）

日，如此波动意味着模型的拟合存在明显不足。

图 9－53 给出的是不同时间窗口终点下的 1－模型拟合优度和模型拟合标准差，与图 9－45 相比，模型的拟合情况要明显差许多，模型拟合优度即使在 2 月 2 日之后也仅 90% 左右，不过拟合标准差也能达到 5% 以下的水平。

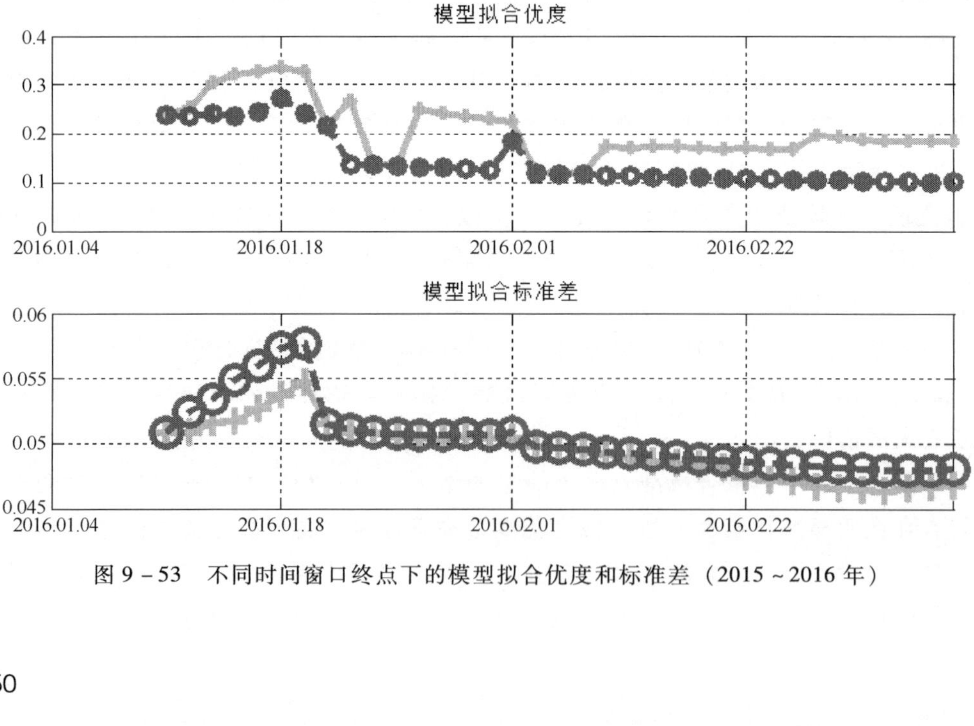


图 9－53　不同时间窗口终点下的模型拟合优度和标准差（2015～2016 年）

图 9－54 则给出了模型参数 $m$ 和 $\omega$ 随着时间窗口终点移动的变化情况。从图中可以看出，按照最大拟合优度筛选的结果，其参数的稳定性非常高，在 2 月 2 日之后，参数 $m$ 在 0.85～0.89 之间，而参数 $\omega$ 则在 3.5～4.0 之间。从稳定性上看，与图 9－44 的差别并不大，但从数值上看则存在明显的差别，图 9－54 的参数 $m$ 主要集中在 0.5～0.6 之间，参数 $\omega$ 则主要集中在 13 附近。

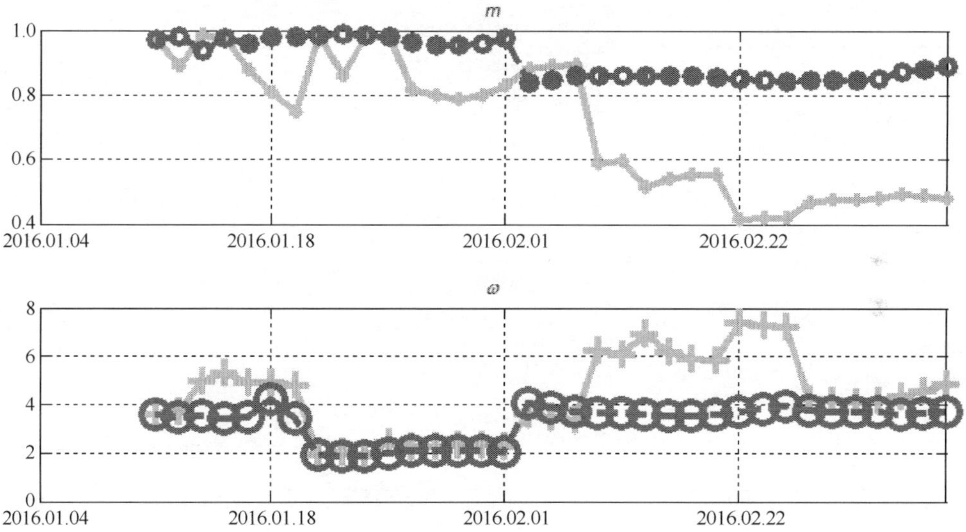


图 9－54　不同时间窗口终点下的模型参数 $m$ 和 $\omega$（2015～2016 年）

图 9－55 给出了时间窗口终点分别为 2016 年 2 月 2 日、2 月 24 日和 3 月 4 日的拟合情况，不管哪种拟合，对 2015 年 7 月 8 日救市以来的上涨波段都没有拟合成功，而将 2015 年 6 月以来至 8 月的暴跌拟合在一个下降波段中。

从利用模型预测进行操作来看，2016 年 2 月 2 日给出的短期向上预测与 2016 年 2 月 24 日给出的短期向下预测都与实际股市的涨跌相符，但其预测与 2 月 29 日以后的股市上涨相悖，这或许与救市因素有关，不过也可能是模型本身的结果。从 2007～2008 年的模型拟合与预测中，模型预测的时点要晚于实际区制转换时点。因此，模型对实际区制转换时点至模型预测时点之间的走势预测都会给出错误判断。从对实际拟合的情况来看亦是如此。当前时点与预测时点的距离不到 1 周，对 2 月 29 日以来的短期反弹也没有做出迅速反应；同时，2 月 29 日之前一段时间内的拟合值与实际值的偏差有正有负，并没有出现绝大多数的正偏差。从上述特征来看，按照 2007～2008 年的模型拟合经验，2 月 29 日或许就是区制转换的时点。

不过这一判断仍然受到几大不确定因素的制约。第一就是区制转换时点参数的

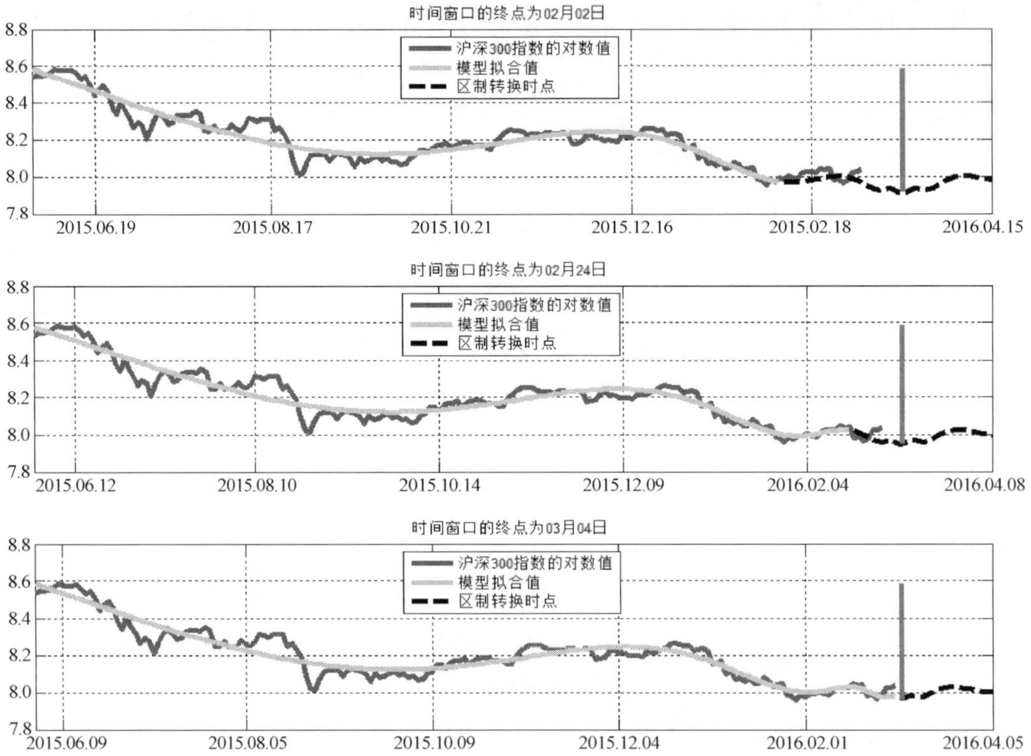


图 9－55　区制转换时点预测模型在 2015～2016 年的模型拟合与预测

稳定性问题。由于预测仅是按照最大拟合优度的筛选结果，而按照最小模型拟合标准差的结果给出的参数估计并不具有明显的稳定性。第二则是模型拟合优度，与 2007～2008 年模型拟合相比，模型对 2015～2016 年数据的拟合优度有所下降，特别是 2015 年 7 月 8 日以来的上涨波段，模型几乎没有拟合这一区间。或许上述因素都与救市有关，但在模型中无法反映，也或多或少违背了模型的假设。

### 9.6.4　结论

2007～2008 年和 2015～2016 年两个时期，A 股均经历了大幅下行，因此，可以利用 LPPL 模型对两个时期的区制转换时点进行预测。在模型估计窗口起点的选择上，采用使模型拟合程度最高或模型拟合标准差最小的窗口作为初始点。

对 2007～2008 年 A 股大幅下行的实证结果表明，该模型能够较为成功地预测和识别区制转换时点。特征包括：

第一，参数能满足各种理论约束，比如对线性参数的约束、风险的非负条件、对对数周期波动次数的约束和模型残差服从 AR（1）过程，在 ADF 和 PP 检验中拒绝原假设而在 KPSS 的检验中接受原假设。

第二，关键参数的稳定性。在成功识别实际的区制转换时点之前，3 个非线性参数应该在一段足够长的时间内保持相对稳定。

第三，模型拟合情况较好，比如模型的拟合优度在 95% 以上或者模型的拟合标准差在 5% 以下。

第四，预测的区制转换时点与实际区制转换时点之间存在差别，但差别不会过大。

对 2015 ~2016 年 A 股大幅下行的阶段加以应用，可以发现上述第二点和第三点受到挑战：一方面，按照最大拟合优度筛选结果给出的参数在 2 月 2 日之前并不具有稳定性，只有 2 月 2 日至 3 月 4 日才具有明显稳定性，但这一稳定性保持的时间长度远不及 2007 ~2008 年的回测结果。另外，按照最小模型拟合标准差筛选结果给出的参数估计在 2 月 2 日之后也不具有明显的稳定性。另一方面，模型拟合优度与 2007 ~2008 年模型拟合相比有着明显的下降，特别是对 2015 年 7 月 8 日至 8 月 17 日的上涨波段，模型几乎没有拟合这一区间。或许这两点都与 2015 ~2016 年中的救市有关，从而一定程度上影响了模型的有效性。

第 三 篇

# 机器学习量化策略

# 10.
# 机器学习算法简介

人工智能（AI）技术得到了飞速发展，其在各个领域的运用也不断取得成果。机器学习被评为人工智能中最能体现人类智慧的技术，因此，开发AI量化策略可以理解为机器学习在量化投资领域的应用。本研究将以机器学习为主题，探讨机器学习量化投资的算法和策略，构造合适的机器学习量化投资模型。

本研究将探讨四大类机器学习算法，包括监督型学习、无监督型学习、深度学习以及其他类算法。将对部分主流的机器学习算法进行探讨，结合传统的量化投资策略，使用历史收益率和特征数据回测，研究其是否可以运用在量化投资策略上，尤其是在择股和择时两大重要领域，判断机器学习算法是否有效。

目标是期望构造机器学习量化投资策略平台，将数据、算法、算力有效结合，利用机器学习算法，借助强有力的服务器，构造具备界面友好、策略独特、数据完备等特征的量化投资平台（见图10－1）。

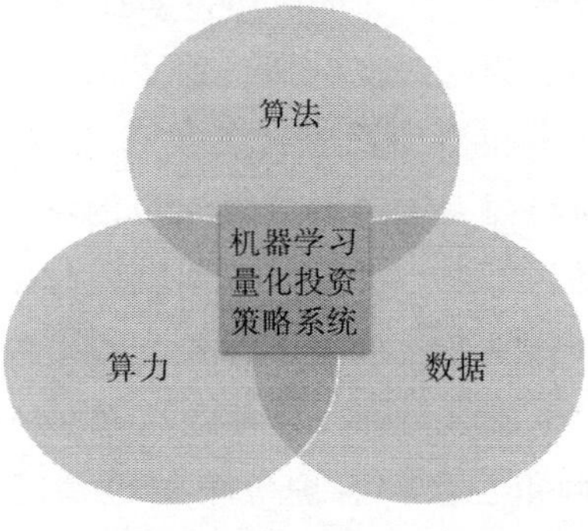


图10－1　机器学习量化投资策略系统

## 10.1 机器学习的定义和学科定位

机器学习是一门多领域交叉的学科，涉及概率论、统计学、逼近论、凸分析、算法复杂度理论等多门学科。专门研究计算机怎样模拟和实现人类的学习行为，以获取新知识或新技能，重新组织已有的知识结构使之不断完善自身的性能。机器学习方面的专家试图探索和开发一系列算法使计算机不需要通过外部明显的指示，而可以自己通过数据来学习和建模，并利用建好的模型和新的输入来进行预测。

不同的机器学习专家对机器学习给出了不同的定义，这些定义具有很多共性，能够揭示机器学习的核心。如最早由 Arthur Samuel 在 1959 年给出的定义为：机器学习是一门不需要通过外部程序指示而让计算机自我学习的学科。Langley 在 1996 年给出的定义中称："机器学习是一门人工智能的科学，该领域的主要研究对象是人工智能，特别是如何在经验学习中改善具体算法的性能。" Tom Michell 在 1997 年给出的定义为："机器学习是对能通过经验自动改进的计算机算法的研究。"

机器学习在学科中通常被认为是人工智能（Artificial Intelligence，AI）的核心，是使计算机具有智能的根本途径，其应用遍及人工智能的各个领域，如下棋、语音识别、自动驾驶和自动翻译等等。机器学习通常不使用演绎的方法，而使用归纳和综合的方法来处理问题。

机器学习方法目前已经取得了广泛的应用，如在自动驾驶、无人机、语言翻译、垃圾邮件检测、信用卡诈骗检测、人脸识别、数字识别、语音识别、产品推荐、医疗分析、股票交易以及客户分析等方面。在各大高校对机器学习理论的研究方面，纽约大学、多伦多大学和斯坦福大学走在机器学习的学术前沿；实践方面，则以谷歌、脸书和百度为代表。近几年来。机器学习领域因技术的发展与人才的稀缺造成的人才抢夺战达到了前所未有的激烈程度。谷歌、脸书和百度硅谷实验室都从高校挖走了机器学习领域的顶端专家。另外，谷歌还以超过 5 亿美元的价格收购了机器学习初创公司 DeepMind。阿里巴巴、雅虎等公司也都开始跟进，涉足机器学习领域，使得机器学习的人才需求量持续快速增长。目前，各大公司在机器学习应用方面领先的方向包括：微软研究院发布的实时翻译系统，在保证翻译实时准确的同时能够模拟讲话者的声色；谷歌公司的自动驾驶系统，能够保证自动驾驶汽车安全驾驶长距离等等。

## 10.2 机器学习方法的核心概念

机器学习涉及的基本概念主要包括：训练集、测试集、特征、监督学习、非监督学习、半监督学习、分类、回归等。

概念学习是机器学习中的一个概念，是指从有关某个布尔函数的输入输出训练样例中推断出该布尔函数。以“小明享受水上运动”这一概念为例，来介绍机器学习方法中的各个概念。小明进行水上运动，是不是享受水上运动取决于一些因素，如天气、温度、湿度、风力、水温、天气预报是否准确等等。表 10 - 1 有 4 个样例（小明进行水上运动的情况）。

**表 10 - 1　　小明进行水上运动实例**

| 样例 | 天气 | 温度 | 湿度 | 风力 | 水温 | 预报 | 享受运动 |
|---|---|---|---|---|---|---|---|
| 1 | 晴 | 暖 | 普通 | 强 | 暖 | 准确 | 是 |
| 2 | 阴 | 暖 | 大 | 强 | 暖 | 准确 | 是 |
| 3 | 雨 | 冷 | 大 | 强 | 暖 | 不准确 | 否 |
| 4 | 晴 | 暖 | 大 | 弱 | 冷 | 不准确 | 否 |

其中各影响因素和是否享受水上运动的分类如下：

天气：晴、阴、雨；

温度：暖、冷；

湿度：普通、大；

风力：强、弱；

预报：准确、不准确；

享受运动：是、否。

表 10 - 1 中的实例构成了一个数据集，通过这个数据集介绍机器学习方法中的各个概念。假设想学习“小明是否享受水上运动”这一概念也就是研究小明进行水

上运动时，天气、温度等各种因素与小明是否享受水上运动之间的关系。

### 10.2.1 实例与目标概念

概念定义在实例集合之上，将集合记为 $X$。在此例中，$X$ 为小明进行水上运动所有可能的日子，每个日子构成一个实例，记为 $x$，它的值由天气、温度、湿度、风力、水温和预报 6 个属性表示。

需要进行学习的概念或目标函数称为目标概念，记为 $c$。在此例中目标概念为小明是否享受此次水上运动，$c(x)=1$ 表示小明享受运动，$c(x)=0$ 表示小明不享受此次运动。在此例中，学习目标为确定函数关系：$f: X \rightarrow Y$。

### 10.2.2 训练集与测试集

训练集是用来进行训练也就是产生模型或者算法的数据集。在“小明享受水上运动”例子中，假设有 100 天的数据（100 个实例），想通过这 100 天的数据来学习通过小明参加水上运动时的各种因素判断小明是否享受水上运动，那么此时这 100 天的数据就构成了一个训练集。

测试集是用来专门进行测试已经学习好的模型或者算法的数据集。假设另外还有 10 天的数据（10 个实例），想通过这 10 天的数据来检验通过训练集进行学习的效果，那么这 10 个实例的集合就称为测试集。训练集中的实例不能再作为测试集中的实例来使用。

### 10.2.3 特征向量、标记、正例和反例

特征向量是实例属性的集合，通常用一个向量来表示。一个特征向量附属于一个实例。如表 10-1 中，样例 1 的 6 个属性值（晴，暖，普通，强，暖，准确）构成了一个特征向量。每一个实例有一个特征向量。

标记是指实例类别的标记，在“小明享受水上运动”的例子中，每个实例最后一栏是否享受水上运动的值“是”或者“否”就是该实例的标记。

正例和反例是用来区分实例的，在“小明享受水上运动”的例子中，标记为“是”的实例称为正例，标记为“否”的实例称为反例。

### 10.2.4 分类与回归

如果目标函数标记为类别性数据，则称为分类问题，如上例中的判断“小明是否享受水上运动”就是一个分类问题；如果目标函数标记为连续行数值，则称为回归问题。

### 10.2.5 有监督学习、无监督学习和半监督学习

训练集有类别标记的机器学习称为有监督学习，如“小明享受水上运动”的例子；训练集无类别标记的机器学习称为无监督学习；训练集既包括有类别标记的实例，也包括无类别标记的实例的机器学习（称为半监督学习）。

## 10.3 机器学习方法的分类

机器学习通常按照训练集有无类别标记分为监督学习、非监督学习和半监督学习三种。

监督学习是指训练集有类别标记的机器学习，使用机器学习方法对资本市场进行预测主要围绕监督学习展开，主要包括决策树算法、邻近算法、神经网络算法、支持向量机算法等等。

非监督学习是指训练集无类别标记的机器学习，主要包括聚类方法和因子分析方法。

半监督学习是指训练集既包括有类别标记的实例又包括无类别标记的实例的机器学习方法，如强化学习。机器学习分类如表 10－2 所示。

**表 10-2　　机器学习方法分类**

| | | |
|---|---|---|
| 监督型学习 | 分类方法 | 支持向量机 |
| | | 神经网络算法 |
| | | 随机森林 |
| | | 隐马尔科夫链 |
| | 回归方法 | Lasso 方法 |
| | | 岭回归 |
| | | 局部多项式回归 |
| | | 邻近算法 |
| | | GB 决策树 |
| 无监督型学习 | 聚类方法 | K-means 方法 |
| | | Birch 层次聚类算法 |
| | | 谱聚类 |
| | 因子分析方法 | 非负矩阵分解 |
| 半监督型学习 | | 强化学习 |

# 11.

# 机器学习策略开发流程

这里以监督型机器学习算法的 GB 决策树算法为例来阐述开发机器学量化策略的流程。首先，简单介绍监督型机器学习算法在量化策略中的作用，然后在阐述具体开发流程。

## 11.1 机器学习算法的应用

大部分机器学习算法可以分成监督学习和无监督学习两类。这两大类下对应非常多的小类，本文讨论只针对适用于金融数据预测的常用的有监督型机器学习（Supervised Machine Learning）算法，如支持向量机算法、最近邻回归算法、逻辑回归和反向传递神经网络等。监督学习有以下两类：

分类（Classification）：样本属于两个或多个类别，希望通过从已标记类别的数据学习，来预测未标记数据的分类。例如，识别手写数字就是一个分类问题，其目标是将每个输入向量对应到有穷的数字类别。从另一种角度来思考，分类是一种有监督学习的离散（相对于连续）形式，对于 n 个样本，一方有对应的有限个类别数量，另一方则试图标记样本并分配到正确的类别。

回归（Regression）：如果希望的输出是一个或多个连续的变量，那么这项任务被称作回归，比如用年龄和体重的函数来预测三文鱼的长度（见图 11 -1）。

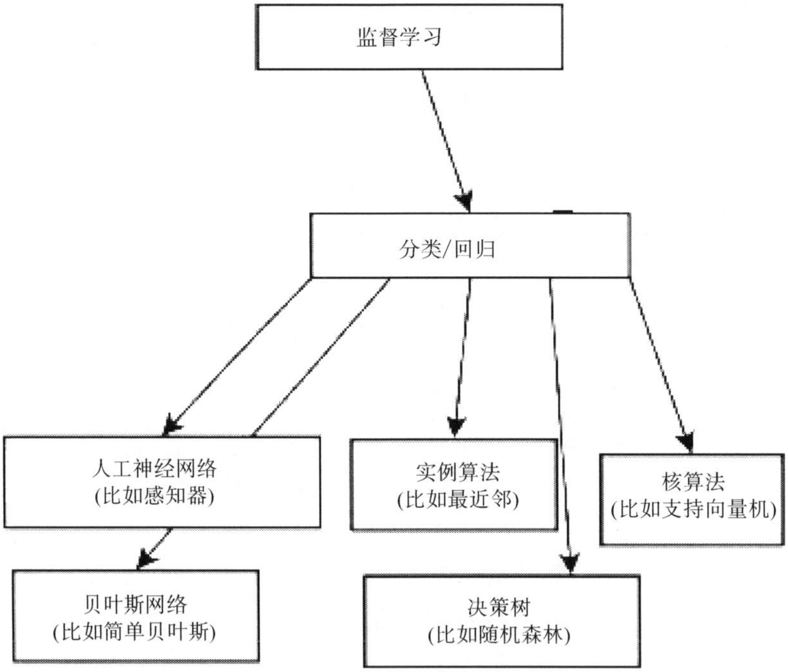


图 11－1　监督型机器学习算法

假设要去预测某个连续变量 $Y$ 未来的取值，并找到了影响变量 $Y$ 取值的 $K$ 个变量，这些变量也称为特征变量（Feature Variable）。机器学习即是要找到一个拟合函数 $f(X_1, X_2, \cdots, X_K \mid \Theta)$ 去描述 $Y$ 和特征变量之间的关系，$\Theta$ 为这个函数的参数。要找到这样的函数，必须要足够量的观测数据，假设有 $N$ 个样本数据 $y_1$，$y_2$，…，$y_n$ 和 $x_{1i}$，$x_{2i}$，…，$x_{Ki}$（其中 $i=1, 2, \cdots, n$）。然后定义一个函数 $L$ 来衡量真实观测数据和模型估计数据偏差，函数 $L$ 也称作损失函数（Loss Function）。基于历史观测数据，可以求解下列最化问题来得到参数 $\Theta$ 的估计值 。

$$\hat{\Theta} = \operatorname{argmin} \sum_{i=1}^{N} L[y_i, f(x_{1i}, x_{2i}, \cdots, x_{Ki})]$$

求解上式的过程称作模型训练（Model Traning）。基于特征变量的最新观测值和训练出来的模型参数就可以预测 $y$ 的数值。接下来，以一个具体的 AI 量化策略看一下用机器学习方法开发策略的具体流程。

## 11.2 机器学习策略的流程：以 GB 决策树为例

使用机器学习开发策略的流程如图 11－2 所示：

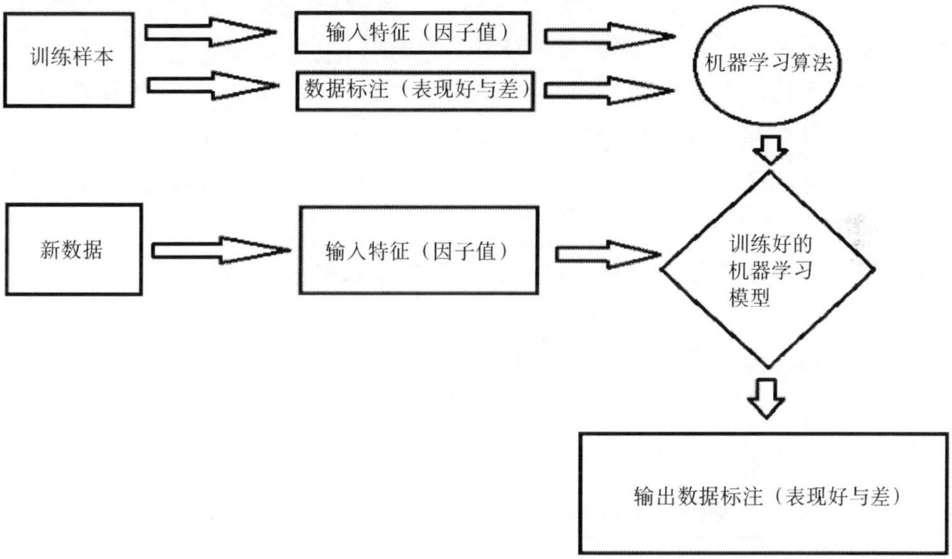


图 11－2　机器学习开发策略流程图

为便于理解，以 GB 决策树为例介绍。GB 决策树是一种监督式股票排序学习算法，假设要预测个股未来 $n$ 天的收益率，然后将其进行排序，使用该算法在新的一天数据上进行预测，可以推荐应该买入哪些股票。使用 GB 决策树算法来开发量化策略的流程如下：

第一，确定目标。因为是监督学习，因此，需要对收益率数据进行标注。

第二，数据划分。将所有数据划分为训练数据和测试数据。训练数据用来训练模型，测试数据用来检验模型的表现。

第三，特征构造。特征构造是至关重要的一步，特征构造的好坏将直接影响模型效果和策略表现。在这一步，需要金融行业的专业知识和投资经验。

第四，训练和预测。在特征构造完毕后，就可以训练好 GB 决策树算法并进行预测。

最后，策略回测。根据 GB 决策树预测结果进行策略回测，获取策略表现。

## 11.3 机器学习策略的预测能力

量化交易人员对机器学习的态度很复杂，一方面自己实际投资中发现选股因子和股票收益之间关系并非完全线性，需要能力更强的分析预测工具；另一方面，又担心机器学习工具过于复杂，导致数据挖掘，样本内过度拟合的结果外推性不强，经济含义也不好解释。这里想说明的是，ML（Machine Learning）虽然无法完全避免过度拟合的可能性，但配合使用一些方法是可以降低 ML 过度拟合的概率，提升样本外预测能力。

假设输入变量 $X$ 和输出变量 $Y$ 的真实关系可以表示为：

$$Y=f(X)+\in$$

$\in$ 为误差项，满足 $E(\in)=0$，$Var(\in)=\sigma_{\varepsilon}^{2}$。投资者通过 ML 方法找到了 $f(x)$ 的一个拟合函数 $\hat{f}(x)$。对于一个新的数据点 $X=x_0$，它的预测偏差定义为：

$$\begin{aligned}Err(X_0)&=E\{[Y-f(\hat{X}_0)]^2\mid X=x_0\}\\&=\sigma_{\varepsilon}^{2}+[Ef(\hat{X}_0)-f(x_0)]^2+[Ef(\hat{X}_0)-f(\hat{x}_0)]^2\\&=\sigma_{\varepsilon}^{2}+Bias^2f(\hat{X}_0)+Var[f(\hat{X}_0)]\end{aligned}$$

ML 模型的预测偏差取决于上式中的三项。第一项取值与 ML 模型选择无关，第二项 Bias 和第三项 Variance 的理解可以参考图 11－3，两者都受 ML 模型复杂度的影响。

一般来讲，模型复杂度越高，Bias 越小，Variance 越大；模型复杂度越低，Bias 越大，Variance 越小。从图 11－4 可以看出，当模型复杂度较高的时候，虽然偏差很小，但是模型方差很大，因此，模型的泛化能力不高。因此，要想提高 M 模型的预测能力，模型并不是越复杂越好，而是要在 Bias 和 Variance 之间权衡，降低总体预测误差，也就是所谓的 Bias－Variance Trade－off。

机器学习应该摆脱固有的“黑箱”和“过拟合”概念，一些 ML 算法的逻辑非常直白，而且 ML 模型在求解优化问题估计模型参数时，通常会对特征变量进行标准化处理，通过交叉验证的方式来选择参数，避免过拟合。众多的实践研究说明，ML 方法的预测能力大部分情况下都强于线性模型。

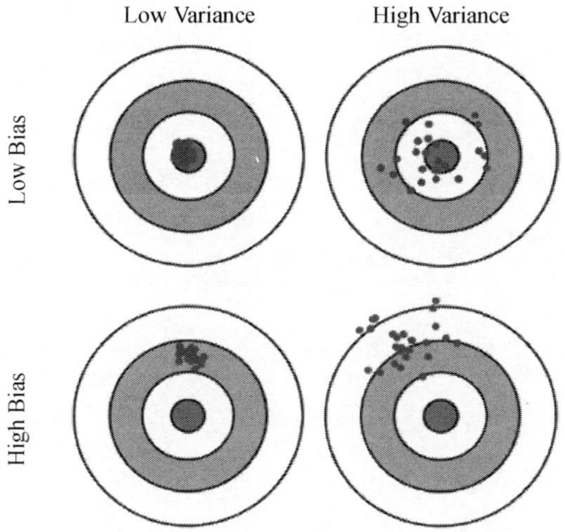


图 11－3　机器学习模型 Bias 与 Variance 的关系

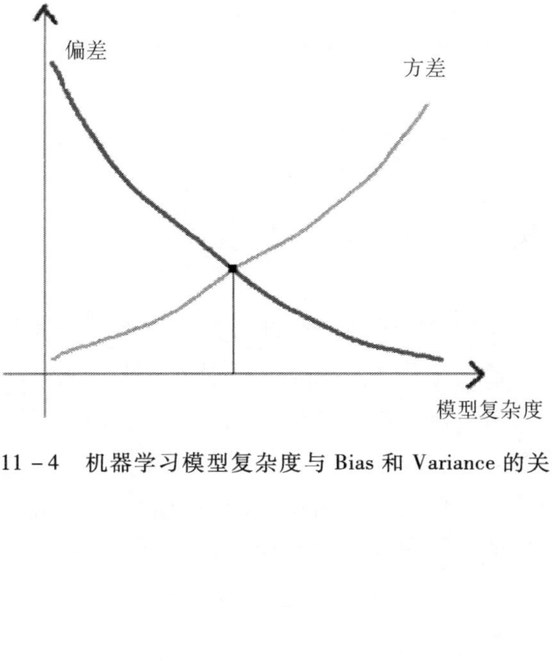


图 11－4　机器学习模型复杂度与 Bias 和 Variance 的关系

# 12. GB 决策树模型

## 12.1 决策树模型介绍

### 12.1.1 决策树

决策树（Decision Tree）是在已知各种情况发生概率的基础上，通过构成决策树来求取净现值的期望值大于等于零的概率，评价项目风险，判断其可行性的决策分析方法，是直观运用概率分析的一种图解法。由于这种决策分支画成图形很像一棵树的枝干，故称决策树。在机器学习中，决策树是一个预测模型，代表的是对象属性与对象值之间的一种映射关系。树中每个节点表示某个对象，而每个分叉路径则代表某个可能的属性值，每个叶结点对应从根节点到该叶节点所经历的路径及所表示的对象的值。决策树分为分类树和回归树两种：分类树对离散变量做决策树，回归树对连续变量做决策树。

为了找到决定性的特征、划分出最好的结果，必须评估数据集中蕴含的每个特征，寻找分类数据集的最好特征。完成评估之后，原始数据集就被划分为几个数据子集。这些数据子集会分布在第一个决策点的所有分支上。如果某个分支下的数据属于同一类型，则该分支处理完成，称为一个叶子节点，即确定了分类。如果数据子集内的数据不属于同一类型，则需要重复划分数据子集的过程。如何划分数据子集的算法和划分原始数据集的方法相同，直到所有具有相同类型的数据均在一个数据子集内（叶子节点）。

图 12－1 就是一个决策树实例（目标是两类——见或者不见，每个样本有年龄、长相、收入、是否公务员四个特征）。一棵决策树的生成过程主要分为以下三个部分：

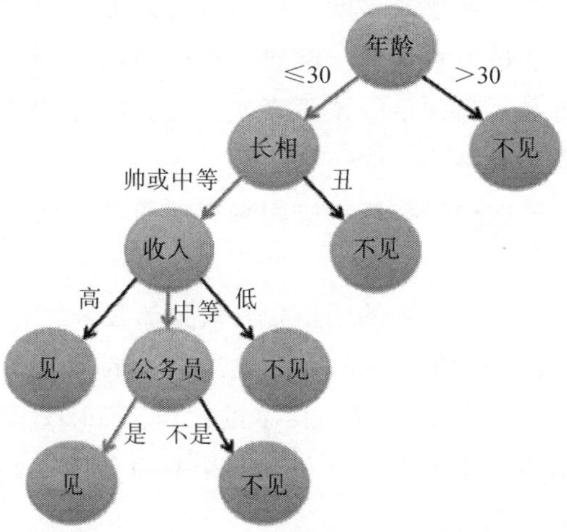


图 12－1　决策树实例

特征选择：特征选择是指从训练数据众多的特征中选择一个特征作为当前节点的分裂标准。如何选择特征有着很多不同量化评估标准标准，从而衍生出不同的决策树算法。

决策树生成：根据选择的特征评估标准，从上至下递归地生成子节点，直到数据集不可分则停止决策树停止生长。树结构来说，递归结构是最容易理解的方式。

剪枝：决策树容易过拟合，一般来需要剪枝，缩小树结构规模，缓解过拟合。剪枝技术有预剪枝和后剪枝两种。

### 12.1.2　GB 决策树（GBDT）

GBDT（Gradient Boosting Decision Tree），又叫 MART（Multiple Additive Regression Tree），是一种迭代的决策树算法，该算法由多棵决策树组成，所有树的结论累

加起来做最终答案。它在被提出之初就和 SVM 一起被认为是泛化能力（generalization）较强的算法。近些年更因为被用于搜索排序的机器学习模型而引起大家关注。

GBDT 的有三个主要特征

第一，使用决策树来预测结果；

第二，预测过程中使用很多棵决策树；

第三，每个树都比之前的树有所改进，逐渐回归、拟合到真实结果。

GBDT 的核心思想是渐进（boosting）思想，在不断的迭代中，新一轮迭代产生的回归决策树模型拟合损失函数的梯度，最终将所有的回归决策树叠加得到最终的模型。渐进思想，尝试通过不断迭代弱模型（Weak Learner），通过叠加弱模型的方式，渐进地逼近真实情况，起到足以预测真实值的强模型的作用。显而易见，渐进思想至少需要解决两个问题：

第一，如何保证每一次迭代都对解决问题有所帮助，或者说如何确定迭代步骤中拟合的方向。

第二，如何将每一次迭代产生的弱模型有效叠加起来。

GBDT 通过调整样本的权值来确定下一轮迭代中弱模型的拟合方向，即提升分类错误的样本的权值，降低分类正确的样本的权值。GBDT 用一个加法模型，将每一轮迭代得到的弱模型组合叠加起来，得到一个有效的强模型。将 GBDT 运行过程进行分解，从而理解渐进思想：

第一步，制作一个弱分类器（实际是一个决策树），去拟合实际情况，将它记录为 WL1。

第二步，运行 WL1，记录分类错误的那些样本。接下来，赋予这些被错误分类的样本比较高的权重，进行第二次拟合，得到新的弱分类器 WL2。

第三步，依次运行 WL1、WL2，记录分类错误的那些样本。接下来，赋予这些被错误分类的样本比较高的权重，进行第三次拟合，得到新的弱分类器 WL3。

第四步，依次运行 WL1、WL2、WL3，如此迭代……

最开始的时候，每个样本点的权重都一致。随着算法不断迭代，被错误分类的样本，权重不断加强；与此同时，被正确分类的样本，权重不断减弱。可以想象，越往后，算法越关注那些容易被分错的样本点，从而最终解决整个问题。图 12 -2 中，深色和浅色的圆圈，代表两类样本，圆圈的大小代表当前该点的权重；线条代表训练既得分类器模型；虚线表示当前训练新增的分类器模型。可以看到，在不断的迭代过程中，每一次迭代，分类器都会关注之前区分错误的那些样本点，进行有针对性的处理。因此，在进行到 150 次迭代之后（m = 150），最终叠加起来的模型已经非常细致，足够将深浅两种类别细致地区分开来了。

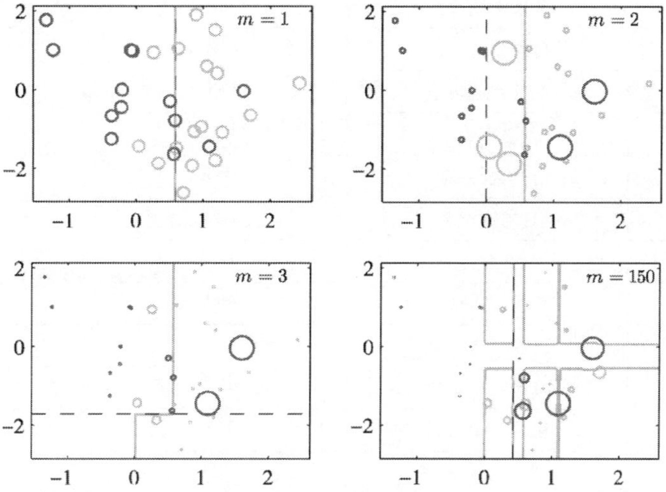


图 12－2　GBDT 渐进思想图示

注：来自《Pattern Recognition and Machine Learning》，660 页。

## 12.2　决策树模型选股策略的参数选择与拟合效果

### 12.2.1　样本描述

选取 2016 年到 2017 年 6 月的股票收益率数据对 GBDT 算法进行测试，数据频率为周。将 2016 年的数据作为训练集，将 2017 年的数据作为测试集，并比较样本内拟合以及样本外预测的效果。选取了 14 个特征（参照表 12－1）。总体来看，特征包括代表估值指标的市值特征、代表交易特征的换手率成交额特征、代表资金流特征的机构或个人买入指标等等。

表 12-1 样本描述

| | 变量名称 | 简称 | 性质 |
|---|---|---|---|
| 0 | 未来1期收益 | $LnR_{t+1}$ | 被解释变量 |
| 1 | 自由流通市值 | $FMC_t$ | 特征变量 |
| 2 | A股流通市值 | $FCC_t$ | 特征变量 |
| 3 | 总市值 | $TMC_t$ | 特征变量 |
| 4 | 日均换手率 | $DTR_t$ | 特征变量 |
| 5 | 日均成交额 | $DTV_t$ | 特征变量 |
| 6 | 对数收益率 | $LnR_t$ | 特征变量 |
| 7 | 机构买入金额 | $IBA_t$ | 特征变量 |
| 8 | 机构买入人数 | $IBN_t$ | 特征变量 |
| 9 | 机构卖出金额 | $ISA_t$ | 特征变量 |
| 10 | 机构卖出人数 | $ISN_t$ | 特征变量 |
| 11 | 个人买入金额 | $PBA_t$ | 特征变量 |
| 12 | 个人买入人数 | $PBN_t$ | 特征变量 |
| 13 | 个人卖出金额 | $PSA_t$ | 特征变量 |
| 14 | 个人卖出人数 | $PSN_t$ | 特征变量 |

### 12.3.2 模型复杂性与效率

模型的复杂性通常以 GBDT 迭代次数和单棵决策树的深度度量。迭代次数通常会牺牲效率（运算时间）。迭代次数越多，运算时间越久。当数据量达到 TB 级别的时候，不得不考虑运算时间。测试 GBDT 的运算时间。从图 12-3 可以看出，模型越复杂（迭代次数越多），系统运行时间越久。尽管模型等待时间更久，但是测试集上的拟合效果并未随之降低，变现为 MSE 在迭代 7 次之前下降，随后便上升。可见，模型越复杂，不仅牺牲了系统等待时间，还降低了模型样本外的拟合效果。在本研究的样本下，只需少量的迭代即可获得最好的样本外拟合效果。

在图 12-4 中增加了迭代次数，可以更明显看到随着迭代次数的增加，系统延迟时间线性增加，但是样本外拟合效果并未提升。反而是在 100 次迭代的范围内 MSE 迅速增加，在 100 次以后缓慢增加。初步分析，样本量过小导致了迭代不需过多即可达到较低的样本外拟合效果。

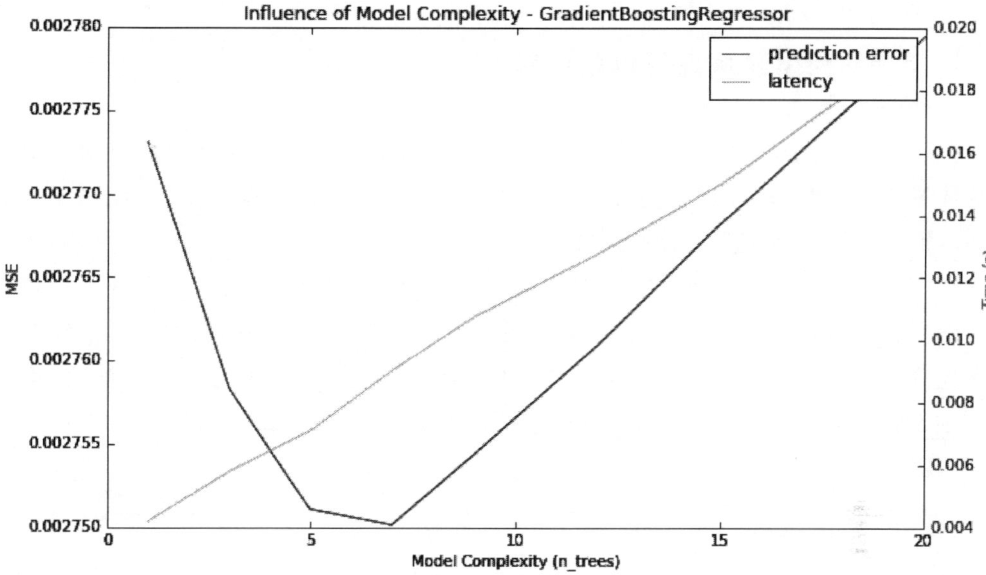


图 12－3　模型迭代次数与系统延迟时间（20 次迭代）

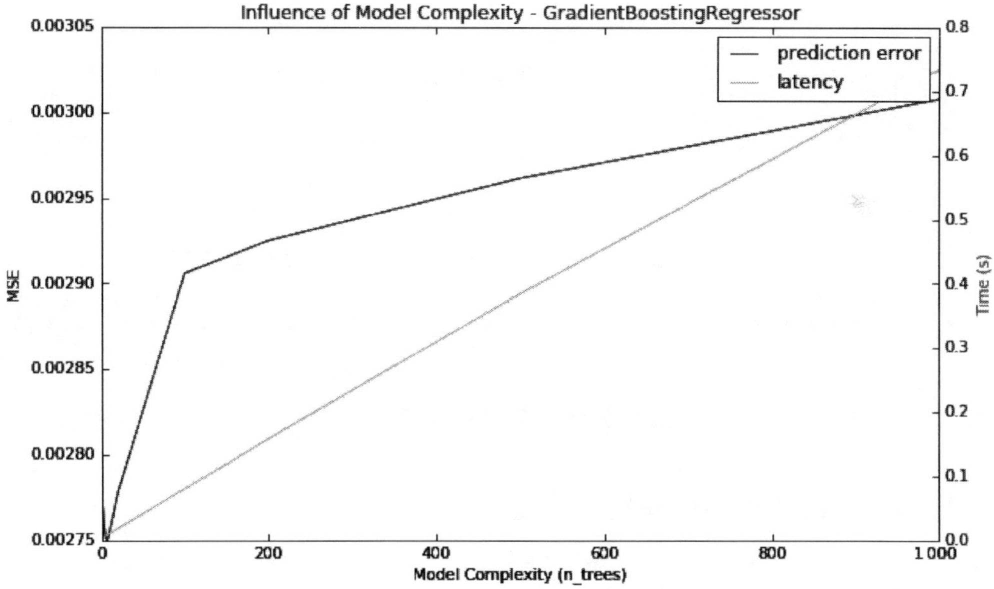


图 12－4　模型迭代次数与系统延迟时间（1 000 次迭代）

## 12.3.3 模型复杂性与拟合效果

GBDT 算法涉及许多参数，其中比较重要的有迭代次数、决策树深度等。对于训练数据集，通常迭代次数越多，拟合效果越好（以 MSE 度量误差），该结果相对稳健。而对于测试数据集，该结论并不成立。

图 12-5 中描述了迭代 1~50 次、1~1 000 次训练集和测试集的 MSE。可以看到，随着迭代次数增加，训练集的 MSE 逐渐下降。但是测试集则有所不同，MSE 表现为先降后升，尤其在 10~100 次迭代区间 MSE 上升较快。由此可见，对于 GBDT 模型的迭代次数选择，并非越多越好。100 次左右或许是最好的选择。

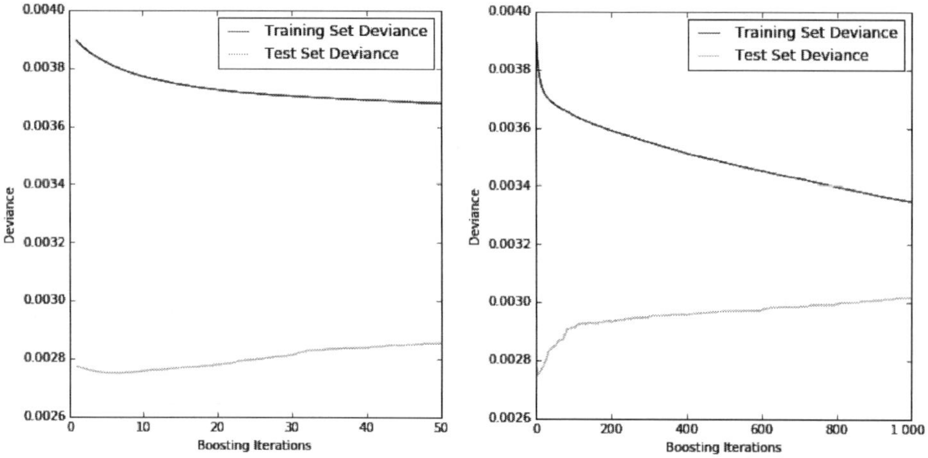


图 12-5 模型迭代次数与样本内、样本外拟合效果

对于决策树的深度，本样本计算出来的结果是拟合效果随决策树深度的增加而降低（具体如图 12-6）。理论上讲，拟合效果与决策树深度成“U”形关系，但是的样本并未得到这种关系，对该关系的检验需要进一步在更长的样本期验证。

## 12.2.4 特征重要性分析

GBDT 算法提供了不同特征的重要性分析。特征重要性又称“基尼重要性”或“平均减少杂质”，它被定义为节点杂质的总减少［由到达该节点的概率（近似于到达该节点的样本的比例）加权］在集合的所有树上的平均，特征重要性越高表明该

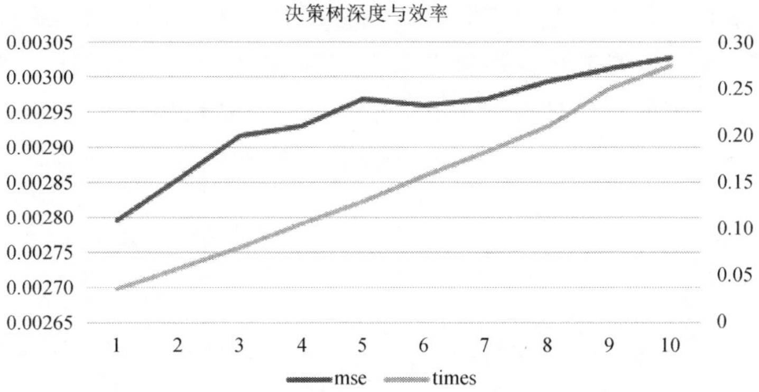


图 12－6　决策树深度的拟合效果和延迟时间

特征对被解释变量越重要。计算时首先将所有特征的特征重要性初始化为 0，然后遍历树：对于每个内部节点的特征 i，计算该节点路由到节点的样本数与误差减少量的乘积，并将其添加到特征 *i* 上。

从图 12－7 能够清晰得出各种特征对下一期收益率的影响重要程度。对数收益率（LnR）对下一期收益率影响最大，其次是日均成交额（DTV），总市值（TMC）排第三，日均换手率（DTR）排第四。随后是机构卖出金额（ISA）和机构卖出人数（ISN）。就影响程度而言，个人卖出金额（PSA）影响最小。

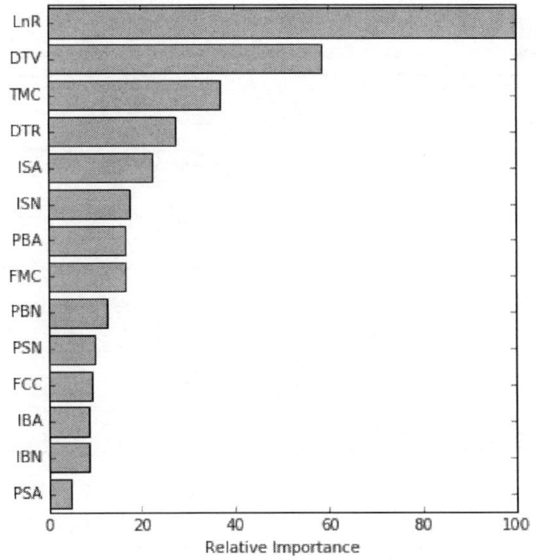


图 12－7　GBDT 模型的特征重要性

通过计算偏相关系数，考察控制住其他特征之后单一特征对被解释变量的边际影响。从图 12－8 看，对数收益率与未来 1 期收益的关系并非线性。当对数收益率小于 0 时，二者正相关；当对数收益率大于 0 时，二者负相关。

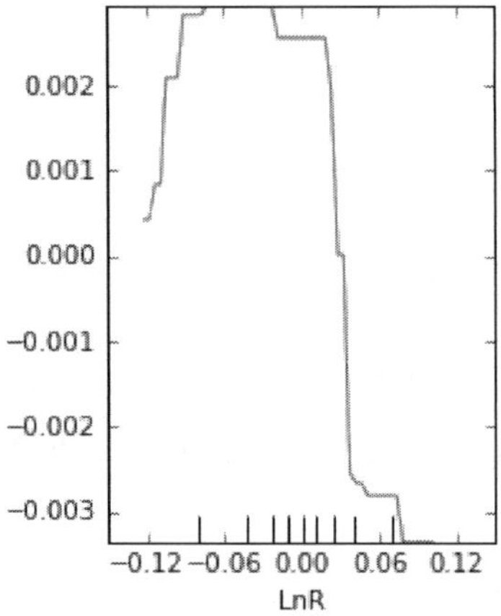


图 12－8　对数收益率特征的偏相关性

对于交易特征而言，日均成交额（DTV）和日均换手率（$DTR_t$）同未来 1 期收益关系如图 12－9。日均成交额（DTV）与未来 1 期收益呈负相关关系，日均成交额越大，未来 1 期收益越小。日均换手率（DTR）与未来 1 期收益呈负相关关系，机构卖出金额越大，未来 1 期收越低。

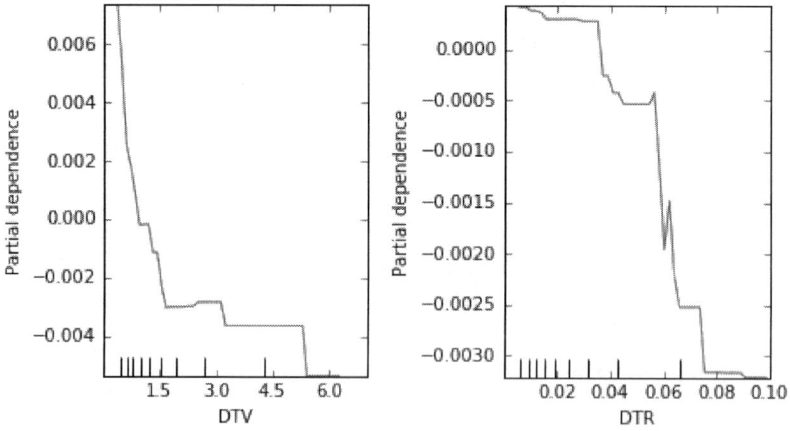


图 12－9　交易特征的偏相关性

对于市值因子而言，总市值（TMC）、A 股流通市值（FCC）都与未来 1 期收益呈负相关关系（见图 12－10）。

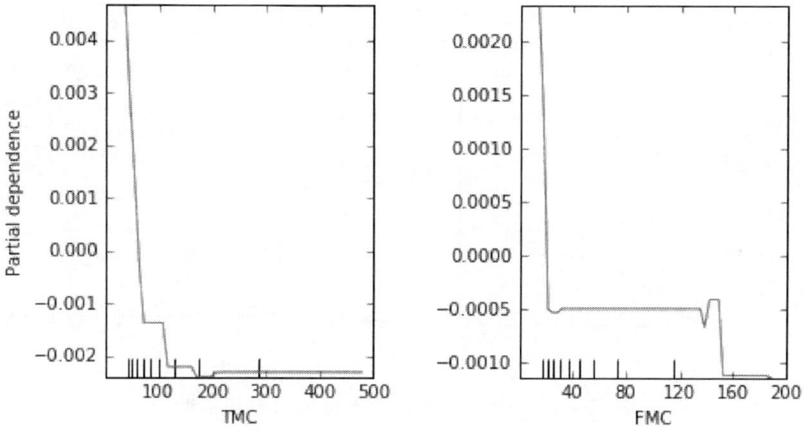


图 12－10　市值特征的偏相关性

机构卖出金额同未来 1 期收益负相关，机构买入数量同未来 1 期收益正相关。个人买入数量与未来 1 期收益负相关，个人卖出数量与未来 1 期收益正相关（见图 12－11 至图 12－12）。

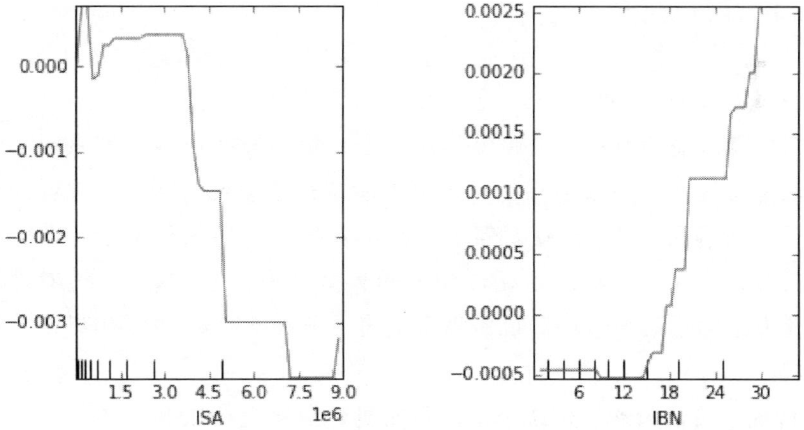


图 12－11　机构卖出、买入特征的偏相关性

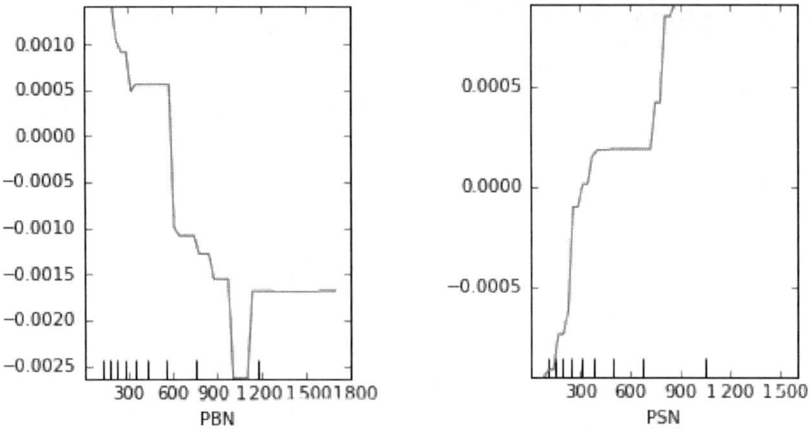


图 12－12 个人买入、卖出特征的偏相关性

# 12.3 基于 GB 决策树的市值策略及其比较

## 12.3.1 策略简介

Fama and French（1993）三因子模型证明了市值因子是一个长期有效的超额收益来源，对股票收益率有一定的解释作用，小市值的股票更容易带来超额收益。其原因也比较容易解释：在 A 股市场小市值类股票往往表现活跃，并且容易引发炒作风潮；并且在 A 股历史上，IPO 暂停情况经常发生，市场供给不足；最后也有市场风险偏好提升的原因（市场恶性循环越来越偏爱小市值）。基于上述考虑，本文使用传统量化方法的小市值策略和机器学习市值因子策略回测 2015 年以来市值因子对收益的贡献。

（1）传统小市值策略。传统小市值策略具体策略设计如下：

策略逻辑：市值可以带来超额收益。

策略内容：每月月初买入市值最小的 30 只股票，持有至下个月月初再调仓。

资金管理：等权重买入。

风险控制：无单只股票仓位上限控制、无止盈止损。

（2）机器学习策略。机器学习策略采用 Stock Ranker 排序模型基于流通市值因子做预测选股，也就是该策略只选取市值因子一个特征。

机器学习训练时间段为 2013 年 1 月 1 日至 2014 年 12 月 31 日，预测区间为 2015 年 1 月 1 日至 2017 年 4 月 18 日。

### 12.3.2 策略结果对比分析

表 12－2 对比了传统量化的小市值策略与机器学习市值策略的结果，综合来看，机器学习策略表现要优于传统小市值策略。具体来看，从 2015 年 1 月 1 日到 2017 年 4 月 18 日，传统小市值策略获得收益率 185.99%，机器学习策略收益率为 385.48%，机器学习策略收益略远远高于传统策略，年化收益率基本上每年高出传统小市值策略 52%。同期沪深 300 收益率为－2.01%。可见，两种策略都大幅跑赢市场。

**表 12－2　传统量化策略与机器学习策略对比**

| | 传统小市值策略 | 机器学习市值因子策略 |
|---|---|---|
| 收益率 | 185.99% | 385.48% |
| 年化收益率 | 60.87% | 113.17% |
| 基准收益率 | －2.01% | －2.01% |
| 阿尔法 | 0.54 | 1.06 |
| 贝塔 | 0.61 | 0.65 |
| 夏普比率 | 4.88 | 6.12 |
| 收益波动率 | 26.25% | 30.53% |
| 信息比率 | 5.99 | 7.51 |
| 最大回撤 | 28.68% | 34.21% |
| 盈/亏次数 | 478/181 | 2 645/1 252 |
| 盈/亏利润率 | ＋16.58%/－12.1% | ＋8.26%/－6.49% |

从策略的阿尔法来看，机器学习策略的阿尔法为 1.06，传统策略的为 0.54；机器学习策略贝塔为 0.65，传统策略为 0.61，说明机器学习策略收益率随大盘波动较小；机器学习夏普比率为 6.12，传统策略为 4.88，说明机器学习单位风险获得了更高汇报；机器学习的信息比例 7.51 高于传统策略的 5.99。在收益波动上机器学习策略波动稍大于传统策略，最大回撤机器学习为 34.2%，也高于传统策略（见图

12－13和图 12－14）。

图 12－13 传统策略净值曲线和持仓占比

图 12－14 机器学习策略净值曲线和持仓占比

### 12.3.3 对机器学习结果指标的再分析

由于这里机器学习策略并没有采用对冲等措施控制风险，因此，整体收益情况紧跟大盘走势，这一点从策略最大回撤区间可以证明。表 12－3 及图 12－15 统计了机器学习策略最大回撤的几个时间段。其中 2015 年中期和 2016 年年初回撤最大，分别对应 2015 年股市千股跌停剧烈调整期间，以及 2016 年年初 3 次熔断期间。可见策略走势与 A 股走势一致。

表 12－3　　机器学习策略最大回撤前 5 统计表

| 最大回撤排序 | 最大回撤（%） | 峰顶时点 | 谷底时点 | 恢复时点 | 历时（天） |
|---|---|---|---|---|---|
| 0 | 34.21 | 2015.06.12 | 2015.07.08 | 2015.11.11 | 109 |
| 1 | 24.58 | 2015.12.30 | 2016.01.28 | 2016.04.05 | 70 |
| 2 | 15.60 | 2016.05.03 | 2016.05.18 | 2016.07.06 | 47 |
| 3 | 11.45 | 2017.01.04 | 2017.01.16 | NaT | NaN |
| 4 | 8.82 | 2016.11.16 | 2016.12.12 | 2016.12.27 | 30 |

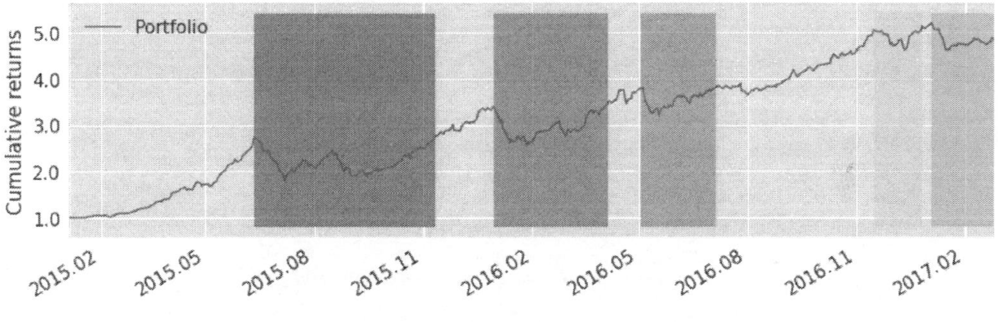


图 12－15　机器学习策略最大回撤前 5 统计图

图 12－16 展示了机器学习策略月度收益、年度收益以及月度收益分布情况。2015 年 3 月、4 月、5 月和 9 月收益率超过 20%，2016 年 3 月收益率超过 20%，单月跌幅最大的为 2016 年 1 月，为－22%。回测期间月度收益率均值为 10%。

下面对机器学习策略 Stock Ranker 算法得分情况进行说明。图 12－17 和图 12－18描述了市值因子在机器学习中的得分情况。可以明显看出，小市值得分最高。机器学习算法从历史的数据中，学习到流通市值因子和收益有一个非线性的关系，在预测中会推荐某一段流通市值较小的股票。该策略推荐买入市值较小的股票，这

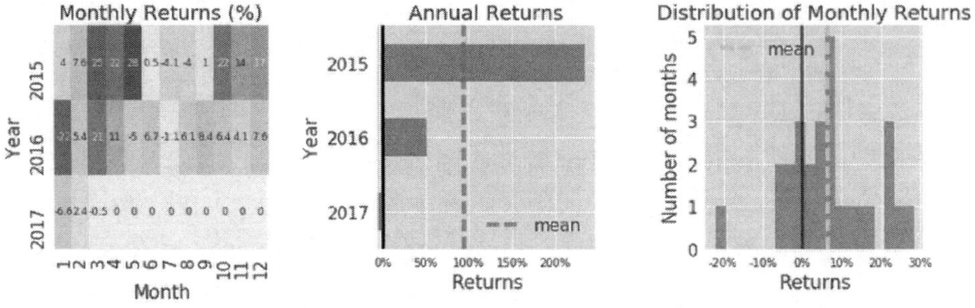


图 12－16　机器学习策略月度收益、年度收益以及月度收益分布情况

其实本质类似小市值策略。专业金融量化人员都知道，小市值策略是经过学术界和业绩检验了的赚钱策略。但机器学习策略刚开始并不知道小市值能够获得超额收益，在训练过后，机器学习策略捕捉到了市值与收益的关系，并在预测阶段按照这个规律进行选股，结果也获得了较高的收益。

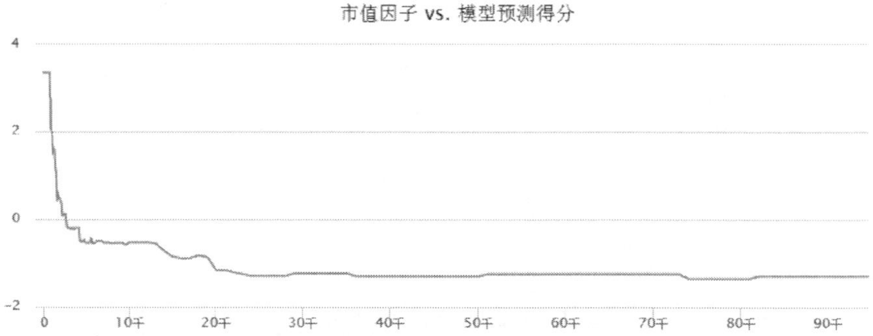


图 12－17　流通市值因子得分情况

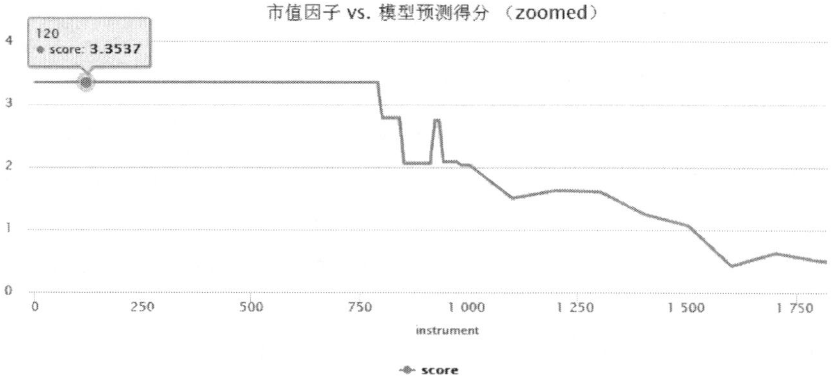


图 12－18　流通市值因子得分情况（放大版）

## 12.4 结论

GBDT（Gradient Boosting Decision Tree）又称为 MART（Multiple Additive Regression Tree），是一种迭代的决策树算法。该算法由多棵决策树组成，所有树的结论累加起来做最终答案。GBDT 的有三个主要特征：

第一，使用决策树来预测结果；

第二，预测过程中使用很多棵决策树；

第三，每个树都比之前的树有所改进，逐渐回归、拟合到真实结果。

GBDT 的核心思想是渐进（Boosting）思想，在不断的迭代中，新一轮迭代产生的回归决策树模型拟合损失函数的梯度，最终将所有的回归决策树叠加得到最终的模型。

基于 2016 年到 2017 年 6 月的周度数据，测试了 GBDT 模型关于未来 1 期收益率的拟合效果，训练集上 GBDT 模型迭代次数越多，对训练集的拟合效果越好；但在测试集上并非迭代次数越多越好，实证显示 7 次迭代的测试集拟合效果最好。而对于决策树的深度而言，测试结果表明随着决策树深度的增加，训练集和测试集的拟合效果都随之变差。

GBDT 算法可得到各个特征变量的相对重要程度。基于上述样本数据的结果表明，对数收益率特征对未来 1 期收益率的影响最大（当对数收益率小于 0 时，二者正相关；当对数收益率大于 0 时，二者负相关），其次是日均成交额（DTV）（负相关），总市值（TMC）排第三（负相关），日均换手率（DTR）排第四（负相关），机构卖出金额（ISA）排第五（负相关）。

最后，对比传统小市值策略与 GB 决策树市值策略的结果，综合来看，GB 决策树策略表现要优于传统小市值策略。具体来言，从 2015 年 1 月 1 日到 2017 年 4 月 18 日，传统小市值策略获得收益率 185.99%，GB 决策树策略收益率为 385.48%，机器学习策略收益远远高于传统策略。从策略的阿尔法来看，机器学习策略的阿尔法为 1.06，传统策略为 0.54；机器学习策略贝塔为 0.65，传统策略为 0.61；机器学习夏普比率为 6.12，传统策略为 4.88，说明机器学习单位风险获得了更高汇报；机器学习的信息比例 7.51 高于传统策略的 5.99。在收益波动上机器学习策略波动稍大于传统策略，最大回撤机器学习为34.2%，也高于传统策略。

GB决策树市值策略的相对高收益，主要是来源于算法从历史数据中更为精准地捕捉到流通市值因子与未来收益的非线性关系，在预测中会推荐某一段流通市值较小的股票，从而获得比传统小市值策略更高的收益。

# 13.
# 长短期记忆神经网络模型

## 13.1 LSTM 的机理与优势

### 13.1.1 递归神经网络模型

LSTM Networks 是递归神经网络（RNNs）的一种，该算法由 Sepp Hochreiter 和 Jurgen Schmidhuber 在 Neural Computation 上首次公布。后经过人们不断改进，LSTM 的内部结构逐渐变得完善起来。在处理和预测时间序列相关的数据时会比一般 RNNs 表现得更好。目前，LSTM Networks 已经被广泛应用在机器人控制、文本识别及预测、语音识别、蛋白质同源检测等领域。

在神经网络模型中，一般分为非时序模型和时序模型（见图 13 - 1）。对于非时序模型而言，其应用场景有单一手写字识别、图像物体分类等等，最基本的模型是前馈式神经网络（FNN）；而对于时序模型而言，其应用场景十分广泛，如连续手写字识别、语音识别、语义理解、机器翻译、看图说话、自动生成、数据压缩等等，最基础的模型是递归神经网络（Recurrent Neural Networks，RNN）。

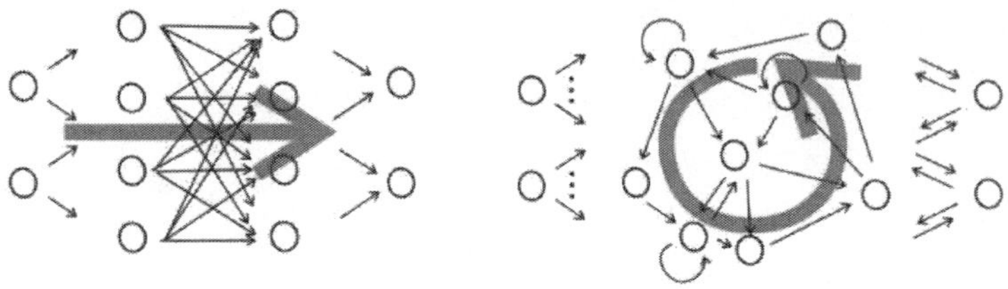

图 13-1　FNN（左）与 RNN 的差异（右）

RNN 最初也是受人类的生物神经模型启发而来，因为所有生物神经系统都是一个动态系统，神经元与神经元之间不是孤立的而是互相产生动态影响的，这就促发了 RNN 的诞生。RNN 相比普通的 FNN 主要区别有：

- FNN 的神经元是静态的，而 RNN 是一个动态的网络，其神经元的状态时刻处于动态变化之中。
- 如果 FNN 可以进行任意的非线性映射，那么 RNN 则可以拟合任意的动态系统。
- FNN 的训练一般采用后向传播（BP）算法，而 RNN 一般采用随时间的后向传播（BPTT）算法。
- FNN 在拟合非线性系统上取得了很大的成功，但是 RNN 在处理长时间时序问题上还存在着很大不足。

RNN 的数学公式如下，每个神经元的状态不仅与连接到它的输入有关，而且与前一时刻神经元的状态有关。即：

$$h_t = H(W_{ih}x_t + W_{hh}h_{t-1} + b_h)$$

$$y_t = W_{ho}h_t + b_0 \tag{1}$$

其中，$x$ 是输入序列，$h$ 是状态序列，最后的输出是 $y$。

RNN 既可以处理监督学习问题，也可以处理无监督学习问题。对于监督学习而言，一般的应用情景是：给定包含输入和标准输出的训练集，构建一个 RNN 模型学习这个训练集中输入与输出之间的映射关系，然后用测试集去验证这个模型的输出与标准输出的差异，这多被用于金融建模。

### 13.1.2　递归神经网络（RNN）梯度消失问题

RNN 框架虽然十分强大，并且是一个图灵完全的模型，但是其非常难于训练。因为通常需要采用随机梯度下降算法去训练 RNN 模型。在这个过程中，经常就会遇到梯度消失以及梯度爆炸两个问题。

首先看一个典型的循环神经网络在时间维度上的展开图（见图 13 - 2），可以假设该循环神经网络的计算公式为：

$$s_t = f(U_{x_t} + W_{s_{t-1}}) \tag{2}$$

现在考虑输出对 $t-1$ 时刻的状态 $s$ 的偏导数，利用链式法则可以得到：

$$\frac{\partial y}{\partial s_{t-1}} = \frac{\partial s_t}{\partial s_{t-1}} \cdot \frac{\partial y}{\partial s_t} = D_t \cdot W \cdot \frac{\partial y}{\partial s_t} \tag{3}$$

然后对这个式子在时间维度进行递归，即可得到 $y$ 对 $s_0$ 的偏导数：

$$\frac{\partial y}{\partial s_0} = D_1 W \cdots D_{T-1} W D_T W \frac{\partial y}{\partial s_T} \tag{4}$$

这个时候，随着 *RNN* 的时间维度的增大，矩阵 $W$ 的特征值对偏导数的稳定性就起着非常大的作用了。假设 $y$ 对 $s_T$ 的偏导数与 $W$ 的最大特征值 $\lambda$ 所对应的特征向量方向一致的话，并且假设 $y$ 对 $s_T$ 的偏导数向量的幅度为 $K$，那么上式最后两项乘积的幅度即为 $\lambda \cdot K$。不考虑 $D$ 的影响的话，右边 $= \lambda^T \cdot K$。如果 $\lambda < 1$，梯度趋近于0，即梯度消失；如果 $\lambda > 1$，梯度趋近于无穷大，即梯度爆炸。以上就是关于梯度消失以及梯度爆炸的大致描述。可以看到，*RNN* 的训练不稳定性主要是由权重引起的，这也解释了为什么早期的深度学习训练误差函数后需要进行调整。

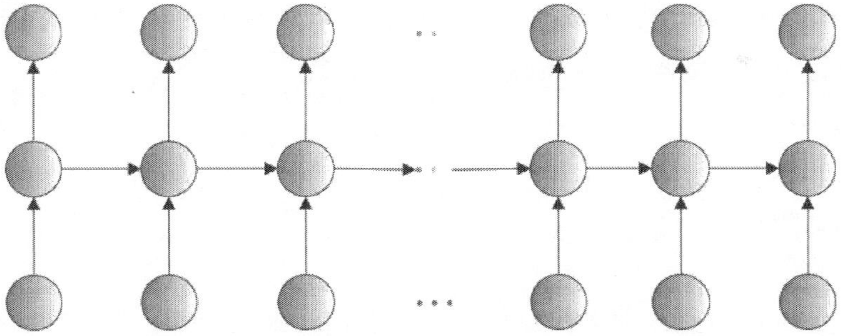

图 13 - 2　循环神经网络在时间维度上的展开图

总而言之，梯度消失以及梯度爆炸现象都是由于神经网络的深度加深（时间上或者空间上）而引起的。激活函数在一定程度上对梯度消失以及梯度爆炸起到了加剧或者改善的作用。例如对于传统的 sigmoid 函数，其导数值远低于 1，因此，会导致梯度消失得更快；而对于 tanh 函数，tanh 函数要稍微好一点，梯度消失明显会慢很多；而对于 relu 函数而言，其导数在负数区域为 0，正数区域为 1，因此，很好地解决了梯度消失的问题。但是 relu 函数也会有其他问题，因为 relu 的负数区域均为 0，如果权重初始化不是很好偏置的话，那么在训练好一个模型以后，会发现其实很多神经元都是死的。

### 13.1.3 LSTM 有效解决 RNN 梯度消失问题

为什么训练 RNN 会出现梯度消失的问题？如何克服这个原始 RNN 模型的短记忆性呢？LSTM 的提出就为了解决这个问题。LSTM 首先解决 RNN 记忆性不够问题。可以把梯度消失问题转换成比较形象的解释，例如可能是输入权重 Win 没有很好地过滤掉输入噪音，还有可能是输出权重 W_out 没有很好地输出有用的记忆信息。W_in 既要吸收有用的输入信号，又要过滤掉输入噪音，对于 W_in 而言，其承担的功能太多；同样，对于 W_out 而言也是，既要提取有用的记忆信息，又要去除没用的记忆信息。所以，提出 LSTM 的思路就是要解决输入噪音问题以及如何输出有用的信息。换句话说，就是要优化 W_in 和 W_out 的角色。

因此，LSTM 要解决的核心问题主要有两点：

第一，隐含状态应该存储什么？

第二，从隐含状态应该输出什么？

对此，解决的办法是添加两个门，分别是输入门以及输出门，这两个门的作用分别是过滤输入信息的噪音、控制输出有用的信息。

输入门函数为：

$$in_t = f_t^{in} \otimes x_t$$

输出门函数：

$$out_t = f_t^{out} \otimes c_t \tag{6}$$

其中，$f_{in}$和$f_{out}$分别是输入门和输出门，它们元素的值都在 0 ~ 1 之间。中间符号是矩阵相乘。

图 13 - 3 是 LSTM 的结构图，有助于理解输入门和输出门。左边是原始 RNN 的结构，原始的 RNN 单元含有一个记忆模块，而这个记忆模块与其输入、输出神经元直接相连。LSTM 的输入共有三个，分别是：当前时刻的输入 $x$、上一时刻的输出 $h$ 以及上一时刻的 memory cell。而 LSTM 的输出则有两个，分别是：当前时刻的 memory cell，以及当前时刻的输出 h。总结一句话就是：LSTM 的核心是由当前时刻的输入、上一时刻的输出、上一时刻的记忆共同决策的，并且产生一个新的输出，同时

又更新了内部的记忆。图13 –3 右边是 LSTM 的计算公式，i 是输入门，o 是输出门，a 是遗忘门，c 是记忆细胞，h 是最终的输出。

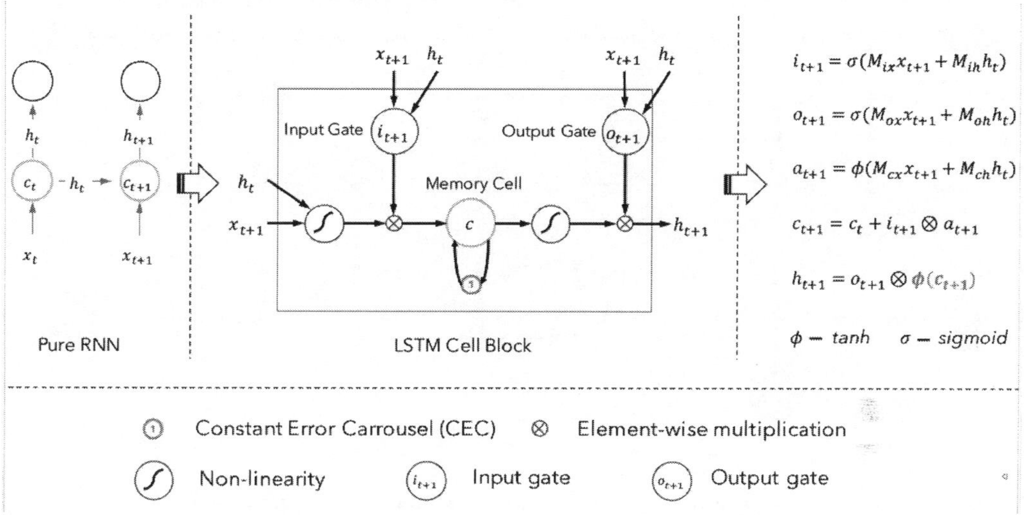


图 13 –3　LSTM 的结构图

图 13 –4 是细化了 LSTM 的各个模块图，该图更加直观。

- 遗忘门。遗忘门的作用就是对历史信息的取舍，如果遗忘门关闭，那么不会有任何历史记忆进来；反之，如果遗忘门完全打开，那么所有的历史记忆都将通过。如图 13 –4 的左边第一个 ‘ + ’ 模块，遗忘门是由当前时刻输入 $x$、前一时刻输出 $h$、前一时刻记忆 $c$ 共同决定的。
- 记忆模块。可以看到最上面一条线，LSTM 的记忆模块就是一个流动的信息，它会从 $t=0$ 一直更新到 $t=T$ 时刻，它就像一种流一样，在前进的过程中不断更新，并且受当前输入 $x$ 以及前一时刻输出 $h$ 的共同作用。具体说，首先上一时刻的记忆信息会与遗忘门进行相乘，然后它与通过 $tanh$ 激活的新的记忆相加合并，并且新的记忆也是通过与输入门进行相乘得到的。这样就完成了从 $C\_t-1$ 到 $C-t$ 的过渡。
- 输入门。输入门的作用就是决定有多少新记忆将和老记忆进行合并，输入门和遗忘门的决定因素一样，即由当前时刻输入 $x$、前一时刻输出 $h$、前一时刻记忆 $c$ 共同决定的。
- 输出门。输出门即决定着 LSTM 单元对外界的响应 $h$。输出门的决定因素和输入门、遗忘门的决定因素相同。

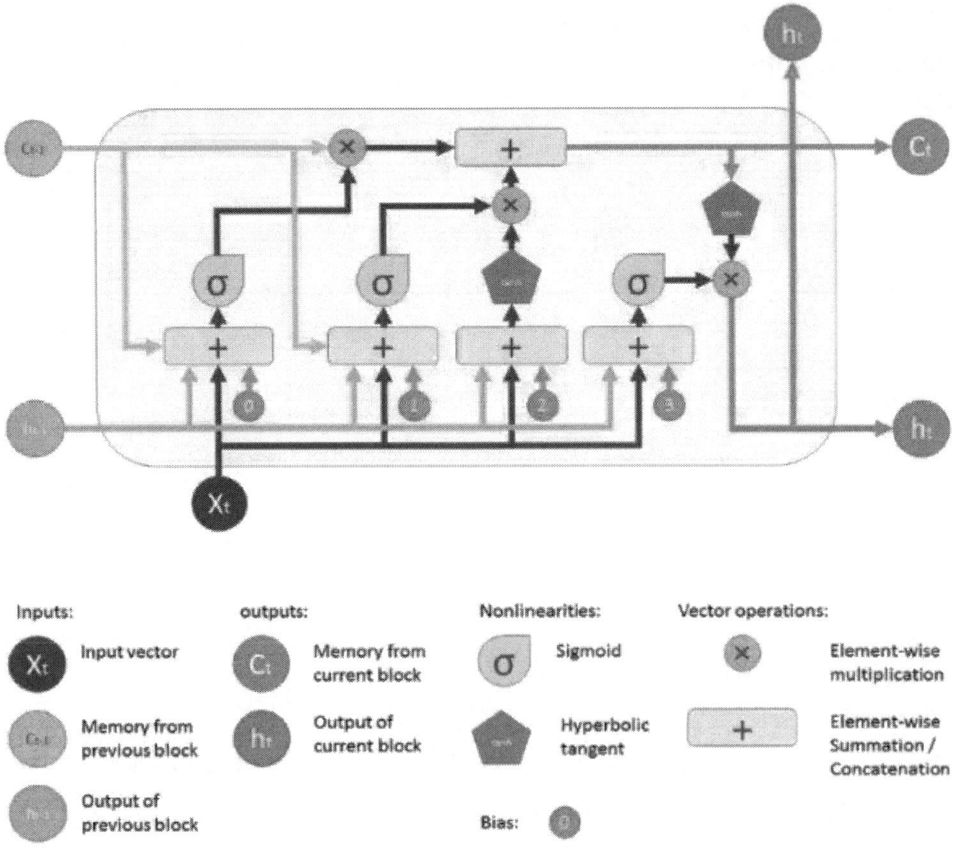


图 13－4　LSTM 不同模块图

- LSTM 的输出。LSTM 的输出主要受输出门控制。具体来说，LSTM 的输出 $h$ 是由当前时刻合并后的新记忆通过 tanh 再激活之后与输出门进行相乘而得到的。$h$ 的作用是提供给外界的输出以及影响下一时刻提供新的记忆信息。

RNN 会引起梯度消失的问题，总结起来主要有两个原因：

第一，随着时间长度逐渐增大，矩阵 W 的特征值如果小于 1，那么就会导致梯度接近于 0；另一方面，如果特征值大于 1，在后向传播过程中就会导致梯度爆炸。

第二，sigmoid 激活函数的导数范围是［0，0.25］，这加剧了梯度消失问题的发生。

LSTM 通过引入常数偏导来解决这个问题，即 Constant Error Carousels（CEC），具体意思是令求导偏导为单位矩阵，即：

$$\frac{\partial c_{\tau+1}^{l}}{\partial c_{\tau}^{l}} = W_h^T \sigma'(c_\tau^l) \approx I \quad CEC \tag{7}$$

这个时候，只要 $\sigma$ 函数为线性函数即可，$W\_h$ 固定即可使得偏导固定为一个常数单位矩阵；甚至，可以直接令 $W$ 为单位矩阵，$\sigma$ 为恒等变换线性函数：

$$\text{Let } W = I, f(c_\tau^l) = c_\tau^l$$

$$Then, W_h^T \sigma'(c_\tau^l) = I \tag{8}$$

简单来说，CEC 的做法就是对于细胞单元永远传递偏导为 1 的信号，而让其他各个门函数的权重去自我学习（如图 13－5 所示），这样就使得 LSTM 的记忆细胞可以接受更长的历史记忆信息，从而解决了导致梯度消失的问题。

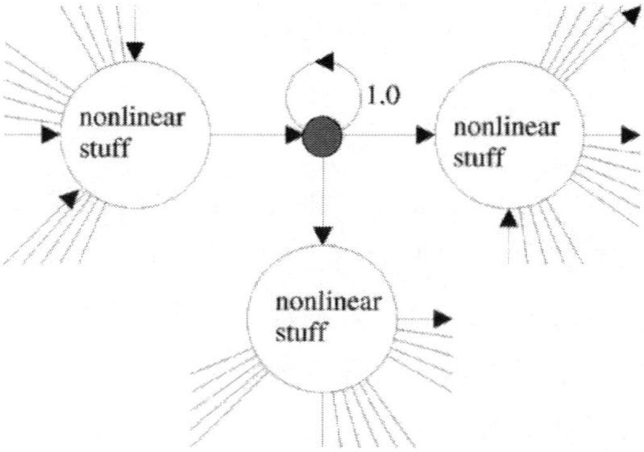


图 13－5　CEC 运行描述图

中间细胞单元的权重一直保持为单位矩阵，其他三个非线性单元是用来控制误差流进入细胞单元的大小。如果没有添加遗忘门的话，其结构见图 13－6。输入门和输出门分别负责允许多少输入流入以及允许多少信息流到下一时刻，而中间的记忆细胞是一个 CEC 结构。当求导的时候，偏导中始终会有一个单位矩阵 I 存在，这就保证了梯度不会消失为 0：

$$\frac{\partial L_{t+n}}{\partial c_t^l} = \frac{\partial L_{t+n}}{\partial c_{t+n}^l} \prod_{\tau=t}^{t+n} \frac{\partial c_{\tau+1}^l}{\partial c_\tau^l} = \frac{\partial L_{t+n}}{\partial c_{t+n}^l} \prod_{j=1}^{n} (1 + i_{t+1} \cdots f_t \cdots) \tag{9}$$

当加入了遗忘门以后，遗忘门就可以对历史记忆进行进一步取舍。换句话说，遗忘门可以决定哪些记忆没有必要记住。

总结一下，LSTM 不同于 RNN 的地方有以下几点：

一是它通过输入门来决定何时让输入进入细胞单元；二是它通过遗忘门来决定何时应该记住前一时刻的记忆；三是它通过输出门来决定何时让记忆流入到下一时刻。

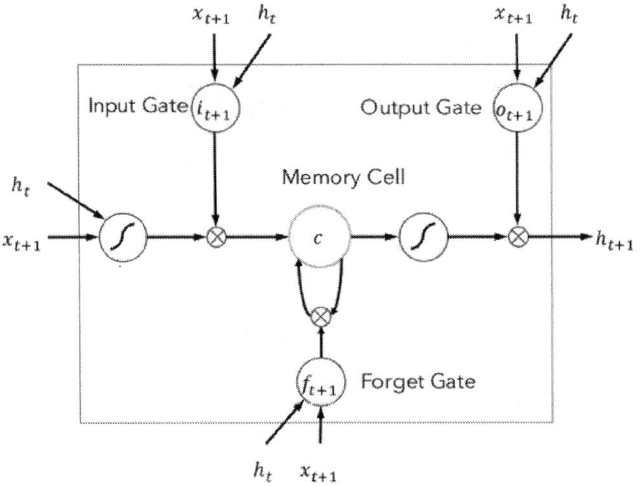


$$i_{t+1} = \sigma(M_{ix}x_{t+1} + M_{ih}h_t)$$

$$f_{t+1} = \sigma(M_{fx}x_{t+1} + M_{fh}h_t)$$

$$o_{t+1} = \sigma(M_{ox}x_{t+1} + M_{oh}h_t)$$

$$a_{t+1} = \phi(M_{cx}x_{t+1} + M_{ch}h_t)$$

$$c_{t+1} = f_{t+1} \otimes c_t + i_{t+1} \otimes a_{t+1}$$

$$h_{t+1} = o_{t+1} \otimes \phi(c_{t+1})$$

图 13－6　LSTM 遗忘门

无论是输入门、遗忘门还是输出门，都是通过此刻的输入以及前一时刻的输出来决定的，这一点本质上和原始的 RNN 是一样的，RNN 的隐含层状态是通过此刻的输入以及前一时刻的输出来决定的，只不过 LSTM 在 RNN 基础上添加了一个细胞层，而这个细胞层使得了相邻时刻的信息传递程度比 RNN 要高，因此，具备了长时间记忆功能，从而解决了梯度消失问题。

## 13.2　长短期记忆模型量化策略

### 13.2.1　基于 LSTM 的选股模型

将构造一个基于 LSTM 对沪深 300 未来 5 日收益率预测的 Stock Ranker 选股模型。LSTM 的预测结果作为一种择时信号，当预测符合上涨预期时，则使用选股模型进行买入；当预测符合下跌预期时，若为空仓期，则继续空仓，若已持有股票，则禁止 StockRanker 买入股票，根据现有股票的买入时间，5 天内清仓。具体操作如下：

对于时间序列，通常会以 $[X(t-n), X(t-n+1), \cdots, X(t-1), X(t)]$ 这 $n$ 个时

刻的数据作为输入来预测（$t+1$）时刻的输出。对于股票来说，在 $t$ 时刻会有若干个特征，因此，为了丰富特征以使模型更加精确，将 n（time series）×s（features per time series）的二维向量作为输入。LSTM 对于数据标准化的要求很高，因此，本文所有 input 数据均经过 z－score 标准化处理。

这里，输入的时间跨度为 30 天，每天选取的股票特征变量为['close','open','high','low','amount','volume']共 6 个，因此，每个输入为 30×6 的二维向量。

输出为未来 5 日收益 future_return_5（future_return_5 >0.2，取 0.2；future_return_5 < －0.2，取 －0.2），为使训练效果更加明显，output = future_return_5 ×10；features 均经过标准化处理（在每个样本内每个 feature 标准化处理一次）。

训练数据使用沪深 300 的 2005.01.01 至 2014.12.31 时间段的数据；测试数据使用沪深 300 的 2015.01.01 至 2017.06.01 时间段数据。

LSTM 模型构建：作为循环层的一种神经网络结构，只使用 LSTM 并不能构建出一个完整的模型，LSTM 还需要与其他神经网络层（如 Dense 层、卷积层等）配合使用。此外，还可以构建多层 LSTM 层来增加模型的复杂性。

回测：得到 LSTM 预测结果后，若 LSTM 预测值小于 0，则记为 －1；若大于 0，记为 1。

在完成 LSTM 对未来沪深 300 收益率的预测之后，则使用 GB 决策树选股模型进行选股。GB 决策树是一种监督式股票排序学习算法，假设要预测个股未来 $n$ 天的收益率，然后将其进行排序，使用该算法在新的一天数据上进行预测，可以向推荐应该买入哪些股票（见图 13－7）。其流程为：

- 首先，确定目标。因为是监督学习，因此，需要对收益率数据进行标注。
- 接着，数据划分。将所有数据划分为训练数据和测试数据：训练数据用来训练模型，测试数据用来检验模型的表现。
- 然后，特征构造。特征构造是至关重要的一步，特征构造的好将直接影响模型效果和策略表现。在这一步，需要金融行业的专业知识和投资经验。
- 然后，训练和预测。在特征构造完毕后，就可以训练好 GB 决策树算法并进行预测。
- 最后，策略回测。根据 GB 决策树预测结果进行策略回测，获取策略表现。

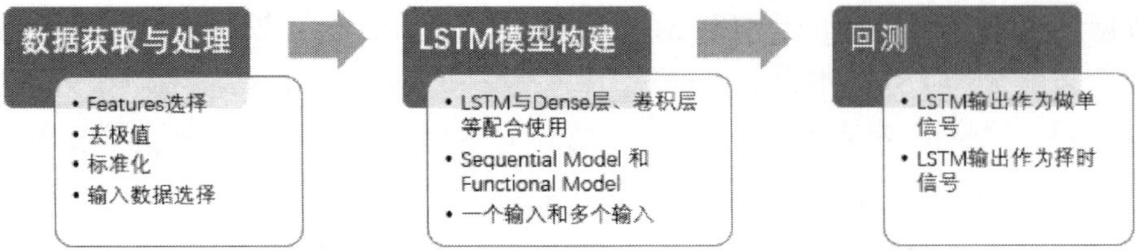


图 13－7　LSTM 处理股票序列的流程图

## 13.2.2　策略结果分析

首先，使用 LSTM 模型对未来 5 天沪深 300 进行预测，在经过择时后，再使用 GB 决策树进行选股。对 2015 年 1 月 1 日至 2017 年 6 月 1 日的数据进行了回测，回测结果如表 13－1 和图 13－8 所示。该策略年化收益率为 30.63%，大幅跑赢基准收益率，alpha 为 30%，beta 为 0.59，夏普比率为 86%，最大回撤为 31.65%。

**表 13－1　　单输入 LSTM 策略运行指标统计表**

| 指标值 | 收益率 | 年化收益率 | 基准收益率 | 阿尔法 | 贝塔 | 夏普比率 | 收益波动率 | 信息比率 | 最大回撤 |
|---|---|---|---|---|---|---|---|---|---|
| | 84.96% | 30.63% | -3.47% | 30.00% | 0.59 | 86.00% | 30.46% | 1.16% | 31.65% |

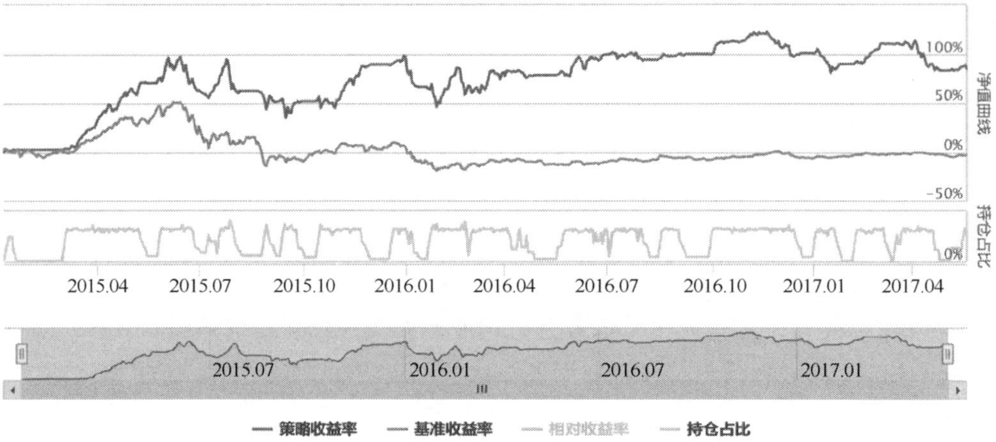


图 13－8　单输入 LSTM 策略净值曲线和持仓占比

从图 13－9 最大回撤可以发现基本的 LSTM 模型并没有完全避开市场大跌的情况，在股灾期间回撤很大。对此，测试了双输入模型。前面提到的 features 处理方法丢失了一项重要的信息：价格的高低。相同的 input 处在 3000 点和 6000 点时的 future_return_5 可能有很大不同。因此，本文尝试构建了“二输入一输出”的 Functional Model：标准化后的 features 作为 input 输入 LSTM 层，LSTM 层的输出结果和一个指标 - label［label = np. round（close/500）］作为 input 输入后面的 Dense 层，最终输出仍为 future_return_5。

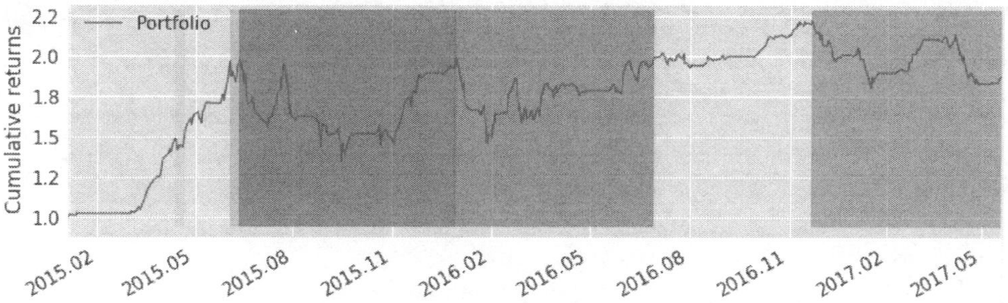


图 13 - 9　最大回撤日期

从表 13 - 2、图 13 - 10、图 13 - 11 中可以看出，加入指示标后的 LSTM 模型收益率上涨到年化 41%，而最大回撤也随之下降到 15%。LSTM 预测值小于 0，含指标的 LSTM 模型虽然也错误地将一些震荡或上涨趋势划归为下跌趋势，但该策略增加指示标之后，LSTM 效果更好。虽然买卖股票的时间变少，但能避开股市大跌，提高收益率，缩小回撤。

**表 13 - 2　　双输入策略运行指标统计表**

| 收益率 | 年化收益率 | 基准收益率 | 阿尔法 | 贝塔 | 夏普比率 | 收益波动率 | 信息比率 | 最大回撤 |
|---|---|---|---|---|---|---|---|---|
| 121.70% | 41.33% | -3.47% | 0.39 | 0.27 | 1.72 | 21.53% | 1.46 | 15.00% |

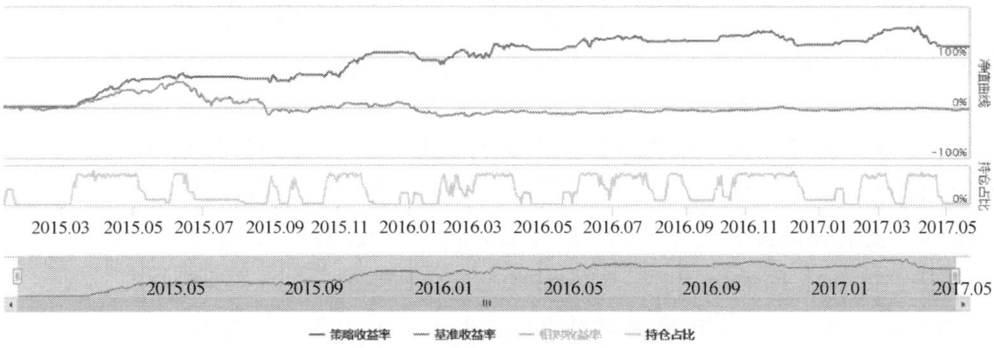


图 13 - 10　双输入 LSTM 策略净值曲线和持仓占比

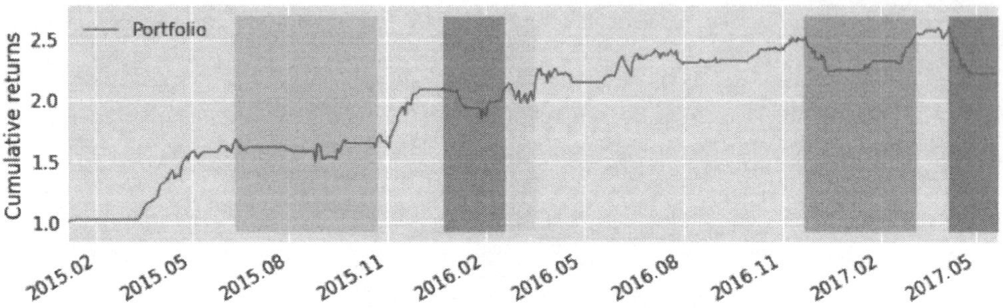


图 13－11　最大回撤日期

## 13.3　结论

LSTM Networks 是递归神经网络（RNNs）的一种，同其他 RNNs 相比可以更加方便地学习长期依赖关系，适合于处理和预测时间序列中间隔和延迟非常长的重要事件。RNN 会引起梯度消失的问题，总结起来主要有两个原因：

第一，随着时间长度逐渐增大，矩阵 W 的特征值如果小于 1，那么就会导致梯度接近于 0；

第二，sigmoid 激活函数的导数范围是［0，0.25］，加剧了梯度消失问题的发生。

LSTM 不同于 RNN 的地方有以下几点：一是它通过输入门来决定何时让输入进入细胞单元；二是它通过遗忘门来决定何时应该记住前一时刻的记忆；三是它通过输出门来决定何时让记忆流入到下一时刻。无论是输入门、遗忘门还是输出门，都是通过此刻的输入以及前一时刻的输出来决定的，这一点本质上和原始的 RNN 是一样的，RNN 的隐含层状态是通过此刻的输入以及前一时刻的输出来决定的，只不过 LSTM 在 RNN 基础上添加了一个细胞层，而这个细胞层使得相邻时刻的信息传递程度比 RNN 要高，因此，具备了长时间记忆功能，从而解决了梯度消失问题，能够很好地运用在时间序列的预测上。

这里将 LSTM 模型用在预测沪深 300 未来 5 日的走势上，从而进行个股买入择时。对于个股的选择，使用机器学习 GBDT 策略。本文先构造单输入模型，该模型的回测结果优于大盘指数，年化收益率为 31%，但回撤较大（31%）。针对此种状况，增加价格指标标识，从而将模型扩展为双输入模型。双输入模型对2015年1月1日至2017年6月1日的回测结果明显优于单输入模型，表现为收益率更高（41%），回撤更小（15%）。该结果形成的主要原因在于增加价格指示标后LSTM策略对沪深300未来5日的预测值小于0的时间段覆盖了沪深300上大多数大幅下跌的时间段，有效规避了市场下行的风险。

研究结果表明，使用LSTM模型进行股票策略研究是可行的，未来还可以在特征选择、模型构建、模型参数选择等方面作优化处理。

# 14. 随机森林模型

作为新兴起的、高度灵活的一种机器学习算法，随机森林（Random Forest，RF）拥有广泛的应用前景，从市场营销到医疗保健保险，既可以用来做市场营销模拟的建模，统计客户来源，保留和流失，也可用来预测疾病的风险和病患者的易感性，同样在金融预测领域该算法也很受欢迎。本部分将讨论随机森林算法在金融领域的应用，使用该算法构建量化投资策略，并评价策略的有效性。

## 14.1 模型介绍

### 14.1.1 随机森林模型

决策树（Decision Tree）是在已知各种情况发生概率的基础上，通过构成决策树来求取净现值的期望值大于等于零的概率，评价项目风险，判断其可行性的决策分析方法，是直观运用概率分析的一种图解法。由于这种决策分支画成图形很像一棵树的枝干，故称决策树。在机器学习中，决策树是一个预测模型，代表的是对象属性与对象值之间的一种映射关系。树中每个节点表示某个对象，而每个分叉路径则代表某个可能的属性值，而每个叶结点则对应从根节点到该叶节点所经历的路径所表示的对象的值。

在机器学习中，随机森林是一个包含多个决策树的分类器，并且其输出的类别是由个别树输出的类别的众数而定。因为这些决策树的形成采用了随机的方法，因此，也叫作随机决策树。随机森林中的树与树之间是没有关联的。当测试数据进入随机森林时，其实就是让每一颗决策树进行分类，最后取所有决策树中分类结果最多的那类为最终结果。因此，随机森林是一个包含多个决策树的分类器，并且其输出的类别是由个别树输出的类别众数而定。随机森林可以既可以处理属性为离散值的量，比如ID3算法，也可以处理属性为连续值的量，比如C4.5算法。另外，随机森林还可以用来进行无监督学习聚类和异常点检测（见图14－1）。

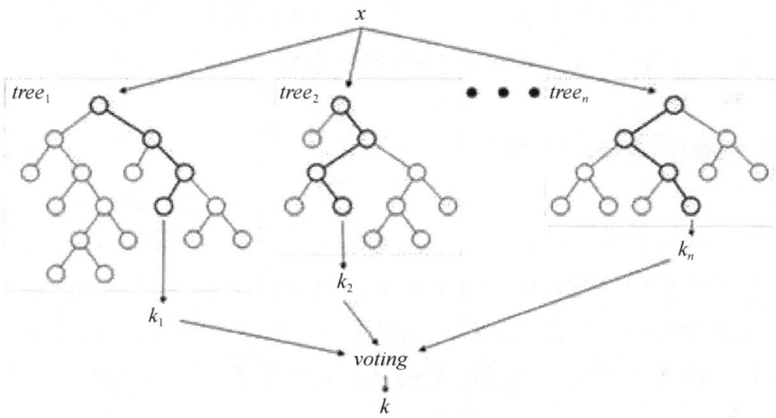


图14－1　决策树模型

### 14.1.2　随机森林的特点

随机森林就是通过集成学习的思想将多棵树集成的一种算法，它的基本单元是决策树，而它的本质属于机器学习的一大分支——集成学习（Ensemble Learning）方法。其实从直观角度来解释，每棵决策树都是一个分类器（假设现在针对的是分类问题），那么对于一个输入样本，N棵树会有N个分类结果。而随机森林集成了所有分类投票结果，将投票次数最多的类别指定为最终输出，就是一种最简单的Bagging[①]思想。

随机森林是一种很灵活实用的方法，它有如下几个特点：

（1）在当前所有算法中，具有极好的准确率；

（2）能够有效运行在大数据集上；

（3）能够处理具有高维特征的输入样本，而且不需要降维；

（4）能够评估各个特征在分类问题上的重要性；

（5）在生成过程中，能够获取内部生成误差的一种无偏估计；

（6）对于缺省值问题也能够获得很好的结果。

实际上，随机森林的特点不只有这六点，它相当于机器学习领域的 Leatherman（多面手），你几乎可以把任何东西扔进去，它基本上都是可供使用的。在估计推断映射方面特别好用，以致都不需要像 SVM 那样做很多参数的调试。

### 14.1.3 随机森林的生成

前面提到，随机森林中有许多的分类树。要将一个输入样本进行分类，需要将输入样本输入每棵树中进行分类。打个形象的比喻：森林中召开会议，讨论某个动物到底是老鼠还是松鼠，每棵树都要独立地发表自己对这个问题的看法，也就是每棵树都要投票。该动物到底是老鼠还是松鼠，要依据投票情况来确定，获得票数最多的类别就是森林的分类结果。森林中的每棵树都是独立的，99.9%不相关的树做出的预测结果涵盖所有情况，这些预测结果将会彼此抵消。少数优秀的树的预测结果将会超脱于芸芸“噪音”，做出一个好的预测。将若干个弱分类器的分类结果进行投票选择，从而组成一个强分类器，就是随机森林 Bagging 的思想。

有了树就可以分类了，但是森林中的每棵树是怎么生成的呢？每棵树的按照如下规则生成：如果训练集大小为 N，对于每棵树而言，随机且有放回地从训练集中抽取 N 个训练样本（这种采样方式称为 Bootstrap Sample 方法），作为该树的训练集。从这里可以知道：每棵树的训练集都是不同的，而且里面包含重复的训练样本。

① Bootstrap aggregating 的缩写，Bagging 是一种用来提高学习算法准确度的方法，这种方法通过构造一个预测函数系列，然后以一定的方式将它们组合成一个预测函数，具体过程如下：给定一个弱学习算法和一个训练集；单个弱学习算法准确率不高；将该学习算法使用多次，得出预测函数序列，进行投票；最后结果准确率将得到提高。

为什么要随机抽样训练集?

如果不进行随机抽样，每棵树的训练集都一样，那么最终训练出的树分类结果也是完全一样的，这样的话完全没有 Bagging 的必要。

随机抽样是有放回抽样。如果不是有放回的抽样，那么每棵树的训练样本都是不同的，都是没有交集的，这样每棵树都是“有偏的”，都是绝对“片面的”（当然这样说可能不对)，也就是说每棵树训练出来都是有很大差异的；而随机森林最后分类取决于多棵树（弱分类器）的投票表决，这种表决应该是“求同”。因此，使用完全不同的训练集来训练每棵树对最终分类结果是没有帮助的。

随机森林分类效果（错误率）与两个因素有关：

（1）森林中任意两棵树的相关性：相关性越大，错误率越大；

（2）森林中每棵树的分类能力：每棵树的分类能力越强，整个森林的错误率越低。

减小特征选择个数 $m$，树的相关性和分类能力也会相应降低；增大 $m$，两者也会随之增大。所以关键问题是如何选择最优的 $m$（或者是范围)，这也是随机森林唯一的一个参数。

### 14.1.4 收入层次确认的案例

描述：如何利用某一个人的年龄、性别、教育情况、工作领域以及住所共 5 个特征来预测他的收入层次。

收入层次:

- 层次一：40 000 美元以下
- 层次二：40 000 ~ 150 000 美元
- 层次三：150 000 美元以上

根据已有的训练集生成对应的随机森林，随机森林中每一棵树都可以看作是一棵 CART（分类回归树）。这里假设森林中有 5 棵 CART 树，总特征个数 $N=5$，取 $m=1$（这里假设每个 CART 树对应一个不同的特征）。

分类回归树 1：年龄

| | 收入层次 | 1 | 2 | 3 |
|---|---|---|---|---|
| 年龄 | 18 岁以下 | 90% | 10% | 0% |
| | 19～27 岁 | 85% | 14% | 1% |
| | 28～40 岁 | 70% | 23% | 7% |
| | 40～55 岁 | 60% | 35% | 5% |
| | 55 岁以上 | 70% | 25% | 5% |

分类回归树 2：性别

| | 收入层次 | 1 | 2 | 3 |
|---|---|---|---|---|
| 性别 | 男 | 70% | 27% | 3% |
| | 女 | 75% | 24% | 1% |

分类回归树 3：教育

| | 收入层次 | 1 | 2 | 3 |
|---|---|---|---|---|
| 教育 | 高中以下 | 85% | 10% | 5% |
| | 学士 | 80% | 14% | 6% |
| | 硕士 | 77% | 23% | 0% |
| | 博士 | 62% | 35% | 3% |

分类回归树 4：住宅地

| | 收入层次 | 1 | 2 | 3 |
|---|---|---|---|---|
| 住所 | 市区 | 70% | 20% | 10% |
| | 非市区 | 65% | 20% | 15% |

分类回归树 5：行业

| | 收入层次 | 1 | 2 | 3 |
|---|---|---|---|---|
| 行业 | 金融 | 65% | 30% | 5% |
| | 制造业 | 60% | 35% | 5% |
| | 其他 | 75% | 20% | 5% |

要预测的某个人的信息如下：

年龄：35 岁；2. 性别：男；3. 最高学历：学士；4. 行业：制造业；5. 住所：市区

根据这五棵 CART 树的分类结果，可以针对这个人的信息建立收入层次的分布情况：

| 分类树 | | 1 | 2 | 3 |
|---|---|---|---|---|
| 年龄 | 28 ~ 40 岁 | 70% | 23% | 7% |
| 性别 | 男 | 70% | 27% | 3% |
| 教育 | 学士 | 80% | 14% | 6% |
| 行业 | 制造业 | 60% | 35% | 5% |
| 住所 | 市区 | 70% | 20% | 10% |
| 最终概率 | | 70% | 24% | 6% |

最后，得出结论，这个人的收入层次有 70% 的概率是一等，大约 24% 的概率为二等，6% 的概率为三等，所以最终认定该人属于一等收入层次（小于 40 000 美元）。

## 14.2 随机森林量化投资策略

### 14.2.1 样本描述和特征重要性

为了选取尽可能多的特征变量，本策略共选取了 10 类共 13 个因子（见表 14 - 1），其中市盈率和市净率是估值因子、5 日净主动买入额是资金流因子等等。本策略数据整体数据区间为 2010 年 1 月 1 日至 2017 年 8 月 31 日，其中训练集到 2014 年 12 月 31 日，评估集从 2015 年 1 月 1 日开始。

**表 14 - 1　　样本描述**

| | 因子分类 | 变量名称 | 简称 |
|---|---|---|---|
| 1 | 量价因子 | avg_amount_5 | 5 日平均交易额 |
| 2 | 量价因子 | return_5 | 5 日收益 |
| 3 | 规模因子 | market_cap_float_0 | 流通市值 |
| 4 | 价值因子 | pe_ttm_0 | 市盈率 TTM |
| 5 | 价值因子 | pb_lf_0 | 市净率 t |

续表

| | 因子分类 | 变量名称 | 简称 |
|---|---|---|---|
| 6 | 资金流因子 | mf_net_amount_5 | 5 日净主动买入额 |
| 7 | 盈利因子 | fs_net_profit_ttm_0 | 归属母公司股东净利润 TTM |
| 8 | 盈利因子 | fs_deducted_profit_ttm_0 | 扣除经常性损益后净利润 TTM |
| 9 | 成长因子 | fs_net_profit_yoy_0 | 归属母公司股东净利润同比增长率 t |
| 10 | 成长因子 | fs_operating_revenue_yoy_0 | 营业收入同比增长率 |
| 11 | 质量因子 | fs_roe_0 | 净资产收益率 |
| 12 | 股东因子 | sh_holder_avg_pct_0 | 户均持股比例 |
| 13 | 技术因子 | ta_sma_5_0 | 5 日移动平均 |

表 14－2 是估算的各特征对模型的贡献度（不同于线性模型的权重），数值越大，表示训练出来的模型因子/特征重要越高。特征重要性又称“基尼重要性”或“平均减少杂质”，它被定义为节点杂质的总减少［由到达该节点的概率（近似于到达该节点的样本的比例）加权］在集合所有树上的平均。特征重要性越高，表明该特征对被解释变量越重要。计算时首先将所有特征的特征重要性初始化为 0，然后遍历树：对于每个内部节点的特征 i，计算该节点路由到节点的样本数与误差减少量的乘积，并将其添加到特征 $i$ 上。

从表 14－2 看出，5 日平均交易额和归属母公司股东净利润同比增长率以及市盈率和营业收入同比增长率贡献度最高，这些特征分别对应的是量价因子、价值因子和成长因子。从随机森林模型所获得的特征重要性可以看出 A 股收益率是与市盈率和成长性密切相关的。

**表 14－2　　特征重要性**

| | 特征 | 名称 | 重要性 |
|---|---|---|---|
| 0 | avg_amount_5 | 5 日平均交易额 | 0.14043 |
| 8 | fs_net_profit_yoy_0 | 归属母公司股东净利润同比增长率 | 0.124684 |
| 3 | pe_ttm_0 | 市盈率 TTM | 0.107597 |
| 9 | fs_operating_revenue_yoy_0 | 营业收入同比增长率 | 0.103986 |
| 12 | ta_sma_5_0 | 5 日移动平均 | 0.101098 |
| 6 | fs_net_profit_ttm_0 | 扣除经常性损益后净利润 TTM | 0.096599 |
| 7 | fs_deducted_profit_ttm_0 | 扣除经常性损益后净利润 TTM | 0.094183 |
| 5 | mf_net_amount_5 | 5 日净主动买入额 | 0.091244 |
| 10 | fs_roe_0 | 净资产收益率 | 0.067617 |

续表

| | 特征 | 名称 | 重要性 |
|---|---|---|---|
| 4 | pb_lf_0 | 市净率 | 0.049928 |
| 1 | return_5 | 5日收益 | 0.022634 |
| 2 | market_cap_float_0 | 流通市值 | 0 |
| 11 | sh_holder_avg_pct_0 | 户均持股比例 | 0 |

## 14.2.2 策略回测结果

从表14-3和图14-2可以看出，本策略2015年1月1日—2017年8月31日年化收益率15.51%，超过基准收益率7.4个百分点。阿尔法为0.12，贝塔为1.04，夏普比率为0.3，最大回撤为44.11%，收益了波动率为36.99%。

表14-3　　随机森林模型回测结果

| 指标 | 结果 |
|---|---|
| 收益率 | 45.15% |
| 年化收益率 | 15.51% |
| 基准收益率 | 8.16% |
| 阿尔法 | 0.12 |
| 贝塔 | 1.04 |
| 夏普比率 | 0.3 |
| 收益波动率 | 36.99% |
| 信息比率 | 0.55 |
| 最大回撤 | 44.11% |

图14-2　10棵决策树的收益率情况

本策略最大回撤发生在2015年6月12日到2015年7月8日，期间回撤44%。在2016年1月熔断期间和2016年8月，回撤较大（见图14－3）。鉴于本策略只关注选股方面，对仓位控制较少，因此，回撤跟市场走势比较密切。

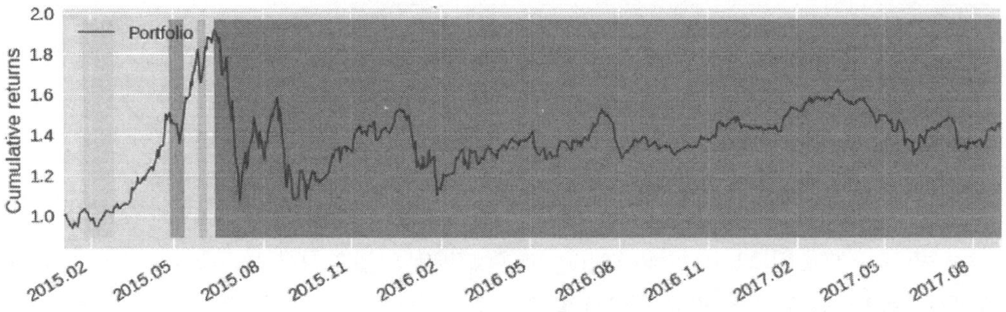


图14－3　回撤较大的时段

决策树的棵数与预测效果有相关关系。一般而言，决策树棵数越多，模型越复杂，样本内预测效果越好，但样本外不确定。从图14－4和图14－5的参数测试可以看出，随着决策树的棵数增大，样本内预测MSE越来越小，但消耗的时间越来越多。在测试集上，可以发现刚开始随着决策树棵数越来越大，MSE随之减小，到30棵的时候，基本上到达了最低点。随后，尽管决策树的棵数有150棵，其MSE依然与30棵相当。因此，考虑到算力，在下面的测算使用30棵决策树。

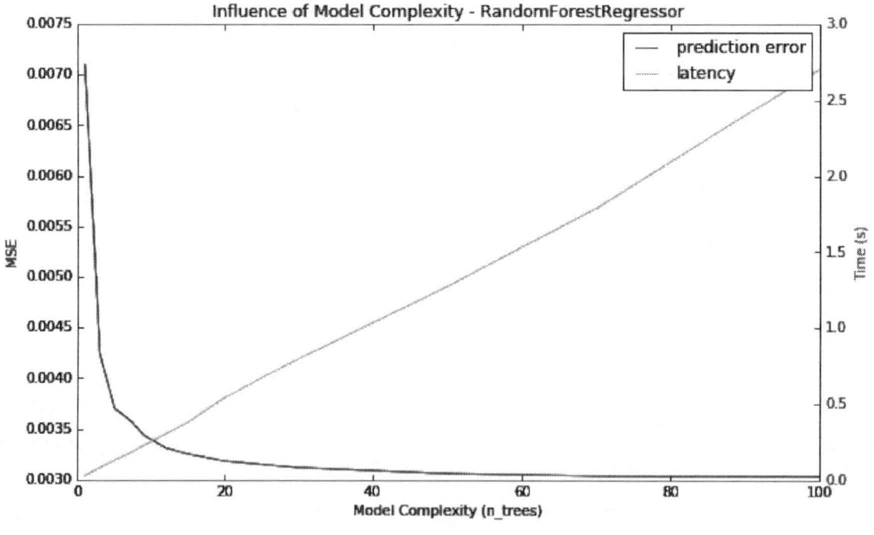


图14－4　训练集拟合效果

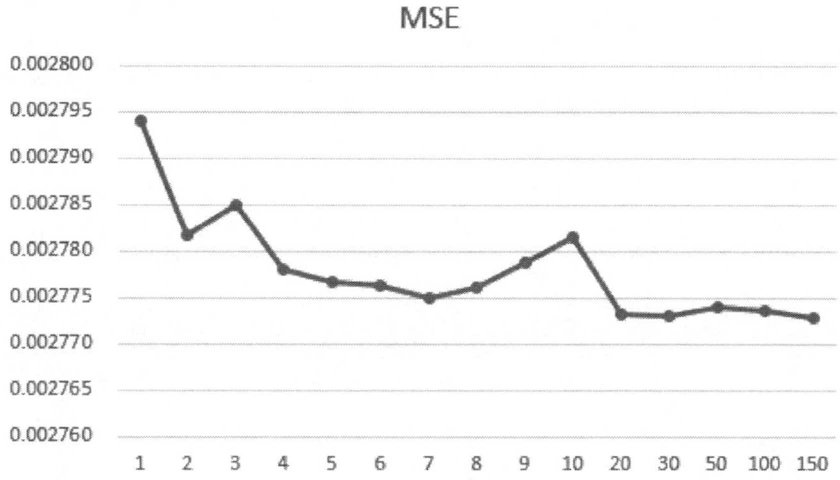


图 14－5　测试数据集的 MSE 随树的深度变化情况

上面的测算是 10 棵决策树的情况，下面将测试了有 30 棵决策树的情况，结果如表 14－4 和图 14－6。对比 10 棵决策树的情况发现，年化收益率提高到 20%，阿尔法、贝塔和夏普比率的表现都更好，收益的波动率变得更小，而最大回撤基本相同。

**表 14－4　　随机森林模型回测结果**

| 指标 | 结果 |
|---|---|
| 收益率 | 60.54% |
| 年化收益率 | 20.11% |
| 基准收益率 | 8.16% |
| 阿尔法 | 0.17 |
| 贝塔 | 0.97 |
| 夏普比率 | 0.46 |
| 收益波动率 | 34.36% |
| 信息比率 | 0.82 |
| 最大回撤 | 4.98% |

图 14－6　30 棵决策树的随机森林模型

## 14.3　结论

在机器学习中，随机森林是一个包含多个决策树的分类器，并且其输出的类别是由个别树输出的类别众数而定。因为这些决策树的形成采用了随机方法，因此，也叫作随机决策树。随机森林中的树与树之间没有关联。当测试数据进入随机森林时，其实就是让每一颗决策树进行分类，最后取所有决策树中分类结果最多的那类为最终结果。因此，随机森林是一个包含多个决策树的分类器，并且其输出的类别是由个别树输出的类别的众数而定。随机森林可以既可以处理属性为离散值的量，比如 ID3 算法，也可以处理属性为连续值的量，比如 C4.5 算法。另外，随机森林还可以用来进行无监督学习聚类和异常点检测。

决策树的棵数与预测效果有相关关系。一般而言，决策树棵数越多，模型越复杂，样本内预测效果越好，但样本外不确定。从本文的参数测试可以看出，随着决策树的棵数增大，样本内预测 MSE 越来越小，但消耗的时间越来越多。而在测试集上，可以发现刚开始随着决策树棵数越来越大，MSE 随之减小，到 30 棵的时候，基本上到达了最低点。随后，尽管决策树的棵数有 150 棵，其 MSE 依然与 30 棵相当。

10 棵随机森林的策略在 2015 年 1 月 1 日至 2017 年 8 月 31 日的年化收益率为 15.51%，超过基准收益率 7.4 个百分点。阿尔法为 0.12，贝塔为 1.04，夏普比率为 0.3，最大回撤为 44.11%，收益的波动率为 36.99%。30 棵决策树的结果比 10 棵决策树要好，其年化收益率提高到 20%，阿尔法、贝塔和夏普比率的表现都更好，收益的波动率变得更小，而最大回撤基本相同。

这里主要选取了量价因子、收益因子、成长因子等特征，分析了随机森林策略的特征重要性。就本样本而言，5 日平均交易额和归属母公司股东净利润同比增长率以及市盈率和营业收入同比增长率贡献度最高，这些特征分别对应的是量价因子、价值因子和成长因子。

由于随机森林策略并未跟其他择时策略共同考虑，总体上可以说基于随机森林方法的选股策略，仍无法避免市场大幅下行时的巨大回撤。因此，在以后的研究中需要结合择时策略以降低回撤。

# 15.

# 简单决策树模型

## 15.1 决策树的概念及其实例

决策树是一个类似流程图的树结构。其中，每个内部节点代表一个属性上的测试，每个分支代表一个属性输出，而每个树叶节点代表类或者类分布。树的最顶层是根节点。

测试程序使用的方法是一种称为 ID3 的决策树算法，它定义了每个属性分类提供的信息量，然后选择提供信息量最大的属性进行分类。具体步骤如下：

（1）决策树开始时的结点为整个训练样本。

（2）如果某个结点所代表的样本都在同一类（具有相同的标记），则该节点成为树叶。

（3）如果某个结点所代表的样本不在同一类且还有属性可以将其划分，则按照提供最大信息量的属性进行分类。

（4）如果每个结点所代表的样本不在同一类且没有剩余属性可以进一步划分样本，此时采用多数表决来决定该特征向量下的类别，此结点也成为叶子结点。

（5）重复第 3 步直到所有的非叶子结点都得到分类。

# 15.2 基于历史涨跌来预测未来涨跌

## 15.2.1 具体决策树模型构建及收益分析

本节使用决策树方法来预测股指涨跌。测试的对象为沪深 300 指数，利用 2002 年 1 月至 2012 年 6 月底的数据来训练模型，2012 年 7 月至 2017 年 6 月的数据来对模型进行测试。使用周涨跌数据，使用的特征属性包括：近 1 周涨跌、近 4 周涨跌、近 13 周涨跌以及近 26 周涨跌，预测的目标函数为下 1 周涨跌。由于股指涨幅为（接近）连续数据，在使用决策树方法时，需要先将其离散化。离散化的规则为：

（1）如果近 26 周上涨，将其记为涨；否则，将其记为跌；

（2）如果近 13 周上涨，将其记为涨；否则，将其记为跌；

（3）如果近 4 周上涨，将其记为涨；否则，将其记为跌；

（4）如果近 1 周上涨，将其记为涨；否则，将其记为跌。

（5）实例的标记为涨或者跌。如果在随后 1 周，沪深 300 指数上涨，标记为涨；否则标记为跌。

训练集包含 500 个实例，每个实例有四个属性，分别为近 1 周、近 4 周、近 13 周和近 26 周的涨跌状况。实例的标记为涨或者跌，表示后面 1 周指数的变动情况。使用决策树 ID3 算法，通过信息熵来决定所选取分类的属性。通过训练模型之后，在训练集的 500 个实例（2002 年 1 月到 2012 年 6 月）中，胜率能够达到 60.4%；而在测试集的 255 个实例（2012 年 7 月到 2017 年 6 月）中，胜率为 52.55%。

如果从 2017 年 7 月初，按照训练的决策树模型多空投资，当模型判断上涨时，满仓做多（不使用杠杆），当模型判断下跌时，满仓做空，那么资金变动状况如图 15－1 所示：

对比简单做多沪深 300 指数风险收益见表 15－1 所示（计算夏普比率是将无风险利率设为 4%）。通过表 15－1 可以看出，决策树策略整体上比简单做多指数表现要好。决策树策略年化收益率为 9.84%，高于指数年均涨幅 8.86%，最大回撤也较指数的 44.78% 降低为 32.46%。在盈利周数上，决策树策略要少于简单做多沪深 300 指数。

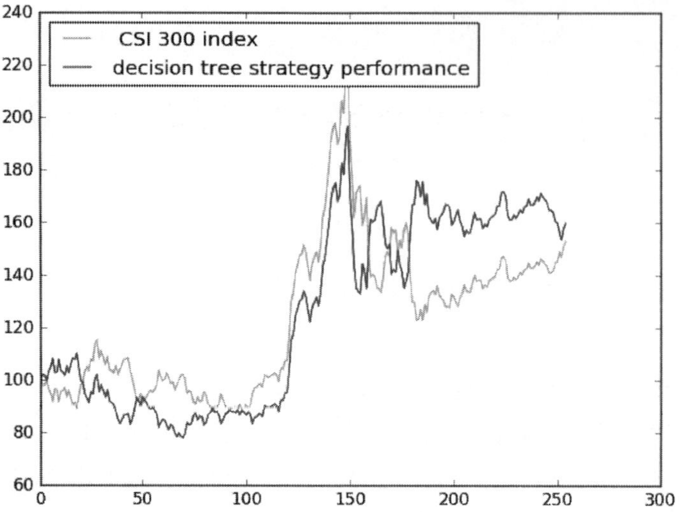


图 15－1　决策树策略净值走势

**表 15－1　　决策树策略与简单做多沪深 300 指数风险收益对比**

| | 决策树策略 | 做多沪深 300 指数 |
|---|---|---|
| 训练周数 | 500 | 0 |
| 测试周数 | 254 | 254 |
| 累计收益率 | 60.0% | 52.9% |
| 年化收益率 | 9.84% | 8.86% |
| 夏普比率（年） | 0.349 | .0312 |
| 最大回撤 | 32.46% | 44.78% |
| 盈利比例（周） | 52.76% | 57.87% |
| 平均盈亏比（周） | 1.09 | 0.88 |
| 做多周数 | 117 | 254 |
| 平均换仓周期（周） | 10.1 | 不换仓 |

### 15.2.2　将特征属性分为三类的决策树策略

本节再次使用决策树方法来预测股指涨跌。测试的对象和使用的数据跟上节相同，区别在于将特征属性由涨、跌两类增加为涨、跌、不变三类，具体为：

（1）如果近 26 周上涨超过 5%，将其记为涨；如果近 26 周跌幅超过－5%，记为跌；否则，将其记为不变。

（2）如果近13周上涨超过4%，将其记为涨；如果下跌超过4%，将其记为跌；否则，将其记为不变。

（3）如果近4周上涨超过2.25%，将其记为涨；如果下跌超过2.25%，将其记为跌；否则，将其记为不变。

（4）如果近1周上涨超过1.5%，将其记为涨；如果下跌超过1.5%，将其记为跌；否则，将其记为不变。

（5）实例的标记为涨或者跌。如果在随后1周，沪深300指数上涨，标记为涨；否则标记为跌。

通过改变特征属性的分类，新的决策树方法在训练集的500个实例（2002年1月到2012年6月）中，胜率能够达到66.6%；而在测试集的255个实例（2012年7月到2017年6月）中，胜率为53.7%。

同样地，使用该策略进行多空投资，资金变动状况如图15－2所示。

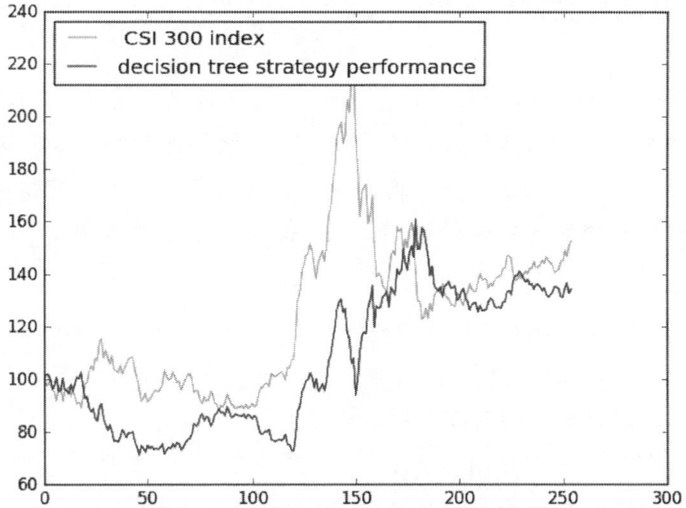


图15－2　属性分三类时决策树策略净值走势

将特征属性分为三类的决策树策略对比分两类情况（见表15－2）。通过表15－2可以看出，将特征属性分为两类的决策树算法整体上要优于将特征属性分为三类的情况。将特征属性分为两类具有较高的年化收益率和夏普比率，其较强的盈利能力主要来源于较大的盈亏比。将特征属性分为三类的策略具有较小的回撤和更高的盈利比例。

表 15－2　　属性分三类的决策树策略与分两类情况对比

| | 属性分三类 | 属性分两类 |
|---|---|---|
| 训练周数 | 500 | 500 |
| 测试周数 | 254 | 254 |
| 累计收益率 | 34.5% | 60.0% |
| 年化收益率 | 6.10% | 9.84% |
| 夏普比率（年） | 0.20 | 0.349 |
| 最大回撤 | 30.68% | 32.46% |
| 盈利比例（周） | 53.94% | 52.76% |
| 平均盈亏比（周） | 0.98 | 1.09 |
| 做多周数 | 102 | 117 |
| 平均换仓周期（周） | 3.59 | 10.1 |

### 15.2.3　对比线性回归策略

在本节，使用多元线性回归的方法将前 26 周涨跌幅、前 13 周涨跌幅、前 4 周涨跌幅和前 1 周涨跌幅作为自变量，将后面 1 周涨跌幅作为因变量，进行线性回归，并利用回归结果进行投资策略构建，将得到的策略效果与决策树策略比较。

使用简单回归方法如下：仍然使用 2002 年 1 月到 2012 年 6 月的数据对模型进行回归：

$$y=\alpha_0+\alpha_1x_1+\alpha_2x_2+\alpha_3x_3+\alpha_4x_4+\varepsilon$$

其中，$x_1$、$x_2$、$x_3$ 和 $x_4$ 分别表示前 1 周、前 4 周、前 13 周、前 26 周涨跌幅（百分比形式），$y$ 是要研究的后面 1 周的涨跌幅。

对回归后的模型，再将其用在 2012 年 7 月到 2017 年 6 月，按照回归模型预测结果进行投资，如果回归值大于等于 0，做多沪深 300 指数，否则做空指数。

通过计算，得到回归模型：

$$\hat{y}=0.00056-0.04330x_1+0.02477x_2+0.02067x_3+0.00547x_4$$

通过该回归模型，检验得到在训练回归模型的数据（2002 年 1 月到 2012 年 6 月）上，模型正确判断涨跌的概率为 56.8%；在训练之外的数据上（2012 年 7 月到 2917 年 6 月），判断正确的概率为 51.8%。

同样地，如果从 2017 年 7 月初，按照回归模型进行多空投资，当模型判断下 1

周收益大于零时，满仓做多（不使用杠杆）；当模型判断下 1 周收益小于零时，满仓做空，那么资金变动状况如图 15－3 所示。回归策略的累计收益率为 13.86%，年化收益率为 2.63%，最大回撤为 41.17%，策略盈利和亏损周数分别为 132 和 122。由此可以看出，决策树模型较线性回归模型在收益率和回撤控制方面都更有优势，在胜率方面也有一定优势。

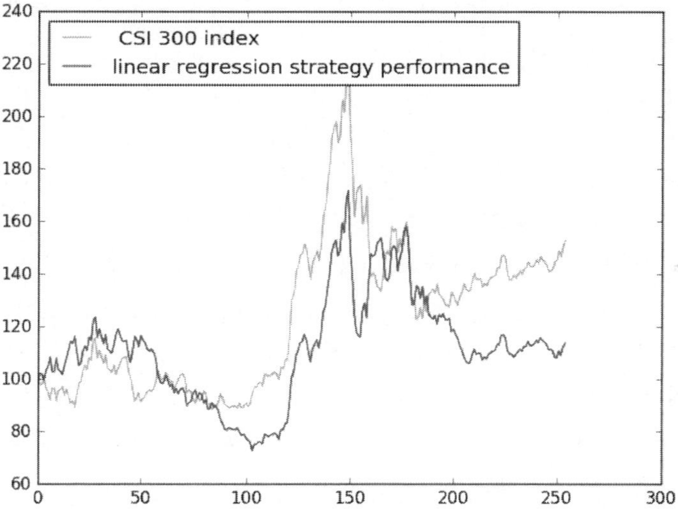


图 15－3　线性回归模型净值走势

综上所述，基于决策树方法对沪深 300 指数下 1 周涨跌进行预测，并以此进行做多和做空沪深 300 指数的择时策略能够在 5 年的测试时间段内获得 9.84% 的年化收益，最大回撤为 32.46%，择时正确率为 52.55%。相比简单做多沪深 300 指数和使用线性回归方法进行预测，决策树方法能够得到更高的收益和更小的回撤。

## 15.3　基于技术指标预测股指未来涨跌

这里尝试使用决策树方法，基于传统的技术指标对股票指数涨跌进行预测。测试的对象为沪深 300 指数，通过利用决策树算法对其前一段时间的价格特征进行分析，进而推测下一日涨跌。如果决策树模型通过训练判断下一日沪深 300 指数上涨，做多指数；否则做空指数。

### 15.3.1 移动平均线（Moving Average，MA）

移动平均线是技术分析中常用的工具。移动平均线作为一类简单的数学模型，被广泛用于股票、期货、外汇等金融市场的分析中，可谓简单、有效、应用广泛。先对移动平均的定义做一个准确的数学描述。设某证券的收盘价为 $p_t$，该证券 $k$ 个时间单位的移动平均为 $M_t(k)$，则有：

$$M_t(k) = \frac{1}{k}\sum_{j=0}^{k-1} p_{t-j}$$

在使用移动平均线作为信号时，通常使用两条均线：一条快速均线（$k$ 值较小），一条慢速均线（$k$ 值较大）。当快速均线向上穿越慢速均线时的均线形态一般称为“金叉”，表明此时处于上升趋势中；当快速均线（$k$ 值较小）下穿慢速均线（$k$ 值较大）时的均线形态一般称为“死叉”，表明价格处于下降趋势。

在决策树策略中，同样使用两条移动平均线，将两条平均线（快速均线和慢速均线）相对大小作为第一个属性参数。如果快速均线大于慢速均线，将其标记为“1”，否则将其记为“0”。移动平均线这一属性涉及两个参数 $k_1$ 和 $k_2$，分别对应快速均线和慢速均线对应的天数。

### 15.3.2 动量指标

动量指标用来衡量价格在最近一段时间内的涨跌幅。选用两个动量指标 $m_1$ 和 $m_2$，然后计算在最近 $m_1$ 个交易日和最近 $m_2$ 个交易日价格的涨跌情况。$m_1 > m_2$，价格在近 $m_1$ 日的涨跌情况代表了长期的趋势（大趋势），在近 $m_2$ 日的涨跌情况代表了短期的趋势（小趋势）。将两个趋势都分为上涨和下跌两类，用两个属性进行分别表示。

### 15.3.3 相对强弱指标（RSI）

RSI 用来衡量价格上涨和下跌的相对强弱。给定时间段 $n$，相对强弱定义为：

$$RSI_n = 100 - \frac{100}{1 + \left(\sum_{i=0}^{n-1} u_{t-i}/n\right)/\left(\sum_{i=0}^{n-1} d_{t-i}/n\right)}$$

根据定义，相对强弱的值在 0 到 100 之间，如果其值大于 50 表示价格上涨趋势较强，反之则表示价格下降趋势较强。同样地，使用两个参数 $n_1$ 和 $n_2$，分别衡量短期和长期的相对强弱，用两个属性进行表示。如果相对强弱的值大于 50 标记为“1”，否则标记为“0”。

### 15.3.4 超买超卖指标

该指标通过观察当前收盘价距离一段时间内最高价和最低价的距离，来判断当前超买超卖状态。定义指标：

$$R_n = \frac{h_n - c_t}{h_n - l_n} \times 100$$

其中，$h_n$ 表示近 $n$ 日价格最高值，$l_n$ 表示近 $n$ 日价格最低值，$c_t$ 表示当前收盘价。用参数 $n_1$ 和 $n_2$ 分别衡量短期和长期的超买超卖情况，并用两个特征属性分别表示。如果指标值大于 50，记为“1”，否则记为“0”。

使用沪深 300 指数日收盘和最高价、最低价数据。模型训练时间从 2005 年 6 月到 2013 年 6 月，回测时间段为 2016 年 7 月到 2017 年 7 月。使用的数据包括每日收盘价、最高价和最低价。

构建的决策树模型使用 8 个参数，以此来构建 7 个特征属性，目标是判断下一日价格涨跌。8 个参数分别记为 $m_1$、$n_1$、$m_2$、$n_2$、$m_3$、$n_3$、$m_4$、$n_4$。$m_1$ 和 $n_1$ 是移动平均线的两个参数，$m_1 > n_1$，属性 1 根据 $M_t(m_1)$ 和 $M_t(n_1)$ 的大小关系来确定。如果 $M_t(m_1) < M_t(n_1)$，属性 1 定义为“1”，否则定义为“0”。$m_2$ 和 $n_2$ 是衡量动量的两个参数，用来观察近 $m_2$ 和近 $n_2$ 价格是涨还是跌。如果近 $m_2$ 日价格上涨，则属性 2 定义为“1”，否则为“0”；如果近 $n_2$ 日价格上涨，则属性 3 定义为“1”，否则定义为“0”。$m_3$ 和 $n_3$ 是用来衡量相对强弱的两个时间参数，如果 $RSI_{m_3} > 50$，属性 4 记为“1”，否则属性 4 记为“0”；同样如果 $RSI_{n_3} > 50$，属性 5 记为“1”，否则属性 5 记为“0”。$m_4$ 和 $n_4$ 是衡量超买超卖指标的两个时间参数，如果 $R_{m_4} > 50$，属性 6 记为“1”，否则属性 6 记为“0”；如果 $R_{n_4} > 50$，属性 7 记为“1”，否则属性 7 记为“0”。

想要预测的目标是判断下一日沪深 300 指数的涨跌。在进行训练时，将下一日上涨的实例标记为“1”，其余实例标记为“0”。通过上述 7 个属性对决策树模型进行训练之后，利用测试集实例的属性对模型进行测试，并构建相应的投资策略。对测试集中实例的特征属性，利用训练得到的决策树模型对下一日指数涨跌进行预测。如果模型预测下一日指数上涨，做多沪深 300 指数；否则做空沪深 300 指数。

## 15.4 多空策略及表现

### 15.4.1 具体策略

本节测试在不同参数下，使用决策树策略对沪深 300 指数进行投资的收益情况。如上节所属，使用 8 个参数来构建 7 个属性。如使用一组参数（$m_1, n_1, m_2, n_2, m_3, n_3, m_4, n_4$）=（80，40，110，50，120，60，70，30），前两个参数 80 和 40 代表使用 80 日移动均线和 40 日移动均线，通过比较两个均线值大小，构建第一个特征属性；110 和 50 这两个参数分别表示计算近 110 个交易日和近 50 个交易日，沪深 300 指数涨跌情况，根据这两段日期指数的涨跌情况构建两个特征属性；120 和 60 两个参数表示计算近 120 日和 60 日指数相对强弱（RSI），并以此构建两个特征属性；70 和 30 两个参数用来衡量近 70 日和近 30 日的超买超卖指标，同样根据这两个指标构建相应的两个特征属性。通过 8 个参数构建 7 个特征属性，每个属性都有两个值“0”或者“1”。决策树算法通过学习在不同属性值下，对应下一日沪深 300 指数的涨跌情况，构建决策树，并将学习得到的决策树模型用到预测指数日涨跌上面，构建相应的投资策略。

使用的参数组合包括（$m_1, n_1$）∈{（20，5），（30，10），（60，10）}，（$m_2, n_2$）∈{（30，10），（60，20），（120，40）}，（$m_3, n_3$）∈{（20，5），（30，10），（60，30）}，（$m_4, n_4$）∈{（20，5），（30，10），（60，20）}。对参数的选择相对随意，尽量让短期参数在 5 个、10 个、20 个交易日，而长期参数控制在 20、30、60 和 120，由于参数数目较多，为了统计方便，个组参数的取值限制在 3 个，按照上面的取值，一共取 81 组中参数组合。使用沪深 300 指数日收盘和最高价、最低价数据。模型训练时间从 2005 年 6 月到 2013 年 6 月，回测时间段为 2013 年 7 月到 2017 年 7 月。

## 15.4.2 策略整体表现

在81组参数下的收益风险情况，整体如表15－3所示（不考虑交易费用，在计算夏普比率时，取无风险利率为4%。）

表15－3 在各组参数下决策树策略收益风险情况

| | |
|---|---|
| 平均训练天数 | 1 978 |
| 在训练集下的平均胜率 | 58.63% |
| 平均测试天数 | 977 |
| 在测试集下的平均胜率 | 51.61% |
| 平均年化收益率 | 13.20% |
| 平均夏普比率（年） | 0.44 |
| 平均最大回撤 | 36.10% |
| 平均盈亏比（日） | 1.05 |
| 平均做多天数 | 675 |
| 平均换仓周期（日） | 7.30 |

通过表15－3，可以看出：在81组参数下，策略对测试集977个交易日的涨跌判断胜率平均为51.62%，能够取得平均年化13.20%的收益，比较可观；在多组参数下的平均盈亏比为1.05，略高于1；平均做多天数为675天，也就是说在69%的交易日选择做多指数；平均调仓周期略大于7个交易日，相对频繁换仓会产生一定的交易费用，在实际操作中影响到收益率。

在81组参数中，选取收益率排在第1位、第21位、第41位、第61位以及第81位的参数下，净值随时间变动情况（忽略交易费用）（见图15－4）。

## 15.4.3 策略各个指标在不同参数下的表现

### 15.4.3.1 年化收益率

在81组参数下，最大的年化收益率为40.6%，最小的为－7.8%，年化收益率的标准差为0.11，平均年化收益率达到13.2%。在81组参数下的年化收益率分布直方图如图15－5所示。可以看出，超过80%的参数下，决策树策略都取得了正的

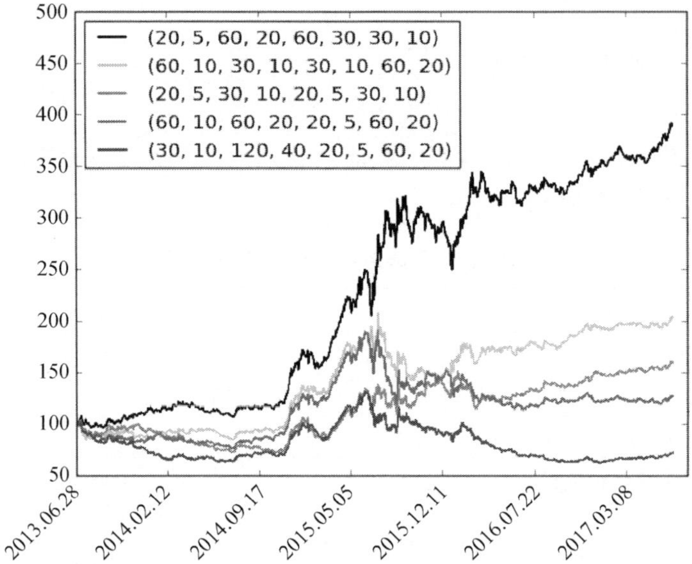


图 15－4　决策树策略在不同参数下的净值走势

绝对收益，收益率最集中的区间段为（10%，20%），表明决策树策略整体上比较有效。

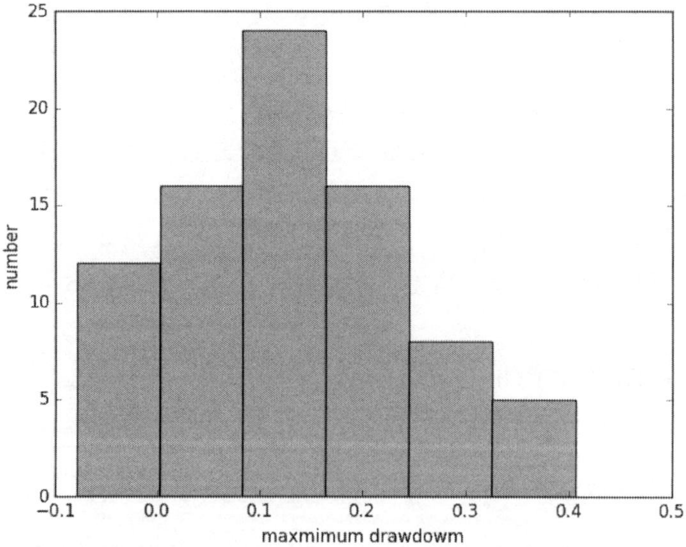


图 15－5　不同参数下年化收益率分布图

### 15.4.3.2 最大回撤

在 81 组参数下，4 年的测试期内回撤最大的达到 61.27%，最小的为 19.67%；所有参数回撤的均值和标准差分别为 36.10% 和 0.09。可以看出，使用决策树策略进行择时整体上回撤偏大，一方面是策略的缺陷，另一方面与国内股票市场的波动较大有关。将 81 组参数下的最大回撤的分布画在图 15-6 中。

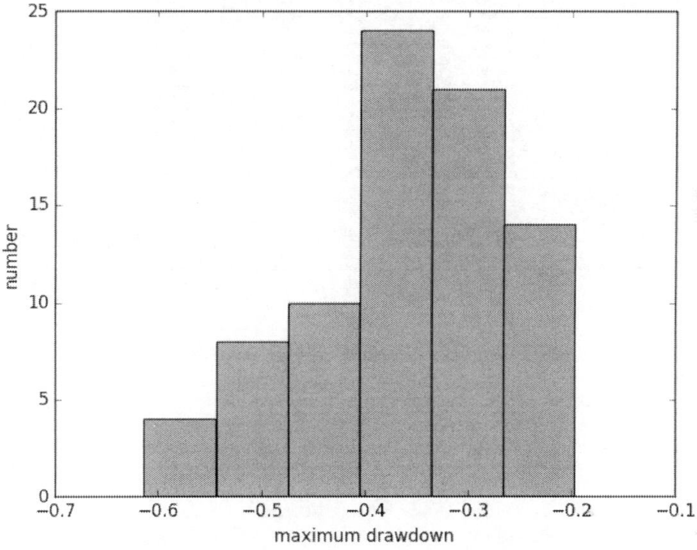


图 15-6 不同参数下最大回撤分布图

### 15.4.3.3 在测试集上的胜率

在 81 组参数下，在 977 个交易日的测试集上，胜率最高的为 54.66%，胜率最低的为 49.03%；所有参数下胜率的均值和标准差分别为 51.61% 和 0.012。可以看出，在选取的训练集和测试集下，使用决策树策略进行择时的胜率整体上超过 50%。将不同参数下胜率的分布画在图 15-7 中。从图中可以看出，仅有约 10% 的参数下，决策树算法预测的胜率低于 50%，说明决策树算法在预测沪深 300 指数涨跌上是有效的。

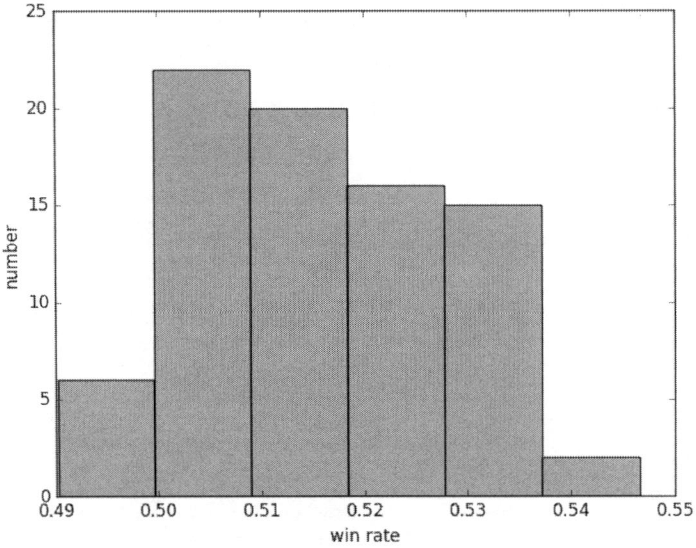


图 15－7　不同参数在测试集上的胜率分布图

## 15.5　结论

基于决策树方法，利用股指历史涨跌对下一周涨跌进行预测，并以此进行做多和做空沪深 300 指数的择时策略，能够在 5 年的测试时间段内获得 9.84% 的年化收益，最大回撤为 32.46%，择时正确率为 52.55%。相比简单做多沪深 300 指数和使用线性回归方法进行预测，决策树方法能够得到更高的收益和更小的回撤。

在扩展指标之后，利用 4 个常用的技术指标和相应的 8 个参数构建决策树模型的 7 个特征属性，使用沪深 300 指数 2005 年 6 月到 2013 年 6 月的日交易价格数据对模型进行训练，来预测下一交易日指数涨跌。测试区间为 2013 年 7 月至 2017 年 7 月，一共选取了 81 组参数（每个技术指标对应 3 个参数）。

在选取的 81 组参数下，决策树策略在测试集上的胜率平均为 51.61%，如果按照决策树策略预测结果对沪深 300 指数进行多空投资（如果策略预测上涨，则做多；

反之做空），在各组参数下能够取得平均年化13.2%的收益（忽略交易费用）。较高的平均胜率和平均年化收益率表明决策树策略应用在沪深300指数涨跌的预测上整体是有效的。美中不足的是最大回撤均值为36.10%，如何降低最大回撤，仍是值得深入探究的问题。

# 16.

# 临近取样模型

## 16.1 临近取样算法简介

临近取样算法（K - Nearest Neighbor，KNN）是机器学习方法中常用的一种，最早由 Cover 和 Hart 在 1968 年提出，它既可以用来解决分类问题，也可以用来解决回归问题。KNN 算法又常被归类为基于实例的学习（instance - based learning）算法或懒惰学习（lazy learning）算法。临近取样算法对输入的训练集不进行训练，而当给出需要归类或回归的实例时，将其与训练集中的实例进行比较，选择训练集中与其比较接近的 k 个实例，以这 k 个实例的特征来描述其特征。

其一般步骤为：

（1）将实例根据其特征属性的值对应为空间中的点。

（2）选择合适的参数 K。

（3）计算未知实例与已知实例的距离。

（4）选取距离未知实例最近的 K 个已知实例。

（5）根据少数服从多数的投票法则，将未知实例归类为 K 个最邻近样本中最多数的类别（分类为题）或通过计算 K 个最临近样本的（加权）平均值来得到未知实例的目标值（回归问题）。

临近取样算法具有简单、容易理解和实现，且能够通过对 K 的选择增强对噪音数据的健壮性。其缺点在于计算空间大，需要存储所有已知实例；复杂度高；当样本分布不平衡时，新的样本容易被归类为样本数量过多的类。

# 16.2 策略描述

## 16.2.1 使用的技术指标

尝试构建预测沪深 300 指数涨跌的临近取样策略，并根据预测结果构建相应的投资策略。将进行两组测试来预测指数周涨跌情况，一组采用固定训练集，另一组采用滚动训练集，主要使用的技术指标包括动量指标和超买超卖指标。

使用的技术指标包括：

（1）动量指标，用来衡量价格在最近一段时间内的涨跌幅，表现为百分比的形式。

（2）超买超卖指标。通过观察当前收盘价距离一段时间内最高价和最低价的距离，来判断当前超买超卖状态。定义指标：

$$R_n = \frac{h_n - c_t}{h_n - l_n} \times 100,$$

其中，$h_n$ 表示近 $n$ 日价格最高值，$l_n$ 表示近 $n$ 日价格最低值，$c_t$ 表示当前收盘价。

## 16.2.2 使用固定训练集预测周涨跌算法

使用的训练数据为 2005 年 6 月到 2013 年 6 月的指数周收盘数据和周内指数最大、最小数据。构建的特征属性包括：近 1 周涨跌幅、近 4 周涨跌幅、近 13 周涨跌幅以及近 26 周涨跌幅、近 2 周超买超卖指标和近 6 周超买超卖指标。

并不直接使用涨跌幅和超买超卖指标来构建实例的坐标，而是将其标准化。以将近 1 周涨跌幅标准化为例进行叙述。首先，计算 2005 年 6 月到 2013 年 6 月所有周份的涨跌幅，记为序列 $\{w_n\}$，然后计算 $\{w_n\}$ 的均值和标准差分别为 mean 和 std，则本周涨跌幅 $w_t$ 标准化为 $\frac{w_t - mean}{std}$。类似的，利用超买超卖序列的均值和标准差对超买超卖指标进行标准化。

根据近 1 周涨跌幅、近 4 周涨跌幅、近 13 周涨跌幅以及近 26 周涨跌幅、近 2 周超买超卖指标和近 6 周超买超卖指标，将其标准化后构建实例的 6 个坐标，作为其特征属性，下个周的涨跌情况作为其标记（涨记为“1”，跌记为“0”）。用 2005 年 6 月到 2013 年 6 月的周数据作为训练集，用 2013 年 7 月到 2017 年 6 月的数据作为测试集，并根据预测结果构建多空策略。

### 16.2.3　滚动训练集预测周涨跌算法

最初使用的训练数据为 2005 年 6 月到 2013 年 6 月的指数周收盘数据和周内指数最大、最小数据。随着预测时间的推移，训练集合也随之扩展到上一周的数据。构建的特征属性仍然为：近 1 周涨跌幅、近 4 周涨跌幅、近 13 周涨跌幅以及近 26 周涨跌幅、近 2 周超买超卖指标和近 6 周超买超卖指标。同样，先将涨跌幅和超买超卖指标进行标准化，再一次构建实例的坐标。仍然预测 2013 年 7 月到 2017 年 6 月的数据作为测试集，并根据预测结果构建多空策略。

## 16.3　策略表现

### 16.3.1　简单划分训练集与测试集

在试验中，取参数 $K=5$、7、9。根据近 1 周涨跌幅、近 4 周涨跌幅、近 13 周涨跌幅以及近 26 周涨跌幅、近 2 周超买超卖指标和近 6 周超买超卖指标，按照上节描述转化为特征属性，用 2005 年 6 月到 2013 年 6 月的周数据作为训练集，来预测 2013 年 7 月到 2017 年 6 月的下周涨跌情况。如果临近取样算法预测下周指数上涨，做多指数；否则做空指数，以此来构建多空策略。在不同的参数下策略的风险收益情况如表 16 -1 所示。

**表 16 -1　　在不同参数下临近取样策略收益风险情况**

| | $K=5$ | $K=7$ | $K=9$ | 指数 |
|---|---|---|---|---|
| 测试周数 | 206 | 206 | 206 | 206 |
| 在测试集下的胜率 | 52.91% | 53.88% | 51.94% | |
| 年化收益率 | 19.50% | 15.87% | 14.79% | 12.94% |
| 夏普比率（年） | 0.70 | 0.57 | 0.53 | 0.46 |
| 最大回撤 | 30.96% | 28.99% | 34.58% | 44.78% |
| 盈亏比（周） | 1.25 | 1.14 | 1.21 | 0.89 |
| 做多周数 | 105 | 107 | 99 | |
| 换仓周期（周） | 2.06 | 2.19 | 2.86 | |

通过表 16 -1 可以看出：在三组参数下，策略对测试集的准确度都超过了 50%，平均为 52.91%，表明临近取样算法策略在预测指数涨跌上是有效果的；在不同参数下最高年化收益率为 19.50%，最低为 14.79%，三个参数下年化收益率都跑赢了指数 12.94%；在三组参数下的回撤最大为 34.58%，最小为 28.99，平均在 30% 附近，远小于指数 44.78% 的回撤；在三组参数下的夏普比率也都高于简单做多指数下的夏普比率。综合各个指标，可以看出临近取样算法在预测股票指数涨跌具有一定的效果，以此构建的投资策略具有较好的收益。

将在 $K=5$、7、9 三组参数下，利用临近取样算法进行投资的净值随时间变动情况（忽略交易费用）以及沪深 300 指数的波动放在图 16 -1 中。

### 16.3.2　滚动训练集对临近取样算法进行改进

本节将训练集进行滚动，仍然预测 2013 年 7 月到 2017 年 6 月沪深 300 指数的周涨跌。随着预测时间的推移，将 2005 年 6 月到该时间点的数据作为训练集，重新构建临近取样模型。模型所使用的特征属性和根据模型构建投资策略同上一小节简单划分训练集和测试集相同。通过将训练集进行滚动，临近取样策略在不同的参数下的风险收益情况如表 16 -2 所示。

通过表 16 -2 可以看出：在三组参数下，通过滚动训练集改进临近取样算法策略整体上仍然保持了临近取样算法侧路了的优势，如相对指数具有较高的年化收益率、较高的夏普比率和较低的回撤。然而通过滚动训练集，对比简单划分训练集和

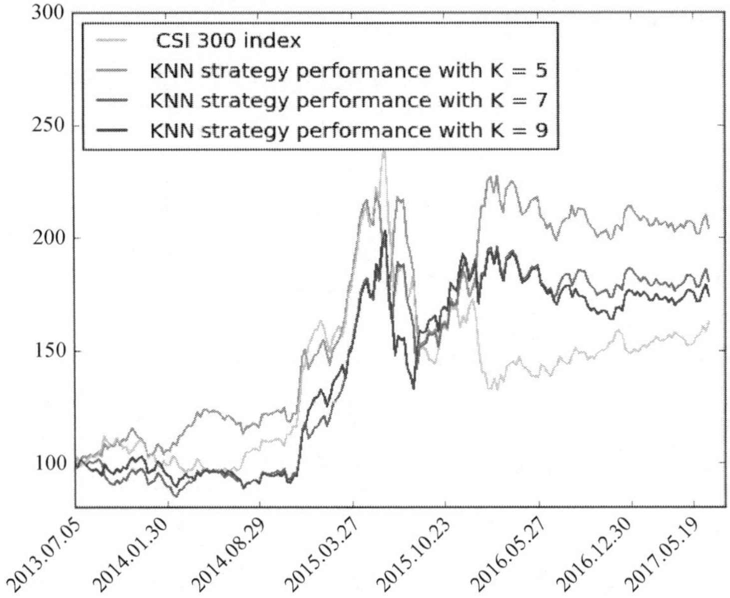


图 16－1　临近取样算法在不同参数下的净值走势

**表 16－2　　滚动训练集临近取样策略收益风险情况**

| | $K=5$ | $K=7$ | $K=9$ | 指数 |
|---|---|---|---|---|
| 测试周数 | 206 | 206 | 206 | 206 |
| 在测试集下的胜率 | 53.40% | 52.91% | 54.37% | |
| 年化收益率 | 15.09% | 14.02% | 18.43% | 12.94% |
| 夏普比率（年） | 0.54 | 0.50 | 0.67 | 0.46 |
| 最大回撤 | 31.72% | 36.49% | 33.13% | 44.78% |
| 盈亏比（周） | 1.15 | 1.15 | 1.16 | 0.89 |
| 做多周数 | 116 | 121 | 116 | |
| 换仓周期（周） | 2.15 | 2.15 | 2.42 | |

测试集的情况，改进后并未取得明显的优势：在不同参数下的平均年化收益率、在测试集上的平均胜率以及平均最大回撤基本持平。由此得到结论：一是通过滚动训练集改进临近取样算法策略，并不能有效改进简单划分训练集和测试集的临近取样策略；二是临近取样算法策略整体上对判断指数涨跌是有效果的，以此构建的投资策略组合具有较好的风险收益比。另外，将滚动训练集在不同参数下胜率、最大回撤以及年化收益率与简单划分训练集和测试集的情况进行对比，分别见图 16－2、图 16－3、图 16－4 中。

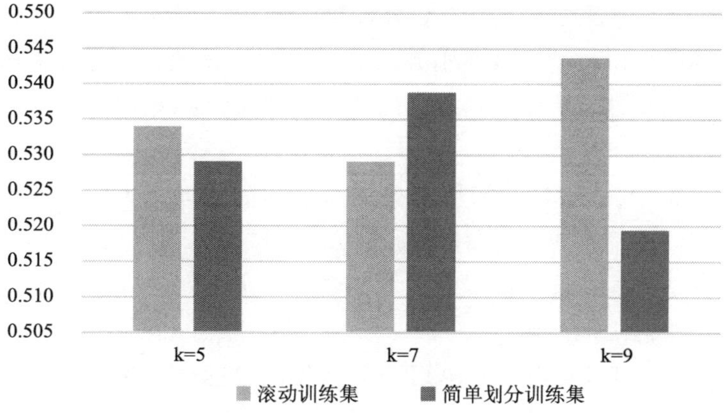


图 16－2　对比在训练集上的胜率

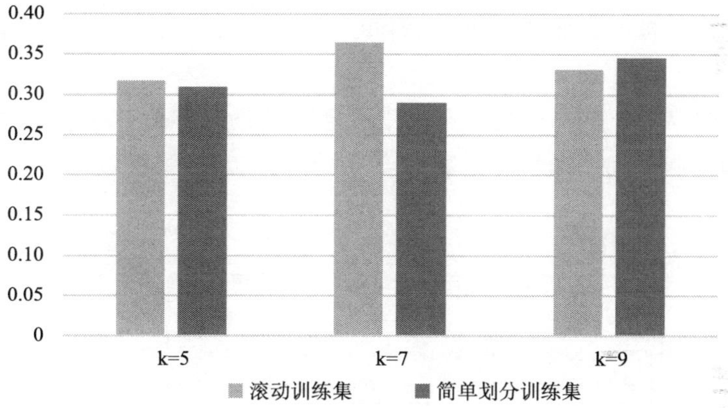


图 16－3　对比最大回撤

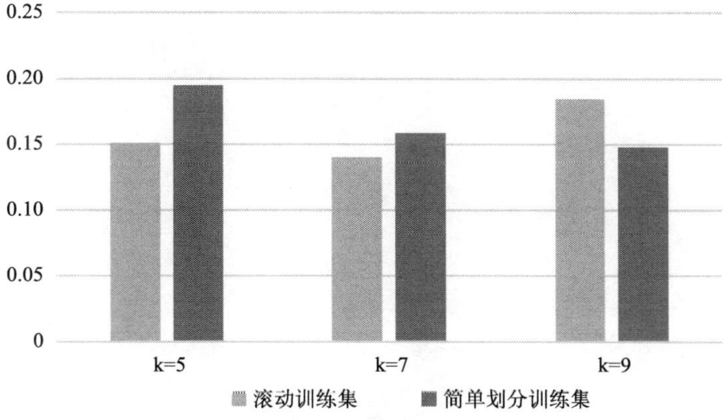


图 16－4　对比年化收益率

通过图 16－2，可以看出，简单划分训练集和滚动训练集构建的临近取样算法在三组参数下都能取得超过 50% 的胜率。通过滚动测试集，在参数 $k=5$ 和 $k=9$ 情况下能够在胜率上超过简单划分训练集的情况；而在参数 $k=7$ 情况下未能超过简单划分训练集的胜率。

通过图 16－3，可以看出，简单划分训练集和滚动训练集构建的临近取样算法在三组参数下的回撤都在 30% 左右。通过滚动测试集，在参数 $k=9$ 的情况下能够在较简单划分训练集的情况下降低回撤；而在参数 $k=5$ 和 $k=7$ 的情况下较简单划分训练集的情况未能降低回撤。

通过图 16－4，可以看出，简单划分训练集和滚动训练集构建的临近取样算法在三组参数下的年化收益率在 15% 附近，全部超过了简单做多沪深 300 指数能够取得的年化收益率。通过滚动测试集，在参数 $k=9$ 的情况下能够在年化收益率上超过简单划分训练集的情况；而在参数 $k=5$ 和 $k=7$ 的情况下未能超过简单划分训练集的年化收益。

将在 $K=5$、$K=7$、$K=9$ 三组参数下，通过滚动训练集改进临近取样算法策略进行投资的净值随时间变动情况（忽略交易费用）以及沪深 300 指数的波动放在图 16－5 中。

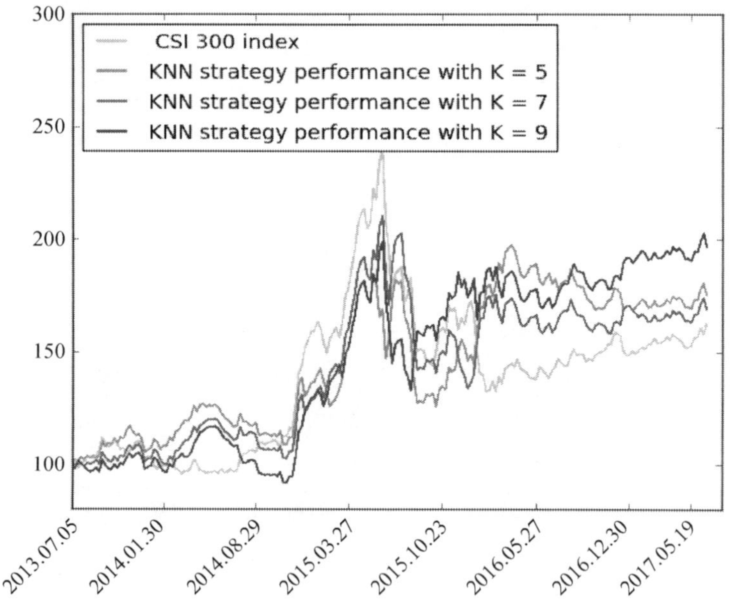


图 16－5　滚动训练集临近取样算法在不同参数下的净值走势

## 16.4 结论

基于临近取样算法，利用2个技术指标构建特征属性来构造模型。具体使用沪深300指数2005年6月到2013年6月的周交易价格数据作为训练集，预测2013年7月至2017年7月各周涨跌情况，分别取参数 $K=5$、$K=7$、$K=9$，利用临近取样算法进行预测，并根据预测情况构建投资策略。

在三组参数下，策略对测试集预测的准确度都超过了50%，平均为52.91%，表明临近取样算法策略在预测指数涨跌上是有效果的；在不同参数下最高年化收益率为19.50%，最低为14.79%，三个参数下年化收益率都跑赢了指数的12.94%；在三组参数下的回撤最大为34.58%，最小为28.99，平均在30%附近，远小于指数44.78%的回撤；在三组参数下的夏普比率也都高于简单做多指数下的夏普比率。综合各个指标，可以看出临近取样算法在预测股票指数涨跌具有一定的效果。

随后将训练集进行滚动，随着预测时间的推移将前面得到的价格加入训练集中，重复利用临近取样算法预测指数涨跌。通过实验发现，滚动训练集并未能够将策略明显优化，得到的指标与简单划分训练集和测试集相当，都能够取得超过50%的胜率，能够相对简单做多沪深300取得更高的年化收益和更小的回撤。

第 四 篇

# 资产配置篇

# 17. 资产配置概述

资产配置是指投资者为了实现投资目标，决定如何将其财产在不同国家和不同资产类别中进行分配的过程。资产类别是指具有相同特征、性质和风险—收益关系的一类资产。较大的资产类别（例如，债券）可以细分成为小的资产类别（例如，国债、公司债券）。

历史数据和实证研究表明，资产配置过程是投资管理过程中的关键部分。资产配置对于投资者来说极其重要，大约90%的长期资金收益波动都可以通过目标资产配置计划来解释。

## 17.1 投资组合管理过程

资产配置决策是投资组合管理过程的一个有机组成部分。概括来说，投资组合管理过程分为以下四个步骤：

第一，制定投资计划书。投资计划书明确了投资者愿意承担的风险、投资目标和限制条件，是指引所有投资决策的蓝本。投资者的需求会随时间而改变，投资计划书也必须定期修改和更新。

第二，选择投资策略。投资组合经理需要研究当前的金融与经济环境，并预测未来的发展趋势，根据投资者需求以及投资者对金融市场的预期，选择一种最可能满足投资计划书要求的投资策略。

第三，构建投资组合。根据投资者对投资计划书和金融市场的预期，投资顾问将会执行投资策略，决定如何将资金在不同国家、资产类别和证券之间进行配置。

第四，监控、评估和调整投资组合。为确保投资目标的达成，监控投资策略的表现并定期与投资计划书的预期和要求进行比较是非常必要的。通常，投资者需求和市场状况不断变化，投资策略需要作相应改变，在出现重大变化时可能还要更新投资计划书。

## 17.2 资产配置决策

投资计划书确定了投资者的总体投资策略。虽然投资计划书没有明确说明具体购买的证券以及出售的时机，但它为可投资的资产类别和各类别的投资比例等提供了投资指引。一般来说，在制定投资策略时需要做出如下决策：

（1）什么样的资产类别可以进行投资？

（2）每种资产类别的投资权重分别为多少？

（3）每种资产类别的投资权重容许变动范围是多少？

（4）具体应该买入哪些证券或基金来构建投资组合？

资产配置过程包含了前两个决策，即投资者在不同资产类别之间分配投资资金的过程就是资产配置。投资计划书通常不会严格规定资产配置的百分比，而是规定一个资产配置的范围，这使得投资组合经理可以根据其对资本市场发展趋势的判断，在资产配置范围内确定资产类别的投资比例。

## 17.3 资产配置策略

在绝大多数情况下，投资者的投资组合包括各种长期和短期债券及股票等资产。股票组合通常是投资者总体投资组合的一个组成部分。在这种情况下，投资组合管理者不仅需要考虑股票或债券组合的组成，还必须决定整个组合中不同资产类别的合理权重。资产配置的四种常见策略包括：综合型、战略型、战术型和保障型资产配置方法。

### 17.3.1 综合型资产配置

综合型资产配置策略分别考察资本市场环境以及投资者的目标和约束条件。投资组合管理者需要综合考虑这些因素，以确定在给定资本市场发展预期的情况下，最有可能满足投资者需求的组合资产构成。

综合型资产配置包括三个关键性步骤：

首先，概括资本市场环境和投资者的特定目标与约束条件（例如，风险容忍度、投资期限和税收等级）。

其次，选择最适合投资者要求的投资组合。

最后，评估最优组合的实际效果。通常，最优组合的实际表现会与组合管理者的初始预期进行比较。严谨的评估建立在时间跨度较长的数据基础之上。因此，评估通常是在前两个步骤完成后的较长时期之后进行。

根据评估结果，管理者可以对投资组合进行调整，将出现的新信息反映到最优资产配置中。资本市场环境发生根本变化（例如，通货膨胀率的提高）或投资者条件出现变化（例如，风险容忍度的提高）都会导致对最初资产构成的调整。这种循环—反馈的机制使得投资组合管理成为一种动态过程。

### 17.3.2 战略型资产配置

战略型资产配置用来确定投资组合中长期政策性资产组合。一般来说，这个方法采用长期平均资产收益率、风险指标和协方差来估计未来资本市场的状况，推算出有效组合边界。投资者在有效组合中选择在投资期间最适合其需求的资产配置。为维持既定的资产配置方案，需要引入再平衡机制对投资组合中具体资产的权重进行周期性调整。

战略型资产配置过程与综合型资产配置过程基本相同，只是缺少一个循环—反馈的机制。组合管理者根据资本市场和投资者的信息进行最优化处理，来确定最适合该投资者的长期资产配置。但是，一旦这种资产构成比例得以确立，组合管理者就不能因为市场和投资者条件的暂时变化而不断调整资产配置。

### 17.3.3 战术型资产配置

战略型资产配置关注长期的资产配置并且很少进行修正。战术型资产配置则会经常调整投资组合中的资产类别比例，力图从不断变化的市场环境中获利。在战术型资产配置中，当投资者觉察到各种资产类别的相对价值发生变化时便会对其权重进行相应调整。投资者的风险容忍度和投资约束条件在期间内被假设为固定不变。战术型资产配置过程类似于综合型资产配置过程，只是取消了包含投资者具体信息的循环—反馈机制。

战术型资产配置通常建立在资产收益具有均值反转特征的假设之上。均值反转现象是指无论证券最近的收益率如何，它最终将回归至长期平均价值（均值）水平。对资产类别的评价通常以比较分析为基础。例如，假设股票平均收益率是债券平均收益率的1.5倍，这反映了股票市场具有更高的风险。如果在最近的投资期间内，股票收益率是债券收益率的两倍，那么，战术型投资组合管理者会认为现在债券相对于股票价值被低估了，并且预期债券可能是下一个投资期内表现更好的资产类别。根据这一判断，投资组合管理者将会提高组合中固定收益证券的权重。例如，投资组合管理者应该将最初股票与债券60:40的比例变成50:50的比例。因此，战术型资产配置本质上是一种逆市投资方法，总体上会买入相对更多当前市场不看好的资产类别，卖出当前估值水平较高的资产类别。

### 17.3.4 保障型资产配置

保障型资产配置假设预期市场收益率和风险在整个期间内保持稳定，但投资者的目标和约束条件则会随着其财富状况的改变而发生变化。例如，投资组合价值的提高会增加投资者的财富，并提高投资者应对风险的能力。因此，投资者可以增加风险资产的投资比例。相反，投资组合价值的下降则减少了投资者的财富，并降低了投资者应对风险的能力。相应地，风险资产的投资比例应该降低。保障型资产配置通常包括两大类资产：风险资产（比如股票）和无风险资产（比如短期国债）。如果股票价格上涨，股票的配置比例会提高。如果股票价格下跌，股票的配置比例就相应降低。总体上看，保障型资产配置方法对风险资产的配比表现出“追涨杀跌”的特征。显然，这与战术型资产配置的操作完全相反。

## 17.4 结论与展望

资产配置是指投资者为了实现投资目标，决定如何将其财产在不同国家和不同资产类别中进行分配的过程。历史数据和实证研究表明，资产配置过程是投资管理过程中的关键部分，大约90%的长期资金收益波动都可以通过目标资产配置计划来解释。

本章介绍了资产配置的相关概念，简要说明了资产配置与投资组合管理过程的关系，并介绍了常见的资产配置策略。每种资产配置策略都有其适用范围，资产配置策略的选择取决于投资者的目标及约束条件的变化，以及投资组合管理者对资本市场历史与未来关系的理解。如果投资者认为资本市场环境会在长期内保持相对稳定，保障型资产配置是较好的选择。如果投资者的目标、风险偏好和约束条件都是不变的，战术型资产配置是最恰当的选择。综合型资产配置假设投资者的需求和资本市场环境都是可变的，其适用范围更广，但其管理难度也较大。投资组合管理者必须随时注意到投资者和资本市场的重要变化，并及时调整资产配置比例。

# 18.

# 基于风险平价方法的资产配置策略

金融市场上可供投资的证券数量巨大、种类繁多、风险收益特征迥异，资金量庞大的机构投资者在实际投资过程中不可能在单个证券层次上直接配置资金，通常采用自上而下的大类资产配置方法来完成投资过程。通常，首先根据可投资证券的特征对其分类形成大类资产，然后在资产类别层次上完成初步的大类资产配置。此外，还需要继续对每个大类资产类别细分，在细分资产类别上进一步将配置精细化。依此类推，这个再分类和再配置过程最终细化到单个证券层次为止。

长期以来，投资界普遍认为有效的大类资产配置被视为成功投资的关键，大类资产配置是影响投资收益波动的重要因素之一。Brinson 等（1986）在《投资组合绩效的决定因素》一文中采用时间序列回归方法对 91 只共同基金进行实证分析，认为资产配置解释了这些共同基金收益率方差的 93.6%。该文引发了一场关于投资政策（大类资产配置）和投资策略（证券选择和市场择时）对投资收益的贡献度大小的大争论，时至今日仍在继续。许多研究随后对该文的研究方法、模型和数据以及结论的可靠性进行了大量的分析。最新研究表明，大类资产配置与证券选择对投资收益的贡献度是时变的，不同时期二者的相对重要性会交替变化，并没有哪个因素一直占主导地位；大类资产配置驱动的收益波动更加不稳定，其作用在经济危机期间更甚。

长期投资的成功关键在于其能够在市场中熬过经济低迷期，保证在市场底部不被淘汰，从而有机会享受经济强劲期的资产增值。因此，投资组合在困难时期的表现尤为重要，在投资组合构建的大类资产配置阶段，要保持足够的风险意识，将风险管理摆在首要地位，需要充分考虑在不利经济环境下资产配置遭受大幅资产减值和灾难性损失的可能性，使得构建的投资组合尽量避免大幅回撤、缩短表现不佳的时间长度。

那么，大类资产到底该如何配置呢？传统的资产配置策略大多从资产类别和数量着手，选择相关性低的资产进行分散配置。大类资产配置的量化模型基本上都以马科维茨的均值—方差模型为基础，目标是在给定组合风险水平的条件下，寻找预期收益最高的权重配置。这类策略考虑到了组合整体的风险，的确帮助投资者距离理想更近一步，但其忽视了风险的构成，使得组合风险主要集中于一种或几种资产上，所构建的资产组合常常会出现风险集中在某一类资产上爆发的现象，这与分散化投资的理念相悖。

如何管理好各类资产的风险，同时保持稳定的投资绩效已成为越来越多投资者追求的目标。磐安基金（PanAgora）的首席投资官钱恩平博士在 2005 年提出了著名的风险平价策略，其目标是从风险优化中追求稳定的收益，通过使每个风险因子对组合整体的风险贡献权重相等达到真正意义上的分散风险。无独有偶，桥水基金（Bridgewater）的达里奥及其团队于 1996 年推出的全天候策略也与风险平价策略的思路是一脉相承的，其基本思想是给予四种经济状态相等的风险权重。该策略被运用于实际投资并大获成功。与传统的投资策略相比，风险平价策略具有风险均衡、收益稳定的特点，并且可操作性良好。因此，风险平价策略被迅速推广开来，其策略理念已经对全球投资界主流的资产配置产生了深远的影响。在 2000 ~ 2002 年美国股市大调整中，风险平价策略因其出色的表现脱颖而出，随后该策略逐渐得到投资机构的青睐。2008 年金融危机再一次证明了该策略的成功。目前，包括贝莱德（Blackrock）、AQR 等一大批投资机构已设立了风险平价基金，并且有越来越多的保险公司和养老基金开始采用风险平价策略。首席投资官杂志 2014 年的调查显示，46% 的机构投资者正在使用风险平价策略。据美国最大的上市资产管理机构联博资产管理公司（Alliance Bernstein）估计，2015 年，全球风险平价基金的总规模在 4 000 亿美元左右，考虑到大多数风险平价基金使用杠杆，实际资产规模已接近 1.4 万亿美元。

尽管风险平价策略已在国外流行多年，国内机构对该策略的尝试才刚起步。在我国资本市场中，上海证券交易所和中证指数公司于 2014 年 10 月 28 日公开发布了国内第一个风险平价策略指数——上证股债风险平价指数（见表 18 - 1）。该指数以上证 180、上证 380、上证 5 年期国债指数（全价）、上证企债 30 指数为样本，以

2005 年 12 月 31 日为基日，以该日收盘后所有样本股的调整市值为基期。该指数每季度调整一次权重，权重的确定严格依照风险平价模型（附加权重大于 0 约束），使得每类资产对组合的风险贡献相等。上证股债风险平价指数表现出极其优异的收益/风险特征：相对于股票指数（沪深 300 和中证 500），上证股债风险平价指数的波动和回撤都要小很多；而和波动率接近的上证 5 年期国债指数相比则有更高的收益率。

**表 18－1　　上证股债风险平价指数大类资产构成**

| 资产类别 | 细分类别指数（或 ETF） | 指数（或 ETF）代码 |
| --- | --- | --- |
| 股票 | 上证 180 指数 | 000010 |
| | 上证 380 指数 | 000009 |
| 债券 | 上证 5 年期国债指数（全价） | 000140 |
| | 上证企债 30 指数 | 000061 |

中证指数公司于 2017 年 1 月 9 日推出了中证多资产风险平价指数（930 929），该指数将大类资产扩大为股票、债券、黄金，每类资产由若干相应的细分类别指数（或 ETF）代表，具体构成见表 18－2。该指数以 2007 年 12 月 31 日为基日，每季度调整一次权重，权重的确定方法与上证股债风险平价指数相同。

**表 18－2　　中证多资产风险平价指数大类资产构成**

| 资产类别 | 细分类别指数（或 ETF） | 指数（或 ETF）代码 |
| --- | --- | --- |
| A 股 | 沪深 300 指数 | 000300 |
| | 中证 500 指数 | 000905 |
| 债券 | 中证金边中期国债指数 | H11017 |
| | 中证中期企债指数 | H11074 |
| 黄金 | 黄金 ETF | 518 880 |

2016 年 7 月，华夏基金宣布与磐安基金进行战略合作，共同推出投资于中国市场的风险平价策略基金。目前大受欢迎，意向及实盘规模累计突破 200 亿元。此外，银华、博时等大型公募基金公司都在准备申报风险平价策略的产品。近年来南方基金也将风险平价模型应用于国内的 FOF 投资实践，据称取得了较为满意的成果。由于风险均衡策略通常风险较低、收益适中，银行对此类产品非常关注，该策略极有可能成为国内投资领域产品创新的一个重要方向。

# 18.1 风险平价策略的数学模型

风险平价组合的实质是对不同的资产均等分配风险。在构建投资组合时风险平价策略放弃了对回报率的预测而将重点放在了对风险编制预算的环节，所构建的组合是一种只关注风险而不关注期望收益的组合。通过平衡分配不同资产类别在组合风险中的贡献度，风险平价策略实现了投资组合的风险结构优化。通过风险平价产配置，投资组合不会暴露在单一资产类别的风险敞口中，从而实现真正的风险分散化，在市场大跌时具有较强的抗跌能力。

## 18.1.1 模型设定

假设共有 $n$ 个可投资资产，记 $R_i$ 为第 $i$ 个资产的简单收益率，$\sigma_i^2$ 为 $R_i$ 的方差，$\sigma_{ij}$为 $R_i$ 和 $R_j$ 的协方差，$\sum = (\sigma_{ij})$ 表示收益协方差矩阵。记 $x_i$ 为第 $i$ 个资产的在投资组合中的权重，则投资组合可用 $n$ 维向量表示，记为 $x = (x_1, x_2, \cdots, x_n)^T$。投资组合的总风险可以表示为：

$$\sigma(x) = \sqrt{x^T \sum x} = \sqrt{\sum_i x_i^2 \sigma_i^2 + \sum_i \sum_{j \neq i} x_i x_j \sigma_{ij}} \tag{1}$$

第 $i$ 个资产对投资组合 $x$ 的边际风险贡献为：

$$\partial_{x_i} \sigma(x) = \frac{\partial \sigma(x)}{\partial x_i} = \frac{x_i \sigma_i^2 + \sum_{j \neq i} x_j \sigma_{ij}}{\sigma(x)} \tag{2}$$

第 $i$ 个资产对投资组合 $x$ 的总风险贡献便可以表示为 $\sigma_i(x) = x_i \partial_{x_i} \sigma(x)$，则投资组合的总风险可以表示为每个资产的边际风险贡献之和：

$$\sigma(x) = \sum_i \sigma_i(x) \tag{3}$$

风险平价策略旨在寻找到一个风险贡献度平衡的投资组合，即每个资产对组合的风险贡献度相等。实际应用中，通常需要对每个资产的权重施加一些必要的限制。比如，假设资产不允许卖空，这时满足风险平价准则的组合应当满足下列条件：

$$\sigma_i(x) = \sigma_j(x), \forall i, j = 1, \cdots, n \tag{4}$$

$$\sum_i x_i = 1 \tag{5}$$

$$x \in [0,1]^n \tag{6}$$

将第 $i$ 个资产对投资组合 $x$ 的总风险贡献$\partial_{x_i}\sigma(x)$代入上式，可以简化为：

$$x_i(x_i\sigma_i^2 + \sum_{j\neq i} x_j\sigma_{ij}) - x_j(x_j\sigma_j^2 + \sum_{i\neq j} x_i\sigma_{ji}) = 0, \forall i,j = 1,\cdots,n \tag{7}$$

$$\sum_i x_i = 1 \tag{8}$$

$$x \in [0,1]^n \tag{9}$$

在通常情况下，无法通过式（7）、式（8）和式（9）求得风险平价策略的解析解，在更复杂的权重限制条件下则更不可能。为求得数值解，可以将上述问题转化为下面的优化问题求解：

$$x^* = \text{argmin} f(x) \tag{10}$$

$$\text{s. t.} \sum_i x_i = 1$$

$$x \in [0,1]^n$$

其中，

$$f(x) = \sum_{i,j} \left(x_i\left(x_i\sigma_i^2 + \sum_{j\neq i} x_j\sigma_{ij}\right) - x_j\left(x_j\sigma_j^2 + \sum_{i\neq j} x_i\sigma_{ji}\right)\right)^2$$

### 18.1.2 特殊情形

尽管风险平价策略通常情况下没有解析解，但当资产之间的相关性相等时，通过式（7）、式（8）和式（9）可以得到风险平价策略$x^*$的解析解如下：

$$x_i^* = \frac{\sigma_i^{-1}}{\sum_i \sigma_i^{-1}}, i = 1,2,\cdots,n \tag{11}$$

式（11）表明，这时风险平价策略不依赖于相关性。

在资产类别只有两种时，资产之间的相关性相等这个条件自动满足。因此，两种资产情形下的风险平价策略直接由式（11）得到。

资产收益率之间互不相关是资产之间相关性相等的特殊情形，这时风险平价策略直接由式（11）得到。式（11）常被称为简单风险平价策略的部分原因就在于此，即忽略资产类别之间相关性的风险平价策略。

在实践中，式（11）的重要用途在于为风险平价的通用模型求解问题（10）提供一个合理的初始值。此外，考虑到资产之间相关性并不稳定，且待估计的相关性参数个数有 $n(n-1)/2$ 个，而波动率参数只有 $n$ 个，且相关性参数的估计误差往往比波动率参数要大，这时式（11）给出的配置结果可能要比直接采用估计的相关性参数通过求解问题（10）得到的配置结果更可靠。

## 18.2 基于风险平价策略的股债配置

### 18.2.1 股票和债券资产类别

传统的大类资产主要指国内的股票和债券，这两大类资产可以进一步细分为大盘股和中小股、国债和公司债等。随着国内投资品种的多样化和投资渠道的日渐畅通，QDII 基金、沪港通、深港通等地区之间互联互通投资渠道不断增加，香港证券市场、欧美证券市场等成熟发达证券市场正受到国内投资者越来越多的关注，逐渐成为一类新的配置对象。为此，接下来的大类资产配置实证分析将考察包括国内股票、国内债券、国外股票共三大类资产。具体来说，国内股票的代表为沪深 300 指数和中证 500 指数，国内债券的代表为中证金边中期国债指数和中证中期企债指数，国外股票的代表为恒生指数和标普 500 指数。这些大类资产在国内都有 ETF 产品，资产配置得到的组合容易通过 FOF 的形式加以实施。数据时间跨度为 2007 年 12 月 31 日至 2017 年 7 月 31 日。

由于风险平价策略是一个单期策略，具体实施时需要确定时期长度、估计资产收益的协方差矩阵。此外，考虑到资产收益的波动性以及资产收益之间的相关性随时间不断变化，风险平价策略必须做出相应的调整以保持风险结构的平衡特征。为了兼顾参数估计的可靠性和参数的时效性，以月度频率更新协方差矩阵的估计，在此基础上对组合进行再平衡调整。关于协方差矩阵的估计，考虑到样本数据时间跨度有限，采用足够时长的月度数据来估计相应的协方差矩阵可能会使得考察组合样本外表现时的样本时长不足。借鉴上证股债风险平价指数编制的做法，考虑采用周数据或日数据来估计协方差矩阵。具体而言，采用过去一年的日数据（约 240 个无重叠日收益数据）或者过去两年的周数据（约 100 个无重叠周收益数据）来估计协方差矩阵。这样便得到两种风险平价组合。

为了比较风险平价策略与传统 60/40 股债配置的效果，实证分析中还构建了表 18 – 3 所示的两种 60/40 组合，这两种组合中股票类资产总权重为 60%，债券类资产总权重为40%。其中，60/40组合1只配置国内的股票和债券，沪深300指数和中证500指数分别配置40%和20%的权重，这二者的权重大体上按与指数成分股市值占总市值的比率成比例，近似按市值加权。而60/40组合2将国内股票的权重降至40%，而将20%的权重等分配置到非A股股票恒生指数和标普500指数。

**表18-3　60/40股债配置组合**

| 资产类别 | 细分类别指数（或ETF） | 60/40组合1 | 60/40组合2 |
|---|---|---|---|
| A股 | 沪深300指数 | 40% | 26.6% |
| | 中证500指数 | 20% | 13.4% |
| 债券 | 中证金边中期国债指数 | 20% | 20% |
| | 中证中期企债指数 | 20% | 20% |
| 非A股股票 | 恒生指数 | 不配置 | 10% |
| | 标普500指数 | | 10% |

综上，接下来考虑四种配置策略的实证表现，其中为两种风险平价策略，分别基于日收益数据和周收益数据估计的协方差矩阵，分别记为风险平价组合1和风险平价组合2，另外两种为传统的60/40组合。考虑到数据的时间跨度与数据估计窗口的影响，为便于策略之间的比较，假设在2009年12底，每种策略的初始净值为1。

### 18.2.2　回测结果分析

首先来看四种配置策略的净值曲线变化。在样本期末2017年7月31日，四种配置策略的净值分别为1.424、1.445、1.426、1.499，总的来说，四种配置组合的样本期末净值差异并不大。单从净值上看，60/40组合2胜出，但其与风险平价组合2的净值差异较小，而风险平价组合2则胜出风险平价组合1。然而，净值曲线随时间变化过程则较好地将这四类策略区分开来。如图18-1所示，两种风险平价策略的净值曲线非常平稳，回撤较小。两种60/40组合的净值曲线变动则剧烈得多，期间伴随着多次大起大落。特别是在股市波动较大的时期，比如2010年4月至2010年11月、2014年10月至2016年4月等，风险平价策略的表现要稳定得多。

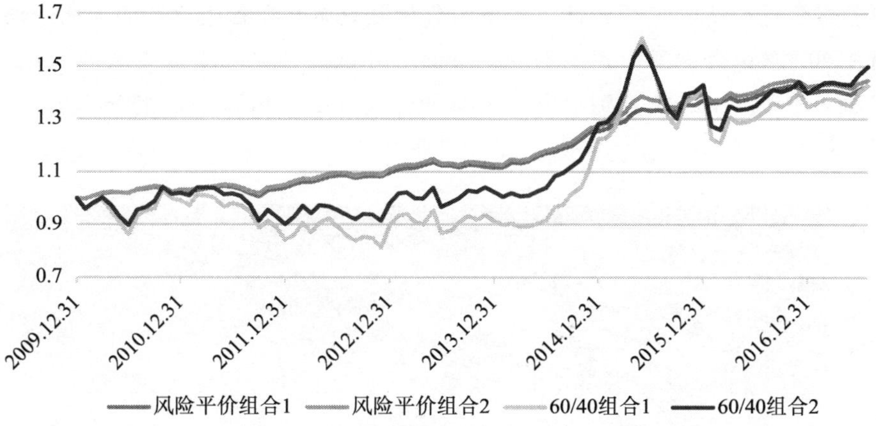


图 18－1　四种配置策略的净值曲线

四种策略净值曲线变动的差异是月收益差异的累积效果。如图 18－2 所示，两种风险平价组合的月收益波动要比两种 60/40 组合小得多，可以说绝大多数时期内，风险平价组合的月收益波动要比两种 60/40 组合小一个数量级，特别是在市场波动剧烈时期二者的差异更明显。因此，通过对比分析，风险平价策略良好的抗波动性得以证实。综合累积净值与月收益率变动情况，风险平价组合的累积净值与 60/40 组合相当，而收益波动则要小得多，从风险与收益权衡角度来看，风险平价组合要大大优于传统的 60/40 组合。

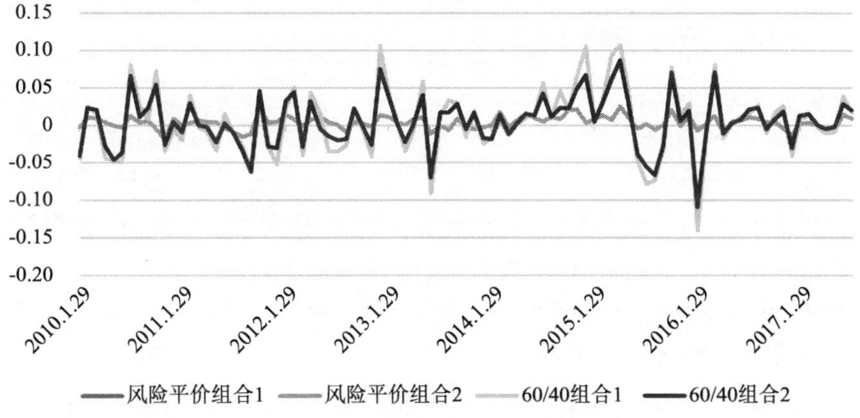


图 18－2　四种配置策略的月收益率曲线

为考察配置策略的可操作性，接下来分析配置策略在各类资产的配比变动情况。由于两种60/40组合的配比恒定不变，下面只分析两种风险平价策略的配比变动情况。图18－3和图18－4分别给出了风险平价组合1和风险平价组合2的资产配比变动图。

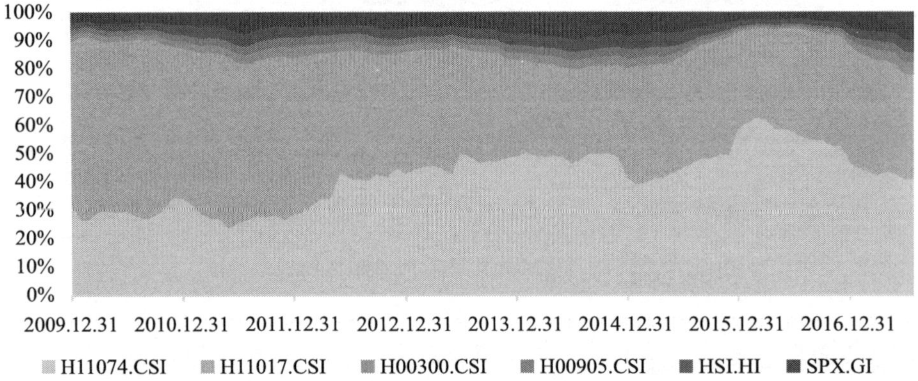


图18－3 风险平价组合1的配置权重变化

注：H11074. CSI、H11017. CSI、H00300. CSI、H00905. CSI、HSI. HI、SPX. GI分别表示中证金边中期国债指数、中证中期企债指数、沪深300指数、中证500指数、恒生指数和标普500指数。

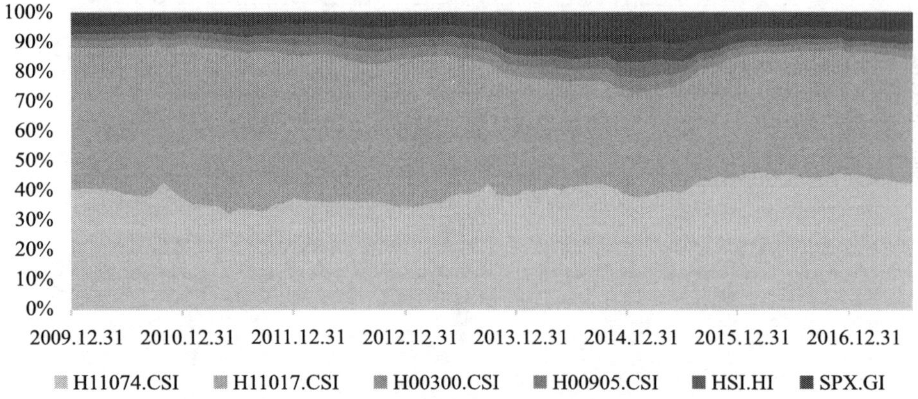


图18－4 风险平价组合2的配置权重变化

注：H11074. CSI、H11017. CSI、H00300. CSI、H00905. CSI、HSI. HI、SPX. GI分别表示中证金边中期国债指数、中证中期企债指数、沪深300指数、中证500指数、恒生指数和标普500指数。

首先来看两种风险平价组合者配比的共同特征。从图18－3和图18－4容易发现，二者配比之间的最突出特征就是二者都在债券类资产上配比较大，绝大多数时期债券类资产的配置都超过了80%。由于股票类资产的波动远远大于债券类资产，而风险平价策略要求二者的风险贡献度平衡，配置往债券类资产大幅倾斜是可以预料得到的。此外，二者在各资产的配比在大多数时期较平稳，且变动幅度较小，这种特性体现了风险平价策略良好的可操作性。

接下来看两种风险平价组合之间配比的差异。两种风险平价组合的差异仅来源于协方差矩阵估计方法的不同，风险平价组合 1 采用过去一年的日数据（约 240 个无重叠日收益数据）估计协方差矩阵，而风险平价组合 2 采用过去两年的周数据（约 100 个无重叠周收益数据）来估计协方差矩阵。比较图 18－3 与图 18－4 可以发现，风险平价组合 2 的配比要比风险平价组合 1 的配比更稳定，操作性更好。理想情况下估计协方差矩阵的收益数据的频率与组合在调整频率应当一致，现实中由于数据样本的时间跨度、数据的平稳性以及协方差矩阵待估参数随资产类别呈现出二次增长等问题，采用月收益数据直接估计协方差矩阵往往不可行。考虑到金融资产波动普遍存在的强持续性和集聚性特征，风险平价组合 2 采用周收益数据估计协方差矩阵可能是一个较好的现实解决方法。通过参数化模型来减少协方差矩阵的待估参数，或者采用稳健估计方法应用月度数据来估计协方差矩阵也是克服月度协方差矩阵估计的可选方案，这将是改进风险平价策略的探索方向。

## 18.3　结论与展望

如何管理好各类资产的风险，同时保持稳定的投资绩效已成为越来越多投资者追求的目标。风险平价策略旨在从风险优化中追求稳定的收益，通过使每个风险因子对组合整体的风险贡献权重相等达到真正意义上的分散风险。与传统的投资策略相比，风险平价策略具有风险均衡、收益稳定的特点，并且可操作性良好。本章对风险平价配置策略的投资理念以及数学模型进行了详细介绍，并通过股债资产配置实证检验了风险平价组合的特征。实证结果表明，在 2007 年 12 月 31 日至 2017 年 7 月 31 日期间，以沪深 300 指数、中证 500 指数、中证金边中期国债指数、中证中期企债指数、恒生指数、标普 500 指数为大类资产配置对象，通过风险平价策略配置的股债组合取得了传统 60/40 股债组合配置相近的累积净值，而其收益波动风险基本上小一个数量级，体现了风险平价策略优异的风险收益特征。通过比较两种不同协方差矩阵估计方法下的风险平价组合发现，基于过去两年周收益数据的风险平价组合要优于基于过去一年日收益数据的风险平价组合，而后者正是上证股债风险平价指数编制时所采用的协方差矩阵估计方法。借助参数化模型来减少协方差矩阵的待估参数或者采用稳健估计方法应用月度数据来估计协方差矩阵，使得估计协方差矩阵的收益数据的频率与组合在调整频率一致，将是改进风险平价策略的探索方向。

# 19.
# 基于风险预算方法的资产配置策略

尽管2008年爆发的美国次贷危机以及紧随其后的欧债危机已经平息，但这些危机给全球经济与金融系统造成的严重破坏以及给人们带来的冲击仍未远去。投资者的风险厌恶程度不断攀升，投资策略的透明性、安全性和稳健性在投资决策中的重要性日益凸显，那些成功挺过金融危机的投资理念越来越受到投资者欢迎。

在发达国家投资行业，风险管理在投资过程中的重要性被进一步提升。尽管传统资产配置策略也十分重视投资组合的风险，但大多数配置方法主要关注组合的总风险，较少考虑风险的结构性特征。绝大多数大类资产配置的量化模型基本上都以马科维茨的均值—方差模型为基础，目标是在给定组合风险水平的条件下，寻找预期收益最高的权重配置。这类策略考虑到了组合整体的风险，但其忽视了风险的构成，使得给出的最优配置中组合风险常集中于一种或几种资产上，最优组合的表现将高度依赖于少数几种高配资产的收益状况。一旦高配资产的投资风险爆发，整个组合的表现将大受影响。

近年来，许多投资经理开始关注理想的组合风险结构，借助启发式的风险配置方法来完成整个资产配置。风险平价方法是其中的杰出代表，具有风险均衡、收益稳定的特点，其配置过程主要由量化模型完成，最终组合的风险结构由模型决定。换句话说，风险平价方法给投资者选择风险结构的余地较小。本章将介绍一种新的启发式资产配置方法，它是风险平价方法的拓展，即风险预算方法。在此框架下，投资者可以根据自身的风险承担能力，通过指定各类资产的风险贡献度来完成组合的风险预算，最终得到相应的配置。

# 19.1 风险预算配置方法

风险预算策略旨在通过风险预算过程（将组合的总风险分配给每类资产的过程）来优化风险结构，完成大类资产配置。

## 19.1.1 模型设定

假设共有 $n$ 个可投资资产，记$R_i$为第 $i$ 个资产的简单收益率，$\sigma_i^2$为$R_i$的方差，$\sigma_{ij}$为$R_i$和$R_j$的协方差，$\sum = (\sigma_{ij})$ 表示收益协方差矩阵。记$x_i$为第 $i$ 个资产在投资组合中的权重，则投资组合可用 $n$ 维向量表示，记为 $x=(x_1,x_2,\cdots,x_n)^T$。采用标准差作为风险度量指标，则投资组合的总风险可以表示为：

$$\sigma(x) = \sqrt{x^T \sum x} = \sqrt{x_i^2\sigma_i^2 + \sum_i \sum_{j\neq i} x_i x_j \sigma_{ij}} \tag{1}$$

第 $i$ 个资产对投资组合 $x$ 的边际风险贡献为：

$$\partial_{x_i}\sigma(x) = \frac{\partial\sigma(x)}{\partial x_i} = \frac{x_i\sigma_i^2 + \sum_{j\neq i} x_j\sigma_{ij}}{\sigma(x)} = \frac{(\sum x)_i x_i}{\sigma(x)} \tag{2}$$

其中，$(\sum x)_i$ 表示向量 $\sum x$ 的第 $i$ 个元素。第 $i$ 个资产对投资组合 $x$ 的总风险贡献便可表示为 $\sigma_i(x)=x_i\partial_{x_i}\sigma(x)$，则投资组合的总风险可以表示为每个资产的边际风险贡献之和：

$$\sigma(x)_i = \sigma_i(x) \tag{3}$$

记 $b_i$ 为第 $i$ 个资产对投资组合 $x$ 的总风险贡献度，即：

$$b_i = \frac{\sigma_i(x)}{\sigma(x)} \tag{4}$$

那么，组合的风险预算可以表示为 $n$ 维向量，记为 $b=(b_1,b_2,\cdots,b_n)^T$，根据（3）式，有：

$$\sum_i b_i = 1 \tag{5}$$

理论上，第 $i$ 个资产的总风险贡献 $\sigma_i(x)$ 可能为负，这时 $b_i$ 取负值。然而，通常情况下，投资者在选定的资产类别都做好了承担一定风险的准备，预期到选定的每种资产对组合的总风险都有正贡献，制定的风险预算 $b=(b_1,b_2,\cdots,b_n)^T$ 不会考虑存在负值和零的情况。因此，可以合理地将风险预算的取值加以限制，即：

$$b\in(0,1)^n \tag{6}$$

风险预算策略旨在通过风险预算过程（将组合的总风险分配给每类资产的过程）来优化风险结构，完成大类资产配置。用 $b=(b_1,b_2,\cdots,b_n)^T$ 表示最终制定好的风险预算，接下来将要寻找满足该风险预算的投资组合，即该投资组合中第 $i$ 个资产对投资组合的总风险贡献度为 $b_i$。实际应用中，通常需要对每个资产的权重施加一些必要限制，比如，资产不允许卖空。根据前述分析，满足风险预算的组合应当满足下列条件：

$$\sigma_i(x)=b_i\sigma(x),\ \forall i=1,\cdots,n \tag{7}$$

$$\sum_i x_i=1 \tag{8}$$

$$x\in[0,1]^n \tag{9}$$

其中，风险预算 $b=(b_1,b_2,\cdots,b_n)^T$ 满足约束条件式（5）和式（6）。

可以证明，当风险预算 $b$ 满足约束条件式（5）~（6）时，式（7）~（9）定义的风险预算组合存在且唯一。因此，在合理的风险预算下，风险预算组合是可行组合。

### 19.1.2 特殊情形

当风险预算为等风险贡献度预算时，即 $b=\left(\frac{1}{n},\frac{1}{n},\cdots,\frac{1}{n}\right)^T$ 时，由式（7）有：

$$\sigma_i(x)=\sigma_j(x),\ \forall i,j=1,\cdots,n$$

这时，风险预算配置便退化为风险平价配置。

在资产类别只有两种时，假设二者收益的相关系数为 $\rho$，根据式（7）~（9）求解可以得到相应的风险预算配置为：

$$x_1=\frac{(b_1-0.5)\rho\sigma_1\sigma_2-b_1\sigma_2^2+\sigma_1\sigma_2\sqrt{(b_1-0.5)^2\rho^2+b_1(1-b_1)}}{(1-b_1)\sigma_1^2-b_1\sigma_2^2+2(b_1-0.5)\rho\sigma_1\sigma_2}$$

$$x_2=1-x_1 \tag{10}$$

根据式（10），即使在只有两种资产类别时，风险预算配置依赖于相关系数，这与风险平价配置有所区别。

### 19.1.3 求解方法

在通常情况下，无法通过式（7）~（9）求得风险预算策略的解析解。显然，如果还要考虑更复杂的权重限制条件，风险预算策略不大可能存在解析解。为此，需要寻找有效的数值求解方法。类似于风险平价策略的数值求解方法，可以将式（7）~（9）的求解问题转化为如下优化问题：

$$x^* = \operatorname{argmin} f(x) \tag{11}$$

$$\text{s.t.} \sum_i x_i = 1$$

$$x \in [0,1]^n$$

其中，

$$f(x) = \sum_{i,j} \left[ x_i \left( x_i \sigma_i^2 + \sum_{j \neq i} x_j \sigma_{ij} \right) - b_i x_j \left( x_j \sigma_j^2 + \sum_{i \neq j} x_i \sigma_{ji} \right) \right]^2$$

优化问题（11）是典型的二次规划。当风险预算满足约束条件式（5）（6）时，该问题可以通过有效的数值优化算法求解。

## 19.2 基于风险预算方法的股债配置实证分析

### 19.2.1 股票和债券资产类别

传统的大类资产主要指国内股票和债券。股票可细分为大盘股和中小股，而债券可细分为国债和公司债等。随着全球证券市场的不断发展以及市场间互联互通的不断推进，可供国内投资者选择的投资品种和投资渠道越来越多。国内投资者越来越关注香港证券市场、欧美证券市场等成熟发达证券市场。因此，大类资产配置实证分析将考察包括国内股票、国内债券、国外股票共三大类资产。其中，国内股票的代表为沪深 300 指数和中证 500 指数，国内债券的代表为中证金边中期国债指数和中证中期企债指数，国外股票的代表为恒生指数和标普 500 指数。选择这些大类资产的一个重要原因是它们在国内都有 ETF 产品，资产配置得到的组合可以通过

FOF 的形式加以实施。数据时间跨度为 2008 年 1 月 2 日至 2017 年 7 月 31 日。

图 19－1 给出了沪深 300 指数、中证 500 指数、中证金边中期国债指数、中证中期企债指数、恒生指数和标普 500 指数 2008 年 1 月 2 日至 2017 年 7 月 31 日的走势图，各指数在 2008 年 1 月 2 日标准化为 1 000 点。

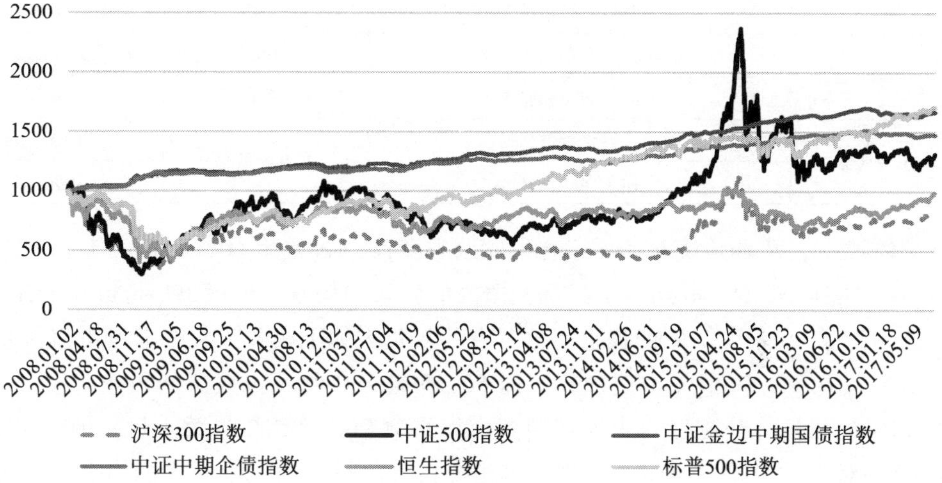


图 19－1　各类资产的价格走势

### 19.2.2　回测的配置策略

风险预算策略是一个单期策略，具体实施时需要确定时期长度、估计相应的资产收益的协方差矩阵。资产收益的波动性以及资产收益之间的相关性会随时间不断变化。因此，风险预算策略必须做出相应调整以保持既定的风险预算结构。为了兼顾参数估计的可靠性和参数的时效性，以月度频率更新协方差矩阵的估计，在此基础上对组合进行再平衡调整。

关于协方差矩阵的估计，考虑到样本数据时间跨度有限，采用足够时长的月度数据来估计相应的协方差矩阵可能会使得考察组合样本外表现时的样本时长不足。借鉴上证股债风险平价指数编制的做法，以及第 2 章基于风险平价方法的资产配置策略的相关实证结果，将采用过去两年的周数据（约 100 个无重叠周收益数据）来估计协方差矩阵。

为了比较按风险预算配置资产与按资金占比配置资产的异同，实证分析中设计了 4 种配置策略，即按资金占比配置的传统 60/40 股债组合以及按风险占比配置的股债组合，分别见表 19 –1 和表 19 –2。

**表 19 –1　　60/40 股债组合**

| 资产类别 | 细分类别指数（或 ETF） | 60/40 组合 1 | 60/40 组合 2 |
|---|---|---|---|
| A 股 | 沪深 300 指数 | 40% | 26.6% |
| | 中证 500 指数 | 20% | 13.4% |
| 债券 | 中证金边中期国债指数 | 20% | 20% |
| | 中证中期企债指数 | 20% | 20% |
| 非 A 股股票 | 恒生指数 | 不配置 | 10% |
| | 标普 500 指数 | | 10% |

具体说来，两种传统 60/40 组合中股票类资产总权重为 60%，债券类资产总权重为 40%。其中，60/40 组合 1 只配置国内的股票和债券，沪深 300 指数和中证 500 指数分别配置 40% 和 20% 的权重，这二者的权重大体上按与指数成分股市值占总市值的比率成比例，近似按市值加权。而 60/40 组合 2 将国内股票的权重降至 40%，而将 20% 的权重等分配置到非 A 股股票恒生指数和标普 500 指数。与两种传统 60/40 组合相对应的风险预算组合分别为以相应权重向量作为风险预算的组合，即组合中总风险的 60% 来自股票，而 40% 来自债券。

**表 19 –2　　风险预算组合**

| 资产类别 | 细分类别指数（或 ETF） | 60/40 风险预算 1 | 60/40 风险预算 2 |
|---|---|---|---|
| A 股 | 沪深 300 指数 | 40% | 26.6% |
| | 中证 500 指数 | 20% | 13.4% |
| 债券 | 中证金边中期国债指数 | 20% | 20% |
| | 中证中期企债指数 | 20% | 20% |
| 非 A 股股票 | 恒生指数 | 不配置 | 10% |
| | 标普 500 指数 | | 10% |

此外，报告还考虑两种动态风险预算策略——积极型风险预算策略和保守型风险预算策略，它们涉及的风险预算根据资产的波动性设定。具体来说，积极型风险预算分配给资产的风险贡献度与其波动性成正比，即：

$$b_i = \frac{\sigma_i}{\sum_i \sigma_i}$$

其中，$\sigma_i$ 为第 $i$ 个资产收益的标准差。

保守型风险预算分配给资产的风险贡献度与其波动性的倒数成正比，即：

$$b_i = \frac{1/\sigma_i}{\sum_i 1/\sigma_i}$$

综上，接下来将考虑 6 种配置策略的实证表现，其中有 4 种风险预算策略，以及 2 种传统的 60/40 组合。考虑到数据的时间跨度与数据估计窗口的影响，为便于策略之间的比较，假设在 2008 年初，每种策略的初始净值为 1。

### 19.2.3 回测结果分析

为了综合考察配置组合，需要从多个角度来分析组合的风险收益特征。本部分主要分析组合的月收益分布，给出基本的描述统计指标（均值、标准差、偏度、峰度），以及常用的年化风险收益指标（年化收益、年化波动、年化夏普比率）。此外，考虑到亏损和极端亏损的重要性，本部分还将给出相应的风险指标，如最大回撤、下半标准差、低于目标收益的损失标准差、历史 VaR（95% 置信度水平）、历史 ES（95% 置信度水平）等。

图 19－2 给出了 8 种配置策略的累积净值曲线。总体上来看，4 种风险预算类组合的累积净值曲线要比 2 种 60/40 组合平滑得多。尽管积极型风险预算组合的累积净值曲线在 2015 年股市大波动期间也有所起伏，但其波动幅度也比 2 种 60/40 组合要小。与 2 种 60/40 组合相比，相应的 60/40 风险预算组合的累积净值曲线要平滑得多。

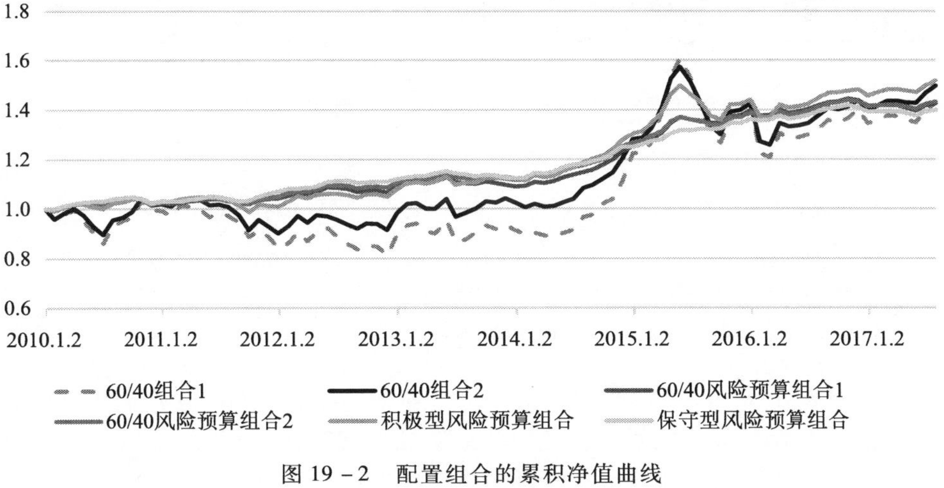


图 19－2　配置组合的累积净值曲线

表 19－3 给出了样本期末 2017 年 7 月 31 日的累积净值。其中，积极型风险预算组合的期末累积净值最大，保守型风险预算组合的期末累积净值最小。

**表 19－3　　配置组合的期末累积净值**

| 组合 | 期末累积净值 |
|---|---|
| 60/40 组合 1 | 1.426 |
| 60/40 组合 2 | 1.497 |
| 60/40 风险预算组合 1 | 1.425 |
| 60/40 风险预算组合 2 | 1.432 |
| 积极型风险预算组合 | 1.518 |
| 保守型风险预算组合 | 1.399 |

净值曲线变动的差异是月收益差异的累积效果。如图 19－3 所示，在绝大多数月份，5 种风险预算组合的波动较小（积极型风险预算组合除外）。特别地，60/40 组合与相应的 60/40 风险预算组合形成了鲜明对比。积极型风险预算组合的波动较大也是符合预期的，因其风险预算分配给波动较大资产的份额较多。

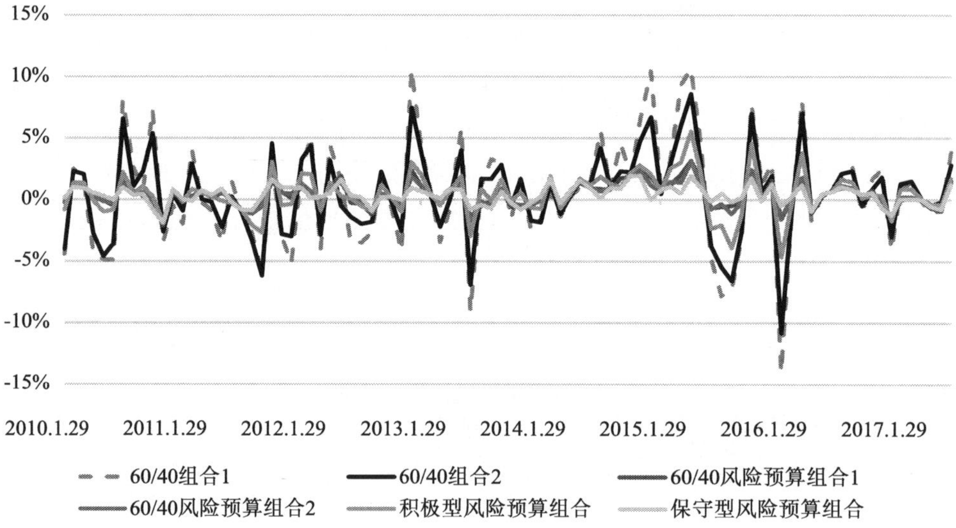


图 19－3　配置组合的月收益率时间序列

表 19－4 给出了配置组合的月收益率描述性统计量。首先来看 2 个 60/40 组合。60/40 组合 2 配置了国外股票，收益性和分散性要比只配置了国内股票的 60/40 组合 1 要好，这体现在其月收益的均值较大而方差较小，特别是方差的减小幅度较大。

再来比较60/40组合及其相应的60/40风险预算组合。尽管2种60/40风险预算组合的月收益均值都比相应的60/40组合要小，但月收益方差的减小幅度更大，60/40风险预算组合的月收益方差基本上只有相应的60/40组合的1/4或1/3。接下来比较积极型风险预算组合与保守型风险预算组合。与理论预期一致，积极型风险预算组合的月收益方差比保守型风险预算组合要大很多，同时组合的月收益均值也有了较大提高，基本达到了60/40组合1的水平。

表19-4中各种配置组合收益的四分位数也体现了较大差异。整体上，4种风险预算组合的3/4分位数与1/4分位数之差要比60/40组合小很多，收益的极端值（最大值和最小值）的绝对值也小很多。这说明，风险预算组合的收益分布整体上比传统60/40组合的收益分布更集中。事实上，表19-4中各种配置组合收益的偏度与丰度进一步验证了这个结论。

**表19-4　　配置组合的月收益率描述性统计**

| | 60/40 组合1 | 60/40 组合2 | 60/40 风险预算组合1 | 60/40 风险预算组合2 | 积极型风险预算组合 | 保守型风险预算组合 |
|---|---|---|---|---|---|---|
| 最小值 | -13.98% | -10.83% | -2.09% | -1.95% | -4.66% | -1.88% |
| 1/4 分位数 | -2.53% | -1.74% | -0.35% | -0.25% | -0.46% | -0.06% |
| 中位数 | 0.78% | 0.48% | 0.30% | 0.44% | 0.43% | 0.39% |
| 3/4 分位数 | 2.81% | 2.32% | 1.01% | 1.05% | 1.42% | 0.91% |
| 最大值 | 10.66% | 8.61% | 3.16% | 3.08% | 5.55% | 1.96% |
| 均值 | 0.49% | 0.50% | 0.39% | 0.40% | 0.47% | 0.37% |
| 标准差 | 4.40% | 3.42% | 1.00% | 0.95% | 1.67% | 0.76% |
| 偏度 | -0.0708 | -0.2503 | 0.144 | 0.075 | -0.096 | -0.2008 |
| 峰度 | 0.7139 | 0.6699 | -0.0613 | 0.0249 | 1.1542 | 0.005 |

表19-5给出了配置组合的主要风险收益特征指标。假设无风险利率为年化4%。这些指标主要有三类：基于收益分布前二阶矩的风险收益指标、损失波动指标、极端损失风险指标。

**表19-5　　配置组合的风险收益特征**

| | 60/40 组合1 | 60/40 组合2 | 60/40 风险预算组合1 | 60/40 风险预算组合2 | 积极型风险预算组合 | 保守型风险预算组合 |
|---|---|---|---|---|---|---|
| 平均年化收益 | 5.84% | 6.03% | 4.74% | 4.80% | 5.68% | 4.47% |

续表

| | 60/40<br>组合 1 | 60/40<br>组合 2 | 60/40 风险<br>预算组合 1 | 60/40 风险<br>预算组合 2 | 积极型风险<br>预算组合 | 保守型风险<br>预算组合 |
|---|---|---|---|---|---|---|
| 年化波动 | 15.24% | 11.85% | 3.48% | 3.29% | 5.78% | 2.64% |
| 年化夏普比率 | 12.06% | 17.14% | 21.24% | 24.34% | 29.10% | 17.70% |
| 下半标准差 | 3.10% | 2.47% | 0.69% | 0.66% | 1.19% | 0.55% |
| 损失标准差 | 2.75% | 2.27% | 0.50% | 0.50% | 1.11% | 0.45% |
| 最大回撤 | 24.76% | 19.98% | 3.34% | 2.70% | 9.20% | 3.04% |
| 历史 VaR | -5.67% | -5.04% | -1.14% | -1.14% | -2.20% | -0.84% |
| 历史 ES | -8.86% | -7.21% | -1.61% | -1.51% | -3.30% | -1.16% |
| 历史 VaR1 | -6.73% | -5.29% | -1.21% | -1.13% | -2.26% | -0.92% |
| 历史 ES 1 | -9.17% | -7.35% | -1.57% | -1.51% | -3.32% | -1.27% |

注：夏普比率假设无风险年利率等于4%。下半标准差描述低于平均收益时损失的波动、而损失标准差对应低于目标收益为4%的损失波动。所有历史在险价值 VaR 和历史条件在险价值 ES 的置信度水平都为95%，历史 VaR 1 和历史 ES 1 考虑了对收益分布的偏度和峰度进行适当的调整，对负偏度和峰度施加惩罚。

首先来看配置组合的夏普比率。四种风险预算组合的夏普比率都超越了两种60/40组合。两种60/40风险预算组合的夏普比率更是大幅超越了相应的60/40组合。从年化收益与年化波动数据来看，夏普比率的改进主要源自于波动的减少。特别地，积极型风险预算组合的夏普比率最大。

再来看配置组合的损失波动情况。四种风险预算组合的损失波动普遍比两种60/40组合小很多，下半标准差和损失标准差基本都在60/40组合的一半以下。在最大回撤方面，风险预算组合与60/40组合的差距更大。除了积极型风险预算组合外，其他三种风险预算组合的最大回撤约为3%，而积极型风险预算组合的最大回撤也只有9.2%。这与两种60/40组合的最大回撤（分别为24.76%和19.98%）形成鲜明对比。

最后来看配置组合的单月极端损失风险。历史在险价值 VaR 和历史条件在险价值 ES 指标清晰表明，四种风险预算组合的单月极端损失风险普遍比两种60/40组合小很多。

## 19.3 结论与展望

近年来，投资者的风险厌恶程度不断攀升，投资策略的透明性、安全性和稳健性在投资决策中的重要性日益凸显。投资行业对资产配置组合的风险结构越来越重视，许多投资经理借助启发式的风险配置方法来完成整个资产配置。风险平价方法是其中的杰出代表，但风险平价方法给投资者选择风险结构的余地较小。风险预算方法是风险平价方法的拓展，投资者可以根据自身的风险承担能力，通过指定各类资产的风险贡献度来完成组合的风险预算进而完成资产配置。

本章对风险预算方法的投资理念以及数学模型进行了详细介绍，并通过股债资产配置来实证检验风险预算组合的特征。在 2008 年 1 月至 2017 年 7 月期间，以沪深 300 指数、中证 500 指数、中证金边中期国债指数、中证中期企债指数、恒生指数、标普 500 指数为大类资产配置对象，考察了两种 60/40 组合以及相应的 60/40 风险预算组合、积极型风险预算组合和保守型风险预算组合的配置效果。结果表明，总体上风险预算组合的月收益均值有所减小，但月收益的方差减小幅度更大，因而其风险收益比有较大的改善；与此同时，风险预算组合的损失波动、最大回撤、单月极端风险有大幅改善。

# 20. 基于风险平价方法的行业配置策略

在构建投资组合时，风险平价策略放弃了对回报率的预测而将重点放在了对风险编制预算的环节，试图对投资组合的风险结构进行优化。在大类资产配置问题中，通常所选择的待配置资产类别之间的相关性较低。通过风险平价方法得到的配置组合一般不会暴露在单一资产类别的风险敞口中，能够实现真正的风险分散化。

前文对风险平价配置策略的投资理念以及数学模型进行了详细介绍，并通过股债资产配置实证检验了风险平价组合的特征。结果表明，在大类资产配置方面，风险平价方法实现了从风险优化中追求稳定收益的目标。风险平价方法在行业配置是否有用武之地？沿着自上而下的投资过程，本章将运用风险平价方法对A股市场构建行业组合，分析其风险收益特征。

## 20.1 行业组合配置方法

假设共有 $n$ 个可投资行业组合，记$R_{i,t}$为第 $i$ 个行业组合的第 $t$ 期简单收益率，$\sigma_{i,t}^2$为$R_{i,t}$的方差，$\sigma_{ij,t}$为$R_{i,t}$和$R_{j,t}$的协方差，$\sum_t = (\sigma_{ij,t})$ 表示收益协方差矩阵。记$x_{i,t}$为第 $t$ 期末第 $i$ 个资产在投资组合中的权重，则第 $t$ 期投资组合可用 $n$ 维向量表示，记为$x_t = (x_{1,t}, x_{2,t}, \cdots, x_{n,t})^T$。

### 20.1.1 风险平价

《基于风险平价方法的大类资产配置策略》对风险平价配置策略的数学模型进行了详细介绍，第 $t$ 期末的行业配比 $x_t=(x_{1,t},x_{2,t},\cdots,x_{n,t})^T$ 可以通过求解下列优化问题得到：

$$x_t^* = \operatorname{argmin} f(x_t) \tag{1}$$

$$\text{s.t.} \sum_i x_{i,t} = 1$$

$$x_t \in [0,1]^n$$

其中，

$$f(x_t) = \sum_{i,j} [x_{i,t}(x_{i,t}\sigma_{i,t}^2 + \sum_{j\neq i} x_{j,t}\sigma_{ij,t}) - x_{j,t}(x_{j,t}\sigma_{j,t}^2 + \sum_{i\neq j} x_{i,t}\sigma_{ji,t})]^2$$

优化问题（1）通常情况下没有解析解，但当资产之间的相关性相等时，可以得到风险平价策略 $x_t^*$ 的解析解：

$$x_{i,t}^* = \frac{\sigma_{i,t}^{-1}}{\sum_i \sigma_{i,t}^{-1}} \qquad i = 1,2,\cdots,n \tag{2}$$

（2）式表明，这时风险平价策略不依赖于相关性。在资产类别只有两种时，资产之间相关性相等这个条件自动满足。因此，两种资产情形下的风险平价策略直接由（2）式得到。资产收益率之间互不相关是资产之间相关性相等的特殊情形，这时风险平价策略直接由（2）式得到。（2）式常被称为简单风险平价策略的部分原因就在此，即忽略资产类别之间相关性的风险平价策略。

在接下来的实证分析中，报告将考虑基于优化问题（1）的风险平价策略，以及由（2）式给出的简单风险平价策略。为求解优化问题（1），需要给出协方差矩阵的估计。考虑到资产收益的波动性以及资产收益之间的相关性随时间不断变化，风险平价策略必须做出相应的调整以保持风险结构的平衡特征。为了兼顾参数估计的可靠性和参数的时效性，以月度频率更新协方差矩阵的估计，在此基础上对组合进行再平衡调整。

关于协方差矩阵的估计，考虑到样本数据时间跨度有限，报告将考虑采用月数据、周数据或日数据来估计协方差矩阵。具体而言，采用三种方法来估计协方差矩阵，分别基于：

（1）过去六年的月数据（72 个无重叠月收益数据）。

（2）过去两年的周数据（约 100 个无重叠周收益数据）。

（3）过去一年的日数据（约 240 个无重叠日收益数据）。

这样便得到三种风险平价组合，分别记为风险平价组合（月）、风险平价组合（周）、风险平价组合（日）。类似地，同时可以得到三种简单风险平价策略，分别记为简单风险平价组合（月）、简单风险平价组合（周）、简单风险平价组合（日）。

### 20.1.2 市值加权

市值加权配置是应用最广泛的典型被动配置方法之一。著名的资本资产定价模型揭示，按市值加权的市场组合是市场均衡时的最优风险资产组合。随着有效市场假说的提出和发展，特别是围绕弱式有效市场假说和半强式有效市场假说展开的海量实证分析和整体上的支撑性结论，按市值加权的被动型配置方法得到了极大发展，比如全球各种被动型 ETF 产品的崛起。

具体而言，在 2011 年 8 月 31 日首次建立市值加权组合时，根据各行业指数对应的市值配比各行业权重，建立组合后采用下式在每月末更新权重：

$$x_{i,t} = \frac{x_{i,t-1} \times (1 + R_{i,t})}{\sum_i x_{i,t-1} \times (1 + R_{i,t})}, i = 1,2,\cdots,n \tag{3}$$

（3）式实质上是模拟按期初市值建立组合后的买入并持有策略。

### 20.1.3 等权配置

等权配置方法也是历史悠久的配置方法。尽管该方法的配置过程没有用到任何关于行业走势的信息，也不试图对行业的收益或波动走势进行任何预判，但其组合配置效果并不差，甚至有基于美国股市数据的著名研究将该方法与许多基于现代投资组合理论的配置方法进行比较分析，认为没有该方法能够系统一致地战胜该方法。显然，等权配置的权重可表示为：

$$x_{i,t} = \frac{1}{n} \quad i = 1,2,\cdots,n \tag{4}$$

# 20.2 基于风险平价方法的A股行业配置实证分析

## 20.2.1 行业数据

中证全指行业指数系列的一级行业指数作为行业组合的代表，共包括10条一级行业指数，数据时间跨度为2004年12月底至2017年8月底。中证全指行业指数系列在编制过程中参考国际主流行业分类标准，并结合我国上市公司特点进行调整，将股票分为能源、原材料、工业等共10个行业，选择流动性和市场代表性较好的股票构成样本股。表20－1列出了10个中证全指一级行业指数的基本情况。各指数的成分股个数都超过了50个，能够较好地反映各行业的整体走势。考虑到指数的发布日期为2011年8月2日，为避免可能的前视偏差，实证分析中的组合回测时段指定为2011年8月底至2017年8月底，策略组合将首次在2011年8月底形成，随后在每月末调整。特别地，2011年8月31日的A股市值将用来构建按市值加权的买入并持有行业组合。

**表20－1　　中证全指一级行业指数基本情况**

| 证券代码 | 证券简称 | 基期 | 发布日期 | 成分个数 | A股市值（元） |
|---|---|---|---|---|---|
| 000986.SH | 全指能源 | 2004.12.31 | 2011.08.02 | 50 | 3 259 072 468 912 |
| 000987.SH | 全指材料 | 2005.01.01 | 2011.08.02 | 385 | 2 379 324 692 460 |
| 000988.CSI | 全指工业 | 2005.01.02 | 2011.08.02 | 648 | 2 748 506 095 901 |
| 000989.SH | 全指可选 | 2005.01.03 | 2011.08.02 | 381 | 1 538 558 516 864 |
| 000990.SH | 全指消费 | 2005.01.04 | 2011.08.02 | 136 | 1 223 904 594 556 |
| 000991.SH | 全指医药 | 2005.01.05 | 2011.08.02 | 197 | 730 904 917 168 |
| 000992.SH | 全指金融 | 2005.01.06 | 2011.08.02 | 139 | 4 704 033 827 327 |
| 000993.SH | 全指信息 | 2005.01.07 | 2011.08.02 | 351 | 684 570 884 612 |
| 000994.CSI | 全指电信 | 2005.01.08 | 2011.08.02 | 53 | 289 055 857 405 |
| 000995.CSI | 全指公用 | 2005.01.09 | 2011.08.02 | 72 | 440 072 724 283 |

注：A股市值对应的日期为2011.08.31，不含限售股。

数据来源：Wind资讯，国信证券博士后工作站。

图 20－1 给出了中证全指一级行业指数 2004 年 12 月底至 2017 年 8 月底的走势图。其中，最明显的特征便是 10 个行业指数同起同落，而且在市场大幅波动时段（比如 2006 年初至 2009 年底的牛—熊—牛交替，2014 年底至 2015 年底的牛—熊—牛—熊交替）更为突出。不难理解，各大行业指数同起同落这一特征将对行业配置提出了极大挑战。

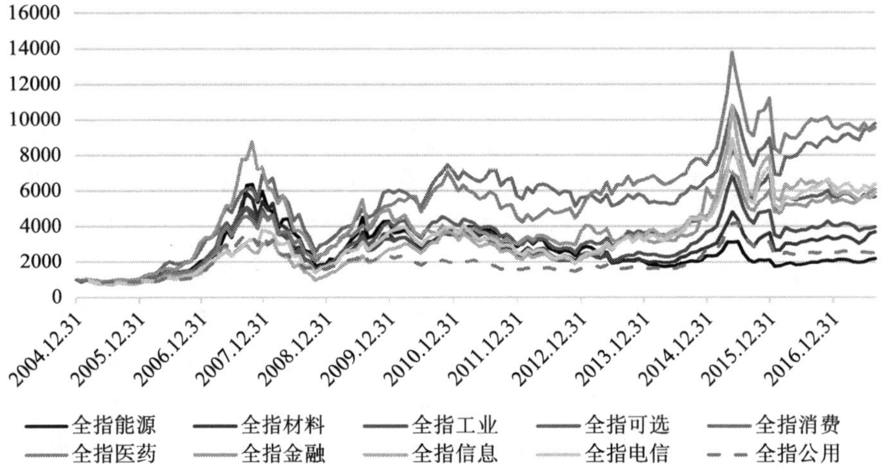


图 20－1　中证全指一级行业指数走势

数据来源：Wind 资讯、国信证券博士后工作站

## 20.2.2　回测结果分析

为了综合考察行业配置组合的效果，需要从多个角度来描述行业配置组合的风险收益特征。这里主要分析行业配置组合的月收益分布，给出基本的描述统计指标（均值、标准差、偏度、峰度），以及常用的年化风险收益指标（年化收益、年化波动、年化夏普比率）。此外，考虑到亏损和极端亏损的重要性，还将给出相应的风险指标［最大回撤、下半标准差、低于目标收益的损失标准差、历史 VaR（95% 置信度水平）、历史 ES（95% 置信度水平）等］。

在回测时段（2011 年 8 月底至 2017 年 8 月底）考察包括市值加权组合、等权组合、3 种风险平价组合［风险平价组合（月）、风险平价组合（周）、风险平价组合（日）］以及 3 种简单风险平价策略［简单风险平价组合（月）、简单风险平价组合（周）、简单风险平价组合（日）］共 8 种行业配置组合的配置效果。为便于策略之间的比较，假设在2011年8底，每种策略的初始净值为1。

在回测期末2017年8月31日，8种行业配置策略的期末累积净值见表20－2。首先，从期末累积净值来看，市值加权组合的期末累积净值最低，等权重组合的表现也较差；相反，6种风险平价策略的表现较好，且累积净值差别不大。其次，3种简单风险平价组合都比相应的风险平价组合表现要好，风险平价组合（日）在3种风险平价组合中表现最好，简单风险平价组合（日）在3种简单风险平价组合中表现最好。

**表20－2　8种行业配置组合的期末累积净值表**

| 组合 | 期末累积净值 |
| --- | --- |
| 市值加权组合 | 1.350 |
| 等权重组合 | 1.474 |
| 风险平价组合（月） | 1.503 |
| 风险平价组合（周） | 1.502 |
| 风险平价组合（日） | 1.512 |
| 简单风险平价组合（月） | 1.503 |
| 简单风险平价组合（周） | 1.518 |
| 简单风险平价组合（日） | 1.534 |

图20－2给出了8种行业配置策略的累积净值曲线。首先，8种行业配置策略的净值波动过程非常类似，重现了图20－1中行业指数之间同起同落的特征，每种策略都没能躲过累积净值的大起大落。8种行业配置策略都是全仓各投资行业组合，因此，各行业指数同起同落将直接导致这些行业配置组合同起同落就不足为奇了。其次，尽管3种简单风险平价策略随时间慢慢积累了少许优势，但大多数时期内和等权重策略以及3种风险平价策略的差异非常小。从某种意义上，可以认为风险平价策略退化为等权重策略。

净值曲线变动的差异是月收益差异的累积效果。如图20－3所示，在绝大多数月份里，8种行业配置组合的月收益非常接近，只是在少数月份里市值加权组合的波动更剧烈一点（比如，2015年10月底至2015年1月底）。为了对这些行业配置策略进行较精细的区分，接下来对月收益进行定量分析。

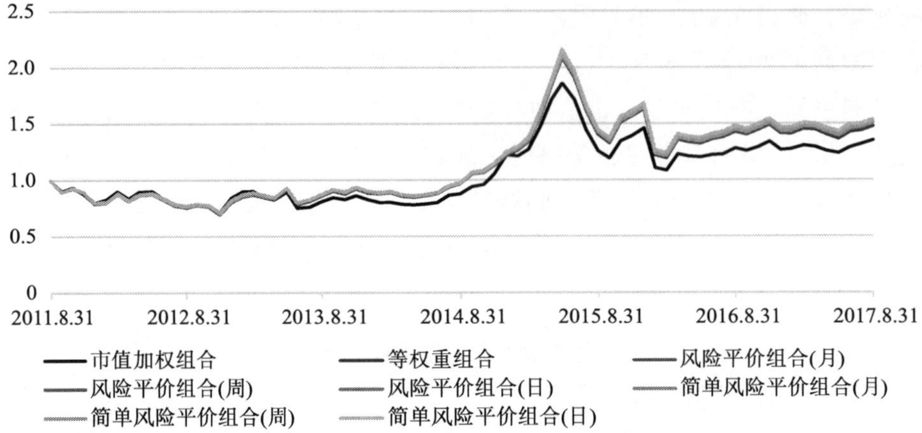


图 20－2　8 种行业配置组合的累积净值曲线

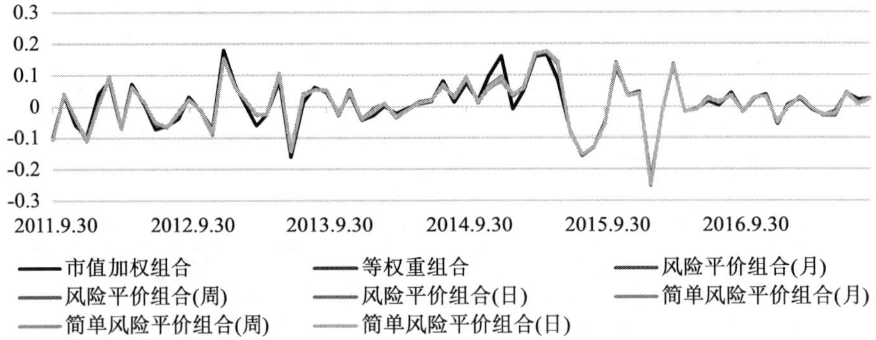


图 20－3　8 种行业配置组合的月收益率时间序列

表 20－3 给出了 8 种行业配置组合的月收益率描述性统计特征。首先，8 种行业配置组合的月收益许多共同的分布特征：均值远小于标准差，收益率信噪比较低；绝对值较大的负偏度和峰度，反映出厚尾非对称特征，衡量风险收益特征时需要对这些特征加以考虑。其次，尽管市值加权组合月收益率的均值最小，但其标准差最大。当采用只考虑收益分布前二阶矩特征的风险—收益比指标时，市值加权组合将表现不佳。然而，市值加权组合同时还具有绝对值最小的负偏度和峰度，在考虑高阶矩的风险收益比指标时其表现可能有所改观。

**表 20－3　　8 种行业配置组合的月收益率描述性**

| | 均值 | 标准差 | 偏度 | 峰度 |
|---|---|---|---|---|
| 市值加权组合 | 0.71% | 7.60% | －0.305 | 4.0811 |

续表

| | 均值 | 标准差 | 偏度 | 峰度 |
|---|---|---|---|---|
| 等权重组合 | 0.83% | 7.59% | -0.4421 | 4.2774 |
| 风险平价组合（月） | 0.85% | 7.52% | -0.4302 | 4.2877 |
| 风险平价组合（周） | 0.85% | 7.47% | -0.4416 | 4.328 |
| 风险平价组合（日） | 0.86% | 7.52% | -0.4343 | 4.2758 |
| 简单风险平价组合（月） | 0.85% | 7.52% | -0.4302 | 4.2877 |
| 简单风险平价组合（周） | 0.86% | 7.45% | -0.4347 | 4.3861 |
| 简单风险平价组合（日） | 0.88% | 7.53% | -0.4118 | 4.2977 |

表20-4给出了8种行业配置组合基于收益分布前二阶矩的风险收益特征，这里计算夏普比率时设置了两种无风险利率4%和6%。根据前面的分析，市值加权组合的各项指标都较差，而6种风险平价组合组合的夏普比率都较好且比较接近，简单风险平价组合（日）的表现最好。

**表20-4　　8种行业配置组合的风险收益特征**

| | 平均年化收益 | 年化波动 | 夏普比率1 | 夏普比率2 |
|---|---|---|---|---|
| 市值加权组合 | 8.50% | 26.33% | 0.1708 | 0.0948 |
| 等权重组合 | 9.98% | 26.28% | 0.2274 | 0.1513 |
| 风险平价组合（月） | 10.24% | 26.05% | 0.2394 | 0.1626 |
| 风险平价组合（周） | 10.19% | 25.89% | 0.2390 | 0.1617 |
| 风险平价组合（日） | 10.34% | 26.06% | 0.2431 | 0.1664 |
| 简单风险平价组合（月） | 10.24% | 26.05% | 0.2394 | 0.1626 |
| 简单风险平价组合（周） | 10.34% | 25.82% | 0.2455 | 0.1681 |
| 简单风险平价组合（日） | 10.59% | 26.10% | 0.2526 | 0.1759 |

注：夏普比率1和夏普比率2分别假设无风险年利率等于4%和6%。

表20-5给出了8种行业配置组合的损失波动情况。8种策略的各种损失波动指标都很相似，这其实再次反映了当市场下跌时各行业指数下跌的同步性更强。每种行业组合策略的最大回撤幅度都较大，超过了40%。根据图20-1容易识别出最大回撤发生的时点，即2015年5月至2015年9月的股灾期间。

表 20－5　　8 种行业配置组合的损失波动

| | 下半标准差 | 损失标准差 1 | 损失标准差 2 | 损失标准差 3 | 最大回撤 |
|---|---|---|---|---|---|
| 市值加权组合 | 5.50% | 5.15% | 5.31% | 5.39% | 41.63% |
| 等权重组合 | 5.58% | 5.18% | 5.34% | 5.42% | 42.88% |
| 风险平价组合（月） | 5.53% | 5.11% | 5.27% | 5.35% | 42.49% |
| 风险平价组合（周） | 5.50% | 5.09% | 5.25% | 5.33% | 42.41% |
| 风险平价组合（日） | 5.53% | 5.11% | 5.27% | 5.35% | 42.59% |
| 简单风险平价组合（月） | 5.53% | 5.11% | 5.27% | 5.35% | 42.49% |
| 简单风险平价组合（周） | 5.48% | 5.06% | 5.22% | 5.30% | 42.46% |
| 简单风险平价组合（日） | 5.52% | 5.09% | 5.25% | 5.33% | 42.66% |

注：下半标准差描述低于平均收益时损失的波动、而损失标准差 1、损失标准差 2、损失标准差 3 分别对应低于目标收益为 0、4%、6% 时的损失波动。

表 20－6 给出了 8 种行业配置组合的单月极端损失风险。借助收益数据，通过在险价值 VaR 和条件在险价值 ES 来度量 95% 置信度水平下的单月极端损失风险，不难发现，如果不对收益分布的负偏度和正峰度加以考虑，容易导出错误的极端风险估计。调整负偏度和正峰度的影响之后，等权重组合的单月极端损失风险指标 VaR 2 和 ES 2 分别为 －12.28% 和 －18.12%，在 8 种组合里极端损失风险最大。而 6 种风险平价组合的 VaR 2 相对较小，但 ES 2 也和等权重组合类似。

表 20－6　　8 种行业配置组合的单月极端损失风险

| | VaR1 | ES1 | VaR2 | ES2 |
|---|---|---|---|---|
| 市值加权组合 | －11.21% | －17.24% | －12.18% | －17.49% |
| 等权重组合 | －12.03% | －17.09% | －12.28% | －18.12% |
| 风险平价组合（月） | －11.88% | －16.87% | －12.12% | －17.91% |
| 风险平价组合（周） | －11.67% | －16.95% | －12.06% | －17.89% |
| 风险平价组合（日） | －11.91% | －16.97% | －12.13% | －17.91% |
| 简单风险平价组合（月） | －11.88% | －16.87% | －12.12% | －17.91% |

续表

| | VaR1 | ES1 | VaR2 | ES2 |
|---|---|---|---|---|
| 简单风险平价组合（周） | -11.61% | -16.90% | -12.00% | -17.89% |
| 简单风险平价组合（日） | -11.91% | -16.91% | -12.08% | -17.87% |

注：所有在险价值 VaR 和条件在险价值 ES 的置信度水平都为95%，VaR 2 和 ES 2 考虑了对收益分布的偏度和峰度进行适当的调整，对负偏度和峰度施加惩罚。

为了全面了解 8 种行业配置策略的详细变动情况，需要对每种策略的配比权重可视化。由于等权重配置的配比恒定不变，下面主要分析市值加权配比以及 6 种风险平价策略的配比变动情况。

图 20-4 给出了市值加权配置的行业配比变动图。该策略在全指金融、全指工业、全指能源三个行业的配比较高，但在全指医药、全指信息、全指电信、全指公用等行业的配比较低。

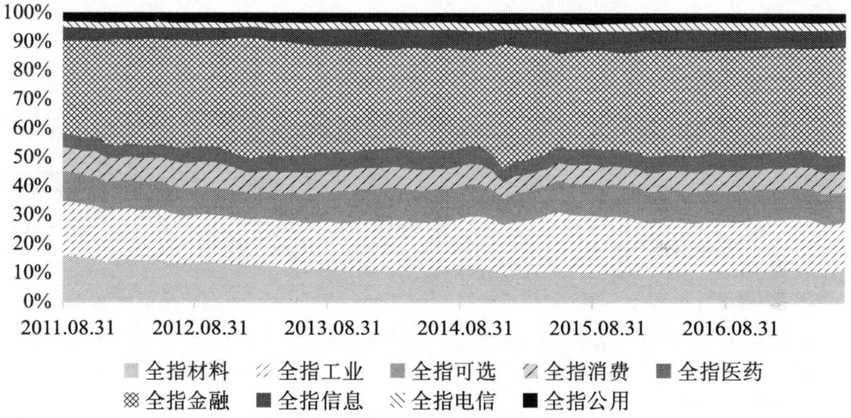


图 20-4　市值加权行业配置组合的权重变化

图 20-5 至图 20-10 分别给出了风险平价组合（月）、简单风险平价组合（月）、风险平价组合（周）、简单风险平价组合（周）、风险平价组合（日）、简单风险平价组合（日）的行业配比变动图。与图 20-4 所示的市值加权配置相比，这 6 种风险平价组合的行业配比在各行业之间要平衡得多，行业分散度更高。此外，比较图 20-5、图 20-7 和图 20-9，比较图 20-6、图 20-8 和图 20-10 可以发现，各种风险平价策略的权重随时间变动的程度基本上会依估计数据的频率提高而提高。分别比较图 20-5 和图 20-6，比较图 20-7 和图 20-8，比较图

20－9 和图20－10可以发现，在估计数据频率相同时，简单风险平价策略的权重变动比风险平价策略要大。

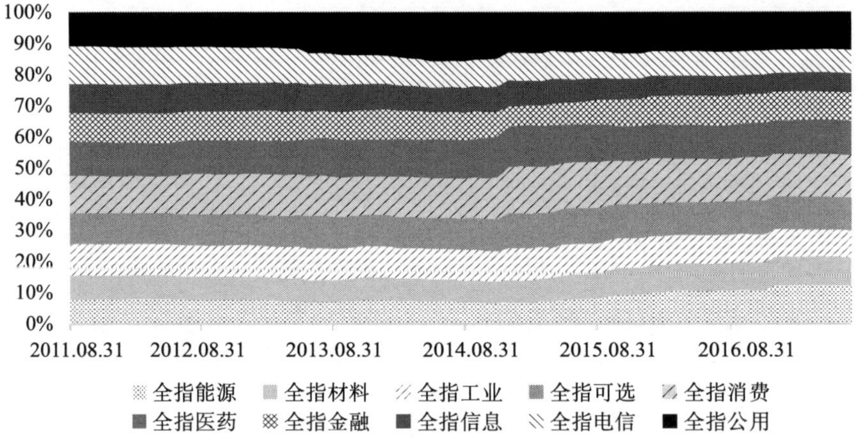


图 20－5　风险平价组合（月）的配置权重变化

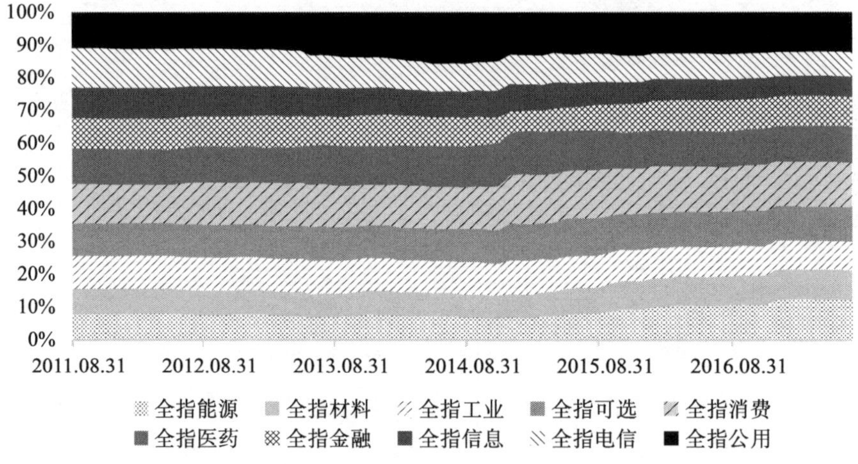


图 20－6　简单风险平价组合（月）的配置权重变化

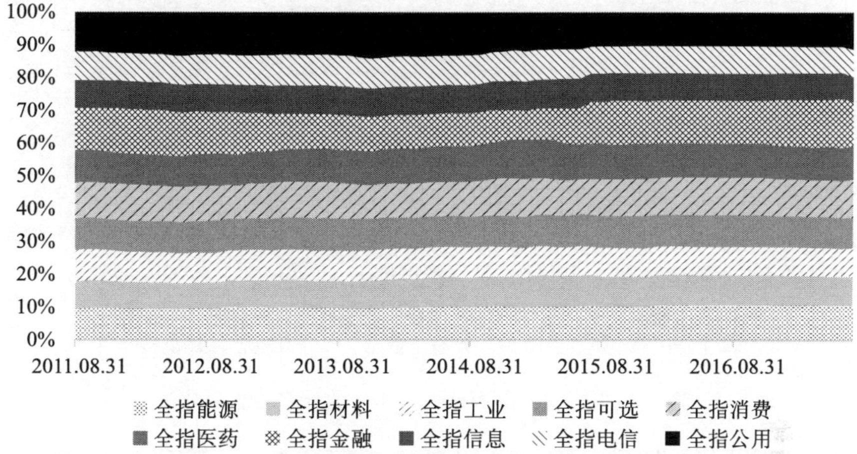


图 20－7　风险平价组合（周）的配置权重变化

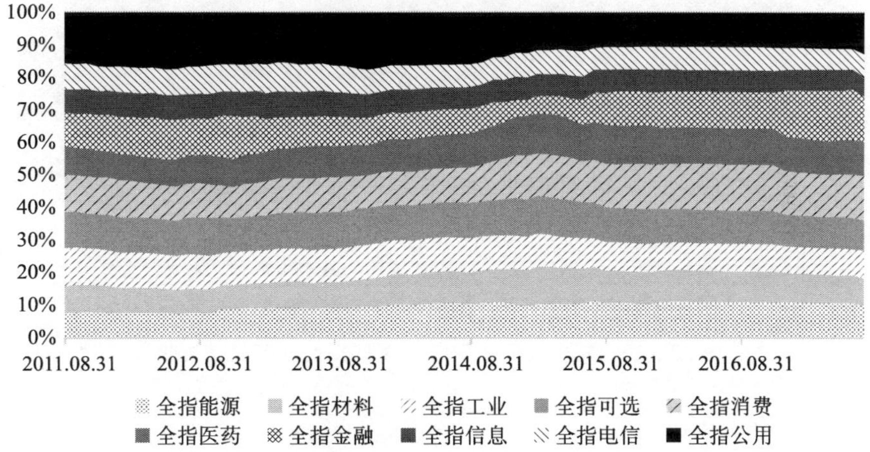


图 20－8　简单风险平价组合（周）的配置权重变化

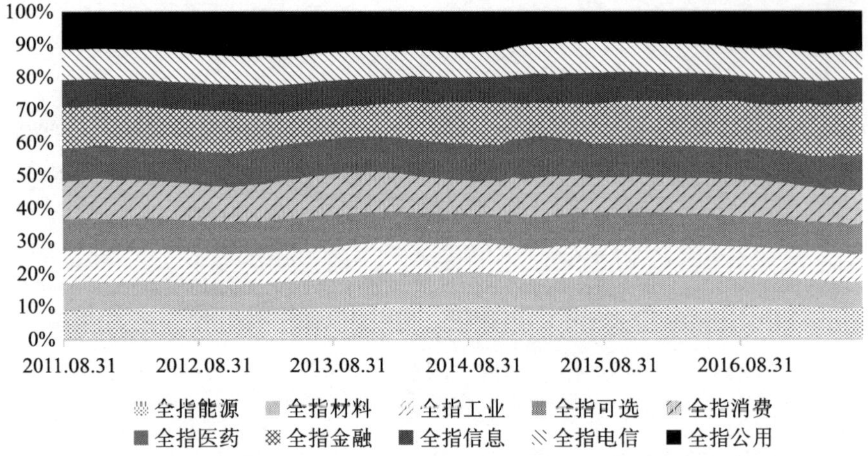


图 20 - 9　风险平价组合（日）的配置权重变化

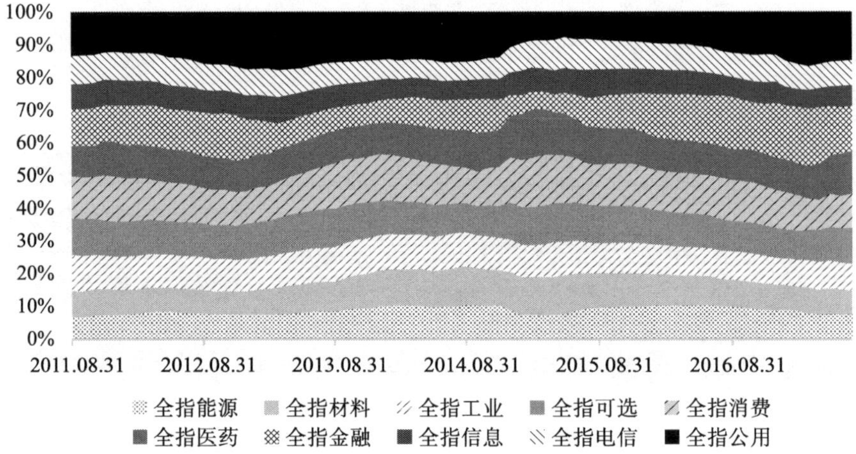


图 20 - 10　简单风险平价组合（日）的配置权重变化

## 20.3　结论与展望

风险平价方法在大类资产配置策略中取得了较大的成功，实现了从风险优化中追求稳定收益的目标。沿着自上而下的投资过程，本章考察风险平价方法在 A 股市场构建行业配置组合的效果。采用 10 个中证全指一级行业指数作为行业代表，以

2011 年 8 月底至 2017 年 8 月底作为回测时段，考察市值加权配置、等权配置以及 6 种风险平价配置（基于月收益、周收益和日收益的风险平价配置和简单风险平价配置）共 8 种行业配置策略的表现。结果表明，整体上 6 种风险平价配置要优于市值加权配置和等权配置，其中基于日收益的风险平价配置策略表现最好。尽管从累积净值曲线以及月收益时间序列初步判断 8 种行业配置策略的月收益波动非常类似，甚至会判断 6 种风险平价配置退化为等权配置。月收益的风险收益分析和行业配比权重的演变过程表明，风险平价配置与等权配置存在较大差异，风险平价配置的年化收益更高，同时收益波动更低，累积净值和夏普比率更高，单月极端损失风险更小。

A 股市场中各大行业指数同起同落的特征对行业配置提出了极大挑战，特别是在不能卖空、全仓操作、所有行业全配的限制条件下，风险平价方法优化风险结构的功能被大大削弱。尽管相对于等权配置与市值加权配置而言，风险平价配置取得了较好的效果，但其在行业配置方面存在较大的改进空间。将风险平价方法优化风险结构的理念与行业优选、仓位控制等结合起来，有可能设计出更有效的行业配置方法。

# 21. 基于 Black – Litterman 模型的行业配置策略

马科维茨在经典论文《投资组合选择》中提出了著名的均值—方差模型（MV模型），首次给出了不确定性条件下选择投资组合的系统性方法，其中均值—方差有效前沿成为投资学的核心概念。MV 模型论证了分散化投资的优势，为现代金融经济学的快速发展奠定了基础，在推进投资学理论发展方面取得了巨大的成功。尽管如此，MV 模型在实际投资活动中的表现并不令人满意。Michaud 分析了 MV 模型在实际应用中存在的种种问题，指出根源在于模型输入参数的估计误差。MV 模型常常倾向于在构建投资组合时放大估计误差的影响，求解模型得到的最优组合常常超配那些估计误差最大的资产。因此，最终的组合常违背一些重要的投资实践经验，从而缺乏投资价值。具体来说，均值方差模型在实际应用中存在如下限制：

首先，投资者必须估计所有可投资资产的预期收益以及资产收益的协方差矩阵。投资者给出的预期收益估计通常缺乏合适的参照点，而 MV 模型得到的最优组合权重与预期收益之间的关系非常复杂。因此，通过 MV 模型得到的最优组合常常难以理解。比如，MV 模型给出的资产组合常存在权重集中现象，这与其倡导的分散化投资理念相冲突。在无卖空限制条件下，MV 模型经常导致部分资产有大量多头头寸，而另一些资产存在大量空头头寸。如果对卖空进行限制，模型经常导致某些资产权重为零，而另一些资产权重过大。

其次，MV 模型对参数过度敏感。如果对输入参数作小幅度变化，可能导致模型结果发生剧烈变化。比如，某资产在最优投资组合中权重为 1%，当对其预期收益率作 1‰上调时也会使得资产配置发生剧烈变化，甚至会引起某些预期收益不变的资产的权重大幅变化。MV 模型对参数过度敏感，导致最优组合权重在时间上不稳定，而权重剧烈变化会引起交易成本的大幅上升。研究表明，MV 模型对资产的预期收益、资产的波动性、资产间的相关性等参数的敏感性依次递降。众所周知，资产的预期收益很难被准确估计。资产收益数据的信噪比很小，根据历史收益数据得到的预期收益估计准确性很低，估计误差非常大。MV 模型对预期收益参数的敏感性强，而预期收益参数估计误差较大，二者共同作用导致 MV 模型的优化结果与实际最优组合相差甚远。

最后，MV 模型在确定权重时没有考虑市场组合自身的权重，容易导致流动性问题。比如，某些市场权重很小的资产具有较高的预期收益，使得 MV 模型最优组合给出的权重极高，这会使得投资组合无法按照预期方式有效建立起来，因为将大量资金投入到小市值资产时，容易引发较大冲击成本。

为了克服均值—方差模型在实际投资应用中遇到的困难，高盛的 Black 和 Litterman 在 1990 年初提出了著名的 Black – Litterman 模型（BL 模型）。此模型现已成为高盛公司资产管理部门在资产配置上的主要工具。BL 模型选择市场组合作为基准，允许投资者对某些大类资产具有倾向性判断，组合构建过程更贴近投资实业界的运作流程，在很大程度上克服了 MV 模型的上述三大问题，已逐渐被华尔街主流所接受。此外，BL 模型能够将投资经理对资产收益的预期直接反映在模型的最优组合中，被广泛应用于战术性资产配置。

## 21.1 Black – Litterman 模型

BL 模型的关键在于导出资产的均衡收益率以及期望收益率的贝叶斯估计，整个工作流程可以分解为三个主要步骤：（1）根据资本资产定价模型和逆向优化，估计出资产的均衡收益；（2）借鉴贝叶斯建模框架，将资产的预期收益视为随机变量，根据均衡收益设定资产预期收益的先验分布，通过观点投资组合及其分布表达证券分析师的市场观点，借助贝叶斯公式得到融入分析师市场观点的预期收益的后验分布；（3）结合资产收益的分布假设与预期收益的后验分布得到最终的资产收益分布，在均值—方差分析框架求得最优组合。

### 21.1.1 在 CAPM 框架下导出资产的均衡收益

BL 模型假设资产收益服从联合正态分布，选择市场均衡模型为 CAPM。当市场处于均衡状态时，资产的供需达到平衡，按市值加权的市场组合处于投资有效前沿；这时市场组合的夏普比率最大，是最优风险资产组合。假设市场中代表性投资者的风险厌恶系数为 $\delta$，他面临着组合优化问题：

$$\max w'\mu - \frac{\delta}{2}w'\sum w \tag{1}$$

其中，$\mu$ 是资产的预期超额收益，$\Sigma$ 是资产收益的协方差矩阵。

上述优化问题的最优解为：

$$w^* = (\delta\sum)^{-1}\mu \tag{2}$$

沿着逆向优化的思路，当代表性投资者达成最优组合时，市场达到均衡，资产的预期收益为均衡收益，且最优组合为市场组合，即：

$$w^* = w_M \tag{3}$$

$$\mu = \Pi \tag{4}$$

其中，$w_M$是市场组合，而 $\Pi$ 是资产的均衡收益。

结合（2－4）式，便有：

$$\Pi = \delta\sum w_M \tag{5}$$

根据（5）式，指定风险厌恶系数 $\delta$、估计协方差矩阵 $\sum$ 和市场组合$w_M$之后，便可以估计出资产均衡收益。此外，由（5）式可以得到风险厌恶系数 $\delta$ 的一种估计方法。根据（5）式

$$w'_M\Pi = \delta w'_M\sum w_M$$

则有：

$$\delta = \frac{w'_M\Pi}{w'_M\sum w_M} \tag{6}$$

显然，$w'_M\Pi$ 是市场组合的超额收益，记为 $\mu_M$；而 $w'_M\sum w_M$ 是市场组合的方差，记为 $\sigma_M^2$；则$\frac{\mu_M}{\sigma_M}$便是市场组合的夏普比率，记为 $SR_M$。那么，（6）式便可以改写为：

$$\delta = \frac{\mu_M}{\sigma_M^2} \tag{7}$$

或等价地，

$$\delta = \frac{SR_M}{\sigma_M} \tag{8}$$

在实际应用中，风险厌恶系数 $\delta$ 可以根据经验人为设定，也可以借助市场组合的历史数据估计出 $\mu_M$ 和 $\sigma_M^2$，然后通过（7）式得到；考虑到 $\mu_M$ 的估计可能不够准确，可以根据经验设定 $SR_M$，然后根据（8）式估计风险厌恶系数 $\delta$。

## 21.1.2 在贝叶斯框架下导出资产预期收益的后验分布

BL 模型借鉴贝叶斯估计的建模思路，认为资产的预期收益是一个随机变量，且围绕均衡收益波动。为此，资产预期收益 $\mu$ 的先验分布设定为以均衡收益 $\Pi$ 为均值的正态分布，即

$$\mu = \Pi + \in^e \tag{9}$$

其中，$\in^e$ 服从正态分布，均值为 0，协方差矩阵为 $\tau\sum$。注意到在正态假设下协方差矩阵概括了资产收益的波动性，$\tau$ 可以解释为基于 CAPM 均衡的资产预期收益的不确定性。

BL 模型还给出了证券分析师的市场观点表示方法。在贝叶斯框架下，结合先验分布，通过贝叶斯公式将这些观点融合到资产预期收益中去，最终得到关于资产预期收益的后验分布。在 BL 模型中，证券分析师的市场观点是线性的，每个观点与一个投资组合相对应，该观点组合被指定为正态分布，其均值可以表示观点组合收益的强度，而方差则表示观点的不确定性。假设共有 $K$ 个市场观点，分别对应投资组合 $p_1,p_2,\cdots,p_K$，这里投资组合用 $N$ 维列向量表示，对应的 K 个投资组合可以由 $K \times N$ 矩阵 $P$ 表示，则 $P' = (p_1,p_2,\cdots,p_K)$，市场观点可以表示为：

$$P\mu = Q + \in^v \tag{10}$$

其中，$Q = (q_1,q_2,\cdots,q_K)'$ 是观点组合的 $K$ 维均值向量，而 $\in^v$ 服从均值为 0，协方差矩阵为 $\Omega$ 的正态分布。BL 模型限定 $\Omega$ 为对角矩阵，即只考虑相互独立的市场观点。进一步地，BL 模型假设随机变量 $\in^e$ 和 $\in^v$ 相互独立。根据上述条件，借助贝叶斯公式，可以推导出资产预期收益的后验分布为正态分布，协方差矩阵 $\overline{M}$ 和均值 $\overline{\mu}$ 分别为：

$$\overline{M} = [(\tau\sum)^{-1} + P'\Omega^{-1}P]^{-1} \tag{11}$$

$$\overline{\mu} = \overline{M}[(\tau\sum)^{-1}\Pi + P'\Omega^{-1}Q] \tag{12}$$

### 21.1.3 在均值—方差分析框架下导出最优组合

考虑到资产收益服从均值为预期收益 $\mu$，协方差矩阵为 $\Sigma$ 的正态分布，而融合市场均衡先验分布与市场观点的预期收益服从均值 $\overline{\mu}$，协方差矩阵为 $\overline{M}$ 的正态分布，最终便得到 BL 模型下的资产收益分布为正态分布，且均值为 $\overline{\mu}$，协方差矩阵为 $\overline{\sum} = \sum + \overline{M}$。

BL 模型最后通过均值—方差模型得到最优投资组合，其中资产收益的均值和协方差矩阵分别为 $\overline{\mu}$ 和 $\overline{\Sigma}$。风险厌恶系数为 $\delta$ 的投资者的无约束最优组合可通过求解下列组合优化问题得到：

$$\max w'\overline{\mu} - \frac{\delta}{2}w'\overline{\sum}w \tag{13}$$

不难求得无约束最优组合为：

$$w^* = (\delta\overline{\sum})^{-1}\overline{\mu} \tag{14}$$

对于存在投资约束的投资者来说，组合优化问题将要考虑这些投资约束，通常无法求得最优组合的解析表达式，但可以通过求解相应的带约束组合优化问题得到数值解。在资产管理实践中应用 Black - Litterman 模型时，高盛的做法是首先不考虑约束条件导出资产的收益分布，在最后进行均值—方差优化时才将约束条件加入进来，常见的约束条件有：预算约束、做空约束、行业集中度约束、风险约束、beta 约束等。

### 21.1.4 Black - Litterman 模型参数的校准方法

应用 BL 模型时需要给出一系列模型参数，见表 21 - 1。相对而言，参数 $\delta$、$\sum$ 和 $w_M$ 的设定比较简单。资产超额收益的协方差矩阵 $\sum$ 常基于资产的历史超额收益数据估计得到，最简单最常用的便是样本协方差矩阵。市场组合权重 $w_M$ 通常根据可投资资产池中资产的市值来设定。代表性投资者风险厌恶系数 $\delta$ 可以根据经验人为设定，也可以通过构造出的市场组合历史收益数据估计出 $\mu_M$ 和 $\sigma_M^2$，然后通过（7）式得到；还可以根据经验设定市场组合的夏普比率 $SR_M$ 以及通过市场组合超额收益数据估计其标准差 $\sigma_M$，然后由（8）式得到。

**表 21 – 1　　　　Black – Litterman 模型参数**

| 参数 | 含　义 |
|---|---|
| $\delta$ | 代表性投资者风险厌恶系数 |
| $\sum$ | 资产超额收益的协方差矩阵 |
| $w_M$ | 市场组合权重 |
| $\tau$ | 预期收益不确定性尺度参数 |
| $P$ | 市场观点组合矩阵 |
| $Q$ | 观点组合期望收益 |
| $\Omega$ | 观点组合收益的误差矩阵 |

对于预期收益不确定性尺度参数 $\tau$，现有文献中给出了多种设定方法。Black，Litterman（1992）认为，收益均值的不确定性比收益的不确定性小得多，合理的 $\tau$ 值应该接近 0，He 和 Litterman（2002）将 $\tau$ 值设定为 0.05。

市场观点组合矩阵 $P$ 和观点组合期望收益 $Q$ 可以由投资者主观设定，也可以根据某些预测模型来生成，这取决于实际使用者的选择，是 BL 模型中最灵活的设定部分，观点或预测一旦确定下来，相应的矩阵 $P$ 和 $Q$ 的设置相对简单。

观点组合收益的误差矩阵 $\Omega$ 的设定是 BL 模型应用时的难点。$\Omega$ 的设定要求市场观点的提供者准确表达对观点的确信程度，在实际操作中很难实施。参考 He 和 Litterman（2002）的做法，将观点组合收益的误差矩阵 $\Omega$ 限定为对角矩阵，且每个观点组合的置信度与观点组合的方差成比例，具体设定为：

$$\Omega = \mathrm{diag}\left(\tau p'_1 \sum p_1, \tau p'_2 \sum p_2, \cdots, \tau p'_K \sum p_K\right) \tag{15}$$

其中，$diag(\quad)$表示以括号中的向量元素为对角元素的对角矩阵。

# 21.2 Black – Litterman 模型在我国股市行业配置中的应用

采用申万一级行业指数作为行业组合的代表，数据时间跨度为2001年1月底至2017年8月底。与其他行业指数相比，申万一级行业指数的历史悠久，行业划分的比较细致，能够较好地反映行业的整体走势和市场热点。申万一级行业指数共包括28个一级行业指数，代表的28个行业分别为：农林牧渔、采掘、化工、钢铁、有色金属、电子、家用电器、食品饮料、纺织服装、轻工制造、医药生物、公用事业、交通运输、房地产、商业贸易、休闲服务、综合、建筑材料、建筑装饰、电气设备、国防军工、计算机、传媒、通信、银行、非银金融、汽车、机械设备。

## 21.2.1 Black – Litterman 模型参数设置

参考已有研究，将代表性投资者风险厌恶系数 $\delta = 2.5$，预期收益不确定性尺度参数 $\tau = 0.05$，而市场组合权重 $w_M$ 则根据资产市值计算出来。考虑到待配置的行业高达28个，而业界普遍采用过去5年历史月收益数据来估计资产收益的协方差矩阵。由于待估计的参数众多，简单地使用样本协方差矩阵来估计协方差矩阵 $\sum$ 将会导致估计的精度差、稳定性差、估计的条件数大且接近奇异，这样会给均值—方差优化带来很大影响，所得的最优组合不可靠。为此，报告采用 Ledoi 和 Wolf（2004）设计的协方差矩阵估计方法，该方法给出的估计矩阵可逆且非病态，在历史收益观测值相对于资产数量而言较少时的表现也很好。

参考 He 和 Litterman（2002）的做法，观点组合收益的误差矩阵 $\Omega$ 由（15）式给出。由于市场观点的设置比较主观，为便于与传统 MV 模型进行对比，报告中考虑的市场观点主要根据 MV 模型的期望收益输入参数设定，其他系统生成市场观点的方法有待后续进一步研究。具体来说，对每个资产形成一个关于其期望收益的市场观点，即资产的期望收益等于估计窗口期内历史收益的样本均值。做出这种简单的市场观点设定，主要考虑到两个因素。首先，以历史收益数据的样本均值来估计资产预期收益是传统 MV 模型的默认方法，这样便于比较 BL 模型与传统 MV 模型的配置差异；其次，由于资产的期望收益非常难以估计，尽管现有研究设计了许多种复杂的估计方法，但有研究表明，很多复杂的收益预测模型给出的预测还不如历史收益数据的样本均值。综上，对市场观点做出上述规定后，BL 模型给出的资产收益分布融合了历史收益数据和资产市值数据的信息，而传统 MV 模型只考虑了历史收益数据。

### 21.2.2 回测结果分析

为了综合考察行业配置组合的效果，需要从多个角度来描述行业配置组合的风险收益特征。报告主要分析行业配置组合的月收益分布，给出基本的描述统计指标（均值、标准差、偏度、峰度），以及常用的年化风险收益指标（年化收益、年化波动、年化夏普比率）。此外，考虑到亏损和极端亏损的重要性，报告还将给出相应的风险指标［最大回撤、下半标准差、低于目标收益的损失标准差、历史 VaR（95% 置信度水平）、历史 ES（95% 置信度水平）等］。

回测中主要考虑三种行业配置策略，即市值加权配置策略、传统 MV 模型配置策略以及 BL 模型配置策略。根据前面的分析，传统 MV 模型与 BL 模型最终需要求解均值—方差优化问题，其差异主要在于模型输入参数的不同。考虑到行业配置中一般不允许卖空，为了对不同行业配置策略进行合理比较，要求资金满仓配置。在回测中，均值—方差优化问题都施加这两个约束。由于数据时间跨度为 2001 年 1 月底至 2017 年 8 月底，采用最近 5 年历史收益数据时，首次建仓时间为 2005 年 2 月底，假设此时每种策略的初始净值为 1。

首先来看行业配置策略的净值变化。在样本期末 2017 年 8 月 31 日，市值加权配置、传统 MV 模型配置以及 BL 模型配置的净值分别为 4.529、4.196、4.739。传统 MV 模型配置的样本期末净值较小，甚至还没有跑赢市值加权配置；BL 模型配置表现最好，但与市值加权配置的差异并不大。图 21 - 1 给出了三种配置的累积净值曲线。不难发现，市值加权配置与 BL 配置在大多数时期都相近，这是因为报告考虑的 BL 配置以市值加权组合作为基准。在大多数时期内，传统 MV 模型的表现都较差，累积净值最低。

本节分析三种行业配置策略的月收益统计特征，表 21 - 2 给出了三种行业配置组合的月收益率描述性统计量。首先，行业配置组合的月收益许多共同的分布特征：均值远小于标准差，收益率信噪比较低；绝对值较大的负偏度和峰度，反映出厚尾

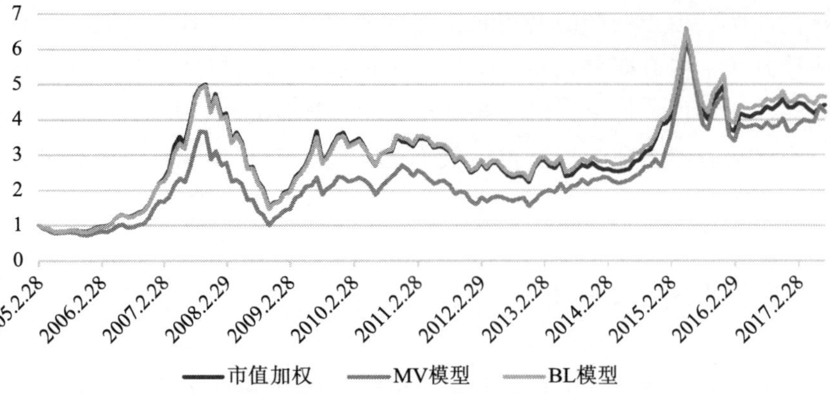


图 21－1 行业配置的净值曲线

非对称特征，衡量风险收益特征时需要对这些特征加以考虑。其次，从 4 个四分位数来看，MV 模型配置收益的变动范围以及极端收益频率更高，标准差最大；相反，BL 模型配置收益的更集中，1/4 分位数与 3/4 分位数的距离最小，标准差最小；市值加权组合收益的大多数描述性统计特征则介于 MV 模型与 BL 模型之间。

**表 21－2 行业配置月收益描述性统计**

| | 市值加权 | MV 模型 | BL 模型 |
|---|---|---|---|
| 最小值 | －26.65% | －24.53% | －26.29% |
| 1/4 分位数 | －3.21% | －4.07% | －3.13% |
| 中位数 | 1.59% | 1.65% | 1.77% |
| 3/4 分位数 | 6.71% | 7.06% | 6.53% |
| 最大值 | 25.21% | 30.16% | 22.83% |
| 均值 | 1.43% | 1.43% | 1.44% |
| 标准差 | 9.08% | 9.72% | 8.89% |
| 偏度 | －0.3154 | －0.1098 | －0.3466 |
| 峰度 | 3.6815 | 3.4563 | 3.6414 |

表 21－3 给出了行业配置组合基于收益分布前二阶矩的风险收益特征，这里计算夏普比率时设置了两种无风险利率 4% 和 6% 。在三种行业配置中，BL 模型的平均年化收益最高，年化波动最低，夏普比率最大；相反，MV 模型的各项指标都最差。

**表 21 -3　　行业配置的风险收益特征**

| | 市值加权 | MV 模型 | BL 模型 |
|---|---|---|---|
| 平均年化收益 | 17.15% | 17.20% | 17.31% |
| 年化波动 | 31.46% | 33.68% | 30.78% |
| 年化夏普比率（无风险年利率 =4%） | 0.418 | 0.3919 | 0.4323 |
| 年化夏普比率（无风险年利率 =6%） | 0.3545 | 0.3325 | 0.3673 |

表 21 -4 给出了行业配置组合的损失波动情况和单月极端风险度量。除了最大回撤比市值加权配置稍大外，BL 模型的各种损失波动指标和单月极端风险度量都表现最好；相反，MV 模型的表现则最差。

**表 21 -4　　行业配置的损失波动与极端风险**

| | 市值加权 | MV 模型 | BL 模型 |
|---|---|---|---|
| 下半标准差 | 6.63% | 6.97% | 6.51% |
| 损失标准差 1 | 6.09% | 6.41% | 5.96% |
| 损失标准差 2 | 6.09% | 6.41% | 5.96% |
| 损失标准差 3 | 5.93% | 6.25% | 5.81% |
| 最大回撤 | 69.59% | 72.57% | 70.22% |
| VaR1 | -15.09% | -16.84% | -14.90% |
| ES1 | -20.08% | -20.41% | -19.62% |
| VaR2 | -14.13% | -14.71% | -13.86% |
| ES2 | -19.78% | -19.84% | -19.36% |

注：下半标准差描述低于平均收益时损失的波动，而损失标准差 1、损失标准差 2、损失标准差 3 分别对应低于目标收益为 0、4%、6% 时的损失波动。所有在险价值 VaR 和条件在险价值 ES 的置信度水平都为 95%，VaR 2 和 ES 2 考虑了对收益分布的偏度和峰度进行适当的调整，对负偏度和峰度施加惩罚。

为考察行业配置策略的可操作性，需要分析配置策略的行业配比变动情况。图 21 -2、图 21 -3 和图 21 -4 分别给出了市值加权配置、MV 模型配置和 BL 模型配置在 28 个一级行业的行业配比变动情况。

由于市值加权配置类似于买入并持有策略，因而其可操作性最好，交易费用和市场冲击成本都较低。从图 21 -2 不难发现，除了 2006 年 6 月至 2007 年 1 月以及 2007 年 9 月至 2008 年 1 月期间外，市值加权配置的行业配比在短期内都具有较好的稳定性；但从长期来看，市值加权配置的权重也有较大变化，这种变化反映了行业发展的长期趋势，各行业的波动起伏驱动着行业配比的变动。

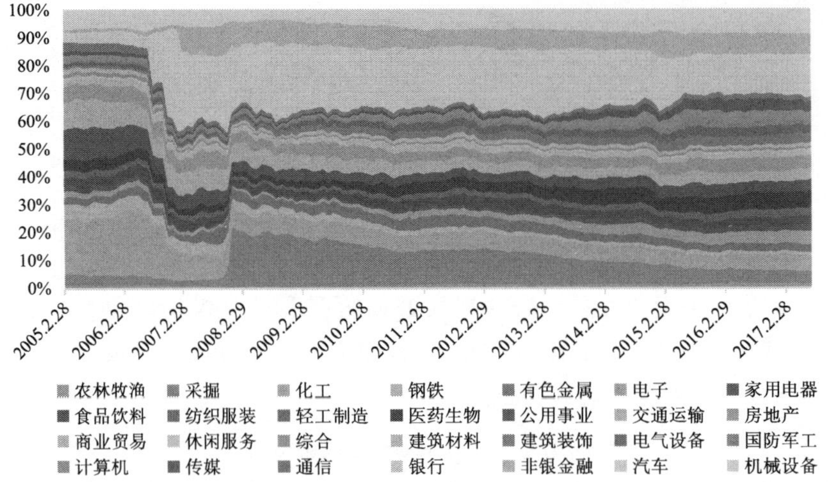


图 21－2　市值加权行业配置的权重变化

图 21－3 种 MV 模型配置的行业配比展示了与市值加权配置截然不同的特征。首先，MV 模型配置的行业配比在时间上极不稳定，在图形上表现为短期内大起大落，长期变动不连续；其次，MV 模型配置的行业特别集中，大多数时期内只配置了 5 个以下的行业，有时甚至只配置 1 个行业；最后，MV 模型配置的行业配比在几乎所有时期内都与市值加权组合存在很大差异。上述特征实际上印证了以往研究揭示的 MV 模型的种种缺陷，这说明简单应用 MV 模型是不太可能达到模型设计的初衷，甚至与之背道而驰。

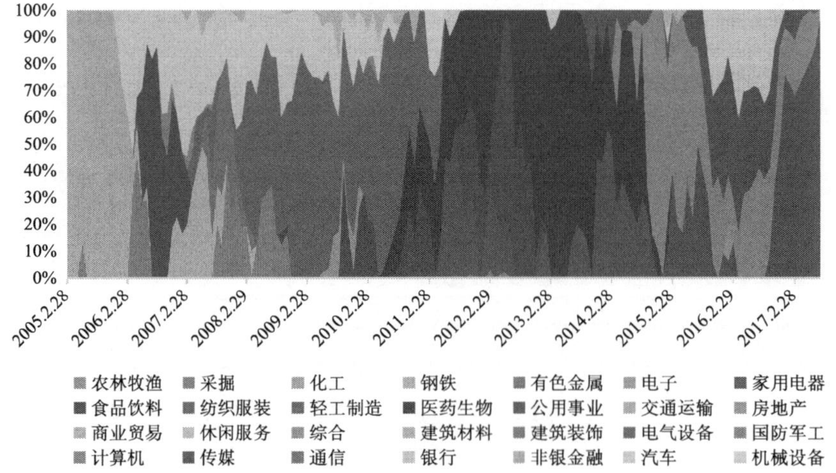


图 21－3　MV 模型行业配置的权重变化

图 21 – 4 中 BL 模型配置的行业配比展示了与 MV 模型配置截然不同的特征。MV 模型配置的种种缺陷得到了很大的改善，其配比变动介于市值加权配置与 MV 模型配置之间。首先，BL 模型配置的行业配比在时间上较稳定，短期内大起大落的情形较少；其次，BL 模型在大多数时期并没有对 28 个行业全部配置，但基本上都配置了 10 个以上行业；最后，BL 模型配置的行业配比总体上表现出与市值加权组合相似的特征。上述特征印证了以往研究中 BL 模型配置在克服 MV 模型方面取得的巨大成功。

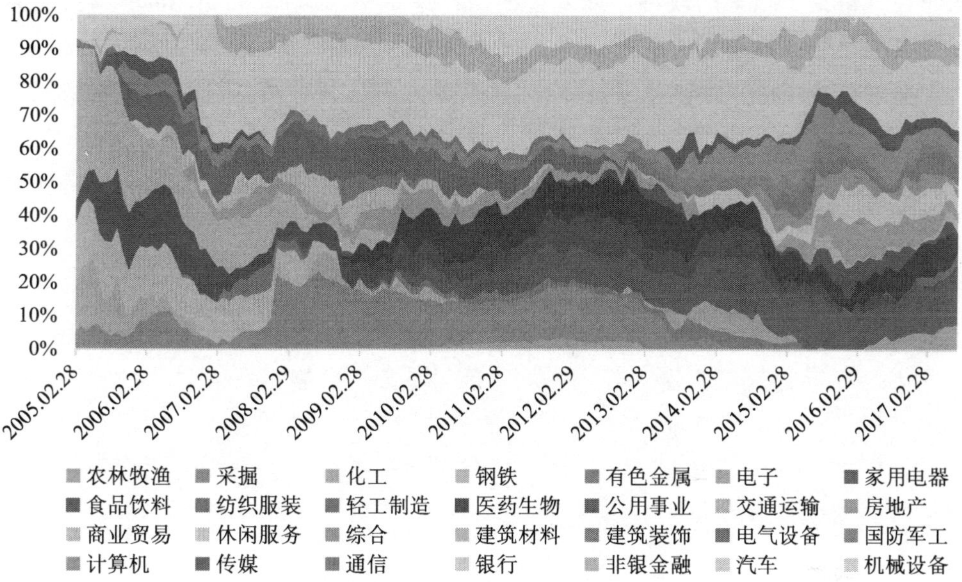


图 21 – 4　BL 模型行业配置的权重变化

## 21.3　结论与展望

自马科维茨创造性地提出均值—方差模型以及投资组合的有效前沿概念以来，如何结合自身的风险偏好在承担风险与获取收益之间取得最佳平衡便成为所有投资人孜孜以求的目标。然而，由于模型输入参数的估计误差问题，简单应用均值—方差模型不太可能达到模型设计的初衷，甚至与之背道而驰。高盛的 Black 和 Litterman 提出的 Black - Litterman 模型在很大程度上克服了均值—方差模型的种种缺陷，已逐渐被华尔街主流接受。本章对基本的 Black - Litterman 模型的设计初衷、数学模型以及模型参数设定方法等进行了详细介绍，并考察了其在 A 股市场构建行业配置组合的效果。采用 28 个申万一级行业指数作为行业代表，以 2005 年 2 月底至 2017 年 8 月底作为回测时段，比较分析了市值加权配置、传统均值—方差模型配置以及 Black - Litterman 模型配置的风险收益特征。实证结果表明，Black - Litterman 模型有效地克服了均值—方差模型的种种缺陷，行业配比的稳定性和分散度以及配置的可操作性都得到了很大的改善。此外，在三种策略中，Black - Litterman 模型配置获得了最高的年化收益和夏普比率、最小的损失波动和单月极端损失风险。

Black - Litterman 模型中市场观点的设置最为主观和灵活，投资人主观设定的市场观点将对模型的表现产生重要影响。

# 后　　记

在过去短短的几年中，笔者亲身经历了量化投资在全球范围内的迅猛发展，通过几个数据可以说明：2013 年量化交易只占美股总交易量的14%，到 2017 年这一比率就上升到了 27%，2017 年第一季度量化策略对冲基金的管理规模为 9 320 亿美元，占全部对冲基金管理规模的 30%。反观中国股市，主动管理的纯股票多头投资产品依然是主流，这意味着中国量化投资还有很大的发展空间，撰写本书之目的就是希望能够为中国量化投资事业贡献绵薄之力，使之逐步成为中国投资的主流。

本书的撰写是一件相当复杂的工程，一方面，需要不停地测试各类策略的有效性；另一方面，人工智能、区块链以及金融科技突飞猛进给量化投资发展带来新的机遇与挑战。金融科技和人工智能技术结合已成为业内一大趋势，特别是在量化投资领域，运用人工智能技术提升量化投资策略已成为很多机构重点探索的方向。

在研究过程中，笔者深刻意识到中国量化投资生态变化巨大。

第一，监管层面稳步推进各种期货、期权等衍生产品，这些对冲工具不断完善使中国量化投资不再是蒙眼狂奔。

第二，市场层面上参与者日渐丰富，量化投资不再是少数人专利。除了传统投资者，一些新业态如金融科技公司、数据公司、智能投顾公司都深度参与进来，成为量化投资生态的有机组成部分。

第三，中国股市资金充裕，风险偏好从低到高一应俱全，为开发适合不同风险偏好的量化策略提供了机遇。正是因为关注到了这些变化，并坚定地认为中国股市的量化投资将走向精细化和多元化，与之对应，本书提供了丰富的量化投资策略，希望达到抛砖引玉的效果。

量化投资离不开数据。大数据、另类数据赋予了量化投资飞翔的翅膀。大数据信息优势来自手机、卫星、社交媒体等新技术创造的数据。近年来，在社会科学领域尤其是投资领域，人们产生、搜集和整理数据的类型和数量呈现出几何级数增长，研究人员建立数学模型发现规律的能力大大提升，这也使得量化整个进入到人工智能和其他的一些领域。量化投资，不光带来投资的自动化，也是投资策略的自动化和智能化。

AlphaGo 的成功让人们认识到了人工智能的强大。对此，本书探讨了比较成熟的机器学习算法，并将这些算法应用到量化投资上来，构建量化投资的选股和择时策略。机器学习应用到量化投资上，使并不特别复杂的策略实现了较高的收益率和较低的回撤。这一尝试能够打开一扇窗户，吸引更多人工智能方面的人才投身于量化投资的研究，为量化投资界带来更先进的技术，如 AlphaGo Zero 所使用的无监督学习技术等。

在撰写本书的过程中，总是力图把握技术创新的最前沿，但是难免存在疏漏和不足，恳请各位专家、读者不吝指正。最后，再次向在本书编写过程中给予大力支持的各位领导、专家、编辑、老师、同仁、朋友表示最诚挚的谢意。

何诚颖

2018 年 7 月